从六艺到十三经
——以经目演变为中心

上册

程苏东 著

北京大学出版社

图书在版编目(CIP)数据

从六艺到十三经：以经目演变为中心：全二册/程苏东著.—北京：北京大学出版社，2018.1
ISBN 978-7-301-28984-6

Ⅰ.①从… Ⅱ.①程… Ⅲ.①经学—研究 Ⅳ.①Z126

中国版本图书馆CIP数据核字（2017）第304554号

北京市社会科学理论著作出版基金资助

书　　　名	从六艺到十三经——以经目演变为中心 CONG LIUYI DAO SHISANJING——YI JINGMU YANBIAN WEI ZHONGXIN
著作责任者	程苏东　著
责任编辑	魏奕元
标准书号	ISBN 978-7-301-28984-6
出版发行	北京大学出版社
地　　　址	北京市海淀区成府路205号　100871
网　　　址	http://www.pup.cn　新浪微博:@北京大学出版社
电子邮箱	编辑部 dj@pup.cn　总编室 zpup@pup.cn
电　　　话	邮购部62752015　发行部62750672　编辑部62756449
印刷者	河北博文科技印务有限公司
经销者	新华书店
	650毫米×980毫米　16开本　47.5印张　612千字 2018年1月第1版　2025年3月第3次印刷
定　　　价	148.00元（上下册）

未经许可，不得以任何方式复制或抄袭本书之部分或全部内容。
版权所有，侵权必究
举报电话: 010-62752024　电子邮箱: fd@pup.cn
图书如有印装质量问题，请与出版部联系，电话: 010-62756370

目 录

上 册

序 ·· 袁行霈 1

绪论 ·· 1
一、"经目"的提出 ·· 1
二、经目研究的历史与现状 ·································· 8
三、本书的研究思路与方法 ·································· 19

第一章 "六艺"的形成 ···································· 24

第一节 西周、春秋的国家教育与王官"四教" ············ 25
一、作为贵族"公共空间"的商周学宫 ···················· 25
二、"诗礼乐"与"书":二分的经典结构 ················· 30
三、辟雍与泮宫的科目差异 ································ 34
四、仪式与文本:诗礼乐与《书》的经典化 ················ 41

第二节 定本与赋义:从王教之典到孔门圣典 ·············· 46
一、孔子与"四教"经典的正定 ···························· 47
二、旧邦新命:"四教"之学的危机与新变 ················ 53
三、圣人有"作":《春秋》的经典化 ······················ 76
四、由筮典到儒经:《易》学德教思想的发掘 ············· 83

五、圣统的终结与"经典之门"的关闭 …………………… 88
  第三节　战国儒学的分化与"六艺"说之提出 …………… 92
　　一、不见于《孟》《荀》的"六艺"说 ………………………… 95
　　二、战国时期"六学"并举说考索 ………………………… 100
　　三、专经与通义：战国儒学的分化 ……………………… 108
　　四、"六艺"为楚儒所倡说刍议 …………………………… 114
  第四节　汉初儒学与"六艺"说之确立 …………………… 116
　　一、"以六为度"：贾谊的"六艺"论 ……………………… 117
　　二、"六学皆大"：董仲舒的"六艺"论 …………………… 123

第二章　两汉官定经目的制度演变 …………………………… 126
  第一节　从孔门圣典到帝国经典 …………………………… 127
　　一、建元五年之前的博士制度 …………………………… 128
　　二、草创阶段的"五经博士" ……………………………… 141
  第二节　"师法博士"制的确立与早期调整 ……………… 158
　　一、诸经师法分化与官学师法的出现 …………………… 166
　　二、石渠会议与《穀梁传》的官学化 ……………………… 211
　　三、宣帝黄龙"十二员"与"师法博士"制的确立 ………… 222
　　四、元帝政治与《京氏易》的尊废 ………………………… 231
  第三节　刘歆争立古文经与今古学的对立 ……………… 237
　　一、谁是历史的叙述者：从《新学伪经考》说起 ………… 238
　　二、尊《左》事件中的"阵营"问题 ………………………… 242
　　三、官学背景下的西汉古文经学传统 …………………… 252
　　四、"毁师法"：刘歆《左氏》新学与汉代《春秋》学
　　　　传统之间的矛盾 ……………………………………… 261
　　五、成哀政治语境中的刘歆《左氏》新学 ………………… 273

第四节　王莽持政时期的经目改革 ……………………… 285
　　一、似是而非的"古文经博士" …………………………… 286
　　二、《乐经》立学与博士增员 ……………………………… 289
　　三、从"《周官》"到"《周礼》" …………………………… 290
第五节　东汉经目制度的重建 …………………………… 295
　　一、"十四博士"的确立 …………………………………… 296
　　二、《左》《穀》遭废与《公羊》独尊 ……………………… 298
　　三、大、小戴分置与"庆氏礼"的性质问题 ……………… 303

第三章　两汉"五经"说的学理重构 ……………………… 312
第一节　两汉之际重建"五经"说的契机 ………………… 313
　　一、从"数以六为纪"到"数用五" ……………………… 314
　　二、以"五常"配"五经" ………………………………… 318
　　三、5+1：贾谊式"六艺"说的重现 ……………………… 322
第二节　《汉书·艺文志》所见"五经"说 ……………… 324
　　一、学术史回顾 …………………………………………… 325
　　二、西汉中后期重《易》思想的渊源 …………………… 328
　　三、以《易》为"五经之原"的实现 ……………………… 345
第三节　《白虎通·五经》所见"五经"说 ……………… 350
　　一、《白虎通》所见"五经"说校勘 ……………………… 351
　　二、谶纬之学的兴起与《春秋》"为赤制"说 …………… 359
　　三、《白虎通》所见"五经"说的性质问题 ……………… 367

下　册

第四章　魏晋至隋唐经目演变 …………………………… 371
第一节　郑学一统：魏初经目新变 ……………………… 372
　　一、曹魏"十九博士"说考伪 …………………………… 373

二、不标师法的曹魏博士制度 …………………………………… 380
　　三、魏初太学中的郑学"小一统" …………………………………… 382
　　四、边缘化的魏初太学 …………………………………… 397
第二节　郑王分庭：曹魏后期的学术与政治 …………………… 403
　　一、王学立官的时间问题 …………………………………… 404
　　二、王学肇兴之由 …………………………………… 407
　　三、嘉平以后的郑王之争与曹马之争 ……………………… 425
第三节　繁简依违：两晋官学经目的调整 ……………………… 435
　　一、晋武"十九博士"诸说平议 …………………………… 436
　　二、《三临辟雍碑》所见三家礼的并置 …………………… 443
　　三、驳杂多元的西晋太学师法 …………………………… 449
　　四、东晋博士员减省与太学师法一元化 ………………… 456
　　五、孝武帝重定国子学经目 ……………………………… 470
第四节　儒玄之争：南北朝经目沿革 …………………………… 474
　　一、"意在贵玄"：颜延之元嘉新制 ………………………… 474
　　二、"儒不可缺"：王俭与陆澄的永明更化 ………………… 481
　　三、梁陈经目与晚出新注的胜利 ………………………… 489
　　四、十六国、北朝及隋经目探赜 ………………………… 494
第五节　多元归一：一元化的唐代经目 ………………………… 502
　　一、唐代科举与"九经"制的确立 ………………………… 503
　　二、今古《孝经》之争与玄宗御注的颁定 ………………… 512

第五章　宋学的发展与官定"四书五经"的形成 …………… 516

第一节　熙宁变法与王安石经目改革 ………………………… 517
　　一、北宋经学新变与熙宁"五经"制度 …………………… 519
　　二、兼经制度的确立与《孟子》升经 ……………………… 536
　　三、元祐更化与北宋经目的后续调整 …………………… 543

第二节 南宋"六经"制度 ……………………………………… 551
　一、南宋"六经"的建立 …………………………………… 551
　二、南宋"六经"的经学史地位 …………………………… 557

第三节 从"六经五书"到"四书五经" ……………………… 562
　一、"四书"的结集 ………………………………………… 562
　二、至元国子学与"六经五书"制 ………………………… 573
　三、皇庆科举与"四书五经"的确立 ……………………… 579
　四、《周礼》的废置及其经学史意义 ……………………… 581

第六章 民间经学力量的上升与"十三经"的确立 …………… 589

第一节 南宋至明初的"十四经"说 ………………………… 591
　一、"十四经"所指略考 …………………………………… 591
　二、"十四经"之说的学术背景 …………………………… 594
　三、"十四经"说的经学史地位 …………………………… 600

第二节 《十三经注疏》的初次汇印及其经学史意义 ……… 605
　一、所谓"南监本"的刊刻时间问题 ……………………… 606
　二、"南监本"之说的形成及传播 ………………………… 608
　三、"南监本"之说考伪 …………………………………… 610
　四、"正德本"《十三经注疏》的经学史意义 …………… 630

第三节 明中期汉学思潮的兴起与"十三经"的正式确立 … 632
　一、"十三经"成于宋代说平议 …………………………… 632
　二、南宋所谓"十三经"之提出 …………………………… 644
　三、"至正嘉之际而尽变其说":《十三经注疏》的出现 … 648
　四、从闽本到北监本:"十三经"之名的最终确立 ……… 657
　五、"十三经"之说的官方认可 …………………………… 669

附录一:北京市文物局藏元刻明修本《十三经注疏》
　　　　各书刻工名录 ……………………………………… 676

附录二：北京市文物局本《十三经注疏》刻工籍贯
　　可考者所刻书（瞿目所载部分） ·················· 681
结语 ·· 689
　一、经目的基本特征 ································ 689
　二、经目演变的分期 ································ 692
　三、经目与经学史之关系 ························ 700
参考文献 ·· 704
　一、基本古籍 ·· 704
　二、近代以来出版论著 ····························· 718
　三、论文集及研究资料汇编 ····················· 729
　四、学位论文 ·· 731
　五、期刊论文 ·· 733
后记 ·· 743

序

袁行霈

该生自从攻读博士学位以来刻苦勤奋，成绩十分优秀。他撰写的有关经学的多篇学术论文，发表在包括核心期刊和集刊在内的各种刊物上，已经引起校内外同行的注意。参加过马来西亚举办的国际学术会议，在会上发表的论文深受好评。

其博士论文的选题是经学史上的一个重要问题，至今学术界尚无专门系统的研究。经学是难度很大而又亟待振兴的一门学科，这篇论文的选题涉及的学科领域广泛、问题复杂，必须掌握大量的资料并具有驾驭全局的能力，才能入手。该生不满足于一般过程的描述，还能深入阐释其嬗变的社会政治原因，并对一些细节加以考证。作者认真钻研了大量第一手文献资料，注重实证，又不乏理论思考，善于将文献资料放到历史、政治、文化等领域中加以分析，表现出可贵的综合研究的能力。其中关于战国时期儒学的地域分布与"六艺"之提出的论述，关于两汉"五经"说学理重构的阐释，关于日传本《古文孝经孔传》真伪的考辨，关于宋代官定"四书五经"的形成与当时政治之关系的考论，关于《十三经注疏》初次汇印地点的考证，都有可喜的创获，显示了该生基础比较广博，并具有年轻学者的锐气和非同一般的创新能力。论文符合学术规范，资料丰富，逻辑性强，学风正派。

这篇论文在处理个别十分复杂的问题时，所得出的结论尚须进一步论证。

以上是程苏东博士学位论文答辩时我所写的评语，转眼间已经过去七年了。这期间他在哲学系博士后流动站工作了两年，随即到中文系担任我的学术秘书，并在中文系任讲师。在十分繁重的工作之余，他写了多篇有分量的论文，发表在一些重要刊物上，还参加了多次学术会议，已在国内外取得广泛的称誉。我看到学术领域里一颗闪亮的新星已经升起，其升起的速度连我这导师都感到惊异。如今他又将修订过的博士论文缴来，嘱我作序。这次修订不仅增加了许多新的资料，而且回答了当初有待深入解答的若干问题，我读来有崭然一新之感。"十三经经目"本来就是一个学术前沿的课题，七年之后仍然居于前沿的位置。这已不仅是目录学的课题，而且进入了经学史的领域，再进一步可以说是进入中国学术史的领域，为我们考察学术发展与政治变迁这个大课题提供了一个切入点。我一向提倡纵通与横通相结合，程苏东博士真正达到了我所期望的目标，我的欣慰之情不言而喻。

程苏东博士年方而立，前面的道路还长。他赶上了一个好时代，又在北大这样一个开放兼容的学术殿堂任教，每天之所见所闻，都能给他以新的启迪，促使他不断提升自己。而日新月异的大数据，也正为他展翅翱翔助力。一切条件都准备好了，只等他飞翔起来，"背负青天而莫之夭阏"者也。

这不仅是我的期望，也是学术界的期望。"天意君须会，人间要好诗"，我想将白居易评论杜甫的这两句诗送给程苏东，并相信他不会辜负我的希望。世有知者，当以鄙言为蓍也。

2017 年 5 月 27 日

绪　　论

一、"经目"的提出

本书所论"经目",主要指历代中央政府对官学中所尊"经书"及其解释体系而作出的限定。如西汉初期所立"五经博士",便是确立《诗》《书》《礼》《易》《春秋》为当时之经目,此后,随着学术思想与政局的演变,又陆续出现"黄龙十二博士""十四博士""九经""六经""四书五经"等不同的经目制度;此外,在官方经目的影响下,一些学者亦照此模式,基于某种学术理念而自觉地提出他们对于经典范围的看法,由此也出现了如"十四经""二十一经"等具有民间私议色彩的经目。总之,传统社会中关于"经"之范围的各种认定即为笔者所谓之"经目"。

需要补充的是,在经学史上,经典范围常常不仅指向经典本身,同时还关涉到经典的解释体系,也就是"师法""章句"和"传注",因此,本书所谓的"经目"史,当然也包括了这一层面的生成与演变。

在经学史研究中,尽管此前学者较少使用"经目"之名,然而关注"经典范围"之演变的传统却由来已久。学者们在讨论这一问题时,常常以"经的集团"[①]"经的范围及领域"[②]"群经之数目"[③]"经典范围"[④]等

[①] 卫聚贤《十三经概论》,上海:开明书店1935年版,第19页。
[②] 朱维铮编《周予同经学史论著选编》(增订本),上海人民出版社1996年版,第845页。
[③] 伪满洲国文教部编《经学教科书·上册》,沈阳:奉天省公署印刷局康德元年(1934)版,第4页。
[④] 许道勋、徐洪兴《中国经学史》,上海人民出版社2006年版,第65页。

各种不确定的名目进行指称，不仅不便，而且由于内涵和外延均稍嫌模糊，实难以界定这一经学现象的特定涵义，在事实上长期干扰了学术界对于这一问题的深入、持续研究，其最为典型的表现，就是使学界长期以来普遍将以"四书五经"为代表的"经目"与以"开成十二经"为代表的一般经书合称混为一谈，进而对经学史的进程产生一系列的误判。

究竟"经目"与一般的经书合称之间有何差别呢？何以说"五经""六经""九经""十三经"乃至"十四经"等概念与"开成十二经""石室十三经"等不能混为一谈呢？我们不妨从"九经"与"开成十二经"这两个概念的使用情况来谈起。

先说"开成十二经"，这是一个被广泛使用的概念，在各种经学史、文化史中，"十二经"被作为唐代后期经学发展的一个阶段性成果而被陈述，在周予同先生《中国经学史讲义》、何耿镛《经学简史》、许道勋、徐洪兴《中国经学史》、李威熊《中国经学发展史论》等著作中，"十二经"都被视作中国经学演进过程中的一个重要环节，上接"九经"，下启"十三经"。可是，我们翻查、检索唐代的各种史料文献，却发现唐人从未使用"十二经"这个概念，举三例为证：

> 其年十二月，敕于国子监讲论堂两廊，创立石壁九经，并《孝经》《论语》《尔雅》，共一百五十九卷，字样四十卷。（《唐会要·东都国子监》）①

> 凡《礼记》《春秋左氏传》为大经，《诗》《周礼》《仪礼》为中经，《易》《尚书》《春秋公羊传》《穀梁传》为小经。……《孝经》《论语》皆兼通之。（《新唐书·选举志》）②

> 五经博士各二人，正五品上。掌以其经之学教国子。《周易》《尚书》《毛诗》《左氏春秋》《礼记》为五经，《论语》《孝经》《尔雅》不立学官，

---

① （宋）王溥《唐会要》卷六六《东都国子监》，中华书局1955年版，第1162页。
② 《新唐书》卷四四《选举志》，中华书局1975年版，第1160页。

附中经而已。(《新唐书·百官志》)①

唐人在谈到《论语》等三部书的时候,并不称之为"经",而在谈到开成石经的时候,他们也只是说"九经并《孝经》《论语》《尔雅》",成于中唐的《五经文字》《九经字样》虽然实际内容皆涉及《论语》《孝经》等,但在命名上,亦皆举五经、九经以为成数。很明显,唐人虽然刻《论语》等入石,并在太学中传习《论语》等,但是他们并不将此三书与《周易》等"九经"混为一谈,"皆兼通之"和"附中经而已"才是唐人对它们的定位。可以说,有唐数百年,始终没有出现"十二经"并置的局面。

那么,"十二经"这一概念又是如何被提出来的呢?清人连鹤寿有一个考证:

> 唐国子监石经,并《春秋经》《左氏传》为一,增出《周礼》《孝经》《尔雅》,实十二经而称九经者,不数《孝经》《论语》《尔雅》也。唐石经告成于开成二年,后蜀亦有石经之刻,吕陶曰:"孟氏取《易》《书》《诗》《春秋》《礼记》《周礼》刻于石,以资学者。皇祐中京兆田公附以《仪礼》《公羊传》《穀梁传》,九经备焉。"盖亦不数《孝经》《论语》《尔雅》,至晁公武《读书志》则云:"鸿都石经,茫昧人间。唐太和中复刻十二经,立石国学。""十二经"之名始于此。②

可见,所谓"十二经"之说,是由宋人追述唐代之事时提出来的。而事实上,《论语》等书是在北宋初年才正式获得"兼经"的地位。宋人虽仍对"正经"和"兼经"有所区分,但是已经认可兼经亦属"经","九经三传"是南宋人常常使用的一个概念,而这个"九经"中就包括了《论语》

---

① 《新唐书》卷四八《百官志》,第1266页。
② (清)王鸣盛《蛾术编》卷一《唐石经以前只有五经或九经或十二经》,清道光世楷堂刻本,第10叶B。

《孝经》和《孟子》三种兼经。南宋许奕又有《九经直音》，亦包括《论语》等三书。因此，晁公武实是以宋人的经学观念来追述开成石经，也就忽视了唐人对《论语》等三书与"九经"的刻意区分，而径统称之为"十二经"了。换言之，历史上实际并不存在所谓并置"十二经"的时期，《论语》《孝经》作为治经兼习之书的地位并不是在开成刻石前后才确立的，而是早在西汉时期已然形成。开成年间刻石经之事，并未对唐代经学史的发展带来任何经目层面的变化，由唐初至北宋初期，经学史始终处于"九经"的时代，所谓经目从"九经"发展到"十二经"的说法与史实并不相符。所谓的"开成十二经"只是宋人的一种俗称而已，并非本书所界定的具有学理性色彩的"经目"。

而"九经"则不同，它是经过魏晋南北朝数百年的发展，至唐初由官方正式确立的经目制度，不仅有其自身的经学史演进脉络，而且影响巨大，仅以北宋时期"九经"一词的使用为例：

（太宗端拱二年五月三十日）康州言：愿给九经以教部民之肄业者。从之。（《宋会要辑稿》）①

（真宗咸平元年正月）上令择官校正九经文字，李至荐颐正。上召至后苑，讲《尚书·大禹谟》，赐五品服。（《皇朝编年备要》）②

（仁宗嘉祐四年）刘敞又独上奏曰："九经所载祫祭制度，最明备者，莫如《春秋公羊传》，自汉以下，皆引为证，所谓未毁庙者，岂有帝后之限

---

① （清）徐松辑《宋会要辑稿·崇儒二》，中华书局1957年影印本，第2188页上栏。关于赐"九经"之例，又如《宋史·本纪第六》载真宗咸平四年六月"丁卯，诏州县学校及聚徒讲诵之所，并赐九经"。《续资治通鉴长编》卷一一六载仁宗景祐二年四月戊辰"赐楚州学九经"。同书卷一六六载仁宗嘉祐元年六月，"叔韶尝献所著文，召试学士院入优等，特迁之。入谢，命坐赐茶，谓曰：'宗子好学无几，尔独以文章得进士第，前此盖未有也。朕欲天下知属籍有贤者，宜勿忘所学。'叔韶顿首谢。既退，又出九经赐之。"《宋史》卷六，中华书局1977年版，第115页。（宋）李焘《续资治通鉴长编》卷一一六，第2728页；卷一六六，第4000~4001页。

② （宋）陈均《皇朝编年备要》卷六《真宗皇帝》，宋绍定刻本，第1叶A。

哉!"(《续资治通鉴长编》)①

(哲宗元祐七年五月)癸巳,诏:"秘阁试制科论题,于九经兼正史、《孟子》《扬子》《荀子》《国语》并注内出,其正义内毋得出题。"(《续资治通鉴长编》)②

可见,无论是朝廷诏令,还是大臣奏议,"九经"这一简称频繁出现于各种正式的书面场合,"九经"所涵括的经书,在当时不仅广为人知,而且得到了国家制度的认定,在太学设博士员、科举、经筵以及州学、乡学等各级学校中都得以贯彻。此外,例如东汉《白虎通·五经》中所载以《易》《书》《诗》《礼》《乐》为经目的"五经"说、宋元之际士人间流传的"十四经"说、明代中后期汉学思潮影响下产生的"十三经"说,都是基于一定的经学史背景,由特定的士人群体自觉提出的经学理论,反映了当时某种经学思潮和风尚,因此皆属"经目",均应以经学史研究之眼光对其源流演变进行深入探讨。

简言之,"经目"具有学理性、稳定性和制度性。而一般的经书合称则具有偶然性、随意性和个人性,一方面,它们在计数时宽松随意,并不严格注意"经""传"之分,如"东汉七经""开成十二经""石室十三经"③等说法均是如此;另一方面,它们对经典的择取也并非基于某种经学理

---

① (宋)李焘《续资治通鉴长编》卷一九〇,第4589页。

② (宋)李焘《续资治通鉴长编》卷四七三,第11284页。关于科举制题言及"九经"者,又有哲宗元祐八年五月,"癸卯,礼部尚书苏轼言:'臣伏见元祐贡举敕:诸诗赋论题于子史书出,如于经书出而不犯见试举人所治之经者,听。臣今相度,欲乞诗赋题许于九经、《孝经》、《论语》,子史并九经、《论语》注中杂出,更不避见试举人所治之经……'"(宋)李焘《续资治通鉴长编》卷四八四,第11508页。

③ "石室十三经"之说始见于宋人赵希弁的《郡斋读书志·附志》,一般被视为"十三经"并称出现于宋代的标志,但事实上,蜀石室中所置的十三种经书并非刻于一时,而是历后蜀、北宋两代、先后三次刻成,其间经目制度历多次变革。《孟子》在后蜀时尚未升经,《仪礼》、《春秋》之三《传》、《孝经》、《尔雅》等在北宋的历次经目变革中亦曾先后被废出"经目"之列,"石室十三经"只是赵氏对蜀石室中见存经典的合称,并非某种真实存在的经目制度的描述。关于这一问题的具体考证,详参本书第六章第三节。

念,如刘敞《七经小传》、陈鹤龄《十三经字辨》、姚鼐《惜抱轩九经说》等书名中的"某经",都是随文计数,既不能脱离当时的语境,亦未得到社会的公认,实不能与"经目"同日而语。

在传统的经学史研究中,学者多失之于宽,将各种一般性的经书合称均纳入经学史演变范围之中,例如康熙十八年博学鸿词科的试策题,即明确以"七经""十一经"与"五经"等相提并论:

> 儒者之学,莫尚于穷经。……今试撮其大纲,凡通儒所宜共晓者,……五经、六经、七经、九经、十一经、十三经之名,分于何代?①

而包括马荣祖、齐召南、杭世骏、陈兆仑、沈廷芳、刘纶等在内的众多名儒在答题时,亦无一不循此思路作答。此外,又有失之于严者,以为除"五经""六艺"以外,"九经""十三经""十四经"等均为妄言俗称,例如章学诚《文史通义》、龚自珍《六经正名》等斥此诸说为"流俗称谓""非述孔氏""不知本矣"②,章太炎先生在《国学概论》中亦言:"宋代所称十三经,……只是将诸书汇刻,本无甚么深义。"③

无论是失之宽还是失之严,这种对经典范围演变过程的误判,都影响了我们对经学史演进过程的认识。学界对于某些一般性经书合称的经学史意义论之甚夥,而对于真正重要的经目,例如《汉书·艺文志》所载"五经"说、《白虎通》所载"五经"说、南宋"六经"制、"十四经"说等的研究却十分稀见,特别是在经目演变史上极为重要、体现明代中期经学思想之新变、与"四书五经"长期并峙的"十三经",反倒常常被视作一种"俗称",未能得到研究者应有的重视。辨清"经目"与一般经书合称之间的本质区别,对于经学史研究十分重要。子曰:"名不正,则言不顺,

---

① (清)马荣祖《力本文集》卷一《经解》,乾隆十七年石莲堂刻本,第6叶A。
② 叶瑛《文史通义校注》,中华书局2004年版,第1022页;(清)龚自珍《龚自珍全集》第1辑,上海人民出版社1975年版,第37页。
③ 章太炎《国学概论》,上海:泰东图书局1923年版,第43页。

言不顺,则事不成"①,为了避免这种情况,笔者认为极有必要为之取一专名,而综合各家说法,我们认为"经目"一词似较为准确精炼。所谓"目"者,名目也。《抱朴子外篇·吴失》云:

> 或有不开律、令之篇卷,而窥大理之位;不识几案之所置,而处机要之职;不知《五经》之名目,而飨儒官之禄;不闲尺纸之寒暑,而坐著作之地……②

而卢见曾《〈经义考〉序》亦云:

> 士子第视为梯荣媒进之具,约略拟题,游衍活套,用径寸之帙以希世而取宠,问以十三经之名目,憪然莫识。③

此外,宋章如愚、陈藻曾言"六经之目"④、元贡师泰曾言"夫经之目有六"⑤、清刘宝楠、刘藻曾言"五经之目"、全祖望曾言"七经、六经、五经之目"、陈梦雷曾言"十三经之目"、阮元、丁晏曾言"十四经之目"⑥,可见,以"经之目"作为经典范围的指称,已经长期得到了士人的认可,他们虽然未明确提出这一概念,但行文间使用此语已十分自然,我们依照现代汉语双音化的基本趋势,将其简称为"经目",并赋予其明确的内

---

① 程树德《论语集释》卷二六《子路上》,中华书局1990年版,第892页。
② 杨明照《抱朴子外篇校笺》卷三四《吴失》,中华书局1991年版,第149页。
③ (清)卢见曾《雅雨堂集·文集》卷一《〈经义考〉序》,清乾隆七年贺克章刻本,第3叶A。
④ (宋)章如愚《群书考索·续集》卷一〇《经籍门》,广陵书社2008年影印本,第937页上栏;(宋)陈藻《乐轩集》卷六《策问·周礼》,清文渊阁《四库全书》本,第11叶A。
⑤ (元)贡师泰《玩斋集》卷七《一经堂集》,明嘉靖刻本,第5叶A。
⑥ (清)刘宝楠《论语正义》卷二《为政第二》,中华书局1990年版,第44页;(清)刘藻《经解》,(清)张廷玉编《皇清文颖》卷一三《解》,清文渊阁《四库全书》本,第1叶B;(清)全祖望《鲒埼亭集外编》卷四〇《考·毛诗初列学官考》,朱铸禹《全祖望集汇校集注》,上海古籍出版社2000年版,第1567页;(清)陈梦雷《松鹤山房诗文集·文集》卷四《策·经史》,清康熙铜活字本,第1叶B;(清)阮元《揅经堂集·揅经室一集》卷一一《孔检讨广森大戴礼记补注序》,中华书局1993年版,第249页;(清)丁晏《颐志斋文钞》,民国四年罗氏铅印雪堂丛刻本,第26叶A。

涵及外延,应是可以成立的①。

  需要说明的是,在佛、道教文献中也有"经目"一词,如《高僧传》中即有晋宋之际释道流、释道祖合著《诸经目》、南朝宋时昙宗著《经目》的记载,而隋代《历代三宝纪》中也有梁天监十四年(515)武帝"勅安乐寺沙门僧绍撰《经目》四卷"的记载。道教方面,南北朝时期的《三洞奉道科戒》一书中专有《灵宝中盟经目》、《上清大洞真经目》等篇,著录道教经书卷次若干,唐《道教义枢》则记载梁朝陶弘景著有《经目》一书,整理道教经书的存佚情况。此后,历代朝廷常有官修佛、道经目之事,如隋代编有《大隋众经目录》五卷、武则天时期编有《大周刊定众经目录》十五卷。不过,佛、道文献中所谓的"经目",即"众经目录"的简称,乃是佛、道两家的目录学著作,与本书所言的"经目"所指并不相同,二者虽然同名,但由于佛道与经学两者的语境界限清晰,因此使用时一般应不至产生歧义。

二、经目研究的历史与现状

  由于经目是梳理经学史最为清晰的线索,因此,自从宋代起就有学者开始整理历代经目的演变,其中最为重要的是南宋中后期的学者王应麟。他在《玉海·总经解》中指出:

  《记》之《经解》指《诗》《书》《礼》《乐》《易》《春秋》之教,未始正六经之名。《庄子·天运篇》始述老子之言,曰六经先王之陈迹,实昉乎此。太史公《滑稽传》以《礼》《乐》《诗》《书》《易》《春秋》为六艺,而班史因之,又以五学配五常,而《论语》《孝经》并记于《六艺略》中。自时厥后,或曰五经,或曰六经,或曰七经,至唐贞观中谷那律淹贯群书,褚遂良称为九

---

① (梁)释慧皎《高僧传》卷六《义解三》,中华书局1992年版,第238页;卷七《义解四》,第291页。(隋)费长房《历代三宝纪》卷三,金刻赵城藏本;《三洞奉道科戒》卷四、卷五,明正统道藏本。(唐)孟安排《道教义枢》卷二,明正统道藏本。

经库,九经之名又昉乎此。其后明经取士,以《礼记》《春秋左传》为大经,《诗》《周礼》《仪礼》为中经,《易》《尚书》《春秋》公穀为小经,所谓九经也。国朝方以三《传》合为一,又舍《仪礼》而以《易》《诗》《书》《周礼》《礼记》《春秋》为六经,又以《孟子》升经,《论语》《孝经》为三小经,今所谓九经也。①

此外,在《困学纪闻》"经说"条、《小学绀珠》"六艺""五经""六经""九经""七经""四术""三史""二经""大经中经小经""五经正义""十二经""四经""十经""六经""七纬"等条目中,王应麟对历代经目的构成及演变也都予以关注,并进行了梳理。虽然王应麟对于经目演变背后的因素以及这些调整所带来的经学史影响等问题并未作深入探讨,但他以博古的眼光注意到经学史上不同的经书归类,以及历代科举中不同的经书范围,开启了以经目演变为纲梳理经学史的方法,在经目的研究史上,还是具有重要的开拓意义。此外,王应麟提出的例如汉代并存的两种经目排序等问题,后来也成为经学史研究中的重要问题。总体而言,王应麟关于经目的研究还处于材料积累的阶段,真正的研究尚未展开。

自元明以下,历代学者关于经目演变的论述越来越多,元代刘实的《敏求机要》卷七"经书·诸经"条、明代胡俨《重修尊经阁记》、焦竑《总经解》、顾炎武《日知录》"十三经注疏"条、清代毛奇龄《大学证文》、王鸣盛《蛾术编》"朱子但言九经疏""十三经注疏"条、皮锡瑞《经学历史》等,都有一些篇幅涉及历代经目的演变,总体来说,元明以来学者探讨的较多的主要有这样几个问题:

首先,是经目的源起问题,事实上也就是"经"的源起问题。正如上文所列王应麟《总经解》的启首部分一样,关于经目的论述,一般都是从

---

① (宋)王应麟《玉海》卷四二《艺文》,京都:中文出版社1977年影印合璧本,第827页上栏。

"经"名的形成开始的。关于这一问题,大多数学者都将其追溯至先秦,其文献学的依据主要来自《庄子·天运》篇的"六经陈迹"和《荀子·经解》篇的"始乎诵经,终乎读礼",杭世骏《经解》对于这一问题的论述较具代表性:

> 自汉以前,有六学、六艺之目而不立经名。唐陆龟蒙谓:"《经解》篇名出于戴圣,王辅嗣因之以《易》为经,杜元凯因之以《春秋》为经。孔子曰:'学《诗》乎?''学《礼》乎?''《易》之为书也,原始要终'、'知我以《春秋》,罪我以《春秋》',未尝称经,称经非圣人旨。"不知"志在《春秋》,行在《孝经》",孔子尝自称经矣。"六经陈迹"之语见于《庄子·天运篇》,"泽于四经"之语见于《管子·戒篇》(房玄龄注"四经",谓《诗》《书》《礼》《乐》),"始乎诵经,终乎读礼"之语,见于《荀子·劝学篇》(杨倞注"经",谓《诗》《书》),是纂修删定以后已立经之名矣。①

其次,是源初的"六经"与后来的各种经目之间的关系问题。这一问题是元明清学者最为关注的问题之一,也是在这个问题上,学者们之间的分歧最为引人注目。就笔者所见,古代学者对于这一问题大抵有两种看法,一种以王应麟为代表,认为从最初的"六经"到后来的"七经""九经",是经学史的自然演变过程,是经典范围不断调整的过程。到了明清之后的学者进一步指出,这一调整、演变的过程随着"十三经"的确立而最终完成,"十三经"的确立也就意味着经学格局的最终形成,从"六经"到"十三经",是经学格局逐步形成的过程。如清代陈兆仑的《经解》即持此观点:

> 六经者,《易》《诗》《书》《礼》《乐》《春秋》也。董子所谓"六艺之科,孔子之术"者是也。五经者,《乐经》亡也。汉武置五经博士,其始事矣。

---

① (清)杭世骏《道古堂全集》卷一《经解》,清乾隆四十一年刻、光绪十四年汪曾唯修本,第8叶A。

七经者,《诗》《书》、三《礼》《公羊春秋》《论语》也。九经者,五经、《周礼》《仪礼》《孝经》《论语》也。十一经者,《书》《诗》、三《礼》《春秋》《论语》《孝经》《大学》《中庸》《孟子》书也。十三经者,《易》《书》《诗》、三《礼》、三《传》《孝经》《论语》《孟子》《尔雅》也。其名亦世为进退,而迄宋始定焉。①

而明代凌义渠的《十三经注疏序》甚至认为,"三经不得不五,五之必至于九,九之必至于十三":

> 余不敏,窃以为经之不得不注疏,犹三经之不得不五,五之必至于九,九之必至于十三也。曷言乎三经之不得不五也?孔子韦编三绝,作《十翼》以继周公、辅羲文,删《诗》千余篇而得三百余篇,删逸《书》百余篇而留之壁中者为五十九篇,其时未以经名而尊奉异于群书。至《礼记》,虽杂纂之言,而记可以经,此即登传之始;《春秋》虽一国之文,而史可以经,此即登子之端。譬之水木火金,时时相生而其丽于土者一也。曷言乎五之必至于九也?唐宋九经,时有异同,或进《周》《仪》,或进三《传》,或《论》《孟》升焉,或《孝经》《尔雅》升焉,譬之职方十二州之名,初析之为九,而冀都之中,幽、并自在也。曷言乎九之必至于十三也?自蔡中郎书石于太学门外,已有十三经之名,相继残讹,不可深考,譬之十有三月以置闰而累岁之功成,三《礼》互为经传,三《传》依经起义,皆闰位也,岂独草木虫鱼之书、战国七篇之略称为缀姓也哉?②

而另一些学者则认为,经学的格局——"六经"早在先秦孔子时代便已经确定,而一旦确定,即不应当改变,后世所谓的"七经""九经""十

---

① (清)陈兆伦《紫竹山房诗文集》卷一《经解》,清嘉庆刻本,第10叶B。
② (明)凌义渠《凌忠介公集》卷六《十三经注疏序》,清文渊阁《四库全书》本,第5叶A~6叶A。

三经"之说，都只是"世俗之称"，是乱传、记、群书以为"经"，对经学不了解的表现。换言之，汉代以后的各种"经目"是对经学格局的破坏，要展开真正的经学研究，就必须重新恢复"六经"的经学格局，龚自珍在《六经正名》中的论述最具代表性：

> 何居乎？世有七经、九经、十经、十二经、十三经、十四经之喋喋也。或以传为经，《公羊》为一经，《穀梁》为一经，《左氏》为一经。审如是，是则《韩》亦一经，《齐》亦一经，《鲁》亦一经，《毛》亦一经，可乎？《欧阳》一经，两《夏侯》各一经，可乎？《易》三家；《礼》分庆、戴；《春秋》又有邹、夹；汉世总古今文为经，当十有八，何止十三？如其可也，则后世名一家说经之言甚众，经当以百数。或以记为经，大小《戴》二记毕称经。夫大小《戴》二记，古时篇篇单行，然则《礼》经外，当有百三十一经。或以群书为经。《周官》晚出，刘歆始立。刘向、班固灼知其出于晚周先秦之士之掇拾旧章所为，附之于《礼》，等之于《明堂阴阳》而已。后世称为经，是为述刘歆，非述孔氏。①

而章学诚则直斥：

> 后世著录之法，无复规矩准绳，或称七经，或称九经，或称十三经，纷纷不一。若纪甲乙部次，固无伤也；乃标题命义，自为著作，而亦狗流俗称谓，可谓不知本矣。计书几部为几经可也。刘敞《七经小传》，黄敏《九经余义》，本非计部之数，而不依六艺之名，不知本也。②

当然，持这一观点的学者，既有倾向于今文经学的，如龚自珍、皮锡瑞，也有倾向于古文经学的，如刘师培在《经学教科书》中也称所谓"九

---

① （清）龚自珍《龚自珍全集》第1辑，上海人民出版社1975年版，第37页。原书标点有误，"等之于《明堂阴阳》而已"一句作"等之于《明堂》、《阴阳》而已"。查《汉书·艺文志》，《礼》书中《周官》之前为"《明堂阴阳说》五篇"，定盦此言正指此书，故不应断点。又"十四经之喋喋也"句后原为问号，亦不妥，今皆不从。

② 叶瑛《文史通义校注》，中华书局2004年版，第1022页。

经""十三经"之说"不察以传为经,以记为经,以群书为经,以释经之书为经,此则不知正名之故也"①。

事实上,正如刘师培所指出的,要判定汉代以后各种经目与"六经"之间的关系,首先需要"正名",也就是正"经"之名。龚自珍、章学诚等学者之所以认为经学的格局当为"六经",乃是因为他们将"经"视作第二节所言的作为学术系统的"六经之学",将其视作所谓的"圣人"之学,正如皮锡瑞在《经学通论》中所声明的,"当知经为孔子所定,孔子以前不得有经"。清代中期以后,今古文经学在对经学史的认识上产生了很多分歧,但在关于经目与"六经"之关系上认识如此一致,主要是因为他们都将"经学"定义为纯粹的"六经之学",而如果我们注目于"经学"作为国家意识形态的另一面,就会发现,历代朝廷对于经目的不断调整,绝不是庸人自扰的无聊之举,而是在各种政治、社会、文化、制度的影响下做出的主动或被动的自觉调整。

第三,是"十三经"的最终形成问题。作为明清的学者,论述历代经目的演变,最终往往要落到"十三经"的形成过程这一问题上。不过关于这一问题,学者之间的歧见却非常多,焦竑、蓝鼎元等认为"十三经"定于唐代贞观时期,顾炎武、杭世骏、方东树以及乾隆帝等则认为"十三经"昉自明代,至于另外一些学者,如袁枚、傅云龙、陈兆仑等则认为"十三经"定于宋代。从近代以来学术界的研究看来,在明清时期并不占主流的"十三经"成于宋代说逐渐成为定说,而在清代一度影响较大的明代说则近乎湮没。

综合以上宋元以来学者对于经目演变的论述,笔者认为主要存在两大问题:

首先,是由于没有"经目"这一概念,因此,在梳理经目的发展、演变时,对于在一定时期内比较稳定的、有一定的经学史成因和影响的"经

---

① (清)刘师培《经学教科书》,上海古籍出版社2006年版,第6页。

目"与随机的、偶然的、个人化的经书合称之间的差别认识不清,并由此导致对于经学史、经目演变认识的混乱。这一问题自王应麟始便表现出来,而到元明之后竟愈演愈烈,以至于诸如刘敞《七经小传》、何异孙《十一经问对》这些著作带来的"七经""十一经"之名都被视作与"六经""九经"一样的经目分合,甚至这样的认识还出现在康熙十八年(1679)博学鸿词科的试策题中:

> 儒者之学,莫尚于穷经。经籍浩繁,毋烦胪举。今试撮其大纲,凡通儒所宜共晓者,为多士询焉。经之名昉于何时?五经、六经、七经、九经、十一经、十三经之名,分于何代?①

而包括马荣祖、齐召南、杭世骏、陈兆仑、沈廷芳、刘纶等在内的众多士人在回答这一问题时,都将"七经""十一经"与"五经""六经""九经""十三经"视为一类,足见当时士人对经目认识的混乱。

其次,则是对具体各经目的产生时代、始末认识不清。有意思的是,由于"七经""十一经"这样的"计部之数"是偶然的、个人化的,因此,关于它们的来源历来为士子所熟知,反倒是那些真正的经目,比如九经、十三经等究竟何时产生,由于明清学者并未将"经目"作为一个专门的问题去研究,因此即使是素以考据见长的清代学者,对这些问题也认识不清,即以上文所提及的博学鸿词科的试策为例,获得该科第一的刘纶是这样回答这一问题的:

> 九经则后唐镂九经本于国子监者是,他如五经五纬为十经、六经六纬为十二经,而十一经有孝孙(笔者注:当作"异孙")之《问对》。其分十三经者,盖亦自唐始。此历代相传之大略也。②

---

① (清)马荣祖《力本文集》卷一《经解》,乾隆十七年石莲堂刻本,第 6 叶 A。
② (清)刘纶《经解》,(清)张廷玉编《皇清文类》卷一二《解》,文渊阁《四库全书》本,第 10 叶 A~B。

事实上,唐代早有"九经"制度,而"十三经"的兴起,无论如何也不可能始于唐代,这样的认识竟被拔为博学鸿词科第一,明清学者对于历代经目产生的研究状况由此略可窥见。而连经目产生的基本时间都未厘清,则其背后的形成因素、引起的经学史影响等问题更是无从谈起了。从刘师培《经学教科书》(1905)和皮锡瑞《经学历史》(1907)两部经学史著作我们即可看出,直至清末,关于经目演变的论述仍未出王应麟以来的框架,这一专题的研究并未展开。

进入民国以后,经学史的研究取得了长足的进步,特别是在"经"的产生、"经学"的建立、历代经学的特点等问题上的研究尤为卓著,就经目研究的领域而言,亦曾进行过不少深入、广泛的探讨,其中,影响较大的,主要是关于"六艺"之构成始末的研究,包括钱玄同、顾颉刚、郭沫若等学者在内的不少著名学者都曾参与这一问题的讨论,简言之,以钱玄同为代表的学者推翻了长期以来"六艺"形成于先秦的传统观念,认为"六艺"乃是汉儒为了推崇儒学、建立经学制度而伪托孔子名义造作的,《易》《尚书》《诗》等原先是并无关系的典籍,经过汉儒的拼凑而成为儒家的基本典籍丛书,作为"五经"之基础的"六艺",乃是汉儒重建儒学的成果。可以看出,这一研究的基本背景,即是上世纪初的"疑古"思潮,其中的不少看法,经过近年来的研究,已经被证实是并不可信的推断。不过,围绕这一研究,汉代经学史的相关资料得到了初步的整理,一些此前并未被学者重视的文献被发掘出来,因此,笔者认为,尽管这一研究的最终成果未必可信,但他对于民国以来经目乃至整个经学史研究的推动作用,仍是不可抹杀的。

民国时期经目研究的另一突出成就则是以博士制度研究为名义而展开的,其代表成果即王国维的《汉魏博士考》(1916)和钱穆先生的《两汉博士家法考》(1944)。关于博士制度的研究,清末曾有胡秉虔《西京博士考》和张金吾《两汉博士考》,但皆比较疏略,尚未深入考究两汉博士官制沿革及其治经之目的演变。至王、钱二氏治此学,乃始深入考辨名实、梳理源流。王国维不满于胡、张二书"于六艺流别及两汉制度均有所未究""于诸经立学之事茫然无可考"①,因此其自撰《汉魏博士考》,对武帝立五经博士以前的博士制度、宣帝时期经目的调整、东汉光武时期经目的重建以及曹魏时期诸经博士的调整都进行了论述,颇多新见,其中如论定《孝经》《论语》不设专经博士,然亦由诸经博士传授等,皆可成定论。不过,客观而言,王氏此文颇多推论,对于武帝前后博士官性质的变化认识未清,对西汉博士治经之目的考证也未完备,至于武帝、宣帝、光武帝三个时期经目演变的历史背景等更全未考索,沈文倬先生认为是文"论证全凭推比,缺乏坚实的证据"②,虽过于严苛,但亦颇中其要害。而与此相比,钱穆先生的《两汉博士家法考》一文则大为不同。钱公此文的最大特点,乃是一本文献,不囿旧说。其举出的几个基本论点,如论汉武帝之前的博士为顾问官,申公、辕固生皆不可视为专经博士,便高出此前诸家。又如其论"五经博士,初不限于一家一人""其为博士者,初亦不限于专治一经""其时所谓五经博士,乃一总名,以别于前之博士"③,不拘于"五经博士"之名,资于文献而深究其实,皆可成定说。至于他提出各经有某家之学乃始于宣帝石渠之后的观点,虽然不少细节仍有可补正之处,但这一思路则超越前贤,极富启发性。总之,钱穆先生此文对于汉代经目研究的深入推动极大,可以说是民国时期经目研究的扛鼎之作。当然,由于钱穆先生的研究主要基于学术史的领域,因此,在探讨经目演变的政治历史背景方面,则未加属意,此亦其

---

① 王国维《书绩溪胡氏西京博士考昭文张氏两汉博士考后》,《王国维全集·第八卷》,第548页。

② 沈文倬《黄龙十二博士的定员与太学郡国学的设置》,《宗周礼乐文明考论(增补本)》,浙江大学出版社2006年版,第473页。

③ 钱穆《两汉博士家法考》,《两汉经学今古文平议》,商务印书馆2001年版,第207、210页。

体例之所限,不必苛求。

不过,从整体上说,由于"经目"并未成为一个专门的论题,因此,民国时期的相关研究显得比较零散,除了关于六艺和汉代经目的研究以外,可注意者还有周予同先生关于"四书"之产生的研究[①],至于对其它朝代经目的研究,则相对薄弱,此期的一些经学通史,如陈延杰《经学概论》(1930)、钱穆《国学概要》(1931)、周予同《群经概论》(1933)、马宗霍《中国经学史》(1936)、钱基博《经学通志》(1936)、范文澜《中国经学史的演变》(1941)、泷熊之助《中国经学史概说》(1941)、李源澄《经学通论》(1944)、蒋伯潜《十三经概论》(1944)等,虽然开篇均以从"六艺""五经"到"十三经"的演变作为导论,但皆限于概说而已,且其论多因袭宋代以来旧说,与清末刘师培氏的《经学教科书》相比基本未有突破。

1949年以后,两岸学术界关于经目研究的基本格局总体上并未有大的改观,因为"经目"始终未曾被作为一个独立的论题被学者自觉地进行研究,因此,经目研究仍主要附庸于相关经学史的研究而展开。就两岸影响较大的经学通史著作而言,无论是许道勋、徐洪兴先生的《中国经学史》,还是李威熊先生的《中国经学发展史论》,其首章均介绍历代经目的演变,与民国时期的经学史著作相比,这些著作基本不再将"计数之部"的"七经""十一经"等与真正的经目相混杂,其所清理出的西汉"五经"——东汉"七经"——唐代"九经""十二经"——宋代"十三经"的轨迹亦逐步廓清着历代经目演变的主线。但是,不必讳言的是,一方面,关于历代经目演变之史实的研究仍很不充分,如汉代所置"五经博士"的师法究竟如何演变,"九经"制度究竟始于何时、其与《五经正义》所指"五经"之间的关系如何等,仍未得到解决,至于两汉何以先后出现三种不同的"五经"之说等问题,更是未见论及。另一方面更为重

---

① 周予同《朱熹》第四章《朱熹之经学》第七节《四书学》,朱维铮编《周予同经学史论著选集》(增订本),上海人民出版社1996年版,第168~169页。

要的是,由于缺少对经目这一范畴的自觉认识,因此,他们关于经目演变的论述仍未能揭示出"经目"作为一个独特的历史现象的本质,由是不仅所谓的"开成十二经"仍被视作经目演变中的重要一环,在关于"十三经"的形成过程及其与"四书五经"之关系等问题的研究方面,也显得颇为模糊。因此,从整体上来看,49年以来的各种经学通史著作,虽然都涉及了经目演变的问题,但仍未能勾勒出历代经目演变的真实线索,至于经目演变与各代政治、社会、文化背景之间的关系,其论述则更为疏略。与经学史领域内其他若干专题的研究相比,经目的研究处于比较滞后的状态。

其实,与民国时期的研究状况相似,1949年以来涉及经目研究的突出成果,主要还是体现在一些比较具体的经学史问题上,例如由于上世纪70年代以来大量出土文献的整理、公布,使得民国时期已成定论的"六艺"构成问题再次成为学术界研究的热点,王葆玹、廖名春、郝明朝、池田知久、浅野裕一等学者都各自作了专门的系统研究,很多重要的学者对此都发表了意见。此外,关于汉代博士所治经目的演变问题、魏晋十九博士的问题、"四书"的形成问题、《孟子》的升经问题、蜀刻石经的经学史意义、"十三经"的确立过程等问题,都曾有学者进行过专门的讨论,不少研究成果可成定说。如沈文倬先生《黄龙十二博士的定员和太学郡国学校的设置》一文,考定武帝之前的博士为顾问官、元朔五年之后的博士为教育官,从而彻底辨清了"经"这一特殊文类的产生时间问题;又如董洪利先生考定《孟子》升经乃在北宋王安石熙宁变法之中,一举推翻了自明代以来流传的以《孟子》升经始于南宋朱子尊《四书》的旧说,对于我们廓清经目演变的史实极有助益[①]。当然,正如本书已经反复申说的那样,由于"经目"这一概念本身未被提出,学术界对于"经目"与一般的经书合称之间差异的认识有时仍显得模糊,这严重地

[①] 董洪利《孟子研究》,江苏古籍出版社1997年版,第209页。

干扰了一些具体问题的研究,例如在"十三经"之形成过程的研究中就体现得十分突出。关于这些具体问题的学术综述,可参看正文的相关部分。

通过对宋代以来"经目"之研究状况的简单回顾,我们可以发现,长期以来,学者对"六艺"的建构、两汉博士制度中的经目演变、《孟子》升经、"四书"的形成等问题都已经作了不少探讨,形成了很多可资借鉴的研究成果;不过,由于"经目"这一范畴始终未被明确提出,关于经目演变的研究始终零散地附庸于相关经学史的研究,因此,它在理论性和系统性等方面存在着明显的缺陷,整体上显得十分零散。由于缺少对于"经目"这一概念的自觉意识,目前的研究既未能在最大程度上廓清经目演变的史实,至于历代经目演变背后的政治、社会、制度诱因,以及经目的演变给学术史、文化史带来的影响,则更缺少深入的探讨,而这些,正是本书努力达成的目标。

三、本书的研究思路与方法

在前文的论述中,笔者反复提及,"经目"作为经学史的核心和主线,在经学史的研究中本应具有先行的地位:我们只有清晰地梳理出历代经目演变的线索,才可能对历代经学史的演变获得一个直观的整体认识。事实上,历来的经学史著作都将经目的演变作为全书的开篇,已经显示出这一问题在经学史研究中的基础性地位。但是,就是这样一个重要性不言而喻的论题,居然长期未见系统、深入的研究,"经目"作为一个独特的历史现象,无论是在理论上,还是在史实考辨上,都没有得到自觉的探讨、整理,这不仅是经学史研究的缺憾,也是整个古代文史研究的缺憾。因此,本书即以历代"经目"的演变为核心,在文化史的背景下展开从"六艺"到"十三经"的专题史研究。基于这一论题目前的研究现状,本书的研究大体可以分为以下三个层面:

第一，基本史实的考辨清理。由于"经目"研究此前并未得到学术界的足够重视，因此，这一论题内的大量史实没有得到应有的考辨和整理，以讹传讹的现象比较普遍，一些借助传世文献或新出文献基本可以解决的问题没有得到解决。比如孔门"六艺"的建立究竟始于何时？孔子是否曾以《易》《春秋》设教？汉武帝设"五经博士"时各经是否已具师法？《汉书·儒林传赞》称五经博士仅言及《书》《礼》《易》《春秋》，这一现象当如何认识？汉宣帝"黄龙十二员"博士所掌经目究竟为何？魏晋南北朝各代所立经目为何？《宋书》所载魏晋"十九博士"具体掌治何经？"九经"设科制度始于何时？为何产生？"十三经"的确立是否真在宋代？《孟子》升经是否即标志着"十三经"的成立？"九经"制度在北宋经历了那些变革？南宋时期施行的正经制度又是如何？"十三经"与"四书五经"的出现究竟孰先孰后？《十三经注疏》真正意义上的初次汇印始于何时何地？"十三经"何时、如何得到官方的认可？这些问题，学界或鲜少讨论，或多循旧说，或已有名家专为考定，却缺少进一步的复核和深入。总之，就经目演变这一论题而言，史实失考是限制其研究进一步深入的重要因素。因此，本书的首要目标，即是系统地考辨、梳理历代经目的演变过程，试图最大可能地廓清经目演变的路径。这是本书的基本目标。

第二，考稽、探讨经目演变的内外部诱因，以及前后因革或并存的不同经目之间的关系。此前，学术界对于历代经目之间的内在联系，以及影响经目演变的相关因素的分析显得不足。例如，"六艺"之说既然在郭店楚简中已经出现，何以战国末年的《荀子》中不仅不见"六艺"之名，甚至连"六学"并举都没有出现？两汉时期曾经出现过三种不同的"五经"说，其中《汉书·艺文志》与《白虎通·五经》篇所见的两种"五经"说相继出现，它们各自以何为据？为何出现分歧？其与汉代学术史的关系如何？曹魏时期王肃经学的地位迅速提升，是否皆可归因于其姻亲司马氏之秉政？魏晋南北朝礼学勃兴，《周礼》在诸经中的地位上升，基于何因？唐代既然实行"九经"制度，然中唐以后何以又出现"五经博士"？北宋前期的《孟子》升经，其背后之推动力量究竟为谁？其与新旧党争之间存在何种关联？南宋时期施行"六经"制度，其与此前的"九经"以及后来的"四书五经"之间分别存在何种关联？南宋出现的"十四经"之说，与后来的"十三经"又有何关系？元初官定经目中仍有《周礼》，何以至延祐科举后便仅存"五经"？《孝经》在汉唐时皆与《论语》并置，何以宋元以后《论语》位列兼经而《孝经》则仅为蒙学之书？明清两代，何以同时出现"十三经"与"四书五经"两种经目？它们各自代表着什么样的学术理念？它们之间的关系如何？显然，这些都是经目演变这一论阈中非常值得探究的问题，也是本书试图探讨的问题。

第三，尝试就"经目"本身及其与经学史的关系等问题作若干理论性的探讨与总结。笔者在《关于〈新编新注十三经〉之编纂及进展》一文中曾经提出："经书的选择与结集是开放而又稳定的，每个时代的士人都会根据当代的政治制度、学术追求和解经方法对于经部书目作出自己的选择，这些选择在得到朝野士人的普遍认同后便会在相当长的一个历史时期保持稳定，而这一时期的经学研究也就会在这一格局中渐次展开，直到进入一个新的历史阶段。"① 作为一个延续了两千余年的历史现象，经目与经学史之间存在着双向的互动关系：一方面，经目的演变乃是前一时期经学史发展的结果，另一方面，经目在确定之后又会在相当长的一段历史时期内影响经学史的发展。此外，例如官方经目与民间经目之间的关系以及它们各自对经学史的影响、"经学"在国家政治中所起作用的变化与经目的调整演变之间的关系等问题，都可以在充分了解经目演变的基本史实以及相关诱因的基础上，作出理论性的

---

① 参拙文《关于〈新编新注十三经〉之编纂及进展》，《国际汉学研究通讯》第1辑，中华书局2010年版，第91页。

探讨与总结。以上便是本书围绕"经目"演变这一论题将要展开的三个层面的探讨。

关于本书的研究方法，笔者以为可以概括为以下几点：

首先，以文献学为基础的研究方法。作为一部以考辨史实为基础的论文，笔者的全部研究将完全建立在充分的文献学研究的基础上。事实上，无论是出土文献的大量发现，还是域外汉籍越来越多地进入我们的视野，抑或从前难窥真颜的宋元善本的大量影印，都给我们的经学史研究带来了极大的便利：郭店楚简《六德》《语丛一》的出土，使我们可以重新定位"六艺"的形成过程；敦煌残卷《唐永徽职员令》的发现给我们考证"九经"制度的确立时间提供了新的参照；日本京都大学所藏刘炫《孝经述议》残卷有助于我们了解《五经正义》的编撰体例和今传本《古文孝经孔传》的真伪；而《中华再造善本》中北京市文物局藏元刻明修本《十三经注疏》的公开出版，则使我们更加便利地采集到丰富的版本信息，进而帮助我们考定"十三经"初次汇印的地点及其获得官方正式认可的时间。总之，笔者在论述中将充分注重对于史料的史源学的辨析，并尝试通过版本学、目录学、辑佚学等各种文献研究的手段，为笔者的考辨建立更为充分的文献基础。

其次，以文化史为背景，将经目的研究与政治史、制度史、社会史等相关研究结合起来，全面、立体地考察经目这一历史现象在传统社会中的影响。传统的经目研究一般局限于学术史的领域，例如关于汉武帝"遵行儒术"与汉代前期学术史之间的关系，《孟子》升经与中唐以来经学思想演变之间的关系，以及"四书"学的兴起与"经""子"学术关系的演变等问题，都已经有了非常深入的研究。但是，前文已言，经学固然具有"六经之学"的学术史身份，但它的基本身份，则是与国家政治密切关联的国家意识形态，在这一意义上，它与政治史、制度史之间的密切联系，绝不逊于它与学术思潮演变之间的关联，甚至在一定的历史情况下,这种关系显得更为直接和具有决定性的影响力。因此,与以往的经学史论著比较单纯的学术史眼光不同,本书将选择更多的角度和侧面,例如科举制度、政治变革、宫廷权力斗争等,对"经目"的演变进行更为全面的考察。

复次,需要特别提出的是,本书注重在"当代史"的情境下展开研究,因此,我们的研究范围和关注重点也将随着时代的变化而作相应的调整。传统的经学史研究注重其作为"六艺之学"的属性,因此在研究各个时期的经学成就时,对于诸经的关注程度相对比较平均;但本书既然是关注"经目"这一现象在历史上的演变过程,而不同时期的经目范围本身是不同的,因此,我们的研究也就要依据不同时期的经目认定而转移。笔者特别关注的是,某一部经典、或某一家经说何以在此时进入经目,或何以在彼时被废出经目;某一种经典何以在此时的经目中地位极高,又在彼时的经目中地位衰落。总之,在本书的论阈内,"经"从来都不是单独存在的,它一方面是"经目"这个集体中的个体,另一方面又依附于特定的时代背景,我们无论是探讨某一"经目"形成的原因,还是探讨某一"经目"内部的结构,都是以当时的特定历史语境作为基本前提的。

总而言之,就整个文化史的层面而言,一部经目史不仅是经学史的核心和主线,还与各个时代的政治、社会发展有着疏密不同的联系,无论是学术史,还是政治史、制度史、社会史,都在一定程度上将各自的身影投射到经目这一历史现象上,通过对于经目演变的研究,对于我们了解不同时期治国理念之间的差异、了解中华文明的发展轨迹都具有切入点式的启发意义。

第一章 "六艺"的形成

作为人类文明的知识总汇,多数文明都拥有自己的"公共经典"(Canon),例如两河文明的《吉尔伽美什》(Gilgamesh),古印度文明的"四大吠陀"(Vedas),波斯文明的《阿维斯塔》(Avesta),古希腊文明的《荷马史诗》(Iliad & Odyssey),犹太文明的《摩西五经》(Torah Moses),伊斯兰文明的《古兰经》(Quran),西方文明的《圣经》(Bible)等,她们或为民族史诗,或为宗教法典,或为仪轨戒律,或为圣贤语录,抑或兼而有之,反映出不同文明思想渊源与价值取向的差异。她们在各自文明内部拥有极高的权威性与广泛的影响力,甚至可以成为政权合法性的来源和法典的依据,而对于华夏文明来说,其"公共经典"无疑就是"六艺"了。与其他文明的公共经典类似,"六艺"的组成颇为庞杂:包括一部记录筮法的占书,一部君臣言语录,一部包含风、雅、颂三体的诗集,一部礼书,一部编年断代史,以及一系列难以形诸文字的音乐、舞蹈、服饰、仪节等,她们具有完全不同的知识体系与表现形态,分掌于不同的职官①,在产生时间上则跨逾千年。然而,在如此广博的外延之下,却有一种精神内核使其凝结为一个整体,持久地滋养华夏文明的生长。那么,

---

① 章学诚《校雠通义·原道》论"六经皆史"云:"六艺非孔氏之书,乃周官之旧典也。《易》掌太卜,《书》藏外史,礼在宗伯,乐隶司乐,《诗》领于太师,《春秋》存乎国史。"章氏据《周礼》论六经所掌,其说固值得商榷,然其论此"六艺"为周人旧典,且各有官守,则为的论。章学诚著、叶瑛校注《文史通义校注》,中华书局2004年版,第951页。

"六艺"究竟是如何成为一个整体的呢？这就是本章将要讨论的问题。

第一节　西周、春秋的国家教育与王官"四教"

如果要列举"六艺"与其他古文明经典之间存在什么核心差异的话，那么其与国家教育体系之间的密切关系一定是不可忽视的一项。与多数文明经典脱胎并长期传习于宗教性场合不同，从中国经学史的发展来看，无论是"经"最初的出现与认定、经书文本的勘定与出版、群经师法的分化与竞争，还是各种官定经目的确认与颁行，都与辟雍、太学、国子学、国子监等国家教育机构间存在着密切的关联，学校成为经学制度赖以建立、施行和调整的基本空间。那么，"六艺"与学校之间的这种关系如何得以建立？诗、书、礼、乐最初如何获得其权威性？主要作为"仪式"的"诗、礼、乐"与作为文本的《书》在周人王官教育中是否承担不同的功能？她们的经典化对于周人来说意味着什么？这些将是本节要讨论的问题。

一、作为贵族"公共空间"的商周学宫

在甲骨卜辞中，已有关于商人教育机构的记载，如"丙子卜，贞，多子其徙学，版（返）不遘（遇）大雨"。（《合集》03250）[1]显示商代贵族已有专门的教育机构。金文则有关于周人学宫的记载，影响较大者如静簋（周穆王时器）铭文载："唯六月初吉，王才莽京。丁卯，王令静司射学宫，小子眾服、眾小臣、眾夷仆学射。"[2]这是穆王令静在"学宫"中训练青年贵族习射术。周人的学宫在金文中亦被称作"辟池"[3]，表明其在空间

---

[1] 胡厚宣主编《甲骨文合集释文》，中国社会科学出版社1999年版，第03250条。
[2] 中国社会科学院考古研究所编《殷周金文集成·第四册》，中华书局2007年版，第2604页。
[3] 《史记·封禅书》中亦以"辟池"称学宫："沣、滈有明，天子辟池。"司马贞《索隐》："今谓天子辟池，即周天子辟雍之地。"《史记》卷二八，中华书局2013年版，第1646页。

上应是由水环绕或半环绕的独立场所,这与汉儒对于"辟雍""泮宫"的解释是基本一致的。

传世文献中关于早期学宫的记载则更为丰富,《尚书·尧典》中舜命夔"典乐,教胄子",可被视为关于贵族教育的最早记述,其核心教授科目则为"乐"与"诗"①;此外,在被认为拥有较早文本来源的《夏小正》中②,亦言及"(二月)丁亥,万用入学。丁亥者,吉日也。万也者,干戚舞也。入学也者,大学也。谓今时大舍采也。"③以"万"舞为"学"中传习的内容,这些都反映出在早期贵族教育中,除射术等竞技类科目以外,乐、舞等仪式也是核心的学习科目。

关于早期学宫的描述最丰富的材料见于《礼记》,包括《王制》《月令》《文王世子》《学记》《经解》等数篇,涉及周代辟雍、泮宫两级教育机构的数量及分布、教学科目、学生选拔、师资来源、考核方式、毕业去向等多个方面。由于《礼记》成书于西汉,其中内容难免杂有战国乃至秦汉士人附会者,但结合上举卜辞及金文材料,周人从中央政府到外服诸侯均普遍设立贵族教育机构这一基本事实,应是可以确认的。

而尤其值得注意的是,商周学宫除承担贵族子弟的教育功能以外,在国家政治与宗法生活中还发挥着广泛的作用。杨宽在《我国古代大

---

① 见于《尚书·尧典》:"夔,命汝典乐,教胄子。直而温,宽而栗,刚而无虐,简而无傲。诗言志,歌永言,声依永,律和声。八音克谐,无相夺伦,神人以和。"《十三经注疏》,中华书局1980年版,第131页中栏。此节《伪古文尚书》割裂入《舜典》,今仍据今文《尚书》分篇系于《尧典》下。

② 关于《夏小正》经文部分的产生时间,历来存在异说,或早至夏朝,或晚至西汉,研究综述可参庄雅洲《夏小正析论》第一章《夏小正之经传》。李学勤根据《夏小正》中所见物候信息,结合最新考古发现,认为部分物候可以从夏墟的发掘中得到印证,因此推定《夏小正》确有古老的文本来源。胡铁珠通过对《夏小正》中所载星象的方位确认其文本生成时间,认为其历法曾用于周朝,其起源最早可推至夏代。庄雅洲《夏小正析论》,台北:文史哲出版社1985年版,第7~14页;李学勤《〈夏小正〉新证》,《李学勤文集》,上海辞书出版社2005年版,第88页;胡铁珠《〈夏小正〉星象年代研究》,《自然科学史研究》,2000年第3期,第234~250页。

③ 黄怀信《大戴礼记汇校集注》卷二《夏小正第四十七》,三秦出版社2005年版,第195页。

学的特点及其起源》一文中通过对西周太学各种功能的全面考察,指出"西周大学不仅是贵族子弟学习之处,同时又是贵族成员集体行礼、集会、聚餐、练武、奏乐之处,兼有礼堂、会议室、俱乐部、运动场和学校的性质,实际上就是当时贵族公共活动的场所"。① 胡美琦《中国教育史》也指出,"古代政治即建基在贵族教育上""政府许多大典礼亦都在学校中举行"。从金文资料看来,辟雍中常举行射礼,如麦尊中提到:

雩若翌日,才辟雍,王乘于舟,为大礼。王射大龏禽。②

一般被认为属昭穆时器的伯唐父鼎则记载:

王格乘辟舟,临䢐白旗,用射兕、䩦虎、貉、白鹿、白狐于辟池。③

学宫中又可行献俘礼,见于《鲁颂·泮水》:

明明鲁侯,克明其德。既作泮宫,淮夷攸服。矫矫虎臣,在泮献馘。淑问如皋陶,在泮献囚。

济济多士,克广德心。桓桓于征,狄彼东南。烝烝皇皇,不吴不扬。不告于讻,在泮献功。④

学宫还是国家崇老、养老之所。《孟子·梁惠王》言:"谨庠序之教,申之以孝悌之义"⑤,将作为教育机构的"庠序"与"孝悌"并举,显示出敬老为"庠序之教"的基本内涵。此外,《礼记·王制》言:"有虞氏养国老于上庠,养庶老于下庠。夏后氏养国老于东序,养庶老于西序。殷人养国老于右学,养庶老于左学。周人养国老于东胶,养庶老于虞庠,虞庠在

---

① 杨宽《我国古代大学的特点及其起源》,《古史新探》,中华书局1965年版,第201页。
② 中国社会科学院考古研究所编《殷周金文集成·第五册》,中华书局2007年版,第2604页。
③ 刘雨《伯唐父鼎的铭文与时代》,《考古》,1986年第6期,第741~742页。
④ 《毛诗正义》卷二〇,《十三经注疏》,中华书局1980年版,第611页下栏。
⑤ 《孟子注疏》卷一上《梁惠王章句上》,《十三经注疏》,中华书局1980年版,第2666页中栏。

国之西郊。"①《今本竹书纪年》载商王武丁六年"视学养老"②,这些说法虽未可尽信,但以耆宿养于学宫,一以崇老,一以培幼,两全之事,颇合情理。

可见,学校不仅是贵族子弟接受教育的场所,更是除宗庙、朝廷以外结集贵族群体的又一个"公共空间"。如果说宗庙以宗法为内核,朝廷以政治为内核的话,学校自然是以"知识"为其内核,而需要说明的是,这里的"知识"并不仅仅是文本、仪轨等文化知识,也包括射、御、书、数等技艺。年轻一代的贵族通过在学校中学习各类文本、仪轨与技艺,不仅培养治国理政所需的基本素养,更塑造出一种共同性的价值观念,而这些观念又将在他们成年后一次次回到学校参与各类礼仪时不断得到强化,如此一来,这些在学校中传习的文本、仪轨与技艺,便成为维系整个贵族群体共同价值的文化记忆,成为这一群体自我标记、内部交往、代际传承赖以实现的"公共知识资源",而这正是"公共经典"得以催生的土壤。

学校教育与早期王教经典之间的关系可以在出土文献与传世文献得到印证。除前文所举《尚书·尧典》中"命汝典乐,教胄子"的记述以外,时代较早的资料当属郭店楚简《性自命出》篇:

> 诗书礼乐,其始出皆生于人。诗,有为为之也。书,有为言之也。礼、乐,有为举之也。圣人比其类而论会之,观其先后而逆顺之,体其义而节文之,理其情而出入之,然后复以教。教,所以生德于中者也。③

这段文字又见于上博简《性情》篇④。由于郭店楚墓的下葬时间一般定于战国中期偏晚(前350至前278),则这一文献的产生时间不应晚

---

① 《礼记正义》卷一三《王制》,《十三经注疏》,第1346页中栏。
② 王国维《今本竹书纪年疏证》卷上,《王国维全集·第五卷》,浙江教育出版社、广东教育出版社2009年版,第243页。
③ 荆门市博物馆编《郭店楚墓竹简》,文物出版社1998年版,第179页。释文参考李零《郭店楚简校读记》,采宽式标准,北京大学出版社2002年版,第106页。
④ 上博简《性情》篇于"其始出"后多一"也"字。李零《上博楚简三篇校读记》,中国人民大学出版社2007年版,第156页。

于战国中期。据其论述,诗、书、礼、乐原是伴随着人类社会生活的发展而自然出现的语言及行为现象,是人类心性自然呈现之物,这就是《毛诗大序》所描述的人类情绪变化及表现的过程:"在心为志,发言为诗,情动于中而形于言。言之不足,故嗟叹之,嗟叹之不足,故永歌之,永歌之不足,不知手之舞之,足之蹈之也。"①诗、书、礼、乐作为人类情感自然流露的几种表现方式,原本并不具有"经典"的权威性,但经过"圣人"将其比类整理,特别是将其用于"教"化,使之承担"生德于中"的功能后,他们的身份就发生了重要的转变——那些被"圣人"纳入教学体系的诗、书、礼、乐,从此将成为贵族群体共同的文化记忆,并将通过他们持久地塑造华夏文明的核心价值观念。这里诗、书、礼、乐的权威性主要并非基于其内容或形式本身,而是在"圣人""论会"与"以教"的过程中不断得以塑造,至于"圣人"教化得以施行的背后,无疑离不开王权的有力支持。

关于诗、书、礼、乐之经典化的另一叙述见于《礼记·王制》,更为学界所熟知:

天子命之教,然后为学。小学在公宫南之左,大学在郊,天子曰辟廱,诸侯曰頖宫。……乐正崇四术,立四教,顺先王诗、书、礼、乐以造士。春秋教以礼、乐,冬夏教以诗、书。王大子、王子、群后之大子,卿大夫元士之适子,国之俊、选,皆造焉。②

与《性自命出》强调"诗、书、礼、乐"本为人性自然之产物不同,《王制》篇更强调此四学源自"先王",这与后来章学诚"六经皆史"的论述方式大抵吻合。这里组织教学的"乐正"显然只是传承先王仪式与文本的

---

① 《毛诗正义》卷一,《十三经注疏》,第 269 页下~270 页上栏。
② 《礼记正义》卷一二《王制》,《十三经注疏》,第 1332 页下栏。关于《王制》篇的形成时间,王锷考为战国中期。任铭善认为"兹篇所记者十事:班爵、禄田、任官、巡狩、朝聘、教学、养老、国用、丧祭、职方,盖损益四代以定一王之法,而未必时行者也"。其说可信,但考虑到战国时期所见四代文献实以周代为主,因此,《王制》所载虽非西周成法,但对于我们了解周制仍具重要的参考价值。

媒介而已,诗、书、礼、乐自身古老、权威的来源才是促成其经典化的内核。简言之,与《性自命出》更强调经典的"圣统"身份不同①,《王制》篇更强调其"王统"之身份,而这两者恰好奠定了诗、书、礼、乐同时作为儒门经典与王教经典的双重权威性。不过,我们这里关注的是,这两种关于"四教"经典化的早期论述虽然逻辑完全不同,但却不约而同地选择学校教育作为"四教"经典地位得以确立的空间背景,这充分说明在战国士人的普遍观念中,"学校"与"经典"之间的关系已是密不可分的了。

二、"诗礼乐"与"书":二分的经典结构

从传世文献的记载来看,《书》至晚在春秋中期已经与《诗》、礼、乐并列,成为广受认可的公共经典。《左传·僖公二十七年》载晋卿赵衰论郤縠之才:"说礼、乐而敦《诗》《书》。《诗》《书》,义之府也。礼、乐,德之则也。德义,利之本也。"②将四学并举,分别以"德"为"礼、乐"之本,以"义"为"《诗》《书》"之本,又以"利"统摄"德义",从而将"《诗》《书》、礼、乐"四者的核心功能定位为"利"。这种对于"四学"功利性作用的高度看重,虽然与后来的孔孟之道存在极大差异,却透露出一个重要的信息——在赵衰看来,《诗》《书》、礼、乐无疑是一个具有整体性的经典体系,只有兼备这四种知识者,才是可堪大任的公卿之才。类似的论述还频见于先秦诸子文献中,不必具引。

然而值得注意的是,在春秋、战国史料中,有两组文献在论及西周、春秋的经典教育体系时,似乎总是避开《书》而仅言"《诗》、礼、乐"。一组出自《论语》,代表了孔子对于经典教育的看法,较早受到学者的关注:

子曰:兴于《诗》,立于礼,成于乐。③

---

① 《汉书·兒宽传》:"间者圣统废绝",师古注:"圣统,圣人之遗业,谓礼文也。"《汉书》卷五八,中华书局1962年版,第2632页。
② 洪亮吉《春秋左传诂》,中华书局1987年版,第327页。
③ 程树德《论语集释》卷一五《泰伯上》,中华书局1990年版,第529页。

第一章 "六艺"的形成

在关于经典教育先后次序的论述中,孔子仅举诗、礼、乐而未及《书》;在《论语》另外几处关于经典教育的记述中,亦从不言《书》:

鲤趋而过庭。曰:"学《诗》乎?"对曰:"未也。""不学《诗》,无以言。"鲤退而学《诗》。他日又独立,鲤趋而过庭。曰:"学礼乎?"曰:"未也。""不学礼,无以立。"鲤退而学礼。

小子何莫学夫《诗》?《诗》可以兴,可以观,可以群,可以怨。迩之事父,远之事君;多识于鸟兽草木之名。

子谓伯鱼曰:女为《周南》《召南》矣乎?人而不为《周南》《召南》,其犹正墙面而立也与?①

《论语》中仅见的《诗》《书》并举之例,出于其弟子的描述:

子所雅言,《诗》《书》、执礼,皆雅言也。②

显然,《论语》中孔子罕言《书》教,是一个难以忽视的事实。蒋善国先生注意到这一现象并做出解释:"在《诗》《书》《礼》《乐》中,《诗》《礼》是主要的,特别是《礼》是个中心环节。《书》本是文献档案,到了战国初年墨子的时候才被重视起来。"③且不论其关于《书》与墨学之关系的论述是否可信,就这一问题的解释而言,蒋氏揭示了一个非常重要的事实:在周人的早期贵族教育与政治实践中,"礼教"居于核心地位,诗、乐都因为附从于"礼"而获得经典地位,这一点,马银琴在论及早期《诗》文本的编辑原则时也有所提及④。由于《书》并不在具有仪节性的"礼教"范围之内,因此其难免遭受边缘化的命运,直至战国时期才有所转变。就笔

---

① 程树德《论语集释》卷三三《季氏》,第1168页;卷三五《阳货下》,第1212、1213页。
② 程树德《论语集释》卷一四《述而下》,第475页。
③ 蒋善国《尚书综述》,上海古籍出版社1988年版,第11页。
④ 马银琴在《两周诗史》中指出,康王时期《诗》文本的初次编辑,已经"确定了诗文本以仪式乐歌为内容的编写原则"。换言之,在早期《诗》文本的编辑体例中,施用于"礼"(仪式)、"乐"(乐歌)是一首诗歌得以进入《诗》文本的关键要素。马银琴《两周诗史》,中国社会科学出版社2006年版,第144页。

者所见,这是目前学界对于孔子罕言《书》教这一问题最为中肯的解释。

不言《书》教的另一组材料见于《礼记》,目前尚未得到学者的足够关注。先看《礼记·内则》:

> 六年,教之数与方名。七年,男女不同席,不共食。八年,出入门户,及即席饮食,必后长者,始教之让。九年,教之数日。十年,出就外傅,居宿于外,学书记,衣不帛襦袴,礼帅初,朝夕学幼仪,请肄简谅。十有三年,学乐,诵《诗》,舞《勺》。成童,舞《象》,学射御。二十而冠,始学礼,可以衣裘帛,舞《大夏》,惇行孝弟,博学不教,内而不出。三十而有室,始理男事,博学无方,孙友视志。四十始仕,方物出谋发虑,道合则服从,不可则去。五十命为大夫,服官政。七十致事。①

这则材料详细勾画了一个贵族士人由接受教育到有室、出仕、致事的整个过程,体现了春秋、战国时期部分儒家士人的人生理想②。而笔者关注的重点,乃是《内则》篇中从"六年"至弱冠的整个教育过程。关于此篇的成书时间,王锷将篇中部分段落与《仪礼·公食大夫礼》《礼记·曲礼》《礼记·少仪》等相关文字对比,认为时代比较接近,又将其与《周礼·天官》之《食医》《庖人》《内饔》诸篇对比,认为后者皆曾参考《内则》,故将此篇的产生时间定于战国中期,兹从其说③。从这段描述看来,其所学包括数、方名、数日、书、计、幼仪、乐、诗、舞、射、御、礼等,完全涵盖了《周礼》所谓"礼、乐、射、御、书、数"六艺,然而值得注意的是,在这套精密、完备的教育体系中,包括了"诵诗"一科,这又将《周礼》"六艺"与《礼记·王制》所载乐正氏掌教的"诗、书、礼、乐""四术"勾连

---

① 《礼记正义》卷二八《内则》,《十三经注疏》,第1471页上、中栏。按,"学书记",当作"学书计",可参卷后《校勘记》,第1472页下栏。

② 类似记载又见于《礼记·曲礼上》:"人生十年曰幼,学。二十曰弱,冠。三十曰壮,有室。四十曰强,而仕。五十曰艾,服官政。六十曰耆,指使。七十曰老,而传。……大夫七十而致事。"可知《内则》篇之说不为无据。《礼记正义》卷一《曲礼上》,《十三经注疏》,第1232页上、中栏。

③ 王锷《〈礼记〉成书考》,中华书局2007年版,第198页。

起来。《内则》篇中先言子弟十岁时"礼帅初,朝夕学幼仪",复言其二十岁后"始学礼",而对于乐舞的学习,也从十三岁贯穿至弱冠成年以后,可见,《内则》篇所言"礼""乐",并不仅仅指《周礼》所载用以"教万民"①的六艺,同时也应包括层次较高、贵族士子习于大学的礼、乐。换言之,如果周人的教育确实包括类似《周礼》"六艺"的初级教育(小学)和比较高级的乐正氏"四术"(大学)两个层次的话,《内则》篇所言的礼、乐,显然正是跨越了这两个层次:幼年时所学"幼仪"属于"小学",而弱冠后"始学礼",则属于"大学"。但是这样一来,问题就出现了,既然《内则》篇代表了春秋、战国士人所了解的宗周贵族从初级教育到高级教育的全部过程,则在这一过程何以独不言及《书》教呢?

同样的问题又出现在《礼记·学记》篇中:

大学之教也,时教必有正业,退息必有居学。不学操缦,不能安弦;不学博依,不能安诗;不学杂服,不能安礼。不兴其艺,不能乐学。故君子之于学也,藏焉,修焉,息焉,游焉。②

该篇据王锷考证,著于战国前期③。此段论述"艺""学"之关系,以前者为技术性、实践性的俗务,不可径同于学,与《论语》中"游于艺""吾不试,故艺"④之"艺"所指相类。而值得注意的是,这里明言"大学"之教,而其具体论述的"不能安弦",明指学乐,"不能安《诗》""不能安礼",明指学诗、礼,三者毕而总结云"不兴其艺,不能乐学"。作者备述大学之教,却再次不及《书》教。

此外,在《礼记·仲尼燕居》中,当孔子论及礼乐之重要性时曾言:

子曰:"礼也者,理也。乐也者,节也。君子无理不动,无节不作。

---

① 《周礼注疏》卷一〇,《十三经注疏》,第707页中栏。
② 《礼记正义》卷三六《学记》,《十三经注疏》,第1522页中栏。
③ 王锷《〈礼记〉成书考》,中华书局2007年版,第64页。
④ 程树德《论语集释》卷一三《述而上》,第443页;卷一七《子罕上》,第583页。

不能诗,于礼缪;不能乐,于礼素;薄于德,于礼虚。"①

诚如前引蒋善国先生之所言,这里明确以"礼"为核心,而以诗、乐为明礼之要津,只有兼习诗、乐,才能真正知礼,礼、诗、乐三者构成"一体两翼"的有机关系,而"《书》教"又不与其列。

再有,在《礼记·孔子闲居》中,子夏论"五至":

> 子夏曰:民之父母,既得而闻之矣。敢问何谓五至?孔子曰:"志之所至,诗亦至焉;诗之所至,礼亦至焉;礼之所至,乐亦至焉;乐之所至,哀亦至焉。"②

由志而为诗,诗兴而成礼,礼以乐为至,乐至于哀而止,志、哀为主体之内在感受,而诗、礼、乐则是三种外在表现形式。而凡此诸例,皆以诗、礼、乐为一整体而不及《书》。

总之,从上举两组文献看来,至少在春秋、战国士人对西周、春秋经典教育体系的叙述中,与"诗礼乐"三者的有机关系相比,"《书》"常常处于一种游离、模糊的地位。蒋善国先生已经注意到《论语》中存在这一现象,并指出《书》与"诗、礼、乐"之间存在功能性的差异,为我们的研究提供了重要的启发,但惜乎其未能联系《礼记》中呈现出的同一问题进行系统研究,特别是对先秦文献中呈现出的"《书》"教与"诗、礼、乐"教在官学制度层面可能存在的差异缺乏关注。因此,笔者不揣谫陋,将对这一问题作进一步的考察。

三、辟雍与泮宫的科目差异

我们不妨将先秦文献中论及《书》学的一些资料先作分析。需要说明的是,由于我们这里分析的是《书》教在西周、春秋教育中的地位,因

---

① 《礼记正义》卷五〇《仲尼燕居》,《十三经注疏》,第 1614 页中栏。
② 《礼记正义》卷五一《孔子闲居》,《十三经注疏》,第 1616 页下栏。

此,凡将《诗》《书》等"六学"并举的战国材料,暂不纳入这里的考查范围,而这样一来,所可据信的材料也就仅剩以下几则:

天子命之教,然后为学。小学在公宫南之左,大学在郊。天子曰辟廱,诸侯曰頖宫。……命乡论秀士,升之司徒,曰选士。司徒论选士之秀者,而升之学,曰俊士。升于司徒者,不征于乡,升于学者,不征于司徒,曰造士。乐正崇四术,立四教,顺先王诗、书、礼、乐以造士。春秋教以礼乐,冬夏教以诗书。王大子、王子、群后之大子、卿大夫元士之适子,国之俊、选,皆造焉。……大乐正论造士之秀者,以告于王,而升诸司马,曰进士。司马辨论官材,论进士之贤者,以告于王,而定其论。论定,然后官之;任官,然后爵之;位定,然后禄之。(《礼记·王制》)

凡学世子,及学士,必时。春夏学干戈,秋冬学羽籥,皆于东序。小乐正学干,大胥赞之;籥师学戈,籥师丞赞之;胥鼓南。春诵,夏弦,大师诏之瞽宗。秋学礼,执礼者诏之。冬读书,典书者诏之。礼在瞽宗,书在上庠。(《礼记·文王世子》)①

我们首先需要明确,这两段材料明确指出其所言系天子之大学,也就是"辟雍"的教育制度,而我们知道,辟雍只是"大学"的最高层次,并不等同于大学。引文中《王制》篇明确指出:"天子命之教,然后为学。小学在公宫南之左,大学在郊。天子曰辟廱,诸侯曰頖宫。"《大雅·灵台》云:"於论鼓钟,於乐辟廱,鼍鼓逢逢,矇瞍奏公。"《大雅·文王有声》云:"镐京辟雍,自西自东,自南自北,无思不服,皇王烝哉。"皆颂美周王之大学,而《鲁颂·泮水》则云:"明明鲁侯,克明其德。既作泮宫,淮夷攸服。"②足证辟雍、泮宫之别制。在西周封建制度下,存在着数量极为

---

① 《礼记正义》卷一二《王制》,《十三经注疏》,第 1332 页下栏、卷一三《王制》,第 1342 页上~中栏、1343 页中栏;卷二〇《文王世子》,第 1404 页下~1405 页上栏。
② 《毛诗正义》卷一六《灵台》,《十三经注疏》,第 525 页上栏;卷一六《文王有声》,第 527 页上栏;卷二〇《泮水》,第 611 页下栏。

庞大的各级诸侯国,这就意味着除最高学府辟雍以外,还存在数量可观的次级官学机构——泮宫。《王制》篇所载由乐正氏所掌的"四术""四教",以及《文王世子》篇由大乐正、小乐正、大胥、籥师、籥师丞、胥、大师、执礼者、典《书》者共同完成的王官教育,只能代表辟雍的教学体系,其规模恐非一般诸侯国可比拟。因此,我们不能径以《王制》《文王世子》所载辟雍之教育规格来推演所有大学的实际教学设计,而这一点正是此前多数学者所忽视的。

既然《王制》所载"四术"并非普遍意义上的官学制度,再回顾前文所引孔子论学、《礼记·内则》论贵族子弟教育、《礼记·学记》论"大学之教"等均仅言诗、礼、乐而不及《书》的现象,我们自然会提出一个疑问:如果我们将包括辟雍和诸侯泮宫在内的官学都视作高级教育机构的话,那么,究竟《书》是否可以视作西周、春秋高级教育体系中的基本科目呢?进一步,我们可以提出一个假设:在西周以至春秋时期,《书》会否只是辟雍教育的基本科目,而非泮宫中常设的科目呢?

笔者认为这一假设是可以成立的。原因有二:

首先,从史料记载来看,《国语·楚语》的一条材料颇足证明,在诸侯国层面的官学教育中,诗、礼、乐乃常设科目,《书》则不与其列:

王卒使傅之。问于申叔时,叔时曰:"教之《春秋》,而为之耸善而抑恶焉,以戒劝其心;教之《世》,而为之昭明德而废幽昏焉,以休惧其动;教之《诗》,而为之导广显德,以耀明其志;教之礼,使知上下之则;教之乐,以疏其秽而镇其浮;教之令,使访物官;教之《语》,使明其德,而知先王之务,用明德于民也;教之故志,使知废兴者而戒惧焉;教之训、典,使知族类,行比义焉。"①

根据《楚语》的上下文可知,本段申叔时所讨论的乃是楚王大子葳

---

① 徐元诰《国语集解·楚语上》,中华书局2002年版,第485页。

的教育问题,需要注意的是,这里的"《春秋》"虽亦有劝善抑恶之义,然其显然并非以鲁史为基础、经过孔子编修的《春秋》,而是楚国的官修史书。在这条材料里,申叔时列举了世子所应当接受的各种课程,包括《春秋》《世》《诗》、礼、乐、《令》《语》《故志》《训典》凡九种,其中《诗》、礼、乐三科赫然在列,至于《书》则独阙。《楚语》此段所言的乃是楚庄王(前613—前591)时期的事情,楚国虽当时已逾制称王,且其偏于南方,在礼乐、制度等很多方面与中原诸侯国均有所不同,但这些差异大多源于楚地旧俗民风的影响,至于大学教育,则非楚地所固有,因此,楚人建立大学,想必仍当以周制为基础。《诗》《书》、礼、乐,无论是从思想倾向,还是从内容叙述上来讲,都是基本一致的,特别是《诗》与《书》,之所以后世常为人所并称,就在于两者所记述的不少事件都可以互证,其彰显先王功德、扬善抑恶的教化功能亦颇为相类。如果周制大学教育与《王制》所载辟雍制度一样,都是"崇四术,立四教"的话,那么申叔时既然保留了周制王官教育中的诗、礼、乐,则似乎完全没有必要刻意剔去《书》学一科,使王教"四术"无法为楚世子所知悉。一个合理的解释是,在诸侯泮宫的教育体系中,常设科目只有诗、礼、乐三种,申叔时为楚世子量体裁衣,因此在保留这三种传统科目的基础上,为楚世子选择了《春秋》《世》《语》《令》《故志》《训典》等楚国历史文献,使之博学而广闻。

其次,《书》与诗、礼、乐三科不同,其特殊的物质载体也决定了它难以成为诸侯泮宫普遍传习的科目。我们知道,典籍的物质载体及其复制方式在印刷术出现之前始终是影响文献传播之广度与速度的重要因素,我们只要看造纸术改进之后的唐代,《五经定本》犹难传于四方,而印刷术已经非常发达的南宋,各地书院仍颇难配齐一套完整的"九经",就可以知道书籍载体的物质限制对于学术传播的影响,在早期社会是一个非常现实、也难以克服的问题。而在西周、春秋时期,主要的书写载体是简牍,从《左传》的记载来看,韩宣子至鲁方见《易象》,可知竹书的流传,在春秋时期仍非常有限,在这一背景下,散布于各地的泮宫要想均有一套著于竹简的"统编教材",几乎是不可能实现的。因此,在当时的社会条件下,大学教育仍主要以口头传授的方式展开,而其设计的基本科目,自然也必须是适应这种教学方式、甚至说是依托于这种教学方式的。以此为标准来看乐正氏所掌"四术",我们就会发现,礼、乐的传授主要依托于言传身教,此不待言,至于诗,《周礼》载"瞽蒙"掌"讽诵诗"①,《灵台》言"鼉鼓逢逢,矇瞍奏公",皆以视力较弱者掌习诗、乐,足证其传习亦可脱离书本。总之,诗、礼、乐三者都不必借助于书本而流传,其传播相对而言也就比较便利。至于《书》则不同,笔者以为,《书》的流传必须依托于书本,这一点除了"书"字本身已经明确透露出"书写"的形式指向以外,尚有三点为证:

其一,口传之文多为韵文,书传之文则多散文,这是先秦文学的基本常识。就《书》而言,其主体部分都是无韵之散文,显然不利于记诵,亦不便于以口诵方式流传。

其二,再看《文王世子》篇对于干、戈、羽、籥、诗、《书》、礼、乐之不同教学地点的记载。"春夏学干、戈,秋冬学羽、籥,皆于东序","春诵,夏弦,大师诏之瞽宗","礼在瞽宗,《书》在上庠"。同样一批学生为何要选择东序、瞽宗、上庠三个不同的教学地点呢?笔者以为,这正是受到了教学内容的限制:干、戈、羽、籥属于舞,其所用的器械较大,因此,习舞的场所应当比较开阔、空旷,这就是所谓的"东序"。至于为何诗、礼、乐三科传习皆在瞽宗,唯习《书》需别在上庠呢?笔者以为,这正体现了《书》与诗、礼、乐在传习方式上的差异:瞽宗是一般的教室,设有坐席和琴,诗、礼、乐皆靠口传身授,因此学生随大师、执礼者习之即可。至于学《书》则不同,必须书本,而书本仅存于上庠,故此学《书》必须别至上庠,由"典《书》者"据《书》授之。《书》与诗、礼、乐在传习地点上的差异,

---

① 《周礼正义》卷二三,《十三经注疏》,第797页中栏。

正反映了其传习方式的特殊性①。

其三,也是最直接的例证,即《诗》《书》在共经秦火后迥然不同的命运。始皇挟书律,控制最为严格的就是《诗》《书》,此始皇三十四年诏令之所明也②。然而经历秦火之后,《诗》之三百篇几乎完整保留,至于《书》则散乱流离,何以两者差异如此之大呢?班固对此曾有过解释:"凡三百五篇,遭秦而全者,以其讽诵,不独在竹帛故也"③,此说符合《诗》的传授方式,确乎可信。至于《书》,据《史记》载:

> 孝文帝时,欲求能治《尚书》者,天下无有,乃闻伏生能治,欲召之。④

在战国时期常为士人所称引、与《诗》并举的《书》在经历秦火之后天下竟无能治之者,对比《诗》学在齐、鲁、燕、赵乃至楚国各地都各有流传,《书》学之凋零可谓命悬一线。而我们再看这仅存的伏氏《书》学是如何得以流传的,就会对其凋零至此的原因有所理解了:

> 秦时焚书,伏生壁藏之。其后兵大起,流亡,汉定,伏生求其书,亡数十篇,独得二十九篇,即以教于齐、鲁之间。学者由是颇能言《尚书》,诸山东大师无不涉《尚书》以教矣。⑤

在这段材料中可以发现,影响《书》学之流传与否的关键因素正是物质性的"书"之存佚:焚书之后,伏生有志于学,而其治《书》之第一举

---

① 关于这一点,沈文倬先生亦有论述,他认为"四个教学科目中,《诗》《书》和'礼'、'乐'是不一样的。《诗》《书》是学习文字记录的书本,而'礼'所学习的是当时实行各种礼典的具体仪式。……但从礼、诗、乐三者的相互关系上看,举行礼典需要诗、乐组成的音乐配合,那末在教学上也应以礼典演习为主体,三个科目中学诗、学乐是从属于学礼的"。虽然关于学《诗》是否必须学习"书本"的论述仍可商榷,但沈先生对于诗、礼、乐在王官教育中的系统性与相关性的认识是完全正确的。沈文倬《略论礼典的实行和〈仪礼〉书本的撰作》,《宗周礼乐文明考论》,浙江大学出版社1999年版,第3页。
② 《史记》卷六《秦始皇本纪》,第255页。
③ 《汉书》卷三〇《艺文志》,第1708页。
④ 《史记》卷一二一《儒林列传》,第3124页。
⑤ 《史记》卷一二一《儒林列传》,第3124页。

措,即在"求其书"。在整个《书》学复兴的过程中,"书本"的存亡显然成为了一个决定性的因素,而在伏生传授《书》的过程中,书本同样起到非常重要的作用:

> 卫宏《诏定古文尚书序》云:"征之,老不能行,遣太常掌故晁错往读之。年九十余,不能正言,言不可晓,使其女传言教错。齐人语多与颖川异,错所不知者几十二三,略以其意属读而已也。"①

从"略以其意属读而已"可见,晁错从伏生学习《尚书》,主要依托的仍是书本,而伏生口授的义理竟显得或有或无了。总之,从秦火之后《尚书》的传习看来,《书》学的流传首先依托于其书本的流传,而在造纸术尚未出现、书籍传抄、携带、流传极为不便的西周、春秋时代,这类典籍的流传必然是十分缓慢和有限的。因此,考虑到《书》在传习方法上的特殊性,它恐怕难以被确立为各诸侯国大学的共修科目。

综合以上两点,我们认为,周代大学包括辟雍和泮宫两个层面,这两类学校虽然同属"大学",然而在具体设科上则有所不同,辟雍的常设科目包括诗、《书》、礼、乐"四教",而各诸侯国泮宫共同开设的基本科目则是诗、礼、乐。受制于"书于竹帛"的特殊传播机制,《书》难以在各国泮宫中普遍传习,因此,"书教"在早期王官教育文献中常常处于"失语"的地位,当然,这并不意味着各诸侯国的贵族在历史文献教育方面存在缺失。相反,从《左传》中公卿引《书》的用例看来,《书》中不少重要篇目显然在列国贵族中有广泛的传习,而从《国语》所载晋、楚贵族的课程设置来看,具有地域性的本土历史文献在各诸侯国贵族教育中同样扮演着重要的角色。"诗礼乐"与周代贵族的礼乐生活密切相关,而以"书教"为代表的历史文献教育则承载着周人构建王道政治的德教理想。关于这两个层面,我们将在下文分别讨论。

---

① 《史记》卷一〇一《袁盎晁错列传》张守节《正义》引文,第 2746 页。

四、仪式与文本：诗礼乐与《书》的经典化

关于诗、礼、乐在周代贵族政治、社会生活中的重要性，前文已有论述①，这里再举《礼记·仲尼燕居》中所记一例：

> 两君相见，揖让而入门，入门而县兴，揖让而升堂，升堂而乐阕。下管《象》《武》，《夏》籥序兴。陈其荐俎，序其礼乐，备其百官。如此，而后君子知仁焉。行中规，还中矩，和鸾中《采齐》，客出以《雍》，彻以《振羽》。是故，君子无物而不在礼矣。入门而金作，示情也；升歌《清庙》，示德也；下而管《象》，示事也。是故，古之君子，不必亲相与言也，以礼乐相示而已。②

在两君相见礼中，诗、礼、乐协调并作，每一个具体的仪节背后都蕴含了特定的价值观念，而这些观念正构成周人最核心的共同价值观，以致孔子认为"古之君子，不必亲相与言也，以礼乐相示而已"。诗、礼、乐丰富的仪式表现力使其获得了充分的沟通功能，也正是在这样的背景下，我们才能理解《左传》中"歌诗""赋诗"等看似游戏的文化行为何以能引起各国军事、政治上的重大变故。在《左传·文公十三年》所载鲁侯与郑伯的宴会中，正是子家与季友的赋诗往还，促成了郑、晋之间的敌对关系的缓和③，而《左传·襄公十四年》所载卫献公为孙文子歌《巧言》之卒章的事件④，则为孙文子逐君、卫献公出奔埋下了伏笔。可以说，在西周、春秋时代，大学普遍以诗、礼、乐设教，正是因为这些都是贵族未来参与政治和社交所必需的素养，甚至可以称是一种基本技能，因

---

① 关于礼乐与西周政治的密切联系，可参李学勤《古乐与文化史》，《李学勤集》，黑龙江教育出版社1989年版，第39、40页。关于《诗》与西周政治的关系，可参江林《诗经与宗周礼乐文明》，上海古籍出版社2010年版。
② 《礼记正义》卷五〇，《十三经注疏》，第1614页上栏。
③ 《春秋左传正义》卷一九下，《十三经注疏》，第1853页上栏。
④ 《春秋左传正义》卷三二，《十三经注疏》，第1957页上栏。

此孔子说,"不学诗,无以言""不学礼,无以立",大夫言则赋诗,行则循礼,礼乐不离其身。孔子又言:"诵《诗》三百,授之以政,不达;使于四方,不能专对;虽多,亦奚以为?"①显然,在孔子看来,学《诗》的目的首先在于能够在政治实践中熟练地运用它。总之,诗、礼、乐三位一体而与贵族的现实社会生活具有密切关联,是一套具有高度实践性与规范性的知识体系与仪式规范,而上至天子、下至外服诸侯、公卿大夫对于这套仪式的学习与遵循,则不仅是周室王权一统的体现,同时也反过来形塑和强化了王权的权威性。也正是基于此,当王纲解纽、诸侯力政的局面出现之后,"礼废""乐坏""《诗》亡"也就成为难以扭转的整体趋势了②。

至于《书》则不同,作为一部包含多种文体的文本合集,《书》中所收各篇的性质与功能颇为驳杂,其中谟、训、诰、誓、命以及《君陈》《周官》《多士》诸篇是各类政治、军事仪式中口头文本的书面记录,《尧典》《禹贡》《微子》《金縢》等则是带有一定史书色彩的叙事性文本,至于《顾命》对于嗣位仪节的详细说明使其具有强烈的礼书色彩。而从《左传》《国语》所载春秋君臣对于《书》的引述来看,"《书》"首见于僖公二十七年(前633)赵衰之辞,"《虞书》"首见于文公十八年(前609)太史克之辞,"《夏书》"首见于庄公八年(前686)鲁侯之辞,"《商书》"首见于文公五年(前622)宁赢之辞,"《周书》"首见于僖公五年(前655)宫之奇之辞,可知至晚到春秋中前期,包含虞、夏、商、周四代文本的《书》已基本编定成型③,而除了上引郭店简《性自命出》与《礼记·王制》共同提示的其作为贵族子弟教材的基本功能以外,我们很难解释这些来源、功能如此多

---

① 程树德《论语集释》卷二六《子路上》,第900页。
② 《史记·礼书》:"周衰,礼废乐坏,大小相逾,管仲之家,兼备三归。"《孟子·离娄下》:"王者之迹熄而《诗》亡。"《史记》卷二三《礼书第一》,第1367页;《孟子注疏》卷八上,《十三经注疏》,第2727页下栏。
③ 当然,此时的《书》与后来拥有《书序》的百篇《书》显然并不一样,《秦誓》等反映春秋中期史事的文本显然不会在早期的《书》中出现。关于《尚书》文本的编纂,葛志毅《试据〈尚书〉体例论其编纂成书问题》推定为西周幽、厉时期,《学习与探索》,1998年第2期,第130~135页。

样的文本何以被汇集为一个整体。

事实上,关于《书》核心功能认知的困惑与分歧在战国时期已经出现。在这一时期出现的文本中,关于《书》的生成及功能,至少存在两种描述,其一见于郭店简《性自命出》,所谓"《书》,有为言之也",强调《书》记言的功能,这一说法后来借助《汉书·艺文志》中"左史记言,右史记事。事为《春秋》,言为《尚书》"数语的传播①,成为学界认识《书》编纂目的的基本共识。但事实上,在战国至汉初关于《书》学功能的叙述中,更流行的版本似乎并非强调其"记言"功能,而正是推崇其"记事"功能,如《荀子·劝学》言"《书》者,政事之纪也"②,《庄子·天下》言"《书》以道事"③,《春秋繁露》言"《书》著功,故长于事"④。《史记·太史公自序》言:"《书》纪先王之事,故长于政"⑤,这些说法具有高度一致性,显示其在战国秦汉时期一度具有广泛的影响力。在笔者看来,战国士人关于《书》核心功能认知的分歧,正反映出《书》所收篇目在性质与功能上的多样性,他显然并非如《汉书·艺文志》所言,是由专司记言的"左史"一类职官根据其职务要求汇编而成的业务档案,而是由负责国家文化教育的"乐正""典《书》者"一类官员根据贵族子弟教育的需要,从大量宫廷文档中采择、汇编而成的选集。《礼记·文王世子》称"冬读《书》,典《书》者诏之。礼在瞽宗,《书》在上庠",提示《书》典藏于"上庠"这样的国家教育机构,这也显示出《书》与学校、教育之间的密切关系。

因此,与《诗》、礼、乐的传习主要服务于周人礼乐仪轨的现实需要不同,《书》完全是作为一部承载周人"王道政治"理想的教化性文本出现的。《书》的内容虽然涉及册命、誓师、祷祠、登基等多种仪节,亦涉及

---

① 《汉书》卷三〇《艺文志》,第1715页。
② (清)王先谦《荀子集解》卷一《劝学》,中华书局1988年版,第11页。
③ (清)郭庆藩《庄子集释》卷一〇下《天下》,中华书局1961年版,第1067页。
④ (清)苏舆《春秋繁露义证》卷一《玉杯》,中华书局1992年版,第36页。
⑤ 《史记》卷一三〇《太史公自序》,第3297页。

三代若干重要史事，但作为一个整体性的文本，其核心用意既不是教授贵族在这些场合应当如何进退揖让，也不只是为了讲述这些史事的来龙去脉，而是旨在记录并传递尧、舜、禹、汤、文王、武王、周公、召公等圣君贤臣在各种重大场合的言行，从而为年轻一代贵族塑造一种共同的价值观念。与《诗》、礼、乐的实践性功能不同，《书》从一开始就是一部关注形而上层面的价值、观念等意识形态的文本。从今文《尚书》二十八篇及先秦故籍中所见《尚书》佚文看来，尽管这些篇目所涉人、事迥异，但其所传达的敬天、法古、勤政、惠民、明德、慎罚的核心观念，却是各篇文本共同指向的。这样的文本经由辟雍在一代一代贵族间传播，自然会成为他们共同的知识资源和文化记忆，成为他们在奏对、议事中习于援据的一种权威文本。而虽然根据我们在本节第三部分的讨论，现有材料均显示至晚到春秋中前期，《书》仍只是天子辟雍中的常设科目，在诸侯泮宫中并无普遍、系统的讲授，但从《左传》《国语》的引例看来，至晚到春秋中期，这部权威文本的实际影响显然已经越过王畿，到达齐、鲁、晋、卫、楚等各个诸侯国，尽管这中间的具体传播方式我们尚无法考知。

此外，值得思考的是，既然作为王官"四教"之一的"《书》教"在功能上主要是为了塑造贵族子弟的共同价值观念，则各诸侯国的泮宫即便没有条件系统教授《书》，负责贵族弟子教育的官员亦可按照各国自身的藏书情况，选择各国具有教化功能的文本作为教材。仍以上文所举申叔时为楚世子设立的课程体系为例，在诗、礼、乐三科以外，其传习的科目尚有《春秋》《世》《令》《语》、故志、训、典等数种，而申叔时在讲述每一科目的功能时，都特别强调其道德教化的指向。同样，晋悼公十二年（前561），晋侯在对太子教育的课程设计中同样选择晋国《春秋》为教材[①]，以培养其"德义"之心。可见，与作为贵族仪轨的《诗》、礼、乐在教

---

① 徐元诰《国语集解·晋语七》，中华书局2002年版，第415页。

学内容上的统一性不同,各国在价值观念教化方面选择的文本呈现出一定的差异性。从某种意义上说,《国语》所载楚国泮宫的《春秋》《世》《令》《语》、故志、训典,以及晋国泮宫的《春秋》,就其性质与功能而言,正与辟雍中的"《书》"相同,可以被视为广义的"《书》类文献"。这些文献作为"《书》"的替代或补充,至少在各个诸侯国内部也应拥有相当的权威性,《左传》中多次出现列国公卿在议政中援引"志""前志""周志"的用例,除了其数量相对鲜少以外,无论是其形式还是效果,都与征引《诗》《书》完全一致,这显示出其至少在列国内部的权威性也是不言自明的。《左传》中还有子产、司马叔游援引"《郑书》"之例[①],显示除了天子辟雍中的《书》以外,似乎还有由列国自行编纂的地方性"《书》",而作为晋臣的司马叔游在问对中援引《郑书》,更显示这些地方性文本的权威性可以突破本国的疆域而达到他方,这也使得今文《尚书》中具有鲜明地方性的三篇文本:《费誓》《文侯之命》与《秦誓》的存在有了某种重新解释的可能性。

总之,在宗周王权的荫护之下,《诗》、礼、乐作为礼乐文明的具体表现方式,是贵族必须具备的文化技能与素养;《书》则作为三代政治智慧的结晶,塑造了周人敬天崇德的王道政治理想。此四者的权威性均得到王权的确认,并通过辟雍、泮宫等各级国家教育机构得以广泛传播。尽管四者内部的具体篇目、仪式都还处于并不稳定的阶段,但《诗》《书》、礼、乐作为周人王官"四教"的基本科目,已构筑起华夏民族最古老的经典体系,并就此奠定了此后所有经目的基本形态:经典应包含多种门类的知识与技能,而学习者则应在广博的汲取中获得一种简约可行的价值观念。

---

① 《左传·襄公三十年》载郑国子产引《郑书》:"安定国家,必大焉先。"又《左传·昭公二十八》年载晋国司马叔游引《郑书》:"恶直丑正,实蕃有徒。"《春秋左传正义》,《十三经注疏》,第 2013 页下栏、第 2118 页上栏。

第二节　定本与赋义：从王教之典到孔门圣典

《汉书·儒林传》叙论言："六艺者，王教之典籍。"①尽管《易》与《春秋》是否可以纳入"王教之典籍"仍存在讨论的空间，但《诗》《书》、礼、乐作为宗周王教经典的身份，大抵是不必质疑的。不过，也正是因为她们的经典性颇依赖于周室王权的一统和贵族社会的传统生活方式，因此，随着春秋中后期王权、宗法制度与贵族社会传统的式微，王教经典的权威性也不免出现松动。这反映为两个层面，一是经典自身在文本、仪式的存续与传习方面遭遇困境，另一方面则是其权威性的整体下降，战国诸子对于《诗》《书》、礼、乐的公开批评与质疑不绝于耳，部分声音甚至来自儒家内部。在此过程中，部分经典逐渐失去了生存的空间，其文本、仪式彻底走进历史的深渊；而以孔子为代表的一批士人通过对于经典文本、仪式的搜集与整理，特别是对其传习、实践方式的新变，为走向衰落的"四教"经典重新找回生存之道，将随着贵族社会的崩解逐渐走进博物馆的古老知识重新带回新兴士人群体的社会实践中。在这一历史性的转变中，不仅"四教"经典的形态、内涵、功能均发生了重要的变化，甚至连"经典"自身的权威性来源也出现了转移。在失去王权荫护之后，以孔子为代表的"圣人"成为重新确认经典身份及其阐释向度的重要标准，而被视为孔子所"作"的《春秋》，以及经过孔子重新"赋义"的《易》也由此先后实现经典化，获得了"圣典"的身份②。由此，古老的"四

---

① 《汉书》卷八八《儒林传》，第3589页。
② 关于"圣典"一词，汉儒颇用之，如荀悦《申鉴》卷二："放邪说，去淫智，抑百家，崇圣典，则道义定矣。"《后汉书·陈元传》载陈元奏议："陛下宜修文、武之圣典，袭祖宗之遗德"，《后汉书·卢植传》载卢植奏议："愿得将能书生二人，共诣东观，就官材粮，专心研精，合《尚书》章句，考《礼记》失得，庶裁定圣典，刊正碑文。"（汉）荀悦撰、（明）黄省曾注、孙启治校补《申鉴注校补》，中华书局2012年版，第56页；《后汉书》卷三六《陈元传》，中华书局1965年版，第1233页；卷六四《卢植传》，第2116页。

教"之学开始向新兴的"六艺"之学过渡,学术史上第一次"经目"的演变即将发生。

一、孔子与"四教"经典的正定

关于孔子整理"四教"经典的记载,最早见于《论语·子罕》,涉及《诗》与乐:

子曰:"吾自卫反鲁,然后乐正,《雅》《颂》各得其所。"①

虽然我们难以清楚地了解孔子对《诗》、乐究竟进行了多大程度的修订,但从这段自述可知,孔子返鲁后确实从事《诗》、乐的整理工作。此事到《史记·孔子世家》中出现更多细节,"古者《诗》三千余篇,及至孔子,去其重,取可施于礼义,上采契、后稷,中述殷、周之盛,至幽、厉之缺……三百五篇孔子皆弦歌之。"②由是产生《诗经》学史上著名的"孔子删《诗》说"。对于这一说法,学者颇有怀疑,主要问题集中在"古者《诗》三千余篇"的描述上,不过,随着清华简《周公之琴舞》等逸诗的公布,结合现存先秦故籍和出土文献中所见逸诗,可以说,在今本《诗经》以外确实存在着数量可观的先秦诗作。同时,从清华简《耆夜》中所见《蟋蟀》与今本《唐风·蟋蟀》之间的文本关系看来,所谓"去其重"也很有可能是指对同一诗名下不同文本的整合统一,《史记》的说法不为无据。关于这一点,曹建国、徐正英、马银琴等均从不同角度有专文论述③,值得参考。不过,这些先秦逸诗是否曾经进入过作为经典传习的《诗》,则是目前的材料尚无法确认的。《左传·襄公八年》中子驷在征引《小旻》

---

① 程树德《论语集释》卷一八《子罕下》,第 606 页。
② 《史记》卷四七《孔子世家》,第 2333 页。
③ 曹建国《〈诗〉本变迁与"孔子删诗"新论》,《文史哲》,2011 年第 1 期,第 91~97 页;徐正英《清华简〈周公之琴舞〉与孔子删〈诗〉相关问题》,《文学遗产》,2014 年第 5 期,第 19~28 页;马银琴《再议孔子删〈诗〉》,《文学遗产》,2014 年第 5 期,第 29~36 页。

时,直称"《诗》云",但在征引"俟河之清,人寿几何? 兆云询多,职竞作罗"一诗时①,则称"周诗有之曰",似有意区别所谓"周诗"仅指周地流传之诗,并非编入《诗》文本者,而从《战国策》中少数几条引《诗》的用例来看,在孔子"删《诗》"已经过去一两百年后,时人引诗仍有未见于今本《诗经》者,如《秦策》载范雎言:"诗曰:木实繁者披其枝,披其枝者伤其心。"又载黄歇言:"诗云:大武远宅不涉。"又载策士谓秦王之言:"诗云:行百里者,半于九十"②,凡此一方面不见于今本《诗经》,另一方面,从形式上看也颇不类《诗》文,可见春秋、战国士人所引、所言之"诗"是否即属《诗》中之辞,仍有进一步探讨的必要。司马迁的叙述是否可信,其所谓"去其重"的具体所指为何,仍有待更多新材料的出现才可以得到确实的认识。

至于孔子对《书》、礼所作的整理,先秦文献中并无明确记载。《论语》中只提及"子所雅言,《诗》《书》、执礼,皆雅言也"③,表明对于孔子而言,《书》与礼辞均是具有高度经典性和广阔流通空间的文本和仪式,故采用雅言的方式进行诵读。关于孔子整理《书》、礼的记载首见于《史记·孔子世家》:

> 孔子之时,周室微而礼乐废,《诗》《书》缺。追迹三代之礼,序《书传》,上纪唐虞之际,下至秦缪,编次其事。曰:"夏礼吾能言之,杞不足征也。殷礼吾能言之,宋不足征也。足,则吾能征之矣。"观殷夏所损益,曰:"后虽百世可知也,以一文一质。周监二代,郁郁乎文哉。吾从周。"故《书传》《礼记》自孔氏。④

---

① 《春秋左传正义》卷三〇,《十三经注疏》,第1939页中、下栏。
② 范祥雍《战国策笺证》卷五《秦三》,上海古籍出版社2006年版,第314页;卷六《秦四》,第401页;卷七《秦五》,第436页。
③ 程树德《论语集释》卷一四《述而下》,中华书局1990年版,第475页。
④ 《史记》卷四七《孔子世家》,第2332页。

先看《书》的问题。今文《尚书》中最后一篇《秦誓》发生于僖公三十三年（前 627），而从《左传》看来，列国公卿早已在此之前征引《书》文，可知与《诗》经历多次编定一样，《书》也经历过不止一次的编定。在西周以及春秋初期，《书》既然用为辟雍中教授贵族子弟之文本，则其编辑者自然是"典《书》者"一类的王室官员。但进入春秋中期，王权趋微，难以想象如《秦誓》这样具有鲜明地方性色彩的文本仍是通过王室官员的编选而进入《周书》，并实现其经典化。因此，《史记》将孔子视为春秋中后期《书》文本重新编定的关键人物，并指出孔子除编次《书》本以外，还为百篇《书》撰"序"，从而构建一个新文本体系。此说为刘歆、班固所继承："故《书》之所起远矣，至孔子纂焉，上断于尧，下讫于秦，凡百篇而为之序，言其作意。"① 王充《论衡》亦持此说："问说《书》者：'"钦明文思"以下，谁所言也？'曰：'篇家也。''篇家谁也？''孔子也。'然则孔子鸿笔之人也。'自卫反鲁，然后乐正、《雅》《颂》各得其所也。'鸿笔之奋，盖斯时也。"② 纬书中更演绎出孔子得帝魁书的说法："孔子求书，得黄帝玄孙帝魁之书，迄于秦穆公，凡三千二百四十篇，断远取近，定可以为世法者，百二十篇，以百二篇为《尚书》，十八篇为《中候》。"③ 可见，关于孔子编《书》、序《书》乃至删《书》之说在两汉时期普遍流行。除了"删《书》说"主要见于纬书，且明显受到孔子"删《诗》说"的影响，可不足论以外，其重编《书》本，并为之作序之事，均不容轻易质疑。

事实上，关于孔子之时"《书》缺"的情形，马王堆帛书《要》篇亦有提及，且正是由孔子之口说出：

夫子曰："……《尚书》多於矣，《周易》未失也，且又有古之遗

---

① 《汉书》卷三〇《艺文志》，第 1706 页。
② 黄晖《论衡校释》卷二〇《须颂》，中华书局 1990 年版，第 847 页。
③ 《尚书正义》卷一，《十三经注疏》，第 115 页上栏。

言焉。……"①

此处"於"字,李学勤先生认为原作"阙",与下文之"失"恰相呼应,后讹而省作"於",其说可信。由此可知,《尚书》之散佚是伴随整个宗周礼乐文明的式微而出现的连锁反应,不可完全归因于秦室挟书律。面对已经残缺的《书》本,孔子既欲用其教授弟子,自有必要对其加以整理。值得注意的是,从《汉书·艺文志》及今本《书序》看来,形成于春秋后期的这部《书》凡"百篇",这一数目带有明显的设计感,似乎有意强调文本的完足性和封闭性,暗示出编定者对于《书》中所倡导的王道政治理想的悲观情绪——在王教经典时代,因为王权的稳定存在,经典文本的编纂与确认也在持续进行,西周中后期乃至东周平王的训、誓、诰、命由此不断进入《书》中,经典始终是活的、开放的体系。但随着王权式微,不仅体现王道政治理想的经典性文本难再产生,王权也无力再持续主导经典的增补,《书》势必将关闭其大门,成为一个封闭的文本。这就是《孟子》所谓"王者之迹熄而《诗》亡"的叙述中所透露出的经典由"生"到"亡"的过程。"百篇"《书》的结构设计一方面宣告王教经典时代的终结,另一方面也显示出其编纂者有意对整个王教经典时代的《书》类文献进行系统性整理,以文本的形式存续"王道政治"理想的雄心。我们虽然没有更为直接的先秦史料为据,但无论从时代上看,还是从影响力上看,似乎孔子都是这一编纂者最合适的人选。

此外,除《秦誓》显然是在这次编定过程中增入以外②,也许尚有其

---

① 裘锡圭主编《长沙马王堆汉墓简帛集成·第三册》,中华书局2014年版,第116页。
② 关于《秦誓》何以进入《书》,蒋善国等认为与秦的统一有关,即《秦誓》是在秦统一后才进入其官定《书》本。内藤虎次郎则认为系由秦博士伏生增补入《书》,钱杭赞同其说,并有进一步论证。这些说法都有一定的合理性,但终究缺少直接的文献依据。蒋善国《尚书综述》,上海古籍出版社1988年版,第6页;内藤虎次郎《尚书编次考》,江侠庵译《先秦经籍考》上册,商务印书馆(上海)1931年版,第89页;钱杭《〈尚书〉讫于〈秦誓〉原委考辨》,《史林》,2003年第5期,第87~93页。

他篇目亦在此过程中进入《书》本,以凑成"百篇"之数。而从帛书《要》篇称"《尚书》多阙"的现实看来,亦有部分原见于早期《书》本的篇目因为佚失而未能进入此"百篇"之中,例如《左传·襄公四年》载魏绛援引《夏训》《虞人之箴》,《昭公六年》载叔向言及《禹刑》《汤刑》《九刑》,《定公四年》载子鱼言及《伯禽》《唐诰》,其中恐即有古本《书》所收而后亡佚者。

至于孔子对于"礼"的整理,前引《史记·孔子世家》同样有所交待,但值得注意的是,司马迁在叙述中援引的两段孔子之言均取自《论语》①,而在今本《论语》中,其所引三章或感叹夏、商礼书文献的佚失,或阐述三代礼仪沿革的统绪,或表明自己对于周礼之心仪,事实上都无法证明孔子有重修周礼的行为。从《孔子世家》的整体书写方式看来,司马迁常常根据叙事的需要,将《论语》中并无时空背景的几段话嫁接后移植到某一特定时间点上,这样的衍生型文本显然无法作为论证先秦史事的证据加以采信。

事实上,与《书》仅作为文本存在不同,"礼"包括表演性的仪节和记述性的文本两个层面,前者汉儒称为"礼容",后者则被称为"礼经"。关于前者,《礼记·杂记》中记载"哀公使孺悲之孔子学士丧礼",可知礼容是孔门重要的教授内容,《论语·乡党》中有大量记载礼容的文辞,可见孔子及其后学曾有意总结各种场合的容止仪轨。《史记·儒林列传》称汉初"善为容"者为鲁徐生②,然其师出何门,则一无所载。《荀子·非十二子》中曾批评子张氏之儒"弟佗其冠,衶禫其辞,禹行而舜趋",又言子夏氏之儒"正其衣冠,齐其颜色,嗛然而终日不言"③,言此二氏之门人纯

---

① 《论语·八佾》:"子曰:夏礼,吾能言之,杞不足征也。殷礼,吾能言之,宋不足征也。文献不足故也。足,则吾能征之矣。"《为政》:"子张问:'十世可知也?'子曰:'殷因于夏礼,所损益,可知也。周因于殷礼,所损益,可知也。其或继周者,虽百世,可知也。'"《八佾》:"子曰:'周监于二代,郁郁乎文哉!吾从周。'"程树德《论语集释》,中华书局1990年版,第160、127、182页。

② 《史记》卷一二一《儒林列传》,第3771页。

③ (清)王先谦《荀子集解》卷三《非十二子篇第六》,中华书局1988年版,第104～105页。

务冠服、行止而不知探求礼学之本,显示在战国中前期已经出现专究礼容之学的儒门学派。

关于"礼经",即《仪礼》,汉儒又称为《士礼》或《今礼》。《史记·儒林列传》提到孔子时代"礼经"已出现残缺的情况:

> 《礼》固自孔子时而其经不具,及至秦焚书,书散亡益多,于今独有《士礼》,高堂生能言之。①

此处之"具"作"完备"解。据此,则孔子之前已有"礼经",至春秋中后期逐渐出现散佚,遭秦火而独存十七篇。关于这些古本"礼经",学者多认为即《礼记·礼器》中所谓"经礼三百,曲礼三千",可见早期礼书文献之丰富②,而汉武帝时鲁恭王坏孔壁而得《逸礼》三十九篇③,亦可证战国时期所存"礼经"之篇数尤愈于今本。那么,孔子与"礼经"之间的关系如何呢?据《史记》之言,孔子应为古"礼经"的传承与整理者,不过沈文倬先生已经指出④,《礼记·杂记》中有孔子传孺悲士丧礼而后者撰《士丧礼》之说:

> 恤由之丧,哀公使孺悲之孔子学士丧礼,《士丧礼》于是乎书。⑤

据此,则孔子不仅是"礼经"文本的整理者,其本人与弟子也直接参与到部分"礼经"文本的生成过程中。由于这尚属孤证,我们对孔子与"礼经"之间的关系尚难作出准确的评估,不过,考虑到这一证据的存在,审慎地认为孔子对于"礼经"文本的编纂起到了一定的推动作用,应

---

① 《史记》卷一二一《儒林列传》,第3771页。
② 郑玄注:"经礼,谓《周礼》六篇,其官有三千六十。曲,从事也,事礼,谓今礼也。"此"今礼"即指《仪礼》。《礼记正义》卷二三《礼器》,《十三经注疏》,第1435页中栏。
③ 《汉书》卷三六《楚元王传》,第1969页。
④ 沈文倬《略论礼典的实行和〈仪礼〉书本的撰作》,《宗周礼乐文明考论》,浙江大学出版社1999年版,第23～24页。
⑤ 《礼记正义》卷四三《杂记下》,《十三经注疏》,第1567页中栏。

是没有太大问题的①。

　　总之,虽然王权日渐式微,但由于孔子及其后学对于"四教"的看重,遂使其文本与仪式借助这批新兴士人的出现而得以传承。当然,正如《汉书·艺文志》在论及战国《诗》学演变时所言,"春秋之后,周道浸坏,聘问歌咏不行于列国,学《诗》之士逸在布衣"②。随着"四教"的主要传习者由传统的公卿贵族降为新兴的"布衣"之士,经典的使用场合、方式与功能都将发生变化,一系列新的文本阐释方法与仪式实践方法将如何赋予"古典"以新的面貌,这就是我们下文将继续讨论的话题。

二、旧邦新命:"四教"之学的危机与新变

　　孔子及其后学对于"四教"经典的贡献并不止于其对文本、仪式自身的整理与传播,还在于他们努力倡导一系列新的文本使用方式和仪式实践方式,这对于重新激活这些古老经典的时代价值,使其适应战国时代新兴士人群体的知识需求具有重要的作用。从现存战国时期的材料看来,《诗》《书》、礼、乐的经典性和"时用"性在当时受到普遍的质疑,且不论《墨子》《庄子》《商君书》《韩非子》等基于知识论、价值论的整体差异对"四教"经典及其所代表的宗周礼乐文明的批评或讥消,即便是崇奉"四教"的孔门后学,对当时"四教"的传习方式亦不乏微词,其中以《荀子》和《管子》中的几条材料最具代表性。在谈到进学之道时,荀子首先举出"四教"经典与《春秋》的价值,但随后即言,与"近乎人"的学习方式相比,经典之学有其局限性:

　　礼、乐法而不说,《诗》《书》故而不切,《春秋》约而不速。方其人之

---

① 丁鼎认为《仪礼》之编定者即为孔子,但其相关论述并未举出足够有说服力的论据,故稍嫌冒险。丁鼎《试论〈仪礼〉的作者与撰作时代》,《孔子研究》,2002年第6期,第4～18页。
② 《汉书》卷三〇《艺文志》,第1756页。

习君子之说,则尊以遍矣,周于世矣。故曰学莫便乎近其人。①

"法而不说",意谓当时的礼、乐之学注重法式、仪节的传授而缺少对其背后文化意义的充分阐述,常使学习者知其然而不知其所以然,即便掌握了进退、揖让之节,亦不过是不明义理的"人偶"而已②。"故而不切",意谓当时的《诗》《书》之学多言故训、故事、故制、故实,但战国时代的社会现实与三代相比已是天壤之别,这些"博物馆式"的旧学问未免显得不切时用。可以说,这一评论颇为中肯,显然是对春秋、战国时期"四教"传习中存在的问题作出的概括。荀子在《非十二子》中批评子张氏之儒"禹行而舜趋"却"神禫其辞"、子夏氏之儒"正其衣冠"却"嗛然而终日不言"③,都可作为这里"法而不说"的注脚。《史记·儒林列传》载汉初传授礼容之学的徐襄"天姿善为容,不能通《礼经》"④,更可见荀子所批评的这种"法而不说"的礼、乐学风至汉初仍未有实质性改观。而在"四教"经典中,荀子尤其对当时《诗》《书》传习的学风表示怀疑:

> 学之经莫速乎好其人,隆礼次之。上不能好其人,下不能隆礼,安特将学杂识志,顺《诗》《书》而已耳,则末世穷年,不免为陋儒而已。将原先王,本仁义,则礼正其经纬蹊径也。若挈裘领,诎五指而顿之,顺者不可胜数也。不道礼宪,以《诗》《书》为之,譬之犹以指测河也,以戈舂黍也,以锥餐壶也,不可以得之矣。故隆礼,虽未明,法士也;不隆礼,虽察辩,散儒也。⑤

与上段相比,这段文字的措辞显然激烈得多。在荀子看来,《诗》

---

① (清)王先谦《荀子集解》卷一《劝学》,第14页。
② 《荀子·劝学》又言"故隆礼,虽未明,法士也",以"明"与"法"对言,知此处"法而不说"之"说"即指说明、阐明。
③ (清)王先谦《荀子集解》卷三《非十二子》,第104、105页。
④ 《史记》卷一二一《儒林列传》,第3771页。
⑤ (清)王先谦《荀子集解》卷一《劝学》,第14页。

第一章 "六艺"的形成

《书》作为三代文明的知识总汇，固然有助于博雅君子文化素养的提升，但如果脱离整个礼乐文明的背景，仅仅追求知识的丰富广博，欲以此臻于君子之境，则无异于"以指测河"，至多只能成为陋儒、散儒而已。在《儒效》篇中，他更言：

> 逢衣浅带，解果其冠，略法先王而足乱世术，缪学杂举，不知法后王而一制度，不知隆礼义而杀《诗》《书》；其衣冠行伪已同於世俗矣，然而不知恶者；其言议谈说已无以异於墨子矣，然而明不能别；呼先王以欺愚者而求衣食焉，得委积足以掩其口则扬扬如也；随其长子，事其便辟，举其上客，億然若终身之虏而不敢有他志：是俗儒者也。①

关于这里的"杀《诗》《书》"，杨倞无注，郝懿行认为唐本应作"敦"，以形讹而作"殺"，王先谦亦用其说，然此说实受后世儒学思想牵制，不敢相信荀子有"杀《诗》《书》"之议，故径改古书以合己意。事实上，"隆杀"是礼学中常用的一对概念，如《礼记·乡饮酒》言"贵贱明，隆杀辨"，《荀子·礼论》亦言礼"以隆杀为要"②，"隆"意谓增加，体现为礼学中的递增原则，"杀"意谓降杀，体现为礼学中的递减原则，二者合称，共同构成礼学中的等差原则，故此处"隆礼义而杀《诗》《书》"显然是以"隆杀"对言，强调"礼义"与《诗》《书》在重要性方面的相对差异。在荀子看来，"俗人"易辨，而"俗儒"难别，时儒或但知衣冠容仪而不知循礼之本，或但守《诗》《书》故训而不知隆礼辨义，凡此均是真正有志于成就"大儒"之道的士人尤当警惕的不良倾向。基于当时《诗》《书》传习普遍重故训而轻"时用"的学风，荀子确实对于《诗》《书》能否在其"法后王"的政治设计中仍然维持权威性表现出怀疑。

不过有趣的是，在战国诸子中，《荀子》恰恰是征引《诗》《书》总次数

---

① （清）王先谦《荀子集解》卷四《儒效》，第138～139页。
② 《礼记正义》卷六一《乡饮酒》，《十三经注疏》，第1684页中栏；（清）王先谦《荀子集解》卷一三《礼论》，第357页。

最多的文本。据学者统计,全书引《诗》83处、引《书》23处①,这足以显示荀子主要质疑的并非《诗》《书》本身,而是时儒对于《诗》《书》的传习方法。类似的说法又见于《管子·戒》:

> 闻一言以贯万物,谓之知道。多言而不当,不如其寡也。博学而不自反,必有邪。孝弟者,仁之祖也。忠信者,交之庆也。内不考孝弟,外不正忠信,泽其四经而诵学者,是亡其身者也。②

《汉书·艺文志》将《管子》列入"道家",《隋书·经籍志》将其列入"法家",但近来的研究已经表明,《管子》是具有杂纂性质的文本,不可径以某家思想简单为其定位。仅从这段文字看来,其倡导"孝弟""忠信""仁",显然是基本认同儒家价值观的一种叙述。但其同时指出,由于"四经"之学均广博浩瀚,若沉迷于"多言""博学",反而会导致"亡其身"。换言之,"四经"不但未必可以助成博雅君子的人格养成,相反还与博、弈等小道一样,存在玩物丧志、致远恐泥的风险。

类似《荀子》《管子》的这类论说还见于其他诸子文献。《墨子·公孟》中公孟子以孔子"博于《诗》《书》,察于礼、乐,详于万物",认为其可当天子,而墨子则以为若据此即言孔子可当天子,实近乎"数人之齿,而以为富"③,是将知识的广泛占有简单等同于国家治理能力的全面。《庄子·天运》中借老子之口言:"夫《六经》,先王之陈迹也,岂其所以迹哉!"④将《诗》《书》礼乐径视为过时之陈说。《韩非子·难言》则言在朝堂应对时,若"时称《诗》《书》,道法往古,则见以为诵"⑤,与《左传》中公卿贵族赋《诗》言志、引《书》论事的风流过往不同,在韩非的经验中,对

---

① 曾小梦《先秦典籍引〈诗〉考论》,陕西师范大学2008年博士学位论文,第139页;马士远《荀子与〈书〉学关系考论》,《求索》,2011年第4期,第173页。
② 黎翔凤《管子校注》卷一〇《戒》,第510页。
③ (清)孙诒让《墨子间诂》卷一二《公孟》,中华书局2009年版,第454页。
④ (清)郭庆藩《庄子集释》卷五下《天运》,中华书局1961年版,第532页。
⑤ (清)王先慎《韩非子集解》卷一《难言》,中华书局1998年版,第22页。

于《诗》《书》的称引已经被视为一种迂阔陈腐的言说方式。这些材料都显示，在战国士人的普遍观念中，"四教"经典已被视为古老、陈旧的知识总汇，而非可资时用的智力资源。

诸子文献对于"四教"经典的质疑在具体指向上存在如此的一致性，显示出其所具有的现实针对性——"四教"经典在春秋后期至战国时期所面临的根本危机，与其说是其文本与仪式自身的存续问题，毋宁说是其传习与实践方法的陈旧、浅俗与偏颇。对于《诗》《书》而言，主要是纯粹知识化的倾向，而对于礼、乐而言，则是形式化、技术化的不良倾向。当《诗》《书》在奏对、宴享中逐渐边缘化，而礼、乐则沦为贵族满足私欲、夸耀权势的资本时，"四教"经典即便得到完整的保留，也不过是博物馆中陈列的化石而已，甚至可以成为助纣为虐的利器。孔子以及孟子、荀子等后学正是在这一危机的催迫之下，努力为"四教"经典的真正复兴探求新的路向。以下分别论述。

（一）《诗》《书》方面。

前文已言，对于战国士人而言，《诗》（尤其是时人更为看重的《雅》《颂》部分）、《书》所表现的礼乐制度、生活方式已经是数百年前的古史了，这些故籍与当代有何关联，是《荀子》《管子》等质疑《诗》《书》实用性的主要出发点。而在《左传》中，我们注意到一种有趣的言说方式，虽然当时尚显零星，但至战国、秦汉时期则发展成一种重要的书写传统，那就是以"其××之谓乎"作结的引《诗》、引《书》方式。以引《诗》而言，最早见于《左传·宣公二年》：

乙丑，赵穿攻灵公于桃园。宣子未出山而复。大史书曰："赵盾弑其君。"以示于朝。宣子曰："不然。"对曰："子为正卿，亡不越竟，反不讨贼，非子而谁？"宣子曰："乌呼，'我之怀矣，自诒伊戚'，其我之谓矣！"孔子曰："董狐，古之良史也，书法不隐。赵宣子，古之良大夫也，为法受恶。惜也,越竟乃免。"①

这里赵盾在感叹其自身命运时,引《诗》以为辞,这在春秋引《诗》的传统中原本不足为奇,但值得注意的是赵盾的言说方式:他用"其我之谓矣"一句,将作为故籍的《诗》与当下的自我联系起来。"其"在这里表达一种揣测、难以置信的语气,"矣"则强化了整句话的自嘲感。换言之,赵盾当然知道作为王教经典的《诗》与自己原本毫无关联,《诗》中所言是早已成为历史的古人遭遇的人生、情感经历,但在面对董狐所书史语的那一刻,赵盾感受到一种跨越时空的戏剧性与荒谬感:原来那些他早已谙熟的《诗》文并非与自己无关的故典旧籍,《诗》中的文辞居然与自己在当下的情绪体验若合符契,就如同这样的诗句原本就是为自己而写的一样。在这种恍如隔世的感叹中,古老的经典以一种奇特的方式实现了重生:虽然文辞是先于当下产生的,但文辞所包含的情感、义理却与当下的现实高度吻合,以致令人产生一种错觉,似乎这些文辞正是为当下而创作的。"其"字造成的假设语气使得这种并不存在的"假象"在文本上成为可能。

这种"其××之谓乎"的引《诗》方式在《左传》中尚有五处,分别发生在成公七年、昭公八年、十年、十六年和二十四年,这几处文例虽然没有赵盾那样强烈的戏剧性,但同样都将已经成为历史的《诗》文与当下发生的现实明确联系起来。这种言说方式一再出现,已经构成《左传》自身的一种叙事传统,我们虽然无法确定这种叙事方式的文本来源,但从《宣公二年》对赵盾弑君事的整个叙述看来,这段文本在收入《左传》之前,似乎已曾被孔子阅读过,因此留下了他对于赵盾、董狐的评价,而孔子对于赵盾这种跨越时空的引《诗》方式似乎有特别的留意,因此在《左传·宣公九年》关于陈国夏姬之乱的叙述中,记载了孔子在阅读这

---

① 《春秋左传正义》卷二一,《十三经注疏》,第1867页中～下栏。

一文本后产生的感叹:"孔子曰:《诗》云:'民之多辟,无自立辟。'其泄冶之谓乎。"①从形式上看,这一感叹与《宣公二年》中赵盾的语气完全一致,《大雅·板》中"民之多辟"二句原本是描述厉王时期的乱政,但孔子在阅读了关于夏姬之乱的记述后,感到这段原本已然尘封的历史居然在陈国再次上演,泄冶被杀的悲剧正是《诗》文的真实写照,似乎这两句诗原本说的就是泄冶的事情一样。

而作为《左传》所载史事的当然阅读者,频繁以"君子曰"的形式发表个人看法的这位"君子"对于"其××之谓乎"这一言说方式同样颇为偏爱,在《左传》中,他先后八次通过这种引《诗》的方式来表达自己的态度,第一次见于《隐公元年》中"郑伯克段于鄢"一事的议论:

君子曰:"颍考叔,纯孝也,爱其母,施及庄公。《诗》曰'孝子不匮,永锡尔类'。其是之谓乎!"②

作为一部衍生型文本③,《左传》通过对其自身所据文本言说方式的模仿实现了这一言说传统的确立与强化。与书中常见的公卿贵族引《诗》《书》以议政、论事不同,这种《诗》《书》征引方式主要并非借重其文本的权威性,而是侧重彰显当下发生的一切与《诗》《书》文本之间的契合性,无论是颍考叔这样的孝子,还是无良的羊斟、蔡侯、许男,现实政治中的各种善恶妍丑在《诗》《书》中都已囊括,《诗》《书》显然不是外在于传习者生活时代的过时经典,即便其所言本事已经走进历史,但其描述的情绪体验、价值观念、社会现象却可以在每一个当代读者的人生经历中不断得以重现,是一种超越时空的永恒经验,而这显然赋予了《诗》

---

① 《春秋左传正义》卷二二,《十三经注疏》,第1874下栏。
② 《春秋左传正义》卷二,《十三经注疏》,第1717上栏。
③ 文本生成者基于既有文本,通过移植、改笔、补笔、留白、缀合、割裂、章次调整、译写等多种方式生成的文本,即所谓"衍生型文本"。关于"衍生型"文本的基本性质及特点,可参拙文《写钞本时代异质性文本的发现与研究》,《北京大学学报》,2016年第2期,第148~157页。

《书》在"王教经典"之外的另一层权威性——人性的普遍与永恒。

除《左传》以外,《论语》中同样出现了这种强调《诗》文本"时用"性的引《诗》方式,并且得到了孔子的充分肯定:

> 子贡曰:"贫而无谄,富而无骄,何如?"子曰:"可也。未若贫而乐,富而好礼者也。"子贡曰:"《诗》云,'如切如磋!如琢如磨',其斯之谓与?"子曰:"赐也!始可与言《诗》已矣,告诸往而知来者。"①

这里子贡所引《卫风·淇奥》之"如切如磋"二句,本是泛言君子砥砺精进之德,而当孔子揭示出君子"贫而乐,富而好礼"的理想人格时,子贡马上意识到这两句诗正与孔子所言之理相合,故引以为和,而孔子的回应则显示出他敏锐地意识到,子贡的回应已经越出了他们原本讨论的"贫富"问题,而进入《诗》学领域的范畴。他所肯定的,是子贡能够将《诗》与当下讨论的问题有机结合起来,这不仅为他们讨论的贫、富问题找到了权威的文本依据,同时也扩充了《诗》文本自身的阐释向度。类似的例子又见于《论语》所载孔子和子夏关于"巧笑倩兮,美目盼兮,素以为绚兮"数句涵义的讨论中,当子夏以"礼后乎"申明其文本内涵时,孔子同样给予其"起予者商也,始可与言《诗》已矣"的高度评价②。这里孔子和子夏都明确知道,"礼后乎"已非《诗》之本义,而是将其截取的诗句与时人讨论的儒学义理隔空"嫁接"的结果。而孔子对于这种言《诗》方式的肯定则显示出,在其看来,只有充分认识到《诗》在文本表现力方面的开放性,特别是通过"断章""断句"的方式将《诗》的儒学价值充分揭示出来,才是登堂入室、可以真正与言《诗》学的弟子。

在《荀子》中,这种《诗》《书》征引方式开始大量、系统性出现,只是其引述形式从疑问语气变成了肯定语气的"此之谓也"。这进一步强化

---

① 程树德《论语集释》卷二《学而下》,第54~56页。
② 程树德《论语集释》卷二《学而下》,第157页。

了作为故籍的《诗》《书》与作为"时用"的荀子论述之间的契合度,尽管在有些情况下,两者之间的契合度多少显得牵强。从形式上看,《左传》中公卿贵族在奏对、议政中借助征引《诗》《书》来引起话题、援证古史、阐明道理,因此其所引《诗》《书》与整个言辞融为一体,往往直接承担某种叙事或说理功能,但《荀子》中的《诗》《书》大多都以"附缀"的形式附在一段相对完整的叙述或议论之后,以至于如果我们将这些引《诗》、引《书》的内容全部删去,也完全不影响《荀子》本身的文意表达。这显示出在《荀子》中,引《诗》、引《书》已经成为一种刻意、自觉而相对独立的言说方式,其形式意义在某种程度上已经超过了文本表达的内在诉求,是对《诗》《书》等文本权威性与"时用"性的有意彰显,而非叙事、说理的内在辅翼。

值得注意的是,《荀子》的这种《诗》《书》征引方式亦见于战国时期出现的一批儒学文献中,包括《孝经》、两见于马王堆帛书与郭店简的《五行》篇,以及见于《礼记》的《孔子闲居》《坊记》《中庸》《表记》《缁衣》(又见于郭店简、上博简)与《大学》。这批文本在形式上的一个显著的共同点,就是在行文时大量征引《诗》《书》或其他儒家经典,并且相对固定地以此作为各章论述的结尾,由此形成一种近乎"格式化"的书写传统。尽管"其××之谓乎""此之谓也"等结语在不少文本中都已经省略,但无论是其形式上与主体文本之间的"附缀"关系,还是其"断章取义"的《诗》《书》文本使用方式,都显示出其与《左传》"君子曰"、《论语》子贡之言以及《荀子》之间互相激荡的影响关系:如同春秋时期公卿贵族在宴享中"赋诗言志"一样,在这批战国儒学文本中,对于《诗》《书》的征引因为其形式的普遍与固化,而具备了一种"仪式化"的书写效果,在这种自觉的重复性书写中,儒士一方面援引经典为自己的论述增加权威性,另一方面也极大地扩充了《诗》《书》文本的阐释空间,彰显出其作为"古典"所具有的时代价值。

从《诗》《书》学史的发展来看,不少学者认为这些战国文本对于《诗》《书》的"断章取义",尤其是对于《诗》之"本事"的随意嫁接,造成了后来《诗》《书》在训诂、阐释上的分歧与困惑。但如果回到战国《诗》学、《书》学的现实语境中,则我们应充分注意到这种征引方式的价值所在。从《战国策》等文本看来,《诗》《书》在战国策士的问对中已经鲜少被征引,《诗》《书》在现实政治领域内影响力的下降是不争的事实,而以《孝经》《缁衣》等为代表的这批儒学文本正是在传统礼乐文明逐渐崩解的现实压力下试图重新激发《诗》《书》"时用"功能的一种努力,是避免《诗》《书》之学走向纯粹知识化的一种尝试。在这批文本中,书写者对于《诗》《书》的截取和解释具有高度个人化的倾向,《诗》《书》的故训、本事不再成为困囿他们的藩篱,这种新的学风虽然不免造成经典阐释的混乱,但在这样持续的书写中,《诗》《书》的权威性与"时用"性不断得以彰显,其阐释向度也得到前所未有的扩充,最终成为这些文本自身得以存续的重要保障。编定于西汉的《韩诗外传》《新序》《说苑》《列女传》等文本仍然继承了这一征引方式,足见作为一种书写传统,其影响之深。

(二)礼学方面。

在《左传·昭公五年》女叔齐对鲁昭公朝晋事的评价以及《左传·昭公二十五年》子大叔对赵简子的答辞中,均已提出"礼"与"仪"的区分问题,子大叔将"揖让周旋"等仪节称之为"仪",而倡言"礼"的本质为"上下之纪"[1],也就是彰显各种社会秩序、等级差异的文化形态。换言之,一切仪节只有在与某种形而上的价值观念之间形成对应关系时才具有"礼"的性质,这就是《礼记·仲尼燕居》中孔子言"古之君子,不必亲相与言也,以礼乐相示而已"的内在机制[2]。一旦"仪式"与观念之间的对应关系脱节了,其本身就沦为毫无意义的形式。女叔齐、子大叔等

---

[1] 《春秋左传正义》卷五一,《十三经注疏》,第2107页上栏、2108页下栏。
[2] 《礼记正义》卷五〇《仲尼燕居》,《十三经注疏》,第1614页上栏。

对于"礼""仪"的辨析显示出随着传统宗法观念的崩解,春秋中后期的礼典除了存在"失仪"的技术性问题以外,更显著的问题在于传统礼制观念的淡薄与混乱,"僭礼"成为贵族社会中普遍存在的现象,具体包括两种形态:一是越级用礼①。如齐桓公庭燎实百,赵文子奏《肆夏》之乐②,孟献子以七月禘其祖③,季氏以八佾舞于庭,故孔子言鲁国"禘自既灌而往者,吾不欲观之矣"④,仪节与政治身份之间的对应关系既被打破,则礼典非但无以承担"辨异""别尊卑"的文化功能⑤,甚至本身就成为祸国乱家的方式之一:"祝嘏辞说,藏于宗祝巫史,非礼也,是谓幽国。醆斝及尸君,非礼也,是谓僭君。冕弁兵革,藏于私家,非礼也,是谓胁君。大夫具官,祭器不假,声乐皆具,非礼也,是谓乱国。"⑥另一种则是尚奢之风。《墨子·非乐》中描述时君尚奢之风:"今王公大人虽无造为乐器,以为事乎国家,非直掊潦水、折壤坦而为之也,将必厚措敛乎万民,以为大钟鸣鼓、琴瑟竽笙之声。"⑦《礼记·礼器》记载季氏之家"逮暗而祭,日不足,继之以烛"⑧,这种社会风气甚至影响到普通士人阶层,《论语》载颜渊去世后,其父"请子之车以为之椁","门人厚葬之"⑨,《礼记·檀弓上》记载子路有姊之丧,丧期满而不忍除服⑩,足见越礼厚葬、

---

① 关于这一点,亦可参晁福林《春秋时期礼的发展与社会观念的变迁》,《北京师范大学学报》,1994年第5期,第50页。
② 《礼记正义》卷二五《郊特牲》:"庭燎之百,由齐桓公始也。"《十三经注疏》,第1447页中栏。
③ 《礼记正义》卷四三《杂记下》:"孟献子曰:'正月日至,可以有事于上帝。七月日至,可以有事于祖。'七月而禘,献子为之也。"《十三经注疏》,第1567页下栏。
④ 程树德《论语集释》卷五《八佾上》,中华书局1990年版,第136、164页。
⑤ 《礼记正义》卷三八《乐记》,《十三经注疏》,第1537页中栏;黄怀信《大戴礼记汇校集注》卷一《礼三本第四十二》,三秦出版社2005年版,第103页。
⑥ 《礼记正义》卷二一《礼运》,《十三经注疏》,第1418页上栏。
⑦ (清)孙诒让《墨子间诂》卷八,中华书局2009年版,第252页。
⑧ 《礼记正义》卷二四《礼器》,《十三经注疏》,第1442页下栏。
⑨ 程树德《论语集释》卷二二《先进上》,第752、758页。
⑩ 《礼记正义》卷六《檀弓上》,《十三经注疏》,第1279页下栏。

重祭已经成为春秋、战国时期的社会风气,即便是孔门弟子亦难以尽免。正是在此背景之下,战国诸子对于礼乐普遍持批评、质疑的态度,而他们批评的集中点正在于礼乐的"纵欲"倾向——所谓"欲败度,纵败礼"①,在王权崩解、诸侯力政的社会情势下,伴随着工艺制作水平、音乐演奏水平、舞蹈表演水平的提升,礼乐不仅无法成为维系传统宗法观念、协和贵族内部关系的王教辅翼,反而沦为贵族享乐纵欲、夸耀权势的工具,原本旨在"制欲"的礼乐完全走向了自身的反面,因此孔子面对"八佾舞于庭"的行为会说出"是可忍也,孰不可忍也"的激愤之辞。对于孔子及其后学而言,礼学所面临的核心问题不是"仪式"本身的荒废残缺,而是"仪式"与价值之间对应关系的重建,其要务则在于重新阐释"礼乐"的核心功能与价值指向。

为此,孔子在对"僭礼"行为给予激烈批评的同时,提出了"宁俭"的礼学实践原则。关于礼典中的"俭"德,在春秋中前期已经受到重视,例如《左传》载鲁庄公刻桓宫之桷,御孙谏以为"俭,德之共也;侈,恶之大也"。晋郤至与子反言宴享之礼,亦以为"享以训共俭,宴以示慈惠。共俭以行礼,而慈惠以布政"②。均视"恭俭"为礼典的题中之义,显示出春秋中前期公卿大夫对于礼典中尚奢倾向的警惕以及对于"俭德"的看重。

但值得注意的是,在春秋晚期至战国的部分文献中,出现了对于"俭"德的质疑与批评。《毛诗序》中有"刺俭"之说,如《魏风·汾沮洳》篇:"刺俭也。其君俭以能勤,刺不得礼也。"《唐风·蟋蟀》:"刺晋僖公也。俭不中礼,故作是诗以闵之,欲其及时以礼自虞乐也。"③这类论述

---

① 《左传·昭公十年》载叔向言:"《书》曰:'欲败度,纵败礼。'我之谓矣。夫子知度与礼矣,我实纵欲,而不能自克也。"《春秋左传正义》卷四五,《十三经注疏》,第2059页中栏。
② 《春秋左传正义》卷十、二七,《十三经注疏》,第1779页中栏、1910页下栏。
③ 《毛诗正义》卷五之三《汾沮洳》、卷六之一《蟋蟀》,《十三经注疏》,第357页中栏、361页上栏。

将"俭"与"礼"对立起来,认为君主因尚"俭"而导致的违礼行为应当受到批评。同样,当孔子感叹"管仲之器小"时①,即有人认为孔子之意盖谓管仲尚"俭",故问曰:"管仲俭乎?"而当孔子以"管氏有三归,官事不摄"否定了管仲之"俭"后,此人乃进一步追问:"然则管仲知礼乎?"这一提问方式值得注意,它显示出在时人的普遍观念中,"俭"与"礼"之间似乎存在互斥的关系,"不俭"本身即暗含着"知礼"的可能性,而"俭"反倒意味着"器小"的违礼之行。

针对这种观念,孔子在多个场合明确倡导在礼典中依"俭"行事的合理性,努力为"俭"正名。例如在讨论"礼之本"这一具有本体性意味的论题时,孔子却转而从形式的层面予以描述:"礼,与其奢也,宁俭。丧,与其易也,宁戚。"②将形式层面的奢俭视为"礼之本",足见在孔子看来,这一问题已经具有了本体性的核心意义。又如在谈到对于当时出现的部分新礼的态度时,一向强调"复礼"的孔子表现出令人瞩目的开明态度:"麻冕,礼也,今也纯,俭,吾从众。"③这里"俭"已经成为孔子决定自身态度的一种标准:因为"纯"符合"俭"的原则,因此孔子乃欣然从众而变。事实上,礼既有定制,在执行过程中自应以"不丰,不杀"为其理想状态④,但受制于各种现实条件,在比较"奢"与"俭"两种过度倾向时,孔子明确表示对于"奢"的禁绝与对于"俭"的宽容:"奢则不孙,俭则固。与其不孙也,宁固。"⑤这种对于"宁俭"原则的强调甚至导致孔门后学在"礼"究竟可以简化到何等程度的问题上出现了分歧⑥,而曾子对于这一问题的概括则显示出孔子所倡导的"宁俭"原则实是对晚周贵族普

---

① 程树德《论语集释》卷六《八佾下》,第206~212页。
② 程树德《论语集释》卷五《八佾上》,第145页。
③ 程树德《论语集释》卷一七《子罕上》,第571页。
④ 《礼记正义》卷二三《礼器》,《十三经注疏》,第1433页下栏。
⑤ 程树德《论语集释》卷一四《述而下》,第504页。
⑥ 可参《礼记·檀弓上》"有子问于曾子曰问丧于夫子乎"章。《礼记正义》卷八《檀弓上》,《十三经注疏》,第1290页上栏。

逾越礼、尚奢之风的救弊之举：

> 国无道，君子耻盈礼焉。国奢则示之以俭，国俭则示之以礼。①

在国家无道却奢风弥漫的社会中，即便是符合常制的"盈礼"也应被视为君子之耻，而"示俭"则成为其拯救时弊的不二选择。在这样的论述中，"俭"不仅作为"权宜之计"被纳入"礼"的范畴之中，甚至在无道乱世中还具备了高于常礼的伦理价值，这不能不说是孔子及其后学对宗周礼乐文明的一种新阐释。

当然，从文献记载看来，孔子及其后学对于"宁俭"原则的强调除了与上流社会"尚奢"之风有关以外，似乎也与新兴士人群体中部分穷乏之士对于"礼"的需求有关。《礼记·曲礼上》云"贫者不以货财为礼，老者不以筋力为礼"②，从后半句可知，这里的意思并非是贫者、老者不必执礼，而是说老者不必执劳力之礼，而贫者不必执费财之礼。这就带来一个问题，在传统的礼乐文明中，"礼不下庶人"，郑注言："为其遽于事，且不能备物"③，《论语》中孔子亦言"未若贫而乐，富而好礼者也"④，由于礼典的施行必然需要耗费财货，因此只有贵族有条件行礼用乐，但随着春秋晚期社会流动性的加强，一批"野人"开始努力跻身士人群体，而他们标榜士人身份的重要方式，就是孔子所谓"先进于礼乐"⑤，也就是在社会生活中模仿贵族的生活方式，循礼而行。但问题在于，对于他们当中的部分人来说，其自身的经济状况并不足以支撑他们按照传统的礼典行事，这就势必要求他们对于"礼乐"的内涵与外延做一定程度的调整。《礼记·檀弓》记载了子游与孔子之间关于丧礼的问对：

---

① 《礼记正义》卷九《檀弓下》，《十三经注疏》，第1303页下栏~1304页上栏。
② 《礼记正义》卷二《曲礼上》，《十三经注疏》，第1241页下栏。
③ 《礼记正义》卷三《曲礼上》，《十三经注疏》，第1249页中栏。
④ 程树德《论语集释》卷二《学而下》，第54页。
⑤ 程树德《论语集释》卷二二《先进上》，第735页。

第一章 "六艺"的形成

子游问丧具,夫子曰:"称家之有亡。"子游曰:"有无恶乎齐?"夫子曰:"有,毋过礼。苟亡矣,敛首足形,还葬,县棺而封,人岂有非之者哉?"①

这里孔子一方面强调在物质资源充沛的情况下,要防止"过礼",另一方面又指出在物质资料匮乏的情形下,即便是最简单的丧仪也不可被视为失礼。这显示出在孔子看来,"货财"并非执礼的必要条件,"野人"也拥有"进于礼乐"甚至成为"君子"的权利与可能性。因此,从这一角度看来,孔子对于"宁俭"原则的强调无疑是顺应新兴士人群体知识需求的一种新观念。

虽然在实践层面提出"宁俭"原则,但在形而上的层面,孔子及其后学则不遗余力地强化、丰富"礼"的内涵,围绕"礼"的本源、内核、功能等问题展开的讨论在春秋、战国时期儒学文本中占据了大量的篇幅。仁、义、忠、信、和等大量伦理观念均被纳入"礼"的价值指向中,相关论述频见于《论语》《礼记》:"礼之用,和为贵。""人而不仁,如礼何?""忠信,礼之本也;义理,礼之文也。无本不立,无文不行。""故君子欲观仁义之道,礼之本也。""忠信之人,可以学礼。苟无忠信之人,则礼不虚道。"②在这一类论述中,言说者试图将每一个具体仪节背后的"义理"加以阐发,并不断强化"取义"为执礼之本的观念,部分文本甚至径以具体的仪式操演为末节,将其排除出"君子之学"的范畴,如《论语·阳货》载孔子之言:"礼云礼云,玉帛云乎哉?乐云乐云,钟鼓云乎哉?"③《郊特牲》言:"礼之所尊,尊其义也。失其义,陈其数,祝史之事也。"《乐记》言:

---

① 《礼记正义》卷八《檀弓上》,《十三经注疏》,第1291页下栏。
② 程树德《论语集释》卷二《学而下》,第46页;卷五《八佾》,第142页;《礼记正义》卷二三、二四《礼器》,《十三经注疏》,第1430页下栏、1442页中、下栏。
③ 程树德《论语集释》卷三五《阳货下》,第1216页。

"铺筵席,陈尊俎,列笾豆,以升降为礼者,礼之末节也,故有司掌之。"①

在这样的观念中,根据行为主体身份与知识结构的不同,"礼学"被区分为"有司礼学"与"君子礼学"两个层面,前者主要关注仪式,由祝、史等技术性官僚负责执行;后者主要关注义理,由掌握经典之学的儒者加以阐发,这样一来,"仪节"与"义理"不仅是"礼学"建构的两个要件,其执行者与阐发者也分化为两类不同的知识人群体,在强调"义理"的儒士群体看来,春秋、战国礼学之急务并非"有司礼学"的混乱与荒怠,而是"君子礼学"的不昌与湮灭,由于后者不昌,才导致前者出现僭越、尚奢之风,故作为儒者,自应关注"君子礼学"的重建,而不应汲汲于"有司礼学"的操演,其反形式化、反技术化的礼学"救弊"思想体现得十分鲜明。

也正是在这种语境之中,出现了荀子在《非十二子》中对于关注冠服容止的子张、子夏氏之儒的激烈批评,称后者为"贱儒"。这里的"贱"应是就其社会地位而言,认为他们所关注的只是地位相对低下的"有司"之职守,未能达至君子所应有的境界。由此,孔门后学在重构传统"礼学"的实践原则与义理内涵的同时,自身也出现了学派的分化:注重仪节的子张、子夏氏之儒成为礼学中的"尚仪"一派,而以荀子为代表的这些儒者则成为"尚义"一派,《礼记》中《祭义》《祭统》《经解》《哀公问》《仲尼燕居》《坊记》《缁衣》《问丧》《间传》《三年问》《深衣》《冠义》《昏义》《乡饮酒义》《射义》等一批文本的书写者大抵均属这一范畴。从《史记·儒林列传》的相关记载看来,战国儒门礼学的分化对汉初礼学产生了直接的影响,作为汉初礼学宗师的徐生、徐襄等均善礼容而不通礼经,显然属于"尚仪"派的后学,而这一学派后来传至萧奋、后仓,乃逐渐师法具备,最终成为西汉官学中仅有的礼学师法,足见虽然荀子对礼学

---

① 《礼记正义》卷二六《郊特牲》、卷三八《乐记》,《十三经注疏》,第 1455 页下栏、1538 页上栏。

的"尚仪"倾向给予了激烈批评,但这一学派自身的生命力却不容小觑。

(三)乐学方面。

与礼典中弥漫的僭越、尚奢之风相似,追求乐舞之华美、乐器之精致也成为晚周贵族的流行风尚。《左传》载鲁文公以《湛露》及《彤弓》宴宁武子、晋悼公以《文王》享穆叔①,《论语》载"三家者以《雍》彻",《礼记》载"大夫之奏《肆夏》也,由赵文子始也"。② 以及前文所引《墨子·非乐》中对时王侈造乐器之风的描述,都显示出春秋中后期以来乐舞表演艺术、乐器铸造工艺的发达,以及在此过程中传统乐制的崩溃。原本为王室或高级贵族所垄断的各种乐舞逐渐进入中下级贵族的政治仪式与社会生活中,体现宗法秩序、具有仪轨功能的乐舞陷入制度上的混乱。在这一风潮中,尤以列国对于"大钟"的铸造热情令人关注:《国语·周语》记载景王二十三年(前522)欲铸无射钟③,上博简《曹沫之陈》载"鲁庄公将为大钟"④,《淮南鸿烈·要略》载"齐景公族铸大钟,撞之于庭下,郊雉皆雊"⑤。《说苑·正谏》中甚至有齐桓公欲铸大钟以昭其名的故事:"齐桓公谓鲍叔曰:'寡人欲铸大钟,昭寡人之名焉。寡人之行,岂避尧舜哉!'"⑥这些记述虽未可尽信,但均以"大钟"为说,足见一时风气。可以想象,无论是昂贵的造价、复杂的工艺、巨大的视觉冲击力,还是强烈的仪式感,都使得大钟成为列国诸侯争相追慕的对象,而《左传》中的两则材料更显示,在群雄争霸的现实中,这种"大钟崇拜"还具有更为隐秘复杂的政治意味:

---

① 《春秋左传正义》卷一八、二九,《十三经注疏》,第1840页下栏、1931页下栏。
② 程树德《论语集释》卷五《八佾》,第140页;《礼记正义》卷二五《郊特牲》,《十三经注疏》,第1447页下栏。
③ 徐元诰《国语集解》,中华书局2002年版,第108页。
④ 马承源主编《上海博物馆藏战国楚竹书(四)》,上海古籍出版社2004年版,第243页。
⑤ 刘文典《淮南鸿烈集解》卷二一《要略》,中华书局1989年版,第710页。
⑥ 向宗鲁《说苑校证》卷九《正谏》,中华书局1987年版,第219页。

郑伯始朝于楚,楚子赐之金,既而悔之,与之盟曰:"无以铸兵。"故以铸三钟。(《左传·僖公十八年》)

季武子以所得于齐之兵,作林钟而铭鲁功焉。(《左传·襄公十九年》)①

大钟所含的大量金属原料随时可以改铸为战争所需的各类武器,因此,铸钟一方面可以显示国家战略资源储备的充裕,具有恫吓、震慑的效果,而另一方面,将如此珍贵的战略资源铸为大钟,又符合宗周文明"偃武修文"的政治传统,因此具有彰显君德的效应。这也是曹沫何以对鲁庄公说"今邦弥小而钟愈大,君亓图之"的原因②:钟的大小已经成为国力强弱的象征,而这显然已经远离了作为乐器的钟本身所承载的使命。

至于春秋、战国乐学文献中最为关切的"危机",则是所谓"新声"的广泛流行。《国语·晋语》载晋平公"说新声"③,《孟子·梁惠王下》载齐宣王"非能好先王之乐也,直好世俗之乐"④,《礼记·乐记》载魏文侯"端冕而听古乐,则唯恐卧;听郑卫之音,则不知倦"⑤,均显示这种"其状似鬼神"、能移人情的"新声"在春秋、战国宫廷中已颇为流行。崔广庆统计了春秋、战国时期出现的"新声",其兴盛程度令人咋舌,李宏锋甚至提出"礼崩乐盛"的说法⑥,意在改变我们对于春秋、战国时期音乐发展水平的传统认知。但在战国时期的不少知识人看来,这种新兴的音乐一方面与国家礼乐制度完全无涉,另一方面,其摄人心魄的艺术表现力容易使贵族沉迷致瘾,助长其享乐之风,甚至因此荒怠朝政,故诸子对此多有批评,

---

① 《春秋左传正义》卷一四、三四,《十三经注疏》,第1809页下栏、1968页中栏。
② 马承源主编《上海博物馆藏战国楚竹书(四)》,上海古籍出版社2004年版,第244页。
③ 徐元诰《国语集解·晋语八》,中华书局2002年版,第426页。
④ (清)焦循《孟子正义》卷四《梁惠王上》,中华书局1987年版,第99页。
⑤ 《礼记正义》卷三八《乐记》,《十三经注疏》,第1538页上栏。
⑥ 崔广庆《先秦时期乐文化研究》附录二,南开大学2014年博士学位论文,第232～254页;李宏锋《礼崩乐盛:以春秋战国为中心的礼乐关系研究》,文化艺术出版社2009年版。

《韩非子》即将"好音"列为君主"十过"之一,认为其无益政教①。至于孔子及其后学对于"新声"的批评更是不遗余力,《论语》载孔子言:"放郑声,远佞人。郑声淫,佞人殆。""恶郑声之乱雅乐也。"②《礼记·乐记》载子夏言:"今夫新乐,进俯退俯,奸声以滥,溺而不止,及优侏儒,獶杂子女,不知父子。乐终不可以语,不可以道古。"③"新声"既无关礼典、无益教化,反之还惑乱雅乐,故站在儒家"乐教"立场,自应加以禁绝④。

然而,面对现实中"新声"的大量流行,这样的批评虽然激烈,但终显笼统,且不免带有一定的情绪性。如何从理论层面对"新声"进行具有针对性的批评,成为战国乐学的核心要务,而以《荀子·乐论》《礼记·乐记》为代表的儒家乐学文本在这方面做出了令人瞩目的拓进,首先就是提出并论述了"乐者乐也"这一重要命题。

在讨论这一命题之前,我们有必要对"新声"在情绪诱发层面的特点略加说明。音乐本身是否具有情绪诱发的能力是音乐史上的重要论题,《荀子·乐论》《礼记·乐记》、嵇康《声无哀乐论》等代表了早期士人对于这一问题的理论探索。上世纪八十年代以来,随着脑神经科学、心理学、应用声学对于"音乐情绪"研究的介入,西方学术界对于音乐的情绪诱发功能、音乐偏好与人格特征之间的关系、音乐学习经历与音乐情绪的相关性、音乐情绪反应的文化适应性,以及节奏、音调和音色等参

---

① (清)王先慎《韩非子集解》卷三《十过》,中华书局1998年版,第62页。
② 程树德《论语集释》卷三一《卫灵公上》,第1087页;卷三五《阳货下》,第1225页。
③ 《礼记正义》卷三九《乐记》,《十三经注疏》,第1540页中栏。
④ 值得注意的是,在孔门后学中,孟子对于"新声"的态度似乎略有不同。《孟子·梁惠王上》载齐宣王乍闻孟子知其好乐,乃"变乎色",言其"非能好先王之乐也,直好世俗之乐耳",这表明在战国中期的主流舆论中,好"新声"仍被视为一种淫辟之行,因此齐宣王颇感愧赧,但令他意外的是,孟子非但没有批评其对"世俗之乐"的偏好,反而提出"今之乐犹古之乐也",并就此展开其"与民同乐"的论述。这似乎显示出随着"新声"影响力的扩大,孔门内部也出现包容、认可这种新的音乐类型的声音。(清)焦循《孟子正义》卷四《梁惠王上》,中华书局1987年版,第99页。

数与音乐情绪之间的相关性等问题的研究取得了重要进展①。现有研究表明,音乐确实具有一定的情绪诱发功能,其情绪指向与节奏、音调和音色等基本参数之间存在相关性,而音乐偏好与人格特征之间也有着明显的相关性。由此看来,《礼记·乐记》中子夏对"新声"的一段叙述正是这种认识的经验性描述:"郑音好滥淫志,宋音燕女溺志,卫音趋数烦志,齐音敖辟乔志。"②由于节奏、音调等方面的原因,郑、宋、卫、齐之"音"分别具有"淫""溺""烦""乔"等情绪诱发功能,在这些音乐的聆听过程中,人们的情绪随之悲喜跌宕,难以自已。而在这众多的情绪体验中,似乎尤以"悲声"最为贵族所倾心。《韩非子·十过》载晋平公闻濮上之"新声",乃言"清商固最悲乎"? 后又言"音莫悲于清徵乎"?③ 且令师旷先后操演这些悲曲。这一传统在汉宫中仍然得以延续,相关成因及其美学内涵已经成为音乐史、乐府学史研究中颇受关注的话题④。事实上,在我们的实际经验中,悲伤的音乐常常更能引起我们的情感共鸣,唤起人类内心的某种孤独感,因此无论在古典音乐中,还是在流行音乐中,具有悲伤气质的音乐始终占据重要的分量。此外,音乐还常常记录下人们的愤怒、无奈、慵懒、彷徨、执着和恐惧,也正因为音乐具有如此丰富的表现力,才成为人类社会生活中不可或缺的精神调味品。

但有趣的是,战国儒学文献在论述"乐"的表现力时,却大多突出其快乐、喜悦的情绪指向,而将诱发悲伤、愤怒等各种情绪的"新声"排除

---

① 相关研究可参王昕、刘沛《音乐情绪心理机制的研究现状及展望》,《中国音乐》,2013年第2期,第108~111页;王昕、刘沛《音乐情绪神经机制的研究现状及展望》,《黄钟》,2013年第3期;第131~134页;马谐、白学军、陶云《音乐与情绪诱发的机制模型》,《心理科学进展》,2013年第4期,第643~651页;吴忻生等《一种音乐情绪参数化的方法》,《应用声学》,2013年第1期,第28~33页。
② 《礼记正义》卷三九《乐记》,《十三经注疏》,第1540页下栏。
③ (清)王先慎《韩非子集解》卷三《十过》,第64~65页。
④ 关于汉乐府好"悲"之风及其美学内涵的具体论述,可参徐公持《论汉代悲情文学的兴盛与悲美意识的觉醒》,《文艺研究》,2015年第8期,第50~56页。

第一章 "六艺"的形成

在"乐"的范畴之外,相关论述成为贯穿《荀子·乐论》和《礼记·乐论》的一条重要主线:

> 夫乐者,乐也,人情之所必不免也,故人不能无乐。
>
> 且乐者,先王之所以饰喜也。
>
> 乐者,圣人之所乐也,而可以善民心。
>
> 故曰:乐者,乐也。君子乐得其道,小人乐得其欲。以道制欲,则乐而不乱;以欲忘道,则惑而不乐。故乐者,所以道乐也。①
>
> 论伦无患,乐之情也。欣喜欢爱,乐之官也。②

为了更加系统地论述"乐者乐也"这一命题,这些文本在概念上将"声""音"与"乐"做了明确区分:

> 音之起,由人心也。人心之动,物使之然也。感于物而动,故形于声。声相应,故生变,变成方,谓之音。比音而乐之,及干戚羽旄,谓之乐。……凡音者,生于人心者也;乐者,通伦理者也。是故知声而不知音者,禽兽是也;知音而不知乐者,众庶是也。唯君子为能知乐。③

与女叔齐、子大叔强调"礼"与"仪"的区别一样,《乐记》对于"声""音"与"乐"的区分显然旨在重新界定"乐"的本质与功能:"乐"不仅是一种艺术形式,更是一种关乎伦理的国家意识形态。用现代的概念来说,这里的"声"是就物理层面而言,指一切可以发声的物体在振动后产生的自然反应;而"音"则是现代物理学中所言的"乐音",指发音体有规律地振动(即《乐记》所谓"成方")而产生的具有固定音高的音,是人们可以把握的一种艺术形式,足以引起人们的情绪共鸣。不过,这种形式所诱发的情绪是开放的,喜、怒、哀、惧、爱、恶、欲"七情"皆备,而在《乐

---

① (清)王先谦《荀子集解》卷十四《乐论》,第379~382页。
② 《礼记正义》卷三七《乐记》,《十三经注疏》,第1530页下栏。
③ 《礼记正义》卷三七《乐记》,《十三经注疏》,第1527页上栏。

记》看来,只有那些令人"乐之"的音乐才可以承担"通伦理"的教化功能,成为君子所确认的"乐"。由于人心本身包含"七情",因此,无论君子还是庶人,都会生成各种情绪类型的"音",但只有君子能够从理性上对这些"音"加以抉择,摒弃那些具有负面性、过激性情绪诱发功能的"邪音",而用正面的、中和的、令人愉悦的"雅乐"来实现自我涵养。更进一步,国家也通过对于"雅乐"的倡导与对于"邪音"的禁绝来实现其社会治理:"故先王贵礼乐而贱邪音。其在序官也,曰:'修宪命,审诛赏,禁淫声,以时顺修,使夷俗邪音不敢乱雅,太师之事也。'"①。

在这样的论述体系中,"音"和"乐"被赋予不同的文化价值与功能,后者主要作为国家教化之具,而前者既然能够真实、直接地反映"庶人"的情绪好恶,自然也就具有观风望俗的功能,故《礼记·乐记》中又言:"治世之音安以乐,其政和。乱世之音怨以怒,其政乖。亡国之音哀以思,其民困。声音之道,与政通矣!"②

另一方面,既然"乐"主要承担道德教化而非娱乐怡情的功能,则其演奏技术自然也不应沿着复杂化、多样化的通常路径发展,而是要不断回到其道德教化的原点,审慎、克制地自我约束,以免过于繁复的演奏技术带来多样化的情绪体验:"是故,乐之隆,非极音也。……先王之制礼乐也,非以极口腹耳目之欲也,将以教民平好恶而反人道之正也。"③

此外,为了进一步突出"乐"的教化功能,战国儒生引入了礼、乐对比的视角,尝试发掘"乐"不同于"礼"的独特文化功能,这是战国儒家乐学在理论方面的又一重要拓进:

> 乐者为同,礼者为异。同则相亲,异则相敬。乐胜则流,礼胜则离。合情饰貌者礼乐之事也。礼义立,则贵贱等矣;乐文同,则上下和矣;好恶

---

① (清)王先谦《荀子集解》卷十四《乐论》,第381页。
② 《礼记正义》卷三七《乐记》,《十三经注疏》,第1527页下栏。
③ 《礼记正义》卷三七《乐记》,《十三经注疏》,第1528页下栏。

著,则贤不肖别矣。刑禁暴,爵举贤,则政均矣。仁以爱之,义以正之,如此,则民治行矣。乐由中出,礼自外作。乐由中出故静,礼自外作故文。

乐者敦和,率神而从天;礼者别宜,居鬼而从地。故圣人作乐以应天,制礼以配地,礼乐明备,天地官矣。①

前文已言,由于春秋中后期以来礼典的混乱,"尚异"成为战国礼学中特别强调的功能指向,但这自然也就带来一个理论问题:这种高度强调等级差异的制度如何塑造群体内部的协同亲睦呢？似乎正是为了回应这一问题,"乐尚同"的独特价值被揭示出来。这里的"尚同"并非指"乐"本身没有仪制上的等级差异,而是说在同一仪式场合中,诸人所著冕服、所佩杂饰、所执器物、所循路阶、所用言辞皆依其地位之尊卑而有差异,唯所聆之乐则诸人相同。在"礼"所构建的"辨异"气氛中,"乐"是唯一具有"敦和"功能的文化形态。《乐记》对此有具体描述:"乐在宗庙之中,君臣上下同听之,则莫不和敬。在族长乡里之中,长幼同听之,则莫不和顺。在闺门之内,父子兄弟同听之,则莫不和亲。"②

可以说,无论是对于"乐者乐也"这一情绪指向的明确界定,还是对于礼、乐文化功能的分辨离析,战国乐学文本较之《尚书·尧典》中"八音克谐,无相夺伦,神人以和"那样的早期论述已经有了显著的变化③。当然,与战国礼学中出现"尚义"的倾向一样,战国乐学文本也在一定程度上呈现出"尚义轻技"的倾向,如《乐记》言:"乐者,非谓黄钟大吕弦歌干扬也,乐之末节也,故童者舞之。铺筵席,陈尊俎,列笾豆,以升降为礼者,礼之末节也,故有司掌之。乐师辨乎声诗,故北面而弦;宗祝辨乎宗庙之礼,故后尸;商祝辨乎丧礼,故后主人。是故,德成而上,艺成而

---

① 《礼记正义》卷三七《乐记》,《十三经注疏》,第1529页中~下栏、1531页中栏。
② 《礼记正义》卷三九《乐记》,《十三经注疏》,第1545页上栏。
③ 《尚书正义》卷三《舜典》,《十三经注疏》,第131页下栏。

下;行成而先,事成而后。"①乐师、宗祝、商祝等"艺成"者站位在"后",地位较"德成"之君子为"下";《乐记》载子赣见师乙,后者径以"贱工"自称②,此虽为谦辞,但仍可据知战国时乐师、祝、史等技术性官僚在儒家士人心目中地位之底下。这种观念是否反过来影响到战国时期传统雅乐在技艺层面的存续与发展,是值得我们审慎思考的问题。

总之,从《庄子》《韩非子》《战国策》等文献看来,战国诸子、策士在论述、议政中较少援引《诗》《书》,而《庄子·天下》篇则明确称:"其在于《诗》《书》礼乐者,邹鲁之士缙绅先生多能明之。"③凡此均显示出战国时期的"四教"经典已经由贵族群体的公共知识资源逐渐演变为儒门士人的一种身份标识,古老的"王教之典"蜕变为儒门士人崇奉的"孔门圣典"。在这批新兴士人所建立的学术体系中,《诗》《书》不再是迂阔博古的旧典,礼乐也不再是繁复僵化的仪式,它们都广泛、深入地参与到春秋晚期至战国时期儒士对于国家秩序、社会风俗以及伦理观念的重建过程中,成为一套权威而切近"时用"的知识体系。

三、圣人有"作":《春秋》的经典化

从传世文献来看,在孔子之前,作为列国史籍的"《春秋》类文献"已经在部分诸侯国承担教材的功能。《国语·楚语》记载楚庄王时(前613—前591在位)申叔时以楚之《春秋》课授太子,"为之耸善而抑恶焉,以戒劝其心";《晋语》记载晋悼公十二年(前561),悼公问"德义"之人,司马侯以"羊舌肸习于《春秋》"为对,遂使其"傅大子彪"④;《墨子·明鬼下》论鬼神之有验,先后援据《周之春秋》《燕之春秋》《宋之春秋》

---

① 《礼记正义》卷三八《乐记》,《十三经注疏》,第1538页上栏。
② 《礼记正义》卷三九《乐记》,《十三经注疏》,第1545页中栏。
③ (清)郭庆藩《庄子集释》卷十下《天下》,第1067页。
④ 徐元诰《国语集解·楚语上》,第485页;《晋语七》,第415页。

《齐之春秋》①,可见由于列国《春秋》记载国史兴衰、公卿荣辱,乃至奇闻轶事,因此一方面具有崇德抑恶的教化功能,另一方面又是博古通今的知识渊薮,故至迟在春秋中后期,这类史籍已经成为一种重要的知识资源,在部分地区甚至形成某种尚门之学。此外,《左传》又记载鲁昭公二年(前540),晋卿韩宣子赴鲁太史氏观书而见《鲁春秋》,可知《春秋》虽藏于太史氏,但并非不可示人的密档,而是公卿贵族普遍得以阅读、甚至传抄的公共文本,这也就可以解释有学者提出孔子并非史官,何以有机会获览《春秋》的疑惑②:《鲁春秋》既可开放给异国之卿阅读,则孔子以"从大夫之后"而想要获得这些史册的部分副本,应是不难实现的。不过,作为列国史乘之一,《鲁春秋》即便在一定程度上具有公共知识资源的地位,但其权威性显然不足以与《诗》《书》等宗周王教经典相提并论。一部仅截取隐公元年(前722)至哀公十四年(前481)史文的《春秋》何以为《孟子》所称道,甚至在郭店简《六德》《语丛一》以及《荀子》中明确与《诗》《书》礼乐并举,这其中的经典化过程自然值得我们关注。

我们注意到,在汉儒关于《春秋》经典性来源的各种论述中,孔子"因史记作《春秋》"是最基础的叙述框架③,这当中包含了两个关键的表述方式:其一是"作"这一具有强烈象征性意味的书写方式,其二则是"因史记"这一具体的文本生成方法。在今日可见的文献中,这两个概念的提出均可溯至《孟子》:

公都子曰:"外人皆称夫子好辩,敢问何也?"孟子曰:"予岂好辩哉?予不得已也。天下之生久矣,一治一乱。……世衰道微,邪说暴行有作,臣弑其君者有之,子弑其父者有之,孔子惧,作《春秋》。《春秋》,天子之事也,是故孔子曰:'知我者,其惟《春秋》乎?罪我者,其惟《春秋》乎?'……

---

① (清)孙诒让《墨子间诂》卷八《明鬼下》,第224~234页。
② 王和《孔子不修〈春秋〉辨》,《史学理论研究》,1993年第2期,第116页。
③ 《史记》卷四七《孔子世家》,第2340页。

昔者禹抑洪水而天下平，周公兼夷狄、驱猛兽而百姓宁，孔子成《春秋》而乱臣贼子惧。《诗》云：'戎狄是膺，荆舒是惩，则莫我敢承。'无父无君，是周公所膺也。我亦欲正人心，息邪说，距诐行，放淫辞，以承三圣者。岂好辩哉？予不得已也！能言距杨墨者，圣人之徒也。"(《滕文公下》)

孟子曰："王者之迹熄而诗亡，诗亡然后《春秋》作。晋之《乘》、楚之《梼杌》、鲁之《春秋》，一也，其事则齐桓晋文，其文则史，孔子曰：'其义则丘窃取之矣。'"(《离娄下》)①

关于其一，《孟子·滕文公下》是目前所见最早以"作"字描述孔子与《春秋》之间关系的文本。众所周知，孔子对于"作"曾有过著名的论调"述而不作"②，孔子之所以自称其无所"作"，皇侃《义疏》言："所以然者，制作礼乐必使天下行之，若有德无位，既非天下之主，而天下不畏，则礼乐不行；若有位无德，虽为天下之主，而天下不服，则礼乐不行。故必须并兼者也。孔子是有德无位，故'述而不作'也。"③这里从"德位相配"的角度论述了孔子"述而不作"的原因，多少受到汉儒"素王"说的影响，不过其强调"作"具有高度的仪式性与象征性，则颇合孔子原意④。简言之，孔子将"作"界定为一种具有独创性的表达方式，具有变古开新的意味，因此非圣人无以为之。此外，孔子又反复强调"慎言"的重要性，相关论述广见于《论语》之中，这些无疑会给孔门后学造成一种颇具压迫感的"言说"气氛——既然先师孔子都不敢言"作"，则孔门后学如何敢妄造篇辞，如何敢骋说胸臆呢？

在《孟子》中，正是为了回应公都子所谓"外人皆称夫子好辩"的质

---

① 《孟子注疏》卷六下《滕文公章句下》、卷八上《离娄章句下》，《十三经注疏》，第2714页下栏、2728页上栏。
② 程树德《论语集释》卷一三《述而上》，中华书局1990年版，第431页。
③ (梁)皇侃《论语义疏》卷七，中华书局2013年版，第153页。
④ Michael J. Puett, *The Ambivalence of Creation：Debates Concerning Innovation and Artifice in Early China*, Stanford University Press, Stanford, 2001, pp49~51.

疑，孟子提出了孔子"作《春秋》"的命题，并展开了系统性的长篇论述。这一问对的语境非常重要，它显示出孔子"作《春秋》"之说从一开始就与"言说"的权利与方式有关。对于孟子而言，这段论述主要不是为了阐明《春秋》的作者问题，而是旨在强调孔子有所"作"的事实，从而揭示出其所谓"述而不作"只是夫子的谦辞而已——孔子通过"述而不作"的陈述将"作"这一行为神圣化，而孟子则借助这一逻辑的反向推演，在将孔子本人神圣化的同时[1]，也进一步确认了"作"的必要性与迫切性，从而最终为自己的"言说"争得了合理性。

具体而言，孟子通过两种方式对孔子"作《春秋》"的象征性意味予以强化，首先是将其置于从大禹治水到武王伐纣、周公攘夷的"一治一乱"演进过程中，通过"孔子成《春秋》而乱臣贼子惧"的结果呈现，强调"作《春秋》"这一文本书写行为与上述圣人之功同具拨乱反正的历史效应，从而在论述的最后自然而然地将孔子与大禹、周公并称为"三圣"。在这一论述逻辑中，孔子正是通过"作《春秋》"的方式进入了圣人的行列，《春秋》成为确认孔子圣人身份的关键标识。因此，从这个意义上说，《春秋》的经典化不仅与孔子的圣人化过程相始终，而且其本身就是孔子圣人化的实现方式。

其次，为了渲染孔子"作《春秋》"这一"成圣"之事的仪式感，《孟子》以直接引语的方式复述了孔子的一段感叹："知我者，其惟《春秋》乎！罪我者，其惟《春秋》乎！"我们当然无法考证这一说法的可靠性，不过类似说法又见于《春秋公羊传·昭公十二年》："其词则丘有罪焉耳。"[2] 同

---

[1] 柯马丁在《孔子：汉代作者》中指出："这里，尤其是'作'字，是称孔子为圣人的间接方式，他在过去圣王的意义上'作'。"柯马丁《孔子：汉代作者》，王能宪等主编《从游集》，中华书局2016年版，第112～113页。

[2] 《春秋公羊传疏》卷二二，《十三经注疏》，第2320页中栏。毛起认为《公羊传》的这段论述受到《孟子》的影响，但具体论证略粗疏，可备一说而已，见氏著《春秋总论初稿》，杭州：贞社1935年版，第3页。

样是以直接引语的方式出现,这显示出强调孔子"作《春秋》"可能存在的"获罪"风险,是受到战国儒士青睐的一种叙述方式。一部文本的书写何以会带来"获罪"的风险呢?从孟子的论述来看,是因为这一行为是"天子之事也",而孔广森《公羊春秋经传通义》亦言:"词有褒与贬、绝,假天子之事,故谦以为罪也。"①正如柯马丁所言:"孔子所'作',不仅是一篇文本,而是一种新的王权模式,取代了过去的王权,因为他僭擅了'天子之事'。"②孟子虽未明言,但联系上一点,我们足以注意到,无论是大禹治水、武王伐纣,还是周公攘夷,几乎每位圣人的"成圣"之路上都伴随着高度的危险性,但也正是这些危险,才凸显出"成圣"之路的不易与辉煌,而这些危险除了现实中的自然、军事威胁以外,还包括其行为自身的道德风险:商汤伐桀、武王伐纣的"弑君"之嫌,直至汉初尤未完全褪去③,而孔子以"从大夫之后"代行"天子之事",自然也就具有了"革命"的嫌疑。尽管其"革命"的方式只是"制作"一部文本,但其性质则可与汤、武等量齐观。在《孟子》所引的这段感叹中,我们体会到一种临危受命、大义凛然的风范,"作《春秋》"被赋予了某种舍生取义的英雄气概,使得孔子的"成圣"之路与禹、汤、文、武、周公等古圣一样,充满了危机与挑战,而孔子"圣人"的形象,也由此显得高大而悲壮。

关于其二,《离娄下》是最早明确提出"史""义"关系这对《春秋》学核心论题的文本,并由此奠定了《春秋》学独特的文本阅读传统。在《孟子》看来,《春秋》的文辞固然属于悠久的史籍传统,但《春秋》的特殊之处在于,孔子通过某种文本编纂方式及阐述方式,为这部文本赋予了个人私"义"。《春秋》之文虽是"述"古之事,甚至其文辞本身也大多援据史籍,但因为这层"赋义",遂成为圣人之"作",亦即本书所言之"圣典"。

---

① (清)孔广森《春秋公羊经传通义·昭公第十》,北京大学出版社2012年版,第233页。
② 柯马丁《孔子:汉代作者》,王能宪等主编《从游集》,中华书局2016年版,第114页。
③ 《汉书·儒林传》载景帝时黄生之言曰:"汤、武非受命,乃杀也。"《汉书》卷八八,第3612页。

第一章 "六艺"的形成

当然,与孟子对于"作《春秋》"的神圣性展开的充分论述不同,其对于孔子"作《春秋》"具体方式的描述是非常模糊的,这不仅为后世学者探讨《春秋》的"读法"带来很多障碍,也为我们评估孔子究竟在多大程度上、以何种方式介入了《春秋》这一文本带来困惑。《春秋公羊传》中则有两处涉及《春秋》文本的生成过程:

不修《春秋》曰"雨星不及地尺而复"。君子修之曰:"星陨如雨。"何以书?记异也。(《庄公七年》)

春,齐高偃帅师纳北燕伯于阳。伯于阳者何?公子阳生也。子曰:"我乃知之矣。"在侧者曰:"子苟知之,何以不革。"曰:"如尔所不知何?《春秋》之信史也,其序则齐桓、晋文,其会则主会者为之也,其词则丘有罪焉耳。"(《昭公十二年》)①

《庄公七年》中的"君子"历来被认为就是孔子本人,此说受到柯马丁的怀疑②,由于这在《公羊传》中只是孤例,因此确实无法考定。不过《昭公十二年》的文例则明确提到孔子本人,面对《春秋》中的一处讹文,"在侧者"询问孔子为何"不革",这一提问方式值得注意,它显示在提问者看来,孔子不仅拥有修订这一文本的权利,而且应当对文本中存在的讹谬负责,这种认知背后所指向的,就是《春秋》经过了孔子的修订,孔子不仅仅是《春秋》的阐释者,也是这一文本的编定者。

《公羊传》的这种观念显然对汉代以后的《春秋》学产生了深远的影响,公羊学对于《春秋》"大义"的所有探讨,包括辞例、义法等,都建立在这一认知的基础上:《春秋》文本中的所有细节,包括是否记异、是否书"即位"、是否书地、书名、书氏、书爵、书人、书国、书葬、书时、月、日等等,都是经过孔子精心编定的。《春秋》的读法,就是大量总结这些辞例,发现其中

---

① 《春秋公羊传注疏》卷六、二二,《十三经注疏》,第 2228 页中栏、2320 页上~中栏。
② 柯马丁《孔子:汉代作者》,王能宪等主编《从游集》,第 106 页。

的隐微之笔,并从中体察圣人之大义。《左传·成公十四年》载"君子"之言:"《春秋》之称,微而显,志而晦,婉而成章,尽而不污,惩恶而劝善。非圣人谁能修之?"《荀子·劝学》称"《春秋》之微也",《儒效》亦言"《春秋》言是,其微也"[①],都强调这种精细化的阅读方式,显示出以《春秋》为"微言大义",已成为战国儒士的普遍看法。

总之,《孟子》中的两段论述强调了孔子"作《春秋》"之事,在将《春秋》经典化的同时,也实现了孔子的圣人化。而以左丘明、子夏、高子、子司马子、子沈子、鲁子、尸子、公羊氏、穀梁氏、邹氏、夹氏为代表的一批战国儒士,则通过对《春秋》文法、辞例的持续总结,不断发掘、丰富着《春秋》文本所隐含的"微言大义",无论孔子本人究竟在多大程度上介入了《春秋》的文本编定与阐释,经过这一系列的"赋义",《春秋》已经从一部并不特别的史籍变身为"加乎王心"的圣典。从郭店楚简《六德》《语丛一》等儒学文献看来,至晚到战国中前期,《春秋》已经与"《诗》《书》礼乐"并举,可见其经典地位已经得到部分儒士的认同,而《荀子·劝学》在论及"诵经"之事时,也将《春秋》与礼、乐、《诗》《书》并言,更是将《春秋》作为"经"的身份加以明确。当然,《春秋》经典化的过程至此仍未结束,入汉以后,特别是随着哀平时期纬学的发达,关于孔子与《春秋》之间著述关系的论述愈加丰富和神异,演绎出"援引古图,推集天变,为汉帝制法""丘,水精,治法为赤制功"等各种说法[②],而这些看似荒诞不经的故事背后则始终贯穿着一致的表达诉求:那就是不断强化《春秋》为孔子所"作","作《春秋》"不仅是彰显孔子"圣德"的重要方式,而且这一过程本身就是孔子成为"圣人"的途径和证明。

---

① (清)王先谦《荀子集解》卷一《劝学篇》,第 12 页;卷四《儒效篇》,第 133 页。
② 《春秋公羊传注疏》卷一,《十三经注疏》,第 2195 页中栏。

四、由筮典到儒经:《易》学德教思想的发掘

《易》学的经典化过程历来是学者关注的论题,汉人已倡《易》"更三圣"之说①,显示出《易》学在经典化过程中曾经历多个阶段性的关键步骤。随着上世纪七十年代马王堆帛书《要》《二三子问》《昭和》《缪力》诸篇的发现,《易》作为一部古老的占筮经典,经由孔子重新"赋义"后成为儒门经典的过程终于得到清晰的揭示,相关研究已经取得丰硕成果②,成为借助出土文献解决经学史传统问题的经典个案。

《左传》中多次记载公卿贵族以《易》占测未知的事例,可见《易》很早就具有"筮法"经典的地位,但从其具体用例看来,春秋时期的《易》与《军志》《星经》等技术性文本相类,尽管在某一知识领域内具有经典性,也因此越乎技而臻于道,偶然被用来指导其知识领域以外的社会生活,但从一般意义上说,它们仍属于"技""术""数"的层面,与周人认为可以广泛指导政治、社会生活的王教经典不可同日而语。

《左传》所载涉《易》之事大多先言占筮所遇之本卦及其卦变,再据其对应的卦爻辞阐释《易》理,预测吉凶。但有几处例外值得注意,属于《荀子·大略》篇所言"善为《易》者不占"之例③:

郑公子曼满与王子伯廖语,欲为卿。伯廖告人曰:"无德而贪,其在《周易》《丰》之《离》,弗过之矣。"间一岁,郑人杀之。(《宣公六年》)

知庄子曰:"此师殆哉!《周易》有之,在《师》之《临》,曰:师出以律,否臧,凶。执事顺成为臧,逆为否。众散为弱,川壅为泽。有律以如己也,故

---

① 《汉书》卷三〇《艺文志》,第1704页。
② 相关论述可参李学勤《帛书〈要〉篇及其学术史意义》,《古文献丛论》,中国人民大学出版社2010年版,第44~48页;廖名春《帛书释〈要〉》,《中国文化》,第10期,第69页;浅野裕一《儒家对〈易〉的经典化》,《周易研究》,2009年第2期,第24~32页;丁四新、李攀《论马王堆帛书〈要〉篇"观其德义"的易学内涵》,《武汉大学学报》,2015年第1期,第39~45页。
③ (清)王先谦《荀子集解》卷一九《大略篇》,中华书局1988年版,第507页。

曰律,否臧,且律竭也。盈而以竭,夭且不整,所以凶也。不行之谓《临》,有帅而不从,临孰甚焉?此之谓矣。果遇,必败。虢子尸之,虽免而归,必有大咎。"(《宣公十二年》)

　　子大叔归复命,告子展曰:"楚子将死矣! 不修其政德,而贪昧於诸侯,以逞其愿,欲久,得乎?《周易》有之,在《复》之《颐》,曰:迷复,凶。其楚子之谓乎! 欲复其愿,而弃其本,复归无所,是谓迷复,能无凶乎……"(《襄公二十八年》)

　　(史墨)对曰:"……社稷无常奉,君臣无常位,自古以然。故《诗》曰:'高岸为谷,深谷为陵。'三后之姓,于今为庶,主所知也。在《易》卦,雷乘乾曰《大壮》,天之道也。"(《昭公三十二年》)①

　　与其它用《易》之例不同,这几位引《易》者在并未实际占筮的情况下,直接讨论《易》卦所蕴含的政治、军事与伦理智慧,并据其对现实政治事件发表议论。虽然这样的论说方式在《左传》中尚显零星,并不足以改变其时《易》作为"筮典"的基本身份,但已足以提示我们注意《易》学的另一种实践方法与阐释向度:由于《易》所含卦象变化极其丰富,世间一切事物的盛衰、吉凶变化几乎都可以被统括进这些卦象、变卦的模型中,因此,对于《易》占的精熟者而言,充分掌握各种卦象及其变卦的《易》理,就近乎掌握了世间一切事物演进、变化的各种可能性,这足以帮助他们从中抽绎出一些具有普遍性、规律性的结论,并以此指导政治、社会生活。在《左传》所见的春秋《易》学实践中,一般包含占筮得卦与依象解卦这两步程序,前者的功能在于帮助占筮者获得对于当下以及未来情势的一种"客观"描述,而后者则是根据所得卦象按寻其卦、爻辞,进而将卦象所显示的图像信息转述成语言信息。在整个过程中,"占筮"这一步的重要性在于占筮者通常无法凭借自身理性从大量的卦象中找到真正反映其当下情势的那一

---

　　① 《春秋左传正义》卷二二、二三、三八、五三,《十三经注疏》,第 1872 页下栏、1879 页下栏、1999 页中栏、2128 页中栏。"主所知也",阮刻本"主"作"王",今据《校勘记》改。

卦,因此需要借助"筮"这一神秘的方式来获取卦象,进而判断吉凶。不过,如果当事者对于其所处、所见情势已经有清晰、理性的判断,他就足以越过占筮这一环节,直接、主动地从大量卦象中找到反映其所处、所见情势的卦象,并据其解析《易》理。在这一实践方式中,占筮变得不再重要,形形色色的卦象、变卦所蕴含的规律性意义乃成为《易》学新的价值主体。可以说,这种"不占"之学原本就是《易》学发展过程中隐含的一种可能性,将随着占筮者理性思考能力以及对《易》象掌握精熟程度的提高而不断被激发出来。

而孔子正是这种《易》学新路向的积极倡导者。《论语》记载孔子晚年好《易》①,甚至达到"韦编三绝"的地步,而这不免引起其弟子的疑惑,相关记述见于帛书《要》篇:

> 夫子老而好《易》,居则在席,行则在橐。子贡曰:"夫子它日教此弟子曰:'德行亡者,神灵之趋;智谋远者,卜筮之繁。'赐以此为然矣。以此言取之,赐缗行之为也。夫子何以老而好之乎?"②

《论语》中记载孔门弟子对于孔子的认知,是"不语怪、力、乱、神"③,而《易》作为传统筮典,所言关乎神异,故子贡有此疑惑。而孔子对于这一问题的回应则显示出其为《易》重新"赋义"的信心:

> 子曰:《易》,我后其祝卜矣!我观德义耳也。幽赞而达乎数,明数而达乎德,又【□】□者而义行之耳。赞而不达于数,则其为之巫;数而不达于德,则其为之史。史巫之筮,向之而未也,恃之而非也。后世之士疑丘者,或以《易》乎?吾求其德而已,吾与史、巫同途而殊归者也。君子德行焉求福,故祭祀而寡也;仁义焉求吉,故卜筮而稀也。祝巫卜筮其

---

① 程树德《论语集释》卷一四《述而下》,第469页。
② 裘锡圭主编《长沙马王堆汉墓简帛集成·第三册》,中华书局2014年版,第116页。
③ 程树德《论语集释》卷一四《述而下》,第480页。

后乎!①

这里孔子将《易》的使用者分为三个层次,最底层"赞而不达于数",即仅明祝赞之术而不明《易》理者,是"巫"之用《易》;第二层"数而不达于德",即深明《易》学数理之道,然未能充分发掘其普遍性、一般性义理者,这是"史"之用《易》;第三层则是"明数而达乎德,又仁守者而义行之",不仅通过《易》深究君子宜行之"德",而且在社会实践中能持守、贯彻这种德行,这便是孔子所构建的《易》学"德教"指向。而一旦达至这一境界,占筮本身反而变得不重要了。这就是《荀子·大略》中所言的"善《易》者不占"。

孔子"尚德"的阐释取向对于战国《易》学产生了重要影响,一批新的《易》学文本就此诞生,它们的论述重点不再是技术层面的筮法,甚至在论述中还带有轻视占筮的意味,例如《要》篇即言"明君……不卜不筮"②,而是尝试通过对于卦象、卦变、卦爻辞、卦序的总结、抽绎,发掘《易》这一古老"筮典"所包涵的"天道""君道""易道"。这些文本与孔子之间的关系虽然尚难论定,但它们显然构成战国时期一种新的《易》学路向,显示出对于《易》的研习与阐释已成为了解、构建儒学义理的重要渠道之一,《易》学遂逐渐成为儒学体系内一种重要的知识资源。

同时,我们注意到,孔子在这段论述中将《易》的使用者区分为"祝巫""史"和"君子"三个群体,这很容易让我们联想到在《孟子·离娄》中孔子将《春秋》之文分为"史"与"义"两个层面③,在《礼记·郊特牲》中将仅能"陈其数"的执礼者称为"祝、史",在《礼记·乐记》中将"以升降为礼者"称为"宗祝""商祝"等"有司",将"乐"的一般操演者称为"童者"

---

① 裘锡圭主编《长沙马王堆汉墓简帛集成·第三册》,第118页。
② 裘锡圭主编《长沙马王堆汉墓简帛集成·第三册》,第119页。
③ 《孟子注疏》卷八上《离娄章句下》,《十三经注疏》,第2714页下栏、2728页上栏。

"乐师"①，在《荀子·劝学》中将"学杂识志，顺《诗》《书》而已耳"者称为"陋儒"，在《非十二子》中则将仅能俯仰为礼容者称为"贱儒"②；此外，在《庄子·天下》中，也将掌握"明而在数度者"称为"旧法、世传之史"，而将掌握"《诗》《书》礼乐者"称为"邹鲁之士缙绅先生"③。将这些材料汇集在一起，大抵显示出在春秋后期至战国时期，知识人群体内部出现了重要的分化，以孔子为代表的一批知识人开始有意识地塑造其不同于祝、巫、史、乐师等传统知识人的"君子"形象，他们与祝、巫、史、乐师虽然阅读同样的文本，操演同样的仪典，但在孔子及其后学看来，他们旨在借助于这些古老的文本与仪典探求更具普遍性、实践性意义的"道"，而祝、史等传统知识人虽然是各类经典文本的熟习者、是各种礼乐仪典、卜筮技艺的操演者，但他们仅停留在"知识"或"技艺"的层面，缺少对于"义"的探求。因此，对于孔子及其后学来说，通过对于这些古老典籍、仪式、筮法的重新阐释，不仅构建出一整套儒家的价值体系，而且也成为"君子"（或"缙绅先生"）这一新兴士人群体自我身份确认的重要标识。

总之，随着孔子对于《易》学德教思想的发掘，《易》遂由一部纯粹的技术性经典逐渐跻身儒学经典的序列之中。在以《系辞》为代表的战国《易》学文献中，从伏羲作八卦，到文王演《周易》，再到孔子对于《易》的一系列阐释，儒生通过对《易》与"三圣"之间密切关系的建立，塑造了其"圣典"的身份。不过，值得思考的是，虽然《春秋》与《易》的经典化都与孔子的"圣人"身份有关，但两者经典化的内在机制却有所不同。相较而言，《春秋》的经典化本身就是孔子"圣人"化的过程，是孔子成为"圣人"的标志；而《易》的经典化则显示了孔子作为"圣人"所享有的特

---

① 《礼记正义》卷二六《郊特牲》、卷三八《乐记》，《十三经注疏》，第1455页下栏、1538页上栏。
② （清）王先谦《荀子集解》卷一《劝学》、卷三《非十二子》，第14、105页。
③ （清）郭庆藩《庄子集释》卷十下《天下》，第1067页。

权——只有圣人拥有制作和确认经典的权力。由于孔子获得了"圣人"的身份,因此为他所看重的《易》也就可以成为"圣典"。《易》固然具有精深广博的内涵,但无可讳言,正是春秋、战国时期广泛流传的孔子"晚而好《易》"的一系列故事,成为激发《易》学在儒学化方向上取得一系列成果的思想原点,也最终推动《易》跻身孔门圣典的序列。

五、圣统的终结与"经典之门"的关闭

扬·阿斯曼在其名著《文化记忆》中这样描述"经典"的形成:"卡农(canon)形成的关键步骤是'关闭大门'。所谓关闭大门就是在卡农与伪经之间、原始文献与注释性文献之间划一条具有决定性的界线。被奉为卡农的文本不能被补写和改写,这是它与传统流之间最具决定性意义的差别。"①

对于早期中国经典的形成而言,这一理论在不同阶段呈现出不同的适应性。对于宗周"王教经典"来说,《左传》所见引《诗》始于隐公六年(前717),引《书》始于庄公八年(前686),但今本《诗经》中的不少篇目均迟至春秋中期才产生,《周书·秦誓》篇亦明为秦穆公事,足见《诗》《书》至迟在春秋前期已然结集,并获得"经典"的地位,但其文本之门并未就此关闭,春秋中期的不少作品仍得以进入《诗》《书》之中②。

不过,对于"孔门圣典"的确立而言,这一理论却颇具适应性。虽然司马迁在《太史公自序》中一度显示出"继《春秋》"的野心③,而扬雄《太玄》则开启了"拟经"的尝试,嗣后束晳作《补亡诗》,王通作《续书》《续

---

① (德)扬·阿斯曼著,金寿福、黄晓晨译《文化记忆:早期高级文化中的文字、回忆和政治身份》,北京大学出版社2015年版,第93页。
② 马银琴将西周时期《诗》文本的演变分为三个阶段,可参氏著《两周诗史》,中国社会科学出版社2006年版,第483页。
③ 《史记》卷一三〇《太史公自序》,第3974页。

诗》《元经》①,白居易作《补逸书·汤征》,皮日休作《补九夏》,但所有这些"续经""拟经"都难以真正被补缀入经文之中,甚至这种行为本身都饱受舆论的质疑。宋儒林駉有《拟经》一文批评后儒之拟、续经为"侮圣"之事:

> 儒生学士,无圣人万分之一而欲效圣人之所为,噫!亦妄矣!束晳补《诗》,俳优之戏舜耳;居易续《书》,尪巫之步禹耳。此愚切叹!夫后之拟经者,皆侮圣人也。②

张文伯亦有《扬雄著书拟经》论拟、续经为"僭王"之事:

> 杨子元作《太玄》,或有僭王之讥。后世之士见雄如此,若习凿齿之作《春秋》,白居易之续《汤征》,束晳《补亡》辞之诗,顾况补上古之什,王通修《元经》而续《诗》《书》,纷纷籍籍,相乱六经,皆雄启之也。僭王罪之,不为过也。③

尽管《诗》《书》《仪礼》等文本都存在不同程度的残佚,"乐"甚至完全有名无实,但从董仲舒、刘向、刘歆、郑玄、王肃到刘炫、颜师古、孔颖达、朱熹,后世大儒再无权力续作经典。可以说,随着《春秋》绝笔于"获麟",除了少数伪经以"逸经"的名义羼入经本以外,"经典之门"便就此关闭了。

那么,何以"经典之门"就此关闭了呢?在春秋时期尚可开放的《诗》《书》何以不再接纳新的文本,而作为"断代史"的《春秋》又何以不能再加以接续呢?这当然不能简单归因于战国乃至秦汉以后没有产生足以成为经典的文本,其根本原因实与"经典"权威性来源的悄然转移有关。我们知道,一种知识体系要想成为经典,除了其自身需具有广博精深的文化内涵以外,还需要借助某种传播机制,使其得以在广大的时

---

① 王通《中说·礼乐篇》:"程元问六经之致,子曰:'吾续《书》以存汉、晋之实,续《诗》以辩六代之俗,修《元经》以断南北之疑,赞《易》道以申先师之旨,正礼、乐以旌后王之失,如斯而已矣。'"张沛《中说校注》卷六《礼乐篇》,中华书局2013年版,第165~166页。

② (宋)林駉《源流至论》卷六别集《拟经》,明嘉靖刻本,第1叶A~B。

③ (宋)张文伯《九经疑难》卷一,明祁氏澹生堂钞本,第11叶A。

空范围内流传,成为部分社会成员共同的知识资源。这种传播机制越强大、越持久,辐射的社会成员越广泛,其经典性的程度也就越高。在宗周"王教经典"的形成过程中,这种传播机制就是"大一统"的王权。由于王室在贵族教育和内外仪典中大量援引、使用《诗》《书》、礼、乐,遂使得这些文本与仪式成为各级贵族政治生活乃至社会交往中必备的一种知识体系,"《诗》《书》礼乐"乃逐渐成为贵族群体广泛崇信的"经典"。只要王权持续存在,甚或以"霸权"等替代性方式存在,这些经典的权威性就可以得到维持,而在此过程中,只要得到王权的确认,记录先王乃至时王之事的各类诗、乐、诰、训、誓、命也随时有机会进入"《诗》《书》礼乐"的范围之中。可以说,在王权具有主导性的时代,每位周王或霸主都拥有扩充经典的正当权力。

然而,"王者之迹熄而《诗》亡",随着王权、乃至于霸权的式微,当"大一统"的国家权力模式走向崩解之后,传统的"王教经典"失去了王权的荫护,不仅其传播机制开始失效,其作为古老经典的声誉也开始受到质疑。"诸侯放恣,处士横议"①,战国诸子动辄讥刺、批评"四经","《诗》《书》礼乐"呈现出"污名化"的明显趋势,而不少学派都通过将其代表性人物、著作神圣化的方式来增加自身的影响力,《道德经》《墨经》《法经》等具有学派属性的"经典"一时并起。有感于这一巨大的社会变革,一批"祖述尧舜、宪章文武、宗师仲尼"的知识人开始借助于对古老经典的"正名"而拯救时弊②,他们一方面标举尧、舜、禹、汤、文、武、周公、孔子这一"圣统",另一方面则通过对《诗》《书》、礼、乐、《易》《春秋》等经典文本、仪式的重新阐释与传习,努力发掘其中所言圣人之道,并据以重建崩坏的社会秩序。《荀子·儒效》对此有极为准确的论述:"圣人也者,道之管也。天下之道管是矣,百王之道一是矣,故《诗》《书》、礼、乐之归是矣。《诗》言

---

① 《孟子注疏》卷六下《滕文公章句下》,《十三经注疏》,第2714页下栏。
② 《汉书》卷三〇《艺文志》,第1728页。

是,其志也;《书》言是,其事也;礼言是,其行也;乐言是,其和也;《春秋》言是,其微也。"①诵经的目的不仅在于掌握这些具体的知识与仪式,更在于从中体察"圣人"之心,进而臻于"道"境。非"圣"无以明"道",非"经"则无以明"圣","圣人"成为沟通"道"与普通人之间的"管道",而《诗》《书》、礼、乐、《春秋》等经典则是这一"管道"的具体载体。

在这样的逻辑体系中,"圣人"成为经典的旨意所"归",因此,无论是《孟子》中对于孔子"作《春秋》"的确认,还是郭店简《性自命出》篇、《荀子·劝学》《荀子·儒效》中论及"《诗》《书》礼乐"的经典化过程时对于"圣人"教化的强调,以及帛书《要》等文本中对于孔子"好《易》"的渲染,战国时期的一批儒学文本正是通过强化"六学"与"圣人""孔子"之间的密切关系,重塑了"六学"的经典性地位。在此过程中,"经典"的权威性来源遂由"王权"逐渐转移为"圣统"。

而与王权的持续性存在不同,"圣人"的出现是间断性、甚至是偶然性的。"经典"的权威性一旦与"圣统"结合起来,则除非出现新的圣人,"圣典"就无以改变,"经典之门"也就无法打开。《孟子·尽心下》列出自尧、舜以来的"圣统",最后感叹到:"由孔子而来,至于今百有余岁,去圣人之世,若此其未远也,近圣人之居,若此其甚也,然而无有乎尔,则亦无有乎尔。"②言语中透露出一种失望的情绪,似乎孔子的去世不仅意味着时代最近的这位"圣人"的离开,也意味着整个"圣人时代"的告终。继"王者之迹熄"以后,"圣人之迹"也逐渐湮灭了。《孟子》的这一论述在思想史上产生了深远的影响,尽管司马迁在《太史公自序》中引其父之辞:"自周公卒五百岁而有孔子。孔子卒后至于今五百岁",言语间颇有接续圣统的勇气,但这一说法却受到扬雄、孙盛等人的讥刺,司马贞

---

① (清)王先谦《荀子集解》卷四《儒效》,第133页。
② 《孟子注疏》卷一四下《尽心下》,《十三经注疏》,第2780页下栏。

在《史记索隐》中言:"孔子之没,千载莫嗣,安在于千年五百乎?"①这代表了后代士人的普遍看法。随着"圣统"的终结,基于圣人权威的"经典之门"也就此关闭了;此后,尽管汉武帝建元五年(前136)立"五经博士","六艺"从"孔门圣典"又变身为"帝国经典",皇权以一种更加强势的方式获得了对于"经典"的主导权,但在"尊儒"的国家意识形态主导之下,"六艺"的阐释体系虽不断更新,但其自身的文本之门却始终紧闭,并以这种方式宣示其难以触及的神圣地位。

第三节 战国儒学的分化与"六艺"说之提出

在今存文献中,"六艺"一词最早见于《周礼·大司徒职》,是大司徒用以"教万民"的"乡三物"之一,具体包括礼、乐、射、御、书、数六种技艺②,不过,这一用法在先秦文献中非常罕见,除《大司徒职》外,似仅见于《吕氏春秋·不苟论》,且存在异文:

> 养由基、尹儒,皆六艺之人也。(《不苟论·博志》)
>
> 故贤主之时见文艺之人也,非特具之而已也,所以就大务也。(《不苟论·贵当》)③

《博志》篇中的"六艺"二字,毕沅本亦作"文艺"。俞樾曰:"明李瀚本'六艺'作'文艺',毕刻从之,谓与下篇合,其实非也。养由基善射,尹儒善御,皆六艺之事,则作'六艺'为是。下《贵当篇》曰'故贤主之时见文艺之人也,非特具之而已也,所以就大务也','文艺'亦当作'六艺',此承上善相人者而言,亦艺术事也。今作'文艺'者,字之误耳。反据此

---

① 《史记》卷一三〇《太史公自序》,第3974页。
② 《周礼注疏》卷一〇,《十三经注疏》,第707页中栏。
③ 许维遹《吕氏春秋集释》卷二四《博志》,中华书局2009年版,第654页;卷二四《贵当》,第656页。

第一章 "六艺"的形成

以改上篇,谬矣。"① 按,俞校为是。元至正本、《四部丛刊》影明刊本此处皆作"六艺"②,足证俞氏之理校可信。至于《贵当》篇之句,各本皆作"文艺",其上下文如是:

> 荆有善相人者,所言无遗策,闻于国。庄王见而问焉,对曰:"臣非能相人也,能观人之友也。观布衣也,其友皆孝悌纯谨畏令,如此者,其家必日益,身必日荣矣,所谓吉人也。观事君者也,其友皆诚信有行好善,如此者,事君日益,官职日进,此所谓吉臣也。观人主也,其朝臣多贤,左右多忠,主有失,皆交争证谏,如此者,国日安,主日尊,天下日服,此所谓吉主也。臣非能相人也,能观人之友也。"庄王善之,于是疾收士,日夜不懈,遂霸天下。故贤主之时见文艺之人也,非特具之而已也,所以就大务也。夫事无大小,固相与通。田猎驰骋,弋射走狗,贤者非不为也,为之而智日得焉,不肖主为之而智日惑焉。志曰:"骄惑之事,不亡奚待!"③

此句下文即言射御之事,可见句中"文艺"二字确以作"六艺"为宜,且《贵当》本与《博志》相连属,其所用之词、所论之事亦有所因袭,"文艺"二字当如俞樾所言,系"字之误也"。

至于以"六艺"指称儒学经典的最早用例,则见于西汉初年陆贾的《新语·道基》:

> 礼义不行,纲纪不立,后世衰废;于是后圣乃定五经,明六艺,承天统地,穷事察微,原情立本,以绪人伦,宗诸天地,纂修篇章,垂诸来世,被诸鸟兽,以匡衰乱,天人合策,原道悉备,智者达其心,百工穷其巧,乃调之以管弦丝竹之音,设钟鼓歌舞之乐,以节奢侈,正风俗,通文雅。④

---

① 许维遹《吕氏春秋集释》卷二四《博志》,第654页。
② 《吕氏春秋》卷二四,元至正刻本,第9叶B;卷二四,《四部丛刊》影明刊本,第9叶B。
③ 许维遹《吕氏春秋集释》卷二四《贵当》,第656页。
④ 王利器《新语校注》卷一《道基》,中华书局1986年版,第18页。

这里"六艺"与"五经"对举,显然是指"《诗》《书》、礼、乐、《易》《春秋》"六学。不过,"六艺"之名虽始见于此,但战国文献中已经多次出现"六学"并举的现象,显示出"六艺"作为一种新的经典体系,在战国儒门士子中已经获得了一定程度的认同。这一点在《道基》篇的行文中也可以得到确认,在"六艺"最初的用例中,并没有关于这一简称的任何解释,显然在陆贾的观念中,这是一个相当通行的专有名词,不仅对他自己而言,甚至对于《新语》的设定读者——高祖刘邦来说也是如此①。然而,当我们试图到战国学术史中去追寻"六艺"观念的形成过程时,却不免面临一个巨大的困惑:在战国时期最重要的两部儒学文本——《孟子》和《荀子》中,均没有"六学"并举的任何论述,这使得学者在"六艺"说的形成问题上形成了持久的分歧,至今仍未消弭②。

---

① 《史记·陆贾传》:"高帝不怿而有惭色,乃谓陆生曰:'试为我著秦所以失天下,吾所以得之者何,及古成败之国。'陆生乃粗述存亡之征,凡著十二篇。每奏一篇,高帝未尝不称善,左右呼万岁,号其书曰《新语》。"《史记》卷九七《郦生陆贾列传》,第2699页。
② 宋以前学者多据《庄子》《史记》《礼记》等文本中"孔子"言"六艺"的材料认为"六艺"说肇自孔子,至宋代而下,始有学者对这些文献的时代、真伪产生怀疑,这一思潮在民国时期达到高峰,钱玄同、顾颉刚、郭沫若等认为上举文献或时代晚出于汉初,或系后人伪托,均不足为信,既然《孟子》《荀子》均不言六学,则"六艺"之说当出自汉儒。此说一度影响巨大,至郭店简公布后,由于《六德》篇明确将六学并举,钱、顾等人的考定遂受到质疑。目前学界关于这一问题的看法可归为两种:一种认为六学并举始于战国前期,甚至可以溯至孔子,如廖名春、浅野裕一等,其论据主要是帛书《要》篇记孔子老而好《易》,郭店简《六德》《语丛一》等又明确出现六学并举之例。另一种则认为六学并举始于秦汉之际,如王葆玹、郝明朝、池田知久、近藤浩之等,其论据主要是《孟子》《荀子》不言"六艺",秦挟书律亦不涉及《易》,至于郭店简的时间、性质等则仍需存疑。相关讨论可参:顾颉刚《论孔子删述〈六经〉说及战国著作伪书》,顾颉刚编《古史辨·一》,上海古籍出版社1982年版,第42页;钱玄同《答顾颉刚先生书》,顾颉刚编《古史辨·一》,第69页;郭沫若《〈周易〉之制作时代》,《郭沫若全集·历史编》第一卷,人民出版社1982年版,第394页;廖名春《论六经并称的时代兼及疑古说的方法论问题》,《孔子研究》,2000年第1期,第47页;《"六经"次序探源》,《历史研究》,2002年第2期,第32页;浅野裕一《儒家对〈易〉的经典化》,《周易研究》,2009年第2期,第24页;王葆玹《儒家学院派〈易〉学的起源和演变》,《哲学研究》,1996年第3期,第56页;郝明朝《论荀子与〈周易〉的关系兼及"六经并称"的时代问题》,《周易研究》,2009年第5期,第54页;池田知久《马王堆汉墓帛书周易要篇的思想》,《东洋文化研究所纪要》,第126册第36页;近藤浩之《从出土资料看〈周易〉的形成》,韩国周易学会编《21世纪与周易——98国际周易学术会议》论文集,第368页。

一、不见于《孟》《荀》的"六艺"说

战国时期群雄纷争,四海之内唯齐鲁以文学见称,司马迁言:"天下并争于战国,儒术既绌焉,然齐鲁之间,学者独不废也。"①此说虽嫌绝对,但据《史记》记载,始皇即帝位三年,东巡郡县,"于是征从齐鲁之儒生博士七十人,至乎泰山下"②。秦初齐鲁儒学的兴盛,颇可证明司马迁所言不虚。在齐鲁儒士群体中,影响最大的无疑是孟子和荀子。孟子活跃于战国中期,而荀子则在战国末年传习弟子、著书立说。从《孟子》到《荀子》,历来是学者了解战国中后期儒学思想史的主要依据。

孟子素来强调"谨庠序之教",其间对中围绕"教典"展开的论述颇为丰富。从今本《孟子》来看,其论《诗》学,有"以意逆志""知人论世"之说③;论《书》学,有"尽信《书》不如无《书》"之说④;论礼学,有"子未学礼乎"之问⑤;论乐学,有"今之乐犹古之乐"之答⑥;论《春秋》,则倡言孔子"作《春秋》"之大义,奠定了《春秋》学探求"微言大义"的学术传统。这些论述虽然零散,但无一不见出孟子对于战国时期"四教"经典所面临的危机有着明确的认知,其所提示的《诗》《书》读法有着鲜明的现实针对性,而其对于"新声"的宽容虽然与《论语》《荀子》《礼记》等其他儒学文献颇为不同,但显然也是尝试对现实政治中"乐教"的崩解提出的一种救弊之道。可以说,无论是传统的"王教之典",还是新兴的"孔门圣典",《孟子》都给予了高度的关注,并且留下了重要的论述。但值得注意的是,一方面,在今本《孟子》中无一处涉及《易》学,另一方面,《孟子》

---

① 《史记》卷一二一《儒林列传》,第 3116 页。
② 《史记》卷二八《封禅书》,第 1366 页。
③ 《孟子注疏》卷九上《万章章句上》,《十三经注疏》,第 2735 页下栏;卷一〇下《万章章句下》,《十三经注疏》,第 2746 页中栏。
④ 《孟子注疏》卷一四上《尽心章句下》,《十三经注疏》,第 2773 页中栏。
⑤ 《孟子注疏》卷六上《滕文公章句下》,《十三经注疏》,第 2710 页下栏。
⑥ 《孟子注疏》卷二上《梁惠王章句下》,《十三经注疏》,第 2673 页下栏。

中也没有出现将《春秋》与"《诗》《书》礼乐"并举的现象,这显示出孟子虽然注意到经典的阐释方式、权威性等问题,但他似乎并未致力于重建一种新的经典体系,不仅"六艺"之说在《孟子》中没有出现,甚至这种观念在《孟子》中也未露痕迹。

孟子之后,齐鲁儒学流传的脉络今已不可尽知。至荀子,《史记》载:"赵人。年五十始来游学于齐。"①可知荀子虽然后来在齐地影响极大,但其自身的学术背景却不可径称为齐学,而荀子在赵地习得如此高的儒学素养,也使我们对于战国时期儒学发展的地域分布有了一个新的认识:孔门弟子本来自各诸侯国,"自孔子卒后,七十子之徒散游诸侯,大者为师傅卿相,小者友教士大夫,或隐而不见。故子路居卫,子张居陈,澹台子羽居楚,子夏居西河,子贡终于齐"。②儒学在春秋末期至

---

① 《史记》卷七四《孟子荀卿列传》,第2348页。关于荀子赴齐的时间,又有"十五"岁之说,见于应劭《风俗通义》:"十五始来游学",按《通义》之文乃据刘向《荀卿新书叙录》之文而述,刘氏云:"方齐宣王、威王之时,聚天下贤士于稷下,尊崇之。……是时,孙卿有秀才,年五十,始来游学。"而刘向之文似源自《史记》,可知《史记》原本亦作"五十"而非"十五"。司马迁认为荀卿游学于齐的时间颇晚,故以"始来游学"述之,否则,如果年十五来游学,则正当年少,不必称"始"也。需要注意的是,此句中的"游学",并非我们通常理解的离乡问学,而是以所学游说于诸侯,类似的用例如《史记·秦始皇本纪》:"异时诸侯并争,厚招游学。"刘向将荀卿游学的时间定于"齐宣王、威王之时",以其为老师定于襄王之时,显然是将《史记》中的"游学"理解为了问学;同样,颜之推《颜氏家训·勉学篇》言"荀卿五十,始来游学,犹为硕儒",亦是将"游学"理解为离乡问学,皆非也。不过,刘向、颜之推虽然误解司马迁,但仍未敢改"五十"之文。至于应劭,则径将"五十"改为"十五",而钱穆先生《荀卿考》认为"以年十五之说为是。何者,曰游学是特来从学于稷下诸先生而不名一师,非五十以后学成为老师之事也"、王利器先生《风俗通义校注》认为"今考宣王十八年,稷下学士复盛,且数百千人,下距襄王时,凡四十余年,彼时荀子已年六十余,故曰老师。《拾补》谓'以所当之世考之,似十五是',其说是也",皆是将"游学"理解为荀子初问学,因此认为游学之年当是十五岁之时。今明"游学"本具两义,则《史记》之文不必窜改,"始来"之文藉之可通,而《风俗通义》之讹可得而明。王利器《风俗通义校注》卷七《穷通》,中华书局1981年版,第322~324页;(汉)刘向《孙卿书录》,(清)王先谦《荀子集解》,中华书局1988年版,第557页;《史记》卷六《秦始皇本纪》,第255页;王利器《颜氏家训集解》卷三《勉学》,中华书局1993版,第173页;钱穆《荀卿考》,顾颉刚编《古史辨·四》,上海古籍出版社1982年版,第115页;(清)卢文弨《群书拾补》,商务印书馆1935年版,第618页。

② 《史记》卷一二一《儒林列传》,第3116页。

战国初期从地域上得到了相当大的普及,各地均有孔门高足立学设教,因此,荀子虽然在五十岁以前并未入齐,但同样接受了完整的儒家教育。而且,荀子学于赵而显于齐,终老之地兰陵则初为鲁邑,至荀子之时已归于楚,《荀子》中的材料不仅可以反映齐地的儒学风潮,多少也可反映赵、楚等地的儒学思想,这对于我们的分析颇有助益。

上节已言,《荀子》对于"四教"经典在战国时期所面临的危机有着充分而尖锐的论述,而与《孟子》相比,《荀子》中的相关论述显示出他不仅致力于重建"四教"经典的阐释、传习方法,更尝试从根本上重建"经典体系"自身。《劝学》篇先后论及"君子之学"的始终与利弊,两处均以"《诗》《书》、礼、乐、《春秋》"五学并举,并明确指出:"礼之敬文也,乐之中和也,《诗》《书》之博也,《春秋》之微也,在天地之间者毕矣。"①显然意在强调此五学各有所长,共同构成一个互补、封闭而自足的知识体系,囊括了君子所需的一切学养,足以辅助其圣人品格的修成。这种论说方式与西汉以后常见的各种"六艺论"非常接近,已经可以视为比较系统的"经目"理论。

值得注意的是,《荀子·儒效》在论及"圣人"问题时再次举出其"经目"理论,但其论述方式则多少有些令人费解:

圣人也者,道之管也。天下之道管是矣,百王之道一是矣。故《诗》《书》、礼、乐之归是矣。《诗》言是,其志也;《书》言是,其事也;礼言是,其行也;乐言是,其和也;《春秋》言是,其微也。故《风》之所以为不逐者,取是以节之也;《小雅》之所以为《小雅》者,取是而文之也;《大雅》之所以为《大雅》者,取是而光之也;《颂》之所以为至者,取是而通之也:天下之道毕是矣。向是者臧,倍是者亡。向是如不臧,倍是如不亡者,自古及今,未尝有也。②

---

① (清)王先谦《荀子集解》卷一《劝学篇》,中华书局1988年版,第11、12、14页。
② (清)王先谦《荀子集解》卷四《儒效》,第133页。

在这段论述中,"天下之道毕是矣"的论述再次确认了"《诗》《书》礼乐《春秋》"作为经典体系的完备性。不过有趣的是,当荀子统言群经旨归皆在"圣人"时,他说的是"《诗》《书》礼乐",而到后面分论各学之旨时,则多出《春秋》一学,这种前后文称举的不对应反映出荀子正处于"经目"演变史上的过渡阶段:如果通检春秋、战国文献,我们可以知道,在荀子的时代,"《诗》《书》礼乐"作为传统的王教经典,早已成为一个固定词组,代表着一般意义上的经典之学,《荀子》在论及经典之学时,也常常以"《诗》《书》礼乐"作为指称。因此,即便荀子本人正致力于重构经典之学的体系,但是在论述中他仍然不能完全避开固有的构词传统,而这一现象在《庄子·天下》篇中同样存在,足以显示出即便到战国后期,"《诗》《书》礼乐"作为传统经典体系的观念仍然深入人心,无论是"《诗》《书》礼乐《春秋》",还是"《诗》《书》礼乐《易》《春秋》",在当时都还没有成为习见的说法。

尽管如此,可以确认的是,《荀子》已经提出了一种新的基于"圣人"权威的"经目"理论。在这种新的经目中,不仅《春秋》得以与"四教"经典并举,而且此五者之学的相互关系也发生了重构。与《孟子》中独立倡言《春秋》的价值不同,《荀子》将《春秋》置于一种整体性的结构中进行讨论,无论是对其圣人"微"旨的强调,还是对其"约而不速"的批评,都服从其整体的经目理论,《春秋》真正获得了与《诗》《书》相提并论的经典地位。不过,学者早已注意到,与后来的"六艺"说相比,《荀子》中先后凡三见的"经目"理论始终没有包括《易》学,尽管在《荀子》中,并非没有对于《易》的征引与论述,其中有的甚至相当重要:

不足于行者说过,不足于信者诚言。故《春秋》善胥命,而《诗》非屡盟,其心一也。善为《诗》者不说,善为《易》者不占,善为礼者不相,其心同也。①

"善为《易》者不占"的论述与帛书《要》篇中孔子言君子"仁义焉求吉,故卜筮而希也"的说法完全一致,显示出荀子对于《易》的理解深受孔子的影响,已经不再将其仅视为占筮经典,而尝试发掘其中的德教思想。同时,这段论述将"善为《易》者"与"善为《诗》者""善为礼者"并举,强调他们"不说""不占""不相",显示出荀子已将他们视为同一知识人群体,他们不是拘守故训的经师,也不是技术性的官僚,而是臻于"道"境的"大儒",这里显然带有将《易》学与《诗》、礼之学并举的意味。但不可否认的是,与《劝学》《儒效》中明确的经目理论相比,这里的论述缺少系统性,至多只能显示出荀子对于孔子《易》学思想的认同,但不足以打破《劝学》《儒效》篇所言经目理论的完备性。《易》学在荀子的经目理论中无疑是缺位的,他并未接受将《易》纳入"孔门圣典",使之与"《诗》《书》礼乐"相抗的观念。

荀子的经目观念可以从其弟子那里得到验证。韩非、李斯均从荀子问学,而《韩非子》于《诗》《书》、礼、乐、《春秋》均有言及,至于《易》则未涉一语;李斯为秦相,有焚书之谏,而其所禁者则为"《诗》《书》、百家语"②,《易》以卜筮之书不在禁止之列,甚至从《史记·儒林列传》的记述看来,儒家系统内的《易》学传承几乎没有受到干扰③。可见对于荀门弟子而言,他们所认定的儒家经典只有《诗》《书》、礼、乐、《春秋》,《易》学尚不足与列。

---

① (清)王先谦《荀子集解》卷一九《大略篇》,第506、507页。
② 《史记》卷六《秦始皇本纪》,第322页。
③ 王葆玹先生亦注意到《易》不在挟书律中,说明李斯并不将其视作"思想性的著作",但他认为儒家重《易》乃是"在秦代焚书令与挟书律令的限制下,《诗》《书》、礼和《春秋》都成为禁书,《周易》及其占筮学却未遭到禁止,儒者遂利用这一缝隙,改而采用解《易》的方式来阐扬儒学",则笔者未能苟同。王葆玹《儒家学院派〈易〉学的起源和演变》,《哲学研究》,1996年第3期,第56页。

荀子以赵人而在齐国"三为祭酒"①,且汉初群经师学传承亦多溯至荀卿,足见其学养深为齐鲁儒生所尊崇。荀子"经目"不纳《易》学,大抵反映出战国中晚期齐鲁儒学的主流观念,但令人颇感意外的是,强调接续齐鲁传统的汉初儒生在这一问题上出现了集体性的态度转变,从陆贾、贾谊到董仲舒、司马迁,"六艺"说成为汉初儒学中最重要、最活跃的论题之一。究竟这一转变是如何发生的,下文我们将继续讨论。

二、战国时期"六学"并举说考索

当我们将视野从《孟子》《荀子》扩展到整个战国时期的文本时,会发现"六学"并举的现象早已散见于学术立场、功能、性质完全不同的几种文本之中,它们之间缺少明显的关联,部分文本的真伪、成书时代亦存争议,这些都给我们认识"六艺"观念的形成问题带来困扰。我们不妨先将这些说法罗列如下。

1. 郭店简《六德》:

> 故夫夫,妇妇,父父,子子,君君,臣臣,六者各行其职而□□亡由作也。观诸《诗》《书》则亦在矣,观诸礼、乐则亦在矣,观诸《易》《春秋》则亦在矣。②

由于郭店楚墓的下葬时间一般定于战国中期偏晚(前350至前278)③,因此郭店简中文献的产生时间一般被定为战国中前期。若这一断代可靠,则《六德》即成为今日所见文本中最早将"六学"并举的用例。关于"六德"之说,又见于《周礼·大司徒职》,与"六艺"同为大司徒教民

---

① 《史记》卷七四《孟子荀卿列传》,第2348页。
② 荆门市博物馆编《郭店楚墓竹简》,文物出版社1998年版,第188页。
③ 关于郭店一号墓的下葬时间,学术界尚存争议。本书兼采王传富、汤学锋(荆门市博物馆)、李学勤、徐少华三家之说。参见王传富、汤学锋《荆门郭店一号楚墓》,《文物》,1997年第7期,第47页;李学勤《先秦儒家文献的重大发现》,《中国哲学》,第20辑,第13页;徐少华《郭店一号楚墓年代析论》,《江汉考古》,2005年第1期,第68页。

的"乡三物"之一,包括知、仁、圣、义、忠、和①,与郭店简《六德》篇所言"仁、义、礼、知、忠、信"并不完全相同。从《六德》篇的内容看来,这篇文献主要探讨仁—义、礼—知、忠—信这三组伦理范畴与君—臣、夫—妻、父—子三组人际关系之间的对应性,作者在文中采用排比论说的方式对仁、义、礼、知、忠、信在调和各种人际关系,以及处理各种社会事务时所发挥的作用加以反复、充分的论说。在论述的后半部分,当作者已经比较全面地阐述了其基本观念后,他指出"观诸"《诗》《书》、礼、乐、《易》《春秋》"则亦在矣",以"六学"彰显其所言"六德"皆有所本。这种典型的"援据式"论述显示出对于作者及其所预期的读者而言,《诗》《书》、礼、乐、《易》《春秋》显然是极具权威性的经典体系,足以为其论说提供支持。因此,郭店简《六德》看起来不像是"六学"并举说的肇始者,这一文本的存在主要显示出在孟、荀以外,从战国中前期开始,已然存在另一种"经目"传统,而且这一传统具有一定程度的影响力。

2. 郭店简《语丛一》:

《易》所以会天道人道也。(简号:三六、三七)

《诗》所以会古今之恃也者。(三八、三九)

《春秋》所以会古今之事也。(四〇、四一)

礼,交之行述也。(四二)

乐,或生或教者也。(四三)

……者也。(四四)②

与《六德》篇一样,这几章的产生时代大体亦定于战国中前期。其中"恃"字,裘锡圭先生认为应读为"志"或"诗",而最后一章,裘先生认为"此条可能是关于《书》的残简,故附于此"③。其说均可从。

---

① 《周礼注疏》卷一〇,《十三经注疏》,第707页中栏。
② 荆门市博物馆编《郭店楚墓竹简》,第194、195页。
③ 荆门市博物馆编《郭店楚墓竹简》,第200页。

从《语丛一》简文的写法来看,六章皆各自以墨钉作结,且余简均作留白①,显示各章在内容上虽然存在相关性,但本身仍然是相对独立的短章,因此,六章是否共同构成一个封闭的经典体系,仅从简文的书写形态来看,并不能作出判断。从内容上说,与《六德》篇仅将"六学"并举不同,这几章旨在对"六学"各自的特点加以概括,似乎有意突出"六学"之相互关系的问题。事实上,任何一种经典体系都存在如何处理各经典之间内部关系的问题。《左传·僖公二十七年》中赵衰将"《诗》《书》"归为"义之府",将"礼乐"归为"德之则",又将"德""义"归结为"利之本",就是对"四教"经典内部关系的一种构建。其后孔子对于《诗》、礼、乐三者关系的各种论述,同样是尝试处理经典体系内部各学的互动关系。从赵衰、孔子的论述中可以看出,同一经典体系内部各学应具有一致性与互补性,而这一点在《语丛一》的论述中已经有所体现。其言《易》《诗》《春秋》,均取一"会"字,显示出此三学都具有融会贯通的特点。至于"所以会"的具体内容,则各有不同,《易》会天人,《诗》会"志",《春秋》会"事",三学之间由此构成一致性与互补性。

不过,《语丛一》的这些论述在整体上仍比较粗疏,其关于礼、乐的论述显然未能与《易》《诗》《春秋》保持同构性,结合简文各章独立的书写方式,这甚至让人怀疑关于礼、乐的两章论述与前文是否属于同一话题之中,毕竟《语丛一》中还有几章关于"礼"的独立论述。而且特别值得注意的是,其言《易》会天人之道,言《诗》会古今之"志",这些都与战国至西汉儒生所论大抵一致,但在关于《春秋》的论述中,《孟子》特别强调孔子所"作"之《春秋》虽取"齐桓晋文"之"事",但"其义则丘窃取之",《春秋》作为经典的意义不在于"事",而在于"义"。可是,《语丛一》所言《春秋》,却径以"会古今之事"为其宗旨,这与《孟子》《荀子》以及公羊、穀梁诸家对于《春秋》的理解显然存在出入,似乎并未领会战国主流《春

---

① 荆门市博物馆编《郭店楚墓竹简》,第80页。

秋》学的要旨。

此外,在关于"乐"的论述中,《语丛一》认为"乐"包括"生"与"教"两种来源,这里的"生"可以理解为"性",即人心所动自然产生的音乐,而"教"则显然强调音乐的教化功能,是符合礼乐传统的雅乐。但我们在上节已经论述,以《荀子·乐论》为代表的战国乐学文献反复强调的,正是将人心所动自然产生之"音"与具有教化功能之"乐"区分开来,将"生"者排除于"乐"之外。因此,《语丛一》关于"乐"的论述与《荀子·乐论》《礼记·乐记》等战国乐学文献中的观念也有所不同。

总之,《语丛一》显然处于"六艺"说的草创阶段,其内部各学之间的一致性、互补性仍未得到系统地揭示,更重要的是,其对于《春秋》学、乐学的看法与《孟子》《荀子》之间存在重要差异,显示其并非出于我们熟悉的战国儒学"主流",而是一种在传世儒学文献中早已湮没的"另类"儒学传统。

3.《庄子·天运》:

孔子谓老聃曰:"丘治《诗》《书》、礼、乐、《易》《春秋》六经,自以为久矣,孰知其故矣;以奸者七十二君,论先王之道而明周召之迹,一君无所钩用。甚矣夫!人之难说也,道之难明邪?"老子曰:"幸矣子之不遇治世之君也!夫六经,先王之陈迹也,岂其所以迹哉!……"①

《天运》篇见于《庄子·外篇》,一般认为产生于战国晚期。这是目前所见文献中最早以"六经"一词称呼"六学"者。获得固定的专名,显示出到战国晚期,"六学"并举正在逐渐成为一种通行的言说方式;而且这里"六经"的排列顺序上与《六德》相同,下与《春秋繁露·玉杯》《史记·儒林列传》等一致,显示出战国时期流行的这种"六经"说与汉人的"六艺"观念之间存在一定的承续关系。由于《庄子》文多"重言",故其

---

① (清)郭庆藩《庄子集释》卷五下《天运》,第531页。

中所谓"孔子"之言一般不作为史料采信,不过,这段材料对于我们确认"六学"并举在战国晚期已经在一定范围内成为习说,仍具有重要的参考价值。

4.《庄子·天下》:

> 古之人其备乎! 配神明,醇天地,育万物,和天下,泽及百姓,明于本数,系于末度,六通四辟,小大精粗,其运无乎不在。其明而在数度者,旧法世传之史尚多有之。其在于《诗》《书》、礼、乐者,邹鲁之士搢绅先生多能明之。《诗》以道志,《书》以道事,礼以道行,乐以道和,《易》以道阴阳,《春秋》以道名分。其数散于天下而设于中国者,百家之学时或称而道之。①

《天下》篇是我们讨论战国学术史的重要参考资料,一般认为是战国晚期庄子后学所作,不过关于这段"六艺"说的真实性,却有学者表示怀疑,如马叙伦先生即认为系后人注释羼入②,但揆其考证,则并无实质性的文本依据,基本出发点仍是对战国时期已经出现"六学"并举现象的质疑。如今,郭店简《六德》与《语丛一》的发掘显示战国中前期已经出现"六学"并举的现象,而正如我们在讨论《荀子·儒效》篇前后文称举不对应的现象时指出的,这段文字先言"其在于《诗》《书》礼乐者",随后分论诸学,则多出《易》与《春秋》,显示出作者仍未摆脱以"《诗》《书》礼乐"指代传统经典之学的用词习惯,而这正符合"六学"并举说产生初期使用者的语言风格。因此,将这段论述随《天下》篇整体定于战国晚期,似乎并无不妥。

在内容上,这段材料上接"天人""神人""至人""圣人""君子""百官"与"民"的境界区分,将尚可反映"古之人"人格状态的知识分为三种

---

① (清)郭庆藩《庄子集释》卷一〇下《天下》,第 1067 页。
② 马叙伦《庄子义证》卷三《杂篇天下》,商务印书馆 1930 年版,第 2 叶 B。

类型:其一是"明而在数度者",其二是"在于《诗》《书》礼乐者",其三是"数散于天下而设于中国者",分别对应三种知识人群体:"旧法世传之史""邹鲁之士搢绅先生"和"百家之学"。显然,将这三种知识整合起来,才接近于体察"古之人""明于本数,系于末度,六通四辟,小大精粗,其运无乎不在"的至高境界,若仅汲汲于"《诗》《书》礼乐"之学,至多仅能达到"君子"境界而已,距离"圣人"以上则尚远矣。与儒学文献大多强调"六学"在知识上的完备性不同,这里的"《诗》《书》礼乐"只是部分地反映"古之人"完备人格的一种知识体系,而这种将知识体系与知识人群体分别对应的论述方式则带有鲜明的战国色彩,反映了因为公共经典的缺失所导致的知识人群体的分化。

在此立场之下,《天下》篇进一步概括了"六经"各自的核心价值与功能,显示出"六经"从不同方面展现了"古之人"的知识观念,若将其与《语丛一》相比,可以发现这段论述对于"六学"的基本看法与《孟子》《荀子》以及后来汉儒的观念已经非常接近,尤其是以"和"为"乐"之根本,以"名分"为《春秋》之要义,都与战国儒学文献中的典型论述相一致。因此,与《语丛一》的粗疏、"另类"风格相比,《天下》篇的"六艺"说不仅在结构上更加精致、完备,而且作者显然更准确地把握了战国儒学的一些核心理念,"六学"并举的内在学理在这里得到了明显丰富。

除了上述四条时代可以大体判定的材料以外,还有两条常为学者征引的材料,但在时代和真伪上存在较大争议,其一是《礼记·经解》:

> 孔子曰:"入其国,其教可知也。其为人也,温柔敦厚,《诗》教也;疏通知远,《书》教也;广博易良,《乐》教也;洁静精微,《易》教也;恭俭庄敬,《礼》教也;属辞比事,《春秋》教也。故《诗》之失愚,《书》之失诬,《乐》之失奢,《易》之失贼,《礼》之失烦,《春秋》之失乱。其为人也,温柔敦厚而不愚,则深于《诗》者也;疏通知远而不诬,则深于《书》者也;广博良易而不奢,则深于《乐》者也;洁静精微而不贼,则深于《易》者也;恭俭

庄敬而不烦,则深于《礼》者也;属辞比事而不乱,则深于《春秋》者也。"①

《礼记》虽为汉儒所编,但其中所收文本不乏产生于战国者。这段论述旨在从正、反两方面论述"六学"之得失,显然是对"六学"的实际传习有一定了解后产生的持中之言,故《经解》将其系于孔子名下。不过,考虑到孔子之时《易》教、《春秋》教尚未得以与"《诗》《书》礼乐"相并,成为列国化民的公共经典,因此近代以来学者多认为此系后人之假托,只是具体时间或系于战国中期②,或系于任秦博士的荀子门人③,或晚至汉初④,说法不一,均缺少有力的证据。就其具体论述而言,这段材料与《淮南鸿烈·泰族》中的一段论述具有互见关系:

> 圣人天覆地载,日月照,阴阳调,四时化,万物不同,无故无新,无疏无亲,故能法天。天不一时,地不一利,人不一事,是以绪业不得不多端,趋行不得不殊方。五行异气而皆适调,六艺异科而皆同道。温惠柔良者,《诗》之风也;淳庞敦厚者,《书》之教也;清明条达者,《易》之义也;恭俭尊让者,礼之为也;宽裕简易者,乐之化也;刺几辩义者,《春秋》之靡也。故《易》之失鬼,乐之失淫,《诗》之失愚,《书》之失拘,礼之失忮,《春秋》之失訾。六者,圣人兼用而财制之。失本则乱,得本则治。其美在调,其失在权。⑤

廖名春根据两段论述中"六经"的排列顺序推测《泰族》之文乃由《经解》化出⑥,但考虑到战国秦汉文本中"六经"次序原本就具有不确定

---

① 《礼记正义》卷五〇《经解》,《十三经注疏》,第1609页下栏。
② 王谔《礼记成书考》,中华书局2007年版,第206页。
③ 徐复观《中国经学史的基础》,《徐复观论经学史二种》,上海书店出版社2002年版,第51页。
④ 杨天宇《礼记译注》,上海古籍出版社2004年版,第849页。
⑤ 刘文典《淮南鸿烈集解》卷二〇《泰族训》,中华书局1989年版,第674~675页。
⑥ 廖名春《论六经并称的时代兼及疑古说的方法论问题》,《孔子研究》,2000年第1期,第56页。

性,我们似乎很难据此判断两者之间的传抄关系。倒是值得注意的是,《经解》的这段论述孤悬篇首,与下文缺少文理上的关联,颇似从别处摘抄迻录而来;而《泰族》中的这段论述虽然与上下文看起来颇为贯通,但细绎文意,其论"六经"之"失",主旨在强调"六经"虽具有经典性,但在传习方法上则存在偏颇的可能,若习之不当,便会流入邪道,反害其身,这与《荀子·劝学》《荀子·非十二子》中的思路颇为一致。但《泰族》篇整段所强调的,是"六艺异科而皆同道",强调"六学"需"兼用",不可独倚一家,两者的核心旨意存在偏差,《泰族》中的这段"六经"得失论应当也是从别处整体钞录而来。类似的情况又见于成书时代更晚的《孔子家语·问玉》。因此,无论是《礼记·经解》,还是《淮南鸿烈·泰族》,显然都不是这段"六经"得失论的最初出处,后者的产生时间目前仍以存疑为妥。

另一条材料则是《史记·滑稽列传》所录"孔子"之言:

> 孔子曰:"六艺于治一也。《礼》以节人,《乐》以发和,《书》以道事,《诗》以达意,《易》以神化,《春秋》以义。"[①]

与《史记》所引孔子之言大多见于《论语》不同,此文不见于今存先秦文献,未知司马迁所据为何。其中"《礼》以节文"六句又见于《太史公自序》,然彼处则系于"董生曰"之下,并不言出自孔子,故此说颇为可疑。且若孔子已主张"六艺"之说,则此说何以不见于《孟子》《荀子》等战国儒学文献,实令人费解。前文已言,荀子《易》学思想深受孔子影响,若孔子已将《易》与"四教"经典并称,则荀子似无理由违背圣人之意,重新将《易》学排除在"经目"之外。综上几点,这段论述出自孔子的可能性不大,应是后儒假托之言。

如果暂时搁置《礼记·经解》中那条时间无法断限的材料,仅就前

[①] 《史记》卷一二六《滑稽列传》,第3197页。

面四条材料而言,郭店简的两条材料出自具有儒学背景的出土文献,而《天运》《天下》的论述则出自具有道家背景的传世文献,两者之间似乎缺少足够的共同点,但如果考虑到这四条材料的地域背景,则一个不容忽视的事实是,郭店简出自楚地,《庄子》也具有鲜明的楚文化背景。一个对于汉儒来说习以为常又至关重要的学术理念,在《孟子》《荀子》等主流儒学文献中不见踪影,却先后四次出现于楚地文献之中,且从战国中前期的《语丛一》到战国晚期的《天下》篇,楚地"六艺"说在内在学理的系统性方面有明显推进,其对于乐学、《春秋》学核心要义的把握也逐渐贴合战国儒学的主流观念,这一现象不应等闲视之。我们知道,在汉儒的叙述中,战国时期的楚地儒学是非常边缘化的,但随着近年来战国楚墓的大量发掘,楚地丰富的儒学文献早已让我们对其儒学积累的程度刮目相看,究竟这一地域上的共同点是否只是偶然,需要通过对齐鲁与楚地儒学实际传承情况、传习方式、学风特点的全面分析才能做出评估。

三、专经与通义:战国儒学的分化

《史记·儒林列传》称战国时期"儒术既绌焉,然齐鲁之间,学者独不废也"①,似乎齐鲁以外的儒学传统均已废绝,但如果勾稽史籍,并结合近年来的考古发现,便知道这一说法并不准确。郭店简的发掘以及用楚系文字书写的上博简、清华简的公布显示出战国时期有不少儒学文本在楚地产生、流传,只可惜其中多数未能进入汉儒的历史记忆和知识视野。对于今天的学者而言,借助有限的资料重新勾稽那些尘封的历史片段,虽然充满了"盲人摸象"的风险,但多少可以帮助我们更加全面地认识战国儒学在不同地区的多样化发展形态。

---

① 《史记》卷一二一《儒林列传》,第 3116 页。

第一章 "六艺"的形成

据《史记·儒林列传》记载,孔子卒后,"澹台子羽居于楚"①,可见孔子之学在春秋晚期已传入楚国,《孟子》中有楚人好儒的事例:

> 陈良,楚产也,悦周公、仲尼之道,北学于中国,北方之学者,未能或之先也。②

陈良以楚人而好周公、仲尼之道,可知在战国前期,楚地儒学虽不如齐鲁兴盛,但不绝如缕,亦未曾废绝。当然,毋庸讳言,在战国、秦汉文献的描述中,楚地儒学较北地显得粗疏,陈良好儒而"北学于中国",以及《庄子·天下》称"其在于《诗》《书》礼乐者,邹鲁之士搢绅先生多能明之"③,都显示出即便在楚人自己的认知中,楚地缺少能够系统传习《诗》《书》、礼、乐等儒学典籍的经师,而只有在北方齐鲁地区才保留了这些知识的系统传承。

沿着这一思路,当我们全面回顾以齐鲁地区为代表的北方儒学时,会发现在战国中后期乃至汉初的儒学传播中,呈现出一种"专经"化的趋势,在荀子、贾谊、董仲舒等贯通群经的大儒背后隐藏的,是一个人数众多、实际影响力广泛的专经之儒群体④,我们可以从以下几个方面来感知他们的存在:

第一,荀子所批评的当世儒风。《史记·荀卿列传》这样描述荀子著书的思想背景:"荀卿嫉浊世之政,亡国乱君相属,不遂大道而营於巫祝,信禨祥,鄙儒小拘,如庄周等又猾稽乱俗……"⑤在司马迁看来,促使荀子"发愤著书"的因素有三:一是诸侯乱政,大道倾覆;二是"鄙儒小拘",惑乱仲尼之道;三是诸子蜂起,混淆视听。这当中第一和第三个因

---

① 《史记》卷一二〇《儒林列传》,第3760页。
② 《孟子注疏》卷五下《滕文公章句上》,《十三经注疏》,第2706页上栏。
③ (清)郭庆藩《庄子集释》卷一〇下《天下》,第1067页。
④ 蒋伯潜先生已经注意到"西汉经师多专一经,罕能兼通"的现象,可参伯潜、蒋祖怡《经与经学》,九州出版社2011年版,第242页。
⑤ 《史记》卷七四《孟子荀卿列传》,第2348页。

素在诸子论说中较为常见,至于第二点则具有鲜明的荀子特色:在荀子看来,即使是儒家内部,也出现了一种值得警惕的学风,就是所谓的"鄙儒小拘",具体来说,便是《劝学》篇所言只知训故《诗》《书》、不知隆礼的"陋儒""散儒"①,《非十二子》所言只知俯仰为容、不识大义的子张氏、子游氏之"贱儒"等②,关于这一点,我们在上节讨论战国"四教"之学危机时已有充分讨论。简言之,荀子的这些论述绝不是凭空而发,必定是针对当时的某种学术风气而言,而这种风气,就是存在一批只安于"顺《诗》《书》而已"、传习仪节的"专经"之儒,他们不求贯通、不明大义、不务时用,因此深为荀子所鄙。

第二,《史记》《汉书》关于战国以来"五经"师学传承的记载显示,齐鲁地区的儒学主要以专经传授的方式存续。据《史记·儒林列传》:"孝文帝时,欲求能治《尚书》者,天下无有。"③孝文帝距汉兴不远,此时受学于战国而硕果仅存的大儒尚有齐儒浮丘伯④、辕固生、胡毋生,鲁儒申公、高堂生、徐生,燕儒韩婴等数人,但有趣的是,他们似乎都不治《尚书》,故有汉《书》学仅存济南伏生一脉。这不能不让我们对《汉书·儒林传》中"古之儒者,博学虖《六艺》之文"⑤的"历史记忆"表示怀疑。

事实上,如果统观《史记》《汉书》所载战国以来各经师传,会发现各经均自有谱系,鲜少交集⑥:

《易》:孔子——商瞿——鲁桥庇子庸——江东馯臂子弓——燕周丑子家——东武孙虞子乘——齐田何子装

《诗》:荀卿——齐浮丘伯——鲁申公、穆生、白生、刘交、瑕丘江公

---

① (清)王先谦《荀子集解》卷一《劝学》,第14~17页。
② (清)王先谦《荀子集解》卷三《非十二子》,第103~105页。
③ 《史记》卷一二一《儒林列传》,第3124页。
④ 《汉书·楚元王传》"高后时,浮丘伯在长安",则文帝时其人或尚在。《汉书》卷三六,第1922页。
⑤ 《汉书》卷八八《儒林传》,第3589页。
⑥ 《汉书》卷八八《儒林传》,第3597、3617页。

《穀梁春秋》:鲁申公——瑕丘江公

在各经师传谱系中,除了鲁申公与瑕丘江公兼传《诗》学与《春秋》学以外,各经均独立流传,弟子从其师所习者仅一门经典而已,几乎没有兼受二学的例证①。又据《汉书·儒林传》:"韩生亦以《易》授人,推《易》意而为之传。燕、赵间好《诗》,故其《易》微,唯韩氏自传之。"②韩婴虽然兼通《诗》学与《易》学,但除了家族子弟兼传二学以外,门下弟子亦仅受《诗》学而已。汉初诸儒中,似乎除了陆贾、贾谊、董仲舒、夏侯始昌等"大儒"能够贯通诸经以外,一般士人都只传习一至两种经典,因此公孙弘在奏请立博士弟子员时所设计的考试方式,也是"一岁皆辄试,能通一艺以上,补文学掌故缺"③。我们知道,汉初儒学基本上是战国时期齐鲁、燕赵儒学传统的延续,通过汉初儒门的传经方式,我们可以大体判断,至晚在战国后期的北方儒门内,专经传习已经成为一种普遍的师授方式。

第三,从司马谈对汉初儒学学术形态的描述可知,战国儒学传习中的专经化趋势是儒学自身不断发达的产物。司马谈《论六家要旨》言:

> 夫儒者以六艺为法。六艺经传以千万数,累世不能通其学,当年不能究其礼,故曰"博而寡要,劳而少功"。④

据《太史公自序》描述,司马谈此论产生于"建元元封"之间,此时儒学虽已获得官方意识形态的地位,但汉儒说经风气尚未发生大的改变,司马谈所论的"六艺经传以千万数"显然并非到这一时期才出现的独有

---

① 有学者根据申公曾从浮丘伯受《诗》,便推定其《穀梁春秋》学亦传自浮丘伯,但这种推测实过于武断。《汉书·楚元王传》载刘交"少时尝与鲁穆生、白生、申公俱受《诗》于浮丘伯",显然申公等人从浮丘伯所受者仅为《诗》学。事实上,《穀梁传》为鲁学而浮丘伯为齐儒,申公《春秋》穀梁学应另有所受。《汉书》卷三六《楚元王传》,第1921页。
② 《汉书》卷八八《儒林传》,第3613页。
③ 《史记》卷一二一《儒林列传》,第3763页。
④ 《史记》卷一三〇《太史公自序》,第3290页。

现象，而是自战国以来，至少到汉初时已经形成的实际情况。我们知道，从篇幅上来讲，儒家"六艺"大小不一，但经过孔门后学的不断阐释，各经均产生了篇幅可观的故、训、传、记、说、解，"累世不能通其学"之说也许略微夸大，但要想真正通晓一经，没有十数年的时间恐怕是难以完成的。战国时期，布衣出生的新兴士人多以仕进为谋生之道，除了少数向学之人如荀子之外，要求一般的士人先花数十年的时间学习全部经典后再谋仕进，显然是不现实的。从《史记》《汉书》的记载看来，在西汉国家承平，鼓励儒学的情况下，士子愿意学习两种以上经典者犹十分鲜少，反推战国时期，这种情况恐怕更加难得。专经化的传授方式应当是北方儒学阐释体系复杂化之后的自然产物。

第四，汉初叔孙通、申公等具有战国、秦初教育背景的儒士自身的学养、言行亦显示出战国后期北方儒学的专经化倾向。申公在秦挟书律颁布之前受学，入汉后乃称大儒，在建元元年（前140）武帝君臣尊儒之时，"绾、臧请天子，欲立明堂以朝诸侯，不能就其事，乃言师申公"，可是令武帝失望的是，作为当世大儒的申公并不了解明堂等礼仪制度，只说"顾力行何如耳"①。从《仪礼》《礼记》《大戴礼记》等文献可知，先秦儒家确有关于明堂的主张，属于礼学的重要论题，由于申公本身并未兼习礼学，因此他无法满足汉武帝的期待。

至于有"汉家儒宗"之称的叔孙通②，其对于礼学十分看重，门下弟子众多，但他居然不在《史记》《汉书》所载西汉"五经"官、私学师承的谱系之内。笔者还注意到，《史》《汉》所载叔孙通言语，亦无一处援据《诗》《书》，这不免使我们怀疑，叔孙通是否即属于荀子所批评的只习礼容、"法而不说"的"子张氏""子游氏"之儒，故不为强调"君子之学"传统的西汉博士官群体所认可。

---

① 《史记》卷一二一《儒林列传》，第3121、3122页。
② 《史记》卷九九《刘敬叔孙通列传》，第2726页。

关于这一点，还有一个更直接的例子，虽然时代略晚，但颇能说明问题：

> 博士江公世为《鲁诗》宗，至江公著《孝经说》，心嫉式，谓歌吹诸生曰："歌《骊驹》。"式曰："闻之于师：客歌《骊驹》，主人歌《客毋庸归》。今日诸君为主人，日尚早，未可也。"江翁曰："经何以言之？"式曰："在《曲礼》。"江翁曰："何狗曲也！"①

此事发生在宣帝时期，但从"博士江公世为《鲁诗》宗"一句可知，这位江公的先人就是汉初申公的亲传弟子瑕丘江公，于《鲁诗》《穀梁春秋》均有传习。小江公虽然时代较晚，但其幼秉家学，儒学观念多少受到家族传统的影响。从《汉书》的这段描述看来，他不仅不熟悉礼学，更径斥《曲礼》为"狗曲"，这显示出治不同经典的儒士不仅对于他经多不了解，甚至互相之间颇有相轻之势②。

综上四点，我们认为，战国中后期以来齐鲁、燕赵等北方儒门中师学传承的基本方式当以专经传习为主，经师各习一至两种经典，并以之教授弟子，而受到这种传习方式的限制，不仅士子对于他经缺乏足够的认识，甚至还会对其经典性产生怀疑、轻视，认为只有自己所习经典才是儒门正典。这种门户之见，通过荀子的批评以及《史记》《汉书》对汉初儒学的描述均可窥见。

那么，相对游离于北方"主流"儒学传统之外的楚地儒学是否具有另一番形态呢？从上文所举陈良求学的例子，以及《庄子》《史记》的描

---

① 《汉书》卷八八《儒林传》，第3610页。
② 事实上，战国时期齐鲁之地确有轩轾诸经之说，只是不见于儒家经典，而是见于《慎子》："《诗》，往志也；《书》，往诰也；《春秋》，往事也；至于《易》，则吾心阴阳消息之理备焉。"这里称《春秋》为"往事"，显然与《孟子》《荀子》对于《春秋》的认识有很大出入，总之，此语重《易》而抑其它诸经的倾向十分明显。只是由于此语出于慎到，因此难以确知其是道家论说，还是受到儒家治《易》者的影响，故姑存其说以备考。《慎子·内篇》，华东师范大学出版社2010年版，第11页。

述看来,楚地似乎缺少独立而持续的经典师承谱系,在楚地儒学史上的屈指可数的大儒荀卿,恰好又是反对儒学传习"专经化"的主力,《史记》称楚人李斯"从荀卿学帝王之术"①,可见荀卿晚年在楚地与弟子讲论的,主要是"隆礼法"等强国、议兵、王制之术,并非训故《诗》《书》的经典之学。从郭店楚简、上博简、清华简所见楚地儒学文献看来,真正围绕经典本身展开的阐释性文本只有《孔子诗论》,而其阐释方法也非常简扼,显然不是司马谈所述"累世不能通其学"的那种学术形态。至于其他大量文本,则是围绕道、德、性、命、情、仁、义、忠、信、礼、知、圣等儒学概念的内涵展开的论述,虽然他们在论述中常常引经据典,但在贯通群经的基础上探究"大义""通义",才是这些文本的核心主旨。尽管这些文本未必均为楚人所作,但在同一时空条件下,这些探讨儒学"通义"的文本在分量上远远超过阐释经典本身的文本,这多少反映出在战国楚地儒学的传播中,作为齐鲁、燕赵儒学基础的"专经"之学并不处于核心地位,对儒学"通义"的探讨似乎才是楚儒的学术兴趣所在。材料所限,我们无法对于楚地儒学与齐鲁儒学之间的差异作更多具体的描述,但这种整体性的差异的确可以从传世文献与出土文献中得到印证。

四、"六艺"为楚儒所倡说刍议

如果我们接受齐鲁儒学重"专经",楚地儒学尚"通义"的整体性描述,那么,郭店简《六德》《语丛一》以及《庄子·天运》《庄子·天下》等战国时期"六学"并举的文献同具"楚地"背景这一看似偶然的现象就可以获得一种合理的解释:正是楚地儒学崇尚"通义"的学风使得士人致力于构建一种新的"经目"理论,通过对于群经旨意的高度概括,揭示出其内在的一致性与互补性,从而最终越过经典本身,探求其背后共同指向的"通义"。这一解释只是基于现有文献做出的一种推测,是否能够成

---

① 《史记》卷八七《李斯列传》,第2539页。

立,有待于未来更多出土文献的验证,以下仅略作申说。

前文已言,由于齐鲁儒学注重"专经"传授,在此过程中,群经的阐释体系不断扩充、繁复,以至于精力所限,大多经师无力关注其本经以外的经典之学,这种学风固然带来了齐鲁儒学的发达、精深,却也难免导致儒生在学术视野上偏狭固陋,荀子对于齐鲁儒风的尖锐批评正源于此。大量知识性、技术性的细节遮蔽了儒生探求"通义"的双眼,多少也压制了他们探讨、构建群经相互关系这类宏观问题的冲动。无论是孔子对于"《诗》、礼、乐"三者关系的阐述,还是战国时期围绕"六学"内部关系展开的一系列论说,当言说者意识到任何一种经典都不足以独立、完备地阐释大义、塑造人格时,便出现了从整体上构建"经目"理论的契机。反之,如果究其一生只研习一种经典,那么,研习者只会不断放大这种经典自身的完备性,而不会强调其与其他经典之间的互补性。作为儒学主流,齐鲁儒学未能孕育出新兴的"六艺"说,与其"专经"之学的发达存在关联。

与此相反,楚地儒学没有遵循"专经"传授的发展模式,这固然限制了楚地经典阐释学的深入、系统,但也使得楚儒有可能获得更为开阔的眼光,尝试从理论上真正厘清"经典"与"圣人"、与"道"之间的内在关系。在此过程之中,楚儒关注到"经典"的权威性来源问题、"经典"之间的一致性与互补性问题、甚至进一步关注到"经典"在传习方式上可能出现的偏颇,凡此均与楚地儒学尚"通义"的学风相呼应,"六艺"说遂成为楚地儒学重要的学术论题之一,不仅见于儒家文献,甚至连庄子后学也受其影响,在论述中加以援引。在汉初儒学未兴的时代,陆贾、刘邦对于"六艺"说却表现出相当的熟悉度,这恐怕也与二者的楚人身份存在一定的关系。

需要说明的是,战国时期出现的新兴"经目"理论显然不止楚地流传的"六艺"说一种,同具"楚学"色彩的郭店简《性自命出》中关于"诗书礼乐"经典化过程的描述同样值得注意。这一论述虽然在经典范围上较宗周"王教经典"并未作出拓展，但其强调经典的权威性来自"圣人"而非王权，并且重新描述了"四经"的来源、功能与核心价值，显然应被视为一种新的"经目"理论。此外，《荀子》中不纳《易》学的"五经说"同样应被置于战国新兴"经目"理论的整体背景中加以关照。荀子晚年居于楚，他对于"经目"理论建构的关注与尝试，未知是否受到楚地儒风的影响。这些新兴的"四经说""五经说""六经说"在具体观点上虽然存在差异，但都体现出身处危机之中的战国儒者努力新变的勇气，因此也都拥有一定的传播范围，哪一种最终能够成为主流，似乎仍然有待于汉儒的进一步确认。我们注意到，陆贾《新语·道基》在使用"六艺"一词时，完整的语境是"于是后圣乃定五经，明六艺"①，两种互斥的"经目"理论在陆贾的叙述中以互文的方式表达出来，显示出陆贾并不执着于"经"的范围究竟是五还是六，对他来说，"五经""六艺"都是对于儒家经典的一种概括而已，如同战国以及秦汉之际大多数制度、思想与知识一样，在王权崩坏的背景之下，多元化而非"大一统"才是常态。

第四节　汉初儒学与"六艺"说之确立

虽然陆贾在《新语》中已使用"六艺"一词，但在战国至汉初的各类文献中，同时还存在着"四经说""五经说""六经说"等多种"经目"理论，这一方面不符合汉儒"大一统"的国家理念，另一方面也不利于儒学整体学术地位的提升。在实现了《诗》《书》、礼、乐、《易》《春秋》"六学"各自的经典化之后，"六艺"本身也需要一个经典化的过程，而这正是贾谊致力完成的事业。通过对于"六"这一数字背后神秘性的系统阐释，贾谊在构建了"六艺"神圣性的同时，也试图树立崇尚"贯通"的儒学风气。

---

① 王利器《新语校注》卷一《道基》，中华书局1986年版，第18页。

不过，汉初儒学继承齐鲁、燕赵儒学主流，"专经"传授仍然是其最基本的传习方式，如何通过对于"六艺"说的调整，使得"专经"传授这一多少带有"反六艺"意味的学术传统获得合理性，成为董仲舒所尝试的工作。

一、"以六为度"：贾谊的"六艺"论

与"六艺"的提出一样，汉儒中最早对"六艺"内部的学理关系进行阐释者也是陆贾，其说见于《道基》篇：

> 故虐行则怨积，德布则功兴，百姓以德附，骨肉以仁亲，夫妇以义合，朋友以义信，君臣以义序，百官以义承，曾、闵以仁成大孝，伯姬以义建至贞，守国者以仁坚固，佐君者以义不倾，君以仁治，臣以义平，乡党以仁恂恂，朝廷以义便便，美女以贞显其行，烈士以义彰其名，阳气以仁生，阴节以义降，《鹿鸣》以仁求其群，《关雎》以义鸣其雄，《春秋》以仁义贬绝，《诗》以仁义存亡，《乾》《坤》以仁和合，八卦以义相承，《书》以仁叙九族，君臣以义制忠，礼以仁尽节，乐以礼升降。①

这里陆贾虽未揭出"六艺"之名，但《乾》《坤》、八卦显然指《易》，故其论述实已囊括"六艺"。据其所言，"仁义"是贯穿于"六艺"的一条主线，"六艺"内容虽然广博，但最终都以"仁义"为归依，"六艺"由此获得内在的一致性。不过，作为"经目"理论，陆贾之说未能注意到"六艺"内部的互补性与"六艺"作为整体的完备性问题，这显然还是一种比较粗疏的"经目"理论。

从现存材料看来，贾谊似乎才是第一个全面、系统地论述"艺"何以须"六"这一核心问题的汉代学者。在《六术》篇中，他首先以"德之六理""六行"比附"六艺"：

> 德有六理，何谓六理？道、德、性、神、明、命，此六者德之理也。六

---

① 王利器《新语校注》卷上《道基》，第30页。

理无不生也,已生而六理存乎所生之内。是以阴阳、天地、人尽以六理为内度,内度成业,故谓之六法。六法藏内,变沴而外遂,外遂六术,故谓之六行。是以阴阳各有六月之节,而天地有六合之事,人有仁、义、礼、智、圣之行,行和则乐与,乐与则六,此之谓六行。阴阳、天地之动也,不失六律,故能合六法;人谨修六行,则亦可以合六法矣。

然而人虽有六行,细微难识,唯先王能审之,凡人弗能自志。是故必待先王之教,乃知所从事。是以先王为天下设教,因人所有,以之为训;道人之情,以之为真。是故内法六法,外体六行,以与《书》《诗》《易》《春秋》、礼、乐六者之术以为大义,谓之六艺。令人缘之以自修,修成则得六行矣。六行不正,反合六法。艺之所以六者,法六法而体六行故也,故曰六则备矣。①

贾谊的逻辑体系是,一"德"而生"六理","六理"生"六法","六法"外显为仁、义、礼、智、圣、乐"六行","六行"为人与生俱有之禀赋,然细微难识,必须借助对于"六艺"的研习方能涵养,"六艺"遂成为凡人修成其"德"的必由之路。至于为什么必须是六理、六法、六行、六艺呢?贾谊进而从数理层面提出"六"为大成之数的说法,并以他经验世界中所见的若干例证作为援据:

六者非独为六艺本也,他事亦皆以六为度。

声音之道,以六为首,以阴阳之节为度,是故一岁十二月,分而为阴阳,阴阳各六月。是以声音之器十二钟,钟当一月,其六钟阴声,六钟阳声;声之术,律是而出,故谓之六律。六律和五声之调,以发阴阳、天地、

---

① 阎振益、钟夏《新书校注》卷八《六术》,中华书局2000年版,第316~318页。按,"人有仁、义、礼、智、圣之行"句中"圣"字,明正德十年吉府本、《汉魏丛书》本均如是,卢文弨校定本改作"信",中华书局整理本亦据卢校作"信"。今据郭店简《五行》等出土文献可知,"仁义礼智圣"之并称实有所本,不宜径改,故今仍从正德本作"圣"字。关于"仁义礼智圣"的内涵及渊源,可参李锐《仁义礼智圣五行的思想渊源》,《齐鲁学刊》,2005年第6期,第19~25页。

人之清声,而内合六法之道。是故五声宫、商、角、徵、羽,唱和相应而调和,调和而成理谓之音。声五也,必六而备,故曰声与音六。

人之戚属,以六为法。人有六亲。……亲之始于一人,世世别离,分为六亲。亲戚非六则失本末之度,是故六为制而止矣。……丧服称亲疏以为重轻,亲者重,疏者轻,故复有粗衰、齐衰、大红、细红、缌麻,备六,各服其所当服。夫服则有殊,此先王之所以禁乱也。

数度之道,以六为法。数加于少而度出于居,数度之始,始于微细。有形之物,莫细于毫。是故立一毫以为度始,十毫为发,十发为厘,十厘为分,十分为寸,十寸为尺,备于六,故先王以为天下事用也。

事之以六为法者,不可胜数也。此所言六,以效事之尺,尽以六为度者谓六理,可谓阴阳之六节,可谓天地之六法,可谓人之六行。①

贾谊举出六合、十二月、六律、六吕、六音、六亲、丧服、数度等一系列例证,证明无论是时间、空间、声音、数度、人伦,宇宙间的一切维度都以"六"为备,这种颇具神秘性的论说方式在今日看来虽然难称合理,但却符合战国、秦汉社会普遍的思维方式,这一点我们只要借助"五行"理论在此期的高度发达就可以理解。在"五行"观念下,一切自然存在和人伦关系都可以纳入"五"的数理框架内,因此,只要积累足够多的例证,"六"同样可以获得一种神秘的数理"完备性"。

但贾谊对于"六艺"论的建构仍不止于此,在《道德说》中,他进一步以"德之六理"为准的,将"六艺"与"德"之间的关系加以申说:

六理、六美,德之所以生阴阳、天地、人与万物也。固为所生法。故曰:道此之谓道,德此之谓德,行此之谓行。所谓行此者,德也。是故,著此竹帛谓之《书》。《书》者,此之著者也;《诗》者,此之志者也;《易》者,此之占者也;《春秋》者,此之纪者也;礼者,此之体者也;乐者,此之

---

① 阎振益、钟夏《新书校注》卷八《六术》,中华书局2000年版。

乐者也。祭祀鬼神,为此福者也;博学辩议,为此辞者也。

《书》者,著德之理于竹帛而陈之令人观焉,以著所从事,故曰"《书》者,此之著者也"。《诗》者,志德之理而明其指,令人缘之以自成也,故曰"《诗》者,此之志者也"。《易》者,察人之循德之理而与弗循而占其吉凶,故曰"《易》者,此之占者也"。《春秋》者,守往事之合德之理之与不合而纪其成败,以为来事师法,故曰"《春秋》者,此之纪者也"。礼者,体德理而为之节文,成人事,故曰"礼者,此之体者也"。乐者,《书》《诗》《易》《春秋》、礼五者之道备,则合于德矣。合则欢然大乐矣,故曰"乐者,此之乐者也"。①

在这段论述中,最重要的莫过于"五者之道备,则合于德矣"这句话了。我们注意到,贾谊将"六艺"分成两个部分,其一是通过不同方式呈现"德"的《书》《诗》《易》《春秋》、礼,他们或注重对于"德"的理论阐释,或注重对于"德"的外在文饰,或通过占筮彰显"德"义,或通过成败显示"德"理,"五学"对于"德"各有体现,但必须将此五者加以贯通,然后才能获得完备的"德",而这个"合德"再对应"六艺"中的另一部分——乐。

我们知道,在贾谊的时代,儒家乐学除了有部分文本尚存以外,真正可用于演奏的雅乐系统已经基本失传,以仪式表演为基础的传统"乐学"已然处于名存实亡的状态。因此,贾谊"六艺"论对于"乐"的架空式处理或许有迁就现实的无奈。不过更值得关注的是,贾谊特别强调"五者之道备"这一前提,显然是要求学习者应系统掌握这五种经典,然后才能真正体会到"德"之精妙。这一论说方式于《荀子》中的"五经"说具有一定的延续性,反映出荀子、贾谊对于繁琐经学学风的反感,以及对于"贯通"学风的崇尚。《史记·屈原贾生列传》称贾谊"颇通诸子百家之语"②,贾谊思想中"尚通"的色彩或与其早期知识结构的养成有关。

---

① 阎振益、钟夏《新书校注》卷八《道德说》,中华书局2000年版,第325、327、328页。
② 《史记》卷八四《屈原贾生列传》,第3004页。

第一章 "六艺"的形成

总之,贾谊通过对"六"这一数字的神秘化,完成了其"六艺"论的神圣性建构;又通过对"乐"的架空式处理,解决了"六艺"之名与"五经"之实的矛盾;再通过对"五经"与"德"之间关系的陈述,树立起"尚通"的经学主张。"六艺"的一致性、互补性与完备性至此得到了全面的论证,"六艺"作为一种"经目"理论获得了经典化的全部理由。

那么,贾谊的这一理论是否有其学理渊源呢?我们注意到,贾谊将"六艺"归本于"德",这与陆贾将其归本于"仁义"略有不同,却与郭店简《六德》篇显出某种相似,李学勤先生即认为贾谊或系受到《六德》的影响①。不过,如果细绎文本,可以发现,虽然贾谊强调"六艺"皆"德"为本,甚至其自身也有"六德"之说,但贾谊对于"德"的理解与《六德》却明显不同。《六德》认为"德"包括圣、智、仁、义、忠、信,其依序两两一组,分别对应君臣、夫妇、父子的人伦关系;而贾谊《道德说》则认为,"六德者,德之有六理",即道、德、性、神、明、命,表现为道、仁、义、忠、信、密"六美",六者共同构成"德"之要义,各自之间并无两两对应关系。《六德》所言"六德"与贾谊所言德之"六美"虽然存在一些重合,但两者的结构、指向则是完全不同的。我们注意到,郭店简《六德》篇的主张大多不见于汉儒文本,并无直接证据能够证明贾谊曾经见过《六德》,贾谊"六艺论"源自郭店简《六德》的假设恐难成立。

不过,贾谊"六艺"论与郭店简《五行》篇的理论建构倒存在一定因袭关系。前文已言,贾谊"六艺"论中最重要的论述环节是"六行":"艺之所以六者,法六法而体六行故",设立"六艺"的目的就是为了使人们通过对经典的研习而涵养自身所禀赋之"六行",从而修成大德。至于"六行"的内部结构,则包括两个部分:"人有仁、义、礼、智、圣之行,行和

---

① 李学勤先生认为贾谊《新书·六术》受到郭店简《六德》的影响,相关论述可参其《郭店楚简〈六德〉的文献学意义》,《郭店楚简国际学术研讨会论文集》,湖北人民出版社 2000 年版,第 18 页。

则乐与,乐与则六,此之谓六行。"这种"5＋1"的模式与《六术》篇所言"六理""六律""六吕""六亲"等都不相同,仅与"六艺"相合,显然有牵合"六艺"说的直接用意,而"六行"说无论是具体的德目,还是"5＋1"的内在结构,都与郭店简《五行》篇显示出密切的关联:

> 五行:仁形于内谓之德之行,不形于内谓之行。义形于内谓之德之行,不形于内谓之行。礼形于内谓之德之行,不形于内谓之□。□□于内谓之德之行,不行于内谓之行。圣形于内谓之德之行,不形于内谓之德之行。德之行五,和谓之德,四行和谓之善。善,人道也,德,天道也。君子亡中心之忧则亡中心之智,亡中心之智则亡中心□□,亡中心□□□□安,不安则不乐,不乐则亡德。五行皆形于内而时行之,谓之君□。①

此文又见于马王堆帛书《五行》篇:

> 【仁】形【于内】谓之德之行,不形于内【谓】之行。智形于内谓之德之行,不形于内谓【之行。义形】于内【谓】之德之行,【不形于内谓之】行。礼形于内谓之德之行,不形于内谓之行。圣形于内【谓之德之行,不形于内谓】之行。德之行五,和谓之德;四行,和谓之善。善,人道也;德,天道也。君子无中【心之】忧则无中心之知,亡中心之知,则无中心之说,无中心之说则不安,不安则不乐,不乐则无德。……五行皆形于厥内,时行之,谓之君子。②

两段文字基本相同,只是郭店简在"圣形于内谓之德之行,不形于内谓之德之行"句衍出"德之"二字③。《五行》篇将仁、义、礼、智、圣作为五种基本德目,认为只有合此"五行",方谓之"德"。这种模式与贾谊的"六行"论几乎一致,所不同的是,贾谊将《五行》中的"德"替换为

---

① 荆门市博物馆编《郭店楚墓竹简》,第149页。
② 裘锡圭主编《长沙马王堆简帛集成·第四册》,中华书局2014年版,第58页。
③ 裘锡圭主编《长沙马王堆简帛集成·第四册》,中华书局2014年版,第60页注三。

"乐",并将其又与"五行"合称为"六行":

《五行》:仁＋义＋礼＋智＋圣＝德

《六术》:仁＋义＋礼＋智＋圣＝乐

贾谊的这一调整显然是为了照顾《六术》篇整体上以"六"为备的叙述方式,同时也恰好配合"六艺"中"乐"有名无实的现状,将原本处于平行关系的"六艺"调整为:

《易》＋《诗》＋《书》＋礼＋《春秋》＝乐

既然《五行》篇中"五行"需要"皆形于内"才可谓之君子,则"六艺"论中,"五学"自然也需要兼通才可达至"乐"的境界,贾谊"六艺"论与郭店简《五行》篇之间的同构性显示出其思想来源的某种可能,值得我们注意①。

二、"六学皆大":董仲舒的"六艺"论

以贾谊在汉初士林的影响力,可以想象,随着其"六艺"论的传播,"六艺"观念在汉初当逐渐得到学者的认可,司马谈《论六家要旨》、董仲舒"天人三策"等汉初重要学术文献均径用"六艺"一词,显示出至晚到武帝初期,"六艺"已经成为一种"经典性"的经目理论。不过,贾谊"六艺"论在赋予"六艺"神圣性的同时,也树立起"尚通"的经学主张,而这显然与西汉初期"专经"传习的普遍现实有所不合,在大多数儒士根本无法贯通"五经"的现实压力下,贾谊"六艺"论几乎必然面临被调整的命运,而《春秋繁露》中的一种说法引起了我们的注意:

君子知在位者之不能以恶服人也,是故简六艺以赡养之。《诗》《书》

---

① 庞朴先生最早注意到贾谊《新书·六术》与马王堆帛书《五行》篇之间的因袭关系,见其《马王堆帛书解开了思孟五行说之谜——帛书〈老子〉甲本卷后古佚书之一的初步研究》,《文物》1977年第10期,第63页;池田知久先生对其说亦表示赞同,见氏著《马王堆汉墓帛书五行研究》,线装书局、中国社会科学出版社2005年版,第31页。

序其志,礼、乐纯其美,《易》《春秋》明其知。六学皆大,而各有所长。《诗》道志,故长于质。礼制节,故长于文。乐咏德,故长于风。《书》著功,故长于事。《易》本天地,故长于数。《春秋》正是非,故长于治人。①

这一说法见于《玉杯》,一般被认为是董仲舒本人所编纂者。这里"六艺"被塑造为"君子"用以"赡养"君主的知识体系,其中"《诗》《书》序其志,礼、乐纯其美,《易》《春秋》明其知"等说法尚属平常,比较特别的是"六学皆大,而各有所长"一句,这里"各有所长"强调"六艺"的互补性,但"皆大"则暗含了一种可能性,即任何一种经典个体都具有完足的教化作用,足以化成民性,臻于德政。因此,究道明德的途径虽然仍然是经典,但似可不必贯通全部经典,只需选择其中的一条路径即可。《史记·太史公自序》中有一段自称"闻于董生"的议论更加鲜明地展现了这一立场:

《易》著天地阴阳四时五行,故长于变;礼经纪人伦,故长于行;《书》记先王之事,故长于政,《诗》记山川谿谷禽兽草木牝牡雌雄,故长于风;乐乐所以立,故长于和;《春秋》辨是非,故长于治人。是故礼以节人,乐以发和,《书》以道事,《诗》以达意,《易》以道化,《春秋》以道义。拨乱世反之正,莫近于《春秋》。《春秋》文成数万,其指数千。万物之散聚皆在《春秋》。②

在这段论述的开始部分,司马迁尚并言"六经"之长,但到文末,其话锋一转,开始高度评价《春秋》"拨乱反正"的功能,并以"万物之散聚皆在《春秋》"作结。与贾谊《新语》中"五者之道备,则合于德矣"的思路不同,这里《春秋》显然已经成为一种自足的经典,完备地囊括了世间一切义理,因此,通往"道"的方式也就不再是贾谊所论会通"五经"这一条大路,而是有《诗》《书》、礼、乐、《易》《春秋》六条大路可供选择,这种"六

---

① (清)苏舆《春秋繁露义证》卷一《玉杯》,第35、36页。
② 《史记》卷一三〇《太史公自序》,第3297页。

学皆大"的经目理论显然与西汉儒学"专经"传授的现实更加吻合,因此也更能得到汉儒的理解与接收。

总之,经过陆贾、贾谊、董仲舒等汉初大儒的阐释,"六艺"作为儒家基本经典范畴的身份逐渐得到确立,尽管汉武帝建元五年所立为"五经"博士,但"六艺"作为经典的"经目"理论,其影响力与权威性并未受到影响。元康元年(前65)秋八月,汉宣帝在诏令中称:"朕不明六艺,郁于大道,是以阴阳风雨未时。"[①]这是今日所见诏令中最早使用"六艺"一词者,可见至晚到宣帝时,"六艺"已经成为非常规范的官方用语了。而在此之后的两千多年里,尽管五经、六经、九经、十三经之说纷起迭兴,但"六艺"的基本格局则经久不变[②],并不断成为后人思考群经价值的出发点与落脚点。

---

① 《汉书》卷八《宣帝纪》,第255页。
② 章学诚在论及后世经目与"六艺"关系时言:"后世著录之家,因文字之繁多,不尽关于纲纪,于是取先圣之微言,与群经之羽翼,皆称为经。如《论语》《孟子》《孝经》,与夫大小《戴记》之别于《礼》,《左氏》《公》《穀》之别于《春秋》,皆题为经。……然则今之所谓经,其强半皆古人之所谓传也。"此说将后世经目的变化完全归为目录学层面著录方式的变化,固稍嫌简单,但其所论"六艺"在各种经目中的基础性地位,则允为的论。章学诚著、叶瑛校注《文史通义校注·经解上》,中华书局2004年版,第94页。

第二章　两汉官定经目的
　　　　　制度演变

自班固在《汉书·武帝纪》中以"罢黜百家,表章六经"[①]称颂汉武帝后,武帝尊儒便被普遍视为经学史正式开始的标志。从此诸子之学不再并置于官学,而儒学则一跃而成为莫可抗敌的"经学"。武帝元朔五年(前124),在公孙弘的建议下,博士始置弟子,至此"博士"亦正式由早期的"顾问官"演变为"教育官",掌握了考试、选官的重要权力。经过武帝、昭帝、宣帝三朝的发展,诸经师学不断分化,各经内部均出现章句各异、影响大小不同的多种师法,这些师法能否得到官方认可进入太学,直接关乎其师学弟子是否有资格获选为博士弟子,从而进入仕途,故"官定经目"遂成为炙手可热的身份标识。事实上,正是因为经目具有如此重要的影响力,因此,从长时段的范围来看,其一旦确立,往往在相当长的时期内保持稳定,如隋唐"九经"制度一直沿用至五代、宋初,而"四书五经"制则从元代一直沿用至明清两朝。

不过,处于经学史发端阶段的汉代,其经目设置却颇不稳定:武帝建元五年(前136)立"五经博士",只是颁定《诗》《书》《礼》《易》《春秋》为五经,至于各经尊何种师法,并无明确规定。随着元朔五年博士弟子课试制度的施行,这种模糊的制度设计逐渐暴露出其弊端——诸师法

---

① 《汉书》卷六《武帝纪》,第212页。

所据经本、所传经解多异，仅治一种师法的博士显然无法对别家师法所传弟子的学业作出公允的判定，诸经依师法分立博士乃成为一种必要的补救措施。于是自昭、宣时期起，一经常有习不同师法者并为博士，这一过程到宣帝甘露、黄龙年间得以制度化，"黄龙十二博士"的确立标志着"师法博士"制正式施行，施、孟、梁丘《易》，欧阳、大、小夏侯《书》，齐、鲁、韩《诗》，后氏《礼》，公羊、穀梁《春秋》亦成为最早标示师法的官定经目。元帝时期，随着京房政治地位的提升以及京氏《易》学的传播，京氏《易》一度获置博士，但随着京房获罪下狱，其学也随之遭废。这已经显示出经目与政治之间密切的互动关系，而哀帝时期刘歆争立古文经的失败，则开启今、古文经学两千多年的纷争。至王莽摄政，经目震荡愈加激烈，《乐经》无师法而获增为经目，《周官》《左氏春秋》等章句未立的"古学"也纷纷进入官学，"师法博士"制受到系统性的破坏。及至光武中兴，拨乱反正，始以"十四博士"制重新恢复了"师法博士"的传统。此后，虽然今古学之争在朝野士林愈加激烈，但官定经目制度却基本保持稳定，直至东汉王朝最终覆灭。

第一节　从孔门圣典到帝国经典

作为儒家经典，"六艺"在战国时期已经成为彰显儒士知识人身份的重要标识，但在儒门之外，随着宗周王权的衰落，传统的王教经典"诗书礼乐"开始受到墨子、庄子、商鞅、韩非等士人的质疑和批评，至于《周易》和《春秋》的"经典"地位，即便在儒门内部亦存在争议。直到汉武帝建元五年"五经博士"的建立，乃使"六艺"中的五种文本经典：《周易》《诗经》《尚书》《仪礼》《春秋》成为经过国家权力的正式确认，并借助太学这一制度化机构以及博士这一常设职官进行课试的"帝国经典"。在这一过程中，不仅此五种经典的地位发生了变化，与其关系密切的"博士"官在职守、性质方面也发生了重要的变化。

一、建元五年之前的博士制度

就传世文献看来,关于我国博士制度起源的最早论述见于《汉书·百官公卿表》:

博士,秦官,掌通古今,秩比六百石,员多至数十人。①

班固认为博士制度始于秦,而稍晚的许慎则指出:

战国时齐置博士之官。②

沈约在《宋书·百官志》中亦言:

博士,班固云秦官。史臣案,六国时往往有博士,掌通古今。③

正如许慎和沈约所言,博士制度的真正起源乃在战国时期。经过近代以来王国维、钱穆等学者的研究,战国至秦的博士制度沿革已基本得以廓清。关于战国时期"博士"的相关文献,今可见者凡四条:

公仪休者,鲁博士也。以高第为鲁相。(《史记·循吏列传》)④

(宋)元王惕然而悟。乃召博士卫平而问之曰……(《史记·龟策列传》诸先生补)⑤

贾山,颍川人也。祖父祛,故魏王时博士弟子也。(《汉书·贾山传》)⑥

十三年,诸侯举兵以伐齐。齐王闻之,惕然而恐,召其群臣大夫,

---

① 《汉书》卷一九上《百官公卿表上》,第726页。
② (明)董说《七国考》卷一《田齐职官·博士》条引《五经异义》,中华书局1956年版,第25页。
③ 《宋书》卷三九《百官上》,中华书局1974年版,第1228页。
④ 《史记》卷一一九《循吏列传》,第3744页。
⑤ 《史记》卷一二八《龟策列传》,第3895页。
⑥ 《汉书》卷五一《贾邹枚路传》,第2327页。

第二章　两汉官定经目的制度演变

告曰："有智为寡人用之。"于是博士淳于髡仰天大笑而不应。(《说苑·尊贤》)①

关于公仪休和卫平，王国维认为"疑当时未必置博士一官，《史记》所云'博士'者，犹言'儒生'云尔"②，张汉东亦同此说③。关于贾祛，王国维则认为其"为魏王博士弟子，则六国末确有此官"④。至于淳于髡，钱穆先生认为"他书皆称'稷下先生'，不称'博士'，二者盖异名同实"⑤。

此外，张汉东又指出，"秦始皇二十六年，初并天下，命群臣议帝号，博士参与其事，说明秦统一前，秦国也有博士官"⑥，其说可信。

总之，无论公仪休和卫平是一般儒生还是专任博士，仅从贾祛、淳于髡的记载以及秦国的情况看来，至迟到战国末期，齐、魏、秦都出现了以通古今而"承问对""不治而议论"的职官，这一点应当是基本可信的。

秦统一之后，建立起新的官僚体系，而博士官得以延续，前文所引《汉书·百官公卿表》已经指出，博士在秦时多至数十人⑦，他们在秦始皇议定帝号、是否保留分封制等问题的论辩上发出了自己的声音，但由于秦代施行"以法为令，以吏为师"的政策，因此终秦一代，"博士虽七十

---

① 向宗鲁《说苑校证》卷八《尊贤》，中华书局1987年版，第201页。
② 王国维《汉魏博士考》，《观堂集林》卷四《艺林四》，《王国维全集·第八卷》，第106页。
③ 张汉东《秦汉博士官的设置及其演变》，《史学集刊》1984年第1期，第6页。
④ 王国维《汉魏博士考》，《王国维全集·第八卷》，第106页。
⑤ 钱穆《两汉博士家法考》，《两汉经学今古文平议》，商务印书馆2001年版，第184页。周予同先生亦持此说，可参氏著《博士制度和秦汉政治》，朱维铮编《周予同经学史论著选编》(增订本)，上海人民出版社1996年版，第729~730页。
⑥ 张汉东《秦汉博士官的设置及其演变》，《史学集刊》1984年第1期，第6页。
⑦ 王国维据《史记》考定"秦之博士，则有定员，……多至七十人"，见《汉魏博士考》，《王国维全集·第八卷》，第106页。

人,特备员弗用"①而已。

不过,从秦代轻视文治,但犹广置博士这一点本身亦可以看出,从春秋中后期开始,由于"士"在国家政治、外交中所发挥的作用愈来愈大,各国纷纷设置类似博士、稷下先生这样的职位,以宣示自己对于人才的重视,而经过战国时期的进一步制度化,到秦代时,"博士"制度已经成为一个政治传统,甚至成为国家官僚体系、职官制度中当然的、不可或缺的一个部分。因此,即使是秦汉之际完全起于草莽的陈涉张楚政权,亦设置博士,并在当时产生了一定的影响:

> 陈涉之王也,而鲁诸儒持孔氏之礼器往归陈王。于是孔甲为陈涉博士,卒与涉俱死。②

刘邦在汉中称王之后,诸事未备,但已设有博士,秦故博士叔孙通是刘邦称"汉王"时期惟一可考的博士:

> 汉王拜叔孙通为博士,号稷嗣君。③

据《史记》记载,叔孙通降汉在汉二年(前205),而"汉五年,已并天下"时,叔孙通已任博士,则其被任命为博士,始于汉二年至五年之间。又高祖七年(前200),叔孙通以治朝仪使刘邦"迺今日知为皇帝之贵也",于是"拜叔孙通为太常"④,因此,其任博士之下限,乃在汉七年。叔孙通虽然任博士的时间仅有三五年,但其在秦汉博士制度史上却有着重要的意义:他初为秦博士,降汉后乃任为汉博士,但除了效忠的朝廷不一样以外,无论是职掌,还是官秩、地位,对于叔孙通而言,几乎没有发生任何变化,这种延续性充分地象征着汉代官制对于秦的继承。由

---

① 《史记》卷六《秦始皇本纪》,第325页。
② 《史记》卷一二一《儒林列传》,第3761页。
③ 《史记》卷九九《刘敬叔孙通列传》,第3278页。
④ 《史记》记载:"汉二年,汉王从五诸侯入彭城,叔孙通降汉王。"以上叔孙通诸条见《史记》卷九九《刘敬叔孙通列传》,第3277~3280页。

第二章 两汉官定经目的制度演变

于刘邦、萧何等汉初君臣起身于秦代的沛县地方政权,因此,汉初政治无论是在官制设计,还是在治国理念上,对于秦代都有很大的承袭,刘邦等人的"拨乱反正",乃是着眼于纠正秦政的残酷苛刻,但是在治理国家的基本框架上,除了恢复分封制这一点以外,大多未能跳出秦政范围。

回到博士制度的问题,在汉武帝建元五年以前,汉代任博士而今可考者共有十三人,除了叔孙通以外,其余十二人列举如下:

1. 随何:汉有博士随何。(《重修广韵》引《风俗通》)①
2. 孔子襄:孔鲋之弟子襄为惠帝博士,迁为长沙太傅。(《史记集解》引徐广言)②
3. 贾谊:廷尉乃言贾生年少,颇通诸子百家之书。文帝召以为博士。(《史记·屈原贾生列传》)③
4. 公孙臣:(文帝前元)十五年,黄龙见成纪,天子乃复召鲁公孙

---

① 按,此句不见于今本《风俗通义》。然考《汉书补注》引宋祁注:"萧该案,《汉书》众本悉作'毛'字。《风俗通·姓氏篇》'浑屯氏,太昊之良佐。'""萧该案,《风俗通·姓氏篇》云:'衡,阿衡也,伊尹官也。见《诗》传。汉有衡咸讲学祭酒。'""萧该《音义》案,……《风俗通·姓氏篇》有管、莞二姓。云'莞苏,楚大夫,见《吕氏春秋》。汉有莞路为御史中丞',即是此也。又有管姓,云'管夷吾,齐桓佐也,见《论语》。汉有管虢为西河太守'。"《史记正义》"《风俗通·姓氏》云:《汉书》有谏大夫所忠氏"等,皆引《风俗通·姓氏篇》,可知应劭《风俗通》原有《姓氏篇》,查《隋书·经籍志》《风俗通》有三十一卷,《录》一卷,《旧唐书·经籍志》《新唐书·艺文志》皆云三十卷,未著录《录》,至《宋史·艺文志》则著录为十卷,与今本同,可知《姓氏篇》从《风俗通》中佚出,或在唐宋之际。然北宋时或仍有该单篇散存于世者,故《广韵》犹可据引。清代武威张澍辑有《风俗通姓氏篇》二卷,今王利器《风俗通义校注》卷末亦有佚文辑佚,皆收录此文。另,此句又见于《元和姓纂》,然未注明出处。(清)王先谦《汉书补注》,上海古籍出版社 2008 年版,第 5426、5430、5452～5453 页;《史记》卷一一七《司马相如列传》正义,第 3687 页;《隋书》卷三四《经籍三》,第 1006 页;《旧唐书》卷四七《经籍下》,第 2033 页;《新唐书》卷五九《艺文三》,第 1531 页;《宋史》卷二○五《艺文四》,第 5208 页;(清)张澍辑《风俗通姓氏篇及其他二种》,商务印书馆 1937 年版,第 6 页;王利器《风俗通义校注》,中华书局 1981 年版,第 500 页。

② 《史记》卷一二一《儒林列传》集解引徐广言,第 3767 页。

③ 《史记》卷八四《屈原贾生列传》,第 3004～3005 页。

臣,以为博士,申明土德事。(《史记·孝文本纪》)①

5. 申公:文帝时,闻申公为《诗》最精,以为博士。(《汉书·楚元王传》)②

6. 辕固:清河王太傅辕固生者,齐人也。以治《诗》,孝景时为博士。(《史记·儒林列传》)

7. 韩婴:韩生者,燕人也。孝文帝时为博士,景帝时为常山王太傅。(《史记·儒林列传》)

8. 张生:张生亦为博士。(《史记·儒林列传》)

9. 董仲舒:董仲舒,广川人也。以治《春秋》,孝景时为博士。(《史记·儒林列传》)

10. 胡毋生:胡毋生,齐人也。孝景时为博士,以老归教授。齐之言《春秋》者多受胡毋生,公孙弘亦颇受焉。(《史记·儒林列传》)③

11. 晁错:太常遣错受《尚书》伏生所,还,因上书称说。诏以为太子舍人、门大夫,迁博士。(《汉书·爰盎晁错传》)④

12. 公孙弘:建元元年,天子初即位,招贤良文学之士。是时弘年六十,征以贤良为博士。(《史记·平津侯主父列传》)⑤

以上十二人中,晁错和张生之任博士,受到沈文倬先生的质疑,他认为"说张生在文帝以前立为博士是司马迁的传闻失实,与班氏称晁错'为博士'同属子虚乌有,以后史书上绝不提及有什么张生师法或晁错师法"⑥。沈先生这里的质疑涉及我们认识建元五年以前博士制度的一个重要问题,那就是在此之前,汉代究竟是否已经有经学博士的设立?

---

① 《史记》卷一〇《孝文本纪》,第538页。
② 《汉书》卷三六《楚元王传》,第1922页。
③ 辕固、韩婴、张生、董仲舒、胡毋生等诸条见《史记》卷一二一《儒林列传》,第3767、3768、3769、3772、3773页。
④ 《汉书》卷四九《爰盎晁错传》,第2277页。
⑤ 《史记》卷一一二《平津侯主父列传》,第3549页。
⑥ 沈文倬《黄龙十二博士的定员和太学郡国学校的设置》,《宗周礼乐文明考论》(增补本),浙江大学出版社2006年版,第488页。

第二章　两汉官定经目的制度演变

这关系到汉代"经目"的源起问题。

关于这一问题的争论起于《后汉书·翟酺传》的一条材料：

> 初，酺之为大匠，上言："孝文皇帝始置一经博士，武帝大合天下之书，而孝宣论《六经》于石渠，学者滋盛，弟子万数。……"①

"孝文皇帝始置一经博士"，唐章怀太子李贤于这句话下称"酺之此言，不知何据"，然章怀太子注本此句乃作"五经博士"，与今传本不同②。关于今传本的最早用例，见于南宋王应麟《困学纪闻》及《玉海》，他在《困学纪闻》中提出，班固《汉书·儒林传赞》在叙述汉代博士制度沿革时之所以未言及《诗》，正是因为《翟酺传》所载文帝时已置"一经博士"，而此博士即为三家《诗》博士，故班固论武帝时事，自不必再言及《诗》③。

王应麟此说影响颇大，清儒胡绍煐、戴震、洪颐煊、卢秉钧、连鹤寿、周寿昌等皆从其说④，而以王国维的论述最具代表性，他在《汉魏博士

---

① 《后汉书》卷四八《杨李翟应霍爰徐列传》，第 1606 页。
② 章怀太子注云："武帝建元五年始置五经博士，文帝之时未遑庠序之事，酺之此言，不知何据。"王国维《汉魏博士考》云："北宋景祐、南宋嘉定本作'一经'，何焯校宋本作'五经'"，查何焯《义门读书记》，所引本确作"五经博士"，可知此处确有异文，章怀本称武帝始建"五经博士"，并据此质疑翟酺之言，可知其所见本当为"孝文皇帝始置五经博士"，沈文倬先生亦主此说。《后汉书》卷四八《杨李翟应霍爰徐列传》，第 1606 页；王国维《汉魏博士考》，《王国维全集·第八卷》，第 107 页；（清）何焯《义门读书记》卷二二《后汉书列传》，中华书局 1987 年版，第 381 页；沈文倬《从汉初今文经的形成说到两汉今文〈礼〉的传授》，《宗周礼乐文明考论》（增补本），第 236 页。
③ （宋）王应麟撰、（清）翁元圻等注《困学纪闻》（全校本）卷八《经说》，上海古籍出版社 2008 年版，第 1077 页；（宋）王应麟《（中日合璧本）玉海》卷一二三《官制》，京都：中文出版社 1977 年影印本，第 2358 页。
④ （清）胡绍煐《文选笺证》卷二八，清光绪《聚学轩丛书》本，第 18 叶 A～B；（清）戴震《河间献王传经考》，《戴震文集》卷一，中华书局 1980 年版，第 1 页；（清）洪颐煊《汉置五经博士考》，《筠轩文钞》卷六，民国二十三年《邃雅斋丛书》本，第 5 叶 A；（清）卢秉钧《红杏山房闻见随笔》卷一四《学校随笔》，清光绪十八年卢氏家塾刻本，第 1 叶 B；（清）王鸣盛《蛾术编》卷一《说录一·立学》连鹤寿案语，清道光二十一年世楷堂刻本，第 5 叶 B；（清）周寿昌《后汉书注补正》卷五《汉文帝时置五经博士》条，商务印书馆 1936 年版，第 64 页。

考》中指出：

> 盖为经置博士始于文帝。而限以五经，则自武帝建元五年始也。考文、景时博士，如张生，如晁错，乃《书》博士；如申公，如辕固，如韩婴，皆《诗》博士；如胡母生，如董仲舒，乃《春秋》博士。是专经博士，文、景时已有之。但未备五经，而复有传记博士。故班固言置五经博士自武帝始也。①

王国维这里又提到所谓"传记博士"的问题，下文将专门讨论，这里先谈"为经置博士"一事。王氏认为文景时期已经先后置有《诗》《书》《春秋》等专经博士，只是当时五经未备，且同时还有诸子传记博士，因此未可称为"五经博士"。至汉武帝废传记博士而专立五经，乃进入五经博士的时代。与此类似，张汉东在《秦汉博士官的设置及其演变》一文中亦认为："文帝除设置了包括儒家在内的诸子专书博士以外，同时又设置了儒学一家的专经博士。"②总之，持此论者认为，经学博士（或称专经博士）的设置乃始于汉初，不晚于文景，武帝所置五经博士乃是在此基础上扩展而成。

而钱穆先生在《两汉博士家法考》中则提出了不同的看法，他认为：

> 盖申公之傅其前为博士，乃以"通古今"，非以其"专经"。其时则诸子百家皆得为博士。……故以专经为博士自武帝始。……固不得谓武帝乃继文帝之一经而增成五经也。③

沈文倬先生关于这一问题的看法略与钱穆先生相近，他认为：

> 汉初博士的职掌仍然沿袭秦制的所谓"通古今"，也就是在它专业知识范围内备皇帝的顾问。文、景时代增加《诗》《春秋》博士，与以前的

---

① 王国维《汉魏博士考》，《王国维全集·第八卷》，第108页。
② 张汉东《秦汉博士官的设置及其演变》，《史学集刊》，1984年第1期，第7页。
③ 钱穆《两汉博士家法考》，《两汉经学今古文平议》，商务印书馆2001年版，第198页。

第二章 两汉官定经目的制度演变

传记博士性质并无不同。

关于文景时期的辕固生、申公、韩婴等任博士,他还特别强调:

> 汉初博士是顾问官而不是学官,三人任职太常,都是"《诗》经"博士而不是"经学"博士。①

钱、沈二氏认为,在文景时期虽然出现了申公、辕固生等以经学大师而任为博士的情况,但这个时期的博士官,其性质仍只是以"通古今"而"备咨询"。具言之,则申公、辕固生、董仲舒等之所以获任博士,乃是因为他们博古知今,可备咨询,并不能将申公任博士与置"《诗》博士"视为一事,更不能就此认为文景之时已经有了所谓的"专经"博士或者经学博士。

对于王应麟、王国维与钱穆、沈文倬等学者在这一问题上的分歧,笔者认为,钱、沈二人的观点更为平实可信。我们看《史记》《汉书》中关于汉初博士任职的记载,司马迁、班固并没有任何关于此时置有所谓"专经博士"的记载,贾谊为汉文帝时期所置博士,其理由是"颇通诸子百家之书",公孙臣之任博士,则是为"申明土德事",此外,韩婴、胡毋

---

① 按,沈文倬先生在此前所撰的《从汉初今文经的形成说到两汉今文〈礼〉的传授》一文中曾经使用过"经学博士"这个概念,他说:"从制度上看,这时候博士还不是教育官,自然不可能在太常官署传授弟子,因此申公等《诗》《春秋》今文大师,虽曾一度担任博士官,而他们的传授弟子仍然在民间。根据这一情况,可证自高祖到景帝这六十多年中,尽管立过经学博士,实质上经学始终没有受到朝廷的重视",当时他已经意识到申公等三人所任的博士官与后来的五经博士性质不同,但犹称其时所置为"经学博士",可是在这里所引的《黄龙十二博士的定员和太学郡国学校的设置》一文中,他明确强调申公等三人所任并非"经学博士",可见沈先生本身对于这一问题有了更为彻底的认识,对于"经学博士"这一概念的使用更为审慎。沈先生这里强调的,是申公等三人乃以治《诗》立为博士,但从整个汉代制度看来,"经学"博士还没有出现,因此不可将此三人径称为经学博士。该文发表虽在《从汉初今文经的形成说到两汉今文〈礼〉的传授》一文之后,但撰写则在此之前,故以本文所论作为沈先生的最终观点。沈文倬《黄龙十二博士的定员和太学郡国学校的设置》,《宗周礼乐文明考论》(增补本),第473页;沈文倬《从汉初今文经的形成说到两汉今文〈礼〉的传授》,《宗周礼乐文明考论》(增补本),第238页。

生、张生、公孙弘等虽然都是经学名家,但《史记》《汉书》亦均不言其以专经而立为博士:公孙弘建元年间以应贤良文学举而获任,亦非以专治某经而应征;至于申公、辕固、董仲舒等,因为精于《诗》《春秋》而获任博士,实际上与贾谊以"通诸子百家书"、公孙臣以"申明土德事"获任博士在事由上来讲是完全一致的,甚至更远一点来说,其与伏生、叔孙通获任秦博士,孔甲获任陈涉博士的性质也是一样的——并不是因为国家需要一个精通《春秋》或《诗》的人来担任博士,而是因为董仲舒、申公他们精于《春秋》《诗》,符合"通古今"的要求,可以为皇帝提供咨询,因此才将他们任为博士。明确这一层因果关系,对于我们认识文景时期的博士制度至为关键。

那么,回到前面所引的《后汉书·翟酺传》中的那条材料,如何解释翟酺所言"孝文皇帝始置一经博士"呢?前文已言,章怀太子对翟酺此言颇为怀疑:"武帝建元五年始置五经博士,文帝之时未遑庠序之事,酺之此言,不知何据",查《史记》《汉书》等早期典籍,确实没有所谓"一经博士"的记载,照理说如果真有其事,则以司马迁之好奇、班固之博赡,其先后为《儒林列传》《儒林传》,皆不应失载。但翟酺此言书于奏折,亦绝不至向壁虚构。笔者以为,翟酺之所以有此说,或许与其家"四世传《诗》"的学术背景有关。从《史记》《汉书》等史籍的记载看来,汉初诸经先师获任博士者,确实以治《诗》诸家为最早,申公与韩婴早在孝文帝时期便以治《诗》精善而获任,至于董仲舒、胡毋生等《春秋》经师之任博士,则皆在景帝时期,因此,到东汉中期,为了显示《诗》在诸经中的特出,治《诗》之家或许就杜撰出一个所谓"孝文皇帝始置一经博士"的说法,翟酺以之为信,故书于奏折之中。当然,这只是笔者的一个猜测而已,并无实据。不过确乎可信而值得注意的是,从翟酺的整篇奏文来看,他对于西汉博士制度沿革的陈述并不严谨,如其称"孝宣论六经于石渠,学者滋盛,弟子万数",无论是石渠会议所论经数,还是当时博士

第二章　两汉官定经目的制度演变

弟子的员额，都与《汉书》所载不合①。翟酺虽家世传《诗》，但他本人"好《老子》，尤喜图纬、天文、历算"②，这些都提醒我们，翟酺所言未必合于史实。清儒治史学，强调不以孤证立说，翟酺此言既为孤证，其时代距孝文帝时期又已历两百余年，因此，不应以此推翻司马迁、班固等史臣对于西汉初年经学建立过程的描述，这条材料不宜采信③。

明确了文景时期博士官的性质，我们再回过来看沈文倬先生对张生、晁错二人之任博士的质疑，就发现这一质疑的理由是颇难成立的。沈先生认为张生、晁错并无《尚书》师法，因此不会获任博士，但正如沈文倬先生自己论文景时期申公、辕固、韩婴等任为博士时一样，"纵然他们都著有《诗传》，但当时还没有师法方面的要求，因而不存在这三个师法同时并立的问题"④，在文景时期，博士只是咨询官而已，作为学官的博士制度既未建立，更谈不上基于此的所谓"师法"了。需有师法方可获任博士，这是武帝后期至昭宣时期逐步形成的规定，以此质疑文景时期的博士，显然有失公允。

关于建元五年博士制度的另一大争议，则是前文所引王国维《汉魏

---

① 从《汉书·儒林传》的记载看来，石渠会议所讨论的仅有五经异同，并无"六经"，章怀太子注认为："时更崇《穀梁传》，故此言'六经'也。"然而公羊、穀梁在汉代都只是《春秋》的一家说传而已，汉人从未称《公羊》《穀梁》为"经"之例，章怀的解释恐不足信。事实上，"五经""六经""六艺"等概念的混用在汉代实属常见，翟酺此说虽未尽善，亦尚不足称谬。但若论博士弟子员，则翟酺称"弟子万数"，而《汉书·儒林传》载："昭帝时举贤良文学，增博士弟子员满百人，宣帝末增倍之。元帝好儒，能通一经者皆复。数年，以用度不足，更为设员千人，郡国置五经百石卒史"，可见宣帝时弟子至多不过二百人，这之间的差距，恐怕就不能以夸张来掩饰了。笔者认为，从翟酺的这段论可知，他对于西汉初年博士制度之沿革的记述多少带有个人臆测的成分，虽是奏疏，但未可视为确凿可信的史料。章怀太子注见《后汉书》卷四八《杨李翟应霍爰徐列传》，第 1606 页；宣帝博士弟子员见《汉书》卷八八《儒林传》，第 3596 页。
② 《后汉书》卷四八《杨李翟应霍爰徐列传》，第 1602 页。
③ 杨鸿年先生亦认为"翟酺不知博士和五经博士是两回事，看到文帝时有博士，就误认为'孝文皇帝始置五经博士'"。见氏著《汉魏制度丛考》，武汉大学出版社 2005 年版，第 193 页。
④ 沈文倬《黄龙十二博士的定员和太学郡国学校的设置》，《宗周礼乐文明考论》（增补本），第 473 页。

博士考》中提及的"传记博士"问题。这一说法始见于东汉赵岐《孟子章句》的序文:

> 孝文皇帝欲广游学之路,《论语》《孝经》《孟子》《尔雅》皆置博士,后罢传记博士,独立五经而已。①

据赵岐此言,在文帝时期,除五经外,《论语》《孝经》等儒家经典均"置博士",而到了建元五年,随着五经博士的确立,其它的"传记博士"就此遭罢,汉廷遂仅存五经博士而已。赵岐此说不知所据,《史记》《汉书》等对所谓的"传记博士"皆无所载,皮锡瑞颇疑其"恐非实录"②,但这一说法仍得到了很多学者的认可,王国维在《汉魏博士考》中即根据此言论证《论语》《孝经》在汉代的传授情况③。但是,笔者对于这一记载仍然存疑:首先,如果汉初确实置有传记博士,且遍及《论语》《孝经》等各种经典,则其任博士者,何以无一人见载于《史》《汉》二书?且这种博士制度的更迭,又何以不见于《汉书·百官公卿表》及《后汉书·百官志》?

其次,据赵岐此言,则《论语》《孝经》此前皆有博士,然据《汉书·艺文志》记载:

> 汉兴,有齐、鲁之说。传《齐论》者,昌邑中尉王吉、少府宋畸、御史大夫贡禹、尚书令五鹿充宗、胶东庸生,唯王阳名家。(师古曰:"王吉字子阳,故谓之王阳。")传《鲁论语》者,常山都尉龚奋、长信少府夏侯胜、丞相韦贤、鲁扶卿、前将军萧望之、安昌侯张禹,皆名家。张氏

---

① 《孟子正义·题辞解》,《十三经注疏》,第2663页。
② 皮氏认为赵岐"其言有可疑者。《史记·儒林列传》《汉书·儒林传》皆云:'文帝好刑名,博士具官,未有进者。'既云具官,岂复增置;五经未备,何及传记。汉人皆无此说,惟刘歆移博士书有孝文时诸子传说立于学官之语,赵氏此说当即本于刘歆,恐非实录。"皮锡瑞《经学历史》,中华书局2008年版,第82页。
③ 王国维《汉魏博士考》,《王国维全集·第八卷》,第109页。

最后而行于世。

　　汉兴,长孙氏、博士江翁、少府后仓、谏大夫翼奉、安昌侯张禹传之,各自名家。①

　　我们看《汉书·艺文志》的体例,言《易》之传承,则"汉兴,田何传之";言《书》,则"秦燔书禁学,济南伏生独壁藏之。汉兴亡失,求得二十九篇,以教齐鲁之间";言《诗》,则"汉兴,鲁申公为《诗》训故,而齐辕固、燕韩生皆为之传";言《礼》,则"汉兴,鲁高堂生传《士礼》十七篇"②,可见,《艺文志》凡论诸经之汉代传承,必自祖师始。而我们看上文所引《论语》和《孝经》的传承,会发现《齐论》的初传者王吉、宋畸等出于昭宣,《鲁论》的初传者龚奋时代不明,夏侯胜、韦贤等皆在昭宣之时,而《孝经》的初传者长孙氏时代不明,博士江翁则主要仕于昭帝、宣帝时期。从夏侯胜、博士江翁的年辈推算,如果龚奋、长孙氏是他们的老师,则其年辈当与夏侯始昌等人相去不会太远,始昌仕于武帝太初以后,显然,龚奋、长孙氏恐难早至文帝年间即出仕。总之,从《汉书·艺文志》关于《论语》《孝经》的记载看来,此两书的初传者于时代而言似乎都较晚,多在武帝中后期至昭宣时期,那么,若赵岐之说可信,则孝文帝时期任《论语》《孝经》博士者又当何人,何以不在《论语》《孝经》的师学传承谱系之中,不为《汉志》所述呢?

　　复次,就《孝经》而言,据《隋书·经籍志》载,其《今文孝经》,"遭秦焚书,为河间人颜芝所藏。汉初,芝子贞出之"③,而据刘向《别录》云:"焚书之后,河间人颜芝受而藏之,汉氏受命,尊尚圣道,芝子贞乃出之民间。建元初,河间王得而献之"④,也就是说,《今文孝经》由民间

---

① 《汉书》卷三〇《艺文志》,第1717、1719页。
② 《汉书》卷三〇《艺文志》,第1704、1706、1708、1710页。
③ 《隋书》卷三二《经籍一》,第935页。
④ 引自(隋)刘炫《孝经述议》卷一,京都大学图书馆藏清原家古抄本。可参拙文《京都大学藏〈孝经述议〉残卷录文校补》,《中国典籍与文化论丛》,第17辑(2015年),第4~35页。

传至汉朝,乃在汉武帝建元以后,而既然如此,在文帝时期显然不会有治《孝经》而为汉朝博士者。由此一点看来,赵岐之言显然有不合事实的地方。

综合以上数条,笔者认为赵岐所言实难据信。或许文帝之时确实有治《论语》《孟子》而为博士者,但他们与前文所言伏生、董仲舒等获任博士的情况一样,都是以学识渊博、可备咨询而获任,是因人获任,而不是因书获任。周予同先生曾表示:"东汉赵岐说,西汉孝文帝时已立《孟子》博士,此说不可信。"①而钱穆先生更具体指出,所谓"传记博士"之称,乃是"至武帝专隆儒术,乃特称'五经博士'。而其他不以《五经》为博士者,遂见罢黜;后世因名之曰'诸子传记博士'"②,认为此名出于"后世"追叙,其说颇可采信。

总之,在汉武帝建元五年置"五经博士"以前,由于经学本身尚未建立,因此更无所谓"官定经目"之建立。进一步而言,尽管此期博士官中先后有申公、辕固生、韩婴、张生、董仲舒、胡毋生等儒家经师任职,但仍未足以说明汉初朝廷对于儒学的特别重视,因为即使是在秦代,治礼的叔孙通和治《书》的伏生也都曾获任博士。前文已言,博士制度乃是战国以来各国尊士、养士风气的体现,而儒家本身就讲究"学而优则仕"的入世精神,因此,儒生和博士官之间几乎是天然地就具有了密切的联系,荀子在稷下三为祭酒,足见早在战国时期,儒士在博士群体中已经具有了相当重要的分量。因此,汉初儒家经师之获任博士,只能说明这种儒生与博士之间密切关联的传统得到了延续,而事实上,上文所举的这六位以治经获任的博士对当时的政治几乎没有产生任何实质性的影响:辕固与黄生关于"汤武受命"的争论最终被景帝禁言,而其与窦太后

---

① 周予同《中国经学史讲义》,朱维铮编《周予同经学史论著选编》(增订本),上海人民出版社 1996 年版,第 932 页。

② 钱穆《两汉博士家法考》,《两汉经学今古文平议》,商务印书馆 2001 年版,第 198 页。

关于儒、道优劣的争论,也只能以刺豕的闹剧收场,申公、董仲舒、胡毋生等在任博士后不久纷纷归家教授,正显示出这一时期儒家经师博士在朝中的无可奈何与无所作为①。《史记》云:"孝文帝本好刑名之言。及至孝景,不任儒者,而窦太后又好黄老之术,故诸博士具官待问,未有进者。"②六艺不张,五经未立,经学建立前夜的名儒耆宿只能将更多的希望寄托在师学的建立或传承上,至于经学之建立,经目之标举,对于他们而言,还只是一个遥远的梦而已。

二、草创阶段的"五经博士"

在汉武帝和窦婴、田蚡等君臣的推毂之下,武帝建元年间,遵行儒术的第一个高峰终于来临了。虽然在建元二年(前139),由于改革涉及太皇太后窦氏的利益,窦婴、田蚡等倡言尊儒之臣纷纷被罢,但到建元五年(前136),汉武帝仍颁布了"置五经博士"③的诏令。作为后来影响中国历史极为重大的一条政令,由于《史记》对此未置一词,而《汉书》亦仅存《武帝纪》中的这一句"置五经博士",以致关于此事之事由、最初获任者等具体施行情况,后来学者均无从具知。这里,笔者只能在前人研究的基础上,根据仅有的几条材料对五经博士建立初期的情况进行考索,并在此基础上对"置五经博士"这一历史事件对汉代经目演变以及经学发展所带来的影响进行初步的探讨。

《汉书·武帝纪》中所载"置五经博士"的具体时间是在建元五年的春天,而这也就带来了两个问题:第一,博士制度自汉初即建立,这

---

① 张汉东先生认为"儒家专书博士与专经博士的增设,使博士职向儒家垄断化过渡……可见,汉初博士官的特点虽然仍与秦朝大体相同,但它的发展趋势却是走向儒家垄断化、官学化",由于本文认为文景时期并无所谓"儒家专书博士""专经博士"的增设,而儒士与博士官之间的联系,乃是自战国时期就已经建立起来的传统,因此,笔者对张先生这一判断未能苟同。张汉东《秦汉博士官的设置及其演变》,《史学集刊》,1984年第1期,第8页。
② 《史记》卷一二一《儒林列传》,第3762页。
③ 《汉书》卷六《武帝纪》,第159页。

里仅言"置五经博士",则此前已获任的博士如何处置? 第二,《武帝纪》言建元五年"置五经博士",那么最初获任"五经博士"的又有哪些经师呢?

关于第一个问题,钱穆先生认为"其他不以《五经》为博士者,遂见罢黜",其依据当为前引赵岐《孟子章句》序文中的"后罢传记博士,独立五经而已"。但前文既以考定赵岐此说不足采信,则所谓"罢黜说"亦当存疑。从《史记》《汉书》等记载看来,在武帝建元五年之后,仍存在一些师学背景不明的博士,如《史记·三王世家》载元狩六年(前117)四月群臣议立诸侯王事,其具名者有"臣青翟、臣汤、博士臣将行等"①,这里"青翟"指丞相庄青翟,"汤"指御史大夫张汤,而这位"博士臣将行"是何人,则《史》《汉》均无记载,特别是《史记·儒林列传》及《汉书·儒林传》中均没有与之相合的人,其是否系"五经博士",颇难确定。又《史记·儒林列传》中所载公孙弘请置博士弟子员的奏议中,提到有"博士平"②,此"平"是何人,所治何经,又不见于《史》《汉》的《儒林传》。至于建元五年之后任博士而姓、名皆可考者,则是仕于武帝元狩、元鼎年间的博士狄山,据《史记·酷吏列传》记载:

> 匈奴来请和亲,群臣议上前。博士狄山曰:"和亲便。"③

匈奴和亲事,见于《史记·匈奴列传》,在元狩四年(前119)或五年(前118)④,狄山之任博士,亦当不晚于此。一般来说,如果是建元五年

---

① 《史记》卷六〇《三王世家》,第2551页。
② 《史记》卷一二一《儒林列传》,第3763页。
③ 《史记》卷一二二《酷吏列传》,第3787页。
④ 《史记·匈奴列传》载:"初,汉两将军大出围单于,所杀虏八万九千,而汉士卒物故亦数万,汉马死者十余万。匈奴虽病,远去,而汉亦马少,无以复往。匈奴用赵信之计,遣使于汉,好辞请和亲。天子下其议,或言和亲,或言遂臣之。"此后不久"会骠骑将军去病死",按《汉书·百官公卿表》,霍去病薨于元狩六年,则议和亲事当在元狩四、五年前后。《史记》卷一一〇《匈奴列传》,第2911页;《汉书》卷一九下《百官公卿表下》,第777页。

之后所置的"五经博士",如公孙弘、褚大、孔安国、韩商等,皆有明确的师学传承,并且其在本经上的造诣亦当为世所公认,这样的经师,于《汉书·儒林传》亦应有所体现。然而狄山之名,则于诸经师学传承中皆不得见,其是否系五经博士,实难论定。

在难以确认将行、平、狄山等人是否系五经博士的情况下,笔者倾向于认为在武帝置五经博士后,原先的在任博士并未罢黜,而是仍留于太常之中,其职掌亦未发生变化,主要还是备咨询,兼负使职。从《汉书》所载昭宣以后博士的情况看来,其所治本经、师学渊源大多都比较明确,少数难以考定者,也只是存在多种可能性,很少像狄山这样完全不可考见的。因此,在建元五年置"五经博士"后,原来并不规定具体治学内容的"博士"就被明确限定为"五经博士",不治五经者再难获任博士,唯原先已然获任者,仍得以留官,而经过武帝一朝,旧任博士或迁官,或辞世,或罢归,到了昭宣之后,博士便基本等同于"五经博士",而原先的仅备咨询的博士,也就完全成为历史了。

关于第二个问题,即武帝建元五年最初所立的"五经博士"究竟为谁的问题,长期以来受到学者的关注。但由于《汉书》在这方面并无明确记载,因此至今仍无定说。从《汉书·儒林传》的记载看来,武帝建元五年置五经博士,但当时似乎并未有合适的、完备的人选来充任这一职务,我们现在知道的曾任武帝时期博士的经师,其时代与建元五年最为接近的,便是在元光五年(前130)再任博士的公孙弘[①],其他如孔安国和褚大,只能根据儿宽为博士弟子的时间而推测其就任不得晚于元狩

---

① 公孙弘再任博士见载于《史记·平津侯主父列传》:"元光五年,有诏征文学,菑川国复推上公孙弘。……召入见,状貌甚丽,拜为博士。"其迁官则见载于《汉书·百官公卿表下·元光五年》:"博士公孙弘为左内史,四年迁"。可知公孙弘之任博士,仅在元光五年之数月。《史记》卷一一二《平津侯主父列传》,第3549~3550页;《汉书》卷一九下《百官公卿表下》,第770页。

三年(前120)①,再往前推便无法考识。胡平生先生认为孔安国任博士乃在元朔五年(前124)汉武帝为博士官初置弟子员的时候②,但也缺乏确实的证据。从更大的文献范围看来,唯有《华阳国志》卷三的一条材料或许值得探究:

> 孝文帝末年,以庐江文翁为蜀守,翁穿湔江口,溉灌郫繁田千七百顷。是时,世平道治,民物阜康;承秦之后,学校陵夷,俗好文刻。翁乃立学,选吏子弟就学。遣隽士张叔等十八人东诣博士,受七经,还以教授。学徒鳞萃,蜀学比于齐鲁。巴、汉亦立文学。孝景帝嘉之,令天下

---

① 关于褚大,《史记·儒林列传》言"仲舒弟子遂者:兰陵褚大",又《史记·平准书》载:"于是遣博士褚大、徐偃等分曹循行郡国……",可知褚大尝为博士。至于其任博士的时间,据《汉书·儿宽传》载:"初梁相褚大通五经,为博士,时宽为弟子。"又据《汉书·儿宽传》:"(儿宽)以郡国选诣博士,受业孔安国。……以射策为掌故,功次补廷尉文学卒史。……时张汤为廷尉……",可知孔安国、褚大任博士之时,正是儿宽为博士弟子之时。儿宽之为博士弟子,当在任廷尉文学卒史之前,而其任廷尉文学卒史之时的当任廷尉,则是张汤。据《汉书·百官公卿表》,张汤之任廷尉,在元朔三年(前126)至元狩三年(前120)之间,如此,则儿宽之为博士弟子,当不晚于元狩三年,而褚大、孔安国之为博士,亦当不晚于元狩三年。又,据前引《史记·平准书》之言,褚大以博士循行郡国,乃在"造白金五铢钱后五岁",据《汉书·武帝纪》,汉武帝行五铢钱在元狩五年(前118),其后五年当为元鼎四年(前113),可知褚大当时犹任博士。又据《汉书·儿宽传》:"及御史大夫缺,征褚大,大自以为得御史大夫至洛阳,闻儿宽为之,褚大笑。"其事据《汉书·百官公卿表》,当在元鼎六年,可知褚大由博士迁官梁相,当在元鼎四年至元鼎六年(前111)之间。另,褚大、徐偃以博士循行郡国事,《汉书·武帝纪》系于元狩六年(前117):"六月,诏曰:'日者有司以币轻乞奸,农伤而末众,又禁兼并之涂,故改币以约之。稽诸往古,制宜于今。废期有月,而山泽之民未谕。夫仁行而从善,义立则俗易,意奉宪者所以导之未明与?将百姓所安殊路,而挤虐吏民乘势以侵蒸庶邪?何纷然其扰也!今遣博士大等六人分循行天下,存问鳏寡废疾,无以自振业者贷与之。……'"此实误。据《汉书·五行志》:"武帝元狩六年冬,亡冰。先是,比年遣大将军卫青、霍去病攻祁连,绝大幕,穷追单于,斩首十余万级,还,大行庆赏。乃闵海内勤劳,是岁遣博士褚大等六人持节巡行天下,存赐鳏寡,假与乏困,举遗逸独行君子诣行在所。郡国有以为便宜者,上丞相、御史以闻。"由此可知,武帝时期褚大以博士持节巡行郡国至少有两次:一次在元狩六年,乃是为平匈奴之事;另一次则在元鼎四年,乃是为禁私钱之事。《汉书·武帝纪》混同两事,其说实误。《史记》卷一二一《儒林列传》,第3773页;卷三〇《平准书》,第1720页;《汉书》卷五八《公孙弘卜式儿宽传》,第2628、2633页;卷一九下《百官公卿表下》,第772、780页;卷六《武帝纪》,第179、180页;卷二七中之下《五行志》,第1409页。

② 胡平生《阜阳双古堆汉简与〈孔子家语〉》,《国学研究》,第七卷,第527页。

第二章 两汉官定经目的制度演变

郡、国皆立文学。因翁倡其教,蜀为之始也。孝武帝皆征入叔等为博士。叔明天文灾异,始作《春秋章句》。官至侍中,扬州刺史。①

这条材料此前鲜少为学者所注目。张叔,即张宽,字叔文,故此称张叔②,此事又见于《华阳国志》卷十上:

叔文播教,变《风》为《雅》。道洽化迁,我实西鲁。张宽,字叔文,成都人也。蜀承秦后,质文刻野。太守文翁遣宽诣博士。东受《七经》,还以教授。于是蜀学比于齐鲁。巴、汉亦化之。景帝嘉之,命天下郡国皆立文学。由翁唱其教,蜀为之始也。宽从武帝郊甘泉、泰畤,过桥,见一女子裸浴川中,乳长七尺,曰:"知我者帝后七车。"适得宽车。对曰:"天有星主祠祀,不齐洁,则作女令见。"帝感寤,以为扬州刺史。复别蛇莽之妖。世称云七车张。作《春秋章句》十五万言。③

由此可证张叔、张宽即为一人。其被征的具体时间不明,《搜神记》中还有一条材料与之相关:

蜀郡张宽,字叔文,汉武帝时为侍中。从祀甘泉……④

据《史记·封禅书》,汉武帝祀甘泉乃在元鼎五年(前112)⑤,而张宽此时已为侍中,则其任博士,当在此前。又据前文所考,至少在元狩

---

① (晋)常璩撰、任乃强校注《华阳国志校补图注》卷三《蜀志七》,上海古籍出版社2007年版,第141页。
② 古人称字截取一字之例,又如《汉书·艺文志》:"传《齐论》者,昌邑中尉王吉、少府宋畸、御史大夫贡禹、尚书令五鹿充宗、胶东庸生,唯王阳名家。"师古注:"王吉字子阳,故谓之王阳。"《汉书》卷三三《艺文志》,第1717~1718页。
③ (晋)常璩撰、任乃强校注《华阳国志校补图注》卷一○上《先贤士女总赞论二》,上海古籍出版社2007年版,第534页。
④ (晋)干宝《搜神记》卷四,中华书局1979年版,第44页。
⑤ 《史记·封禅书》载:"上遂郊雍,至陇西,西登崆峒,幸甘泉。令祠官宽舒等具太一祠坛……五帝坛环居其下……",据同卷同年,武帝曾有诏文,言"朕临天下二十有八年",可知当为元鼎五年,此正与《汉书·武帝纪》所载相合。《史记》卷二八《封禅书》,第1667页;《汉书》卷六《武帝纪》,第185页。

三年至元鼎四年之间,褚大乃为当任博士。褚大为董仲舒弟子,其任应为《春秋》博士,如果汉武帝时期的五经博士每经仅置一人的话,则张宽的任期,显然又应在褚大之前。结合公孙弘元光五年的博士任期,武帝前期《春秋》博士的时间空缺就仅有建元五年(前136)至元光五年(前130)以及元光六年(前129)至元狩三年(前120)这两段了,而后者由于仍处于褚大担任博士时间的上限中,因此更有可能是褚大自元光六年前后即继公孙弘而为《春秋》博士。在这样的基础上,如果我们进一步考虑到《华阳国志》中张宽"始作《春秋》章句"的记载,则其获任《春秋》博士,便极有可能在公孙弘之前,也就是在建元五年至元光五年之间,是《春秋》的首任博士,故此乃"始作"章句。如果是这样的话,则张宽大概也就是我们现在可以唯一考知的武帝初置"五经博士"后不久即获任"五经博士"的经师了[①]。从《华阳国志》的记载来看:"孝武帝皆征入叔(等)为博士",似乎与张宽同被征为博士的,又不止其一人。若其说可信,则武帝初置"五经博士"时任命的这些博士,似乎是以景帝时期蜀守文翁遣送入京从博士习"七经"的这批儒士为主,由于他们皆师承自太学博士,而其所习又皆专于诸经,正适合担任这新设的专经博士之职。总之,《华阳国志》的这两条记载,值得经学史研究者充分重视。

此外,有学者提出杨何或为最早的《易》学博士,因为《史记·儒林列传》载,"何以《易》,元光元年征,官至中大夫"[②],方麟据此认为其时"也就是武帝建元五年(前136)立五经博士的第二年,那么杨何被征必定是征为《易》博士"[③]。这种推测有一定的合理性,但是我们也要注意到,元光元年的这次征召,主要是征贤良文学,董仲舒即在此次征

[①] 关于张宽的具体师学背景,可参见本章第二节的相关论述。
[②] 《史记》卷一二一《儒林列传》,第3771页。
[③] 方麟《秦汉博士制度初探》,北京大学2010年博士学位论文,第112页。

第二章 两汉官定经目的制度演变

召之中①。不过,他虽为《春秋》硕儒,却并未召为博士,而是任为江都相。这一现象提醒我们注意一个问题,那就是建元五年置五经博士之后,博士虽然与经师完全联系起来了,但是由于武帝时期博士等秩只有四百石②,地位较低,因此对于一些年高德劭的硕儒而言,仅征为博士,反无以彰显国家对他们的尊崇,董仲舒之任为江都相,秩真二千石③,很有可能就是因为博士等秩过低,不足以匹配董氏的年资与声望。从《史记》看来,武帝之时"言《易》者本于杨何之家",可见杨何在当时《易》学界地位尊崇,其年资亦与董仲舒、韩婴等大儒相当。董仲舒与杨何同在元光元年(前134)应贤良文学举,既然董仲舒获任真二千石的江都相,则杨何似不应仅获任四百石的博士。事实上,《汉书·儒林传》载:"同授淄川杨何,字叔元,元光中征为太中大夫"④,太中大夫秩比千石,由于董仲舒乃元光元年贤良文学举的第一名,因此获任真两千石的江都相,杨何比之略逊,故任比千石的太中大夫,元朔中乃迁官为中大夫。故《汉书》言其始官,而《史记》载其终官。《汉书·儒林传》关于杨何初仕官的记载,似比方麟先生的推测更为可信。

这里又牵涉到太中大夫和中大夫的等秩问题。据《汉书·百官公卿表》载:

---

① 关于董仲舒应贤良文学征之时间的考证,可参(宋)王益之《西汉年纪》卷一一,中州古籍出版社1993年版,第203~204页。相关研究还可参施丁《董仲舒天人三策作于元光元年辨》,《社会科学辑刊》,1980年第3期,第90页;岳庆平《董仲舒对策年代辨》,《北京大学学报》,1986年第3期,第114页;朱维铮《儒术独尊的转折过程》,《中国经学史十讲》,复旦大学出版社2002年版,第68页。然诸家考订均未出王益之所举例证范畴,且在不少细节上未若王著精善。

② 《后汉书·百官志》:"博士……本四百石,宣帝增秩。"据《百官志》,增秩后博士为比六百石。《后汉书》卷一一五《百官二》,第3571页。

③ 《汉书·董仲舒传》载:"对既毕,天子以仲舒为江都相,事易王。"又《史记索隐》引如淳注云:"诸侯王相在郡守上,秩真二千石。"《汉书》卷五六《董仲舒传》,第2523页;《史记》卷四九《外戚世家》索隐,第2391页。关于"真二千石"的形成过程、具体俸禄,以及诸侯国相为何秩真二千石,可参杨天宇《汉代官俸考略》,《河南大学学报》,1994年第1期,第19~20页;阎步克《也谈"真二千石"》,《史学月刊》,2003年第12期,第18~19页。

④ 《汉书》卷八八《儒林传》,第3597页。

大夫掌议论,有太中大夫、中大夫、谏大夫,皆无员,多至数十人。武帝元狩五年初置谏大夫,秩比八百石,太初元年更名中大夫为光禄大夫,秩比二千石,太中大夫秩比千石如故。①

班固这里并没有明确交代中大夫的等秩,颜师古《汉书》注认为"中大夫是郎中令属官,秩比二千石"②,乃是以中大夫之秩高于太中大夫(比千石),然未言何据。韦昭《辩释名》则云"太中大夫在中最为高大者也",刘攽亦认为"中大夫旧小于太中,秩无二千石"③。如果刘攽之说可信,则结合《汉书·儒林传》和《史记·儒林列传》中关于杨何仕宦的记载,何先为太中大夫(此据《汉书·儒林传》),后为中大夫(此据《史记·儒林列传》),似乎是有左迁之嫌。方麟先生正是据此认为《汉书·儒林传》所言杨何征为太中大夫系班固改笔之误,不足采信,杨何元光元年应诏获任的,应为五经博士。

然而笔者翻查《汉书》,发现西汉初期中大夫的等秩,似乎未必在太中大夫之下。方麟曾据韦昭、刘攽的解释,以中大夫低于太中大夫,又据《汉书·百官公卿表》所载谏大夫秩比八百石,太中大夫秩比千石,定中大夫为秩比九百石,在二者之间④。但是我们查《汉书·百官公卿表》,发现汉代并无比九百石的等秩,从万石以下,分别是中二千石、二千石、比二千石、千石、比千石、八百石、比八百石、六百石、比六百石、五百石、四百石、比四百石、三百石、比三百石、二百石、比二百石、百石、比百石,因此,所谓的"比九百石"之说恐怕难以成立。而又据阎步克先生关于汉代官秩的研究,"比秩"在汉代乃是一个单独的序列,与万石、中二千石、二千石等并不相属,中大夫既然与太中大夫、谏大夫同为大夫,则其秩亦当为比秩

---

① 《汉书》卷一九上《百官公卿表上》,第727页。
② 《汉书》卷四《文帝纪》,第131页。
③ 韦昭之文引自(清)惠栋《后汉书补注》,商务印书馆1936年版,第1290页;刘攽之文引自(清)王先谦《汉书补注》,上海古籍出版社2008年版,第874页。
④ 方麟《秦汉博士制度初探》,北京大学2010年博士学位论文,第113页。

序列①,不会以八百石的等秩介于太中大夫与谏大夫之间。

明确了这一点,我们再来参看《汉书》所载士人中任中大夫前后的转官经历:

第一个是晁错。关于晁错在文帝时期的仕宦履历,前文已作辨析,当以《史记》所载为准,他自伏生处受《尚书》后回朝,乃由文学掌故迁为太子门大夫、庶人、家令。此后,晁错"数上书孝文时,言削诸侯事,及法令可更定者。书数十上,孝文不听,然奇其材,迁为中大夫"②。从这里可见,文帝虽然对晁错的奏谏没有采纳,但对他还是比较欣赏,因此对其进行擢拔,迁为中大夫。前文已言,太子家令秩八百石,那么,在此基础上迁官的中大夫,显然秩应在此之上,而上文已言,汉制中并没有所谓的"九百石"一等,八百石以上就应当是比千石、千石,考虑到中大夫属于大夫,应在比秩的序列中,则中大夫之秩不得低于比千石,亦即不得低于太中大夫。

第二个例子是张汤。据《史记·酷吏列传》载,武帝初年,"上以为能,稍迁至太中大夫。与赵禹共定诸律令,务在深文,拘守职之吏。"③是张汤先为太中大夫,而据《汉书·百官公卿表·元朔三年》:"中大夫张汤为廷尉,五年迁。"④则张汤后为中大夫。此先为太中大夫,后为中大夫之例,而值得注意的是,张汤在此期间亦未获罪,其整体官阶呈上升趋势,不应视为左迁。

这样看来,中大夫即使在更名为光禄大夫之前,其等秩也绝不在太中大夫之下,由太中大夫迁官中大夫,不应被视为左迁,至多也只是某种徙官平调而已。"太中大夫"从名称上看来,确实似有尊崇之意,但汉武帝在太初元年调整大夫官制,将"中大夫"更名为"光禄大夫",明确使

---

① 阎步克《从爵本位到官本位》第六章《比秩的性格、功能与意义》,生活·读书·新知三联书店 2009 年版,第 433~460 页。
② 《史记》卷一〇一《袁盎晁错列传》,第 2746 页。
③ 《史记》卷一二二《酷吏列传》,第 3138 页。
④ 《汉书》卷一九下《百官公卿表下》,第 772 页。

之等秩高于太中大夫,而如果原先太中大夫的等秩、地位高于中大夫,岂不会导致整个大夫群体在等秩上的混乱?原先的中大夫,仅仅因为"更名"便获得了增秩和超迁,显然不符合常理。太初元年,由于汉武帝"正历,以正月为岁首。色上黄,数用五,定官名,协音律"①,万象更新,因此是年官制调整极多,郎中令更名光禄勋,家马更名挏马,大行令更名大鸿胪,行人更名大行令,大农令更名大司农,考工室更名考工,左弋更名佽飞,居室更名保宫,甘泉居室更名昆台,永巷更名掖廷,中尉更名执金吾,东园主章为木工,右内史更名京兆尹,都尉更名右扶风,初置太卜、建章营骑、别火,凡更名者,皆不言有增秩升等之事②,而中大夫更名光禄大夫,似不应独异③。

总之,笔者认为,班固《汉书·儒林传》所载杨何在元光元年征为太中大夫之事基本可信,并非班氏改笔之误。杨何由于年资较高,因此并未担任等秩较低的五经博士一职。由于这一问题不仅关涉到建元五年初置五

---

① 《汉书》卷六《武帝纪》,第199页。
② 诸更名事,见《汉书》卷一九上《百官公卿表上》,第727、729~733、736页,初置官事,见第726、727、730页。
③ 不过,值得注意的是,《史记》《汉书》中确实存在着"中大夫""太中大夫"混讹的现象,例如上文所言武帝时与张汤共定律令的赵禹,《史记·酷吏列传》载:"上以为能,至太中大夫,与张汤论定诸律令。""已而赵禹迁为中尉,徙为少府。"可知赵禹是由太中大夫迁为中尉;然《汉书·百官公卿表·元光六年》则云:"中大夫赵禹为中尉。"此又称其由中大夫迁为中尉,因此,《史记》《汉书》之言,必有一误。若准此来看,上文所举张汤在《史记》中为"太中大夫",在《汉书》中为"中大夫"的现象,也可能是讹误所致。当然,由于张汤迁为廷尉在元朔三年,距离赵禹迁官中尉尚有三年,因此理论上还是存在其由太中大夫转为中大夫的可能。不过,若《史》《汉》混误之说可信,则杨何在《史记》中官至"中大夫",在《汉书》中则为"太中大夫",或许根本也是讹误所致,杨何应征之后,始终为中大夫或太中大夫,并未迁官。另,程元敏先生举《史记·仲尼弟子列传》中"何元朔中以治《易》为汉中大夫"之文为证,认为"何为中大夫宜于元朔中,迟后元光至少六、七年。夫杨何初仕既非大夫,或即经《易》博士",方麟先生亦同其说。但笔者认为,司马迁《仲尼弟子列传》中所言乃是就杨何的终官而言,并非意谓其元朔中始为中大夫,据此认为班固改笔,恐不足证。《史记》卷一二二《酷吏列传》,第3783、3784页;《汉书》卷一九下《百官公卿表下》,第771页;程元敏《〈汉书·艺文志、儒林传赞〉论经学博士讨覈》,《"国立"编译馆馆刊》,第二九卷第2期(2000),第78页;方麟《秦汉博士制度初探》,北京大学2010年博士学位论文,第113页。

经博士的就任人选,更涉及《易》博士的师学问题,关系甚大,因此我们在这里不避繁琐进行了考证,关于师学的问题,我们在下一节还将述及。

回到本节讨论的问题,据上文考证可知,汉武帝建元五年置五经博士之后,由于博士本身等秩较低,因此,虽然诸经先师在当时大多在世,甚至就在朝中,但都无法以其年资低就博士一职。武帝曾从蜀地征召一些景帝时期由文翁派遣入京、从博士"习七经"的儒士入朝任博士,但其人数多寡,实难考知。且他们的年资大多尚浅,在儒士中影响亦极有限,因此未必能一改朝中风气。最为重要的是,武帝置此职位,主要是显示其对于儒学的尊崇,但此时的博士仍未转为教育官,建元五年始置的这些"五经博士",虽然从学术背景上来说,较之此前的博士更为尊门,是名副其实的"专经博士";但从职掌上来说,二者却并无大异,皆是备咨询而已。五经博士一方面未能在太学中开授弟子,另一方面更未具课试弟子、考次荐官之权,因此所谓的经学制度,在此时显然还未能真正建立起来。

真正可以称作经学制度建立之始的,应当是元朔五年(前124)博士弟子员以及弟子员迁官制度的确立,据《史记·儒林列传》载公孙弘奏议:

> 古者政教未洽,不备其礼,请因旧官而兴焉。为博士官置弟子五十人,复其身。太常择民年十八已上,仪状端正者,补博士弟子。郡国县道邑有好文学,敬长上,肃政教,顺乡里,出入不悖所闻者,令相长丞上属所二千石,二千石谨察可者,当与计偕,诣太常,得受业如弟子。一岁皆辄试,能通一艺以上,补文学掌故缺;其高弟可以为郎中者,太常籍奏。即有秀才异等,辄以名闻。其不事学若下材及不能通一艺,辄罢之,而请诸不称者罚。臣谨案诏书律令下者,明天人分际,通古今之义,文章尔雅,训辞深厚,恩施甚美。小吏浅闻,不能究宣,无以明布谕下。治礼次治掌故,以文学礼义为官,迁留滞。请选择其秩比二百石以上,及吏百石通一艺以上,补左右内史、大行卒史;比百石已下,补郡太守卒史;皆各二人,边郡一人。先用诵多者,若不足,乃择掌故补中二千石

属,文学掌故补郡属,备员。请著功令。佗如律令。①

这条奏议得到汉武帝的认可,博士弟子员制度随之建立。关于这一制度,有一点需要特别强调,那就是博士弟子虽然名义上是博士的弟子,但事实上都有自己的本师,在成为博士弟子之前,他们一般都已经具备相当的经学造诣,其与本师之间的师学传承已经形成。以兒宽为例,在"以郡国选诣博士"之前,他已经从欧阳生治《尚书》,成为欧阳生的入室弟子②。而从唐生、褚生等应试博士弟子的过程看来,随着博士弟子制度的完善,到昭宣之后,成为博士弟子不仅需要太常或者地方官员的推荐,还需要经过博士的入学考核:

> 唐生、褚生应博士弟子选,诣博士,抠衣登堂,颂礼甚严,试诵说,有法,疑者丘盖不言。诸博士惊问何师,对曰事式。③

公孙弘已言,补博士弟子者,需年十八以上,而汉人一般成童后即开始受学,在十八岁之前早已对所习本经有基本的了解,因此,弟子入学后"一岁皆辄试",以汉代经说之庞杂博赡,如果没有一定的基础,绝不可能在一年的时间内得"通一艺",更不用说"一艺以上"了。因此,博士弟子与所受业的博士官,只是一种名义上的师生关系,与后来科举考试中的"座师"颇为类似。我们考察某人的师学渊源,主要还是要考虑他自幼习从的本师,而不是当时的某经博士。

从另一方面来说,博士虽然名义上要给弟子授业,但是既然弟子此前已经有了自己的本师,而博士本身的任职时间又极不固定,短的如公孙弘,尚不足一年,因此,博士事实上也不可能在太学中系统地讲授某一经典。所谓的讲习,可能只是定期就某经中的某一篇章进行疏讲,从

---

① 《史记》卷一二一《儒林列传》,第3763页。
② 《汉书·兒宽传》载:"兒宽,千乘人也。治《尚书》,事欧阳生。"《汉书》卷五八《公孙弘卜式兒宽传》,第2628页。
③ 《汉书》卷八八《儒林传》,第3610页。

《汉书》的记载看来,经师们在任博士期间,似乎并没有培养出与自己师学相承的弟子,而恰恰相反,他们往往是在应诏为博士之前,或去官归家之后,才大规模的招收弟子,延续师学。因此,虽然五经博士制度在武帝初年得到确立,且始终与汉代经学风尚之间关系密切,但终汉一世,经学传承的基本途径仍是私学传授,这是我们研究汉代经学史的时候必须格外注意的。

从经学史、文化史的层面而言,元朔五年五经博士弟子员制度的施行至少具有以下几点影响:

首先,通过博士弟子课试制度使经学教育与出仕联系在了一起。此前,汉代的出仕途径主要是察举和征辟,但这些选官途径毕竟带有一定的主观性,需要借助于地方长官或者朝中重臣的赏识,才能得以晋身。而博士弟子的课试制度则不同,一旦成为弟子,就可以通过每年的经艺考试获得晋身,而如果自己"秀才异等",还可以得到更好的升迁机会。在这条诏令颁定不久,兒宽即以博士弟子射策为掌故,并随后得到张汤以及汉武帝的赏识,在元鼎四年(前113)由中大夫迁为左内史,终官御史大夫。可以说,兒宽是博士弟子制度建立之后的第一个获益者,也是今可考知武帝时期以博士弟子出仕后居官最高者。一个原先"贫无资用"的平民,因为治经而位列三公,这种示范效应在当时来说无疑是巨大的。因此,虽然从整体上来看,武帝时期的政治只是"缘饰儒术",甚至在法令的施用上,较之其父祖更为严苛,但是就其建立的经学制度而言,对于儒学的发展还是起到了巨大的推动作用。从武帝到昭帝、宣帝,由于帝王的个人性格以及政治时局的影响,儒学虽然借助五经博士的确立获得了所谓的官学地位,但儒士在朝廷中的影响力事实上并不算大,武帝时期自不必说,昭帝时期的盐铁会议上,桑弘羊等大臣对儒士极为轻视,而宣帝则更明显地表现出不任儒生的倾向;但即使这样,从宣帝时期开始,蔡义、萧望之、韦贤、韦玄成、匡衡、张禹、翟方进、孔光、平当等皆以经师相继拜相,儒学对于汉代政治的影响日益加大,以治经而出仕成为重要的政治传统,而这些很大程度上要归功于武帝时期草创的这种博士弟子制度。从更长的历史维度看来,由博士弟子制度逐渐发展为成熟的学校考试制度,再由之衍生出科举取士制度,公孙弘元朔五年的这个政治设计,无疑对于整个中国历史产生了深远的影响。

其次,博士弟子制度的建立,使得博士官本身的属性随之发生了变化。钱穆、沈文倬二先生均极力强调,在汉代初年,博士官的性质与战国、秦代一样,乃是备咨询的顾问官,而在汉武帝初建五经博士的时候,虽然将博士人选限制在了经师的范围之内,但是对于这些博士的职掌,并未作出新的规定和调整,因此,可以说,从建元五年到元朔五年的这十多年,虽然五经博士已经建立,但博士官本身的基本属性仍未发生变化,仅以公孙弘为例,他在元光年间担任博士,然而其处理的事情,似乎并不是推广儒学,而是上书奏人臣之道、奉汉武帝的诏令出使西南夷等等,虽然名为博士,但其职守与一般大夫、侍中无异。但博士弟子制度建立后,由于博士需掌弟子的教学,更要在每年的岁试中评判弟子的优劣,决定他们的仕途,因此这对于博士官本身来说,至少带来两个影响:

第一,按照公孙弘的制度设计,"能通一艺以上,补文学掌故缺",这就要求博士官中必须治五经者皆有其人,否则弟子习《诗》,而岁试时没有博士治《诗》,无疑会造成岁试制度的混乱。因此,随着博士弟子制度的完善,博士官的员额也必须走向完备,自战国以来施行的博士无定员的局面势必要面临改革。

第二,由于地域、师学等各种因素的影响,自汉初以来,诸经逐渐分化出不同的师法系统,就汉武帝时期而言,已经有三家《诗》的分化,不同的师法在对于经典的认识上差异较大,如果治鲁《诗》的经师担任博士,显然他很难对习《齐诗》的弟子作出公允的判断,因此,这种客观上的师法差异和博士对于弟子仕途的决定权结合在一起,就必然要求博

第二章　两汉官定经目的制度演变

士官不仅需要各经备员,还需要充分考虑到各经内部不同师法的因素,客观上要求诸经的各种师法皆单独置博士,这也就为宣帝时期的经目、博士制度改革埋下了伏笔①。此外,如果某种师法始终无法获置博士,则其学自然会被视为不被官方认可的私学,儒学官、私学之分遂由此产生。

复次,由于博士弟子以射策入仕成为汉代选官制度的一条独特途径,因此,随着循此途径入仕的士人越来越多,势必会形成一个新的官僚群体,他们有着共同的知识文化背景,那就是经学,且他们兼具儒士与官员的双重身份,这些共同点使得他们在很多问题上形成共同的看法,从而与朝廷中的其他官员区别开来。一方面,儒士的官僚化,使得"六艺"中的大量制度设计、政治理念与现实政治的结合成为可能,儒士为了体现自身的学术价值,努力将"六艺"中的这些文字变为当代的政治现实,于是有了政治上的"复古"主张,这种主张对于汉代政治,乃至整个中国古代政治产生了深远的影响。另一方面,由于朝官中出现了儒生与文吏两个群体,这两个群体之间的斗争与妥协,亦成为此后中国政治史上的一个重要主题。关于这一点,我们可以举两部汉代著作为例:

其一是《盐铁论》,这部书中大量记载了昭帝时期儒士与文吏关于治国之道的争论,这里仅举一例:

> 御史曰:"文学祖述仲尼,称诵其德,以为自古及今,未之有也。然孔子修道鲁、卫之间,教化洙、泗之上,弟子不为变,当世不为治,鲁国之削滋甚。齐宣王褒儒尊学,孟轲、淳于髡之徒,受上大夫之禄,不任职而论国事,盖齐稷下先生千有余人。当此之时,非一公孙弘也。弱燕攻齐,长驱至临淄,愍王遁逃,死于莒而不能救,王建禽于秦,与之俱虏而不能存。若此,儒者之安国尊君,未始有效也。"

---

① 有不少学者认为诸经各置师法博士乃始自初置"五经博士"之初,甚至可以推及文景时期,但笔者对这一观点未能苟同,详细的论述,可参本章第二节第三部分关于《诗》博士分化的相关论述。

这是文吏对于儒家治国之道的嘲讽,而儒士则予以反驳:

> 文学曰:"无鞭策,虽造父不能调驷马。无势位,既舜、禹不能治万民。孔子曰:'凤鸟不至,河不出图,吾已矣夫!'故轺车良马,无以驰之。圣德仁义,无所施之。齐威、宣之时,显贤进士,国家富强,威行敌国。及愍王,奋二世之余烈,南举楚、淮,北并巨宋,苞十二国,西摧三晋,却强秦,五国宾从,邹、鲁之君,泗上诸侯皆入臣。矜功不休,百姓不堪。诸侯谏不从,各分散,慎到、捷子亡去,田骈如薛,而孙卿适楚。内无良臣,故诸侯合谋而伐之。王建听流说,信反间,用后胜之计,不与诸侯从亲,以亡国。为秦所禽,不亦宜乎?"①

其二是东汉王充所著《论衡·程材篇》:

> 论者多谓儒生不及彼文吏,见文吏利便,而儒生陆落,则诋訾儒生以为浅短,称誉文吏谓之深长。是不知儒生,亦不知文吏也。儒生、文吏皆有材智,非文吏材高而儒生智下也;文吏更事,儒生不习也。谓文吏更事,儒生不习,可也;谓文吏深长,儒生浅短,知妄矣。
>
> 世俗共短儒生,儒生之徒,亦自相少。何则?并好仕学宦,用吏为绳表也。儒生有阙,俗共短之;文吏有过,俗不敢訾。归非于儒生,付是于文吏也。夫儒生材非下于文吏,又非所习之业非所当为也,然世俗共短之者,见将不好用也。将之不好用之者,事多已不能理,须文吏以领之也。夫论善谋材,施用累能,期于有益。文吏理烦,身役于职,职判功立,将尊其能。儒生栗栗,不能当剧;将有烦疑,不能效力。力无益于时,则官不及其身也。将以官课材,材以官为验,是故世俗常高文吏,贱下儒生。儒生之下,文吏之高,本由不能之将。世俗之论,缘将好恶。②

与《盐铁论》中针锋相对的论辩相比,王充的分析显然更具理性。

---

① 王利器《盐铁论校注(定本)》卷二《论儒》,第149~150页。
② 黄晖《论衡校释》卷一二《程材篇》,第533~534页。

儒、吏之争不仅是中国政治史上的一个重要现象①，其对于历代经目之演变也产生了重要的影响。关于这一问题，我们在后文还将述及。

简言之，建元五年五经博士的置立，使得"五经"成为中国经学史上第一个真正意义上的官定经目，在此之前，儒家称举经典，常以六艺与五经并举，而随着"五经博士"的建立，乐学被排除在官学以外，这对于汉代乃至后来的乐学研究产生了深远的影响：由于乐不在官学之中，因此，除了河间献王这样的好古之士以个人兴趣对先秦儒家乐论进行积极的整理以外，鲜少有学者对其产生兴趣。就西汉的情况而言，从《汉书·艺文志》的记载看来，与"五经"各自发达的师学分化以及传承看来，乐学在汉代的发展便显得极为衰落，"汉兴，制氏以雅乐声律，世在乐官，颇能纪其铿锵鼓舞，而不能言其义"②。制氏只能保留"乐"表演性的部分，至于其与儒学相关的乐理、乐论，则不能知晓。而河间王与毛生共定的《乐记》，后来也仅在王定、王禹等极少数士人间流传，《艺文志》概括西汉乐学，以为"其道寖以益微"③，而这与乐学未立入"五经"经目显然有着直接的关系。汉武帝以遵行儒术开始他的统治时代，虽然后来随着他事功之心的日益膨胀，儒学逐渐沦为缘饰法术的工具，但就置五经博士这一点来说，仍堪称居功至伟。因为五经博士的确立，使得儒学的官学地位得到了更为显性的宣示，从武帝时期开始，汉代诏令中称引五经逐渐成为一个传统，如元朔元年立皇后卫氏诏："朕闻天地不变，不成施化。阴阳不变，物不畅茂。《易》曰'通其变，使民不倦'。《诗》云'九变复贯，知言之选'。朕嘉唐虞而乐殷周，据旧以鉴新。"④元

---

① 关于汉代儒生与文吏之关系，阎步克先生已有深入的论述，可参看氏著《士大夫政治演生史稿》第十章《儒生与文吏的融合：士大夫政治的定型》，北京大学出版社1996年版，第417～443页。
② 《汉书》卷三〇《艺文志》，第1712页。
③ 《汉书》卷三〇《艺文志》，第1712页。
④ 《汉书》卷六《武帝纪》，第169页。

狩元年立皇太子诏则曰:"《诗》云:'忧心惨惨,念国之为虐。'"①这种新的诏令形式与此前的汉代诏令完全不同,体现出汉武帝尊儒的新朝气象;而随着博士弟子制度的确立,不仅全社会习经蔚然成风,更促使博士制度逐步走向定员化和师法精细化,最终使得经目的局面发生结构性的改变。

从卫绾罢黜刑名法术到元朔五年置博士弟子员,在武帝执政的最初十七年里,儒学从百家之学一变而为官学,并获得了"经学"的尊号,虽然他的实际影响力还远未达到"经学"这个概念本身寓指的高度,但中国历史至此终究进入了经学的时代。随着汉代政治、经学的进一步发展,特别是各经师法的逐渐分化,从武帝中后期开始,经学史进入了第一个震荡期,经目的调整成为从武帝后期直至东汉末年经学史发展的一条重要线索,而这正是我们接下来将要探讨的问题。

第二节 "师法博士"制的确立与早期调整

所谓"师法博士",是在诸经师法分化的背景下,以一博士员专掌某经某师法之章句传习、考评的制度。这一制度在汉魏六朝普遍施行,不仅促进了诸经师法章句学、义疏学的发达,也塑造了各家经说在官学中互相竞争、论辩的学术生态,对于汉魏六朝经学史的发展具有至关重要的影响,而此制度的正式确立,正在汉宣帝黄龙元年(前49)博士员改革中。因此,师法博士制何以会出现?其最初演变过程如何?这些都成为经学史研究者历来关注的话题。只是《汉书》《后汉书》在这一方面的记载前后矛盾,造成了很多史实考证上的争议,在进入本节讨论之前,我们有必要对这一学术史略作回顾。

关于武帝至昭宣时期师法博士制度的最早论述,见于《汉书·楚元王传》所载刘歆《移太常博士书》:

---

① 《汉书》卷六《武帝纪》,第174页。

第二章 两汉官定经目的制度演变

往者博士《书》有欧阳,《春秋》公羊,《易》则施、孟,然孝宣皇帝犹复广立穀梁《春秋》、梁丘《易》、大小夏侯《尚书》,义虽相反,犹并置之。①

一般认为,这里"孝宣皇帝犹复广立",是指宣帝黄龙元年增博士员额之事,见于《汉书·百官公卿表》:

武帝建元五年,初置《五经》博士,宣帝黄龙元年稍增员十二人。②

至于所谓"往者",则大抵指武帝立五经博士至宣帝石渠会议之前。在刘歆之后,班固在《汉书·宣帝纪》中又记载了石渠会议后宣帝对博士师法所作的改革:

(甘露三年三月)诏诸儒讲《五经》同异,太子太傅萧望之等平奏其议,上亲称制临决焉。乃立梁丘《易》、大小夏侯《尚书》、穀梁《春秋》博士。③

《宣帝纪》虽未述石渠会议以前的博士制度,不过它对宣帝时期所增加博士师法的记载,则与刘歆完全一致;然而到了《汉书·儒林传》,却出现了另一个版本:

赞曰:自武帝立《五经》博士,开弟子员,设科射策,劝以官禄,讫于元始,百有余年,传业者寖盛,支叶蕃滋,一经说至百余万言,大师众至千余人,盖禄利之路然也。初,《书》唯有欧阳,《礼》后,《易》杨,《春秋》公羊而已。至孝宣世,复立大小夏侯《尚书》,大小戴《礼》,施、孟、梁丘《易》,穀梁《春秋》。至元帝世,复立京氏《易》。平帝时,又立《左氏春秋》、《毛诗》、逸《礼》、古文《尚书》,所以罔罗遗失,兼而存之,是在其中矣。④

与刘歆《移太常博士书》相比,班氏赞语无论是对宣帝以前,还是对

---

① 《汉书》卷三六《楚元王传》,第 1971 页。
② 《汉书》卷一九上《百官公卿表》,第 726 页。
③ 《汉书》卷八《宣帝纪》,第 272 页。
④ 《汉书》卷八八《儒林传》,第 3620~3621 页。

宣帝时期的新增师法,其记述都颇不同,例如刘歆称此前《易》学为施、孟,而班固则称为"《易》杨",刘歆称宣帝所增为《易》、《尚书》、《春秋》诸家,而班固则复举大、小戴《礼》。由于这一赞语在《汉书·儒林传》之后,因此历来影响巨大,自宋代以来的学者论西汉中期经目,如王应麟、郑樵、张金吾、周寿昌等①,大抵皆用班氏此说。

而在《后汉书》所载汉章帝诏令中,还有另一种关于此期博士制度演变的叙述:

十一月壬戌,诏曰:盖三代导人,教学为本。汉承秦暴,褒显儒术,建立《五经》,为置博士。其后学者精进,虽曰承师,亦别名家。孝宣皇帝以为去圣久远,学不厌博,故遂立大、小夏侯《尚书》,后又立京氏《易》。至建武中,复置颜氏、严氏《春秋》,大、小戴《礼》博士。此皆所以扶进微学,尊广道艺也。②

汉章帝此诏没有述及宣帝之前的博士制度,但他言宣帝所增经目,仅言大、小夏侯《尚书》,与刘、班之说皆不同,至于大、小戴《礼》,则此诏称立于东汉光武帝建武年间,又与班固之说不同。为使读者更加清晰地了解诸说差异,我们不妨将此三说表列如下:

	石渠会议前诸经师法	石渠所增诸经师法	其它
刘歆《移太常博士书》	欧阳《尚书》、公羊《春秋》、施氏《易》、孟氏《易》	穀梁《春秋》、梁丘《易》、大、小夏侯《尚书》	

---

① (宋)王应麟《玉海》卷一一一《学校·汉太学 增弟子员 学校官》,京都:中文出版社1977年影印合璧本,第2120页;(宋)郑樵《通志》卷一七二《儒林传一》,中华书局1987年影印本,第2772页上〜中栏;(清)张金吾《两汉五经博士考》卷一,中华书局1985年新1版,第1页;(清)周寿昌《汉书注校补》卷一一,(清)沈钦韩等《汉书疏证(外二种)·二》,上海古籍出版社2006年影印本,第483页。

② 《后汉书》卷三《肃宗孝章帝纪》,第137〜138页。

第二章　两汉官定经目的制度演变

续表

	石渠会议前诸经师法	石渠所增诸经师法	其它
《汉书·儒林传》赞语	欧阳《尚书》、公羊《春秋》、杨氏《易》、后氏《礼》	穀梁《春秋》，施氏《易》，孟氏《易》，梁丘《易》，大、小夏侯《尚书》，大、小戴《礼》	
《后汉书·肃宗孝章帝纪》	未言	大、小夏侯《尚书》	建武中复置大、小戴《礼》

由上表可见，各家关于此期诸经博士制度演变之记载的差异，主要存在于两个问题上：其一，是石渠会议之前的《易》学博士，究竟是杨氏《易》还是施、孟两家《易》；其二，是后氏《礼》何时分化为大、小戴《礼》，它们又是何时被立为"博士师法"。关于前一问题，清儒已有所论及。洪颐煊在《汉置五经博士考》一文中提出《宣帝纪》《儒林传》关于施氏《易》、小戴《礼》的失载问题：

> 案《施雠传》梁丘贺为少府，诏拜雠为博士，《百官表》梁丘贺以宣帝神爵三年为少府；《孟卿传》小戴以博士论石渠，其立皆当在甘露前，《纪》《传》不书者，略也。宣帝立博士八，兼武帝四，故《百官表》云宣帝稍增员十二人。①

洪氏认为施、小戴之立为博士，当在甘露之前，然亦在宣帝之世，"《纪》《传》不书者，略也"，也就是《宣帝纪》《儒林传》在这两方面均有疏漏。但总体上，他认为"宣帝立博士八"，则其所谓宣帝所立者，即《汉书·儒林传》之所谓八家也。而为了使其数与《百官公卿表》中"宣帝稍增员十二人"的说法相符，他又从王应麟之说，以为文帝先置一经博士，

---

① （清）洪颐煊《汉置五经博士考》，《筠轩文钞》卷六，民国二十三年《邃雅斋丛书》本，第5叶B~6叶A。

武帝复增四经,故就文帝而言,至宣帝共增十二员。其说牵强,盖如此也。

此外,钟襄在《五经博士辨证》一文中亦注意到《宣帝纪》和《儒林传》的差异,他认为:

> 窃谓施、孟之立学,自应在梁邱前,然以本传考之,皆宣帝时人,盖立于论石渠之先而史失之。至甘露三年,乃增以梁邱也。大、小戴当与施、孟同时立学,亦以宣帝时人决之。①

钟襄的看法与洪颐煊相近,也是认为在甘露三年(前51)之前,宣帝已经增立过一次博士,施、孟氏《易》和大、小戴《礼》均在彼时立为博士,只是《汉书》失载而已。至于甘露三年所增师法,则应以《宣帝纪》所载者为信,如此,则《宣帝纪》和《儒林传》二说自可牵合。至于《百官公卿表》中"宣帝稍增员十二人"的问题,钟襄没有涉及。

此后刘传莹在《两汉五经各家立学官考》一文中再次注意到这一问题,与洪、钟二人仅注意到了《汉书》纪、传内部的歧说不同,刘氏还注意到了刘歆《移太常博士书》中的另一种说法,对比此三说,刘氏依然认为,施、孟《易》和大、小戴《礼》在甘露前已立为学官,刘歆所言"未为详晰耳"②。总之,清代学者的主流意见,仍是信从《汉书·儒林传》的记载,以宣帝所增立博士为穀梁《春秋》、施氏《易》、孟氏《易》、梁丘《易》、大、小夏侯《尚书》、大、小戴《礼》八家,只是在施、孟《易》和大、小戴《礼》具体何时增立的问题上,不同的学者之间存在歧见。

1916年,王国维著《汉魏博士考》一文,与此前学者简单、平面地比对诸说不同,王氏紧紧把握住《汉书·百官公卿表》中"宣帝黄龙元年稍增员十二人"这句话,同时参考他对汉代诸经师法分化过程的整体研究,对这一问题提出了完全不同的看法:

---

① (清)钟襄《五经博士辨证》,《考古录》卷三,清嘉庆十三年阮元刻本,第1叶B。
② (清)刘传莹《两汉五经各家立学官考》,《汉魏博士考》卷下,贾贵荣辑《历代石经研究资料辑刊·一》,北京图书馆出版社2005年影印本,第377~379页。

第二章　两汉官定经目的制度演变

案：宣帝增置博士事，《纪》《表》《志》《传》所纪互异。……案：申公、韩婴均于孝文时为博士，辕固于孝景时为博士，则文景之世，鲁、齐、韩三家《诗》已立博士。特孝宣时，于《诗》无所增置，故刘歆略之。《儒林传赞》综计宣帝以前立博士之经，而独遗《诗》齐、鲁、韩三家，则疏漏甚矣。又宣帝于《礼》博士亦无所增置。《儒林传赞》乃谓宣帝立大、小戴《礼》，不知戴圣虽于宣帝时为博士，实为后氏《礼》博士，尚未自名其家，与大戴分立也。……今参伍考之，则宣帝末所有博士，《易》则施、孟、梁丘，《书》则欧阳、大小夏侯，《诗》则齐、鲁、韩，《礼》则后氏，《春秋》公羊、穀梁，适得十二人。①

王氏指出戴圣之任博士，实用后仓师法，大、小戴师法之分立在宣帝黄龙改制之后，其说洵为的论，足证班固赞语之缪。此外，"宣帝黄龙稍增员十二人"之事虽自《汉书》已见载，但由于《汉书》本身前后矛盾及错漏，因此两千年来从未有学者能正确地举出宣帝所立十二博士之师法究竟为何，而静安先生独能钩沉索隐，发千古之未明，其考证功力之深厚，由此可以窥见。但是沈文倬先生也指出，王氏虽然正确地举出了宣帝黄龙十二博士师法，但是在《诗》博士确立的时间等问题上，仍存在一些误判②；而徐兴无先生在《石渠阁会议与汉代经学的变局》一文中更指出，王氏对"博士家数"与"博士员数"两个概念未能加以有效区分，这导致其拘于"十二员"之数以求博士师法数，是王氏此文的主要误区③。关于这一点，笔者认为，徐先生对于"博士家数"与"博士员数"的区分十分必要，涉及西汉博士制度演变过程中的核心问题，那就是一博士专掌一师法、一师法专置一博士的"师法博士"制度在西汉是否存在以及何

---

① 王国维《汉魏博士考》，《王国维全集·第八卷》，第112页。
② 沈文倬《宗周礼乐文明考论（增补本）》，浙江大学出版社2006年版，第473～474页。
③ 徐兴无《石渠阁会议与汉代经学的变局》，《经纬成文——汉代经学的思想与制度》，凤凰出版社2015年版，第315页。

时出现的问题,这些对于我们判断西汉经目变化具有重要影响。而在笔者看来,王氏此文的另一缺憾,在于其仅仅考证了黄龙十二博士员确立之后的情况,至于这十二博士的局面如何产生,如班固《儒林传赞》中所言"《易》杨"如何变为施、孟、梁三家,后氏《礼》又于何时形成,这些问题都未作论述。从汉武帝初置五经博士至宣帝黄龙改制,虽然终点已经明确,但其源初及中间演变过程如何,则王氏未加留意。

真正将这一问题的研究引向深入的,是当代两位经学史大家:沈文倬先生和程元敏先生。关于沈先生的学术成就,目前影响较大的是他的《礼》学研究,但事实上,沈先生为了研究汉《礼》的发展,曾经花了很大精力对西汉经学史进行研究,涉及诸经师学分化、博士制度沿革、诸经文本形成过程等若干问题,见解卓著,十分值得注意。为了廓清西汉中前期诸经博士演变的过程,同时有感于王国维在这一问题的论述上尚存若干疏漏,沈先生撰写了《黄龙十二员博士的定员与郡国学校的设置》一文[1],对西汉文景至元成时期博士员额的演变作了专门考察,创获极多。略言之,沈先生认为武帝所置五经博士,终其一朝,始终未能备员,到昭帝之后,才逐渐形成欧阳《尚书》、杨氏《易》、后氏《礼》、三家《诗》、公羊《春秋》等五经备员的局面,但各经师法的分化仍然愈演愈烈,从昭帝到宣帝石渠会议之前,正是各家师法互相博弈、争立学官的时期,最终,经过石渠会议,一些此前已经事实存在的师法得到了确认,而梁丘《易》、穀梁《春秋》等则借此机会得立学官,黄龙十二博士的局面就此形成。应该说,由于沈先生考证精细,因此,关于武、昭、宣、元时期的诸经博士演变过程,已经得到了很大程度的廓清,但毋庸讳言,由于一些史料未得沈先生注意,因此,在杨氏《易》与施氏《易》的关系、孔安国的《尚书》学师法、《诗》博士的确立、后氏《礼》的形成等若干问题上,沈氏的论证仍有未安之处,而这些细节的偏失无疑也影响了沈先生对

---

[1] 沈文倬《宗周礼乐文明考论(增补本)》,第469~515页。

第二章 两汉官定经目的制度演变

西汉中前期博士制度整体格局的判断。

至于程元敏先生近年发表的《〈汉书·艺文志、儒林传赞〉论经学博士讨核》①一文,则是笔者所见此论域内迄今最为精善的一篇论文。该文以前文所举《汉书》内部的歧说为切入点,对诸经博士的初立、师法的分化进行了细密的考证梳理,如其提出后氏《礼》当形成于宣帝初期,即较沈氏为善;但是与沈先生一样,由于汉代典籍中涉及五经博士师法演变的史料极为零散,稍有不慎,即易漏检,因此,程先生在考证杨何是否任《易》博士、武昭时期《韩诗》博士、后仓任博士所治何经等问题时,亦未免疏漏。关于武帝中后期至宣帝初期诸经博士师法分化的研究,仍有可以推进的空间。此外,近年来张汉东、王葆玹、郭永吉等学者对于这一问题都有所论述②,颇有可资借鉴者,而方麟先生的博士论文《秦汉博士制度初探》亦有专章探讨这一问题③。这些都给本论题的研究带来了极大的推进。

不过,笔者认为,自清儒以来的研究之所以仍未彻底廓清这一问题,固然有《史记》《汉书》等相关史料零散、疏略且自相矛盾的原因,但最主要的,则在于诸家多存一种先入为主的观念,认为宣帝黄龙改制只是对博士员额的增加,至于"以师法立博士"的制度,则自武帝立学以来已然形成,即便是沈文倬先生承认武帝时期五经博士尚未明确师法,也认为昭帝时期博士师法已经完全确定,故此研究西汉中前期博士制度,首在考定其师法,为此甚至不惜改易史料以成其说,这实际上是受到刘歆《移太常博士书》、班固《儒林传赞》并不准确的叙述方式的影响。有趣的是,自清儒以来,诸家考证皆旨在纠补刘、班二说之疏缪,但在整体

---

① 程元敏《〈汉书·艺文志、儒林传赞〉论经学博士讨核》,《"国立"编译馆馆刊》,第29卷第2期(2000),第65~98页。
② 张汉东《秦汉博士官的设置及其演变》,《史学集刊》,1984年第1期,第6~12页;王葆玹《今古文经学新论》,中国社会科学出版社1997年版,第212页;郭永吉《先秦至西汉博士论考——兼论博士与儒的关系》,《清华中文学报》,2008年第2期,第80页。
③ 方麟《秦汉博士制度初探》第三章《博士制度的发展与定型——汉代》,北京大学2010年博士学位论文,第100~156页。

思路上，实未出二家之囿，故此虽然在细节问题上用力实多，对于宣帝黄龙改制前后博士制度的根本差异仍未得辨清。就笔者所见，似乎仅有钱穆先生在《两汉博士家法考》一文中提出"汉博士经说分家，起于石渠议奏之后"之说①，最为平正通达。唯钱氏对于诸经实任博士的人员考订不够精细，持论虽精而论述疏略，且其混淆"博士师法"与"师法"两个概念，以诸经师法分立，甚至三家《诗》之分派，皆起于石渠之后，疑古过勇，故其说未能得到沈、程诸家的重视。本节，我们将在前贤研究的基础上，围绕一些学术史上存在较大争议的问题，更大范围地勾稽史料，同时注意从史源学的角度甄别史料的可信度，努力跳出刘歆、班固叙述模式的影响，避免机械套用黄龙改制后的博士师法制度，一以史料本身为据，重点观察诸经博士师法逐渐"规范化"的过程，希望可以使"师法博士"的形成过程得到进一步的廓清。

一、诸经师法分化与官学师法的出现

由于博士官在文景时期只是起顾问作用的咨询官，因此尽管当时诸经传授皆有师法谱系，但朝廷征召博士，并不依师法择立，诸家师法亦无所谓官、私之分。正是基于这一传统，在汉武帝初置五经博士时，仅言"五经"，并未规定各经遵行何种师法。随着元朔五年博士弟子员制度的建立，特别是规定弟子通过岁试射策可以授官入仕，博士官的性质遂发生根本性变化，其定员化和师法化乃成为不可逆转的趋势，而诸经师法也在此过程中进一步分化，官、私学之分由此肇端。这一过程对整个经学史的发展影响极大，这里我们先对诸经师法的分化过程逐一论述。

（一）《易》

在诸经师法分化的问题上，《易》学牵涉的问题最为复杂。根据《史

---

① 钱穆《两汉经学今古文平议》，商务印书馆2001年版，第218页。

记·儒林列传》的记载,《易》学的传承可以直接上溯到孔子的弟子商瞿,而进入汉代以后,《易》学的师承亦比较明确:

> 自鲁商瞿受《易》孔子,孔子卒,商瞿传《易》,六世至齐人田何,字子庄,而汉兴。田何传东武人王同子仲,子仲传菑川人杨何。何以《易》,元光元年征,官至中大夫。齐人即墨成以《易》至城阳相。广川人孟但以《易》为太子门大夫。鲁人周霸,莒人衡胡,临菑人主父偃,皆以《易》至二千石。然要言《易》者本于杨何之家。①

然而这条材料却给后世学者带来了一个困扰,那就是司马迁所谓"要言《易》者本于杨何之家"一说。按照《史记·儒林列传》的体例,司马迁论《诗》,则云"齐言《诗》皆本辕固生也""燕赵间言《诗》者由韩生"②,辕固乃《齐诗》师学之始,韩婴则《韩诗》师学之宗,司马迁这里既然称"要言《易》者本于杨何之家",则杨何无疑应该是汉儒《易》学之宗师。

但是《汉书》的记载却不支持这个推论。班固《儒林传》《易》学部分开篇即与《史记》不同:

> 汉兴,田何以齐田徙杜陵,号杜田生,授东武王同子中、雒阳周王孙、丁宽、齐服生,皆著《易传》数篇。同授淄川杨何,字叔元,元光中征为太中大夫。齐即墨成,至城阳相。广川孟但,为太子门大夫。鲁周霸、莒衡胡、临淄主父偃,皆以《易》至大官。要言《易》者本之田何。③

《史记》中"要言《易》者本于杨何之家"的记载变成了"要言《易》者本之田何",而事实上,《汉书》关于汉代《易》学传承的进一步记载使学者愈加怀疑《史记》所谓"本之杨何之家"的说法:

> 丁宽字子襄,梁人也。初,梁项生从田何受《易》,时宽为项生从者,

---

① 《史记》卷一二一《儒林列传》,第3771页。
② 《史记》卷一二一《儒林列传》,第3768、3769页。
③ 《汉书》卷八八《儒林传》,第3597页。

读《易》精敏，材过项生，遂事何。学成，何谢宽。宽东归，何谓门人曰："《易》以东矣。"宽至雒阳，复从周王孙受古义，号《周氏传》。景帝时，宽为梁孝王将军距吴楚，号丁将军，作《易说》三万言，训故举大谊而已，今《小章句》是也。宽授同郡砀田王孙。王孙授施雠、孟喜、梁丘贺。繇是《易》有施、孟、梁丘之学。①

我们知道，到宣帝时期，《易》学形成了施、孟、梁丘三家并置的局面，而按照《汉书》的记载，此三家《易》皆出于田王孙，而田王孙则师承自丁宽，自宽而上，也就直接追溯到汉初的《易》学祖师田何，这一师学脉络与杨何似乎并无关联，无怪乎《史记》中"要言《易》者本于杨何之家"的记载在《汉书》中遭到了改易。那么，汉代《易》学究竟本于田何还是杨何呢？

关于这个问题，自明清以来，学者争论不休，至今仍未见统一的意见，当代学者多以司马迁之父司马谈从杨何学《易》，故马迁特举杨何而抑别家为说②，而笔者认为，这实际上涉及《史记》与《汉书》的不同记事体例问题。司马迁《史记》之记事终于汉武帝太初年间，因此他的论断，只能至晚针对武帝太初年间这个时间点而下。据《史记》所言，汉代《易》学承自先秦，经商瞿而下可谓一脉相传，而入汉以后的第一位经师，就是田何，因此《史记·儒林列传》在综述部分曾言："自是之后，言《诗》于鲁则申培公，于齐则辕固生……言《礼》自鲁高堂生，言《易》自菑川田生。"③将田何与申公、辕固、高堂生等并举，显然是以之为汉《易》祖师。但司马迁在分述诸经在汉代的发展状况时，则充分考虑到诸经师学在当时的传播现状，换言之，对于有的师学而言，汉初的祖师之说一直为后学所尊崇，因此，即使到了武帝年间，这些师说仍然影响巨大，如

---

① 《汉书》卷八八《儒林传》，第3597～3598页。
② 关于这一问题的学术史梳理，可参方麟《秦汉博士制度初探》，北京大学2010年博士学位论文，第110～111页。
③ 《史记》卷一二一《儒林列传》，第3762页。

《齐诗》的辕固,他既是汉初祖师,同时也为武帝时期治经者所宗,所以司马迁在《儒林列传》的《齐诗》分述部分称"自是之后,齐言《诗》皆本辕固生也"①。然而对于另外一些师学而言,祖师之学经一两代传承后,或后学在祖师之说的基础上重为经传,自成一家,或此祖师的影响力逐渐减小,其弟子之学反后来居上,因此到司马迁作《儒林列传》时,就出现了"汉初祖师"与"当时所宗之师"并不一致的情况,就笔者所见,至少有两例:

其一是《礼》学,依司马迁所言:"《礼》固自孔子时而其经不具,及至秦焚书,书散亡益多,于今独有《士礼》,高堂生能言之。"②所以在前面的综述部分,司马迁将高堂生列为汉代《礼》学的祖师。然而或许是汉初《礼》学重礼容的风气使然,从《儒林列传》看来,《史记》对于高堂生的弟子一无所载,显然是他的这套《礼》学在汉初并未得到良好的传承;相反,鲁徐生"善为容",也就是善于仪式性的礼容之学,因此虽然他本人的《士礼》之学不及高堂生,但是汉初的《礼》学却沿着徐氏礼容之学的道路发展下来,徐生的《礼》学从最初的家传逐渐发扬光大,到司马迁著《史记》时期,已经完全超过了高堂生的《礼》学声望,由是司马迁在《儒林列传》的《礼》学分述部分乃言:"是后能言《礼》为容者,由徐氏焉。"③也就是说,到了司马迁的时候,高堂生的《士礼》学即便没有失传,在社会上也已经影响有限,当时朝中盛行的《礼》学,是徐生所传的包括《礼经》、但侧重于礼容实践的"言《礼》为容"之学,故此司马迁不再称"言《礼》者本于高堂生",为其时代变易,今昔盛衰不同也。

其二则是《易》学。田何的时代,从其"以齐田徙杜陵"看来,应当在汉高祖时期。《汉书·地理志》云:"汉兴,立都长安,徙齐诸田,楚昭、屈、景及诸功臣家于长陵。"④据葛剑雄先生的研究,"当时所徙有十余

---

① 《史记》卷一二一《儒林列传》,第3768页。
② 《史记》卷一二一《儒林列传》,第3771页。
③ 《史记》卷一二一《儒林列传》,第3771页。
④ 《汉书》卷二八下《地理志下》,第1642页。

万,不可能全置长陵"①,因此田何乃家于杜陵。既然他是入汉以后最早传授《易》学者,因此司马迁自然将其列为汉初传《易》之祖,在《儒林列传》的综述部分将之与辕固、申公等并举。但是,从《汉书·艺文志》的著录情况来看,田何本人似无《易传》一类的著作传世,换言之,他尚未建立起系统的师学。到他的四个弟子王同、周王孙、丁宽、服生,才各自"皆著《易传》数篇"②:《王氏》二篇、《易传周氏》二篇、《丁氏》八篇、《服氏》二篇③,因此,到了汉代《易》学的第二代,商瞿—田何一系的《易》学至少已经分化成有一定差别的王、周、丁、服四家④,四家皆传授弟子,而王同的弟子则有杨何。关于杨何的具体《易》学成就,《史记》《汉书》都没有更为详细的记载,从《汉书·艺文志》可知,他亦著有《杨氏》二篇,显然在其师王同的基础上又有所拓进,自名为一家。这样一来,到杨何著成《杨氏》为止,汉儒《易》学可以名家者,就有田何、王同、周王孙、丁宽、服生、杨何六家,如果加上周王孙的弟子蔡公(著有《蔡公》二篇⑤),以及师学渊源不明的韩婴(著有《韩氏》二篇)⑥,则当时有一定影响的《易》说至少有八家之多。这里有一点需要注意,就是《汉书》在叙述汉初《易》学师承的时候,虽然仅列王、周、丁、服四人为田何弟子,但事实上,田何的弟子当然远不止此四人,仅从《汉书·儒林传》就可知至少还有丁宽的本师梁项生,由于只有王、周、丁、服四人著成《易》传,独自名家,因此班固才仅记载了此四人,换言之,虽然田何的几个重要弟子都通过著述自名一家了,但他本人的师说仍然在其他弟子间流传,因此到

---

① 葛剑雄《两汉人口地理》,人民出版社1986年版,第137页。
② 《汉书》卷八八《儒林传》,第3597页。
③ 《汉书》卷三〇《艺文志》,第1703页。
④ 关于孔子《易》学的传承,《史记·儒林列传》所载仅有商瞿一支,然廖名春先生认为还有子夏、子张均曾传《易》学,然其后学则难知。其说颇可参考。廖名春《从郭店楚简论先秦儒家与〈周易〉的关系》,《汉学研究》,第18卷第1期(2000),第67~71页。
⑤ 《汉书·艺文志》载:"《蔡公》二篇。卫人,事周王孙。"《汉书》卷三〇,第1703页。
⑥ 《汉书》卷三〇《艺文志》,第1703页。

西汉末年,"刘向校书,考《易》说,以为诸《易》家说皆祖田何、杨叔元、丁将军,大谊略同"①,可见田何的《易》学在西汉还是得到了传承。

然而,尽管祖师田何的《易》学仍在流传,但到武帝时期,他的再传弟子杨何以治《易》而诏为中大夫,成为朝中《易》学权威,其弟子京房亦以明于《易》而为太中大夫,杨氏《易》学的影响力一时超越乃祖,故司马迁言"要言《易》者本于杨何之家",这个"家"字,似乎正体现出司马迁对于杨何《易》学的定位——其为田何师学系统内的一家之学。总之,《史记·儒林列传》综述部分言汉初之祖师,诸经分述部分则言当时之宗师,盖其体例如此也。

而班固似乎并未遵循司马迁的这一体例,加之班固的时代,施、孟、梁丘三家《易》分立的局面早已形成,这一点是司马迁始料不及的,因此,在班固看来,如果仍称"要言《易》者本于杨何之家",显然将与下文施、孟、梁丘三家《易》皆出田王孙的叙述自相矛盾。况且司马迁此言,乃是据时而论,到了班固的时候,西汉一朝已成历史,他需要在更广阔的历史层面上作出断语,综合这几个方面的考虑,因此在《汉书》中,原先的"要言《易》者本于杨何之家"也就变成了"要言《易》者本之田何",以更早的祖师来统摄整个汉代《易》学,就《汉书》体例而言,确实亦有其道理。

因此,汉初《易》学肇自田何,而武帝年间则以杨何《易》学为盛,《史记》据时而论,《汉书》立足西汉,二书各从其例,事实上并无矛盾。

第二个问题,据《汉书》记载,《易》学的初任博士是田王孙,然则班固何以又有"《易》杨"之说?

班固《儒林传》赞曰:

初,《书》唯有欧阳,《礼》后,《易》杨,《春秋》公羊而已。②

---

① 《汉书》卷八八《儒林传》,第3601页。
② 《汉书》卷八八《儒林传》,第3620页。

欧阳、后氏、公羊均为博士师法,而班固将"《易》杨"与之并列,似乎杨氏《易》亦曾获置博士,然则不仅《汉书》中再无以"《易》杨"博士的辅证,且从《汉书·儒林传》的相关记载来看,《易》学的初任博士似是田王孙,其师法乃承自田何,嗣后施、孟、梁丘三家《易》学亦不出自杨何,那么所谓的"《易》杨"之辞究竟应如何理解?"《易》杨"究竟是否曾具官学地位?

关于这些问题,乃至《汉书》"《易》杨"之文是否有误,学者颇存争议。程元敏、方麟据此认为欧阳《尚书》、《礼》后、公羊《春秋》均系宣帝石渠会议前就已在太常设博士官的师学,以此类推,《易》杨自宜在武帝立学之"初"即在官学中,杨何也应为首任《易》学博士①。而《汉书·儒林传》中杨何"元光中征为太中大夫"的记载与《史记》中杨何"元朔中以治《易》为汉中大夫"之说不符②,太中大夫秩在中大夫之上,杨何无由先为太中大夫,后为中大夫,元光中杨何所任实当为博士,《儒林传》所载有误。

而沈钦韩、王国维等则认为杨何未任博士,班固赞语中的"《易》杨"应为"《易》田"之讹,武帝时期初立的《易》学官学应是田王孙《易》学③。

至于沈文倬先生则折衷二说,认为杨何即便未曾担任博士,但其师法在武帝时期颇受重视乃为事实,杨何及其弟子司马谈、京房未任《易》博士而班固赞语有"《易》杨"之说者,实因田王孙虽任博士,但自己并未建立师法,而是以杨何之师法立学④,故此于师法仍称"《易》杨"。

以上三说虽皆有所本,但似乎都缺乏坚实的理据。关于程、方所主杨何实任博士之说,笔者通检《史记》《汉书》,以为中大夫之秩未必在太中大夫之下,武帝时期张汤在早期迁官过程中即曾先为太中大夫而后

---

① 程元敏《〈汉书·艺文志、儒林传赞〉论经学博士讨核》,《国立编译馆馆刊》,第二九卷第2期(2000),第75页。此说似由胡秉虔《汉西京博士考》首次提出:"岂何先为博士后为大中大夫而传略之与?"商务印书馆1937年版。
② 《汉书》卷八八《儒林传》,第3597页;《史记》卷六七《仲尼弟子列传》,第2672页。
③ (清)沈钦韩《汉书疏证》卷三四,上海古籍出版社2006年影印本,第155~156页;王国维《汉魏博士题名考》,《王国维全集·第五卷》,第59页。
④ 沈文倬《宗周礼乐文明考论(增订本)》,浙江大学出版社2006年版,第477~478页。

为中大夫,未闻其有获罪左迁之事,因此,仅据杨何迁官而质疑《汉书》记载,似失于武断。

至于沈、王改"《易》杨"为"《易》田"之说,则缺乏版本依据,实难令人信服。且田王孙治《易》虽精,但并无章句传说,其所授师法实皆本自乃师丁宽,故此"《易》田"之说,本身也难以成立。

再看沈文倬先生的推论,关于田王孙的师学,《汉书》记载非常明确,"宽授同郡砀田王孙",这里的"同郡"值得注意:我们知道,丁宽乃梁孝王将军,其主要活动地点在梁国,而田王孙的本籍砀乃是梁国属县,丁宽授学田王孙,应是在二者的家乡梁国,而《汉书》载施雠从田王孙受学的经历又云:"施雠字长卿,沛人也。沛与砀相近,雠为童子,从田王孙受《易》"①,也就是说,田王孙从受学到授徒,主要的活动地点都在梁国界内,直到征为博士,才离开家乡。而杨何乃齐国淄川人,元光元年(前134)应征后即入关,居于长安,至晚到元朔年间仍在任中。从两人的仕宦过程看来,田王孙并无机会从杨何问学,这一点当是可以确定的。

而沈先生认为,"杨何与丁宽师法略同,而武帝又倾向杨何,所以田王孙即用杨何师法而立于学官的"②。前文已言,到杨何完成《杨氏》二篇之后,汉代《易》学分立,已有六至八家之多,这其中王同、丁宽、周王孙、服生同出于田何,但周王孙本身还有一个"《易》古义"的师学来源,似非出自田何,因此,周王孙的《周氏易传》与曾从其问学的丁宽《丁氏》二篇之间应当最为接近。又因为丁宽本身即精于田何《易》学,起初就因为治田氏《易》胜过其师项生,故此直接问学于师祖田何,后来辞别田何之后,田氏更有"《易》以东矣"之论,这样的修为,辅以周王孙《易》古义的启发,丁宽的《易》学成就恐非王同、周王孙、服生诸儒可比,因此上文所引刘向校书,称"诸《易》家说皆祖田何、杨叔元、丁将军",也特别提

---

① 《汉书》卷八八《儒林传》,第3598页。
② 沈文倬《宗周礼乐文明考论(增订本)》,第478页。

到丁宽。田王孙作为丁宽的弟子，其所受自宜为丁氏师法。

另一方面，杨何为王同弟子，王同《易》学本已与丁宽不同，其中没有《易》古义的成分，而杨何本身又对其师学说加以发挥，著《杨氏》而自名一家，显然杨何的学说又与其师不同。这样看来，田王孙虽然与杨何有同门之名，皆为田何再传弟子，但事实上两人治《易》已有明显差异，按司马迁之说，武帝时期"要言《易》者本于杨何之家"，可知朝野儒者颇多杨何弟子。设若"《易》杨"果为博士师法，则自可以找杨何的直系弟子来担任博士，实无必要找一个与他并无直接交往的"远房"同门前来任职；况且汉人极重师学，丁宽既已名家，而田王孙乃其亲传弟子，则田王孙似乎也无由抛弃己师，转称他人之学。沈氏此说亦难相信。

那么，班固的"《易》杨"之说究竟该如何理解呢？我们知道，赞语是史家自己的评述，并非原始史料，因此在使用时需特别谨慎。若将其与前引刘歆《移太常博士书》中关于西汉博士师法演变的记载相对比，会发现两者无论是叙述模式，还是语气，都颇为相似，可以肯定，班氏赞语多少是受到刘歆移文的影响，再加以改造而成。对比两文，班固称宣帝复立"大、小戴《礼》"，刘歆则未言，可知此句乃班固自补足者；然而通过王国维的考证，我们已经可以确认，宣帝时期所立博士者乃后氏《礼》，大、小戴当时尚未各自名家，结合《后汉书·肃宗明帝纪》，我们更可确知大、小戴《礼》乃由东汉光武帝增立，绝非孝宣时所有。由此可见，班固在论述西汉博士制度时，多少受到东汉现实制度的影响，故对于其论述的可靠性，我们更需十分谨慎。

在此背景下再看班固所谓"《易》杨"说。刘歆《移太常博士书》言"往者博士……《易》则施、孟"，从施、孟可知，其所谓"往者"当指宣帝石渠会议前夕，但在班固赞语中，"初"字承前文"自武帝立五经博士"一句而下，其时间点已提早至武帝时期，这样一来，施、孟显然无法作为武帝时期的官学存在,因此班固乃将刘歆之语改为"《易》杨",之所以用"《易》杨",大概还是受到司马迁《史记·儒林列传》中"要言《易》者本于杨何之家"一句的影响,但司马迁此言只是指出汉初儒学的主流风尚,并非就博士制度而言。我们注意到,《儒林传赞》"《易》杨"之说在《史记》《汉书》等汉代文献中仅此一见,实为孤例,若其说可信,则其学何时废止、何以废止,《汉书·儒林传》当有交待,结合田王孙不习杨何《易》学而获任博士的事实,我们认为,班固此说当系误解《史记·儒林列传》而致误,实难据信。

既然班固之说不可信,那么刘歆移文中"往者……《易》则施、孟"之说又是否可信呢?

从现存史料看来,田王孙大概是武帝置五经博士之后的首任《易》博士,而其弟子中有三人最为杰出,即施雠、孟喜和梁丘贺。施雠自幼即从田王孙问学,且未有其他师学背景,应当是最忠实于"丁宽—田王孙"一脉《易》学的弟子,后来他自己也著有《章句》二篇,故自名为一家师法。梁丘贺为少府后,向宣帝举荐施雠,于是施雠乃获任博士:

> 及梁丘贺为少府,事多,乃遣子临分将门人张禹等从雠问。雠自匿不肯见,贺固请,不得已乃授临等。于是贺荐雠:"结发事师数十年,贺不能及。"诏拜雠为博士。甘露中与《五经》诸儒杂论同异于石渠阁。①

由于梁丘贺任少府的时间在宣帝神爵三年(前59)②,因此施雠始任博士的时间,应在神爵三年至甘露三年(前51)之间。

至于孟喜,据《汉书·儒林传》记载,其父乃大儒孟卿,卿自治《礼经》与《春秋》,然以此二经繁杂,遂使孟喜从田王孙受《易》,而孟喜在接受田王孙师法的同时,"得《易》家候阴阳灾变书",自称为田王孙临终所

---

① 《汉书》卷八八《儒林传》,第3598页。
② 《汉书》卷一九下《百官公卿表下》,第807页。

授,在此基础上形成以"卦气说"为核心的《易》学理论,在当时颇有影响,"诸儒以此耀之"①。但其学受到同门梁丘贺等的非议,孟喜遂因"改师法"未能获任博士。此事据沈文倬先生考证,大概就与梁丘贺荐施雠为博士同时,若此说可信,则孟氏《易》至晚到神爵三年,仍未获得官学的地位。

这样看来,施、孟二家《易》学获得官方认可,都是宣帝中期以后的事情,而刘歆"往者"之说将其置于"孝宣犹复广立"之前,使之与武、昭时期已然获得官方认可的公羊《春秋》、欧阳《尚书》并列,显然会引起读者的误解。无怪乎班固在赞语中改不从其说,而将三家《易》之获立皆归于宣帝了。

既然西汉中前期的《易》学博士师法既非"《易》杨",亦非"施、孟",那么,此期《易》学博士的师法究竟是什么呢? 就目前可以考知的结果,武昭时期担任此职的博士只有田王孙一人,其师法为丁宽《易》,那么,我们是否可以说此期的《易》学"博士师法"是丁宽《易》呢? 更进一步,如果丁宽《易》学曾被立为博士师法,为何在后来宣帝所定十二员中,又仅有施、孟、梁丘三家而不见丁氏呢? 这前后的调整又为何完全为《汉书》所失载呢?

面对这些问题,我们当然可以用"文献不足征"作为解释。但笔者以为,我们不妨跳出刘歆、班固所建构的思维惯性来重新思考这一问题。按刘、班之说,宣帝对于博士师法的改革只是一种"扩充","以师法立博士"的制度,自武帝立五经博士以来已经确立,但我们认为,这种说法与西汉中前期的现实制度恐怕并不相符,也无法给西汉中前期实任五经博士的经师们复杂的师法背景提供解释。事实上,从《汉书》对于武帝立五经博士这一事件的记载来看,班固仅仅交待了一个时间信息,至于五经博士员额多少,职权如何,是否限定师法,初任博士何人,均无

---

① 《汉书》卷八八《儒林传》,第3599页。关于孟氏《易》的具体学说,可参朱伯崑《易学哲学史》(第1卷),华夏出版社1994年版,第116~126页。

任何记载,可知班固本人对于这一事件的具体了解,也是非常不充分的。在下文关于《尚书》博士孔安国、孔霸、张山拊师法、《春秋》博士江公师法的讨论中,我们会反复证明,如果执著于用"以师法立博士"的思路去考察西汉中前期的博士制度,很多现象都将难以解释。相反,如果放弃这一思路,认识到五经博士从草创到成熟,必然要经历一个不断完善的过程,武昭时期的五经博士遴选制度,恐怕免不了还要受到汉初以来博士遴选制度的影响,而汉初博士兼治百家言,其官既不因某学而立,更不会有师法之限,故此武昭时期的五经博士,不以师法为限,亦属情理当然,则西汉中前期之五经博士"师法"问题,自可得到相对平实的认识。

(二)《尚书》

关于《尚书》师法的分化问题,争议并不太多,根据《汉书·儒林传》的记载我们可以知道,《尚书》在汉代的祖师为伏生,而伏生所传弟子中,以欧阳生和张生最为著名。欧阳生授倪宽,后来武帝置博士弟子员,于是倪宽乃由郡国选入太学,从博士孔安国受业。倪宽又授欧阳生之子,家传至欧阳生的曾孙欧阳高,乃为博士[1],据《经典释文·序录》,欧阳高为《欧阳章句》[2],于是所谓的《尚书》欧阳学至此建立起来。

伏生的另一位弟子张生授夏侯都尉,都尉授夏侯始昌,始昌授夏侯胜,胜又事倪宽的门人蕳卿,并从欧阳氏问学,采合张生、欧阳生两家之学,自名一家,著《大夏侯章句》,是所谓"大夏侯《尚书》"。

夏侯胜授业其从兄之子夏侯建,后者又事欧阳高,左右采获,"又从《五经》诸儒问与《尚书》相出入者,牵引以次章句,具文饰说"[3],著《小夏侯章句》,是所谓"小夏侯《尚书》"。

总体而言,欧阳《尚书》的师学脉络比较单一,而大、小夏侯《尚书》

---

[1] 《汉书》卷八八《儒林传》,第3603页。
[2] (唐)陆德明撰、吴承仕疏证《经典释文序录疏证》,中华书局2008年版,第52页。
[3] 《汉书》卷七五《眭两夏侯京翼李传》,第3159页。

则在不同程度上融合了欧阳生、张生两家师学传统,夏侯建甚至对《五经》其他诸经中与《尚书》有关的内容有所采获,在师学来源上显得更为丰富。以上是关于汉代《尚书》师学分化的基本线索。

现在,我们来探讨学术界关于《尚书》师学分化存在的几个争议性的问题。总结而言,可以归为两条:第一,孔安国以何家师学立为博士。第二,欧阳、大小夏侯《尚书》的师法何时建立。

关于第一个问题,孔安国系以治今文《尚书》而为博士,这一点经过阎若璩、王国维等学者的考证[①],已成定论。所谓"孔氏有古文《尚书》,而安国以今文读之"[②],很明显孔安国乃是兼通今、古文《尚书》,而在汉初的学术环境下,《古文尚书》的流传尚不广泛,因此孔安国之获任博士,自当是以其治今文《尚书》之精善。这一点,仅据倪宽从孔安国受业而今、古文师法未乱便可看出。事实上,围绕孔安国的最大争议,乃在于其以何种今文师法获任博士的问题。

我们知道,伏生授学欧阳生和张生后,今文《尚书》由此分为两大系统,从《汉书·艺文志》的记载看来,《欧阳经》三十二卷,而大、小夏侯二家经二十九卷,考虑到大夏侯的本学乃传自张生,而小夏侯初亦从大夏侯受业,因此学者普遍认为大、小夏侯的经本乃传自张生,故与欧阳经本卷次不同。又由于大、小夏侯之学的兴起,乃在昭、宣之时,在孔安国为博士之后,因此,沈文倬先生认为孔安国所习,当为欧阳生师法[③],这实际上就是根据班固所谓"初,《书》唯有欧阳"之说推定的。对此,方麟在《秦汉博士制度初探》中表示,"从现有史料看来,似乎还找不到孔安国袭用欧阳师法的直接依据",因此不认同沈氏之说。

另一种较有代表性的说法则出自章太炎先生,他在《经学略说》中

---

① (清)阎若璩《尚书古文疏证》卷二《言安国古文学源流真伪》,上海古籍出版社 1987 年影印本,第 140 页;王国维《汉魏博士题名考》,《王国维全集·第五卷》,第 65 页。
② 《史记》卷一二一《儒林列传》,第 3770 页。
③ 沈文倬《宗周礼乐文明考论(增订本)》,第 480 页。

根据《史记·儒林列传》的记载，以孔安国的本师为申公，故孔氏的《尚书》学亦当传自申公①。关于申公曾治《尚书》，章太炎先生是这样论证的："伏生传《书》之后，未得壁经之前，《史记》称鲁周霸、孔安国、洛阳贾嘉颇能言《尚书》事。（孔安国、周霸，皆申公弟子。申公之治《尚书》于此可见。贾谊本诵《诗》《书》，故其孙贾嘉亦能治《尚书》）"但事实上，自战国以来，弟子转益多师的情况并不罕见，孔安国、周霸虽为申公《诗》学弟子，但未必其《书》学亦从申公处获授。章氏此说同样缺乏文献依据。

关于这一争论，笔者认为，我们判断孔安国的师学问题，首先还是要立足于西汉中前期博士制度的整体特点。孔安国任博士的时间虽然无法精确考定，但是根据倪宽为其博士弟子员的时间，可以大致确定不得晚于元狩三年（前120），而无论孔安国卒年早晚，总之在《史记》成书之时，孔安国已经辞世，因此他为博士的下限，不得晚于太初元年（前104）。换言之，孔安国之任博士，基本可以确定是在武帝中前期。如果按照刘歆、班固的说法，宣帝改制之前《尚书》博士师法唯有欧阳，则孔安国必为欧阳生弟子，但这并没有任何文献资料可资证实，相反，在日传本《古文孝经孔传》的孔安国自序中，对此却有一段记述：

> 昔吾逮从伏生论古文《尚书》谊，时学士会，云出叔孙氏之门，自道知《孝经》有师法。②

由于日传本《古文孝经孔传》本身在流传上存在诸多问题，因此很多学者对孔安国序文并不置信，对这里孔安国从伏生问学也更加表示怀疑，而怀疑的主要理由，是伏生在文帝时已经九十多岁，孔安国从年辈上来说不可能赶得上从伏生受学③。

---

① 章太炎《经学略说》，《国学讲演录》，华东师范大学出版社1995年版，第78页；《史记》卷一二一《儒林列传》，第3766页。
② 《古文孝经》，东京：古典保存会昭和五年（1930）影印京都大原三千院藏古抄本，第7页。
③ 方麟《秦汉博士制度初探》，北京大学2010年博士学位论文，第105页。

事实上，笔者认为，虽然日传本《古文孝经孔传》的孔传部分基本可以确定是晚出，但其经文与序文的真伪，却不可轻易下结论。仅就这条材料而言，其称伏生所传为"古文《尚书》"，就非常引人注意。我们知道，所谓今古文《尚书》之分，自刘歆而下，便十分明确，伏生所传者，今文《尚书》也；孔壁所出者，古文《尚书》也，但这里称孔安国"从伏生论古文《尚书》谊"，初看起来，十分令人费解，而隋人刘炫对此则有专门解释：

> 古文《尚书》亦是坏壁所得，于伏生之时以得古文《尚书》义者，伏生所传亦自谓古文《尚书》，非谓伏生见恭王古文也。①

刘炫的解释十分精到。关于伏生所传之本，王国维已经指出："伏生所藏，为秦未焚书以前写本，当是古文。其传授弟子，则转写为今文。"②也就是说，伏生本人所用本，实为古文本，而其弟子如欧阳生、张生等转录之本，方为今文。只是后来伏生之古文本被视为"筌蹄"，而孔壁所出本又独据"古文"之名，乃使伏生所传本皆称"今文"。自西汉而下，此两者泾渭分明，不容混称。而由此看来，《古文孝经孔传》的序文称"从伏生论古文《尚书》谊"，这无疑透露出此文的作者时代当在西汉中前期，为其时今、古文之称尚未成为伏、孔二家之专名，故仍可就伏生传习之本为壁藏本而称之为古文也。从这一点也就可以看出，这篇序文恐非魏晋时人所能妄造。

前文已言，学者怀疑孔安国直接受业于伏生，主要是考虑到二人年龄的差距。我们看上文的孔序，其在述及从伏生问学时，用了"逮从"一词，刘炫云："文帝之时，伏生已老，安国幼尝经见，故云'吾逮从'，是仅得及之辞也。"③关于孔安国的生卒年，这又是西汉经学史上的一个大问

---

① （隋）刘炫《孝经述议》，京都大学图书馆藏清原家古抄本。
② 王国维《汉时古文本诸经传考》，《观堂集林》卷七《艺林七》，《王国维全集·第八卷》，第 207～208 页。
③ （隋）刘炫《孝经述议》，京都大学图书馆藏清原家古抄本。

题,本文限于体例,无法具论。不过,目前学界判断孔氏卒年,一个重要的例据是今传本《史记》中有"安国为今皇帝博士,至临淮太守,蚤卒"之言①,但日传本刘炫《孝经述议》残卷卷四曾征引《史记》此段,"蚤卒"作"免卒"②。比对孔安国的生平,笔者认为当作"免卒","蚤卒"应是宋刻本以下之讹误③。而如果以《史记》纪事的下限太初元年(前104)为基准,上推六十年④,孔安国的生年,应不晚于文帝前元十六年(前164),此距晁错从伏生问《尚书》(文帝前元十二年,前168),不过四年。古人习经多始自幼童之时,孔安国以童蒙而从伏生习《尚书》,故称"逮从",并非不可能。

据此,笔者认为,孔安国的《尚书》学乃直承自伏生,而由于后来他将主要精力放在孔壁所出古文的整理、研习上,因此在今文《尚书》方面并未形成专著,其今文《尚书》师法也就未得建立。从《汉书》的记载看来,孔安国任《尚书》博士的时间,至迟不晚于元狩三年(前120),而在此之前,并未闻以治《尚书》为五经博士者,因此孔安国很有可能是《尚书》的首任博士。虽然后来的今文《尚书》分为欧阳、大、小夏侯三家,但在武帝前期,三家师学尚未区分,《尚书》学犹总于伏生名下,故此倪宽先从欧阳生问学,后来转从孔安国受业,二者并无扞格。前文论《易》学

---

① 《史记》卷四七《孔子世家》,第2344页。
② 刘炫原文为:"议曰:《孔子世家》云,孔安国为今皇帝博士,至临淮太守免,卒。"(隋)刘炫《孝经述议》,京都大学图书馆藏清原家古抄本。
③ 关于孔安国不应"蚤卒"的具体论证,可参胡平生《阜阳双古堆汉简与〈孔子家语〉》,《国学研究》,第七卷,第526页。胡先生并未以刘炫《孝经述议》的异文为证,而是从孔安国生平考订的角度提出孔安国之"蚤卒"说难以成立,今得刘炫《孝经述议》之异文为证,则此说的可信度进一步提升。
④ 此"六十年"乃取《孔子家语·后序》中"子国由博士为临淮太守,在官六年,以病免,年六十卒于家"之说,既然刘炫《孝经述议》所据《史记》告诉我们孔安国之卒乃在临淮太守免官之后,则《后序》中这段此前备受质疑的记载便有了充分的文献依据。关于这一问题的具体辨析,可参拙文《京都大学所藏刘炫〈孝经述议〉残卷考论》,《中华文史论丛》,2013年第1期,第167页。《孔子家语》卷末《后序》,文渊阁《四库全书》本。

分化时已言，田王孙之任《易》博士，并非等同于田氏《易》或丁氏《易》获立为博士师法，至多只能看做丁宽《易》学得到官方认可；同样，孔安国获任博士，也只能说明其所习伏生《书》学获得了官方认可，并不意味着孔氏《书》或者伏氏《书》获立"博士师法"，这是笔者需要再次强调的。

关于第二个问题，欧阳、大、小夏侯三家《尚书》师法成立于何时，如果以完成章句为标准，欧阳氏《章句》成于欧阳高，大夏侯《章句》成于夏侯胜，小夏侯《章句》成于夏侯建。从年辈上来说，夏侯胜、夏侯建都曾向欧阳高问学，故欧阳高的年辈当为最高；其次则夏侯胜、夏侯建。三人皆曾获任博士，而一般情况下，获任博士当在完成章句之后。因此，如果可以推知三人获任博士的时间，也就可以基本推知此三家章句成立的时间，进而也就可以大体获知三家师法成立于何时。

从今存史料看来，夏侯胜任博士的时间相对较容易探知。《汉书·夏侯胜传》言："征为博士、光禄大夫。会昭帝崩，昌邑王嗣立，数出。"[①] 则夏侯胜任博士、光禄大夫当在昭帝朝，至于自何时始任博士，则诸家说法不一。沈文倬认为"博士升官往往是迁为大夫，可见他在昭帝死前一、二年任光禄大夫，征为博士在元凤年间"[②]，而方麟则从《后汉书·桓郁传》中检获一条材料，即东汉窦宪在奏疏中称："孝昭皇帝八岁即位，大臣辅政，亦选名儒韦贤、蔡义、夏侯胜等入授于前，平成圣德。"[③] 由是以夏侯胜任博士为昭帝始元年间[④]。关于方麟所举出的这条材料，笔者仍稍存疑，理由有二：

第一，从《汉书·韦贤传》和《史记·建元以来侯者年表》下"蔡义"条所记其行事看来，韦贤和蔡义授昭帝经，都是以"给事中"的身份出入

---

① 《汉书》卷七五《眭两夏侯京翼李传》，第3155页。
② 沈文倬《宗周礼乐文明考论（增订本）》，第488页。
③ 《后汉书》卷三七《桓荣丁鸿列传》，第1255～1256页。
④ 方麟《秦汉博士制度初探》，北京大学2010年博士学位论文，第126页。

第二章　两汉官定经目的制度演变

禁中①。《汉书·百官公卿表》云:"给事中,亦加官,所加或大夫、博士、议郎,掌顾问应对,位次中常侍。"②换言之,由于给事中有出入禁中的便利,因此为了便于为昭帝授经,乃为蔡义、韦贤加此官。但对比夏侯胜,则无给事中的加官,只是到了宣帝本始元年,霍光使其进授太后《尚书》,乃任其为长信少府,专掌太后宫③。那么,既然夏侯胜在昭帝时并无给事中的身份,则其是否曾与韦贤、蔡义同为帝师,颇值得怀疑。

第二,从整个西汉中后期的历史看来,曾为帝师乃是一个十分重要的仕宦经历,对于大臣的升迁、社会地位有非常重要的影响。以蔡义、韦贤为例,由于曾授昭帝经,蔡义在昭帝元凤三年(前78)由光禄大夫擢为少府,元凤六年(前75)擢为御史大夫,位列三公;韦贤则在元凤五年(前76)由詹事擢为大鸿胪。进入宣帝时期后,蔡义、韦贤先后以先帝之师的身份拜相,霍光在面对他人对蔡义的质疑时即以此应对:

> 义为丞相时年八十余,短小无须眉,貌似老妪,行步俛偻,常两吏扶夹乃能行。时大将军光秉政,议者或言光置宰相不选贤,苟用可颛制者。光闻之,谓侍中左右及官属曰:"以为人主师当为宰相,何谓云云?此语不可使天下闻也。"④

至于韦贤,《史记》记载:

> 迁为光禄大夫、大鸿胪、长信少府。以为人主师,本始三年代蔡义为丞相,封扶阳侯,千八百户。⑤

可见"为人主师"在他们的仕途中发挥了重要的作用,而如果将考

---

① 《汉书·韦贤传》载:"征为博士,给事中,进授昭帝《诗》,稍迁光禄大夫詹事,至大鸿胪。"《汉书》卷七三,第3107页。《史记·建元以来侯者年表》褚少孙补:"蔡义,……入侍中,授昭帝《韩诗》,为御史大夫。"《史记》卷二〇,第1254页。
② 《汉书》卷一九上《百官公卿表上》,第739页。
③ 《汉书》卷七五《眭两夏侯京翼李传》,第3155页。
④ 《汉书》卷六六《公孙刘田王杨蔡陈郑传》,第2899页。
⑤ 《史记》卷二〇《建元以来侯者年表》褚少孙补,第1254页。

察的范围扩大到宣帝、元帝、成帝时期,就会发现在西汉中后期,"为人主师"是获任丞相一个非常重要的资历,萧望之、韦玄成、孔霸、张禹等人都因曾为帝师而后显贵。反观夏侯胜,则其在昭帝时期仅由博士擢为光禄大夫,而到了宣帝时期,他先是以非毁先帝诏书获罪,后来因大赦获释,终官也不过太子太傅,始终未能列为九卿。而关键问题是,在非毁先帝诏书的问题上,如果他确曾为帝师,则参照蔡义、韦贤等人的地位看来,这一经历至少应当助他逃过牢狱之灾,但事实上,他不但当时落狱,后来也没有得到特赦,乃是适逢大赦才得以释放。终夏侯胜一生,《汉书》均未提及他曾为昭帝师的经历,而最终为他带来哀荣的,反倒是因为在宣帝初年授太后《尚书》:

> 年九十卒官,赐冢茔,葬平陵。太后赐钱二百万,为胜素服五日,以报师傅之恩,儒者以为荣。①

结合以上两点,笔者认为,夏侯胜恐未曾为昭帝授经,或许因为他曾为太后授经,后来又任太子太傅,因此窦宪误会他系昭帝师傅,将之与蔡义、韦贤同列。《汉书》记载夏侯胜一生行藏颇为详细,我们还是应以《汉书》的记载为准。

既然夏侯胜并无昭帝初年授经之事,因此,对于他任博士的时间,也就只能大体框限在昭帝始元、元凤年间,而其师法的形成,或稍早于此。孔霸治《尚书》乃师从夏侯胜,而霸昭帝末即为博士②,由此可知夏侯胜师学的初步形成,当不晚于昭帝末年。

不过,关于夏侯胜的师法,还有一个问题,那就是与一般经师先成章句,后自名家不同,夏侯胜以《尚书》别自名家乃在其完成《章句》之前。《汉书·夏侯建传》记载,当夏侯胜的从兄子夏侯建自为章句,别自

---

① 《汉书》卷七五《眭两夏侯京翼李传》,第3159页。
② 《汉书·孔光传》载:"霸亦治《尚书》,事太傅夏侯胜,昭帝末年为博士……"《汉书》卷八一《匡张孔马传》,第3352页。

第二章　两汉官定经目的制度演变

名家时,夏侯胜曾经对他有所批评:

> 胜非之曰:"建所谓章句小儒,破碎大道。"建亦非胜为学疏略,难以应敌。①

夏侯建此时已经完成了自己的《尚书章句》,而夏侯胜对所谓"章句"之学似乎并不看好,讽刺其为"章句"小儒,而夏侯建则反过来称夏侯胜"为学疏略,难以应敌"。所谓"疏略",意谓其仅诂训大义,缺少精密的辨析和精彩的发挥。结合此二者,笔者以为夏侯胜名家之时,尚未有自己的章句,只是在解说《尚书》时已经有了自己的观点,与其家传张生之学以及欧阳氏之学都有所不同,夏侯胜完成自己的《尚书》著作,乃在宣帝时:

> 胜复为长信少府,迁太子太傅。受诏撰《尚书》《论语说》,赐黄金百斤。②

所谓《论语说》,见于《汉书·艺文志》,著录名为《鲁夏侯说》③。至于《尚书》著作,则《汉志》并无《尚书说》之名,只有《大夏侯章句》和《大夏侯解故》④,夏侯胜所作当为其一。如果以完成著作为其师法正式确立的标志的话,则大夏侯学的最终确立,当在其复任宣帝长信少府、太子太傅之时。夏侯胜于宣帝本始四年(前70)遇大赦获释,其后先为谏大夫、扬州刺史,后为长信少府、太子太傅,据沈文倬先生考证,夏侯胜任太子太傅在元康三年(前63)至神爵四年(前58)⑤,其说可从,故大夏侯师法的最终确立,应在宣帝本始四年至神爵四年之间。

以夏侯胜作为基准,欧阳高师学之成立当较之略早。不过关于欧

---

① 《汉书》卷七五《眭两夏侯京翼李传》,第3159页。
② 《汉书》卷七五《眭两夏侯京翼李传》,第3159页。
③ 《汉书》卷三〇《艺文志》,第1716页。
④ 《汉书》卷三〇《艺文志》,第1705页。
⑤ 沈文倬《宗周礼乐文明考论(增订本)》,第487页。

阳高的问题,由于《汉书》于其行藏全无记载,因此实难考究。沈文倬先生考定欧阳高之任博士在昭帝始元年间①,其说大抵可从。

最后,关于夏侯建的问题,他的年辈晚于夏侯胜,其任博士自当在其后,但是夏侯建的弟子张山拊在石渠会议时已任博士,则夏侯建之任博士,又似当在此之前,姑定于宣帝前期。至其师法之成,则前文已言,乃在夏侯胜应诏著《尚书说》《论语说》之前,故姑系于昭、宣之际。

总而言之,至晚到宣帝初年,随着欧阳、大、小夏侯《尚书》章句各自撰成,原先由伏生口传的今文《尚书》一脉至此分为三家。大抵到石渠会议之前,治欧阳《尚书》的欧阳地余、林尊,治大夏侯《尚书》的夏侯胜、孔霸,治小夏侯《尚书》的夏侯建、张山拊均曾获任博士,沈文倬先生认为凡夏侯胜诸人获任博士,都是以欧阳师法而获立,是宣帝为了确认大、小夏侯师法的实际影响力而不得已采取的权宜之计,这种解释似过于牵强:欧阳《尚书》自有传人,何以自夏侯胜以下,四任"欧阳《尚书》"博士皆名不副实,这如何体现西汉儒学对于师法的尊崇?

因此,与班固"《易》杨"之说不可据信一样,刘、班所谓"初,《书》唯有欧阳"之说也不符合昭帝至宣帝中前期《尚书》实任博士的师法背景。在笔者看来,最为合理的解释,就是与《易》学一样,宣帝黄龙改制之前的《书》学博士并未明确限定师法。欧阳生、张生两系弟子既然都宗伏生,则其在师法权威性上,自然分庭抗礼,无分高下,唯欧阳氏世代家传,脉络精纯,虽然《章句》成于欧阳高,但其师说则源自欧阳生乃至伏生,未有杂合,因此较早获得官方认可;但后两者左右采获,在某些问题上必也有过人之处,特别是他们广授弟子,因此也获得了一定的社会影响力,并先后以任博士的方式表明其学说得到了官方的认可。因此,说欧阳氏之师法成立早于大、小夏侯,此自无疑问,但若谓欧阳氏先据"博士师法"之位,夏侯胜以下诸儒皆必以"欧阳《尚书》"之名义方可获任博

---

① 沈文倬《宗周礼乐文明考论(增订本)》,第487页。

士,则恐有未周。

简言之,至迟到宣帝前期,欧阳、大、小夏侯《尚书》之师法,均有经师出任博士,这意味着三家《尚书》学都获得了官方的认可,但并不能就此认为三家获立"师法博士",唯此时实无"师法博士"之制度,故至宣帝黄龙改制后,三家师法始由"事实上"的官学转变为"制度化"的官学。在三家《书》学"事实上"获得官方认可的过程中,欧阳氏在先,大、小夏侯在后,而在"制度化"确认的问题上,则三家皆始于黄龙元年,并无先后。

(三)《诗》

与诸经师法分化多在武、昭、宣时期不同,三家《诗》的分立早在汉初就已呈现,《史记·儒林列传》称:

> 自是之后,言《诗》于鲁则申培公,于齐则辕固生,于燕则韩太傅。①

关于此三家《诗》的师学渊源,本文不作探讨,笔者关注的是,三家《诗》并置博士的局面何时形成？在宣帝黄龙改制之前,三家《诗》以何种方式体现其"官学"的身份？

我们知道,申公、辕固和韩婴三人在文景之时皆曾获任博士,但当时的博士实为咨询官,他们以治《诗》而闻名,因此被征为博士,这既不代表文景之时朝中有专为《诗》设置的博士职位,更不能说明文景之时已经形成了三家《诗》并置的局面。虽然《后汉书·翟酺传》中有孝文置"一经博士"之说,但此说之不可轻信,已见于上节之考证,故《诗》博士的真正建立,仍应与其它诸经同系于武帝建元五年(前136)。

那么,既然三家《诗》的师学分化早在文景之时已经形成,则武帝所置五经博士中,治《诗》者究竟是用何种师法呢？

由于学者历来认为文景之时《诗》学博士已立,因此,关于这一问题,大多数学者亦认为武帝所立五经博士中《诗》有三家,甚至有所谓

---

① 《史记》卷一二一《儒林列传》,第3762页。

"五经七博士"之说①,但事实上,这一说法并无文献依据。从《史记》的记载看来,其称申公弟子为博士者十余人,然其下所举者,如孔安国、周霸、夏宽、鲁赐、缪生、徐偃、阙门庆忌等皆已由博士迁为它官,可知司马迁著《儒林列传》之时,《鲁诗》似乎并无现任博士者,那么此时的《诗》博士是谁呢?在韩诗的部分,司马迁言"韩生孙商为今上博士",很显然,韩婴之孙韩商正是司马迁著《史记》时的现任博士;而观诸《齐诗》,则司马迁仅言"诸齐人以《诗》显贵,皆固之弟子也",似乎截止司马迁著《儒林列传》为止,治《齐诗》者虽然有人"以《诗》显贵",但尚无人获任博士。这样看来,并无数据可以证明武帝中前期曾出现三家《诗》"并立"博士的局面。

而在武帝太初以后,我们注意到,以治《鲁诗》而获任博士者,最早的似是昭帝时期的韦贤,《汉书·韦贤传》云:

(贤)征为博士,给事中,进授昭帝《诗》,稍迁光禄大夫詹事,至大鸿胪。②

韦贤任博士的时间,当在昭帝始元初年。那么,从《史记·儒林列传》记载的下限太初年间算起,在整个武帝后期的十多年里,任《诗》博士者皆无治《鲁诗》者,这一现象是非常值得注意的。

究竟武帝后期的《诗》博士都有哪些人呢?我们知道,韩商在司马迁著《史记》的时候见任博士,但是他何时迁官,则《史记》《汉书》皆不见载。总之以《史记》记载的截止时期为始,最早的《诗》博士是治《韩诗》的韩商③。

---

① 张汉东《秦汉博士官的设置及其演变》,《史学集刊》,1984年第1期,第8页。
② 《汉书》卷七三《韦贤传》,第3107页。
③ 关于韩商所任究竟是何经博士,有学者认为是《易》博士。但《汉书》所载"以《易》征"的韩生乃是孝宣时人,当为韩商的子、孙辈,其在朝中云:"所受《易》即先太傅所传也。尝受《韩诗》,不如韩氏《易》深,太傅故专传之。"可见,韩氏所传的《易》学直到宣帝时才为朝中大臣所知晓,故韩生需要对其《易》学的源流进行介绍,而韩商为武帝时所任博士,必为《诗》博士无疑。《汉书》卷八八《儒林传》,第3613~3614页。

第二章　两汉官定经目的制度演变

其后所知任为博士者,有温人蔡义。据《史记·建元以来侯者年表》褚少孙补表:

> 蔡义,家在温。故师受《韩诗》,为博士,给事大将军幕府,为杜城门候。入侍中,授昭帝《韩诗》,为御史大夫。①

蔡义为《韩诗》弟子,其事见于《汉书·儒林传》:

> 赵子,河内人也。事燕韩生,授同郡蔡谊。谊至丞相,自有传。②

褚少孙为宣帝时期博士,其所载史料当为可信。给事大将军幕府,乃大将军属官,《史记》有杜延年、杨敞、邴吉等曾为此任,官秩不详。杜城门候,当为十二城门候之一,乃城门校尉的属官,各门皆有门候③,"主候时而开闭也"④。《汉书·蔡义传》载其所任为"覆盎城门候"⑤,而颜师古在《汉书·刘屈氂传》"太子军败,南奔覆盎城门,得出"句下注云:"长安城南出东头第一门曰覆盎城门,一号杜门。"⑥可知《史记》《汉书》所载并无不合。蔡义任为博士的时间,史无明文。沈文倬先生认为在昭帝朝,理由是蔡氏是以昭帝之诏求《韩诗》而入侍,"即拜为博士给事中,进授韩《诗》"⑦,但这一考证显然与褚少孙的记载并不相符:据褚氏《补表》,蔡义为博士乃在给事大将军幕府之前,并非以"侍中"入授昭帝《韩诗》之后。关于蔡义的早期行藏,《汉书》的记载稍显清晰:

> 蔡义,河内温人也。以明经给事大将军莫府。家贫,常步行,资礼不逮众门下,好事者相合为义买犊车,令乘之。数岁,迁补覆盎城门候。

---

① 《史记》卷二〇《建元以来侯者年表》褚少孙补,第1254页。
② 《汉书》卷八八《儒林传》,第3614页。
③ 《汉书》卷一九上《百官公卿表上》,第737页。
④ 《汉书》卷七八《萧望之传》颜师古注,第3272页。
⑤ 《汉书》卷六六《公孙刘田王杨蔡陈郑传》,第2898页。
⑥ 《汉书》卷六六《公孙刘田王杨蔡陈郑传》,第2881页。
⑦ 沈文倬《宗周礼乐文明考论(增订本)》,第483页。

久之,诏求能为《韩诗》者,征义待诏。久不进见。义上疏曰:"臣山东草莱之人,行能亡所比,容貌不及众,然而不弃人伦者,窃以闻道于先师,自托于经术也。愿赐清闲之燕,得尽精思于前。"上召见义,说《诗》,甚说之,擢为光禄大夫、给事中,进授昭帝。数岁,拜为少府,迁御史大夫,代杨敞为丞相,封阳平侯。①

蔡义以光禄大夫迁为少府在昭帝元凤三年(前78),由此逆推"数岁",则入授昭帝之事当在始元中后期,而蔡义在城门侯、待诏任上都曾久滞不进,加之其由给事大将军幕府到迁补覆盎城门候还花了"数岁"的时间,则蔡义之任博士,很可能在武帝后期,至于具体的起讫年,则无可考。

除了韩商、蔡义以外,武帝后期可能任《诗》博士的还有两人。其一,是辕固的亲传弟子,治《齐诗》的夏侯始昌。关于夏侯始昌的生平,见于《汉书·夏侯始昌传》:

夏侯始昌,鲁人也。通《五经》,以《齐诗》《尚书》教授。自董仲舒、韩婴死后,武帝得始昌,甚重之。始昌明于阴阳,先言柏梁台灾日,至期日果灾。时昌邑王以少子爱,上为选师,始昌为太傅。年老,以寿终。②

沈文倬先生曾指出,"始昌既是辕固的亲炙弟子,又对齐《诗》有较高造诣,应是博士的最佳人选,但因受武帝重用,直接选拔为昌邑王太傅,不必经过博士这个阶梯"③,但是如果对夏侯始昌的生平作细致考证,我们会发现沈先生这里的考证仍存问题。

从上面的引文可知,夏侯始昌之入朝,乃在"董仲舒、韩婴死后",关于董、韩二人的卒年,韩婴无可考,董仲舒则苏舆系于太初元年(前104)④。故始昌入朝大抵应在太初之后。

---

① 《汉书》卷六六《公孙刘田王杨蔡陈郑传》,第2898~2899页。
② 《汉书》卷七五《眭两夏侯京翼李传》,第3154页。
③ 沈文倬《宗周礼乐文明考论(增订本)》,第476页。
④ (清)苏舆《春秋繁露义证》附录1《董子年表》,第486页。

又,据上引文所言,夏侯始昌入朝后最为轰动的一件事,就是准确地预测了柏梁台灾,而查《汉书·武帝纪》,柏梁台灾正在太初元年①,由此可知,夏侯始昌之入朝正当太初元年。

另一方面,夏侯始昌终官于昌邑太傅,而查《汉书·武帝纪》:

夏四月,立皇子髆为昌邑王。②

昌邑王之立乃在天汉四年(前97),则夏侯始昌之任昌邑王太傅,亦不得早于天汉四年,也就是说,夏侯始昌自太初元年入朝,至天汉四年任昌邑王太傅,其间仍有八年的时间,显然夏侯始昌并非"直接选拔为昌邑王太傅",而这八年的历官,则《汉书》中未有记载。我们知道,由博士迁官诸侯国相或太傅,在汉代非常常见,夏侯始昌在为昌邑王之前乃任《诗》博士,并非没有可能。

不过,从反面来讲,经师应诏,虽以其治经精善,但未必皆征为博士,还要考虑到应征者的年资。夏侯始昌应征时年岁应该已经在五六十以上,因此不排除武帝以太中大夫甚至光禄大夫的名义直接征聘他。总之,在夏侯始昌为昌邑太傅之前,他必定另有官职,只是究竟是博士还是大夫,就难以考定了。

武帝后期可能任《诗》博士的另一人则是夏侯始昌的再传弟子、后仓的弟子,治《齐诗》的白奇。关于白奇之任博士,见载于《汉书·萧望之传》:

萧望之字长倩,东海兰陵人也。徙杜陵。家世以田为业,至望之,好学,治《齐诗》,事同县后仓且十年。以令诣太常受业,复事同学博士白奇,又从夏侯胜问《论语》《礼服》。京师诸儒称述焉。③

---

① 《汉书》卷六《武帝纪》,第199页。
② 《汉书》卷六《武帝纪》,第205页。
③ 《汉书》卷七八《萧望之传》,第3271页。

萧望之赴太常受业的时间,沈文倬先生考为始元五、六年(前82、前81)①,但沈先生的估算方法,乃是把"且十年"算作整十年,同时假定萧望之为博士弟子至获丙吉举荐只有一年时间,如果考虑到"且十年"应当只有八、九年,而萧望之为博士弟子的时间也未必仅有一年,则萧望之始从白奇受业,或可提前至始元二、三年,而白奇之始任博士,便有可能是在武帝末年,我们姑系为武昭之际。

这样看来,从太初到武昭之际,可以确定的《诗》博士,有韩商、蔡义和白奇,而可能获任博士的,还有夏侯始昌。这其中韩商、蔡义为《韩诗》,夏侯始昌、白奇则为《齐诗》,从时间上看来,韩商任博士的时间,在太初前后,夏侯始昌可能任博士的时间,在太初元年至天汉四年之间,蔡义获任的时间,当在武帝太始、征和年间,而白奇始任的时间,则可能在武帝末年、昭帝初年,从整体上看,治《韩诗》的韩商、蔡义和治《齐诗》的夏侯始昌、白奇似未同时获任博士,而是两家前后交错。前文已言,这一时期正是治《鲁诗》者任博士的真空期,因此,笔者以为,终武帝一朝,《诗》博士的设置似乎与其他诸经并无不同,皆是仅以《诗》为经目,不标师法,治三家《诗》者皆可就任博士,然并未同时并置。

这一情况在昭帝时期似乎得到了延续。我们现在知道昭帝时获任《诗》博士者,《鲁诗》有韦贤,其以博士加给事中衔授昭帝《诗》。《韩诗》的情况并不明朗,蔡义的弟子王吉、食子公、长孙顺先后皆为博士,其中王吉任博士乃在宣帝时期,食子公、长孙顺则不可考。《齐诗》方面,则有后仓。关于后仓以《礼》还是以《诗》获任博士,历来存在争议,沈文倬、方麟等认为后仓为武帝时期《礼》博士②,张金吾、程元敏先生则认为

---

① 沈文倬《宗周礼乐文明考论(增订本)》,第483页。
② 沈文倬《从汉初今文经的形成说到两汉今文〈礼〉的传授》,《宗周礼乐文明考论(增订本)》,第260~262页;方麟《秦汉博士制度初探》,北京大学2010年博士论文,第108~110页。

第二章 两汉官定经目的制度演变

后仓为宣帝时《礼》博士①,而胡秉虔、王国维等则认为后仓同时为《齐诗》《礼》博士②,各持己说,尚无定论。笔者以为要厘清这一问题,关键是要明确两点:第一,后仓何时就任博士?第二,后仓治《礼》之名起于何时?其与就任博士孰先孰后?

我们不妨先将《汉书》中关于后仓的记载列之如下:

> 后苍字近君,东海郯人也。事夏侯始昌。始昌通《五经》,苍亦通《诗》《礼》,为博士,至少府,授翼奉、萧望之、匡衡。
>
> 孟卿,东海人也。事萧奋,以授后仓、鲁闾丘卿。仓说《礼》数万言,号曰《后氏曲台记》,授沛闻人通汉子方、梁戴德延君、戴圣次君、沛庆普孝公。③

后仓先后出现于《儒林传》的《诗》《礼》两家。就《诗》而言,他的师学谱系乃是辕固—夏侯始昌—后仓,而就《礼》学而言,则是徐氏—萧奋—孟卿—后仓。关于后仓任博士的时间,《汉书》中的一条材料可供参考,即昭、宣之间的昌邑王执政末期,以霍光为首的群臣奏废昌邑王的奏疏中,有"博士臣霸、臣隽舍、臣德、臣虞舍、臣射、臣仓"④的联署。这六人当中,"霸"当为孔霸,"昭帝末年为博士",故及于此事;至于"臣仓",则学者多认为即为后仓,此说可信,因为在可考的汉代博士中,并无其他名"仓"者,而据《汉书·百官公卿表·孝宣本始二年》条所载"博士后仓为少府,二年"⑤,亦可证昭宣之际后仓确实见任博士,其事止于

---

① (清)张金吾《两汉五经博士考》卷二,上海:商务印书馆1936年版,第11页;程元敏《〈汉书·艺文志、儒林传赞〉论经学博士讨核》,《"国立"编译馆馆刊》,第29卷第2期(2000),第86页。
② (清)胡秉虔《汉西京博士考》卷二,上海:商务印书馆1937年版,第35、37页;王国维《汉魏博士题名考》,《王国维全集·第五卷》,第78、82页。
③ 《汉书》卷八八《儒林传》,第3613、3615页。
④ 《汉书》卷六八《霍光金日磾传》,第2945页。
⑤ 《汉书》卷一九下《百官公卿表下》,第800页。

宣帝本始二年(前72)。至于后仓何时始为博士,则程元敏先生借助萧望之离乡赴京受学的时间,考知后仓释褐离东海赴任博士,不得早于元凤元年(前80)①,其说可从。这样,后仓任博士的时间,可以基本框限在昭帝元凤元年至宣帝本始二年这七八年的时间里。

又,前文曾言,萧望之受业太常,所从乃"同学博士白奇",颜师古注称:"常同于后仓受业,而奇后为博士。"②也就是说,至迟在昭帝初年的时候,后仓的弟子白奇已经获任博士,而这也就可以说明,后仓治《齐诗》之名,至迟在昭帝初年已经传至长安。

而后仓之著《后氏曲台记》,据《七略》载,则在宣帝时期:

宣皇帝时行射礼,博士后仓为之辞,至今记之,曰《曲台记》。③

至于行射礼的时间,则《汉书》无载,不过既然当时后仓的职衔是博士,则可知此事必在宣帝本始元年至二年期间,而由此亦可知,后仓以《曲台记》授闻人通汉、戴德、戴圣和庆普,都已经在宣帝时期了。

这样看来,后仓获任为博士的本经就比较清楚了。既然后仓在昭帝初年已经以治《齐诗》名闻朝中,而他治《礼》名家,撰成《后氏曲台记》,则在宣帝初期,那么后仓在昭帝元凤年间应诏为博士,恐怕主要是基于其治《齐诗》的出色成就。查《汉书·艺文志》,《齐诗》部分的著作有《齐后氏故》《齐后氏传》,显然后仓在《齐诗》方面不仅仅是一个传授者,还是《传》《故》的整理者,其弟子白奇以博士而据以课试、讲授者,很可能就是后仓的这些著作。更进一步,从《汉书·艺文志》的记载看来,《齐诗》并没有像《鲁故》《韩故》《韩内传》《韩外传》这样传自先师申公、

---

① 程元敏《〈汉书·艺文志、儒林传赞〉论经学博士讨核》,第86页。
② 《汉书》卷七八《萧望之传》颜师古注,第3271页。
③ 引自《文选》卷六〇《齐竟陵文宣王行状》李善注,上海古籍出版社1986年版,第2572页。

韩婴的著作,《汉书·楚元王传》载"申公始为《诗》传"①,《史记·儒林列传》则云"韩生推《诗》之意而为《内》《外传》数万言"②,至于辕固,则不言其有著作。因此,笔者认为《汉书·艺文志》中"汉兴,鲁申公为《诗》训故,而齐辕固、燕韩生皆为之传"③的说法或许并不能坐实为辕固著有《诗传》一书,否则不仅难以与《史记·儒林列传》相合,即使与《汉书·艺文志》本身,也并不相符。

而从这个角度再看应劭的一句话,我们或许对后仓在《齐诗》传承中的关键性作用有一个新的认识:

> 应劭曰:"申公作《鲁诗》,后仓作《齐诗》,韩婴作《韩诗》。"④

应劭此言历来令人费解,齐召南即指出:

> 应说非是,后仓传《齐诗》者,非其始也,《齐诗》始于辕固。⑤

但是,应劭乃东汉末年之人,身当其世,本身又"博览多闻"⑥,且曾集解《汉书》,似乎不大可能连三家《诗》的祖师都搞不清楚。结合我们这里对后仓以及整个《齐诗》著作的考证,笔者认为,应劭这里所说的,是三家初作《诗》传、章句者,《鲁诗》《韩诗》最初的《诗传》皆出于其祖师申公、韩婴,而《齐诗》的师学虽然形成于辕固,但他并没有完成著述,直到他的再传弟子后仓,才著成《齐后氏故》《齐后氏传》,齐诗的师法至此才算完全建立起来。故应劭乃以之与申公、韩婴并举。

而从这个角度回顾《齐诗》在武帝时期的发展,笔者认为,或许正是因为《齐诗》的章句始终没有形成,因此治《齐诗》者虽然显贵,但大都未

---

① 《汉书》卷三六《楚元王传》,第1922页。
② 《史记》卷一二一《儒林列传》,第3768页。
③ 《汉书》卷三〇《艺文志》,第1707~1708页。
④ 《汉书》卷三〇《艺文志》应劭注,第1707页。
⑤ (清)王先谦《汉书补注》,上海古籍出版社2008年版,第2914页。
⑥ 《后汉书》卷四八《杨李翟应霍爰徐列传》,第1609页。

能获任博士，直到后仓建立师法之后，其弟子白奇才以治《齐诗》而获任《诗》博士；随着白奇迁官，在元凤年间，后仓终于释褐应征博士。当是时，其《诗》名远播，而《礼》名未彰，故从昭帝元凤至宣帝本始二年，后仓都是以《诗》博士的身份供职汉朝。

综上而言，在昭帝时期，白奇、韦贤任博士乃在始元年间，而后仓任博士则在元凤年间，这一时期，三家《诗》虽然先后有经师出任博士，但仍似未形成以师法标举博士、三家同时并置的情况。

三家《诗》先后更替为博士的状况持续了多久呢？从今存史料看来颇难考定。沈文倬先生曾以为《鲁诗》的韦贤、《齐诗》的白奇和《韩诗》的蔡义曾在始元年间同为博士，但前文已考，蔡义任博士乃在武帝后期，而白奇和韦贤虽同在始元年间任博士，但亦未必同时。沈先生还以《韩诗》的王吉与《鲁诗》的王式在宣帝元康年间同为博士①，但事实上，王吉、王式之获任博士，其准确的时间都很难考定，只能说是在元康至神爵年间（前65—前58），因此是否曾同时为博士，实难论定。

而神爵、五凤年间的一件事情或许有助于我们进一步了解宣帝石渠会议以前三家《诗》之间的关系。《汉书·薛广德传》云：

> 薛广德字长卿，沛郡相人也。以《鲁诗》教授楚国，龚胜、舍师事焉。萧望之为御史大夫，除广德为属，数与论议，器之，荐广德经行宜充本朝。为博士，论石渠，迁谏大夫，代贡禹为长信少府、御史大夫。②

薛广德系王式弟子，治《鲁诗》，而萧望之治《齐诗》，萧望之荐薛广德为博士的时间，根据其任御史大夫一职可知，当在神爵三年至五凤二年（前59—前56），而薛广德任职的下限，则是石渠会议之后。我们知道，石渠会议乃是五经诸儒论《五经》异同，因此，朝中的博士和著名的

---

① 沈文倬《宗周礼乐文明考论（增订本）》，第482～484页。
② 《汉书》卷七一《隽疏于薛平彭传》，第3046～3047页。

经师都参与了这次会议,而由于《石渠奏议》一书东汉犹存,因此班固在《儒林传》中对参加石渠会议的士人都特别进行了注明,其以博士身份出席的,《易》有施雠,《书》有欧阳地余,《诗》有薛广德,《礼》有戴德,《春秋》则严彭祖,其他均是以太子舍人、中尉、议郎等身份参与议论。由此可见,在宣帝甘露三年,朝中任《诗》博士者,实仅薛广德一人,其他治《韩诗》的王吉,此时当已迁官谏大夫,治《齐诗》的匡衡、翼奉等,则到元帝时才获任博士。简言之,至晚从五凤二年到甘露三年(前56—前51),朝中的《诗》博士始终由治《鲁诗》的薛广德一人担当。

但问题在于,推荐薛广德为博士的,却是《齐诗》的传人萧望之。通过这一细节,我们可以知道,虽然从武帝到宣帝石渠会议以前,《诗》博士通常情况下只有一员,但是三家《诗》并无一家能够垄断这一职位,而是三家轮流担任,而获任的标准,就是经术的高下。三家《诗》虽然师法有异,但限于武帝以来五经博士乃仅据经术,不依师法的传统,因此只能在"《诗》博士"的名义下共生。

总结而言,在武帝中前期,《鲁诗》在朝中的影响最大①。不过,随着韩商、夏侯始昌等大儒先后入朝,或任博士,或为武帝所重,《韩诗》《齐诗》的影响也逐渐形成,在武帝后期至昭帝初期,即出现了治《韩诗》《齐诗》者先后为博士,而治《鲁诗》者竟一时难以获任的局面。昭帝后期后仓以《齐诗》章句之始的宗师身份亲为博士,更促进了《齐诗》在朝中的影响。进入宣帝后,后仓以本始二年迁官少府,而后习《鲁诗》的王式、习《韩诗》的王吉先后获任博士,至神爵、元凤年间,薛广德以治《鲁诗》而得到《齐诗》学者萧望之的赏识,后者亦不以门户之见为囿,举薛广德为《诗》博士。可见三家《诗》虽然师法各异,但基本能做到互相认可。

---

① 《史记·儒林列传》言:"学官弟子行虽不备,而至于大夫、郎中、掌故以百数。言《诗》虽殊,多本于申公。"可知在司马迁著《史记》的时期,即武帝中前期,《鲁诗》在太学中影响最大。《史记》卷一二一,第3766页。

我们看《史记》《汉书》，与《公羊》《穀梁》《左传》之间的反复辩难，大、小夏侯《尚书》之间的互相轻视，以及梁丘、孟氏《易》的论难不同，三家《诗》的师法虽然早在汉初就已经分化，但我们绝少看到习三家《诗》者互相攻击的现象，这或许也跟三家共居一博士职的制度有关：三家皆为官学，而以治经精善者为博士。不过，当宣帝时期为博士增员的时候，由于其他各经均以师法标明博士职位，而《诗》分三家则渊源既久，因此自然也随之分为三家博士。不过由于《诗》学三家在此前就已经同为官学，治其学者均可为博士，因此，对于《诗》学而言，虽然其员额有所增加，却不存在增学之事，故此在刘歆的《移太常博士书》中也就没有被举出，延续到班固的《儒林传赞》，也就出现了这种言不及《诗》的状况。

(四)《礼》

关于《礼》学的师法发展，与其它诸经相比，似乎最为清晰，据《史记·儒林列传》载：

> 诸学者多言《礼》，而鲁高堂生最本。《礼》固自孔子时而其经不具，及至秦焚书，书散亡益多，于今独有《士礼》，高堂生能言之。

> 而鲁徐生善为容。孝文帝时，徐生以容为礼官大夫。传子至孙徐延、徐襄。襄，其天姿善为容，不能通《礼经》；延颇能，未善也。襄以容为汉礼官大夫，至广陵内史。延及徐氏弟子公户满意、桓生、单次，皆尝为汉礼官大夫。而瑕丘萧奋以《礼》为淮阳太守。是后能言《礼》为容者，由徐氏焉。①

概括言之，汉初《礼》学大概可以分为两支，一支发端于鲁高堂生，其所治为《士礼》，也就是后来所谓的《仪礼》。另一支则发端于鲁徐生，其所治略与高堂生不同，擅长礼容，也就是实践性的礼仪举止。前者重理论，而后者重实践。

---

① 《史记》卷一二一《儒林列传》，第3771页。

但围绕这条材料,仍有两个问题需要澄清:其一,高堂生本身是否曾任博士?其二,徐生所治的《礼》学,是否仅限于礼容?换言之,高堂生的《士礼》学与徐生的礼容之学是否是截然区分的两者?这实际上涉及到西汉《礼》学的师承脉络问题。

关于第一个问题,《史记》《汉书》均未载高堂生曾任博士,但是《经典释文·序录》则云:

汉初,立高堂生《礼》博士。[①]

而《仪礼·士冠礼》贾疏亦曰:

汉兴,求录遗文,之后有古书、今文,《汉书》云:"鲁人高堂生为汉博士,传《仪礼》十七篇。"是今文也。[②]

《经典释文·序录》的文献来源基本是《汉书·儒林传》《汉书·艺文志》和《后汉书·儒林传》,但后三者均无高堂生曾为博士的记载。至于《仪礼疏》称引自《汉书》的这句话,今本《汉书》作"鲁高堂生传《士礼》十七篇",《经典释文·序录》曾引用此句,亦如是,不知贾公彦所据何本。事实上,高堂生与田何、辕固、申公、董仲舒等皆为汉初诸经之祖,其年辈当与田何诸公相若,因此即便他确曾担任博士,也应是文景时期的作为咨询官的博士,对于我们研究五经博士制度并无影响,因此,这一问题似可不必深究。

关于第二个问题,则涉及整个汉代《礼》学的师法宗派问题。我们知道,据《汉书·儒林传》记载,汉代《礼》学的真正兴起,乃在宣帝时期的后仓,而后仓的《礼》学渊源,则是徐氏—萧奋—孟卿—后仓,要了解后仓的《礼》学宗派,萧奋是一个重要的关节性人物。从上面所引的《史记·儒林列传》看来,萧奋在鲁徐生的师学谱系之下,与高堂生原并无

[①] (隋)陆德明撰、吴承仕疏证《经典释文序录疏证》,中华书局2008年版,第96页。
[②] 《仪礼注疏》卷一,《十三经注疏》,第946页中栏。

关联;但沈文倬先生提出,汉代《礼》学实际上分为《礼经》学(沈氏称之为"本礼")和礼容学两支,两者之间泾渭分明,而"容与礼既属不同系统,萧奋就不可能属于徐氏弟子"①,程元敏先生同样主张这一观点,他认为:"《史记》转叙容《礼》派既已,旋语又一转曰:'而萧奋以《礼》为太守','以《礼》'者,以'言《礼》经'为官,明不同于方才叙述之容《礼》派,而文气则远绍高堂生'言《礼》'。"②方麟赞同沈、程二氏之说,亦以萧奋归于高堂生《礼经》一脉③,并以后仓为高堂氏礼学传人。

但是笔者认为,从《史记》的记载看来,《礼经》和"礼容"固然属于《礼》学的两支,但这两支之间似乎并非截然两分、泾渭分明的关系。从《史记》的叙述看来,"诸学者多言《礼》,而鲁高堂生最本",由此可知汉初治《礼》者有多家,并非皆出于高堂生。其后"(徐)襄,其天姿善为容,不能通《礼经》;(徐)延颇能,未善也"则十分关键,它告诉我们,虽然徐生本人乃以礼容而见称,但是徐氏所传的《礼》学中同样包含《礼经》的成分,只是在徐氏一脉中,礼容乃是其主修之学,《礼经》则为辅翼,故徐襄不能尽通《礼经》,而徐延也只是"颇能"而已,未臻于善。不过,既然对于徐氏子弟而言,同样存在是否通《礼经》的问题,则可见徐氏《礼》学一脉虽善为礼容,但亦非完全不涉《礼经》。

而《七略》的一条佚文,更直接证明了徐氏弟子之习礼容者亦习《礼经》:

《礼》家,先鲁有桓生,说经颇异。④

这个桓生,就是前文所引《史记·儒林列传》中的徐氏弟子,后为礼

---

① 沈文倬《从汉初今文经的形成说到两汉今文〈礼〉的传授》,《宗周礼乐文明考论(增补本)》,第257页。
② 程元敏《〈汉书·艺文志、儒林传赞〉论经学博士讨核》,第83页。
③ 方麟《秦汉博士制度初探》,第108页。
④ 引自《文选》卷四三《移太常博士书》李善注,上海古籍出版社1986年版,第1954页。

容大夫者:"延及徐氏弟子公户满意、桓生、单次,皆尝为汉礼容大夫。"①他以徐氏弟子而有"说经颇异"之称,足见徐门同样传习《礼经》,只是不若高堂生之精善而已。

此外,又如《儒林列传》中所载的另一位徐氏弟子公户满意,其行事见于《三王世家》褚少孙补文:

> 会武帝崩,昭帝初立,旦(笔者注:燕王)果作怨而望大臣。自以长子当立,与齐王子刘泽等谋为叛逆,……欲发兵。事发觉,当诛。昭帝缘恩宽忍,抑案不扬。公卿使大臣请,遣宗正与太中大夫公户满意、御史二人,偕往使燕,风喻之。……公户满意习于经术,最后见王,称引古今通义,国家大礼,文章尔雅。谓王曰:"古者天子必内有异姓大夫,所以正骨肉也;外有同姓大夫,所以正异族也。周公辅成王,诛其两弟,故治。武帝在时,尚能宽王。今昭帝始立,年幼,富于春秋,未临政,委任大臣。古者诛罚不阿亲戚,故天下治。方今大臣辅政,奉法直行,无敢所阿,恐不能宽王。王可自谨,无自令身死国灭,为天下笑。"于是燕王旦乃恐惧服罪,叩头谢过。②

从这段记述来看,公户满意"习于经术",能"称引古今通义,国家大礼",其讽喻燕王之言也颇见君臣之义,显非仅能俯仰为礼容者。公户满意所治《礼》学,亦当包括《礼经》之学。

以此来看《儒林列传》中关于萧奋的记载,我们对于其师学背景就可以有一个清晰的判断:"襄以容为汉礼官大夫,至广陵内史",由于徐襄仅通礼容而不通《礼经》,因此"以容为汉礼官大夫";其后"延及徐氏弟子"云云,所述的即是徐延以及他的弟子们,由于徐延本身既通礼容,又"颇通"《礼经》,因此,对于他的弟子而言,或许也都能兼通礼容和《礼

---

① 《史记》卷一二一《儒林列传》,第3771页。
② 《史记》卷六〇《三王世家》,第2561~2562页。

经》,故司马迁这里只笼统地称他们的历官,未言"以容"或"以《礼经》"。接下来"而瑕丘萧奋"云云,则是转到对萧奋一人的叙述,从萧奋"以《礼》为淮阳太守"可知,与公户满意等其他徐氏弟子延续徐家传统、主要习礼容、至多辅习《礼经》不同,萧奋乃是专力研习《礼经》,因此他没有担任负责实际礼仪安排的礼容大夫。徐延本身兼习礼容和《礼经》,而真正继承、发扬其《礼经》之学的,只有萧奋一人。最后,《史记》总结到:"能言《礼》为容者,由徐氏焉。"司马迁这里说得很明确,"言《礼》"之"言",即"高堂生能言之"的"言",意谓讲习《礼经》;"为容",即礼容之学,乃徐氏家学传承。无论是讲习《礼经》者,还是习礼容者,到司马迁著《史记》的武帝中期,皆"由徐氏";换言之,虽然高堂生为汉初《礼》宗,但是由于其弟子不盛,因此,到武帝中期时,徐氏已经后来居上、取而代之成为新一代的《礼》宗了。与高堂生仅善《礼经》不同,徐氏后学中,既有"言《礼》"者,也有"为容"者。《礼经》与礼容虽仍是两门学问,但皆归宗于徐氏之门。

因此,萧奋所治虽为《礼经》,但仍应归于徐氏门下。自萧奋而下,孟卿、后仓,皆可谓徐氏后学,直到后仓著《曲台记》,自名一家,此后《礼》学才进入后仓师法的时代。

不过,关于西汉中前期的《礼》学传承,有一个问题值得注意,那就是五经博士中《礼》学博士的长期缺员。关于这个问题,钱穆、沈文倬等都已经注意到,沈文倬先生认为,因为早期《礼》学以礼容之学为主,不善说经,故此治礼者所任多为礼官大夫,负责具体仪礼的修饬,至后仓时,《礼》学章句之学始备,故嗣后五经博士中才有专治《礼》学者。笔者以为其说可信,唯前文考定,后仓本人之任博士,实以《诗》学而见征,但后来著《曲台礼》,反成礼学宗师,这一事件充分体现出早期五经博士制度中的一个重要现象,那就是一经博士得兼掌他经事,类似的例子,还可以看到唐生、褚生以治《诗》而试博士弟子,"诸博士"为其课试,并共荐王式任

《诗》博士[①],则其时太常中似无《诗》博士,而当某经博士缺任时,他经博士可代行其责。这与后来各经博士专守本经、本师法的制度有很大不同。

（五）《春秋》

关于汉代初年《春秋》的师学渊源,《史记·儒林列传》总言之曰:"言《春秋》于齐鲁自胡毋生,于赵自董仲舒。"[②]而从其分述的部分看来,这里所指的《春秋》,均系《公羊春秋》。胡毋生、董仲舒在文景时期曾先后获任博士,但从《汉书·艺文志》的记载看来,他们似乎都没有关于《春秋》的章句传注。《汉书·董仲舒传》载其有"说《春秋》事得失,《闻举》《玉杯》《蕃露》《清明》《竹林》之属,复数十篇,十余万言,皆传于后世"[③],今《春秋繁露》中有《玉杯》《竹林》等篇,似为其传于后世者。从这些篇什看来,董仲舒乃言《春秋》的读法、笔法,以及就《春秋》所载史事论其得失,属于比较通脱的杂论,并非经注章句体。至于胡毋生,则似乎更无著述传世。《公羊春秋》虽然在汉初已有胡、董等名家,师学系统已经建立,但师法仍未完备。

在本章的第一节,笔者曾经考证,武帝置五经博士后,首任《春秋》博士或许是蜀人张宽,为了讨论张宽的师学背景,我们不妨再来看看那段材料:

> 孝文帝末年,以庐江文翁为蜀守,翁穿湔江口,溉灌郫繁田千七百顷。是时,世平道治,民物阜康;承秦之后,学校陵夷,俗好文刻。翁乃立学,选吏子弟就学。遣隽士张叔等十八人东诣博士,受七经,还以教授。学徒鳞萃,蜀学比于齐鲁。巴、汉亦立文学。孝景帝嘉之,令天下郡、国皆立文学。因翁倡其教,蜀为之始也。孝武帝皆征入叔等为博

---

① 《汉书》卷八八《儒林传》,第3610页。
② 《史记》卷一二一《儒林列传》,第3762页。
③ 《汉书》卷五六《董仲舒传》,第2525～2526页。

士。叔明天文灾异,始作《春秋章句》。官至侍中,扬州刺史。①

据《华阳国志》的记载,文翁遣张宽等十八人东诣受经的时间,乃在汉文帝的末年,但《汉书》则称文翁"景帝末,为蜀郡守"②,恐当以《汉书》之言为信。但无论时间早晚,可以确信的是,张宽等十八人至长安后,乃是从博士受经,因此,张宽习《春秋》之师,应当就是景帝末年见任博士者。

根据本章第一节的考证,景帝时期获任博士而今可考知者,只有辕固、董仲舒与胡毋生,辕固所治乃《诗》,因此张宽《春秋》的师学来源,仅可能来自董仲舒和胡毋生。关于董、胡二人在孝景期间任博士的具体时间,程元敏先生认为"仲舒学行,多在景武之世,又著书称胡母生之德,则渠为《春秋公羊》博士当在胡老归齐里之后,亦即谓董继胡补博士缺,推宜在景皇中元顷"③,也就是以董仲舒为景帝后期的博士,其说大抵不误。而《汉书·五行志》又云:

汉兴,承秦灭学之后,景、武之世,董仲舒治《公羊春秋》,始推阴阳,为儒者宗。④

董仲舒以"推阴阳"治《公羊春秋》,与《华阳国志》中"叔明天文灾异,始作《春秋》章句"的记载正相合。考虑以上数点,笔者认为张宽在景帝末年于长安所从问学的博士,正是董仲舒。

明确了张宽的师学谱系,我们进一步来看他在汉代《公羊春秋》学中的地位,上面的引文已言,"叔明天文灾异,始作《春秋》章句",而《华阳国志》另有一条材料亦言:

---

① (晋)常璩撰、任乃强校注《华阳国志校补图注》卷三《蜀志七》,上海古籍出版社2007年版,第141页。
② 《汉书》卷八九《循吏传》,第3625页。
③ 程元敏《〈汉书·艺文志、儒林传赞〉论经学博士讨核》,《国立编译馆馆刊》,第二九卷第2期(2000),第72页。
④ 《汉书》卷二七上《五行志》,第1317页。

张宽,字叔文,成都人也。……作《春秋章句》十五万言。①

可见张宽曾撰《春秋章句》之事不虚。前文已言,胡、董二人虽为汉代《公羊春秋》的祖师,但二人皆未著经传,而张宽以五经博士著《春秋章句》十五万言,自然应当被视为《公羊春秋》师法的正式完成者。

关于《公羊春秋》的师法,还有一个问题需要讨论,那就是其它诸经之师法,或以其起始之地命名,如《鲁诗》《齐诗》,或以立师法、成章句者命名,如《施氏易》《后氏礼》等,唯独《公羊春秋》,包括《穀梁春秋》,在西汉时期皆不以经师之姓称师法,颇令人费解。关于这一问题,程元敏先生已经注意到,而他认为应称西汉《公羊春秋》为董氏《公羊春秋》,明确其师法②,而笔者认为,《公羊春秋》《穀梁春秋》之不称师法,或许与其本身的性质有关:其它诸经,各家师法虽异,然本经则同,三家《诗》,欧阳与大小夏侯的《尚书》,虽然篇章、文字略有差异,但整体面貌仍较相似,各家师法的差异,主要并不集中在经文上,而是集中于经传、章句这些解释层面上,既然各家师法解释不同,为显示差异,自然逐渐以师法冠于经名之前,也就逐渐出现《鲁诗》《齐诗》《欧阳尚书》等名。循此例看《公羊春秋》和《穀梁春秋》,我们会发现,其实公羊、穀梁本身就是二家先师的姓氏,而二者之有此名,也正是因为它们在围绕《春秋》本经的解释上出现了分歧,因此各名一家。换言之,与其它诸经到汉代才逐渐出现以师法冠诸经名的现象相比,《春秋》学早在入汉之前便明确地分成了《公羊春秋》《穀梁春秋》乃至夹氏、邹氏等更多的师法,因此入汉之后,实际上是其它诸经仿照《春秋》之例,陆续以先师之姓冠于经名以显师法。此外,据司马迁所言,胡、董二人的《公羊春秋》学既然各自在齐、

---

① (晋)常璩撰、任乃强校注《华阳国志校补图注》卷十上《先贤士女总赞论二》,上海古籍出版社2007年版,第534页。

② 程元敏《〈汉书·艺文志、儒林传赞〉论经学博士讨核》,《"国立"编译馆馆刊》,第二九卷第2期(2000),第72页。

赵传播,则二者之学说,必还是有一定的差别,但是在整个西汉,《公羊春秋》都面临着与《穀梁春秋》乃至《左氏春秋》争夺解《春秋》之权威性的挑战,因此,终西汉一朝,虽然《公羊春秋》内部存在着胡、董两支师学谱系,但在面对《穀梁春秋》等别家《春秋》学时仍保持一致。正是公羊、穀梁二家的争夺,阻止了《公羊春秋》的内部师法分裂,而在宣帝时期的黄龙十二博士中,也就出现了唯一不以汉代经师之师法冠于经名之前的《公羊春秋》和《穀梁春秋》。

《公羊春秋》的师法经张宽建立之后,公孙弘、褚大等先后获任博士,《公羊春秋》的师法也就一直延续下来,昭帝时期,董仲舒的弟子嬴公曾任谏大夫,并授经于孟卿、眭孟,眭孟传于严彭祖和颜安乐,二人各"颛门教授"①,关于严、颜二家师法的分化,已经是宣帝之后的事了,这一部分暂不论述。

至于《穀梁春秋》,由于其初未立官学,因此自汉初至宣帝初期始终在民间传授,其师学谱系,《汉书·儒林传》载:

> 瑕丘江公受《穀梁春秋》及《诗》于鲁申公,传子至孙为博士。②

而瑕丘江公的弟子,除了其子孙外,还有荣广和皓星公,荣广又授经于蔡千秋、梁周庆和丁姓,蔡千秋后来又从皓星公问学,"为学最笃"③,成为宣帝时期治《穀梁春秋》的名家。蔡千秋传于尹更始,后者"又受《左氏传》,取其变理合者以为章句"④,至此,《穀梁章句》亦告完成,穀梁家师法正式确立,其时间,大抵可系于宣帝中期。

以上,便是五经中所谓"今文诸经"在汉代武帝至宣帝年间师法分立的情况。总体而言,自汉兴以后,诸经经过了文、景、武帝比较稳

---

① 《汉书》卷八八《儒林传》,第3616页。
② 《汉书》卷八八《儒林传》,第3617页。
③ 《汉书》卷八八《儒林传》,第3618页。
④ 《汉书》卷八八《儒林传》,第3618页。

定的传授期之后,在昭帝、宣帝的时候普遍进入了师法的分化期,大夏侯《尚书》在昭帝时形成师法,孟氏《易》、梁丘《易》在宣帝时形成师法,其它小夏侯《尚书》师法的建立,也在昭宣之际,至于欧阳《尚书》、施氏《易》、后氏《礼》、《齐诗》、《穀梁春秋》,虽然并没有变更先师的学说,但也都大抵在武帝后期至昭宣年间撰著经传、章句,确立师法。这样一来,到了宣帝中期的时候,司马迁在《史记·儒林列传》中所描述的诸经师学体系已经发生了巨大的变化,而比照昭宣时期形成的师法与《史记》中所言的师学体系相比,其差别有两点至为重要:第一,《史记》所载师学体系,如三家《诗》、《公羊春秋》之胡、董二家,主要以地域作为区分标志,事实上带有很强的民间性。而昭宣时期形成的师法,其立师法者大多供职朝廷,它们的影响力,不再以地域为限,因此带有更明显的官方色彩。第二,《史记》所载师学体系,主要依托于师生之间的传承而建立,因此随着师徒本身知识背景的变动,其师学内容也会发生变化,例如夏侯胜虽然原先属于张生的师学系统,但后来由于从欧阳氏问学,因此其《尚书》学也就具有了兼合二家的特色。至于夏侯建,更将其范围扩充到《五经》之涉《尚书》事者,因此其《尚书》学较之其师更为驳杂。总之,此时师学谱系内的经学,事实上总是随着治经者个体学术经历的变化而发生着变化。至于昭宣时期形成的师法,则以先师所立的章句、经传作为核心,师生经学的传授,不再掺杂更多的个人学术背景,而是主要依据已经成书的经传、章句。这样一来,当师法形成以后,其基本面貌也就不再会发生大的改变,与早期的师学谱系相比,具有更强的稳定性。事实上,昭宣时期所形成的这种新型师法所具有的特点,对宣帝石渠会议的召开、博士弟子员的调整,都有一定的影响作用。而这就是我们下一部分将要探讨的问题了。

而如果我们用宣帝黄龙改制之后的博士制度与此期进行对比,会发现此期博士制度至少存在这样几个特点：

第一，五经博士不备员是一种常态。在宣帝黄龙置十二博士之后，每有博士缺，朝廷往往即下诏，令丞相、御史大夫、中二千石举荐贤才充任博士，到了东汉时期，甚至有专门的举荐博士的规程①，但在武昭至宣帝中前期，博士则常常不能备员。以《五经》而言，则《礼》博士从武帝始置到宣帝初年，即长期空缺，而《易》博士、《书》博士等在武帝后期似乎也出现过空缺的情况。

第二，一经博士得兼掌它经。程元敏先生在总结汉代博士制度时，曾提出"西汉重师法，一人或同时或先后为两经博士者，绝无仅有"②，其言不误。然而在制度上仅任一经之博士，并不代表在事实层面上仅掌一经。在武昭至宣帝前期，由于五经常不备员，而博士弟子中则治五经者皆有其人，故此客观上不得不要求某些兼通它经的博士代行所缺博士的职责，前文所言后仓以《诗》博士而定射礼、宣帝时诸博士代《诗》博士试博士弟子等事，皆可为参考。

第三，一经也可有两位以上博士，且师法可相同。关于这一问题，钱穆先生曾有精详的考证，其曾举出林尊与欧阳地余同治欧阳《尚书》而同时以博士身份与论石渠，以及群臣所上废昌邑王奏议中联署博士达六人二事来论证这一问题。事实上，元康年间宣帝为了扶植《穀梁春秋》而征江公为博士，而当时朝中亦有以治《公羊春秋》而任博士者，则彼时《春秋》博士也是一经而备二员。总之，在黄龙博士定员之前，这种

---

① （汉）应劭撰、（清）孙星衍辑《汉官仪》卷上，《汉官六种》，中华书局1990年版，第129页。

② 程元敏《〈汉书·艺文志、儒林传赞〉论经学博士讨核》，《"国立"编译馆馆刊》，第二九卷第2期（2000），第84页；方麟先生亦指出："盖博士自身可以通数经，唯所任职之博士必限某经。"见氏著《秦汉博士制度初探》，北京大学2010年博士学位论文，第108页。

第二章 两汉官定经目的制度演变

一经而具多名博士的状态,也时有呈现①。

第四,博士征聘以经学修为为主,兼及其师法的社会影响力,但不与师法直接挂钩,"师法博士"之制尚未建立。在宣帝黄龙改制之后,某一师法的博士只能由治此师法的士人担任;但在黄龙以前,由于朝廷并没有关于师法与博士职位之间对应关系的正式诏令。因此,尽管昭宣时期诸经都已逐步分化出了不同的师法,而且类似"欧阳《尚书》""后氏《礼》""公羊《春秋》"这样的师法已经基本固定地占有了该经博士的员额,但就五经博士这一职位而言,仍无关于师法的明确规定。加上此时的博士员额也并不确立,因此,如夏侯胜及其弟子孔霸、夏侯建及其弟子张山拊等,亦有机会获任《尚书》博士;而三家《诗》虽然早在汉初就明确分为三种师法,但五经博士也并未为其分置三员,而是三家轮流出任博士,唯以治经之精善作为依据。从这一层面而言,此期师法问题固然在朝廷中已经引起关注,但尚未完全经由博士制度而固化,这仍然是一个开放、竞争、动态的经目制度。

第五,从经学史的角度来看,自汉兴以后,诸经经过文、景、武帝比较稳定的传授期之后,在昭帝、宣帝的时候普遍进入了师法分化的活跃期,以致到了宣帝中期,司马迁在《史记·儒林列传》中所描述的诸经师

---

① 方麟先生从林尊仕宦履历的角度,考证林尊在论石渠时并非担任博士,给我们认识这一问题带来了一个新的角度。方麟先生的具体考证,读者可参考其文,其主要依据,是林尊之任少府,《汉书·百官公卿表》并未著录,而梳理宣帝时期获任少府者,发现在元康二年(前64),前任少府萧望之已经徙为太子太傅,而后任少府李强则是元康四年(前62)方到任,则元康三年(前63)的当任少府,似乎为《百官公卿表》所缺载。由是方麟以林尊任少府在元康三年,而这样一来,其任博士显然更应在此之前,而其参与甘露三年(前51)的石渠会议,显然也就不会是博士的身份。方麟认为,《汉书·儒林传》的记载在时间上存在错讹,林尊乃是先为博士、少府,后与论石渠。他的这一考证颇为精密,意见值得重视。但问题在于,笔者进一步核查《百官公卿表》,发现除了林尊以外,张山拊之任少府,《公卿表》亦无著录,而在宣帝、元帝年间,除了元康三年以外,更无其他明显缺任少府的年份,如果林尊有可能在元康三年就任博士;则张山拊似乎也有可能在当年获任,而《汉书·儒林传》究竟是在谁的仕宦问题上发生了错讹,实际上也就难以考据。方麟《秦汉博士制度初探》,北京大学2010年博士学位论文,第125~126页。

学体系已经发生了巨大的变化,比照两者,其差别有两点至为重要:第一,《史记》所载师学体系,如三家《诗》、《公羊春秋》之胡、董二家,主要以地域作为区分标志,事实上带有很强的民间性。而昭宣时期形成的师法,其立师法者大多供职朝廷,它们的影响力,不再以地域为限,因此带有更明显的官方色彩。第二,《史记》所载师学体系,主要依托于师生之间的传承而建立,因此随着师徒本身知识背景的变动,其师学内容也会发生变化,例如夏侯胜虽然原先属于张生的师学系统,但后来由于从欧阳氏问学,因此其《尚书》学也就具有了兼合二家的特色。至于夏侯建,更将其范围扩充到《五经》之涉《尚书》事者,因此其《尚书》学较之其师更为驳杂。总之,此时师学谱系内的经学,事实上总是随治经者个体学术经历的变化而发生着变化。至于昭宣时期形成的师法,则以先师所立的章句、经传作为核心,师生经学的传授,不再掺杂更多的个人学术背景,而是主要依据已经成书的经传、章句。这样一来,当师法形成以后,其基本面貌也就不再发生大的改变,与早期的师学谱系相比,具有更强的稳定性,其反面也就不免带有制约性。而这种逐渐趋于稳定的师法一旦与"师法博士"制度结合起来,后者在考课中的稳定性要求更进一步规限了师法的稳定性,诸经官学师法至此逐渐告别学术上的分裂期,进入一段相当长的稳定期。

  总之,宣帝黄龙元年的博士改制,不仅仅是员额的调整,更是博士制度的规范化,它正式确立了以师法立博士的原则,明确了"官学"与"私学"之间的分别,这一方面固然有利于经学课试的规范化,但对于经学本身的多样化发展也带来明显的限制。"博士师法"的传统自此建立后,一直持续到清末,其间形式虽然多有变化,但"官学"与"私学"之间的竞争与消长,以及两者身份的自我确认与塑造,乃成为中国经学史上的一条重要主线,对不同经学研究风格、路向的形成产生直接的影响。

二、石渠会议与《穀梁传》的官学化

无论在汉代经学史上,还是在整个经目演变的历史上,宣帝时期的石渠会议都是值得浓墨重书的一笔。而事实上,从宋代以来,围绕石渠会议的召开时间、会议的主题、与会的人员以及会议产生的经目调整的诏令,学者们进行的考证也可谓汗牛充栋,而造成这一学术史现象的主要原因,是《汉书》本身在记载上存在严重的前后不一致的现象,而由于类似《石渠奏议》一类的书籍在魏晋时已经亡佚,因此后来的学者欲了解石渠会议,唯一可据的,竟又只有《汉书》。这无疑给我们的研究带来了极大的困扰。所幸自清末以来,王国维、沈文倬等学者先后以硕学而钻研此题,因此石渠会议的基本史实已经在很大程度上得到了廓清。

关于石渠会议举行的时间,《汉书·宣帝纪》系于甘露三年(前51),《通典》引《汉石渠议》系于甘露三年三月[①],但《汉书·百官公卿表》则称"宣帝黄龙元年稍增员十二人"[②],由于历来认为石渠会议与增博士员乃为一事,故关于石渠会议的举办时间,也就有甘露三年和黄龙元年(前49)两说。对此,沈文倬先生提出,石渠会议召开当在甘露三年,但当时官制犹未调整,直到黄龙元年,与会各方在经目调整的问题上取得了共识,于是才正式班诏,确立员额[③]。这一解释颇为合理,可以据信,石渠会议的时间仍应系于甘露三年。

关于石渠会议的参加人员,《汉书·儒林传》的记载颇为详尽,参考相关本传,可列之如下,合二十三人:

《易》:博士施雠,黄门郎梁丘临。

《书》:博士欧阳地余、林尊(欧阳高弟子)、张山拊(小夏侯弟子),译

---

① (唐)杜佑《通典》卷七七《礼三十七》,中华书局1988年版,第2105页。
② 《汉书》卷一九上《百官公卿表上》,第726页。
③ 沈文倬《宗周礼乐文明考论(增补本)》,浙江大学出版社2006年版,第498页。

官令周堪（大夏侯弟子），谒者假仓（小夏侯弟子）。

《诗》：太子太傅萧望之（治《齐诗》），博士薛广德（治《鲁诗》），淮阳中尉韦玄成（治《鲁诗》），张生（治《鲁诗》）。

《礼》：博士戴圣（后仓弟子），太子舍人闻人通汉（后仓弟子）。

《春秋》：博士严彭祖、侍郎申輓、伊推、宋显、侍郎许广（以上《公羊》家），议郎尹更始、待诏刘向、周庆、丁姓、中郎王亥（以上《穀梁》家）。

关于以上与会人员的身份，至今仍存有一些争议，主要集中在治《尚书》的几位经师身上。《汉书·儒林传》记载：

> 高孙地余长宾以太子中庶子授太子，后为博士，论石渠。
>
> 林尊字长宾，济南人也。事欧阳高，为博士，论石渠。后至少府、太子太傅……
>
> （张山拊）事小夏侯建，为博士，论石渠，至少府。①

据《汉书》所言，则欧阳地余、林尊和张山拊都是以博士的身份论奏石渠，那么，这就带来两个问题：第一，张山拊乃夏侯建的师法传人，既然《宣帝纪》《移太常博士书》等均言大、小夏侯《尚书》之立乃在石渠会议之后，则石渠会议之前，小夏侯博士之位未立，张山拊何得以博士而与论议呢？第二，欧阳地余和林尊所习皆为欧阳《尚书》，则欧阳一家，何以又得并立两位博士呢？

关于第一个问题，沈文倬先生认为张山拊以博士论石渠，说明大、小夏侯二家师法在石渠会议前已经形成了分置博士的格局，石渠会议不过是将这一事实制度化而已。他进一步指出，不独大、小夏侯《尚书》如是，包括后氏《礼》、施氏《易》、孟氏《易》等在石渠会议之前都已经获得了事实上的专任博士职位，只是没有得到官方的正式认可，而石渠会议后黄龙年

---

① 《汉书》卷八八《儒林传》，第3603～3605页。

第二章 两汉官定经目的制度演变

间调整博士员,正是对宣帝此前已经事实存在的这些师法博士的追认①。沈先生的这一解释极为精辟。前文已言,从武帝建元五年初置五经博士,到宣帝黄龙年间重定博士员为止,这一时期的五经博士制度,整体上讲可以用"极不完备"和"混乱"二词来形容。在这样的背景下,《尚书》一经同时有三位博士在任,似乎也不足为奇。但正如沈文倬先生所言,张山拊在欧阳地余已经在任博士的情况下,尤得任为博士,这说明小夏侯之学的独立性,已经逐渐得到官方的重视,在正式的师法博士制度确立之前,张山拊的获任,或许正是汉宣帝进行博士制度调整的一个尝试。

关于第二个问题,方麟认为林尊在石渠会议时并不担任博士,其主要依据是林尊之任少府,不见于《汉书·百官公卿表》,而他梳理宣帝时期所有获任少府者后发现,元康二年(前64),前任少府萧望之已经徙为太子太傅,而后任少府李强则是元康四年(前62)方到任,则元康三年(前63)的当任少府,似乎为《百官公卿表》所缺载。由是方麟以林尊任少府在元康三年,而这样一来,其任博士显然更应在此之前,而其参与甘露三年(前51)的石渠会议,显然也就不会是博士的身份。方麟认为,《汉书·儒林

---

① 沈文倬《宗周礼乐文明考论(增补本)》,浙江大学出版社2006年版,第489页。不过,沈先生的这段论述亦有值得商榷之处,即他以夏侯建所任为"议郎博士","所谓议郎博士即先授《尚书》议郎后授《尚书》博士的意思。"而其所据,则是张金吾所言"两汉之制,立于学官者置博士,未立学官者,西汉曰议郎,亦曰待诏,《儒林传》所谓'《穀梁》议郎尹更始,待诏刘向、周庆、丁姓'是也"。然笔者以为,张氏此说恐难成立。其所引《儒林传》之文,上文为"平《公羊》《穀梁》同异,各以经处是非。时《公羊》博士严彭祖、侍郎申輓、伊推、宋显,《穀梁》……",由此可见,这里的"《公羊》某某"、"《穀梁》某某"只是"治《公羊》者某某""治《穀梁》者某某"的简称,如果照此认为有所谓的"《穀梁》议郎""《穀梁》待诏"之职的话,则是不是也应该有"《公羊》侍郎"呢?而如果是这样的话,则所谓"立于学官者置博士,未立学官者,西汉曰议郎,亦曰待诏"之说又如何成立呢?因此,笔者认为并不存在所谓的"《穀梁》议郎"之职,同理也没有所谓的"《尚书》议郎",夏侯建之为"议郎博士",当是先为议郎,后转为博士,与此相类者如武帝时的周霸,先为议郎,从卫青征匈奴,还朝后迁为博士。从《汉书》的记载看来,凡有朝中大议,多下"公卿大夫、博士、议郎"问对,可知"议郎"所掌于博士相类,故常由议郎迁为博士。(清)张金吾《覆陈君子准论五经博士书》,《两汉五经博士考》,中华书局1985年版,第2页。关于汉朝"议郎"在经学传播中的重要作用,可参徐兴无《议郎与汉代经学》,《经纬成文:汉代经学的思想与制度》,凤凰出版社2015年版,第368页。

传》的记载在时间上存在错讹,林尊乃是先为博士、少府,后与论石渠。这一意见值得重视。但问题在于,笔者进一步核查《百官公卿表》,发现除了林尊以外,张山拊之任少府,《公卿表》亦无著录,而在宣帝、元帝年间,除了元康三年以外,更无其他明显缺任少府的年份,如果林尊有可能在元康三年就任博士,则张山拊似乎也有可能在当年获任,而《汉书·儒林传》究竟是在谁的仕宦问题上发生了错讹,实际上也就难以考据。①

总之,从《汉书·儒林传》的整体记载看来,石渠会议时《易》《诗》《礼》《春秋》皆仅有一位在任博士,唯《尚书》一经而有三位博士,这的确让人怀疑《汉书》记载的可靠性,而从上文关于林尊、张山拊迁官过程的考证来看,二人中似乎至少有一人很可能确实是以少府而非博士的身份参与石渠会议,但从制度上说,由于此时博士员额尚未与师法一一对应,因此,一经、乃至一师法而有两位以上博士在任,虽然未必是常态,但在理论上也是可以出现的,我们不可以宣帝黄龙定员之后的博士制度来反推此前的博士任职情况,这是笔者要特别强调的。

关于石渠会议的主题,《汉书》亦有两种说法,《宣帝纪》云:

诏诸儒讲《五经》同异,太子太傅萧望之等平奏其议,上亲称制临决焉。②

而《儒林传》则云:

自元康中始讲,至甘露元年,积十余岁,皆明习。乃召《五经》名儒太子太傅萧望之等大议殿中,平《公羊》《穀梁》同异,各以经处是非。③

依《宣帝纪》之言,则石渠会议"讲五经同异",也就是会议的主题是统摄五经的。但《儒林传》则叙述此次会议的召集独为"平《公羊》《穀

---

① 方麟《秦汉博士制度初探》,北京大学2010年博士学位论文,第125~126页。
② 《汉书》卷八《宣帝纪》,第272页。
③ 《汉书》卷八八《儒林传》,第3618页。

梁》同异",之所以遍召"《五经》名儒",乃是为了"各以经处是非",也就是以其它诸经参考《公》《榖》,辨明高下是非。对于这两种说法,笔者以为,参考《汉书·艺文志》以及其它书中所引《石渠议》的佚文,可知《宣帝纪》所言更符合史实:

《汉书·艺文志》所载关于石渠奏议的文献共有四种,其一为《议奏》四十二篇,下小字注"宣帝时石渠论",系于《尚书》目下;其二为《议奏》三十九篇,下小字注"石渠论",系于《春秋》目下;其三为《议奏》十八篇,下小字注"石渠论",系于《论语》目下;其四为《五经杂议》十八篇,下小字注"石渠论",系于《孝经》目下①。依照《汉书·艺文志》的体例,其《论语》目下除了《论语》本书的相关经传外,还包括《孔子家语》《孔子三朝》等与孔子相关的其它著作,因此,系于《论语》目下的《议奏》未必皆围绕《论语》展开,应当是涉及孔子生平、思想的讨论。至于《五经杂议》,虽系于《孝经》目下,但从其题名来看,则所讨论的内容未必仅与《孝经》有关,而是广泛围绕五经展开的杂论。

从《汉书·艺文志》的记载看来,石渠会议后产生的《议奏》共117篇,其中关于《公羊》《榖梁》异同的奏议就达到39篇,占三分之一强;关于《尚书》欧阳、大、小夏侯三家的辨析,有42篇,数量最多;剩下的36篇中,则有的是讨论五经的异同,有的是讨论孔子的思想,各有18篇。由此结果参照《宣帝纪》《儒林传》的记载,笔者认为,石渠会议召开的直接动因,乃是平《公羊》《榖梁》之异同,正因为此,关于《公》《榖》异同的《议奏》占整个会议文献的三分之一以上。然而随着会议的召开,既然大集《五经》诸儒,且皇帝亲自称制临决,则其它诸经,以及围绕孔子展开的各种儒学问题的争议,自然也会在会上提出,由是原先仅为平《公》《榖》异同的会议,便发展为讲五经同异之会。《儒林传》乃就其起因而言,《宣帝纪》则书其结果,这是《汉书》互见法的体现,不必视为错歧。

---

① 《汉书》卷三〇《艺文志》,第1705、1714、1716、1718页。

不过石渠会议的起因既然是论《公》《穀》二家之优劣,则这一论题在整个会议中自然应居于主导地位。《儒林传》载:

> 乃召《五经》名儒太子太傅萧望之等大议殿中,平《公羊》《穀梁》同异,各以经处是非。时《公羊》博士严彭祖、侍郎申挽、伊推、宋显,《穀梁》议郎尹更始、待诏刘向、周庆、丁姓并论。《公羊》家多不见从,愿请内侍郎许广,使者亦并内《穀梁》家中郎王亥,各五人,议三十余事。望之等十一人各以经谊对,多从《穀梁》。由是《穀梁》之学大盛。①

可见,经过石渠会议,《穀梁春秋》的地位得到了极大的提高,虽然当时并未有治《穀梁》学者立即被任命为博士,但《穀梁传》的官学身份事实上已经得到了朝廷的认可,可以想见,即便汉宣帝没有在黄龙年间专设"《穀梁春秋》博士",按照武昭以来博士征聘的传统,《穀梁》学很快也将拥有自己的博士官。

宣帝何以对《公》《穀》异同如此感兴趣呢?历来学者对这一问题都颇感兴趣。在石渠会议之前,《公》《穀》廷辩共发生过两次,第一次在武帝时期:

> 武帝时,江公与董仲舒并。仲舒通《五经》,能持论,善属文。江公呐于口,上使与仲舒议,不如仲舒。而丞相公孙弘本为《公羊》学,比辑其议,卒用董生。于是上因尊《公羊》家,诏太子受《公羊春秋》,由是《公羊》大兴。太子既通,复私问《穀梁》而善之。②

这次论辩之后,《公羊春秋》的官学地位就得到了确立。在武、昭时期,五经博士中的《春秋》博士始终是由《公羊》家充任的。

第二次发生在宣帝时期:

---

① 《汉书》卷八八《儒林传》,第3618页。
② 《汉书》卷八八《儒林传》,第3617页。

第二章　两汉官定经目的制度演变

时千秋为郎,召见,与《公羊》家并说,上善《穀梁》说,擢千秋为谏大夫给事中,后有过,左迁平陵令。①

此事具体时间,从其上文"宣帝即位"可知,当在宣帝本始初年,而事件的起因,则与汉宣帝的个人身世有关:

宣帝即位,闻卫太子好《穀梁春秋》,以问丞相韦贤、长信少府夏侯胜及侍中乐陵侯史高,皆鲁人也,言穀梁子本鲁学,公羊氏乃齐学也,宜兴《穀梁》。②

在上文所引武帝时期江公与董仲舒论辩的材料中,确实有"太子既通,复私问《穀梁》而善之"的记载,而其中的太子,正是卫太子,也就是武帝时因巫蛊事遭废,谥号为戾太子者。太子遭废后,逃亡至湖,不久自到而死。武帝后来"知太子惶恐无他意……怜太子无辜,乃作思子宫,为归来望思之台于湖。天下闻而悲之"③。至此,卫太子之冤算是得到了昭雪。宣帝系戾太子之嫡孙,幼年流落民间,既然"天下闻而悲之",则其对卫太子之事,自当有所耳闻。

宣帝即位后,当年即下诏为卫太子立谥号:

帝初即位,下诏曰:"故皇太子在湖,未有号谥,岁时祠,其议谥,置园邑。"有司奏请:"礼'为人后者,为之子也',故降其父母不得祭,尊祖之义也。陛下为孝昭帝后,承祖宗之祀,制礼不逾闲。谨行视孝昭帝所为故皇太子起位在湖,史良娣冢在博望苑北,亲史皇孙位在广明郭北。谥法曰'谥者,行之迹也',愚以为亲谥宜曰悼,母曰悼后,比诸侯王园,置奉邑三百家。故皇太子谥曰戾,置奉邑二百家。史良娣曰戾夫人,置

---

① 《汉书》卷八八《儒林传》,第3618页。
② 《汉书》卷八八《儒林传》,第3618页。又,此时史高尚未封侯,班固乃是据后来的爵位述之,见吴涛《论西汉的〈穀梁〉学》,复旦大学2007年博士学位论文,第93页。
③ 《汉书》卷六三《武五子传》,第2747页。

守冢三十家。园置长丞,周卫奉守如法。"以湖阌乡邪里聚为戾园,长安白亭东为戾后园,广明成乡为悼园。皆改葬焉。①

有司虽然体度宣帝作为卫太子之孙的孝心,提出为宣帝的父亲、母亲、祖父(即卫太子)、祖母立谥、置冢,并置奉邑,但也恰到好处地提醒宣帝:"为人后者,为之子也",也就是告诉宣帝,他所继承的是昭帝的大统,因此,生父虽亲,亦不得逾礼。但事实上,宣帝对于其自身血亲的尊扬并未结束,本始四年(前70),"封外祖母为博平君"②,而元康四年(前62)夏五月,更"立皇考庙。益奉明园户为奉明县"③,关于此事原委,见于《汉书·武五子传》:

后八岁,有司复言:"《礼》'父为士,子为天子,祭以天子'。悼园宜称尊号曰皇考,立庙,因园为寝,以时荐享焉。益奉园民满千六百家,以为奉明县。尊戾夫人曰戾后,置园奉邑,及益戾园各满三百家。"④

这里虽然是以"有司复言"提起此事,但亦恐是得到了宣帝的授意,至少是投其所好,从本始元年到元康四年,宣帝登基已经八年,而其为父、祖褒扬之心犹未见灭,足见宣帝对于卫太子被废一事始终挂怀于心;而这种心情的倾注点,除了立谥、置园外,便集中到为卫太子所喜爱的《穀梁春秋》立学一事上。上文已言,宣帝即位之初,就向群臣提起卫太子好《穀梁春秋》之事,而群臣自然心领神会,以"穀梁子本鲁学,公羊氏乃齐学也,宜兴《穀梁》"之说,为复兴《穀梁》学找到了最好的名义。此后,宣帝亲自介入此事,对《穀梁》学的发展极为关心:

上善《穀梁》说,擢千秋为谏大夫给事中,后有过,左迁平陵令。复

---

① 《汉书》卷六三《武五子传》,第2748页。
② 《汉书》卷八《宣帝纪》,第250页。
③ 《汉书》卷八《宣帝纪》,第254页。
④ 《汉书》卷六三《武五子传》,第2749页。

第二章　两汉官定经目的制度演变

求能为《穀梁》者,莫及千秋。上愍其学且绝,乃以千秋为郎中户将,选郎十人从受。汝南尹更始翁君本自事千秋,能说矣,会千秋病死,征江公孙为博士。刘向以故谏大夫通达待诏,受《穀梁》,欲令助之。江博士复死,乃征周庆、丁姓待诏保宫,使卒授十人。自元康中始讲,至甘露元年,积十余岁,皆明习。①

在这一过程中,宣帝始终是主其事者,足见其对复兴《穀梁》所倾注的热情,不可等闲视之。在宣帝的亲自关心下,到甘露元年,《穀梁》学终于形成了一批官学弟子,在这样的情况下,宣帝亲自安排了《公羊》《穀梁》两派学者的第三次论辩,也就是所谓的石渠论辩。而经此一议,《穀梁》学终于得到众博士、宿儒的认可,成为一时显学。

前文已言,早在宣帝即位之初,他已诏蔡千秋与治《公羊》学者论辩,且心善《穀梁》之学。但是,武帝既立五经博士制度,则经学之事终究还是要由治经的经师说了算,因此,宣帝安排这次论辩,显然是为了完成以《穀梁春秋》为官学的关键一步:为其赢得舆论的支持和广泛的社会影响。萧望之等与会十一人对于宣帝的意图心领神会,其论议"多从《穀梁》"。由是,在宣帝的亲自扶持下,《穀梁》由武昭时期的民间经说一跃而大盛,并在黄龙元年正式列于经目,成为十二博士所治经目之一。

以上我们还原了《穀梁》学兴盛的过程,而从这一过程看来,《穀梁》立学的达成,几可完全归功于汉宣帝的亲自扶持,至于其扶持的原因,通过上面的分析,我们也可以很明显地看出,就是因为《穀梁春秋》乃是卫太子所好之学,宣帝希望通过这样的举动完成卫太子的遗愿,给自己受冤而死的祖、父一些慰藉,为人子孙,宣帝的这一举动并不难以理解②。

然而关于这一问题,还有一点需要辨析,即上面引文中提到的《穀

---

① 《汉书》卷八八《儒林传》,第3618页。
② 相关论述亦可参徐兴无《石渠阁会议与汉代经学的变局》,《经纬成文——汉代经学的思想与制度》,凤凰出版社2015年版,第309~310页。

梁》为鲁学的问题。有的学者据此将《穀梁》学的兴起,定位为汉初齐鲁儒学斗争的一个缩影①。不过,如果我们从更大范围考察西汉经学史,就会发现这种论断颇难成立。我们知道,齐鲁之地儒学最盛,而其学风则自有差异,就《诗》而言,即有《齐诗》《鲁诗》之分,而《春秋》学之《公羊》《穀梁》二家,亦分别起于齐、鲁,但是,至少在汉宣帝时期,齐鲁儒学的差异并非当时经学界的主要矛盾,笔者有以下几条理由:

其一,就石渠会议而言,太子太傅萧望之乃是诸儒中年辈最高者,因此每总言诸儒,皆举萧望之而领起。萧望之所治为《齐诗》,若论齐、鲁之分,则其必属齐学。然而从上引《汉书·儒林传》的写法看来,萧望之显然也是支持《穀梁》家的,如果《公》《穀》之争此时已经演变为齐、鲁儒学之争,则萧望之不应以齐学宗师而反戈支持鲁学。

其二,更为可靠的史料,即前文曾引的萧望之荐薛广德为《诗》博士一事。前文已辨,此事发生于宣帝神爵、五凤年间,当时《诗》博士缺员,而萧望之以《齐诗》大家举荐治《鲁诗》的薛广德,足见当时齐、鲁两地学者并非势同水火,齐鲁儒学固有差异,但并非为争博士员而互相打压。

其三,从前面的引文可知,在最初推毂《穀梁》学的过程中,宣帝所问大臣共三人,除了韦贤、夏侯胜以外,还有乐陵侯史高。高为鲁人,但是在史高、萧望之同领尚书事而发生矛盾的时候,史高听从杨兴的建议,乃辟匡衡为议曹史,并最终支持匡衡为博士②。匡衡乃东海人,所治为《齐诗》,与萧望之同师,此前还得到萧望之的称许,两人初无矛盾。如果当日齐学、鲁学真有互相倾轧之势,则史高绝不会征辟、支持《齐诗》学者匡衡,而匡衡亦绝不至于不顾师门荣辱,倒戈投奔鲁人史高。

总此三点可知,齐鲁儒学的差异,只是存在于经说的层面,由于两者持论不同,难免有所争辩。但总体而言,犹能兼存他说,未至于互相

---

① 安作璋、刘德增《齐鲁博士与两汉儒学》,《史学月刊》,2000年第1期,第12~20页。
② 《汉书》卷八一《匡张孔马传》,第3332页。

攻讦、互相压制的局面。《穀梁》虽为鲁学，然其兴盛却未必可以视作齐鲁儒学的争斗。

此外，还有学者从《公》《穀》两家经说本身思想倾向的角度来论宣帝对《穀梁》学的扶持，认为《公羊》重刑法，而《穀梁》重宗族，宣帝欲实行刑法、宗亲并重的政策，故此推崇《穀梁》[①]。这种说法也缺乏足够的依据。首先，就汉宣帝其人而言，由于他年幼时流落民间，因此并没有接受完备的经学教育。据霍光的奏议称，宣帝在民间时仅曾"师受《诗》《论语》《孝经》"[②]，而即位之后，他也没有像昭帝那样，诏经师入授经典，可见虽然宣帝热心《穀梁春秋》，但事实上他对于《春秋》学未必有真正的了解。宣帝在即位初年诏蔡千秋与《公羊》家论辩，正是在初闻卫太子好《穀梁》后之举，而他心善《穀梁》，很可能就是直接受到了自己对祖父卫太子之私人感情的影响。其次，就宣帝时期的政策而言，汉宣帝素不重儒生，不重儒术，他虽然遵武帝之旧，以儒家诸经为国家意识形态，但实际上的治理，主要是以刑名法令之术[③]。因此，若论学术思想而言，《公羊》家说显然应比《穀梁》更容易为宣帝接受，但其反而更重视《穀梁》的事实则提醒我们，宣帝似乎并不以《公》《穀》之是非作为其扶持《穀梁》的真正理由。复次，若宣帝扶持《穀梁》乃是为其学术思想与自己相合，则治《穀梁》的学者，自然应当得到更多与政、议政的机会，并应对朝政产生一定的影响。但事实上，宣帝时期治《穀梁》名家者，无论是早期的蔡千秋、博士江公，还是后来的周庆、丁姓、尹更始、刘向，都没有得到宣帝的重用，与宣帝论朝政大事的诸大臣中，亦无一人有《穀梁春秋》的背景，足

[①] 吴涛《论西汉的〈穀梁〉学》第三章第四节《〈谷梁传〉的亲亲尊尊理论与汉宣帝立〈谷梁传〉的关系》，复旦大学2007年博士学位论文，第105～108页。

[②] 《汉书》卷八《宣帝纪》，第238页。

[③] 《汉书·盖宽饶传》载："是时上方用刑法，信任中尚书宦官，宽饶奏封事曰：'方今圣道浸废，儒术不行，以刑余为周召，以法律为《诗》《书》。'"《汉书》卷七七《盖诸葛刘郑孙毋将何传》，第3247页。

见宣帝虽然"选郎十人从受"《穀梁》学,但其目的并非为自己培养宰辅大臣,而是用他们与《公羊》经师辩论,为完成《穀梁春秋》的立学制造影响。

综上所言,笔者认为,宣帝扶持《穀梁春秋》,实不需作过深的解说①。以旁支入承大统,如何处理大宗和血亲之间的关系,历来是一个敏感而微妙的问题,更何况宣帝的本支,是曾经应当继承大统的废太子。卫太子的遭遇,天下共悲之,更何况其嫡孙。宣帝流落民间十数年,辛酸寒苦,实不待言,一朝有机会入承大统,自然希望能有一些举措,为卫太子提高声望;但另一方面,又碍于现实的礼制和舆论,不敢有过分的举动,因此,扶持《穀梁春秋》,几乎成为他褒扬本支先祖的唯一路径,宣帝自然会倾尽其力,促成其事。

三、宣帝黄龙"十二员"与"师法博士"制的确立

石渠会议虽然确认了《穀梁春秋》的官学身份,但这种确认并不是通过制度化的方式得以实现的,因为在武帝以来的博士征聘中,"守师

---

① 束景南、余全介《西汉〈谷梁传〉增立博士的政治背景》一文以昭、宣之间的昌邑王刘贺的废立为切入点,认为宣帝之所以遵《穀梁》,乃是因为"在维护政权的合法性上,《公羊春秋传》不利于宣帝,因而他必然会遭到受削弱受打击的命运。增立《谷梁春秋》博士只是用来削弱《公羊春秋》的一种方法。"而《公羊》之不利于政权合法性处,则在其主张帝位当依血缘而传,而宣帝本非昭帝嫡子,故不符合《公羊》的帝系传承理论。此说颇具新意,但恐过于迂曲。《公羊》《穀梁》在对于帝系传承的认识上确实存在差异,如在鲁隐公是否当让位桓公的问题上,《公羊》认为当让,因为"立嫡以长,不以贤,立子以贵,不以长",隐公非嫡出,故当让于桓公;《穀梁》则认为不当让,因为"《春秋》贵义而不贵惠,信道而不信邪",桓公不贤,隐公让之,实乃彰父之恶。可见,《公羊》重嫡长世系,而《穀梁》重贤能。在宣帝即位的问题上,确实《穀梁》家之说更有利于宣帝政权的合法性。不过问题在于,第一,从《汉书》等史籍记载来看,宣帝即位后,虽然是旁支入嗣,但由于霍氏的支持,其正统性在当日似乎并未成为一个重大的问题,宣帝是否有必要抑《公羊》而尊《穀梁》,以为自己即位立说?这种推测缺少必要的文献依据。第二,若此说可信,则宣帝的根本目的,实乃抑制《公羊》,但从最终的效果来看,《公》《穀》二家并置博士,《公羊》家的势力和影响力实际上并没有受到多大削弱,这是否有悖于宣帝的初衷?总之,笔者认为,此说虽可自圆其说,但文献依据较少,恐难征实。束景南、余全介《西汉〈谷梁传〉增立博士的政治背景》,《浙江社会科学》,2005年第1期,第129~132页;《春秋公羊传注疏》卷一《隐公元年》,《十三经注疏》,第2197页中栏;《春秋穀梁传注疏》卷一《隐公元年》,《十三经注疏》,第2365页中栏。

法"固然是非常关键的考察点,但究竟哪些师法的弟子才可获任博士,实际上并未见到制度性的规定,所谓的"官学师法"只是基于历任博士官的师学背景而作出的事实认定,并非朝廷预先设定的制度规限。可以说,作为承担着考课、选官重责的博士官,其制度设计仍然是不完善的,如果太学中不能始终维持各家师法并置博士的局面,就难以确保前来课试的弟子就获得公正考评的环境,因此,宣帝既然通过石渠会议让群臣充分评议了各家师法之优劣,自然有必要将这种讨论的结果以制度的形式确定下来,而这一形式就是黄龙年间推出的"师法博士"制度。《汉书》中对此虽然没有明确的记载,但从刘歆《移太常博士书》中对宣帝时期"增置"诸师法的记载看来,黄龙"十二员"显然不只是员额的变化,而是将员额明确与师法对应,一师法专置一博士的传统就此确立下来。

关于黄龙"十二员"之具体职掌,王国维《汉魏博士考》考定为施、孟、梁丘《易》、欧阳、大、小夏侯《尚书》、齐、鲁、韩《诗》、后氏《礼》与公羊、穀梁《春秋》,其说可信。以下分述其经石渠会议后得以获置"师法博士"的具体过程。

关于《易》,前文已言,到宣帝石渠会议之前,三家《易》的师法都已建立,但是具体而言,三家地位又有所不同。施氏《易》乃是由田何—丁宽—田王孙—施雠一脉相传,与孟氏、梁丘氏二家相比,最为纯正,因此,其师法虽然号称"施氏",但实际上是因为孟氏、梁丘氏二家从田王孙的师学谱系中分离出来,才反过来显出"施氏《易》"的独具一格,否则,以施雠之谦逊,未必自名一家。刘向校书时称诸家《易》说"多本于田何、杨何、丁将军",其最本于丁将军者,必是施氏。石渠会议之前,施雠已经获任博士,而当时他也已经建立了自己的师法,因此,虽然当时他所任的还只是"《易》博士"而非"施氏《易》博士",但是从事后来看,其获得官方认可,却可谓在石渠之前。这就是刘歆在《移太常博士书》中称"往者博士……《易》则施、孟"不言"施氏"的原因。

至于孟氏，乃是以田王孙的师学加上阴阳灾异之说而成。我们知道，阴阳灾异之说在汉代本来就十分兴盛，董仲舒"推阴阳"而说《春秋》，乃成为一代儒宗，而随着汉代中后期灾异的出现愈加频繁，阴阳灾异学说的影响也越来越大，从《儒林传》的记载我们可以看出，《孟氏易》虽然师学脉络不纯，但事实上拥有大量的追随者，而且从"博士缺，众人荐喜"一句已经可以看出，《孟氏易》的追随者不仅是其弟子，还包括很多朝中的大臣。但值得注意的是，宣帝最初对孟喜并不看好，众人荐孟喜为《易》博士，但"上闻喜改师法，遂不用喜"①。关于这条材料，我们首先需要认清，汉宣帝对孟喜改师法表现出反感，并不说明当时任博士已经依师法而置，刘歆在《移太常博士书》中指出黄龙之前已经存在的《易》学博士师法仅有施、孟两家，足证除此之外，无论是田何、杨何，还是田王孙，都没有获得以其师学与博士职位相属的尊荣。宣帝的反对，沈文倬先生认为实际上是出于孟喜《易》学的反对者梁丘贺的怂恿②，而无论其推测是否成立，这条材料至多只能证明宣帝对于诸经传授中师学传承之纯正性的重视，而这本身正是西汉经学的基本特征——众人举荐孟喜时，《孟氏易》本身的师法当然还没有得到官方的认可，因此，宣帝对孟喜这样一个擅自改变师学的人没有好感，实属常理。不过从反面而言，孟喜治《易》不同于其师，这是当时人所共知的，然众人仍荐其为博士，似更足证明在黄龙定员之前的五经博士并未依师法而设。

回到《孟氏易》的问题上来，虽然孟喜本身的《易》学没有得到官方认可，但由于其弟子、支持者众多，因此其影响并未就此衰落。据刘歆《移太常博士书》，《孟氏易》之确立，似在石渠会议之前，而据《汉书·儒林传》，孟喜的弟子白光、翟牧先后皆获任博士，则此二人中当有石渠之

---

① 《汉书》卷八八《儒林传》，第3599页。
② 沈文倬《宗周礼乐文明考论（增订本）》，浙江大学出版社2006年版，第490～491页。

前曾获任博士者，但石渠会议中，《易》博士仅有施雠一人参加，则其当在石渠会议之前已经迁官，至于具体行藏，由于《汉书》无载，因此实在无法考知。总之，《孟氏易》虽然早期未曾得到宣帝的认可，但终究凭着其巨大的声誉为自己赢得了官学的地位。

而如果与孟氏《易》相比，梁丘《易》赢得官学地位的过程则可谓完全走的是上层路线：

> 宣帝时，闻京房为《易》明，求其门人，得贺。贺时为都司空令，坐事，论免为庶人。待诏黄门数入说教侍中，以召贺。贺入说，上善之，以贺为郎。会八月饮酎，行祠孝昭庙，先驱旄头剑挺堕坠，首垂泥中，刃乡乘舆车，马惊。于是召贺筮之，有兵谋，不吉。上还，使有司侍祠。是时霍氏外孙代郡太守任宣坐谋反诛，宣子章为公车丞，亡在渭城界中，夜玄服入庙，居郎间，执戟立庙门，待上至，欲为逆。发觉，伏诛。……贺以筮有应，繇是近幸，为太中大夫，给事中，至少府。为人小心周密，上信重之。年老终官。传子临，亦入说，为黄门郎。甘露中，奉使问诸儒于石渠。临学精孰，专行京房法。琅邪王吉通《五经》，闻临说，善之。时宣帝选高材郎十人从临讲，吉乃使其子郎中骏上疏从临受《易》。①

梁丘贺原本由杨何改师田王孙，已经算是田氏的弟子，但由于宣帝对杨何弟子京房的《易》学有兴趣，因此梁丘贺又重新以京房弟子的身份应诏，随后，他即因为占筮应验而得到了宣帝的赏识，从此出入禁中，位至九卿。其子梁丘临更"专行京房法"，由是更与原先的田王孙师学系统相去渐远。梁丘氏有《章句》二篇，标志着其师法的正式确立。但值得注意的是，直到石渠会议之前，梁丘临仍只获任黄门郎，并未成为博士，因此，刘歆所言的"往者"诸博士中，即不包含梁丘《易》。不过，梁丘贺随侍宣帝十数年，梁丘临又以黄门郎为宣帝所信任，在石渠会议

---

① 《汉书》卷八八《儒林传》，第3600~3601页。

上,他"奉使问诸儒于石渠"①,足以显出其地位之尊宠。在上面的引文中,"时宣帝选高材郎十人从临讲",并未明确指出是在石渠会议之前还是之后,如果参照《穀梁春秋》的立学过程,似当在此之前,但石渠会议上,似乎并没有围绕《易》学师法分立展开的讨论,梁丘临本身也不是以与会者的身份参与论辩,因此笔者认为,梁丘《易》之增立,乃是因为梁丘氏父子得到宣帝的赏识,故在甘露、黄龙之际增博士员的讨论中直接得到一个钦定的师法博士员额,"宣帝选高材郎十人从临讲",无论在石渠前后,事实上都是为了给未来的梁丘《易》博士培养候选人,而梁丘临本身,或许宣帝对他还有更高的任用,因此虽然在黄龙增博士诏令中明确增加了梁丘《易》,但梁丘临本人并未就任博士。梁丘临授经于五鹿充宗和王骏,二人后来皆至高位,似亦未任博士,梁丘《易》最早的博士,乃是五鹿充宗的弟子士孙张,其时代则难以考知,当在宣元之时。

以上是三家《易》师法博士的确立,从他们的过程看来,施氏《易》乃是以师学正宗,当然获得官学地位;孟氏《易》则是以广大弟子及追随者的支持而得立学;至于梁丘《易》,则以其亲贵而为学官,关于这一点,下文还将述及。

关于《尚书》,前文已言,欧阳《尚书》的师法成于欧阳高,其时不晚于昭帝朝,而大、小夏侯都在昭宣时期完成了自己的章句、师法。欧阳《尚书》由于世代家传,在师学谱系上来说最为纯正,与施《易》十分类似,在石渠之前获任《书》博士者,如欧阳地余等,皆出于欧阳家,因此,欧阳《尚书》师法立为博士,也与施氏《易》获立博士一样,属于水到渠成、理所应当。而基于同样的理由,刘歆在《移太常博士书》中也将欧阳《尚书》归于"往者"已立博士的行列。

至于大夏侯《尚书》的立学,夏侯胜曾经在昭帝初年出任博士,而昭帝末年,其弟子孔霸亦获任博士,但是前文已言,夏侯胜完成师法,也就

---

① 《汉书》卷八八《儒林传》,第3600页。

是撰成《尚书说》,则是在宣帝中期长信少府、太子太傅的任上,大夏侯之师法的正式确立,实在宣帝时期,因此,夏侯、孔二人虽曾任博士,却似乎难以被看作大夏侯《尚书》获得官立地位的标志。到了宣帝时期,夏侯胜的弟子周堪以译官令与论石渠,对于大夏侯《尚书》获得官立博士的地位起到了重要的作用,他在论辩中被称"经为最高"①,而夏侯胜、孔霸曾先后担任博士,必然也为大夏侯之学的确立增加了胜算。总之,经过石渠会议之后,大夏侯之《尚书》与梁丘《易》一样,得到诏令的确认,正式成为官定经目。

小夏侯《尚书》的初立师法者夏侯建本人亦曾获任博士,但时间不详,他的弟子张山拊,则是以现任博士的身份与论石渠,因此,严格地说,在石渠会议之前,既然小夏侯的师法已经建立,而至少他的弟子是在其师法完成之后获任博士,则小夏侯之学似乎应当与欧阳《尚书》、施氏、孟氏《易》一样,被视作已经获得官学认可的《尚书》学。不过,无论是《宣帝纪》中的诏令,还是刘歆的《移太常博士书》,都以小夏侯之学与大夏侯并举,列于石渠之后,其中原委实难考知。沈文倬先生认为大、小夏侯之学实际上在石渠之前都得到了官方的认可,石渠之后的诏令,不过是一个追认而已②。其说当然可以成立,只是这仍无法解释何以施、孟之《易》亦在此前得到认可,却不见《宣帝纪》的诏令为之追认。

关于三家《诗》的情况,相对而言则较清晰。前文已言,自武帝置五经博士之后,三家《诗》即都得到了官方的认可,治《齐》《鲁》《韩》者皆得获任博士,但是由于黄龙增员之前,各经博士一般仅置一员,因此在一般情况下,《诗》师法有三,博士却仅有一人,只能是三家轮流出任,以治

---

① 《汉书》卷八八《儒林传》,第3604页。
② 沈文倬《宗周礼乐文明考论(增订本)》,浙江大学出版社2006年版,第488~489页。

经之高下作为获任博士的标准。当然，前文已言，在宣帝黄龙之前，五经博士的制度本不是十分完备，一经同具多位博士的情况也偶尔出现，因此在昭宣时期，可能也出现过同时有二家《诗》经师获任博士的情况，只是这并非常态。到石渠会议前后，诸经皆立师法博士，而三家《诗》的师法都渊源有自，其并立为博士，最为当然，而也因为此三家的官学地位，早在武昭时期已然实现，因此在《宣帝纪》的诏令中，也没有专列《诗》学博士之增立。

《礼》的情况与《诗》以及施氏《易》、欧阳《尚书》略近。自后仓在宣帝初确立了《礼》的师法之后，《礼》博士长期缺员的情况得到改变，而戴圣即以后仓弟子获任博士，并与论石渠。当时大、小戴犹未自立师法，因此《礼》学成为诸经中唯一一个仅有一家师法的经学。又由于后氏《礼》的官学地位在戴圣获任博士时已经确定，因此宣帝增博士师法诏令中亦不言及《礼》。

最后，就是前文已经提及的《春秋》学。《公羊春秋》家自武帝始即垄断《春秋》学博士职位，虽然在石渠议奏中，《公羊》学负于《穀梁》学，但前者毕竟渊源有自，师法完备，因此，即使地位有所下降，但其官学地位自然仍不可撼动。

至于《穀梁春秋》，乃是石渠议奏中最大的获益者。在此之前，由于《公羊》学的压制，它长期只能在民间传授，未得获任博士，唯一的例外就是元康前后的江公，因为宣帝的特别恩幸得以获任，但随后又为《公羊》家垄断。笔者认为，宣帝从制度上增置博士员、确立依师法而立博士之制的直接起因，就是为了保证《穀梁春秋》的官立地位，使其在自己千秋之后亦不致重新被《公羊》家压制。总之，石渠之后，《穀梁春秋》终于正式成为与《公羊》并列的官学了。

总之，随着黄龙初年诏令的颁布，施、孟、梁丘《易》，欧阳、大、小夏侯《尚书》，齐、鲁、韩《诗》，后氏《礼》，公羊、穀梁《春秋》十二经目的格局

第二章　两汉官定经目的制度演变

就此形成。而至此,一师法立一博士,"博士员数"与"博士师法数"也成为等同的数值①。

以上便是石渠会议至黄龙元年之间诸经师法得以官立的史实考察。通过这一考察,我们对宣帝增博士弟子员、依师法立博士、经目这一事件可以获得以下几点认识:

第一,从事件的起因而言,宣帝对博士制度的重新调整,固然是受到《公羊》《穀梁》二家《春秋》争夺官学地位一事的影响,其基本立场,也主要是为了增置《穀梁春秋》博士;但正如笔者在本章第一节曾经提及的,从更广阔的历史层面来看,宣帝的这一改革,实际上顺应了自武帝元朔五年确立博士弟子员制度之后博士制度发展的内在要求。通过前文的论述,读者或许已经发现,由于武帝初置五经博士的时候,各经的师法尚未形成普遍的分化,因此,依师法分立博士在当时似乎显得并不迫切;而从武帝中后期至宣帝中期,由于各经师法逐渐分立,到了昭宣时期,整个博士制度便显得极为混乱。我们知道,博士的主要职责,其实并不是教授本经,在整个汉代,各经的传授主要还是依靠民间的师学

---

① 徐兴无先生在论及西汉博士制度时,曾指出"博士家数与博士员数本为两事,不可谓之互异",其说可信,笔者完全认同。但他进一步认为"黄龙元年'增员十二人'与甘露三年所立诸家博士决非一事",则笔者未能苟同,原因有二,其一,徐先生认为西汉博士员数与博士家数始终未能统一,故不可以黄龙十二员之数推其时官定师法数。然其所举诸例均为黄龙定员之前或平帝时王莽改制后的情况,而依师法定博士员额的制度本始自黄龙元年,至于王莽改制则尽乱旧章,皆不能据以否认宣帝黄龙改制后,在"师法博士"的制度下,"博士家数"与"博士员数"的必然统一。其二,徐先生认为宣帝黄龙改制后定博士为十二员,然其时官定师法则为十三种,大、小戴已然分立,故可证"黄龙十二员"并非对应十二师法。关于大、小戴于宣帝时已分立博士,徐氏论述如下:"光武所立博士,是对平帝时代所增学官体系的'拨乱反正',即不承认王莽增立的《左氏春秋》、《毛诗》、《逸礼》、古文《尚书》和《周官》,将博士系统恢复到元帝时的情形,这里只有《穀梁》学未被恢复。这充分证明《大》《小戴》在石渠会议后已经被立为学官。"但据笔者管见,光武所立博士除恢复元帝诸学以外,至少还有《公羊春秋》董氏学分立严、颜二家博士,而这与后氏《礼》分立大、小戴博士正为同一类型,说明光武所立"十四博士"除了拨乱反正、恢复宣元旧制以外,还注意到西汉后期以来逐渐高度分化的同源师法予以确认。关于这一点,我们在本章第五节还会有所讨论。徐兴无《石渠阁会议与汉代经学的变局》,《经纬成文——汉代经学的思想与制度》,第317、321页。

传承,作为博士的主要职责实是课试博士弟子:一方面选试其入学的资格,另一方面则从岁试中擢拔英才,举荐入仕。而博士弟子来自天下郡国,其所治经师法各异,如果习不同师法的博士弟子仅面对一个专治某一师法的博士,则这种课试制度无疑是有欠公允的。在宣帝以师法为限定分立各经博士之后,这种局面得到了有效的改观,从博士官的主要职守与博士弟子的岁试制度而言,这无疑是一个巨大的进步。

第二,从石渠前后各家师法先后获立博士的过程看来,宣帝时期的这次经目调整,其依据可以概括为三条:其一,师法完备。具体而言,就是要有自己的章句、传注,可以用于教授弟子。其二,有一定的社会影响,也就是有较多的弟子和追随者。其三,则是获得朝中大臣或者帝王的直接支持。就此三条而言,第一条是必备的基本条件,而第二、三条则至少具备一条。举例来说,施氏《易》、孟氏《易》、三家《诗》、欧阳《尚书》,这些都是因为本身师法完备,并有较大的社会影响力,因此得立学官;而梁丘《易》、《穀梁春秋》,则是因为获得了宣帝的直接支持而得以立学。不过,总体而言,这次立学还是基本符合当时诸经师学传播的实际情况,一些未得获立的师学,如韩氏《易》、毛氏《诗》、邹氏《春秋》、夹氏《春秋》、孔氏古文《尚书》等,主要都是因为影响力不足,尚无法与以上诸家并举,加之又缺少帝王或朝中重臣的鼎力支持,因此自然无法获立。

第三,宣帝对于博士员制度的调整,在整个经目演变的历史上具有十分重要的意义。经过宣帝的改革,经目由原先笼统的"五经"转变为更加具体、精细的师法,而这种更为具体的"师法"经目,乃成为后来历代经目的基本形态。由于经目具有以师法为限的基本特征,因此也就造成了各经内部师法长期争立官学的形态,而这一形态,则构成了经学史发展的基本主线:在西汉末期,京氏《易》和古文经学争立官学成为经学史的主要内容;而在魏晋时期,郑学与王学又成为争立官学的两大竞争对手;随着隋唐以后诸经的经目愈加单一化,某一经典仅有一家合法的传注列入经目,因此这种争立官学的局面乃更为激烈,汉唐古注疏与宋儒传注的论争,可谓构成了宋、元、明、清经学史的底色。可以说,由宣帝创造的这种以师法冠诸经名共同构成的经目形式,影响了整个经学史的发展路径,其在经目演变史上,足可称为一大转关。

四、元帝政治与《京氏易》的尊废

自宣帝黄龙年间确定了十二员的博士制度以后,施、孟、梁丘《易》,欧阳、大、小夏侯《尚书》,齐、鲁、韩《诗》,后氏《礼》,公羊、穀梁《春秋》的十二经目格局也就确立下来,终宣帝一朝,这一局面未再发生变化。随着元、成时期的到来,经学得到了进一步的发展。前文已言,宣帝虽然亲自扶持《穀梁春秋》,并促成了黄龙博士制度的调整,在整个经学史上影响重大,但从施政的角度而言,宣帝本身并不倚重经学。《汉书·萧望之传》言:"宣帝不甚从儒术,任用法律,而中书宦官用事"[①],而在《匡衡传》中,亦有"宣帝不甚用儒"的记载[②]。从整个《汉书》看来,宣帝时期比较得到重用的经师,大概只有梁丘贺和萧望之,而前者乃以善占筮而见用,并非以其儒学而见重,后者起初被宣帝寄以厚望,但不久也就以"意轻丞相"而为宣帝所不悦,只能以太子太傅一职终宣帝之朝。相反,中书令石显、弘恭等人"久典枢机,明习文法"[③],深为宣帝所倚重。

这种情况到了元帝时期逐渐发生了改变。早在元帝身为太子的时候,他就对儒学表现出了极大的兴趣,最为著名的事例,便是他认为宣帝"持刑太深,宜用儒生",从而引起宣帝对汉家"霸王道杂之"的治国理念的阐发[④]。除此之外,在一些细节上,也颇见元帝对于儒学之欣赏,如宣帝末年,萧望之等举荐匡衡"经学精习,说有师道,可观览",但宣帝对

---

① 《汉书》卷七八《萧望之传》,第 3284 页。
② 《汉书》卷八一《匡张孔马传》,第 3332 页。
③ 《汉书》卷七八《萧望之传》,第 3280、3284 页。
④ 《汉书》卷九《元帝纪》,第 277 页。

此并不感兴趣，"遣衡归官"，而"皇太子见衡，私善之"①，因此，到了元帝执政的时期，萧望之、周堪、匡衡、韦玄成、张禹、翟方进等儒生纷纷得到重用。就整个两汉而言，虽然自武帝始便确立了儒学的国家意识形态地位，但就其实际影响力而言，还是以元成时期最为鼎盛，无怪乎皮锡瑞将这一时期称之为"经学极盛时代"②。

然而或许正是因为此期的经学进入了比较稳定的发展期，因此，就经目的演变而言，较之昭宣时期的激烈变动，此期的经目制度显得稳定得多。总体而言，这一时期经目调整的主要措施就是京氏《易》的废立。

关于京氏《易》的师学谱系，《汉书·儒林传》载：

> 京房受《易》梁人焦延寿。延寿云尝从孟喜问《易》。会喜死，房以为延寿《易》即孟氏学，翟牧、白生不肯，皆曰非也。至成帝时，刘向校书，考《易》说，以为诸《易》家说皆祖田何、杨叔【元】、丁将军，大谊略同，唯京氏为异，党焦延寿独得隐士之说，托之孟氏，不相与同。房以明灾异得幸，为石显所谮诛，自有传。房授东海殷嘉、河东姚平、河南乘弘，皆为郎、博士。由是《易》有京氏之学。③

而《汉书·艺文志》中则载京氏《易》的著作有《孟氏京房》十一篇、《灾异孟氏京房》六十六篇④。参照上面的引文，"房以为延寿《易》即孟氏学"，故其书皆标"孟氏"，而从《易》学思想上来说，朱伯崑先生亦指出："在其占算体例的解释中，进一步发展了孟喜的卦气说，并吸收了当时的阴阳五行学说"⑤，可见确实与《孟氏易》存在一定的关联。不过上文亦言，由于《孟氏易》的博士翟牧、白生都不承认京氏《易》学乃用孟氏

---

① 《汉书》卷八一《匡张孔马传》，第3332页。
② （清）皮锡瑞《经学历史》，中华书局2008年版，第101页。
③ 《汉书》卷八八《儒林传》，第3601~3602页。
④ 《汉书》卷三〇《艺文志》，第1703页。
⑤ 朱伯崑《易学哲学史（第一卷）》，华夏出版社1994年版，第127页。

第二章　两汉官定经目的制度演变

师法,因此,京氏也就只有自名一学,独立师法了。

关于京氏《易》的具体主张,朱伯崑先生在《易学哲学史》中有细密的分析,此不赘述。就其师学形成的时间而言,从《汉书·京房传》的记载看来,似乎在其元帝初元四年(前45)举孝廉出仕之前就已经形成①,姑定于宣、元之际。

京氏《易》形成之后何时得到官方的认可,这一问题《汉书》并无记载。而其曾获立学一事,我们主要依据的是班固《儒林传赞》:

> 至元帝世,复立《京氏易》。②

然而查《汉书·元帝纪》,并没有关于经目、博士员调整的记载。元帝时期所颁诏令中,与博士制度有关的共有两次:其一在初元五年(前44),令"博士弟子毋置员,以广学者"③;其二在永光三年(前41),令"复盐铁官、博士弟子员",原因是"用度不足,民多复除,无以给中外徭役"④。这两次调整都是围绕博士弟子员制度展开的,似乎并未提及经目的问题。又据《汉书·京房传》:

> 永光、建昭间,西羌反,日蚀,又久青亡光,阴雾不精。房数上疏,先言其将然,近数月,远一岁,所言屡中,天子说之。数召见问。⑤

则京房之见重于元帝,乃在永光、建昭年间,而其学之立或即以此为契机,类似梁丘贺、梁丘临以善筮而得立梁丘《易》也。《汉书·五行志》又云:

> 元帝建昭二年十一月,齐楚地大雪,深五尺。是岁魏郡太守京房为石显所告,坐与妻父淮阳王舅张博、博弟光劝视淮阳王以不义,博要斩,

---

① 《汉书》卷七五《眭两夏侯京翼李传》,第3160页。
② 《汉书》卷八八《儒林传》,第3621页。
③ 《汉书》卷九《元帝纪》,第285页。
④ 《汉书》卷九《元帝纪》,第291页。
⑤ 《汉书》卷七五《眭两夏侯京翼李传》,第3160页。

光、房弃市,御史大夫郑弘坐免为庶人。①

可知京房遭石显之谮而见杀,乃在建昭二年(前37),而石显专权则终元帝之世,直到成帝即位之初才事发伏辜。因此,京氏《易》的获立,必不晚于建昭二年。

而《京房传》又云:

是时中书令石显颛权,显友人五鹿充宗为尚书令,与房同经,论议相非。②

石显之任中书令,始于宣帝末年,而《汉书·百官公卿表》载五鹿充宗在建昭元年已经由尚书令迁官少府③,可知京房与石显、五鹿充宗论辩《易》经,主要当在元帝永光年间。从"与房同经,论议相非"的表述看来,似乎此时京氏《易》的官学地位已经得到了确认,因此京房才可以与治梁丘《易》的石显、五鹿充宗对等论辩,若这一推测可信,则其学之获立的下限,可以进一步提前至建昭元年(前38)。

综上,我们可以将京氏《易》获立的时间确定于元帝永光、建昭之际。

然而有一个问题非常值得我们注意,那就是刘歆在著名的《移太常博士书》中论及汉代经目的变易,完全没有提及元帝时期有增立京氏《易》一事。照理说刘歆此书的目的,乃为立古文经张目,因此,他举宣帝时期广立群经之事,目的是为了给自己立古文经增加例据,而如果元帝时期又有增京氏《易》之事,这对于刘歆而言,无疑又是一条重要的例证,刘歆何以舍此而不言呢?

我们注意到,在《后汉书·范升传》中,范升在反对立《左传》、费氏《易》博士时称:

---

① 《汉书》卷二七中之下《五行志》,第1425页。
② 《汉书》卷七五《眭两夏侯京翼李传》,第3161页。
③ 《汉书》卷一九下《百官公卿表下》,第820页。

第二章 两汉官定经目的制度演变

今《费》《左》二学,无有本师,而多反异,先帝前世,有疑于此,故《京氏》虽立,辄复见废。疑道不可由,疑事不可行。①

范升此奏的主要目的是反对立《费氏易》《左传》博士,面对主张立此二学的学者举孝宣帝广立群经、其后复立《京氏易》为例,范升这里举出"《京氏》虽立,辄复见废"的史事,说明"疑道不可由,疑事不可行"。考虑到东汉初年为争立《费》《左》二学而展开的论辩十分激烈,范升在奏议中举出的关键性例证自当于史有据,不容置疑。且范升于时代而言更在班固之前,其所知见者,或有班固所未及,因此,笔者认为范升所言京氏《易》立而复罢之事应当可信,刘歆大概就是因为这一原因,因此在《移太常博士书》中没有提及元帝时京氏《易》的增立。

那么,京氏《易》废于何时呢?结合京房本人的仕宦经历,笔者以为大概就在建昭二年石显谮杀京房后不久。我们注意到,石显等谮言京房与张博通谋时,为其罗列的罪名乃是"非谤政治,归恶天子"②,而所谓的"归恶天子",正是指涉京房以卦气说言灾异,并将灾异皆归咎于天子施政失当,用人不淑。例如《京房传》载:

房尝宴见,问上曰:"幽厉之君何以危?所任者何人也?"上曰:"君不明,而所任者巧佞。"房曰:"知其巧佞而用之邪,将以为贤也?"上曰:"贤之。"房曰:"然则今何以知其不贤也?"上曰:"以其时乱而君危知之。"房曰:"若是,任贤必治,任不肖必乱,必然之道也。幽厉何不觉寤而更求贤,曷为卒任不肖以至于是?"上曰:"临乱之君各贤其臣,令皆觉寤,天下安得危亡之君?"房曰:"齐桓公、秦二世亦尝闻此君而非笑之,然则任竖习、赵高,政治日乱,盗贼满山,何不以幽厉卜之而觉寤乎?"上曰:"唯有道者能以往知来耳。"房因免冠顿首,曰:"《春秋纪》二百四十

---

① 《后汉书》卷三六《郑范陈贾张列传》,第1228页。
② 《汉书》卷七五《眭两夏侯京翼李传》,第3167页。

二年灾异，以视万世之君。今陛下即位已来，日月失明，星辰逆行，山崩泉涌，地震石陨，夏霜冬雷，春凋秋荣，陨霜不杀，水旱螟虫，民人饥疫，盗贼不禁，刑人满市，《春秋》所记灾异尽备。陛下视今为治邪，乱邪？"上曰："亦极乱耳。尚何道！"房曰："今所任用者谁与？"上曰："然幸其愈于彼，又以为不在此人也。"房曰："夫前世之君亦皆然矣。臣恐后之视今，犹今之视前也。"上良久乃曰："今为乱者谁哉？"房曰："明主宜自知之。"上曰："不知也；如知(之)，何故用之？"房曰："上最所信任，与图事帷幄之中进退天下之士者是矣。"房指谓石显，上亦知之，谓房曰："已谕。"①

京房将元帝即位以来的种种灾异皆归于其任用石显所致，而在建昭二年拜魏郡太守之后，他又在奏议中称：

臣【前】以六月中言《遁卦》不效，法曰："道人始去，寒，涌水为灾。"至其七月，涌水出。臣弟子姚平谓臣曰："房可谓知道，未可谓信道也。房言灾异，未尝不中，今涌水已出，道人当遂死，尚复何言？"臣曰："陛下至仁，于臣尤厚，虽言而死，臣犹言也。"平又曰："房可谓小忠，未可谓大忠也。昔秦时赵高用事，有正先者，非刺高而死，高威自此成，故秦之乱，正先趣之。"今臣得出守郡，自诡效功，恐未效而死。惟陛下毋使臣塞涌水之异，当正先之死，为姚平所笑。②

"惟陛下毋使臣塞涌水之异"，这里京房将地质变化归因于皇帝对他的不信任，石显所谓"归恶天子"，显然正是针对京房的这种灾异学说而言，因此，既然京房因此遭弃市，则其以卦气说为核心的《易》学师法固然也就被视为不经之道，遭到废黜。更何况潜言京房的石显、五鹿充宗，本身就是治《易》学出身，他们二人对于自己的《易》学十分有信心，《汉书·朱云传》载：

---

① 《汉书》卷七五《眭两夏侯京翼李传》，第3162页。
② 《汉书》卷七五《眭两夏侯京翼李传》，第3164~3165页。

是时,少府五鹿充宗贵幸,为《梁丘易》。自宣帝时善梁丘氏说,元帝好之,欲考其异同,令充宗与诸《易》家论。充宗乘贵辩口,诸儒莫能与抗,皆称疾不敢会。①

上文已言,当京房见重于元帝之时,由于他与石显、五鹿充宗同经而师法不同,因此常"议论相非"。到建昭二年,京房终于落入他们的阴谋而遭弃市,则石、五鹿二人必乘此机会将京氏《易》一并废黜,从根本上消除异己。《汉书·儒林传》载,京房的弟子段嘉、姚平、乘弘曾先后获任博士,而考《汉书·京房传》,当建昭二年京房出守魏郡的时候,弟子姚平、任良乃随其同往,则姚平获任博士,必在建昭二年二月之前。因此,笔者以为段嘉当为京氏《易》立学后的第一任博士,随后迁官,而由姚平继任;其后姚平随京房赴任魏郡,试行考课之事,而乘弘则于此时继任,但建昭二年岁中,京房即遭弃市,随后京氏《易》亦遭废黜,乘弘也就成为京氏《易》的最后一个博士。

京氏《易》立而旋废,再次体现出经目与政治之间的直接关系:当京房的阴阳灾异说为元帝所欣赏的时候,京氏《易》随之得列经目,增置博士;而随着京房遭弃市,京氏《易》的官学地位也就此中断。当然,官学地位的终结,并不意味着京氏《易》的衰亡。由于京房已有著述,并有数位弟子传承其学,因此,从西汉末到东汉,京氏《易》始终传承不辍,而事实上,由于京氏《易》的阴阳灾异学说与汉代的学风、政治哲学十分契合,因此,到了东汉建武年间,京氏《易》再次成为官学,跻身十四博士之一,我们会在本章最后一节再次讨论这一问题。

第三节　刘歆争立古文经与今古学的对立

在经学史研究中,经今古文之争历来是一个重要的问题。追溯起

---

① 《汉书》卷六七《杨胡朱梅云传》,第2913页。

来,虽然所谓"古文经"的出现乃在西汉初期,但今、古学的真正对立,实肇自哀帝即位初期的刘歆争立古文经事件。自东汉以来,关于此事的评论即屡见不鲜,整体而言,治今学者以刘歆为悖乱,乃至斥其所尊皆为伪经;而治古学者则以刘歆为孤明先发,而以太常诸儒为抱残守缺,双方门户之见,在所难免。至于当代,则学者多因《汉书》之说,右刘歆而左今学,以至太常诸儒"党同门、妒道真"之说,几成定谳。不过,细究诸家所论,或苦于刘歆所谓"引传文以解经"之法难见其实,或对太常诸儒的经学主张未作深究,因此,虽无今古门户之限,然实未得持公之论。应该说,造成这一现象的原因之一,正是《汉书·五行志》中所载大量刘歆《左传》说解未能得到充分的利用。本节我们将以对《五行志》中刘歆经说的解读为基础,同时通过对争立事件的另一方——太常诸儒的人员构成、学术背景、政治立场等进行考索,结合成哀时期的政治背景,在全面梳理事件双方的学术立场、政治倾向之后,尽量还原争立古文经事件的原貌。

需要说明的是,在名义上,刘歆争立的是《古文尚书》《逸礼》以及《左传》三种古文经,但实际上,他用力最勤、推许最力,在当时引起争议最大的实为《左传》,因此,本节将以"尊《左》"为讨论的重点,其它两种古文经仅在必要时论及,不作展开。

一、谁是历史的叙述者:从《新学伪经考》说起

关于刘歆争立古文经事件,今日可据之资料仅见于《汉书》,这其中又以《楚元王传》所载刘歆本人《移太常博士书》最为重要。在这篇著名的移文中,刘歆一方面强调古文经传续微学的重要价值,另一方面指斥官学师法"分文析字,烦言碎辞"、太常诸儒"专己守残,党同门,妒道真"[①]。如此,则争立一方乃出于学术公义,"辅弱扶危",而反对一方则是守其私利,"堵塞余道",公私之间,高下立判。由于《汉书》关于争立

---

① 《汉书》卷三六《楚元王传》,第1917页。

第二章　两汉官定经目的制度演变

古文经的主要记载仅见于《移太常博士书》，故学者据此立论，也就多以刘歆为守学正道之士，而以太常诸儒以及反对立古文经的孔光、师丹、龚胜等大儒为浅陋趋利之徒①。即便是持论较为平和的钱穆先生，也认为"惟石渠本意，在于定异同，立限断，本不期经说之愈出而愈纷，则亦无怪于当时博士之'专己守残，党同门而妒道真'耳。"②总之，太常博士之阻遏立古文经，即使不是出于个人私利，也是出于对现实制度的维护，其不以学术为理据，则为诸家之共见。

在这样的学术史背景下，康有为《新学伪经考》对刘歆以及班固所提出的质疑与指控，乍一看来不过是今文家的护短之辞：

> 班固浮华之士，经术本浅，其修《汉书》，全用歆书，不取者仅二万许言，其陷溺于歆学久矣。此为《歆传》，大率本歆之自言也。（《汉书刘歆王莽传辨伪第六》）

> 宣帝立大小夏侯《尚书》，大小戴《礼》，施、孟、梁丘《易》，穀梁《春秋》，元帝立京氏《易》，大儒博士咸无间言。独至歆书，攻者云起，龚胜乞罢，师丹大怒，执政见忤，众儒竞讪，乃至"惧诛，求出补吏"，人情可见。尽诬以"专己守残，党同门，妒道真"，其谁能信之？（《汉儒愤攻伪经考第七》）③

关于康氏的诸多质疑，钱穆先生在《刘向刘歆父子年谱》中曾逐一

---

① 关于学术界对刘歆争立古文经一事的评判，比较有代表性的可参杨天宇《略论汉代今古文经学的斗争与融合》，姜广辉主编、严正执笔《中国经学思想史》第二卷第二十四章，汤一介主编、聂保平执笔《中国儒学史》第二卷第六章等的论述。杨天宇《经学探研录》，上海古籍出版社2004年版，第102～114页；姜广辉主编《中国经学思想史·第二卷》，中国社会科学出版社2003年版，第21页；汤一介主编《中国儒学史·第二卷》，北京大学出版社2011年版。

② 钱先生在论及东汉初年范升反对立《左传》时进一步指出："盖博士设官既为利禄之途，朝廷苟不加以限断，则经说新异，势必日出而无穷，范升之争非为无间，固不得全以党同门，妒道真责之。"钱穆《两汉经学今古文平议》，商务印书馆2001年版，第233～234页。

③ （清）康有为《新学伪经考》，中国人民大学出版社2010年版，第135、148页。

予以回应①,但钱氏所驳的核心,在于康氏"伪经"之说,至于刘歆与所谓"新学"之间的关系,则所论较少。事实上,康氏"伪经"之说,经过近数十年的研究,已为学界所摒弃,但刘歆与"新学"之间究竟关系如何,则学术界仍有不同的看法,从这个角度来说,康氏的质疑仍然有其不可忽视的价值。

我们可以将康氏的质疑归结为两点:

其一,《汉书》所载刘歆争立古文经一事的史料来源过于单一,仅见刘歆一面之词,而作为争议的当事一方,他的说辞显然难以呈现事情的全貌。据《汉书》所载,刘歆立古文经的奏议,乃是经过哀帝认可之后,以"明诏"的方式下发至太常诸博士,据刘汝霖先生考定,此事在哀帝建平元年(前6)②,其时虽然哀帝新立,且权柄下移,但毕竟是名正言顺、已经成年的皇帝,太常博士面对圣意明诏,居然采取不予置对的消极抵抗政策,可见此事绝对非同小可。在未能深入了解太常诸儒真实立场的前提下,径以刘歆一方之说为信,确实有失公允。

其二,西汉历朝多有调整官定经目的传统,而此前未见争议有如此之巨者。我们知道,汉代官定经目始于武帝立"五经博士",其时径以《诗》《书》《礼》《易》《春秋》为经,未有师法之分,至昭宣时期,诸经师法分化乃逐渐明朗,而宣帝中期置"黄龙十二员"博士,乃正式确立了以师法配博士员额的定制。值得注意的是,在宣帝确立博士师法的过程中,梁丘《易》曾对孟氏《易》有过明确的批评与质疑,《公羊》《穀梁》二家在石渠会议上也有过针锋相对的论辩,但汉宣帝本广立诸学之原则,为各家师说均立博士,由此奠定了汉代官定经目师法多样化的局面。在此之后,元帝时期,京房《易》学以善说阴阳灾异而获置官学,虽然不久之后因为京房本人见谗而遭废,但仍体现出西汉经目开放、多样的传统,

---

① 钱穆《两汉经学今古文平议》,商务印书馆2001年版,第77~82页。
② 刘汝霖《汉晋学术编年》,华东师范大学出版社2010年版,第217页。

第二章　两汉官定经目的制度演变

或许正是基于此,哀帝才允许刘歆与太常诸儒商议增立古文经之事,但太常诸儒不仅不予置对,甚至引起师丹"大怒",众儒相攻,必治刘歆之罪,以至其不得不远徙五原以避祸,可见当日双方之争,竟有你死我活之态势,这不仅为哀帝所不解,也完全不符合汉代经目调整的传统。太常博士及孔光、师丹、龚胜等皆为当世大儒,对宣元以来经目调整的过程,自当了然于心,在这样的情况下仍然与刘歆产生激烈的矛盾,这不能不令人感到费解。

由康氏的质疑生发开来,我们还注意到,汉代名儒历来有当庭辩论诸经师法短长的传统。早在景帝时期,黄生已经与辕固生就黄老之学与儒学的短长有过廷议的较量①;到了武帝时期,董仲舒与江公曾廷辨公、穀二《春秋》家之异②;宣帝时期,先后两次令诸儒廷辨公、穀之学,并通过石渠会议广议五经各家之短长③;元帝时期,五鹿充宗与朱云等多次廷辨梁丘与诸家《易》学,并留下"五鹿岳岳,朱云折其角"的佳话④。而在廷辨之外,《易》学之孟喜与梁丘贺、五鹿充宗与京房、惠庄与朱云⑤,《书》学之夏侯建与其族叔夏侯胜、《春秋》学之荣广与眭孟,也在不同的场合公开争辩诸经师法短长。在这样的背景下,太常诸儒选择以沉默的方式应对刘歆的挑战,也令人生疑。

总此数点,我们认为,康有为的质疑似不为无见,作为历史研究而言,以孤证立说,向来被视为大忌,而在刘歆争立古文经的问题上,《移太常博士书》不仅为孤证,更是单方举证。所谓"兼听则明,偏信则暗",我们有必要重新全面考索西汉后期今古文之争的始末,至少要试图明确:不予置对的太常诸博士究竟具体是哪些人?孔光、师丹、龚胜既非太常博士,何以

---

① 《史记》卷一二一《儒林列传》,第3767页。
② 《汉书》卷八八《儒林传》,第3617页。
③ 《汉书》卷八八《儒林传》,第3618页。
④ 《汉书》卷六七《杨胡硃梅云传》,第2913页。
⑤ (晋)葛洪《西京杂记》,中华书局1985年版,第13页。

卷入到这一争论之中？争论双方的政治立场如何？刘歆《左氏》学的具体主张包括哪些？它与汉代《春秋》学传统之间的核心矛盾何在？只有厘清这些问题，我们对这场影响深远的公案才能有全面、真切的了解。

二、尊《左》事件中的"阵营"问题

究竟是谁在反对刘歆？从《汉书》所述此事缘由及其移书的对象来看，明确是指"太常博士""二三君子"；而从移书引发的效果来看，则是包括孔光、师丹、龚胜在内的"诸儒皆怨恨"。可见，刘歆的反对者群体，似乎有一个扩大化的过程，而刘歆对此也有心理准备。据《儒林传》，在正式奏立《左传》前，刘歆曾经多次拜谒当时的"儒宗"孔光，但未获支持①；中秘校书的诸多同僚中，也只有房凤、王龚对他表示支持，因此，在移书的末尾，刘歆曾明确指出："若必专己守残，党同门，妒道真，违明诏，失圣意，以陷于文吏之议，甚为二三君子不取也"②，这里，刘歆特别将"二三君子"与"文吏"对举。我们知道，汉代官僚中有所谓"儒官"与"文吏"之分，《汉书·何武传》即言武"疾朋党，问文吏必于儒者，问儒者必于文吏，以相参检"③，可见以儒者与文吏相区分，是汉代官场的基本共识，儒官常以文吏为功利任法，而文吏也素来视儒官为迂阔愚腐，两个群体之间常有轻蔑嘲弄之语。刘歆作为宗室子弟，出身儒学世家，自为儒官之典型代表，但在移文中，他竟寄望于颇轻儒学的"文吏"群体为其制造舆论，显然是对于朝中诸儒已经完全失去信心。他所面对的反对者，显然不只是太常中几位博士，而是整个的儒官群体。

不过，既然此事由太常博士而起，则考知时任博士具体为何人，当然十分必要。关于哀帝建平元年的在任博士，《儒林传》并无明确记载，

---

① 《汉书》卷八八《儒林传》，第3619页。
② 《汉书》卷三六《楚元王传》，第1917页。
③ 《汉书》卷八六《何武王嘉师丹传》，第3485页。

第二章　两汉官定经目的制度演变

但利用《汉书》《后汉书》,仍可有所辑获。

首先需要注意的是,在阳朔元年,成帝曾诏令丞相、御史等举博士:

> 九月,奉使者不称。诏曰:"古之立太学,将以传先王之业,流化于天下也。儒林之官,四海渊原,宜皆明于古今,温故知新,通达国体,故谓之博士。否则学者无述焉,为下所轻,非所以尊道德也。'工欲善其事,必先利其器。'丞相、御史其与中二千石、二千石杂举可充博士位者,使卓然可观。"①

由于汉代博士有出使宣政的职守,因此,在"奉使者"不称其职的情况下,成帝要求朝中高官举荐可任博士者,这一诏令的落实情况虽不清楚,但至少说明,在西汉后期,朝廷对于以博士为代表的"儒林之官"非常重视,在其人员选任上,有一定的考察标准,未可以后世"倚席不讲""竞论浮丽"②之辞忖度之。

至于具体的在任博士,笔者所考确知者有三:

其一为朱普,欧阳《尚书》博士。据《后汉书·桓荣传》,荣少从博士朱普习欧阳《尚书》,十五年而不窥园,至王莽篡位而归③。由莽新代汉逆推十五年,正当哀帝建平元年,可知其时朱普为在任博士。据《汉书·儒林传》,普为西汉名儒平当的弟子,治平氏之学,未自立家法④。而据《桓荣传》,"初,荣受朱普学章句四十万言,浮辞繁长,多过其实。"⑤可知朱普学虽繁冗,但毕竟完整地继承了西汉欧阳《尚书》学累世所传的师法和平氏家法,在刘歆看来,这属于"因陋就寡,分文析字,烦言碎辞,学者罢老且不能究其一艺"⑥,但在西汉诸经官学传统中,却实

---

① 《汉书》卷一〇《成帝纪》,第313页。
② 《后汉书》卷三二《樊宏阴识列传》,第1126页。
③ 《后汉书》卷三七《桓荣丁鸿列传》,第1249页。
④ 《汉书》卷八八《儒林传》,第3604页。
⑤ 《后汉书》卷三七《桓荣丁鸿列传》,第1256页。
⑥ 《汉书》卷三六《楚元王传》,第1970页。

可称守正之学。至于其行事,则《汉书》未有所载,姚振宗《汉书艺文志拾补》据《后汉书·桓荣传》推测:

> 按范书云,桓荣事朱普,十五年不窥家园,至王莽篡位乃归。会普卒,荣奔丧九江,负土成坟,因留教授。莽败,天下乱,荣抱其经书,与弟子逃匿山谷。是普当王莽时卒于家,又似弃官,与荣同归乡里者也。①

此说既无实据,姑存以备考。不过莽新代汉,正是举逸任能、百废待兴之际,连孔光这样早已致仕的旧臣也被王莽委以新命,则朱普为博士十数年,弟子甚众,正是王莽所宜笼络者,然而其入新后既未留任,亦未获封,可知其与王莽恐非同路,未可视为谋禄贪厌之徒。

其二为申咸,所治经及师法不详。据《汉书·薛宣传》:

> 哀帝初即位,博士申咸给事中,亦东海人也,毁宣不供养行丧服,薄于骨肉,前以不忠孝免,不宜复列封侯在朝省。宣子况为右曹侍郎,数闻其语,赇客杨明,欲令创咸面目,使不居位。会司隶缺,况恐咸为之,遂令明遮斫咸宫门外,断鼻唇,身八创。②

薛宣为西汉后期名吏,为政"赏罚明,用法平而必行"③,至有苛察之名,成帝中曾代张禹为丞相,坐捕广汉盗群不力而免官爵,以翟方进之奏议而复爵位。宣有弟薛修,其母从修居官,后母病死,修为其服三年丧,宣以为难行,故为申咸所劾。

关于申咸的另一行事见于《汉书·师丹传》,其时师丹为大司空,数请抑丁、傅诸外家势力,由此渐违上意,师丹"使吏书奏,吏私写其草,丁、傅子弟闻之,使人上书告丹上封事行道人遍持其书"④,遂有泄露奏

---

① (清)姚振宗《汉书艺文志条理》,《二十五史艺文经籍志考补萃编·第二卷》,清华大学出版社2011年版,第198页。
② 《汉书》卷八三《薛宣硃博传》,第3394~3395页。
③ 《汉书》卷八三《薛宣硃博传》,第3390页。
④ 《汉书》卷八六《何武王嘉师丹传》,第3506页。

议、彰人主过失之劾,申咸与炔钦以博士与议,认为师丹为儒者宗,以年老而有所过失,不宜径行废黜,但最终反遭尚书弹劾而减秩①。

从以上二事来看,申咸的具体经学成就虽不可知,但他亲师丹而劾薛宣,显示出典型的儒官立场。值得注意的是,当薛宣恢复荣宠时,申咸上书直谏,甚至为此身遭薛宣之党的黑手,"断鼻唇,身八创";而当丁、傅等外家得势、师丹蒙难之际,他又不顾风险,仗义执言,并因此遭贬,可见其人品格,刚毅有守,实非趋炎附势、守私逐利之辈。

其三为炔钦,大夏侯《尚书》博士。乃名儒许商之弟子,传许氏之学,未自名家。许商以四科论其弟子,独以炔钦为文学,足见他在师学、家法的传承上最为齐备。至于其行事,则与申咸同见于前举之《师丹传》,以上书为师丹言事而得罪外家,降秩二等。申、炔之上书言师丹事在哀帝建平元年,故刘歆移书所斥者,申、炔当与其列。

除此三人以外,当时可能在任的博士还有治小夏侯《尚书》秦恭之学的冯宾,只是其行事不见于史志,故无法确知。

仅就朱普、申咸、炔钦三人的学行而言,一方面,他们虽然未能自名一家,但多亲炙名儒,是诸经师学、家法的合格传承者;另一方面,更为重要的是,从他们所见不多的德行记载来看,皆可称持操守行,甚至不乏贞刚介直之气,这与刘歆移书中所塑造的太常诸儒营私守禄的形象,实在有不小的反差②。

除太常博士以外,对争立古文经一事明确对刘歆表示反对的还有

---

① 《汉书》卷八六《何武王嘉师丹传》,第3507页。
② 杨天宇先生曾经提出,诸儒之所以对刘歆的奏议不予置对,是因为他们"甚浅陋,大多没有见过古文经",但从我们的考证来看,朱普等三人似未可以"浅陋"称之。至于他们是否曾经见过古文经,与他们是否可以与刘歆辩经,似乎并无直接联系。前文已言,汉儒素有公开辩论诸经师法短长的传统,而在这些辩论之中,大多数学者都是仅习一家之学而与对方相攻难,只要论辩双方是习研同一种经典,就完全可以在不了解对方师法的情况下进行辩难,因为辩论的过程,本身就是一个互相了解的过程。杨天宇《经学探研录》,上海古籍出版社2004年版,第103页。

孔光、师丹、龚胜、公孙禄四人。以下逐一论之。

孔光，治大夏侯《尚书》，先后师其父孔霸及牟卿，后自名家，成所谓孔氏之学，曾任博士。据《汉书·儒林传》：

> 歆白《左氏春秋》可立，哀帝纳之，以问诸儒，皆不对。歆于是数见丞相孔光，为言《左氏》以求助，光卒不肯。①

孔光既为当世儒宗，又居宰辅之职，故此刘歆多次谒见，希望获得他的支持，此外，据《后汉书·孔僖传》记载，孔氏世传古文《尚书》②，则孔光作为孔氏弟子，自当也传习古文《尚书》，刘歆唯独对孔光抱有希望，可能与孔氏的古学色彩也有一定的关系。但最终孔光仍未赞同刘歆的主张。

孔光幼承庭教，后成一世儒宗，其经学自不可以浅陋忖之，至于其行事风格，亦多见于《汉书》，总结而言，有这样几点：

第一，持公秉正，不结私党。《孔光传》载：

> 上有所问，据经法以心所安而对，不希指苟合；如或不从，不敢强谏争，以是久而安。……其弟子多成就为博士、大夫者，见师居大位，几得其助力，光终无所荐举，至或怨之。其公如此。③

这种行事作风在选择成帝嗣君的时间上表现得尤其典型：

> 绥和中，上即位二十五年，无继嗣，至亲有同产弟中山孝王及同产弟子定陶王在。定陶王好学多材，子帝子行。而王祖母傅太后阴为王求汉嗣，私事赵皇后、昭仪及帝舅大司马骠骑将军王根，故皆劝上。上于是召丞相翟方进、御史大夫光、右将军廉褒、后将军朱博，皆引入禁中，议中山、定陶王谁宜为嗣者。方进、根以为："定陶王帝弟之子，《礼》

---

① 《汉书》卷八八《儒林传》，第3619页。
② 《后汉书》卷七九上《儒林列传》，第2560页。
③ 《汉书》卷八一《匡张孔马传》，第3364页。

第二章 两汉官定经目的制度演变

曰：'昆弟之子犹子也'，'为其后者为之子也'，定陶王宜为嗣。"褒、傅皆如方进、根议。光独以为礼立嗣以亲，中山王先帝之子，帝亲弟也，以《尚书·盘庚》殷之及王为比，中山王宜为嗣。①

在嗣君的选择问题上，定陶王的祖母傅氏已经与皇后、昭仪赵氏、王根等达成攻守同盟，当时王根权倾朝野，故诸官皆附议于根，唯孔光以经为据，议立中山王。

第二，孔光虽然在王莽摄政之后有"畏惧"之称，但从其成、哀时期的行事来看，在很多问题上还是敢于提出自己的独立意见，特别是在反对外戚擅权的问题上，立场尤为坚定。此可见于其对哀帝生母傅氏的防备上：

时，成帝母太皇太后自居长乐官，而帝祖母定陶傅太后在国邸，有诏问丞相、大司空："定陶共王太后宜当何居？"光素闻傅太后为人刚暴，长于权谋，自帝在襁褓而养长教道至于成人，帝之立又有力。光心恐傅太后与政事，不欲令与帝旦夕相近，即议以为定陶太后宜改筑官。大司空何武曰："可居北官。"上从武言。北官有紫房复道通未央官，傅太后果从复道朝夕至帝所，求欲称尊号，贵宠其亲属，使上不得直道行。②

傅氏擅政后，傅家弟子果有不轨之行，而孔光对此多有直谏③，至傅氏欲求尊号，孔光及师丹更是明确表示反对：

又傅太后欲与成帝母俱称尊号，群下多顺谄，言母以子贵，宜立尊号以厚孝道。唯师丹与光持不可。④

由此孔光得罪傅氏，不久被免官。由于孔光在王莽摄政之后的表

---

① 《汉书》卷八一《匡张孔马传》，第 3365 页。
② 《汉书》卷八一《匡张孔马传》，第 3365 页。
③ 《汉书》卷八一《匡张孔马传》，第 3365～3366 页。
④ 《汉书》卷七二《王贡两龚鲍传》，第 3087 页。

现比较懦弱,因此有学者认为孔光在哀帝时期对傅氏的批评,也是谄媚王莽的行为,但若从历史本身来看,这种说法恐难成立:第一,当议立成帝嗣君之时,王氏当政者为王根,而其所主张者为定陶王,孔光既然悖王根而举中山王,可知当时他并非王氏之党。第二,哀帝执政甫始,"封拜丁、傅,夺王氏权"①,一时哀帝"政事由己出,朝廷翕然,望至治焉"②,当此之时,孔光未必能预见后来王莽的崛起,他在哀帝初期即强烈反对傅氏擅政,不必被强解为为王氏张目。

师丹,治《齐诗》,师从名儒匡衡,亦自名家,有所谓师氏之学,时人称其"经行无比""为世儒宗"③,曾任博士。据《汉书·楚元王传》:

> 及儒者师丹为大司空,亦大怒,奏歆改乱旧章,非毁先帝所立。上曰:"歆欲广道术,亦何以为非毁哉!"歆由是忤执政大臣,为众儒所讪,惧诛,求出补吏,为河内太守。④

师丹初为太子太傅,深为太子所信任,但哀帝即位后,他反对哀帝贬王氏而封丁、傅的政策,故此逐渐为哀帝所不容,而在前举傅太后尊号问题上,他与哀帝母子的矛盾更是公开化:

> 事下有司,时丹以左将军与大司马王莽共劾奏宏:"知皇太后尊之号,天下一统,而称引亡秦以为比喻,诖误圣朝,非所宜言,大不道。"上新立,谦让,纳用莽、丹言,免宏为庶人。傅太后大怒,要上欲必称尊号,上于是追尊定陶共王为共皇帝,尊傅太后为共皇太后,丁后为共皇后。郎中令泠褒、黄门郎段犹等复奏言:"定陶共皇太后、共皇后皆不宜复引定陶蕃国之名以冠大号,车马衣服宜皆称皇之意,……"上复下其议,有司皆以为宜如褒、犹言。丹议独曰:"……尊卑者,所以正天地之位,不

---

① 《汉书》卷八六《何武王嘉师丹传》,第 3503 页。
② 《汉书》卷八一《匡张孔马传》,第 3356 页。
③ 《汉书》卷八六《何武王嘉师丹传》,第 3507、3509 页。
④ 《汉书》卷三六《楚元王传》,第 1972 页。

第二章　两汉官定经目的制度演变

可乱也。……"丹由是浸不合上意。①

此外,在傅氏子弟有违逆之行时,他也与孔光一起奏谏哀帝当秉公持法。

不过,由于师丹在反对哀帝崇奉傅、丁等外家时却对诸王外家表示同情,而在反对傅太后尊号的问题上又一度与王莽共进退,因此,有学者据此认为师丹为王氏之党②。笔者认为,这种猜测缺少史料依据。师丹之为光禄大夫,乃是为翟方进、孔光举荐,此二人皆不可谓之王氏之党。在哀帝变动外家势力的过程中,师丹批评其"卒暴无渐",这也是中肯老成之言,从哀帝的施政效果来看,此举使得他迅速失去了诸王外家的支持,而傅、丁二家的政治势力也彻底失去了制衡者,哀帝后来在施政中屡屡感到为其母家掣肘,不能不说是他卒暴施政的后果。

至于龚胜,治欧阳《尚书》,未自名家,但由哀帝居于定陶时已闻其名可知,胜亦为其时名儒。从《汉书》的记载来看,胜性格介直,好立异说,以此颇为同僚所忌,王莽篡政后,曾遣使拜胜为讲学祭酒,"胜不应征,不食而死"③,此可见其气节。而在刘歆移书太常后,龚胜以"乞骸骨"的方式表示抗议:

> 是时,名儒光禄大夫龚胜以歆移书上疏深自罪责,愿乞骸骨罢。④

此外,反对刘歆立古文经的名儒还有公孙禄,见于《汉书·王莽传》:

> 故左将军公孙禄征来与议,禄曰:"……国师嘉信公颠倒《五经》,毁师法,令学士疑惑。……"⑤

---

① 《汉书》卷八六《何武王嘉师丹传》,第3505页。
② 吴涛《"术""学"纷争下的西汉〈春秋〉学》,中国社会科学出版社2011年版,第222页。
③ 《汉书》卷九九中《王莽传》,第4127页。
④ 《汉书》卷三六《楚元王传》,第1972页。
⑤ 《汉书》卷九九下《王莽传》,第4170页。

此事发生于莽新地皇二年(21)。公孙禄在哀平帝时期曾任左将军,因为担心傅氏擅权过盛,乃与何武互举为大司马,以此拂逆莽意而遭免官①。因此,在反对外戚擅政的问题上,他与孔、师的立场基本一致。如果说在刘歆争立古文经期间,太常博士乃是出于守私利的立场消极抵抗,则到了莽新时期,《左传》立为官学已成事实,公孙禄本人则已去官,在这样的情势下,他仍然对刘歆争立古文经的主张提出严厉批评,这显然无法用所谓"利禄"之争来解释。

从以上所举刘歆的反对者来看,我们可以总结出这样几点:

第一,刘歆的反对者多为当世名儒,其中孔光、师丹皆曾自名一家,是汉代今文经学的杰出代表。而学者亦已指出,孔光世习《古文尚书》,师丹、龚胜在奏议中都曾引用《左传》,可知他们除了深悉今文经学以外,对古文经也都有一定程度的了解,并非一般"俗儒"可比。

第二,从他们的政治操守来看,孔光、师丹、龚胜和公孙禄皆有耿介之名,为儒林所推许,并非营私趋利之徒,而特别值得注意的是,他们四人在具体政见上也存在矛盾,并非一党。例如在议立成帝嗣君的问题上,孔光明确反对立定陶王,而师丹恰是定陶王太傅,又如在议王嘉"迷国不道"的问题时,公孙禄与龚胜意见相迥,至有"不和"。但面对刘歆争立古文经一事,他们一方面并非在任博士,另一方面哀帝似乎也没有令公卿大臣群议此事,但他们却以不同的方式明确提出反对,甚至这种反对和批评一直持续到莽新时期,个中原因,恐不可轻以党同伐异之说论之。

第三,值得注意的是,孔光等四人的政见虽然间有不同,但是在反对外戚擅政的问题上,他们却持有相近的立场。在反对傅氏擅政的奏议中,孔光、师丹始终共同进退,而在哀帝驾崩、议立大司马的问题上,公孙禄更是公开与王莽对立,并最终以此免官。龚胜在成哀时期虽然

---

① 《汉书》卷八六《何武王嘉师丹传》,第3487页。

未见其明确反对外戚擅政的言论，但是从其在莽新篡立之际辞官、最终以死相抗、不食新禄的行为来看，他对于外戚擅政显然也是持坚决的反对立场。刘歆争立古文经的事件，向来被今文学家视作"助逆"之行，我们虽不必持此先入之见，但从孔光等四人的政治立场来看，争立古文经与成哀时期的政治变局之间，似乎确实存在着某种隐秘的联系。关于这一问题，下文仍会论及。

另一方面，刘歆的支持者阵营，则仅有房凤与王龚二人：

> 房凤字子元，不其人也。以射策乙科为太史掌故。太常举方正，为县令都尉，失官。大司马票骑将军王根奏除补长史，荐凤明经通达，擢为光禄大夫，迁五官中郎将。时，光禄勋王龚以外属内卿，与奉车都尉刘歆共校书，三人皆侍中。歆白《左氏春秋》可立，哀帝纳之，以问诸儒，皆不对。……唯凤、龚许歆，遂共移书责让太常博士，语在《歆传》。①

房凤本治《穀梁春秋》而自名家，有所谓房氏之学，其本师尹更始尝受《左氏传》，然《汉书·儒林传》载尹氏《左传》学所传弟子，并无房凤之名。至于王龚，则未知其师学背景。康有为对房、王二人支持刘歆的政治动机有所质疑："房凤则王根所荐者，王龚则外戚，非经师也。"②言下之意，房、王二人并非真正在学术上支持刘歆，而是因为他们皆为王氏之党，而古文经本身有利于王莽篡政，故此支持刘歆立古文经。

康氏之说虽然缺少足够的论据，但是其提出的问题实不容回避：在诸儒"皆不对"的情况之下，何以房凤、王龚二人独肯支持刘歆？结合我们对刘歆反对者政治立场的考察，在争立古文经的问题上，反对一方至少在成哀时期，大都是外戚擅政的明确反对者，而支持一方，包括主事者刘歆在内，却都不同程度上与外戚王氏之间存在密切的关联，被视为

---

① 《汉书》卷八八《儒林列传》，第 3619 页。
② （清）康有为《新学伪经考》，中国人民大学出版社 2010 年版，第 129 页。

王氏擅政的既得利益者。这种身份上的重合,究竟只是一种巧合,还是的确反映了争立古文经一事在学术层面之外的政治纠葛?欲探求这一问题,我们需要从刘歆《左氏》学的内部着手,看看刘歆《左氏》学究竟与西汉《春秋》学传统之间是怎样的关系,以及《左氏》学与《公》《穀》学的学理之争,究竟是否投射到了成哀时期围绕外戚擅权问题的政治纠纷上。

三、官学背景下的西汉古文经学传统

在正式讨论刘歆的《左氏》学之前,我们有必要对刘歆争立古文经之前今、古文经学之间的关系进行简单的考察,以为我们认识争立古文经事件提供一个客观、全面的学术背景。

据刘歆《移太常博士书》言,《左传》之所以难以获置博士,是因为太常诸今文博士抱残守缺,以《左传》《古文尚书》《逸礼》"古文经"的身份而抵制它们。但事实上,至少就西汉中前期而言,决定某一师学是否可以成为官学,并非取决于它的经本是今文还是古文,例如伏生所传《尚书》学,其最初的壁藏经本就是古文本,然而后来官学中三家《书》博士皆为伏生后学;至于未得获立官学的《毛诗》,其经本却实系今文。此外,师学是否可以成为官学,甚至也不完全取决于其是否有传自先秦的"师法"传统,例如《孝经》,在西汉初期有所谓传自先秦的"叔孙通所传师法"①,但是既未得到广泛的流传,也没有得到官学的认可;而师学脉络模糊隐晦,甚至有"改师学"之嫌的孟氏《易》,却在石渠会议上顺利获置学官。因此,至迟到宣帝黄龙年间定博士员额为止,判断某一师学是否可以成为官学,主要依据的,实在于该师学本身是否有完备的章句说解,以及它在朝野士林中是否有一定程度的传播。客观地说,在武帝、

---

① 《古文孝经孔传序》,由于日传本《古文孝经孔传》晚出,因此,这篇序文的真伪受到很大的质疑,但笔者认为,《古文孝经孔传》的传文部分虽为晚出,然其经文以及序文,则宜有其文献依据,具体论述可参拙文《〈古文孝经孔传〉真伪考》,待刊。

第二章 两汉官定经目的制度演变

宣帝、元帝的历次经目调整中,《古文尚书》《逸礼》《左氏春秋》等所谓"古文经"之所以未能进入官定经目,并非因为他们自身的"古文"身份而受到排斥,主要是因为它们师法、章句未备,且传习有限,故此不与经目,成为所谓的"逸学"①。

相反,由于古文经的经本出自先秦,足以补秦火之憾,因此至晚到刘歆争立古文经之前,汉代的经师不仅从未明确表示过对古文经的歧视,甚至在某种程度上对古文经持一种尊重的态度,这当中有几件事情值得关注:

其一,孔安国所读《古文尚书》的传习。《汉书·儒林传》载:

> 孔氏有《古文尚书》,孔安国以今文字读之,因以起其家,逸《书》得十余篇,盖《尚书》兹多于是矣。遭巫蛊,未立于学官。安国为谏大夫,授都尉朝,而司马迁亦从安国问故。迁书载《尧典》《禹贡》《洪范》《微子》《金縢》诸篇,多古文说。②

关于这一材料,有两点值得注意:首先,武帝时期曾有将《古文尚书》立于学官的尝试。我们知道,武昭时期的博士制度尚未与师法分化同步,诸经博士虽各有师法,但其所任博士一职,则不以师法具名,与宣帝黄龙定员后"施氏《易》""欧阳《尚书》"等师法博士的制度有一定的差异。因此,这里所谓"立于学官",恐非立"孔氏《尚书》"博士,而是指太学博士对新出文献进行解读,为之起传,并使之进入《尚书》学师授的谱

---

① 在汉代经学史的研究中,需要区分"逸学"与"古文之学",前者有时也被称为"古学""遗学",故此常与"古文之学"的简称"古学"相混淆。所谓"逸学",即在野之学,与其对应的是官学。汉人,特别是东汉士人在指称师学时,除了以经本今、古文的观念区分今、古学以外,还以是否在官的观念区分今、古学,并以官学为今学,以逸学为古学。为了避免概念的混淆,笔者用"逸学"指称在野之学。事实上,逸学与"古文之学"在范围上确实存在较大的重叠,但仍有一定的差异,逸学不仅包括《古文尚书》《毛诗》《左传》《周礼》《逸礼》等古文之学,也包括在东汉时失去官学地位的《穀梁》学,以及本身是今文学的费氏《易》等,至于古文之学,除了包括上举部分逸学以外,也包括官学中的《尚书·泰誓》以及《孝经》诸家师学。

② 《汉书》卷八八《儒林传》,第3607页。

系之中,就好像武帝末年诸博士会读《泰誓》一样。若此事果得施行,则孔壁《尚书》或将与伏生壁藏《尚书》合为一体,今古文《尚书》之辨也许就不会存在。作为古文经学的代表,《古文尚书》获立学官的可能性说明了武帝时期古文经的地位并未受到特别的压制。其次,从司马迁以中书令的身份向孔安国"问故",并在其所作《太史公书》中径用古文说来看,汉代的官方学者对于古文经的态度也是比较开放的,这一点我们在下面的事例中还会看到。

其二,武帝末诸博士读、说壁中古文《泰誓》篇,并为之起传。此事见于《尚书正义》所引《别录》佚文:

> 武帝末,民有得《泰誓》书于壁内者,献之与博士,使读、说之,数月,皆起传以教人。[1]

关于《泰誓》篇的出现,又有宣帝"本始"年间说,陈梦家先生在《尚书通论》中以为当系武帝"太始"之讹,其说可从[2]。无论如何,《泰誓》既然是壁中书,其文字当然是古文写成,但当其书被献于博士后,诸博士纷纷读、说之,并"起传以教人",也就是将其纳入各自的师法系统之中,这足以见出,晚出的《泰誓》虽是古文,但并不因此受到歧视,反而为博士所看重。

其三,宣帝时萧望之上书称《左氏》之善。此事见载于《汉书·儒林传》:

> 汉兴,北平侯张苍及梁大傅贾谊、京兆尹张敞、太中大夫刘公子皆修《春秋左氏传》。谊为《左氏传》训故,授赵人贯公,为河间献王博士,子长卿为荡阴令,授清河张禹长子。禹与萧望之同时为御史,数为望之

---

[1] 《尚书正义》卷一,《十三经注疏》,第115页中栏。
[2] 陈梦家《尚书通论》,中华书局2005年版,第49页。

言《左氏》,望之善之,上书数以称说。①

萧望之曾为《齐诗》博士,在宣、成时期地位显贵,在石渠会议中即以太子太傅之尊领衔诸博士论辩,足见其为士林之望,而他通过张禹了解《左氏》,并为之上书称说,足见这位完全出自"今学"师法体系的儒林耆宿,对古文经并未表现出轻视或拒斥。

其四,成帝时期曾广求古文经,而张霸所献伪书《百两篇》虽受到质疑,但仍受到朝中诸儒的重视。此事见载于《汉书·儒林传》:

> 世所传《百两篇》者,出东莱张霸,分析合二十九篇以为数十,又采《左氏传》《书叙》为作首尾,凡百二篇。篇或数简,文意浅陋。成帝时求其古文者,霸以能为《百两》征,以中书校之,非是。霸辞受父,父有弟子尉氏樊并。时,太中大夫平当、侍御史周敞劝上存之。后樊并谋反,乃黜其书。②

张霸既然应"求其古文"之诏,则其所献《百两篇》者,当为古文本,只是此本与中秘本不同,故其真实性受到质疑,但曾任欧阳《尚书》博士的平当以及侍御史周敞仍鼓励成帝"存之"③,这正是刘歆移书中所谓的"与其过而废之也,宁过而立之",直至治其学者樊并有谋反之举,其书乃遭废黜,这与元帝时期京房《易》学因其人之见疏而遭废的过程几乎一致。总之,《百两篇》虽然是伪书,但它凭"古文"之名即得到平当等大儒的重视,足见今学诸儒对于古文经的态度,实难用刘歆所谓"杜塞余道,绝灭微学"④之辞统摄之。

其五,刘向用中秘古文校诸经。此事见载于《汉书·艺文志》,屡见征引,不必具论,唯其关于《礼古经》文献价值的论述颇值得注意:

---

① 《汉书》卷八八《儒林传》,第3620页。
② 《汉书》卷八八《儒林传》,第3607页。
③ 师古注以为"存者,立其学",未知何据,笔者以为"存"者,存其书,不废之而已。
④ 《汉书》卷三六《楚元王传》,第1917页。

《礼古经》者,出于鲁淹中及孔氏,与十七篇文相似,多三十九篇。及《明堂阴阳》《王史氏记》所见,多天子、诸侯、卿、大夫之制,虽不能备,犹瘉仓等推《士礼》而致于天子之说。①

这段文字在《汉纪》所引刘向《别录》中被概括为"其《礼》古经五十六篇,出于鲁壁中,犹未能备"②,虽然文义简略,但基本可以帮助我们确认《艺文志》中的这段话乃出自刘向之手。从这段话来看,与校《易》《书》时仅言及今古文的文字、篇什之异不同,在论及西汉诸经中师学纠纷较少、也相对弱势的礼学时,刘向明确地提出了《逸礼》虽然本身尚不完备,但是多少优于后仓等以《士礼》而推演的新说。后氏《礼》是经宣帝石渠会议钦定的官学,这里刘向以在野的逸学优于官学,并将此说著于准备进呈御览的《别录》之上,足见以刘向为代表的所谓"今学"诸儒对于古文经学的高度重视。

其六,汉代《孝经》学源自古文本,然诸博士皆据之起传,并在官学传授。关于孔壁《孝经》为古文,此不必说,至于所谓"今文《孝经》"之实为古文,则见于日藏刘炫《孝经述议》残卷所引刘向《别录》佚文:

《别录》云:文古文,称《大孝经》。焚书之后,河间人颜芝受而藏之,汉氏受命,尊尚圣道,芝子贞乃出之民间。建元初,河间王得而献之。③

由这段佚文可知,汉初复出的颜氏家藏《孝经》,实为秦火之前已经抄成的古文本,此本因河间王献入中秘,故至刘向校书时仍然见存。特别值得注意的是,藏书的颜芝、颜贞父子并未以此书传习弟子,而是将其献于河间王,又由河间王献于中朝后,始经诸博士读、说而传习于天

---

① 《汉书》卷三〇《艺文志》,第1710页。
② (东汉)荀悦《汉纪》卷二五,中华书局2002年版,第435页。
③ (日)林秀一《孝經述議復原に關する研究》,东京:文求堂书店1953年版,第82页。相关分析可参拙文《京都大学所藏刘炫〈孝经述议〉残卷考论》,《中华文史论丛》,2013年第1期,第167页。

下。换言之,从本质上说,颜氏所献此本《孝经》与晚出的孔壁《孝经》、张苍所献《左传》同为古文、同无先秦师学传统,三者的性质是基本一致的。颜氏本原为"古文",然后儒以其立于官学,故以"今文"称之,但事实上,汉代《孝经》学整体都应归为汉儒据古文本而自立师学传统的"古文经学"。《孝经》的"古文出身"人所共知,但始终未见汉儒对其经典性有所非议,足见在刘歆论古文经价值之前,汉儒无以"今古文"扞格经本之风。

总此数例,自汉初至元成之世,汉代经学发展的主流虽然是所谓的"今文"经学,但朝野士人对于不断出现的古文经,同样给予了一定的重视和较大的包容,古文经学在西汉中前期的流传情况不太理想,主要原因是其自身文字古奥,篇章零散,缺少基本的文献整理和系统的训诂、章句,因此为一般学习者所难以掌握,这导致了它们无法与师承有自、章句完备、教法成熟的今文诸师法相抗,并限制了其进入官学系统,而后者反过来又限制了其在一般士人群体中的传播。但是,如贾谊、司马迁、孔安国、平当、张禹、萧望之、刘向这样的硕学耆儒,他们一方面有能力阅读古文经,另一方面又具有开放的学术胸襟,因此自然对古文经的价值给予了较高的评价,他们本身正是汉代官学的重要代表,通过他们,我们可以了解到,虽然古文经学大多没有进入官学(《泰誓》和《孝经》除外),但汉儒重视古文经、尝试利用、推广古文经,却已构成一个传统。众所周知,包括司马迁、董仲舒、刘向在内的一批汉代儒士经师,在他们的著述中频繁引用《古文尚书》《左传》等文献中的资料,这无疑对汉代经学的演进产生了重要的影响。

当然,毋庸讳言,古文经在汉代虽然引起了众多大儒的重视,但与今文诸师法相比,则无论其师学的成熟程度,还是影响范围,都不可同日而语,这其中的原因,除了前文已经论及的今、古文的文献、师学基础差异悬殊以外,还与西汉时期整个的经学发展背景相关:汉承秦火,诸经老师多为高年耆宿,在这样的背景之下,抢救、保存传自先秦的师学传统,显然较整理新见的古文文献更为迫切,因此,我们看汉景帝、武帝时,派晁错赴齐地从伏生问学,广征杨何、胡毋生、董仲舒、申培、辕固生、韩婴诸老,其所重者,首先在"人",至成帝时,乃广求天下遗书,关注点逐渐转移到"书"上,其间之轻重缓急,实势所当然,并非汉人刻意对今、古文有所轩轾也。

至于西汉中前期诸古文经的具体影响,从《汉书》的记载来看,《古文易经》《古文尚书》《礼古经》《周官》《春秋古经》《古文孝经》《古论语》似乎都藏于中秘。当然,献书的河间王以及孔家或有复本留存,但在社会上流传较少,除孔氏家传《古文尚书》以外,似乎完全没有专门的研究者。至于《左传》则不同,从《汉书》的记载来看,张苍、贾谊、张敞、刘公子等皆曾以习《左氏》而闻名,是知其书本虽然已经由张苍献诸中秘①,但其复本则流传广泛。贾谊为《左氏》作训诂,实开汉人专治《左氏》学之先河②,后来河间献王在河间立《左氏春秋》博士,以师承贾谊的贯公为博士,虽然其正式弟子仅张禹一人而已,但对于《左传》声望的提高,多少会有所帮助,后来成帝时期张霸伪造《百两篇》,刘向编撰《说苑》《新序》《洪范五行传论》等,都曾大量运用《左传》中的史料,而师丹、龚胜等刘歆的反对者,都曾经在奏议中引用《左传》,足见《左传》流布之广。不过,除贾谊、贯公父子、张禹之间存在师授关系以外,西汉中前期其他士人研习《左传》,似多为自学自用,并不借助师授,这种情况至西汉后期发生改变,尹更始、尹咸、翟方进、胡常、贾护、陈钦、王莽等皆以师生相传授的方式传习《左传》,特别是贾护、陈钦,"与刘歆同时而别自

---

① 此用王国维说,见其《汉时古文本诸经传考》,《观堂集林》卷七《艺林七》,《王国维全集·第八卷》,第211页。

② 在《汉书·艺文志》的《春秋》类中还著录有一本《左氏微》,未知是否与《左传》有关,从其同列的楚太傅铎椒的《铎氏微》以及佚名的《张氏微》来看,似乎"某氏"为作者之氏,并非所据传本之氏,姑存疑。

第二章　两汉官定经目的制度演变

名家"①,显然已经建立起一套说解系统,许慎在《五经异义》中曾征引陈钦《左传》之"说"②,则贾、陈师徒或已有作为师法载体的说解类著作传世,这样一来,西汉诸经立为官学的两个基本要素:师法与师授,《左传》算是初步具备了。

不过,与其它古文经相比,《左传》的另一个特殊性在于,从本质上来说,它并不是"经",只有《春秋古经》才是真正的古文《春秋》经,《左传》至多只能算是"传"而已,而《左传》能不能算作《春秋》之"传",这一点当然影响到汉儒对他的认识。学术界普遍认为,在西汉中前期,《左氏春秋》被视作一部独立的书,直到刘歆"引经以解传",才使《左氏春秋》变成了《春秋左氏传》,这种说法似乎主要受到刘歆指控太常诸儒有所谓"《左氏》不传《春秋》"这一说法的影响。但是,刘歆同样称太常诸儒有"《尚书》为备"之说,但从成帝时期平当等对《百两篇》的态度来看,这种说法即使存在,也只能代表部分儒生的看法;同样,由刘歆叙述出来的"《左氏》不传《春秋》"之说在当时儒林究竟有多大影响,实值得怀疑。若抛开刘歆之说,从《左传》文本自身来看,其与《春秋》之间的关联,以及它与《吕氏春秋》《晏子春秋》等其它冠"春秋"之名的著作间的差异,实是一目了然。而河间献王立《毛诗》和《左氏春秋》博士,其《毛诗》无疑是解经之传,则似乎至少在河间献王看来,《左氏春秋》自然也是《春秋》之传。此外,在《华阳国志》中,还有一条成帝时期的蜀地材料值得注意:

《春秋穀梁传》首叙曰:成帝时,议立三传博士,巴郡胥君安独驳《左传》不祖圣人。③

---

① 《后汉书》卷三六《郑范陈贾张列传》,第1229页。
② (清)陈寿祺《五经异义疏证》,上海古籍出版社2012年版,第220页。
③ (晋)常璩撰、任乃强校注《华阳国志校补图注》卷一〇下,上海古籍出版社2007年版,第618页。

这条材料称录自"《春秋穀梁传》首",在《华阳国志》的另一条关于胥君安的记录中,则称见于"《春秋》首传"。"《春秋》首传",当为"《春秋》传首"之倒文,系"《春秋穀梁传》首"之省文,而"《春秋穀梁传》首",应当是指《春秋穀梁传》某种章句、说解之起首。《春秋穀梁传》的汉魏注本,今均已亡佚,该引文的原文已无法核查,但从其明确指出"巴郡胥君安"这一人物以及"议立三传博士"这一事件来看,其事当有所据。今《汉书》中并无成帝时期议更立博士员的记载,所谓"三传博士"之说,也未见于成帝时期,因此,笔者颇疑此条乃与哀帝时刘歆争立《左传》相关,"成帝时"者,或系时间记述上的失察。如果此说可信,则胥君安的"《左传》不祖圣人"之说,似乎就是引起刘歆"《左氏》不传《春秋》"之说的口实了,但是比较两句话,若"《左氏》不传《春秋》",则其书自与孔子无关,实无由怪其"不祖圣人",所谓"不祖圣人",似乎正是暗含《左传》"祖圣人"的预设,也正是暗含了视《左传》为《春秋》之传的立场。因此,无论胥君安的驳议与刘歆争立古文经事件关系如何,我们由此皆可了解,在成哀之际,以《左氏》为《春秋》之传的观点,至少为部分儒生所认可,而且这种观点在景、武时期《左传》出现时业已产生,未必是造成太常诸儒抵制《左传》的主要原因,刘歆之说即便不是刻意夸大,也有以偏概全之嫌。

综上,我们可以基本明确,第一,在刘歆争立古文经之前,古文经学虽然多未获置官学,但其学术地位不容忽视,除了有《古文尚书》孔氏家学以及《左氏》不绝如缕的师学传承以外,一批在朝中颇有影响力的儒士虽然本经为今文师法,但同样对古文经的学术价值给予肯定,他们或直接利用古文经从事撰述,或为古文经的传播提供渠道与空间,从而构成了一个重视、包容古文经的传统。第二,就《左氏》而言,由于它的复本在儒林间有一定的流传,因此,较之其它古文经,他的影响最为广泛,而随着贾谊、陈钦先后为之训诂、说解,到西汉后期,《左氏》学在形式上已经接近于当时的官定师学,而《左氏》为《春秋》之传的观念,也未必如刘歆所述那般遭到非议。总之,无论是从汉代经目调整的整体传统来看,还是从西汉儒林对于古文经学的一贯态度来看,抑或就《左氏》学的自身发展历程而言,在西汉末期,即便《左传》被立为官学的时机尚不成熟,但这件事情本身,已经是一件可以考虑、可以讨论,并且值得廷议的问题,但是,从《汉书》的记载来看,刘歆所面对的非但不是正面的学术反击,而是出人意料的集体沉默以及这种沉默下潜藏的愤怒——刘歆争立古文经竟由一个学术事件迅速升温为政治事件,并最终以刘歆、房凤、王龚的贬谪草草收场。究竟是什么引起包括孔光、师丹等在内的朝中诸儒的集体愤怒呢?这种愤怒何以只能以沉默而非公开辩论的方式呈现呢?要了解这些问题,我们只能从刘歆《左氏》学自身以及当时的特定政治背景中去寻找答案。

四、"毁师法":刘歆《左氏》新学与汉代《春秋》学传统之间的矛盾

与刘歆本人将争立古文经的失败归罪于太常诸儒的抱残守缺不同,东汉初年的古学大师贾逵在评论刘歆争立《左传》时,并未对今学诸儒给予过多的批评,反而是从刘歆本人着眼,提出他的失误在于"不先暴论大义,而轻移太常,恃其义长,诋挫诸儒,诸儒内怀不服,相与排之"[①]。贾逵的这段议论既缓和了今、古学之间的矛盾,又巧妙地暗示了古学的义理之长,诚为老成之言,但客观地说,他对刘歆争立一事失败原因的分析,似乎并不准确。从前文的论述我们已经知道,在刘歆之前,《左传》已经在士人间有一定的流传,特别是在《汉书》中,明确记载了向、歆父子曾经围绕《穀梁传》与《左传》在解经方面的短长进行过辩论:

---

① 《后汉书》卷三六《郑范陈贾张列传》,第1237页。

歆以为左丘明好恶与圣人同,亲见夫子,而公羊、穀梁在七十子后,传闻之与亲见之,其详略不同。歆数以难向,向不能非间也,然犹自持其《穀梁》义。①

"歆数以难向",其所难者,必有关乎"大义"者,此外,前文所引胥君安对《左传》"不祖圣人"的评价,显然也是围绕《左传》义理是否反映了圣人微言大义这一问题展开,而胥君安对于《左传》的"大义",必定先有所了解,然后始能有此议论。从这些材料看来,"不先暴论大义"之说,更像是贾逵为刘歆争立《左传》失败而找的一个体面的说辞,未必可以反映事件的真相。

此外,《汉书》在论及刘歆对《左氏》学的贡献时则言:

初,《左氏传》多古字古言,学者传训故而已,及歆治《左氏》,引传文以解经,转相发明,由是章句、义理备焉。②

与贾逵之说相比,这条材料虽不完全准确,但似乎更加可信,以其为基础,我们可以有两点认识:首先,汉代的《左氏》学因既无先师遗教,书本又多古字古言,故此曾长期停留在字、词的训诂层面上,这实际上是讲张苍、贾谊至张禹时期的《左氏》学(即景帝至宣帝时期);但随着《左传》训诂的逐渐完备,到西汉中后期张禹、贾护、陈钦等治《左传》,恐怕已经在传训故之外增加了义理的层面,例如下文将举的成帝时张禹据《左氏》论日蚀一事以及许慎《五经异义》中所引陈钦说孔子获麟,援《易》四正说及五行说以见孔子立言之意③,显然皆非简单的字句训诂。《汉书》将《左氏》"章句、义理"之备毕归于刘歆,隐去了与其"同时而别自名家"、且师传似乎更广的贾、陈一系师学,恐与汉代《左氏》学的实际

---

① 《汉书》卷三六《楚元王传》,第1967页。
② 《汉书》卷三六《楚元王传》,第1967页。
③ (清)陈寿祺《五经异义疏证》,第220页。

历史不符合。此外，材料所未及者，还有汉代《左氏》学的另一传统，即司马迁、董仲舒、张霸、刘向、师丹、龚胜等儒士对《左传》史料的采辑和利用，与专治此书的师学一脉不同，今学诸儒不必困囿于书中的古字古言，只需关注其丰富的史事记载，为我所用，以刘向撰《洪范五行传论》为例，在搜集先秦灾异的过程中，他除了根据《春秋》经本以外，还利用了《书序》《国语》（刘向称之为"史记"）《史记》和《左氏传》等，完全不以《左传》的古文经身份而排斥它。因此，以贾谊、尹更始为代表的师学一脉，与以董仲舒、刘向为代表的非师学群体，实共同构成了西汉中前期的《左传》学传统。在这个传统内部，针对《左传》是否反映"圣人大义"的问题，他们或许存在争议，董仲舒、刘向等纯用《左传》之事，不用其义；而专治其书的师学一脉，则在训诂之外，不能不对其义理有所探求，这本是学术积累、发展的自然规律，《汉书》专美刘歆，多少言过其实。

其次，这条材料虽然对汉代《左传》学的概括并不准确，但他对刘歆个人《左氏》学的描述却十分准确，笔者以为，"引传文以解经，转相发明"，才是刘歆对《左氏》学的最大贡献，也正因为此，笔者将其学称之为"《左氏》新学"。

在这一部分，我们将要探讨刘歆的《左氏》新学与汉代《春秋》学之间的矛盾，重点探讨其新学与今文《春秋》学之间的矛盾，但在此之前，我们需先了解刘氏新学对汉代《左氏》学传统的改造。

前文已言，西汉的《左氏》学传统内包括了师学一脉和非师学群体两个部分，那么刘歆属于哪个部分呢？传统的学者多据其曾向尹咸、翟方进问学，而归之于师学一脉，但我们认为，这种归类是不合理的。尹咸、翟方进作为尹更始的弟子，他们所习的是经由贾谊训诂、在民间私传的《左传》，从文本上来讲，其中虽有古字，但整体应已转写为隶书，只有部分奇字或传抄者习用的简单古字以隶写的方式保留其形。至于刘歆所习,则是中秘所藏古文原本,是完全用古文写成的,因此,所谓问教于尹咸,只是就其所习古文本中的古字、古言向尹咸求教,并不构成汉人真正意义上的师授关系,这与司马迁从孔安国问故的性质一样,不能据此认为刘歆属于《左传》师学脉络。

此外,王葆玹先生提出,刘歆的《左传》学当传自刘向[①],刘向、刘歆父子,乃建构了另一脉《左传》师学。对此,我们认为,汉儒研习、利用《左传》,并不意味着其欲为之建立师法,从刘向的《春秋》学立场来看,他非常看重自己《穀梁传》师学传人的角色,而从他利用《左传》,实仅止于用其事而已,从未为之训诂、章句,这显然不符合汉人立师法、家法的一般程序,因此,刘歆之重视《左传》,至多是受到其父的影响,但刘氏父子之间,同样不构成师学传承的关系。

那么,是否可以把刘歆归入董仲舒、刘向等非师学群体中呢,从刘歆的《左氏》学主张看来,似乎也不合理,《论衡·案书篇》称:"刘子政玩弄《左氏》,童仆妻子皆呻吟之。"[②]《左传》之流传,竟至于"童仆妻子"皆能呻吟之,而《春秋繁露·俞序》在论及《春秋》时,特别强调"有国有家者"当读《春秋》[③],由《左氏》与《春秋》受众的差异,可知董、向等非师学群体对于《左氏》的态度,至刘歆"引传文以解经",则是要以治经传的方法来治《左》,这与董仲舒等仅关注《左传》史事乃至文辞的传统亦不吻合。

这样看来,刘歆《左氏》学,就其基本身份与立场而言,已经不在西汉《左氏》学的传统之中,明确这一点,对于我们认识刘歆争立古文经至关重要:在刘歆的移书中,他巧妙地给读者灌输了这样一种先入为主的观念:即刘歆是《左传》等古文经的拥护者,而太常诸儒是古文经的反对者,反对立《左传》等三家博士,就是反对《左传》、反对古文经,由此,太

---

① 王葆玹《今古文经学新论》,中国社会科学出版社2004年版,第127~128页。
② 黄晖《论衡校释》卷二九《案书篇》,第1164页。
③ (清)苏舆《春秋繁露义证》卷六《俞序》,中华书局1992年版,第160页。

第二章　两汉官定经目的制度演变

常诸儒被定义为固步自封的短视者。但实际上,如果我们考虑到西汉的博士制度,就会意识到,立古文经博士,绝非刘歆所谓"宁过而立之"那么简单,依照西汉宣帝黄龙年间确立的经目制度,凡立博士者必具师法,那么,是立贾谊的师法,还是贾护、陈钦的师法,抑或刘歆的师法呢?据《后汉书》记载,刘歆曾命其弟子郑兴"撰条例、章句、传诂"[①],而据《华阳国志》《旧唐书·经籍志》,则刘歆自有其"条例"二十卷传世[②],我们知道,在西汉的经学传统中,撰结"条例、章句",正是欲立师法、家法的体现,在《左氏》师法已备的情况下,刘歆另立师法,既体现了他对西汉《左传》传统师法的不满,也说明其欲立之《左传》博士师学,实非当时已经初步建立起的贾、尹师学,这实际上多少可以解释当刘歆踌躇满志地争立《左传》之际,本身即是《左传》师学重要传人的尹咸、贾护等在朝诸儒,居然并未与之同仇敌忾的原因。换言之,太常诸儒对刘歆的不满,并不能放大为对《左传》等古文经的不满,这正是刘歆争立古文经事件的微妙之处。

那么,刘歆的《左氏》新学具体有些什么主张呢?为何会激起太常诸儒的激烈反对呢?通过对《汉书》中《艺文志》所引刘歆《七略》、《律历志》所引其《钟律书》、《五行志》所引《洪范五行传记》中有关《左传》的论说、经解,我们可以获得比较全面的了解。

关于西汉的《春秋》学,虽然始终贯穿着公、穀二家的争辩,但就其整体而言,仍有一些基本的共识,班固在《五行志》中点出"推阴阳"三字,实至为精要,简单来说,可以概括为四点:

第一,以《春秋》为沟通天人之学,此说为董仲舒首倡,复经司马迁之阐发,而成为西汉《春秋》学的纲领。

---

① 《后汉书》卷三六《郑范陈贾张列传》,第1217页。
② (晋)常璩撰、任乃强校注《华阳国志校补图注》,上海古籍出版社2007年版,第614页;《旧唐书》卷四七《经籍志》,第2037页。

第二，《春秋》重义轻事，非史书可比。此说为《孟子》揭櫫，而又见于《春秋繁露·俞序》篇，代表了西汉《春秋》学的基本定位，后来影响巨大的《春秋》"为赤制"说，亦据此理念而生。

第三，重先师口传之学。康有为指出，《春秋繁露》所论《春秋》经义，多有不见于《公羊传》传文者，当为先师口传，而《穀梁》学筚路蓝缕之际，也是以先师口传之学为其基础。

第四，推阴阳以说灾异，援《春秋》而议政。从董仲舒所撰之《辽东高庙灾对草藁》始，汉代的《春秋》学就与汉政密切相关，从《春秋》学中发展出的一系列灾异观念，更频频为汉代君主诏令、大臣奏议引为援据，深刻地影响了汉人的政治理念和话语体系。

当《左传》在西汉中前期以私学在士人间流传时，他的古文身份，并未使其与上述《春秋》官学传统形成冲突，相反，它的丰富史事，还可以帮助今学儒士阐发大义、推度灾异、议政言事，因此，在刘歆争立古文经之前，它虽然流传不广，但在有限的范围内，都受到士人的青睐与推崇。但若以刘歆的《左氏》学与之相比，我们发现，他几乎颠覆了以上全部四条传统，并完全重新定义了《春秋》的学术价值，这样激烈的叛逆，无怪乎不仅引得当时诸儒怒而攻讦，连公孙禄在数年之后，仍对其耿耿于怀。以下逐一论说：

第一，汉儒素以《春秋》为沟通天人者，这使得《春秋》在诸经中虽然晚出，但却占据了西汉经学最为显赫的地位，宣帝石渠会议名义上是讨论五经异同，但会议的核心，无疑是论公、穀二家之短长，这固然与宣帝本人的旨趣相关，但也客观体现了西汉中前期经学史的基本面貌。但刘歆在《钟律书》中却提出，"故《易》与《春秋》，天人之道也"①，具体而言，《易》论天道，《春秋》则著人道，这一下子将无所不包、自成体系的《春秋》从神坛拉回了人间，这对西汉《春秋》学而言，几乎是釜底抽薪的

---

① 《汉书》卷二一上《五行志上》，第981页。

一击,关于这一问题,我们有专文讨论,这里不再赘述。

第二,孟子记孔子之言,称"《春秋》者,其文则史,其义则丘窃取之"①,言下之意,《春秋》虽具史文之表,但意在言外,当探求其大义。但刘歆在《七略》中说:"周室既微,载籍残缺,仲尼思存前圣之业,乃称曰:'夏礼吾能言之,杞不足征也;殷礼吾能言之,宋不足征也。文献不足故也,足则吾能征之。'以鲁周公之国,礼文备物,史官有法,故与左丘明观其史记,据行事,仍人道,因兴以立功,就败以成罚,假日月以定历数,藉朝聘以正礼乐。"②这里刘歆完全没有提及《春秋》的"大义",而是重点指出其在保留礼文以及史事方面的价值,至于褒贬兴废,亦是史籍题中之义,故此完全否定了《春秋》述圣人之义的性质。此外,在西汉《春秋》学传统中,夫子作《春秋》,子夏之徒不能赞一词,故此其书完全体现圣人之义,与《孝经》一样,是了解孔子最重要的文献。但刘歆提出孔子与左丘明"共撰《春秋》"之说,更进一步削减了《春秋》作为"经"的权威性。

第三,汉儒素重师学,不独治《春秋》者如此,但刘歆在《七略》中指出:"及末世口说流行,故有《公羊》《榖梁》《邹》《夹》之《传》。"③在与刘向的辩难中,他也曾提出:"左丘明好恶与圣人同,亲见夫子,而公羊、榖梁在七十子后,传闻之与亲见之,其详略不同。"④如果说刘歆前两点关于《春秋》的新说还只是激怒了公、榖《春秋》二家经师的话,那么,他在这里对"口说"之学的质疑,则是使自己站到了整个西汉诸经师学传统的对立面。汉儒对于师法的尊重、推崇与守护,正在他们坚信这种"口说"之学乃由孔门弟子代代相传,归根结底还是圣人之言,但刘歆将其定义为"末世"所流行者,这无疑触及了整个西汉经学的根基,公孙禄在

---

① (清)焦循《孟子正义》,中华书局1987年版,第574页。
② 《汉书》卷三〇《艺文志》,第1715页。
③ 《汉书》卷三〇《艺文志》,第1715页。
④ 《汉书》卷三六《楚元王传》,第1967页。

批评刘歆时,曾称其"毁师法,令学士疑惑"①,大概正是就其非毁今学师法的可信性这一点而言。

第四,汉儒自董仲舒始,即以《春秋》说灾异,其后刘向虽然习《穀梁》学,但却将《春秋》灾异学传统发扬光大,并使之与《洪范》五行学说相为表里,建构起宏大而精微的灾异学体系,见诸其所作《洪范五行传论》。但从刘歆的《五行传记》来看,他不仅没有继承其父之学,反而在对不少《春秋》经文的具体解释上公开否定广为流传的公羊、穀梁家旧说。事实上,前面所举三点虽然针针见血,无一不直击西汉《春秋》的立脚点,但终究只是刘歆的说辞而已,并拿不出切实的证据,至于这里对《春秋》经解的具体讨论,则皆有《左传》之文献可以征引,而《左传》其书的可靠性,原本已经得到汉儒的认可,因此,在这个问题上,刘歆的说服力自然较其它据空言立意者为上,而其对于公、穀二家《春秋》学的冲击,自然也就更加直截。例如,关于僖公十五年"九月己卯晦,震夷伯之庙":

> 刘向以为,晦,暝也;震,雷也。夷伯,世大夫,正昼雷,其庙独冥。天戒若曰:勿使大夫世官,将专事暝晦。明年,公子季友卒,果世官,政在季氏。至成公十六年"六月甲午晦",正昼皆暝,阴为阳,臣制君也。成公不寤,其冬季氏杀公子偃。季氏萌于釐公,大于成公,此其应也。董仲舒以为,夷伯,季氏之孚也,陪臣不当有庙。震者,雷也,晦暝,雷击其庙,明当绝去僭差之类也。向又以为此皆所谓夜妖者也。刘歆以为《春秋》及朔言朔,及晦言晦。人道所不及,则天震之。展氏有隐慝,故天加诛于其祖夷伯之庙以谴告之也。成公十六年"六月甲午晦,晋侯及楚子、郑伯战于鄢陵"。皆月晦云。②

---

① 其所谓"毁",并不是如秦火般毁灭之义,而是"非毁"。公孙禄言其"颠倒五经,毁师法",显然并非就《春秋》一家之学言之,而是指出他对整个西汉经学传统的破坏。
② 《汉书》卷二七下之上《五行志》,第1445页。

"晦"字有二义,其一是在月相意义上,指月尽之日,也就是阴历每月月末的一天;其二则是作为形容词,意指昏暗不明。在《春秋》中,"晦"字多次出现,但《公羊传·僖公十六年》云:"《春秋》不书晦",则其意是指《春秋》在历法上只记朔日,不记晦日,如此,则《春秋》中出现的"晦"即当理解为昏暗不明之义,这是公羊家说,材料所引董仲舒以"晦暝"释"晦",正是从传文之说。至于穀梁家刘向亦以"暝也"释"晦",可见其说与公羊相同,而正是基于这样的义例,刘向将"九月己卯晦"视为一次灾异,并以"正昼皆暝,阴为阳,臣制君也"立意,将这次灾异敷衍成因为季氏擅权、天子不能制而导致的一次典型案例。从《汉书·五行志》的引文来看,董仲舒、刘向凡说《春秋》之晦,皆以灾异立说,这显然是西汉传统《春秋》学的一个基本义例。

但是,刘歆则认为,"《春秋》及朔言朔,及晦言晦",凡书中之"晦","皆月晦"也,若其说成立,则"晦"自为历日之辞,并无深意,公羊、穀梁二家之说,也就完全不能成立了。

又如,按照传统《春秋》学义例,日蚀是最为重要的天象灾异,日是至阳之物,象征君主,日有食之,显然是大臣谋逆的预兆,故此《春秋》凡有日蚀必书之,而董仲舒、刘向凡见日蚀,亦必探求其事由,指出造成灾异的原因,从《汉书·五行志》来看,这也是西汉《春秋》学的一个重要义例,以二十四年"五月乙未朔,日有食之"一条为例:

> 董仲舒以为,宿在胃,鲁象也。后昭公为季氏所逐。刘向以为,自十五年至此岁,十年间天戒七见,人君犹不寤。后楚杀戎蛮子,晋灭陆浑戎,盗杀卫侯兄,蔡、莒之君出奔,吴灭巢,公子光杀王僚,宋三臣以邑叛其君。它如仲舒。刘歆以为,二日鲁、赵分。是月斗建辰。《左氏传》梓慎曰:"将大水。"昭子曰:"旱也。日过分而阳犹不克,克必甚,能无旱乎!阳不克,莫将积聚也。"是岁秋,大雩,旱也。二至二分,日有食之,不为灾。日月之行也,春秋分日夜等,故同道;冬夏至长短极,故相过。

相过同道而食轻,不为大灾,水旱而已。①

　　这是刘歆"引传文以解经"的典型事例。与董、向循阴胜阳、臣制君的思路解释日蚀不同,《左传》所载的梓慎与昭子却从水、旱之灾的角度考虑日食可能导致的气候变化,而刘歆显然对昭子的分析更为信服,他不仅引《春秋》经文是年"秋,大雩"来证明昭子预测的准确性,更进一步对日食的生成原理给出了系统、理性的解释,在这种事、理兼备的论证面前,传统的《春秋》日蚀说无疑将受到极大的挑战与质疑。

　　再进一步,汉儒探求《春秋》大义,是以"义例"作为基本切入点,而归纳义例的基本方法则是基于一个假设,那就是当孔子作《春秋》时,采用了某些特定的体例,例如一事是否书地,是否书日,是否书当事者之爵、名等,来体现他对此事的褒贬态度,因此,经过先师代代相承的《春秋经》是一个非常完整,又充满暗示的文本,书中那些缺少的时间、地名、人物、事件要素,都是被孔子刻意隐去的,而研习《春秋》的基本方法,就是发现并解释这些要素为何被隐去,这是西汉《春秋》学在解释方法上的一个传统②,而刘歆则根据《左传》中"官失之"的说法揭示了《春秋》文本的残缺性,实质上也就是否定了《春秋》义例之学成立的基础,以隐公三年"二月己巳,日有食之"一条为例:

《穀梁传》曰,言日不言朔,食晦。《公羊传》曰,食二日。董仲舒、刘向以为,其后戎执天子之使,郑获鲁隐,灭戴,卫、鲁、宋咸杀君。《左氏》刘歆以为正月二日,燕、越之分野也。……周衰,天子不班朔,鲁历不正,置闰不得其月,月大小不得其度。史记日食,或言朔而实非朔,或不

---

① 《汉书》卷二七下之下《五行志》,第1497页。
② 刘逢禄概括曰:"鲁史记之例,常事不能不悉书备载,《春秋》尽削之,其存什一于千百,以著微文刺讥为万世法,故曰:非记事之书也。……正于圣人者,文弥约而旨弥博也。《春秋》或笔一而削百,或笔十而削一。削者以笔见,笔者复以削见,屈伸变化以著其义,使人深思而自省悟,应问以穷其奥。"刘逢禄《春秋公羊经何氏释例》卷六之四,北京大学出版社2012年版,第114页。

言朔而实朔,或脱不书朔与日,皆官失之也。①

我们知道,由于日食通常发生在每月的朔日前后,因此,按照《春秋》惯例,在"日有食之"的记载之后,应随文注明在"朔"日,但这里经文未言朔日,则按照西汉《春秋》学的解经传统,这里当然属于"义例"所在。从上面的材料可见,《穀梁传》认为只记日食的日期,又不言其在朔日,则言下之意,日食当发生在晦日;《公羊传》则认为,不言朔日,那就是日食持续了两天。公、穀两家的具体解释虽然不同,但都是基于以"言日不言朔"为特殊义例的立场进行论说。至于刘歆,则根据《左传·桓十七年》"日有食之。不书日,官失之也"的传文,将这里日食不书朔的现象同样归因于史官之失。如此,不仅《春秋》经本的完整性受到了质疑,传统公、穀二家以是否书日、书地等探求《春秋》大义的解经传统也受到了质疑。

需要注意的是,班固用"引传文以解经,转相发明"来概括刘歆的《左氏》学,而学者一般比较关注其"引传文以解经"的部分,对"转相发明"则较少注意,其实这一点同样非常重要,他显示了刘歆的《左氏》学并不执著于对《左传》解释的严格守护,而是致力于自身解释系统的建立,这或许也是刘歆《左氏》学与传统的西汉《左氏》师学之间的重要差异。以隐公三年日蚀言日不言朔一事为例,《左传》中称史官失载一事,乃针对桓公十七年日食"不书日"而发,而这里经文是书日而未书朔,与《左氏》传文所举的情况并不完全相同,但刘歆将两者勾连起来,使得《左氏》传文左右逢源,其解释力得到了极大的提升。

又如上文所举僖十五年己卯晦一事,刘歆以"及朔言朔,及晦言晦"瓦解公、穀二家《春秋》不书晦的义例,但征诸《左传》,其实并无实据,乃是刘歆根据自身的历算学知识而推知的结果,他据此推翻公、穀旧说,

---

① 《汉书》卷二七下之下《五行志》,第1497页。

重新解经,这也是其"转相发明"的一种体现。

总之,刘歆虽然"引传文以解经",但他对于《春秋》经文的理解,实已超出了《左传》本身,而深深打上了他个人的烙印。从他所撰的《五行传记》来看,他对于《春秋》史事的理解,有很多并不能在《左传》中找到切实的依据,而是借助《左传》的史事记载,来证成自己的观点,在这个意义上,刘歆的《左氏》学,在方法上似乎更接近于西汉传统《左氏》学中董仲舒、刘向等非师学群体的做法,当然,他们的旨趣,却已是大相径庭了。

综合以上四点,我们发现,刘歆的《左氏》学不仅与公、穀之学呈现出巨大的差异,即使与西汉渊源既久的《左氏》师学之间也存在着本质的差异,他提出的《春秋》不言天人之道、不为圣人独作、经本有史官失载之缺憾等观点,已经不仅仅是对《春秋》义例具体认识、或对《春秋》大义具体体认的异说,而是深刻地触及了西汉《春秋》学的基本解经方法与核心立意,至于他对先师口说传统的质疑、贬抑,更是颠覆了整个西汉的今文学传统,刘歆经学思想中的反叛与革新因素,实不可谓不大。经过西汉昭、宣、元数代的经目变革,一经而具数种师法原已成为汉代经目制度的常态,诸经博士对于异说的容忍,也已经大大增强,故此在《移太常博士书》中,立《左氏》学被刘歆轻描淡写地塑造成了"宁过而存之"的"存亡继绝",但从其实际的经学思想来看,刘歆《左氏》新学绝不仅仅是为《春秋》提供了一种新的经说那么简单,无论是在观念上,还是在方法上,刘氏新学都撬动了西汉经学的基本传统,可以想见,它与包括公、穀之学在内的今文诸经师法,实难共处一室,两者之间的矛盾与互斥,也是难以调和的。《汉书》载向、歆父子关于《穀梁》《左传》之优劣的辩论极具象征性:"歆数以难向,向不能非间也,然犹自持其《穀梁》义。"①刘向自为硕学耆儒,且曾亲历石渠会议,在辩论中折驳公羊家,但

---

① 《汉书》卷三六《楚元王传》,第1967页。

面对其子刘歆的非难,却难以非间,究其原因,乃在于当日石渠之辩,诸师法仅存师说、义例、文字之不同,但毕竟是在一平台进行驳难,至于向、歆父子之间的辩论,则完全不在一个平台上,刘向治经以为基础的师说、义例,在刘歆这里都成为可以质疑、不堪一击的妄说,而《左传》在文本上的可靠性,又非穀梁家口传之说可比拟,因此,刘歆自然是无往而不胜,而学术视野一向开明、在《五行传论》中多次援用董氏《公羊》说、在《新序》《说苑》中大量援用《左传》史事的刘向,在不能非间其子的情况下仍选择"自持其《穀梁》义",也体现出刘歆《左氏》新学与传统的《穀梁》学之间难以调和兼取的态势。

通过这一部分的论述,我们可以认识到,刘歆争立古文经一事,绝不仅仅是利禄层面的勾心斗角,而涉及西汉经学的基本传统。刘氏新学与汉代《春秋》学传统之间全面、尖锐的矛盾,虽然在刘歆的移文以及《汉书》关于争立古文经一事的叙述中没有被提及,但从上文的考证及分析来看,无疑是客观存在的。而公孙禄对刘歆"毁师法,令学士疑惑"的明确责难也提示我们,这一矛盾在当时已然引起了儒士的高度关注,至东汉王充撰《论衡·案书篇》,在论及《左氏》与《公羊》《穀梁》之优劣时,仍据刘歆之言,称"独《左氏传》为近得实""诸家去孔子远,远不如近",可见刘歆之说,确实在儒士群体中产生了一定的影响。了解刘氏新学的具体学术主张及其与西汉经学传统之间的差异,对我们了解刘歆争立古文经的失败,显然具有重要的意义。

五、成哀政治语境中的刘歆《左氏》新学

从上文分析可知,刘歆争立古文经一事涉及重要的学理之争,但是,从《汉书》的记载来看,这一事件显然并没有朝着学术争辩的方向发展,太常诸儒不仅拒绝与刘歆展开学理上的争辩,而且将此事件迅速升温到政治层面,要求对刘歆以及他的支持者房凤、王龚进行政治制裁。

客观的说，刘歆争立古文经的奏议虽然对汉代经学传统构成威胁，其移文的措辞也过于激烈偏颇，但即便如此，似乎也不至引起儒林如此激烈的反弹。从汉代的经学传统来看，以论学而获罪，并非没有先例，其中最著名的，就是董仲舒、眭孟、夏侯胜数人，但他们的获罪，都是因为最终涉及了敏感的政治问题，这体现出汉代经学与政治之间密不可分的联系，至于纯粹治学者，即便是张霸这种献伪经以欺君者，似乎也没有得到严厉的处置。刘歆本是汉代宗室，身份特殊，却因为议学之事招致公卿大臣群起攻讦，必欲处置之，这不能不使我们进一步思考，在刘歆争立古文经的背后，是否还有更为复杂、隐晦的政治因素影响着事件的发展呢？

前文已言，刘歆对汉代《春秋》学传统的颠覆，除了体现在对《春秋》一书性质的认识，以及解经方法等层面以外，在解经理念上，也存在显著的差异。以《汉书》所载董仲舒、刘向、刘歆的奏议以及他们对《春秋》灾异的不同说解来看，董仲舒始以《春秋》灾异议时政，但其所措意者，除尊尊以外，尚包括行教化、通三统等其它方面，至于刘向，则明显地多从君臣关系处入手，反复强调"臣制君"这种反常的政治格局是造成各种灾异的根本因素，其著《洪范五行传论》一书，也是明确地"故为凤兄弟起此论也"①。由于西汉自吕后以来，多有外戚擅政之弊，且到了宣、成时期，霍、王诸外家累世公卿，对君权构成的挑战越来越大，故此向援《洪范》以立说，引《春秋》以见义，通过对各种灾异的解说，企图遏制外戚势力的膨胀，这在他的《五行传论》以及奏议中十分常见，不必具引，而从《汉书》的记载看来，刘向的这种言事方式，在西汉中后期的儒官中颇具代表性，早在刘向之前，萧望之即举《春秋》"大雨雹"之事说"大臣任政"之弊：

时，大将军光薨，子禹复为大司马，兄子山领尚书，亲属皆宿卫内

---

① 《汉书》卷三六《楚元王传》，第1950页。

第二章 两汉官定经目的制度演变

侍。地节三年夏,京师雨雹,望之因是上疏,愿赐清闲之宴,口陈灾异之意。宣帝自在民间闻望之名,曰:"此东海萧生邪?下少府宋畸问状,无有所讳。"望之对,以为:"《春秋》昭公三年大雨雹,是时季氏专权,卒逐昭公。向使鲁君察于天变,宜无此害。今陛下以圣德居位,思政求贤,尧、舜之用心也。然而善祥未臻,阴阳不和,是大臣任政,一姓擅势之所致也。附枝大者贼本心,私家盛者公室危。唯明主躬万机,选同姓,举贤材,以为腹心,与参政谋,令公卿大臣朝见奏事,明陈其职,以考功能。如是,则庶事理,公道立,奸邪塞,私权废矣。"①

这里,萧望之一方面提出"一姓擅势""私家盛",乃是就霍氏而言,另一方面又指出"公室危""选同姓",则是就刘氏而言,其借《春秋》而黜抑外戚世官之用心十分明了。终宣帝之世,虽然霍氏的力量后来受到了打击,但许、史继起,随后元、成二世,王氏又继其踵,到成哀时期,诸外家,特别是王氏的势力,不仅根深蒂固,而且枝繁叶茂,在这种政治形势下,外戚势力已成,如萧望之、刘向般直刺外戚的奏议,不仅无法改变积重难返的现实,更有可能为自己招来祸端,因此,注重君臣分位之辨的儒官乃愈加隐曲地借《春秋》灾异以刺时弊,这当中有两件事情特别值得关注:

其一,是成帝时期王凤与王章之间关于日蚀灾异说解的争辩。王凤是孝元皇后之兄,成帝即位后,以大司马大将军领尚书事,"王氏之兴,自凤始"②,他为人跋扈,颇为成帝所惮,据《汉书·元后传》载:

上即位数年,无继嗣,体常不平。定陶共王来朝,太后与上承先帝意,遇共王甚厚,……大将军凤心不便共王在京师,会日蚀,凤因言:"日蚀,阴盛之象,为非常异。定陶王虽亲,于礼当奉蕃在国。今留侍京师,

---

① 《汉书》卷七八《萧望之传》,第3273页。
② 《汉书》卷九八《王莽传》,第4017页。

诡正非常,故天见戒。宜遣王之国。"上不得已于凤而许之。共王辞去,上与相对涕泣而决。①

从这里我们看到,以灾异言政事,并不是重尊尊之意的儒官们的专利,身为外戚的王凤同样利用日蚀之事,将其咎归于定陶共王留京不归,但是,王凤对日蚀的说解显然不符合西汉《春秋》学的传统,于是,素以刚直敢言见称的王章乃对王凤之说提出反驳:

> 章对曰:"天道聪明,佑善而灾恶,以瑞异为符效。……灾异之发,为大臣颛政者也。今闻大将军猥归日蚀之咎于定陶王,建遣之国,苟欲使天子孤立于上,颛擅朝事以便其私,非忠臣也。且日蚀,阴侵阳、臣颛君之咎,今政事大小皆自凤出,天子曾不一举手,凤不内省责,反归咎善人,推远定陶王。且凤诬罔不忠,非一事也。"②

王章明确指出,"日蚀,阴侵阳,臣颛君之咎",这才是西汉《春秋》学解释"日蚀"的基本立场,故此日蚀之咎皆当归于王凤擅政,绝不应归因于共王之留京。王章此说深得成帝之心,于是常引王章应对,且"每召见,上辄辟左右",这引起了王凤的警觉,乃使人侧听王章之言,知其讽刺之意,于是上疏乞骸骨,以退为进。在他的奏议中,列举了他"当退"的三条理由,其中有两条皆与灾异及其说解有关:

> 辅政出入七年,国家委任臣凤,所言辄听,荐士常用。无一功善,阴阳不调,灾异数见,咎在臣凤奉职无状,此臣一当退也。《五经》传记,师所诵说,咸以日蚀之咎在于大臣非其人,《易》曰"折其右肱",此臣二当退也。③

在奏议中,王凤明确承认:"《五经》传记,师所诵说,咸以日蚀之咎

---

① 《汉书》卷九八《王莽传》,第4019页。
② 《汉书》卷九八《王莽传》,第4020页。
③ 《汉书》卷九八《王莽传》,第4022页。

在于大臣非其人",他虽然可以暂时利用自己的权臣身份指鹿为马,将日蚀的咎由强加于定陶共王,但面对强大的西汉经学传统及其所造就的舆论压力,他的这种牵强附会的说解不仅不能得到朝野士人的公认,连他自己也难以坚持。王凤的奏疏固然只是惺惺作态,但其中所体现出的自董仲舒、刘向以来数代儒士所积累起来的《春秋》灾异学的政治威慑力,却是不容忽视的。

其二,则是成帝后期张禹对日蚀现象提出的新解以及王氏子弟对张禹之说的反应:

> 禹虽家居,以特进为天子师,国家每有大政,必与定议。永始、元延之间,日蚀、地震尤数,吏民多上书言灾异之应,讥切王氏专政所致。上惧变异数见,意颇然之,而未有以明见,乃车驾至禹弟,辟左右,亲问禹以天变,因用吏民所言王氏事示禹。禹自见年老,子孙弱,又与曲阳侯不平,恐为所怨。禹则谓上曰:"《春秋》二百四十二年间,日蚀三十余,地震五,或为诸侯自杀,或夷狄侵中国,灾变之异深远难见,故圣人罕言命,不语怪神。性与天道,自子赣之属不得闻,何况浅见鄙儒之所言!陛下宜修政事以善应之,与下同其福喜,此经义意也。新学小生,乱道误人,宜无信用,以经术断之。"上雅信爱禹,由此不疑王氏。后曲阳侯根及诸王子弟闻知禹言,皆喜说,遂亲就禹。①

前文已言,张禹是西汉《左传》的师学传人,他的《左氏》学虽然远不及刘歆完备、激进,但从上文可知,他已经开始尝试据《左氏》传说来否定世所公认的公、榖灾异说解。汉成帝在报孝成皇后书中曾指出:"《春秋》二百四十二年,变异为众,莫若日蚀大。自汉兴,日蚀亦为吕、霍之属见。以今揆之,岂有此等之效与?"②前引王章、王凤奏议中言及日蚀,

---

① 《汉书》卷八一《匡张孔马传》,第3351页。
② 《汉书》卷九七下《外戚传》,第3978页。

亦莫不以之为臣颛君之象,这代表了西汉传统《春秋》灾异学的基本立场,但《左氏》对于日食的态度似乎要冷静得多,昭公七年曾发生一次日食,《左氏》载:

> 夏四月甲辰朔,日有食之。晋侯问于士文伯曰:"谁将当日食?"对曰:"鲁、卫恶之,卫大鲁小。"公曰:"何故?"对曰:"去卫地,如鲁地。于是有灾,鲁实受之。其大咎,其卫君乎?鲁将上卿。"公曰:"《诗》所谓'彼日而食,于何不臧'者,何也?"对曰:"不善政之谓也。国无政,不用善,则自取谪于日月之灾,故政不可不慎也。务三而已,一曰择人,二曰因民,三曰从时。"①

士文伯以分野说日食,且其对日食的理解,也仅在于君主为政不善,未能择贤、因民、从时而已,至于梓慎对于日食的解释,则更加通达:

> 秋七月,壬午朔,日有食之。公问于梓慎曰:"是何物也?祸福何为?"对曰:"二至二分,日有食之,不为灾。日月之行也,分同道也,至相过也。"②

前文所引刘歆对日食的说解,显然是援据梓慎之说。又如僖十三年晋荐饥,秦百里即曰:

> 天灾流行,国家代有。救灾,恤邻,道也。行道,有福。③

百里不但认为所谓的灾异乃是各国皆难以避免的自然现象,而且,人君若能救灾恤邻,顺道而行,则反可以此致福,宋灾而得天道,也是基于同样的立场。张禹以为面对日食,只需"修政事以善应之",不必牵涉到世卿擅政的问题上,正是受到了《左传》的影响。王氏家族因为频繁的灾异而受到强大的舆论压力之际,张禹此说无疑如雪中送炭,极大地

---

① 《春秋左传正义》卷四四《昭公七年》,《十三经注疏》,第2048页下栏~2049上栏。
② 《春秋左传正义》卷五〇《昭公二十一年》,《十三经注疏》,第2098页上栏。
③ 《春秋左传正义》卷一三《僖公十三年》,《十三经注疏》,第1803页上栏。

缓解了王氏的尴尬处境,因此,虽然张禹与曲阳侯王根曾有间隙,但经此一事之后,王根及诸王子弟"皆喜说,遂亲就禹"。在这一事件中,无论是张禹本人,还是王根及诸王子弟,都清楚地了解对于日食、地震的说解意味着什么,从材料中"吏民多上书言灾异之应,讥切王氏专政所致"的描述可知,据传统《春秋》灾异学立说,以日蚀、地震为"臣制君"者,已经形成了一个强大的舆论场,而张禹对日食的新解,以及王根闻禹言之后的喜悦,都体现出在成哀时期,关于《春秋》灾异的说解,已经不仅仅是一个经学、灾异学的学术问题,而是一个十分敏感,而又深受关注的政治话题。无论是王凤、张禹对日食的异说,还是以王章为代表的吏民对日食为"臣制君"之象的强调,都有着明确的现实政治要求。这就是成哀时期《春秋》灾异学所承载的现实。

除了以上所举两个典型的例子以外,在刘歆争立古文经事件中持明确反对态度的孔光、师丹等人关于灾异的论述自然也引起我们的注意。前文已言,在成哀时期,孔、师二人均对外戚擅权表示明确的反对,多次逆鳞直谏,而除了前文所引,以君臣尊卑之大义正谏以外,受到时风的影响,他们也利用灾异的发生指斥时弊。关于孔光,可见其对元寿元年正月所见日食的奏议:

> 光对曰:"臣闻日者,众阳之宗,人君之表,至尊之象。君德衰微,阴道盛强,侵蔽阳明,则日蚀应之。《书》曰'羞用五事','建用皇极'。如貌、言、视、听、思失,大中之道不立,则咎征荐臻,六极屡降。皇之不极,是为大中不立,其传曰'时则有日月乱行',谓朓、侧匿,甚则薄蚀是也。又曰'六沴之作',岁之朝曰三朝,其应至重。乃正月辛丑朔日有蚀之,变见三朝之会。上天聪明,苟无其事,变不虚生。……"①

孔光引据的乃是《洪范》五行灾异论。《洪范五行传》云:"皇之不

---

① 《汉书》卷八一《五行志》,第3359页。

极,是谓不建",刘向说曰:"极,中。建,立也。"①故此孔光称"皇之不极,是为大中不立",而"大中"所指正是君主。孔光强调,"上天聪明,苟无其事,变不虚生",灾异必有咎由,这与《左传》所载梓慎之说完全不同,而其以"君德衰微,阴道盛强,侵蔽阳明"说日食,与西汉传统《春秋》灾异学相合,正是暗示诸外家擅乱朝纲,觊觎君位。由此可见,孔光虽非《春秋》专家,但他对《春秋》以阴阳说灾异的师学传统,显然有一定的了解。

关于师丹,则见于其为哀帝初立即大封诸外家所上的奏议中:

> 臣纵不能明陈大义,复曾不能牢让爵位,相随空受封侯,增益陛下之过。间者郡国多地动,水出流杀人民,日月不明,五星失行,此皆举错失中,号令不定,法度失理,阴阳混浊之应也。②

这里师丹同样以"阴阳混浊"解释地震、水灾、日月食等灾异,显然也是对儒官以《春秋》灾异指斥时政之举持肯定态度。

由此可知,在整个西汉中后期,特别是成哀之际,关于《春秋》灾异的说解,不仅是一个经学问题,更是一个政治问题,对于包括孔光、师丹在内的儒官群体而言,他们既没有与外戚相抗的军事实力,也没有与他们分庭抗礼的政治实力,他们所能倚赖的,只有君主对当时政治局势的清醒认识,但外戚与君主之间本就有亲属之恩,所谓"疏不间亲",要想借助舆论遏制外戚势力的膨胀,似乎唯有借助天威以慑人,而在这种政治要求之下,无论是《洪范》五行学,还是《春秋》学,都被儒官援为理据,作为与外戚相抗的舆论武器③。

---

① 《汉书》卷二七下之上《五行志》,第1458页。
② 《汉书》卷八六《何武王嘉师丹传》,第3503页。
③ 事实上,除了《春秋》以外,《诗经》在元成时期也曾被匡衡等儒官用以批评外戚擅政,关于这一问题,斋木哲郎在《秦汉儒教の研究》一书中有详论,可参是书第四章第一节之五《〈诗〉と外戚》,东京:汲古书院2004年版,第498~503页。

第二章　两汉官定经目的制度演变

但上文已言,刘歆的《左氏》新学显然对儒官这唯一的舆论武器造成了致命的打击。张禹在回答成帝时已经指出,面对争议,当"以经术断之",王凤等外戚本身缺少儒学修养,因此面对儒官的舆论攻击,只能选择以退为进,但像张禹这样学养深厚的耆儒一旦决定阿附王氏,则其援经术以攻讦儒官,在舆论上的影响力自是王凤之徒所莫及。至于刘歆的《左氏》新学,则较张禹更为系统完备,几乎是为诸家外戚摧毁儒官舆论提供了最有力的工具。以《汉书·五行志》所载刘歆经说来看,除了上举在日食问题上,他以《左传》分野说、二至二分非灾说彻底瓦解了汉儒传统的"臣制君"说以外,其说解与成哀之际儒官普遍的政治要求不相吻合之处,还可见于他对《春秋》中鲁国衰落之因的分析:

僖公三十三年"十二月,陨霜不杀草"。刘歆以为草妖也。刘向以为今十月,周十二月。于《易》,五为天位,君位,九月阴气至,五通于天位,其卦为"剥",剥落万物,始大杀矣,明阴从阳命,臣受君令而后杀也。今十月陨霜而不能杀草,此君诛不行,舒缓之应也。是时,公子遂颛权,三桓始世官,天戒若曰,自此之后,将皆为乱矣。文公不寤,其后遂杀子赤,三家逐昭公。董仲舒指略同。①

《春秋》讥世卿,这是公、穀二家的共同观点,刘向以"君诛不行""公子遂颛权""三桓始世官"作为鲁乱之由,正是针对西汉中后期君权衰微,诸王氏继世专权的现实,应该说,刘向此说切中时弊,显示出西汉《春秋》学家敏锐的政治嗅觉。但刘歆对于鲁乱之由另有它说:

文公十三年,"大室屋坏"。近金沴木,木动也。先是,冬,釐公薨,十六月乃作主。后六月,又吉禘于太庙而致釐公,《春秋》讥之,经曰:"大事于太庙,跻釐公。"《左氏》说曰:太庙,周公之庙,飨有礼义者也;祀,国之大事也。恶其乱国之大事于太庙,故言大事也。跻,登也,登釐

---

① 《汉书》卷二七中之下《五行志》,第1409页。

公于愍公上,逆祀也。釐虽愍之庶兄,尝为愍臣,臣子一例,不得在愍上,又未三年而吉禘,前后乱贤父圣祖之大礼,内为貌不恭而狂,外为言不从而僭。故是岁自十二月不雨,至于秋七月。后年,若是者三,而太室屋坏矣。前堂曰太庙,中央曰太室;屋,其上重层尊高者也,象鲁自是陵夷,将堕周公之祀也。①

在整个《汉书·五行志》所引的刘歆经解中,这是他关于鲁国衰乱的唯一分析,与刘向反复强调"臣制君"乃春秋时期天下各国衰乱之由不同,刘歆绝口不言"臣制君"这一敏感问题,而将鲁国之衰归咎于文公时期的逆祀坏礼之事。文公跻僖公一事,公、穀皆有所讥,然仅讥其失礼而已,并未予以特别关注,至于《左传》,虽然以"君子以为失礼"而引起对此事的一段批评,但也止于《左传》中常见的批评而已,所谓"象鲁自是陵夷",似为刘歆自持之说,而他特别指出这一点,似乎也正是为了否定其父刘向以君制于臣、公卿世官为鲁乱之由的观点,毕竟在世卿的问题上,《左传》并不表示反对。客观地说,与刘向之说相比,刘歆之说显得过于迂阔,不仅在《春秋》中缺少其它国家的同类事件作为辅证,因此无法解释各国普遍走向衰乱的事实,而且对西汉的政治现实也缺少指导性与警示性,这与西汉《春秋》学"辨是非,故长于治人"的自我期许显然存在一定的落差。

此外,关于彗星现象的灾异学认识更是见出刘歆《左氏》学与西汉《春秋》学传统之间的差异:

文公十四年"七月,有星孛入于北斗"。董仲舒以为,孛者恶气之所生也。谓之孛者,言其孛孛有所妨蔽,暗乱不明之貌也。北斗,大国象。后齐、宋、鲁、莒、晋皆弑君。刘向以为,君臣乱于朝,政令亏于外,则上浊三光之精,五星赢缩,变色逆行,甚则为孛。北斗,人君象;孛星,乱臣

---

① 《汉书》卷二七中之上《五行志》,第1375页。

第二章 两汉官定经目的制度演变

类,篡杀之表也。……刘歆以为,北斗有环域,四星入其中也。斗,天之三辰,纲纪星也。宋、齐、晋,天子方伯,中国纲纪,彗所以除旧布新也。斗七星,故曰不出七年。至十六年,宋人弑昭公;十八年,齐人弑懿公,宣公二年,晋赵穿弑灵公。①

在西汉《春秋》学传统中,彗星被视为"恶气之所生",而北斗实有君主之象,故彗星犯斗,显然暗示弑君篡政的重大恶行,也是刘向最为担忧的"王氏贵盛,将代汉家之象",但刘歆则据《左传·昭十七年》申须之言,以彗星为"除旧布新"之象,虽然其义与刘向所谓"篡杀之表"相同,但不同的措辞之间,已经体现出二人对于"弑君"一事的不同态度。

关于刘歆本人在哀平时期的政治态度,历来是学者关注的焦点,刘歆争立古文经,在清代今文家看来,也是所谓的"助逆"之举,关于这一问题,因为我们缺少足够的史料依据,故此难以论定,但从这一部分的论述来看,刘歆的《左氏》新学,在政治上必然会受到主张正君臣名分、防遏外戚势力进一步膨胀的儒官群体的反对,而为王氏诸外家所乐见。虽然我们缺少直接的证据来论证这一观点,但从张禹之说为诸王所喜悦一事可以推知,刘歆的《左氏》新学全面推翻了公、穀二家的灾异学体系,等于瓦解了他们多年来惨淡经营而成的舆论优势。就西汉后期的政局而言,王氏欲代汉家自立,在军事上、政治上都已经基本具备了实力,其所缺者,唯舆论之认可而已,后来王莽一方面拉拢儒生,另一方面编造图谶祥瑞,正是为了获得这种舆论的认可。西汉浸淫儒教既久,在成哀时期,掌握舆论的儒官群体整体上仍倾向于维持汉家政权,对外戚擅政给予持续的批判,而其所倚赖的最有效的话语体系,即是以《洪范五行学》《春秋》灾异学为代表的灾异说解。刘歆《左氏》学虽然不以灾异立意,但从《汉书·五行志》所呈现的部分看来,他对于西汉公、穀二

---
① 《汉书》卷二七下之下《五行志》,第1512页。

家共同建立起来的灾异学体系却给予了全面的、甚至是有针对性的批判,从公孙禄"令学士疑惑"的批评来看,刘歆的这种新学,似乎确实对年轻一辈的士人产生了一定的影响,而汉哀帝作为缺乏政治历练的新君,对刘歆争立古文经一事所可能引发的意识形态领域内的变革浑然不觉,因此也站在了刘歆的支持者立场上,但孔光、师丹、公孙禄等老成大臣,长期浸淫于《春秋》议政的语言环境中,对刘歆新学的"异端"色彩自是洞若观火。刘歆《左氏》新学在解经方法上虽然不容于当时的今学传统,但毕竟只是学术层面的论争,而其新学中流露出的对大臣擅政一事的包容,以及对改朝换代之事的默许,或许才是引起这些公卿大臣群起攻讦的关键因素,无论刘歆本人是否有意在舆论上为王氏减压,甚至为其造势,在客观上,刘歆的《左氏》新学已经具备了这样的功能,诸儒既无法在学理上驳倒刘歆新学,又无法容忍其学对成哀之际已然十分衰颓的君权造成进一步的冲击,因此一方面拒绝与他论辩,另一方面又对刘歆群起而攻之,必欲将其处置,希望通过对刘歆个人的政治打压,消解其学说的政治影响。这或许才是刘歆争立古文经事件由学术之争迅速激化为政治斗争的关键因素。

总之,发生在哀帝即位初期的刘歆争立古文经一事,既涉及西汉《春秋》学、乃至整个今学传统的学理之争,亦是关乎成哀之际刘、王二家政治力量消长的政治之争,在这场没有展开的论辩背后,是刘歆与官学诸儒关于解经话语权的暗自角力,以及由此衍生的对于汉代朝野舆论主导权的激烈争夺。刘歆据中秘《左传》而建立起他的《春秋》学体系,他既不守贾谊、贯长卿、张禹、贾护这一汉儒师学传统,亦与仅关注《左传》史料价值的司马迁、董仲舒、刘向等非师学群体不同,他一方面"引传文以解经",突出《左传》"经传"的身份,另一方面"转相发明",使得他的《左氏》学具有自身的特色。在此之外,他还从理论上强调了《左传》的优越性,并指出《春秋》经本的残缺性,从而颠覆了西汉《春秋》学乃至整个今学的学术传统。这必然会引起今学诸儒的强烈不满与反弹。从儒家的政治传统来看，孔子不语怪力乱神，在《左传》中，春秋时期的贤士大夫也多以灾异为自然现象，只是以此警醒君主，当施行善政。至西汉董仲舒、刘向之后，特别是成哀之际，灾异学说蔚然大观，这实与当时特殊的政治局势密切相关，在此语境下，无论刘歆是否出于本心，《左氏》新学与传统《春秋》经说的学派之争，都带有是纵容外戚专权还是维护刘氏皇权的路线之争的色彩。刘歆在此时机尊《左》，虽然未可以径视为为王氏篡权造势，但在儒官的立场看来，却实在难逃为王氏乃至整个外戚群体开脱的嫌疑。作为刘向之子，且亲历西汉末年若干重要政治事件，若谓刘歆对诸儒以灾异黜抑外戚之用心全然不知，似乎难以令人信服，而在这样的情势下，他仍不惜与整个儒官群体决裂，极力推尊《左传》，这当中的学术考虑与政治要求，实值得我们深思。

第四节　王莽持政时期的经目改革

元寿二年（前1）哀帝驾崩，平帝以藩王入嗣大统，时年仅九岁，王莽以大司马领尚书事入朝秉政，由此至地皇四年（23），历史进入王莽执政时期。从《汉书·王莽传》的记载来看，王莽在篡位过程中颇为看重儒生群体的支持，而其执政后致力于恢复"井田制"、据《周礼》改革官制等措施也颇见出其对于儒学经典的借重。至于经目制度的层面，从平帝初王莽再次秉政，到其受禅登位，在这一政变的整个过程中，都伴随着他对于经目制度的改革，《左传》在此期间获立博士，《周官》则以《周礼》之名与《仪礼》并列，成为另一具有"礼经"地位的文本，甚至自汉初以来既无文本流传、亦无师学传承的乐学，也获得立了专任博士，博士员额较宣元旧制大幅扩充。王莽对于经目、博士制度的一系列改革，与其政治意图相为表里，再次呈现出经目制度与现实政治之间密切的互动关系。

一、似是而非的"古文经博士"

在各种经学史著作中,常见有莽新时期为古文经广立"博士"的说法,此说肇端于班固《儒林传赞》结尾部分:

> 平帝时,又立《左氏春秋》、《毛诗》、逸《礼》、古文《尚书》,所以罔罗遗失,兼而存之,是在其中矣。①

虽然这里班固并未明称平帝为《左氏》诸学立博士,但参照前文"自五帝立五经博士"诸语,可知此处之"立"应即指"立博士"。此说影响较大,渐至衍为习说②。但通考《汉书》传纪,并不见有平帝时增立古文经博士的记载,而文献中仅见的平帝时期增立博士事,则见于《汉书·王莽传》:

> (元始四年)立《乐经》,益博士员,经各五人。征天下通一艺教授十一人以上,及有逸《礼》、古《书》、《毛诗》、《周官》、《尔雅》、天文、图谶、钟律、月令、兵法、《史篇》文字,通知其意者,皆诣公车。网罗天下异能之士,至者前后千数,皆令记说廷中,将令正乖缪,壹异说云。③

此事又见于《汉书·平帝纪》:

> (元始五年春正月)征天下通知逸经、古记、天文、历算、钟律、小学、《史篇》、方术、《本草》及以《五经》、《论语》、《孝经》、《尔雅》教授者,在所为驾一封轺传,遣诣京师。至者数千人。④

比较两条材料,时间和具体表述略有不同,方麟认为是元始四年

---

① 《汉书》卷八八《儒林传》,第3621页。
② 如姜广辉主编《中国经学思想史·第二卷》,中国社会科学出版社2003年版,第26页。
③ 《汉书》卷九九上《王莽传》,第4069页。
④ 《汉书》卷一二《平帝纪》,第359页。

(4)始出其诏,至元始五年则诸人毕集①,其说可从。至于两者内容上的差异,看起来并非班固抄录所致,应该是源出不同的文献,未知何者更切近诏令原文。但可以确定的是,《王莽传》中所言"立《乐经》,增博士员"与"广征诸学"并非同一件事。我们看《平帝纪》所载诏令,仅仅提及广征诸学之事,完全没有提及其与博士制度之间有什么关系,而《王莽传》此段记述之前还有"是岁,莽奏起明堂、辟雍、灵台,为学者筑舍万区,作市、常满仓,制度甚盛"之文,其下文则是"群臣奏言:'昔周公奉继体之嗣,据上公之尊,然犹七年制度乃定。夫明堂、辟雍,堕废千载莫能兴,今安汉公起于第家,辅翼陛下,四年于兹,功德烂然……'"②很显然,《王莽传》是将王莽在元始五年所做的关乎文教礼仪的事情进行了列举、综述,并由此引出群臣共请为其加九锡的奏议。这一段文字中言及的起明堂、辟雍、灵台、筑学舍、增博士员、广征诸学等事虽然同在一年,且目的都是为了给王莽代汉造势,但各自都是独立的事件,并不可视为一体。

既然"广征诸学"原本与"增置博士"只是上下文相连,并非同一事件,则我们对于广征诸学一事的性质,也就要作一番新的考量。我们知道,汉武帝建元元年,卫绾奏请"所举贤良,或治申、商、韩非、苏秦、张仪之言,乱国政,请皆罢"③,而田蚡为相之后,更"绌黄老、刑名百家之言"④,自此之后,虽然事实上治其它诸学的士人仍然可以通过各种途径进入仕途,但就贤良文学举这一领域而言,则基本变成了专征儒士,因此,在昭帝时期的盐铁论会议中,"贤良文学"成为儒生的代名词。换言之,到武帝中期以后,虽然国家的入仕途径还有很多,但征贤良文学一途,则几为儒士所垄断。更进一步,随着五经制度的建立以及不断完善,征召的儒士事实上又多以治官定经目者为主,这样,社会上治其他

---

① 方麟《秦汉博士制度初探》,北京大学2010年博士学位论文,第143页。
② 《汉书》卷九九上《王莽传》,第4069页。
③ 《汉书》卷六《武帝纪》,第156页。
④ 《史记》卷一二一《儒林列传》,第3762页。

诸学的学者往往较难入仕晋身①。而王莽所颁诏令广延天下学士，其所列举，除了不在官定经目的各家私传经学之外，还包括天文、图谶、钟律、月令、兵法、方术、医药等等，范围远远超过了儒学的范畴。由此可见，王莽之广征诸学，显然不是为了尊崇几家古学那么简单，而是为了体现其崇尚文教之意，并最大可能地争取到各个阶层士人的支持。

简言之，从王莽所颁诏令看来，广征诸学与增置博士员实无关联。据《王莽传》的记载，增置博士似在广征诸学之前，而就广征诸学一事而言，其所举《毛诗》《古文尚书》《逸礼》《周官》等等，亦非指为其置博士员，而只是指治此学者皆符合应征的条件，可以与治天文、历算、方术等的士人一样"遣诣京师"，获得复其身甚至出仕的机会。因此，元始四、五年对于经目的改革，实只有增立《乐经》一条，并无古文经的增置。

不过，值得注意的是，在班固《儒林传赞》所列平帝新增诸学中，《左传》与《毛诗》、逸《礼》、古文《尚书》并举，似乎四者有共同进退之势，但在《王莽传》所录平帝诏列举的"逸学"中，却唯独缺少《左传》。我们知道，一方面，《左传》在古文诸经中影响甚大，特别是西汉后期，已渐成显学，而另一方面，王莽与刘歆在成帝时同为黄门郎，关系甚好，照理说王莽广征诸学，无由独弃刘歆特别看重的《左传》。诏令中《左传》的缺失似乎只能解释为在平帝元始四年之前，《左传》已经经过王莽的推毂，被正式确立为经目，获置博士②。既然《左传》已经包括在"五经""一艺"之中，自然也就没有必要再单独列出了。此事《汉书》虽未记载，但据这条诏令推测，宜无大谬。班固《汉书·儒林传赞》大概正是将立《左传》的史实擅自扩充至了《毛诗》、逸《礼》和古文《尚书》，故此导致了后世关于

---

① 当然，征召与举博士弟子毕竟不一样，征召的范围更加广阔，并不完全限于治官定经目的儒生当中，例如《汉书·儒林传》中治古文《易》的高康、费直，治《穀梁》的蔡千秋等，都曾以应诏而为郎。《汉书》卷八八《儒林传》，第3602、3618页。
② 王葆玹先生亦持此看法，见其《西汉经学源流》，台北：东大图书股份有限公司2008年版，第123页。

平帝时增立"古文经博士"的误说。

二、《乐经》立学与博士增员

汉兴以后,"制氏以雅乐声律,世在乐官,颇能纪其铿锵鼓舞,而不能言其义"。① 至此,原属儒家"六艺"之一的"乐"的儒学成分逐渐被削减,因此,汉武帝置经学博士,乃以"五经"为限,并未包含"乐",而宫中另有乐府、协律都尉等官职,掌宗庙乐律之事。不过,前文已言,河间献王"修学好古",其兴废继绝之心,最为卓出。面对儒家"六艺"之一的乐学失传的局面,河间王乃"与毛生等共采《周官》及诸子言乐事者,以作《乐记》",其书传于河间内史王定,后者授常山王禹,而王禹又"数言其义",乃成二十四卷的《王禹记》,于成帝时献于中秘。不久之后,刘向校书,又在中秘发现有《乐记》二十三篇,与王禹所传河间本不同。总之,由于乐学并不在官学之中,因此,至成帝之时,"其道寖以益微"②。

那么,这样一个既无经本、亦无经传、更无师法章句的"乐学",王莽何以要为之设置博士呢?这一点,我们需将其放到王莽"复古改制"的整个背景中进行认识。王莽在秉政期间,先后对州制、田制、官制、币制、礼制等进行了全面改革,对于这些改革的理论基础,阎步克先生曾有论断:"王莽在规划制度时,除行政考虑和集权考虑之外,还处心积虑地使之具有象征性和神圣性,与经书纬书的权威记载相合,并力求达到形式上的整齐和谐。"阎先生更称之为"唯美主义"的思维方式③。这一论断非常中肯,而王莽对经目制度的改革同样是其"复古主义"和"唯美主义"思维方式的体现。儒家经典自战国以来便以"六学并举"而闻名,

---

① 《汉书》卷三〇《艺文志》,第1712页。
② 《汉书》卷三〇《艺文志》,第1712页。
③ 阎步克《诗国:王莽庸部、曹部探源》,《中国社会科学》,2004年第6期,第184、174页。

包括《庄子·天道》《新语》《新书·六术》《史记·太史公自序》《礼记·经解》《春秋繁露·玉杯》等在内的大量经典文本在言及儒家经典时,都以"六艺"为标举。唯乐学无师学传承,故汉武立学乃不得已而黜之,这实际上使得作为国家制度的"五经"与作为文化传统的"六艺"之间出现了矛盾。王莽既有志于"复古",又欲建立一套完美的政治制度,则他自然不能容忍这种矛盾和遗憾的存在,因此,尽管乐学并无师法、章句,在太学选荐博士、弟子员遴选、课试等操作程序中必然会遇到很多问题,但王莽仍增立此经,以求"六艺"兼存之名。

除了立《乐经》外,王莽又为博士增员,经各五人,则博士满员可达三十人。不过,需要注意的是,宣帝时期所施行的博士增员,乃是建立在改笼统的五经博士为具体的师法博士这一基础上的,也就是说,博士员的增加,是随着经目的增加而增加的,十二博士对应十二经目,各得其宜。然而王莽这里则是统一为诸经增员,则以《易》为例,施、孟、梁丘三家《易》要划分五个博士名额,显然不可能达到各师法均等的状态。因此,从制度上说,这种增员实际上是打破了诸经师法之间的平衡,容易导致新的矛盾。不过,王莽改制本有好大喜功之嫌,其主要出发点在于以此获得儒生的支持,彰显其好古的风度,则此制度之完备与否、可行与否,大概本来就不在其考虑的范围之内罢!

三、从"《周官》"到"《周礼》"

平帝崩后,王莽以孺子为帝,而自己则以"摄皇帝"之名称制,其代汉之心已昭然若揭,而在其居摄期间,则发生了西汉经目的最后一次调整,那就是《周官》的升经。此事见载于《汉书·艺文志》:

《周官经》六篇。(原注:王莽时刘歆置博士)①

---

① 《汉书》卷三〇《艺文志》,第1709页。

而《汉纪》则载：

歆以《周官》十六篇为《周礼》，王莽时，歆奏以为《礼经》。置博士。①

按，此处"十六篇"之"十"当为衍文。按照《汉纪》所言，则《周官》之书改称《周礼》，乃始自刘歆，而王莽秉政时期，歆奏以之为《礼经》，将其列入《礼》学范畴之内，得于五员《礼》博士中占额，同于后氏《礼》等诸家。

《周官》改为《周礼》究竟在"王莽时"的何时，史无明文，我们且将《王莽传》中涉及此书的材料作一罗列②：

1. （元始四年）是岁，……征天下通一艺教授十一人以上，及有逸《礼》、古《书》、《毛诗》、《周官》、《尔雅》、天文、图谶、钟律、月令、兵法、《史篇》文字，通知其意者，皆诣公车。

2. （元始五年）于是公卿大夫、博士、议郎、列侯张纯等九百二人皆曰："圣帝明王招贤劝能，德盛者位高，功大者赏厚。故宗臣有九命上公之尊，则有九锡登等之宠。……谨以《六艺》通义，经文所见，《周官》《礼记》宜于今者，为九命之锡。臣请命锡。"

3. （居摄元年）九月，莽母功显君死，意不在哀，令太后诏议其服。少阿、羲和刘歆与博士诸儒七十八人皆曰："居摄之义，所以统立天功，兴崇帝道，成就法度，安辑海内也。……圣心周悉，卓尔独见，发得周礼，以明因监，则天稽古，而损益焉，犹仲尼之闻《韶》，日月之不可阶，非

---

① （汉）荀悦《汉纪·孝成皇帝纪二卷第二十五》，《两汉纪》，中华书局 2002 年版，第 435 页。

② 王葆玹先生亦曾用这一方法考证刘歆奏请立《周官》的时间。不过其所据材料，乃引文中居摄元年群臣奏议中"发得周礼"一句，王氏读为"发得《周礼》"，但从下文看来，其接"以明因监"，可知此两句乃用《论语》"殷因于夏礼，所损益可知也；周因于殷礼，所损益可知也""周监于二代，郁郁乎文哉，吾从周"典故，李奇即以此二句为注，故王氏此据不能成立。《汉书》卷九九上《王莽传》李奇注，第 4091 页；王葆玹《今古文经学新论》，中国社会科学出版社 1997 年版，第 156 页。

圣哲之至,孰能若兹。……《周礼》曰'王为诸侯缌缞','弁而加环绖',同姓则麻,异姓则葛。摄皇帝当为功显君缌缞,弁而加麻环绖,如天子吊诸侯服,以应圣制。"①

4.(天凤三年五月)莽又曰:"'普天之下,莫非王土。率土之宾,莫非王臣。'盖以天下养焉。《周礼》膳羞百有二十品,今诸侯各食其同、国、则。辟、任、附城食其邑。公、卿、大夫、元士食其采。"

5.(地皇四年)崔发言:"《周礼》及《春秋左氏》,国有大灾,则哭以厌之。故《易》称'先号咷而后笑'。宜呼嗟告天以求救。"②

这样看来,改《周官》为《周礼》之事,并非虚言。自元始五年(5)之前,诏令、奏议均称《周官》,而居摄元年(6)之后,则皆称《周礼》,是知其书名之变化,似在莽新居摄元年。这里特别值得注意的是元始五年九百二人劝"加九锡"奏,其言"谨以《六艺》通义,经文所见,《周官》《礼记》宜于今者,为九命之锡"。很显然,这里明确将《周官》和《礼记》排除在"经文"的范围之外,足证此时《周官》尚被目为"六艺"之传记,并不具有"经"的地位。而随着刘歆奏其为"礼经",并为之置博士,《周官》也就由"传"升"经",故此在《汉书·艺文志》中被正式著录为"《周官》经"了。

关于《周官》一书,汉儒多以出自周公,唯何休谓为"六国阴谋之书"③,以为出自战国,近代以来学者颇重此说,此外,还有周秦之际说、汉初说、刘歆伪造说等④,尚无定论。不过,从传世文献来看,此书似不为汉初诸儒所见,至汉文帝得魏文侯之乐人窦公,乃获其所藏《周官·大宗伯》之《大司乐》章⑤,是为《周官》重见于汉代之始。嗣后景帝时期

---

① 《汉书》卷九九上《王莽传》,第4069、4072、4090~4091页。
② 《汉书》卷九九下《王莽传》,第4142、4187页。
③ 《周礼正义·序周礼废兴》,《十三经注疏》,第636页。
④ 彭林《〈周礼〉主体思想与成书年代研究》,中国人民大学出版社2009年版,第3~6页。
⑤ 《汉书》卷三〇《艺文志》,第1712页。

第二章　两汉官定经目的制度演变

河间献王广求古籍，亦获"先秦古文"本《周官》①，此本乃由献王入呈中秘，长安诸儒始有机会阅读、利用此书。据马融《周官传》所言，至向、歆父子校中秘书，乃发现《周官》"亡其《冬官》一篇"，遂"以《考工记》足之"②。此书在西汉虽无官方名分，但颇为学者看重，除河间献王曾与毛生据之编纂《乐记》以外③，在汉武帝议封禅礼期间，群儒亦据《周官》而采其"望祀射牛事"④，尤其是后者，显示出至晚到武帝时期，《周官》在礼学方面的价值已经受到官方的关注和肯定，这对于刘歆、王莽尊《周官》为"礼经"，或许起到某种影响。不过，从《汉书·儒林传》中不载《周官》师授源流来看，《周官》在西汉时期似乎主要是作为"文本"而存在，并未建立师徒授受的谱系，《汉书·艺文志》虽然著录有佚名的"《周官》传四篇"⑤，显示《周官》似已发展为专门之学，但更为系统的章句与师法，则显然尚未具备。如果参考西汉昭、宣以来经目设立的一般惯例，这样的文本是不可能获置博士的。如果说《乐经》获置博士是因为其早本具"经"名，原就在"六艺"之列，则《周官》在名分上亦无法找到令人信服的依据，因此，《周官》遽尔升经，自然是值得关注的事件。

从上举《汉书》引文看，今可知《周礼》在王莽秉政期间被群臣奏议中明确援据者共三次，分别是讨论礼制（例3）、爵禄（例4）和禳灾（例5）的场合，但均在《周礼》已然升经之后。至于升经前与莽新政治最大的关联，似在上文所引元始五年张纯等众臣奏请为王莽"加九锡"一事。我们知道，在皇权政治中，礼乐仪节是彰显君臣地位差异的主要手段，孙桓子赐仲叔于奚曲悬、繁缨，孔子乃言"唯器与名，不可以假人"⑥，见

---

① 《汉书》卷五三《景十三王传》，第2410页。
② 《周礼正义·序周礼废兴》，《十三经注疏》，第635~636页。
③ 《汉书》卷三〇《艺文志》，第1712页。
④ 《史记》卷二八《封禅书》，第1669页。
⑤ 《汉书》卷三〇《艺文志》，第1709页。
⑥ 《春秋左传正义》卷二五《成二年》，《十三经注疏》，第1894页上栏。

八佾舞于季氏之庭,则言"是可忍孰不可忍"①,都是看到礼乐在国家治理中的关键作用而发出的感叹。"加九锡"通过对君、臣礼仪分界的一系列破坏,同时又在诸侯、群臣中刻意塑造出一个特别的个体,模糊了天子与受"九锡"者在各种政治空间中的外在差异,对于朝中舆论和群臣心理是一种有效的试探和驯化,因此,自王莽创立此仪节后,曹操、司马昭、司马伦、刘裕、萧道成、萧衍、陈霸先、石勒、石虎、杨坚、李渊等权臣都曾接受过"加九锡"之礼,成为中古皇位禅让传统中的"保留曲目"②。

"九锡"之礼既然如此重要,则其文本依据自然格外值得关注,而遍检故籍,"九锡"之礼的直接依据,正在《周礼·春官·典命》中:"上公九命为伯,其国家宫室、车旗、衣服、礼仪皆以九为节。"③"加九锡"是王莽为正式代汉即真作的最后准备,兹事体大,则作为直接依据的《周官》自不可无合适的名分,《周官》之升经,或许正与这种需求有关。不过,汉儒承先秦传统,已经默认儒家经典的范围不可出于"六艺",《周官》要成为"经",就需要在"六艺"中找到其合适的位置,而前文已言,自汉武帝以来,《周官》在礼学方面的价值已得到汉儒的认可,而"加九锡"之事原本亦与礼学相关,因此,尽管《周官》在文本上与《仪礼》毫不相关,在传播过程中也不存在如《仪礼》与大、小戴《礼记》之间的经传关系,但为了在不破坏"六艺"体系的前提下赋予其"经"的地位,只能将其改名《周礼》,使之纳入"礼经"的范畴。自此,汉儒所言之"礼经"实际上包括了三个部分,一是有师法相传的《仪礼》,二是新晋的《周礼》,三则是有书而无学的《逸礼》。与《易》《诗》《书》《春秋》均有比较明确的文本界限不同,"礼经"原本就是一个相对笼统的称呼,"经礼三百,曲礼三千",究竟"礼经"原貌为何,汉人并不能说清,故后来郑玄为提高《周礼》之地位,

---

① 《论语注疏》卷三《八佾》,《十三经注疏》,第2465页下栏。
② 可参赵翼《廿二史札记》卷七《九锡文》条。王树民《廿二史札记校证》,中华书局1984年版,第148页。
③ 《周礼注疏》卷二一《春官·典命》,《十三经注疏》,第780页中栏。

径称《周礼》为"经礼",而《仪礼》反成"曲礼"①。"礼经"自身的模糊边界,给了刘歆一定的操作空间,而《周礼》也借此彻底从中秘走向社会,成为东汉礼学中非常重要的经典之一。

总之,在即真之前,王莽为了帮助自己篡位而施行的一系列经目调整至此全部完成了:增置《乐经》以及博士员额,是为了获得更多儒士的支持,显示崇文的气度;增《左传》于经目,是为了获得刘歆的支持;改《周官》为《周礼》,并以之升经,则是为"加九锡"增加权威性。班固在《王莽传》的赞语中称:"昔秦燔《诗》《书》以立私议,莽诵《六艺》以文奸言,同归殊途,俱用灭亡。"②王莽虽然对于经目甚为关注,但其用意却并不在推毂经学上,因此,虽然他增立《乐经》《左氏》《周礼》博士,更增博士员为三十人,但经学在当时并未得到实质性的发展;而随着王莽政权的覆灭,这些仓促而立的经目,也终于难逃被废的命运。

第五节　东汉经目制度的重建

经过十数年的战乱,光武帝刘秀终于击败各方势力,汉祚断而复续,史称中兴。建武初年,诸事草创之际,光武帝即"爱好经术,未及下车,而先访儒雅,采求阙文,补缀漏逸",于是"范升、陈元、郑兴、杜林、卫宏、刘昆、桓荣之徒,继踵而集"③,面对被王莽改得面目全非的经目,东汉君臣自然要作出调整:

(建武四年)于是立五经博士,各以家法教授,《易》有施、孟、梁丘、京氏,《尚书》欧阳、大小夏侯,《诗》齐、鲁、韩,《礼》大小戴,《春秋》严、颜,凡十四博士,太常差次总领焉。建武五年,乃修起太学,稽式古典,

---

① 《礼记正义》卷二三《礼器》,《十三经注疏》,第1435页中栏。
② 《汉书》卷九九下《王莽传》,第4194页。
③ 《后汉书》卷七九上《儒林列传》,第2545页。

笾豆干戚之容,备之于列。①

与王莽持政时期相比,建武博士制度显然带有"拨乱反正"的意味②,王莽新立的《左传》《乐经》《周礼》三博士尽遭黜落,而被王莽扩充至三十人的博士员额则精简到十四员,宣帝黄龙元年确立的"师法博士"制重新得到恢复,太学中博士荐选、弟子员举试、考课诸事也都尽数走向规范。不过,与宣元"故事"相比,"十四博士"制也不无新变:元帝立而旋废的京氏《易》再度获立,而石渠会议的主要成果——《穀梁》学博士却遭废黜,至于在西汉时期始终合置一博士的后氏《礼》、公羊《春秋》,则均依师法之分化而并置二博士。这些新变何以发生,自然是值得关注的问题。

一、"十四博士"的确立

根据《后汉书·儒林传》所载,"十四博士"制确立于建武四年,不过,在此之前,东汉朝廷已有博士官的选任,见于《后汉书·范升传》:

> 建武二年,光武征诣怀宫,拜议郎,迁博士,上疏让曰:"臣与博士梁恭、山阳太守吕羌俱修梁丘《易》。二臣年并耆艾,经学深明,而臣不以时退,与恭并立,深知羌学,又不能达,惭负二老,无颜于世。诵而不行,知而不言,不可开口以为人师,愿推博士以避恭、羌。"帝不许。③

光武帝执意拜范升为博士,而从范升的奏疏来看,他特别强调一点,即自己与梁恭均治梁丘《易》,而梁恭年高德劭,学问精深,自己实在不敢与之"并立"。我们知道,在宣帝黄龙博士制中,一师法置一博士员,一般不存在一师法同时选任两员博士的情况,直到王莽元始改制

---

① 《后汉书》卷七九上《儒林列传》,第2545页。
② 徐兴无《石渠阁会议与汉代经学的变局》,《经纬成文——汉代经学的思想与制度》,凤凰出版社2015年版,第321页。
③ 《后汉书》卷三六《郑范陈贾张列传》,第1227页。

第二章　两汉官定经目的制度演变

后,各经均置博士五员,如此则各师法均有可能出现同时有两名以上博士在任的情况。范升不敢与梁恭并立,可见在东汉初期太学中,同一师法理论上是可以并立两位以上博士的,这似乎显示出东汉初期的博士制度,仍在一定程度上受到王莽旧制的影响。或者说,经过王莽改制之后,原先清晰、规范的"师法博士"制度已经变得混乱,而建武四年"十四博士"制的确立显然正是为了改变这种混乱局面而采取的对策。

关于"十四博士"制的确立过程,《后汉书·儒林传》并无具体记载,唯一可供讨论的材料仍见于《后汉书·范升传》:

> 时尚书令韩歆上疏,欲为《费氏易》《左氏春秋》立博士,诏下其议。四年正月,朝公卿大夫、博士,见于云台。帝曰:"范博士可前平说。"……升退而奏曰:"臣闻主不稽古,无以承天;臣不述旧,无以奉君。陛下愍学微缺,劳心经艺,情存博闻,故异端竞进。近有司请置《京氏易》博士,群下执事,莫能据正。《京氏》既立,《费氏》怨望,《左氏春秋》复以比类,亦希置立。《京》《费》已行,次复《高氏》……"①

从这段材料可知,在"十四博士"制颁定之前,正式提出补立"师法博士"的共有三家,分别是《费氏易》《左氏春秋》和《京氏易》。这里《左氏春秋》在西汉平帝时原已获立博士,但大概因为是王莽旧政,故此在东汉初年已尽数不予承认,需要重新申立;《京氏易》则于西汉元帝时短暂获立,但不久因为京房本人的政治挫折而遭废,这次也是二次申立;唯《费氏易》系西汉以来一直有传承的民间师法,是第一次提出立学官的申请。这三种师法的增立分别由韩歆和"有司"提出,而时间则基本集中在建元四年正月之前,可知在建元三年至四年初,东汉朝廷已经意识到有必要对博士制度进行系统化清理,而这一清理的基础,则是越过王莽而直探宣元,所有在宣元时期获立官学的师法,似都被默认为新制

---

① 《后汉书》卷三六《郑范陈贾张列传》,第1228页。

当然之选,故此群儒争论的焦点,主要在于是否要增加新的师法,以适应西汉后期以来经学发展的新变局,而京氏《易》则成为此次争论中唯一的获胜者。

从范升奏议看来,有司奏请补置京氏《易》博士后,朝中并未有明确表示反对者,这显示出京氏师法的价值早已得到汉儒的普遍认可,即便是对补置持反对意见的范升,也并未从学理层面对其提出质疑,只是担心此例一开,会引起私学师法的群起效仿,后患无穷。前文已言,京氏《易》以卦气论为基础,极善占筮。虽然在京房手中,他的《易》学理论的根本目的还是为了表达自己的政治诉求,因此被林忠军先生认为本质上"是一种政治哲学"①,但就其本身师法内容而言,仍不免以占筮、说灾异为主。自西汉中后期以来,灾异频现,诸帝对此都十分敬畏,故此灾异之学尤为发达,《易》学以外,《春秋》《尚书》《诗》《礼》诸经中都发展出善于引经说阴阳的学派,而这当中,翼奉的《齐诗》学、刘向的《穀梁春秋》学、京房、谷永的《易》学、刘歆的《左氏春秋》学,以及刘向、许商等的《尚书·洪范》学,都堪称翘楚。中兴以后,谶纬之学大兴,阴阳灾异之说的影响更为强盛,京氏《易》便是在这样的风气中迅速认识到了自身的优势,因此,虽然未能在最初厕列经目,但随即为之"请置",而光武初年"采求阙文,补缀漏逸",正是欲树立新朝气象的时候,京氏《易》之请置遂顺利获得批准。终东汉一朝,京氏始终跻身经目,这对于它的传承无疑起到了巨大的推动作用。

二、《左》《穀》遭废与《公羊》独尊

在五经之中,建武新制对《春秋》学博士的改革最为引人注目。《左氏》《穀梁》二家同遭废学,而自宣帝黄龙以来即合置一博士员的《公羊》

---

① 姜广辉主编《中国经学思想史》第二卷第 31 章《孟喜、京房的象数易学》(林忠军撰),中国社会科学出版社 2003 年版,第 310 页。

学则获分严、颜二家博士。三传并尊的局面不复存在,《公羊》学再次成为官学之独宠。

由于《左传》之立本就属于王莽旧政,故于此遭废自在情理之中①,尽管韩歆、贾逵等极力欲为《左传》争取官学地位,甚至已经得到光武帝认可,进入博士遴选的实质环节,但终因李封去世而功亏一篑。不过,《左传》虽然未能获置博士,但其学术价值确已得到东汉君臣的高度认可,汉章帝命议郎习《左传》,实际上已经给予《左传》"准官学"的地位。关于这一点,可参黄翠芬、杨天宇的相关研究。

建武新制中最令人感到费解的就是《穀梁》学的废黜。我们知道,整个石渠会议的核心议题,就是论公、穀之短长,而最终正是《穀梁》学的获胜,促成了《春秋》博士分置公、穀二家成为定制,整个宣帝黄龙博士改员,也都是在此基础上得以展开的。建武新制既然以宣元"故事"为基础,旨在"拨乱反正",似乎没有道理独黜《穀梁》学。因此,从晚清以来,这一疑案就成为学者关注的问题。崔适从今古学之争的角度提出,《穀梁》学近于古学,而建武新制倡今学,故《穀梁》不得不遭废置②,胡秋原亦赞同其说③,而方麟则进一步提出"汉代人似乎将《穀梁春秋》看作古文学派"④的推论,并以此作为《穀梁》废学的理由。对此,笔者的看法略有不同。

方麟根据以下四条材料论证汉人视《穀梁》为古学:

例1. 推迹古文,以《左氏》《穀梁》《世本》《礼记》相明,遂下诏封孔

---

① 关于东汉时期韩歆、贾逵等请立《左氏》之事,黄翠芬先生关于这一问题有较为精善的考论,可参氏著《两汉时代〈春秋左氏传〉立学官之曲折》,《"国立"编译馆馆刊》,第二七卷第1期(1998),第85~95页。
② (清)崔适《春秋复始》,《续修四库全书·经部》第131册,上海古籍出版社2002年影印本,第381页。
③ 胡秋原《古代中国文化与中国知识分子(下册)》,中华书局2010年版,第457~458页。
④ 方麟《秦汉博士制度初探》,北京大学2010年博士学位论文,第148页。

子世为殷绍嘉公。(《汉书·梅福传》)

例2.歆亦湛靖有谋,父子俱好古,博见强志,过绝于人。(《汉书·刘歆传》)

例3.(建初八年)诏曰:"《五经》剖判,去圣弥远,章句遗辞,乖疑难正,恐先师微言将遂废绝,非所以重稽古,求道真也。其令群儒选高才生,受学《左氏》《穀梁春秋》《古文尚书》《毛诗》,以扶微学,广异义焉。"(《后汉书·章帝纪》)

例4.又诏高才生受《古文尚书》《毛诗》《穀梁》《左氏春秋》,虽不立学官,然皆擢高第为讲郎,给事近署,所以网罗遗逸,博存众家。(《后汉书·儒林列传》)①

就例1而言,这里的"古文"当参照王国维对《史记》中所称"古文"的解释:"若《五帝德》、若《帝系姓》、若《谍记》、若《春秋历谱谍》、若《国语》、若《春秋左氏传》、若《孔子弟子籍》,凡先秦六国遗书非当时写本者,皆谓之'古文'。"②因此,此句至多透露了《穀梁》可能有先秦六国遗书写本存于汉世,但这里的"古文"与"古文经学"这一概念中的"古文"并不能等同,伏生所传《尚书》即为古文本,然其学则为今学无疑,而此例中所举出的《礼记》,虽然也是据先秦旧写本整理而成,但从学派上来说,也属于今学经传的范畴,可见,《穀梁》之有古文本,并不足证其具有"古学"的身份。至于例2,不过是泛论刘氏夫子的博知古今,未必专指今、古文经学,而且,即使这里所指的"古"是指"古学",则其寓指的,也应当是下文所言刘歆所好的《左氏》,因为前文我们已经考知,刘向实际上也对《左氏》精研极深,故此有所谓"俱好古"之说。总之,此例亦不足

---

① 《汉书》卷六七《杨胡朱梅云传》,第2927页;卷三六《楚元王传》,第1967页;《后汉书》卷三《肃宗孝章帝纪》,第145页;卷七九上《儒林列传》,第2546页。
② 王国维《史记所谓古文说》,《观堂集林》卷七《艺林七》,《王国维全集·第八卷》,第198页。

证《穀梁》之为古学。例3、4属于同一性质的材料,在这两条材料中,《穀梁》虽然与《古文尚书》《左氏春秋》等同列,似乎同样被视为古文经,但只要我们仔细分析,就会发现这里的主题是"扶微学,广异义"以及"网罗遗逸,博存众家",很显然,汉章帝乃是认为官立十四博士尚不足以博古稽文,因此下诏求治非官立之学者,《穀梁》在这里的身份,乃是"逸学",或者是民间经学,并非古文经学。

而事实上,笔者查检史料,发现古人将《穀梁》当然视作今学:

> 逵悉传父业,弱冠能诵《左氏传》及《五经》本文,以《大夏侯尚书》教授,虽为古学,兼通五家《穀梁》之说。①

《后汉书》称贾逵"虽为古学,兼通五家《穀梁》之说",显然不以《穀梁》归诸古学之列。范晔去后汉未远,且深悉汉代故事,其言不容忽视。总之,如果从今、古文经的角度而言,则《穀梁》属于今文经,此毋庸置疑;而如果从今古学的角度而言,则《穀梁》之可称"古学",至早也要到东汉废学之后,以其不立于"今",故可谓之"古"。而在两汉之际,它却与《公羊》一样,久立于学官,无疑应归入"今学"的范围之中。总此而言,以今古文、今古学等角度来解释东汉初年《穀梁》学遭废,似乎并不能令人满意。

此外,《后汉书·贾逵传》中贾逵的奏议亦直涉《穀梁春秋》的废学问题:

> 建平中,侍中刘歆欲立《左氏》,不先暴论大义,而轻移太常,恃其义长,诋挫诸儒,诸儒内怀不服,相与排之。孝哀皇帝重逆众心,故出歆为河内太守。从是攻击《左氏》,遂为重雠。至光武皇帝,奋独见之明,兴立《左氏》《穀梁》,会二家先师不晓图谶,故令中道而废。②

---

① 《后汉书》卷三六《郑范陈贾张列传》,第1235页。
② 《后汉书》卷三六《郑范陈贾张列传》,第1237页。

贾逵乃汉明帝、章帝时大儒,其时距东汉初未远,且此言乃出于奏疏之中,尤当有据,故其言非常值得重视。按贾逵本身即为东汉初年《左氏春秋》宗师,而其所称"二家先师"的《左氏》先师,则应该是年辈稍早于他的郑兴:

> 世言《左氏》者多祖于兴,而贾逵自传其父业,故有郑、贾之学。①
> 建武中,郑兴、陈元传《春秋左氏》学。②

关于郑兴的学术背景,见于《后汉书·郑兴传》:

> 郑兴字少赣,河南开封人也。少学《公羊春秋》,晚善《左氏传》,遂积精深思,通达其旨,同学者皆师之。天凤中,将门人从刘歆讲正大义,歆美兴才,使撰条例、章句、传诂,及校《三统历》。③

郑兴的《左氏》学能得到刘歆的赞赏,足见其治学之精,而"世言《左氏》者多祖于兴",亦可见他在东汉初年《左氏》学中的地位。《后汉书·郑兴传》载:

> 帝尝问兴郊祀事,曰:"吾欲以谶断之,何如?"兴对曰:"臣不为谶。"帝怒曰:"卿之不为谶,非之邪?"兴惶恐曰:"臣于书有所未学,而无所非也。"帝意乃解。兴数言政事,依经守义,文章温雅,然以不善谶故不能任。④

贾逵奏议中所谓"先师不晓图谶"盖即指郑兴此事。笔者考郑兴行藏,知其去隗嚣而投光武,乃在建武六年(30),而其时十四博士制度早已颁定,则知贾逵所言"中道而废"之事,实当为建武中韩歆、陈元等争立《左氏》之事,则"不晓图谶"之说仍无法解释光武即位之初、新建"十四博士"制度之时,便废《穀梁》而专立《公羊》的原因。

---

① 《后汉书》卷三六《郑范陈贾张列传》,第1223页。
② 《后汉书》卷七九下《儒林列传》,第2587页。
③ 《后汉书》卷三六《郑范陈贾张列传》,第1217页。
④ 《后汉书》卷三六《郑范陈贾张列传》,第1223页。

事实上，由于史无明文，这一问题尚难作完备的考证。不过，如果我们注意到在这一变革中《公羊春秋》不仅硕果仅存，而且由此前的一家变为严、颜二家，则在建武初置五经博士的过程中，《公羊》家的影响力便绝不应被轻估，而《左氏》《穀梁》之遭废，也未必与此无关。我们知道，自从宣帝倾力扶持《穀梁》之后，《公》《穀》两家的矛盾经过石渠会议的论辩实际上就已经公开化了，而在哀帝时期，刘歆争立《左传》，诸博士不予置对，可见《公羊》与《左传》二家之间，也存在着深刻的矛盾。《公羊春秋》在西汉末年虽然分出严、颜二师法，但始终只有一博士员，而在建武初《穀梁》《左传》纷纷遭废的时候，《公羊》家不仅得以继续立学，而且还获得了两个博士员，这当中如果没有重臣对光武帝施加影响，似乎很难实现。从《后汉书》所载史料看来，东汉初诸大儒中，有丁恭者，建武二年(26)即为博士①，而其所治为《严氏春秋》②，极有可能就是第一任《严氏公羊春秋》的博士，而其是否在光武新置五经博士的过程中发挥了影响力，由于史料的缺失，也就不得而知了。

值得注意的是，《左氏》与《穀梁》虽然废置博士，但从章帝时期以来，宫廷中仍有《左氏》《穀梁》学的传习，《后汉书》载："诏高才生受《古文尚书》《毛诗》《穀梁》《左氏春秋》，虽不立学官，然皆擢高第为讲郎，给事近署，所以网罗遗逸，博存众家。"③而这其中，《左传》尤其受到朝野士人的关注，其学术影响力虽一时仍未能与《公羊传》相抗衡，但可以预见，左氏兴而公羊废，已是难以扭转的学术趋势。

三、大、小戴分置与"庆氏礼"的性质问题

早在宣、成时期，后氏《礼》就分化出几种著名的家法，其事见载于

---

① 《后汉书》卷一《光武帝纪》，第26页。
② 《后汉书》卷七九下《儒林列传》，第2579页。
③ 《后汉书》卷七九上《儒林列传》，第2546页。

《汉书·儒林传》：

> 仓说《礼》数万言，号曰《后氏曲台记》，授沛闻人通汉子方、梁戴德延君、戴圣次君、沛庆普孝公。孝公为东平太傅。德号大戴，为信都太傅；圣号小戴，以博士论石渠，至九江太守。由是《礼》有大戴、小戴、庆氏之学。①

《汉书·艺文志》则云：

> 汉兴，鲁高堂生传《士礼》十七篇。讫孝宣世，后仓最明。戴德、戴圣、庆普皆其弟子，三家立于学官。②

将这两条材料与前文所引《后汉书·儒林列传》中建武初年置五经博士的诏令并读，会发现围绕《礼》学的师法、博士分化，至少有两个问题需要辨析：其一，大、小戴之学由后氏而分出各自"立于学官"，究竟在西汉宣帝还是东汉初年？其二，《艺文志》又称庆氏《礼》亦"立于学官"，然建武诏令中则未言及"庆氏"，这又当如何解释？

关于前一个问题，前文已经有所辨析。按照王国维的考证，大、小戴师法的分立，乃在石渠之后，因此，大、小戴之学的立官，首先不会像《汉书·儒林传赞》中所说的那样在宣帝之时③。那么，会否可能在西汉元成、哀平之时呢？笔者以为亦不会，主要有三个理由，其一，《汉书》言元成、哀平之事，未言有大、小戴分立。其二，哀帝时刘歆争立古文经博

---

① 《汉书》卷八八《儒林传》，第3615页。
② 《汉书》卷三〇《艺文志》，第1710页。
③ 王国维《汉魏博士考》，《观堂集林》卷四《艺林四》，《王国维全集·第八卷》，第112页。徐兴无先生认为大、小戴分立博士在宣帝时期，其理由在于东汉建武立"十四博士"，要义在于"拨乱反正"，恢复宣帝旧制，故既然"十四博士"中大、小戴分置博士，则反推其分立当在宣帝时期。笔者以为徐先生关于"十四博士"旨在"拨乱反正"，恢复宣元旧制的整体判断非常准确，但不可忽视的是，以《公羊》春秋而言，宣帝时仅置一博士员，而建武时则明确分为严、颜二家，如此，则建武新制除"拨乱反正"以外，亦有进一步细分师法的倾向。《公羊春秋》之分严、颜，正与后氏《礼》之分大、小戴相同，都是建武新制的改革内容之一。徐兴无《石渠阁会议与汉代经学的变局》，《经纬成文：汉代经学的思想与制度》，凤凰出版社2015年版，第321页。

第二章　两汉官定经目的制度演变

士,曾举梁丘《易》、大小夏侯《尚书》、《穀梁春秋》之分立为据,以证先帝广立异学,然亦未言大、小戴《礼》之分立。其三,《后汉书·章帝纪》建初四年(79)十一月明诏:"孝宣皇帝以为去圣久远,学不厌博,故遂立大、小夏侯《尚书》,后又立《京氏易》。至建武中,复置《颜氏》《严氏春秋》,大、小戴《礼》博士。"①章帝距东汉初年不过数十年,而此又为诏令,尽管叙述宣帝时期的经目调整略有脱漏,但其述东汉经目变易,则绝不至讹误,故仅凭此条,将大、小戴之获立官学系于东汉初年,应无可疑。

关于后一个问题,《汉书·艺文志》以庆氏《礼》曾于西汉时列于学官,很多学者都曾探讨过这一问题,而沈文倬先生提出的解释颇为引人注意。他通过考察在东汉时期治庆氏《礼》同时又获任博士的曹充、董钧以及《庆氏礼》章句的完成者曹褒,认为汉代的博士,除了五经博士以外,还有"汉仪博士",二者同属太常,而后者的职掌便是"奏其礼仪",也就是为国家的各种仪式典礼提供咨询。他进一步指出,西汉初年的叔孙通就是最早的"汉仪博士",而在武帝建元五年置五经博士之后,诸子传记博士皆罢,独遗"汉仪博士","班固、范晔等分辨不清汉代礼学同时并存齐、鲁所传《礼经》和当时创制'汉仪'两部分,又不明白今文官学不应容纳汉仪博士,在他们的书里作了含糊笼统、自相矛盾的记述,以致悬疑千载,一直得不到解决"②,简言之,沈先生认为庆普虽为后仓学生,但其礼学则与后仓并非一途,后仓所治乃基于《礼经》之学,庆普所治则基于汉仪之学,一重经本,一重实务,治庆氏《礼》者所任博士,皆为汉仪博士,与五经博士、经目等问题并无关联。

应该说,沈文倬先生发掘出庆氏《礼》在治学取径上与其师后氏以

---

① 《后汉书》卷三《肃宗孝章帝纪》,第137~138页。
② 沈文倬《从汉初今文经的形成说到两汉今文〈礼〉的传授》,《宗周礼乐文明考论(增补本)》,浙江大学出版社2006年版,第267~271页。

及同门大、小戴之间的差异,特别是勾稽出其与叔孙通在《礼》学上的继承关系,真是发千古之未见,其说可信。但是,以此在太常博士中立出"汉仪博士"一职,仍稍嫌武断。据笔者考察,"汉仪博士"一职未必存在,有以下几个理由:

其一,沈氏认为汉仪博士与五经博士同属太常,只是职掌不同,但是从《汉书·百官公卿表》和《后汉书·百官志》的记载看来,太常的属官博士,似乎仅有五经博士一门。《汉书》云:"博士,秦官,……宣帝黄龙元年稍增员十二人。"①《后汉书》云:"博士十四人,比六百石。"其下本注云:"《易》四,施、孟、梁丘、京氏。《尚书》三,欧阳、大小夏侯氏。《诗》三,鲁、齐、韩氏。《礼》二,大小戴氏。《春秋》二,《公羊》严、颜氏。掌教弟子。国有疑事,掌承问对。"②尤其是《后汉书·百官志》的记载,对于汉代博士的职掌和员额已经有了十分明确的记载,既然只有十四博士,而经目亦为十四,明显不会再有以它学而为博士者。

其二,沈先生之所以认为有"汉仪博士",其主要理由在于从《后汉书》的记载看来,董钧、曹充等具有庆氏《礼》师学背景的博士主要从事的,都是有关国家"丧祭礼制"的制定工作,而沈先生认为,五经博士的主要职责乃是掌教弟子,这些关于国家仪制的讨论似乎并不是五经博士所能参与的,因此他认为必定有专门的"汉仪博士"负责这些问题的咨询应对。但事实上,笔者在前文曾经提及,汉代朝廷虽然曾经设有专门的礼官负责国家礼仪祭祀之事,但由于博士的传统职责就是掌问对、备咨询,因此,尽管通过博士弟子员课试制度,博士的基本职责变成了"掌教弟子",但"国有疑事,掌承问对"仍然是其当然的职责。自西汉武帝以来,国家的重大仪制,均有五经博士的参与,其中比较重要的,一次是汉武帝元封元年(前110)的封禅事,汉武帝让太常丞徐偃和博士周

---

① 《汉书》卷一九上《百官公卿表上》,第726页。
② 《后汉书·志》第二五《百官二》,第3572页。

霸主持此事，结果二人"拘于《诗》《书》古文而不能骋"①，深为武帝所不满；另一次就是宣帝本始年间行大射礼，博士后仓参与其事。由此二事，足证五经博士参与国家重要仪制的制定、施行，乃是西汉成例。既然庆氏《礼》本身就擅长于现实仪制的设计，那么，作为博士的董钧、曹充奉旨参与国家仪制、祭典的设计，自然是情理之中的事情了。

通过以上两点，我们可以基本确定，自汉武帝置五经博士之后，五经博士与博士便事实上成为了同一个概念，在五经博士之外，并不存在治它学的博士。前文已言，或许在武帝初置五经博士的时候，还有一些旧博士依然在任，但随着他们逐渐迁官离任，到了西汉中后期，博士群体已经完全转变为五经博士。在《汉书》《后汉书》中，确实有少数难以考知具体经学、师法背景的博士，但既然他们的身份无法考知，我们也就不能就此推断他们并非五经博士，《后汉书·百官志》所依据的，乃是东汉的"官簿"②，其记载汉代官制，不容有失，庆氏《礼》并非所谓的"汉仪博士"，由此可以确定。

那么，为何班固称庆氏《礼》立于学官，而《汉书》《后汉书》中却找不到其它可以辅证的材料呢？这一问题确实令人费解。笔者注意到，在《汉纪》中，保留了刘向《别录》中关于《礼》学传承的一段称述：

> 后仓最为明《礼》，而沛人戴德、戴圣传其业。由是有后仓、大、小戴之学。其《礼》古经五十六篇，出于鲁壁中，犹未能备。③

我们知道，《汉书·艺文志》基本上是由《七略》删简而成，而后者又由《别录》"撮其指要"④而成，也就是说，从史料的来源而言，《别录》是

---

① 《史记》卷二八《封禅书》，第1670页。
② 《后汉书·志》第二四《百官一》，第3555页。
③ （汉）荀悦《汉纪·孝成皇帝纪二卷第二十五》，《两汉纪》，中华书局2002年版，第435页。
④ （梁）阮孝绪《七录序》，（唐）释道宣编《广弘明集》卷三，《弘明集　广弘明集》，上海古籍出版社1991年影印本，第111页中栏。

《七略》《汉志》的源文献,以这条材料比对《汉志》的相关记载:

> 讫孝宣世,后仓最明。戴德、戴圣、庆普皆其弟子,三家立于学官。《礼古经》者,出于鲁淹中及孔氏,与十七篇文相似,多三十九篇。及《明堂阴阳》《王史氏记》所见,多天子诸侯卿大夫之制,虽不能备,犹瘉仓等推《士礼》而致于天子之说。①

两相比较,《汉志》这段话显然是在《别录》的基础上进行改写、扩充而成。《别录》中"后仓最为明《礼》"被改写成"孝宣世,后仓最明",而"出于鲁壁中"被改为"出于鲁淹中及孔氏","犹未能备"被改写为"虽不能备,犹瘉……"由《汉纪》所引《别录》佚文可知,在刘向的时代,犹未将庆氏学与大、小戴相并列,更未称其"立于学官",只是说后氏、大、小戴在师法上分为三家。我们又注意到,《别录》在叙述其它诸经的师法问题时,对其是否立于学官大多有所交代,例如论《尚书》学,称"由是为大、小夏侯之学,宣帝时立之";又论及《古文尚书》,称"会巫蛊事,未列于学官";论《公羊春秋》,称"武帝时遂崇立《公羊》";论《穀梁春秋》,称"帝善《穀梁》说,擢千秋为谏(议)大夫,遂立《穀梁》"②,可见《别录》体例,对于诸经各师法之得立学官与否,大多明言,而这里不言后仓、大、小戴之立学官问题,当是因为其师法虽然三分,然学官中则仅有后氏《礼》一家,这与前一部分的分析也是完全相符的。进一步来说,刘向这里根本没有提及庆氏学的问题,更可见在西汉成帝之时,庆氏学尚未完成师法,犹未能与大、小戴相并称。

既然如此,则我们可以确定,至晚在成帝之前,不会有庆氏《礼》立于学官的问题,而刘歆在《移太常博士书》中广论诸经师法之增立,亦不及《礼》学,可知哀帝末年,亦无庆氏《礼》的增立问题。而由此看来,《汉

---

① 《汉书》卷三〇《艺文志》,第1710页。
② (汉)荀悦《汉纪·孝成皇帝纪二卷第二十五》,《两汉纪》,中华书局2002年版,第435~436页。

志》中以庆普与大、小戴相并列,并称其皆立学官之说,当始于班固,并非出于刘氏父子①。

　　班固的这句叙述,且不论庆氏《礼》的问题,仅就大、小戴《礼》而言,他在称其西汉时"立于学官",本身就已经属于将东汉之事移诸西汉,而这一点也就显示,此段叙述并非班固抄录自其它西汉史料,而是完全出于其自己的总结。这样一来,这条材料本身的可信度也就大为降低了。我们从《汉书·儒林传》的赞语已经可以看出,班固对西汉经目的调整、博士制度的沿革等问题实际上并不是十分清楚,这或许与西汉史料在这一方面的严重缺失有关,我们从《汉书·帝纪》的部分可以看出,无论是武帝初置五经博士,还是宣帝增置十二博士员,包括元帝立、废《京氏易》,平帝增立《左氏春秋》,这些有关经目调整的事件都没有正式的诏令见存于《汉书》;而另一方面,班固著史原本最善抄录旧文,大量的西汉文献藉《汉书》保存下来,他在《帝纪》中记述重要的史事,一般都会将当时的诏书照录,以体现于史有据,类似初置五经博士、宣帝黄龙增博士员这样重要的史事,如果有诏令传至东汉,则班固似乎没有道理不予抄录。《汉书》在这些史事记载上的简略提醒我们,经过两汉之际的战乱和迁都,汉宫中的诏令有不少在东汉初年都已经缺失,因此,即使是担任史职的班固,也无法亲眼看到关于西汉经目调整的诏令原文。从《汉书·儒林传》可以看出,班固对于西汉经学的叙述,很大程度上是参考《史记》、刘歆《移太常博士书》等二手文献,而这也就可以解释,何以班固素有良史之称,却在《儒林传赞》中频频致误。关于庆氏《礼》的

---

① 事实上,班固对于刘歆的《七略》有所更改,并不仅仅体现在体例的调整、删减上,他对于各略书后的论语,也有所改动,比较明显的如《诸子略》,班固在书后注称:"出蹴鞠一家,二十五篇。"换言之,《七略》中诸子原为十一家,班固将"蹴鞠家"去掉,成为了十家,而在其后的论语中,《汉志》即云:"诸子十家,其可观者九家而已。"则这里的"十家"显然并非刘歆原话,而是班固所改,当然这个改动比较细碎,并不足以说明问题,但至少提醒我们,班固对于《七略》除了"删"以外,也有"改"的部分。《汉书》卷三〇《艺文志》,第1745、1746页。

问题,从《后汉书》看来,其在东汉确实得到了极大的发展,虽然未立学官,但曹褒、董钧、曹充等学者对当时的朝仪制定都产生了较大的影响,班固或许是受此影响,因此在《汉书·儒林传》和《汉书·艺文志》中改变刘向对于西汉《礼》学师法的叙述,在后氏、大小戴以外增加庆氏,但我们从《汉书·儒林传》的具体记载实可以看出,大、小戴《礼》在西汉后期师承关系明确,其弟子为博士者亦皆见载,而所谓的庆氏《礼》,除了庆普一人以外,全无其弟子、师学传承的记载,而这在《汉书·儒林传》的诸经各师法中是绝无仅有的。如果庆氏《礼》果真在西汉末曾获立博士,则其师承恐不当如此晦暗难知。

综上各点,笔者认为,相比于刘向《别录》、刘歆《移太常博士书》等西汉一手文献,班固在并未亲见西汉有关诏令的情况下,将庆氏《礼》与大、小戴《礼》并列,甚而称其三家"立于学官",这显然是难以令人信服的。因此,笔者倾向于认同刘向《别录》对于西汉《礼》学师法分家情况的记载,而对于班固在《汉书》中的改笔表示质疑。

既然我们已经论证了庆氏《礼》并无"立于学官"之事,则东汉的董钧、曹充之任博士,自然应当理解为他们是以治大、小戴《礼》而获任。庆氏《礼》既并非官学,则治其学者必然兼治至少一门官学学问,除非其绝意仕宦,安于治经,这一传统从西汉时期就已经形成了,例如早期治《左传》的尹更始、翟方进、尹咸,其本经则皆为《穀梁春秋》,董钧、曹充既然得以获任博士,则其所治之学中亦必有官立经学。董、曹二人曾习庆氏《礼》,其本经极有可能就是大、小戴《礼》中的一种,《后汉书》对此虽然缺载,但我们参考两汉经学制度,可以作出这样的推断。

总之,在《礼》学领域内,由于西汉后期大、小戴的师法早已分家,因此在东汉重新确立博士员时,便为大、小戴各置博士一名,这种情况与《公羊春秋》分置严、颜二家十分接近。另一方面,由于西汉时期后仓《礼》学的主要弟子就是大、小戴,因此,随着他们二人各自自名一家,原先的后氏《礼》反而逐渐失传,在东汉博士中也就为大、小戴二家所取代。由《隋书·经籍志》不载《后氏曲台记》之存佚可知,至晚到梁代,此书已经失传,则后氏师学在东汉以后,显然未能得到广泛的传播。

经过光武初年的简单调整,随着十四博士制度的确立,东汉的经目也就此确定。在此之后,虽然围绕《左传》《古文尚书》《毛诗》的立学与否,今学、古学两家儒生始终进行着论辩,甚至在光武中后期,《左传》距离正式立学仅有一步之遥。不过,从制度层面而言,古学诸儒的奏谏最终没有得以采纳,而十四经目的局面,也就此一直持续到东汉末年①。从西汉元、成到东汉初年,经目经过了数次调整,终于实现了基本的稳定,而从这几次调整的过程看来,无论是《京氏易》的立、废,还是莽新时期复古《六经》的闹剧,抑或光武初年的"拨乱反正",经目演变的过程都一次次彰显着汉代经学与政治之间的密切联系。汉代经目的演变至此结束了,但经学与政治之间的关系,仍将在历史中继续发展,关于这些问题,我们将在下文中继续讨论。

---

① 关于东汉时期古学争立博士之事,由于最终未能进入官定经目的层面,因此本文未作论述,杨天宇先生关于这一问题的研究十分精善,可参氏著《略论汉代今古文经学的斗争与融合》、《刘秀与经学》,《经学探研录》,上海古籍出版社2004年版,第102～114、142～152页。

第三章　两汉"五经"说的学理重构

在对两汉官定经目的演变进行梳理之后，我们不妨将目光投入到另一个领域，那就是在制度层面以外的学术论议中提出的经目理论。笔者在绪论部分曾经提及，在制度性的经目以外，在历史的不同时期，均有一些学者根据自己的学术理念，以经目的形式提出自己对于经典范围以及诸经之间关系的看法。这些看法虽然未必会产生制度性的现实影响，但它们反映了一个时期的某种学术理念和学术思潮，对于我们研究经学史、学术史，具有十分重要的参考价值。就汉代而言，在学术论议的层面，最为重要的经目理论，就是先后由刘歆和白虎观会议与会诸儒提出的两种"五经"说：前者见载于《汉书·艺文志》，以《乐》《诗》《礼》《书》《春秋》为"五经"，以《易》为"经之原"[1]；后者则见载于《白虎通·五经》，以《乐》《书》《礼》《易》《诗》为"五经"，以《春秋》为"常"[2]。一看便知，这两种"五经"说所包含的"五经"，不仅与汉武帝以来施行的"五经博士"所指"五经"不同，而且两者之间亦存在差异。究竟两汉之际为何会形成新的"五经"说？"五经"与"六艺"中的另一种经典关系如何？新的"五经"说对于汉代经学史、学术史产生了什么样的影响？在

---

[1]　《汉书》卷三〇《艺文志》，第1723页。
[2]　(清)陈立《白虎通疏证》卷九《五经》条，中华书局1994年版，第447、449页。

这两种"五经"说中,《汉书·艺文志》突出以《易》为五经之源,而《白虎通·五经》则突出了《春秋》为孔子所"作"的特殊性,这两者都显示出《易》与《春秋》在两汉之际的特殊地位,这背后的具体原因为何,这些都是值得讨论的问题。

然而,与汉代官定经目演变研究的深入、系统相比,学术界对于这一论题的关注尚少,甚至由于文本校勘的原因,对《白虎通》所载的"五经"说还存在着基本史实认识上的讹误。在这一部分,我们将以《汉书·艺文志》以及《白虎通·五经》所载的两种"五经"说为研究对象,在对相关史料进行充分的文献校理之后,结合两汉政治史、思想史来探讨这两种"五经"说的成因、内涵及其影响,希望可以使这两种古老的"五经"说得以廓清。

第一节 两汉之际重建"五经"说的契机

自从贾谊以术数之说论证了诸经"以六为度"的权威性和整体性之后[1],虽然汉代的经学制度在事实上始终以"五经博士"的局面呈现,但在理论层面上,"六艺于治一也"[2],"六艺"在结构上的完整性并未受到质疑,即使是董仲舒以《公羊春秋》宗师的身份提出"《春秋》文成数万,其指数千。万物之散聚皆在《春秋》"之说[3],并通过以阴阳灾异说经使得《春秋》学的影响力在西汉居于诸经之首,然而在经学的整体建构上,董仲舒仍然秉持"六学皆大,而各有所长"的先秦旧说[4]。从郭店楚简《六德》篇到《庄子·天下》篇、《礼记·经解》篇以来形成的"六学"并举的诸经结构得到了延续。

---

[1] 阎振益、钟夏《新书校注》卷八《六术》,中华书局2000年版,第316页。
[2] 《史记》卷一二六《滑稽列传》,第3857页。
[3] 《史记》卷一三〇《太史公自序》,第3975页。
[4] (清)苏舆《春秋繁露义证》卷一《玉杯第二》,中华书局1992年版,第35页。

那么，何以自西汉末年始，会先后出现两种完全不同的"五经"说呢？我们如果以武帝时期作为制度确定的"五经博士"作为参照，会发现"五经博士"是在武帝初年《乐》学无师学传承的情况下出现的一种现实制度。从现存史料看来，自武帝建元五年置"五经博士"始，没有任何官方或民间的学者对于这一制度中的"五经"进行学理性的阐释或质疑。这一现象表明，在西汉初年的学者看来，"五经博士"制度中的"五经"是经历秦火之后"六艺"的现实留存，但这种现实制度的建构并不对传统"六艺"体系的权威性、整体性构成质疑。汉初的一些著作，如《春秋繁露》《淮南子》《新书》《史记》等，在论及诸经时，皆以"六艺"为成说，并不为现实之"五经博士"所囿。然而，《汉书·艺文志》和《白虎通·五经》中所见的两种"五经"说则显然不同，它们不但有明确的"五经"经目，而且各有自己的阐释和论述，无论是将《易》抽拔为"五经之原"，还是将《春秋》列于"五经"之外，都有一定的经学观念为理据。因此，尽管这两种经目论所持的是"五经"说，然而其性质显然与"五经博士"之"五经"不同，却与汉初贾谊等儒生所建构的"六艺"论相近，大有取而代之之意，需要从思想史、学术史等层面来进行探讨。

一、从"数以六为纪"到"数用五"

在分别论述《汉书·艺文志》与《白虎通·五经》所载的这两种"五经"说之前，我们有必要先探讨这样一个问题：汉初贾谊等儒生所建构的"六艺"论既然已经十分完备，何以到了西汉后期却无以为继，需要由新的"五经"说进行修正呢？

我们在第一章的相关探讨中已经指出，贾谊的"六艺"论成立的全部基础，乃在于"以六为度"术数观念。贾谊通过铺陈"六"在时间、空间、声音、数度、人伦等各个维度上的普遍存在，证明"以六为度"的普适性，并据此赋予"六艺"以神秘的权威性。重要的是，这种"以六为度"的

第三章 两汉"五经"说的学理重构

观点,并非贾谊的独创,而是得到了秦至汉初人的普遍认可,并有朝廷制度为之保障:

> 于是秦更命河曰德水,以冬十月为年首,色上黑,度以六为名,音上大吕,事统上法。①

> 数以六为纪,符、法冠皆六寸,而舆六尺,六尺为步,乘六马。②

汉初虽经革命,但正朔、服色等皆未及更改,"以六为度"的秦制得到了延续。直到文帝初期,贾谊始提出改正朔及数度的主张:

> 贾生以为汉兴至孝文二十余年,天下和洽,而固当改正朔,易服色,法制度,定官名,兴礼乐,乃悉草具其事仪法,色尚黄,数用五,为官名,悉更秦之法。孝文帝初即位,谦让未遑也。③

随着文帝否决了这一奏议,秦代的服色、术数也就一直为汉人所遵行。贾谊的"六艺"论在这一背景之下提出,自然会得到多数士人的认可与接受。但到了武帝太初年间,事情发生了转变:

> 夏,汉改历,以正月为岁首,而色上黄,官名更印章以五字,为太初元年。④

而《汉书》的记载则更为明确:

---

① 《史记》卷二八《封禅书》,第 1635 页。
② 《史记》卷六《秦始皇本纪》,第 302 页。
③ 《史记》卷八四《屈原贾生列传》,第 3005 页。该段中"乃悉草具其事仪法"一句,《汉书·贾谊传》作:"乃草具其事仪法,色上黄,数用五,为官名悉更,奏之。"当是《汉书》将《史记》之"秦"字误作"奏",又脱去"法"字,故致此误。当以《史记》所载为正。又,阎振益、钟夏据此贾谊奏议认为"谊后亦不'以六为法'矣,此文盖作于二十岁前后",即以此文定于贾谊二十岁前后所作。但笔者认为,贾谊虽然提出改正朔的建议,但此议既然没有得到文帝的认可,在当时也就一时无效,"以六为度"仍然是当时的现实制度。贾谊既欲证成"六艺"之完备,也就必然还是要依照现实中"以六为度"的观点来进行阐释。因此,贾谊的这条奏议实未能据以考定其"六艺"论的提出时间。《汉书》卷四八,第 2222 页;阎、钟说见氏著《新书校注》卷八《六术》,中华书局 2000 年版,第 318 页。
④ 《史记》卷二八《封禅书》,第 1675 页。

夏五月,正历,以正月为岁首。色上黄,数用五。①

贾谊的主张至此终于得以施行,汉代正式易命改正朔,"以六为度"成为历史,"数用五"的时代由此开启。尽管我们无法具知当日改制的细节②,但可以肯定的是,一方面,随着德运说的更替,原先"以六为度"的观点已然失去了权威性,据此论定的"六艺"也就失去了理论支撑点;而另一方面,汉人如此看重易命、德运之说③,则新的"数用五"的观念亦当渐渐如此前的"以六为度"一样深入人心。两相结合,贾谊的"六艺"论转变为"五经"说,似乎已然是无可避免的情势了。这可以被视作新"五经"说之时代背景。

不过,值得注意的是,从传世文献看来,"五经"这一说法的产生,远远要早于"数用五"的施行。陆贾在《新语·道基》中已经用"五经"与"六艺"并举,有所谓"后圣乃定《五经》,明《六艺》"之说④,但在随后的论述中,陆贾所举的仍是《诗》《书》等六学,因此,这句话中所谓的"五经"所指究竟为何,实难考知。不过,从其所用的"定五经"这个说法来看,倒颇与《白虎通·五经》篇的论述相近,即以《诗》《书》《礼》《乐》《易》

---

① 《汉书》卷六《武帝纪》,第199页。
② 关于"数用六"改为"数用五",《汉书》张晏注认为是"汉据土德,土数五,故用五,谓印文也。若丞相曰'丞相之印章',诸卿及守相印文不足五字者,以'之'足之",从出土的封泥看来,确实有"丞相之印章"、"御史大夫章"等印文,可证《史记》"更印章以五字"之言不虚,但若以此推测,则秦及汉初"数用六",又当是六字为印章,但崔适早已据《史记·秦本纪》的记载发现当时的御玺有以"受命于天 既寿永昌"为文者,"寸数、龙数、字数,于六字无一应者",而结合出土的封泥,亦颇多"皇帝信玺"、"御史大夫"等用四字的封泥,可见,秦及汉初并无以六字为印文的规定,由"数用六"变为"数用五",绝不是就印文的字数这一点而言,而是整个社会生活、数理观念方面的转变。《汉书》卷六《武帝纪》张晏注,第199页;(清)崔适《史记探源》卷三,中华书局1986年版,第56页;封泥可见孙慰祖主编《古封泥集成》,上海书店出版社1994年版,第6~7页。
③ 关于汉人对于德运说之看重,可参李国玺《秦汉之阴阳五行政治思想》第四章第三节《秦汉之际五德终始之政治论的确立》,台湾大学2009年博士学位论文,第65~71页。
④ 王利器《新语校注》卷上《道基第一》,中华书局1986年版,第18页。

第三章　两汉"五经"说的学理重构

为孔子所"定",而以《春秋》为孔子所"作"①。笔者在第一章论述《春秋》在孔门六学中的特殊地位时曾经指出,关于《春秋》与孔子之间的特别亲密的关系,早在孔子亲传弟子《春秋》之时就得到确认了;而从《孟子》开始,即以"孔子惧,作《春秋》"为言②,结合儒家后学对孔子"述而不作"形象的刻画,则《春秋》之为"作",在诸经中确可谓独树一帜。在六学并举的先秦至汉初时代,出现"五经"之说,且以"定五经"与"明六艺"并举,我们有理由相信,陆贾所言的"五经",正是指《诗》《书》《礼》《乐》《易》五者而言,其论说的出发点,则是它们与孔子之间的关系:此五者皆为孔子所"定",故并举;至于《春秋》则夫子自"作",故不与之并列;然此六学皆为夫子所重,儒家所宗,故皆在"六艺"之中。这可以被视作"五经"说之滥觞。

当然,由于不久之后贾谊用"以六为度"的理论系统论证了"六艺"说的合理性,加之"以六为度"在汉初确实是朝廷制度,因此,《新语》"五经"说在当时的影响十分有限。加之武帝建元时期实行的"五经博士"制度又是以《诗》《书》《礼》《易》《春秋》为"五经",因此,《新语》中出现的这种"五经"说几乎被人忘却。我们在《史记》中看到的"五经",如称武帝时《房中歌》难读,"通一经之士不能独知其辞,皆集会五经家,相与共讲习读之"③,都应当理解为"五经博士"所指"五经",与《新语》所言"五经"并不相同。直到武帝太初年间,由于汉代施行易命改制,"数以六为纪"变为"数用五",贾谊用以论证"六艺"之完备性的理论根基遭到颠

---

① (清)陈立《白虎通疏证》卷九《五经》条,第445、446页。
② 关于汉初以"作"论《春秋》,又见于《春秋繁露·俞序》:"仲尼之作《春秋》也";《史记·孔子世家》:"乃因史记作《春秋》",而同时期的著论及《诗》《书》等其它经典,则多用"删""定""论次""修"等字,如《史记·儒林列传》:"于是论次《诗》《书》,修起礼乐"。可见,儒家后学对于《春秋》与其它诸经与孔子之间关系的区分由来已久。当然,秦汉之际的文献中也有以"作"论《诗》的,如《淮南鸿烈·氾论训》有"王道缺而《诗》作,周室废、礼义坏而《春秋》作",但这里《诗》作的主体乃是具体的诗人,并非编订者孔子,而后者"《春秋》作"的主体却是孔子,此实还是仅以《春秋》为孔子之"作"。(清)苏舆《春秋繁露义证》卷六《俞序第十七》,第158页;《史记》卷四七《孔子世家》,第2340页;刘文典《淮南鸿烈集解》卷一三《氾论训》,中华书局1989年版,第427页。
③ 《史记》卷二四《乐书》,第1394页。

覆,在此背景下,依托新的"数用五"的观念,构建新的"五经"说,便成为汉代士人无法回避的问题。

二、以"五常"配"五经"

从面临的时代背景而言,无论是西汉末的刘歆,还是东汉前期的白虎观与会诸儒,与贾谊相比都发生了很大的变化:在贾谊的时代,儒学尚未取得经学的地位,因此,贾谊论说"六艺"的基本出发点乃在于建立"六艺"的经典性和权威性,使其获得更大的社会影响力;而到了西汉末年,随着五经博士制度的长期施行,特别是经过了元、成两朝对于经学的特别提倡,"六艺"的权威地位已然得到官方、民间的普遍认可,因此,刘歆以及东汉诸儒所面临的主要问题,不再是建构"五经"的权威性,而是以"数用五"的数术理念对"六艺"进行重新择取、排列和阐释,使得经学理论的发展与时代观念的更迭相适应。

从《汉书·艺文志》和《白虎通》所载两种"五经"说来看,尽管二者在"五经"的择取上有一定的分歧,但它们之间存在的共同点则不容忽视,那就是都将"五经"与"五常"相对应,我们不妨将两者与"五常"的对应关系表列如下:

	仁	义	礼	智(知)	信
《汉书·艺文志》	《乐》以和神,仁之表也。	《诗》以正言,义之用也。	《礼》以明体,明者著见,故无训也。	《书》以广德,知之术也。	《春秋》以断事,信之符也。
《白虎通·五经》	《乐》仁	《书》义	《礼》礼	《易》智	《诗》信

我们知道,"五行"之说始见于《尚书·洪范》①,原是对构成宇宙的

---

① 《尚书正义》卷七《洪范》,《十三经注疏》,第188页上栏。

五种基本物质的概括,至春秋时期,"五行"逐渐由五种具体物质抽象为五种物质"属性"①,并渐次关联或衍生出"五方""五色""五音""五星""五帝""五虫""五味""五臭""五脏""五时""五数"等一整套基于"五"的认知体系。儒家后学有见于此,亦在儒家伦理观念中进行择取,形成《荀子·非十二子》中所载子思、孟子之徒倡言的"五行"说②,反映在郭店楚简《五行》篇中,便是以仁、义、礼、知、圣为"五行"③的观念,这可以被视作汉人"五常"说的前身。值得注意的是,在《五行》篇中,"德之行五,和谓之德。四行和谓之善。善,人道也,德,天道也。"显然,仁、义、礼、知的结合仅能达到人道之善,而只有加上"圣"方可臻于天道,儒学五行"贵圣"的观念与战国五行观念中普遍存在的"贵土"观念存在结构上的一致性,或是受后者影响所致。

入汉以后,随着"数以六为纪"观念的兴起,贾谊在《六德》篇中提出一种新的"六行"说:"人有仁、义、礼、智、信之行,行和则乐与,乐与则六,此之谓六行。"④从结构上说,贾谊的这种"六行"说与郭店简"五行"说是完全一致的,即都以"仁义礼知"或"仁义礼智信"为基本德目,而以"圣"或"乐"为具有统摄性的更高一层的德目,归根结底还是对战国"五行"观念中"贵土"式结构("4+1"式)的模拟。换言之,在贾谊"5+1"式的"六行"说中,取代郭店简"五行"之"圣"的是"乐",而"信"则是补充进来以凑足"六行"之数的新德目。

既然"六行"说中的"乐"处于具统摄性的较高层级,则一旦要将这种新的"六行"观念与传统"五行"体系相对接,无疑"乐"就会处于被隐

---

① 可参庞朴《阴阳五行探源》,《中国社会科学》,1984年第3期,第75~98页。
② (清)王先谦《荀子集解》卷三《非十二子》,中华书局1988年版,第94页。
③ 荆门市博物馆编《郭店楚墓竹简》,文物出版社1998年版,第149页。郭店楚简中缺"知(智)"字,乃据马王堆帛书《五行篇》补。国家文物局古文献研究室《马王堆汉墓帛书(壹)》,文物出版社1980年版,第17页。
④ 阎振益、钟夏《新书校注》卷八《六术》,中华书局2000年版,第316页。

去的境地,尽管这种隐去并不意味着其地位的下降。因此,我们看到,在董仲舒所建构的"五行相生""五行相胜"体系中,仁、义、礼、知、信成为与五行、五官、五方相对应的五种德行:

> 天地之气,合而为一,分为阴阳,判为四时,列为五行。……东方者木,农之本。司农尚仁,……南方者火也,本朝。司马尚智,……中央者土,君官也。司营尚信,……西方者金,大理司徒也。司徒尚义,……北方者水,执法司寇也。司寇尚礼……①

类似的观念又见于《汉书·律历志》:

> 协之五行,则角为木,五常为仁,五事为貌。商为金为义为言,徵为火为礼为视,羽为水为智为听,宫为土为信为思。②

这是今存文献中最早明确提出以"仁、义、礼、智、信"为"五常"的典籍。据《律历志》的开篇所言,这段论述实出自刘歆《钟律书》③,因此其时间大抵可定于西汉平帝至莽新时期。值得注意的是,其所载"五常"与"五行"的对应关系,与《春秋繁露》中所言有所不同,《繁露》中"火"对应"智"、"水"对应"礼",而《律历志》中则变为"火"对应"礼"、"水"对应"智"。究其原因,乃在于《繁露》中"五常"与"五行"的对应关系是通过"五官"为桥梁而得以实现的,"五常"与"五行"的对应关系实际上受制

---

① (清)苏舆《春秋繁露义证》卷一三《五行相生第五十八》,第362页。
② 《汉书》卷二一上《律历志》,第958页。
③ 考应劭《风俗通义》亦引用此文,正注明出自刘歆《钟律书》,而其文序略有不同:"商 谨按:刘歆《钟律书》:'商者,章也,物成熟,可韹度也。五行为金,五常为义,五事为言,凡归为臣。'角 谨按:刘歆《钟律书》:'角者,触也,物触地而出,戴芒角也。五行为木,五常为仁,五事为貌,凡归为民。'宫 谨按:刘歆《钟律书》:'宫者,中也,居中央,畅四方,倡始施生,为四声纲也。五行为土,五常为信,五事为思,凡归为君。'徵 谨按:刘歆《钟律书》:'徵者,祉也,物盛大而繁祉也。五行为火,五常为礼,五事为视,凡归为事。'羽 谨按:刘歆《钟律书》:'羽者,宇也,物聚藏,宇覆之也。五行为水,五常为智,五事为德,凡归为物。'"又,王利器先生点校本将各句《钟律书》之引文断自"五行为×"之前,今据《汉书》,可知皆当为刘歆之言,故笔者将引文断自"凡归为×"句之后。王利器《风俗通义校注》,中华书局1981年版,第275~278页。

于其与"五官"之间的对应关系,而火行对应的司马在《繁露》中拥有"进圣贤之士"的职责,需要"上知天文,其形兆未见,其萌芽未生,昭然独见存亡之机,得失之要,治乱之源,豫禁未然之前",这自然与五常中的"智"相对应;而水行对应的司寇在《繁露》中负责执法,掌"君臣有位,长幼有序,朝廷有爵,乡党以齿,升降揖让,般伏拜谒,折旋中矩,立而磬折,拱则抱鼓"①,这也显然应与"五常"中的"礼"相对应。基于"五官"职掌,"五常"与"五行"之间的对应关系得到了一种合理化的解释。

至于《律历志》中"五常"与"五行"之间的对应关系显然基于另一种逻辑。其所言木、金、火、水、土乃依五行相胜之逆序排列,而其它"五声"之宫、商、角、徵、羽,"五事"之貌、言、视、听、思,"五常"之仁、义、礼、智、信,都各遵其自有之序,并未显示出追求合理化解释的倾向。这实际上显示出到刘歆的时代,五行与五声、五事、五常之间的对应关系已经发展成一种具有高度抽象性和习惯性的认识方式,这一方式的要义在于,一方面强调对于任何事物都应以"五分"的方式进行"分析"式认知,另一方面则强调宇宙中的所有事物都具有"相关性",即便是看似处于完全不同时空领域或逻辑层次中的事物,如色彩、味觉、声音、身体、伦理、性格、职官、气候、星象等等,也都处于一种互相联系、互相影响的关系中。从《洪范》中完全具体的"五行",到战国秦汉时期遍见于《墨子》《管子》《吕氏春秋》《淮南鸿烈》《史记》《礼记》诸书中的大量"五行"学说,再到刘歆《钟律书》中完全抽象化的"五行"对应体系,这一认知方式自身的悠久传统已经成为其最大的合理性来源,而其体系内部的具体对应关系反而逐渐处于相对弱势的地位,因此即便在刘歆创建的这一体系中,其"五声"与"五行"的对应关系与《吕氏春秋·十二纪》《礼记·月令》等不同,其"五常"与"五行"的对应关系与董仲舒故说亦不同,且并未给出充分、合理的解释,仍无碍其得到班固的认可,作为《律

---

① (清)苏舆《春秋繁露义证》卷一三《五行相生第五十八》,第363、365页。

历志》收入《汉书》之中。

总之,在战国中后期以来各类五行学说的影响下,特别是经过汉儒"天人感应"说的进一步推毂,到西汉后期,"五行"说作为一种思维方式和叙述方式,已经辐射到汉人知识系统的方方面面,无论自然、身体、官制、伦常,都被纳入"五行"说的体系之内①。而太初元年(前104)以来"数用五"政策的颁行,无疑会更加强化和刺激这一认知倾向。在这样的背景之下,无论是刘歆,还是东汉诸儒,当他们尝试对儒家经典进行某种总结式叙述时,自然会考虑到如何将这一经典体系纳入"五行"的宏大系统之内,而在与"五行"相关的一系列概念中,与伦理相关的"五常"与儒家经典的关系显然最为接近,以"五常"作为"五经"与"五行"之间的连接桥梁,实在再是合适不过了。

三、5+1:贾谊式"六艺"说的重现

事实上,以儒家诸经与儒家基本伦常相对应,这一办法早在汉初贾谊以"六行"论述"六艺"的时候就曾使用过:为了论证"六艺"的权威性,贾谊特地将当时已经成型的儒家"五行"说改造成"六行"说,并以"艺之所以六者,法六法而体六行故"②为由,将"六艺"说纳入到"以六为度"的学说体系中去,关于这一点,本书第一章末节已有详细论述,此处不赘,刘歆等以"五经"与"五常"相配,或许正是受到贾谊学说的启发。

然而,贾谊将"六艺"与"六行"对应,在数理上完全不存在扞格,但刘歆等欲将"五经"与"五常"相配,却无法避免"六艺"与"五常"之间数理不合的困境。前文已言,西汉虽然长期施行"五经博士"制度,但在当时的经学体系内,并没有排斥"乐"学的位置,六学并举作为先秦以来的儒家传统,在汉初一直得到广泛的认可,这一点我们只要看刘歆的《七

---

① 可参宋艳萍《阴阳五行与秦汉政治史观》,《史学史研究》,2001年第3期,第18页。
② 阎振益、钟夏《新书校注》卷八《六术》,中华书局2000年版,第316页。

略》中仍以《六艺略》命名即可知道。因此，即使是在所谓"数用五"的时代，"六艺"作为儒家经典的基本格局，仍然具有无可争辩的权威性。换言之，刘歆和东汉白虎观与会诸儒所面临的，不仅是要构筑一个新的"五经"学说，还要将这种"五经"学说置于"六艺"这个传统格局之下，除了要论证"五经"的完备性、权威性以外，还要为不在"五经"之中的另外一经找到一个合适的位置。这样的难度，实在不可谓不大，我们只要看战国时期士人在尝试建立"五行"与"四时"之对应关系时所面临的困境，就能够体会到刘歆等所面临的挑战①。不过，从《汉书·艺文志》和《白虎通·五经》所见两种"五经"说的处理方式来看，前者将《易》排除在外，以之为"经之原"，后者则将《春秋》排除在外，但同时特别强调其为孔子亲"作"，与其他孔子所"定"者自有亲疏之别。显然两者都不以被排除于"五经"之外的一经为逊，相反有以所重者别于"五经"之外的倾向，这一点在《汉书·艺文志》中表现得尤其明晰，详参下节。这里我们关注的是，《艺文志》与《白虎通》何以呈现出如此一致的处理倾向呢？

　　这一问题无法从文献中得到确解，但可以通过对贾谊《新书·六术》中"六行"说内部结构的分析得到一点启示。前文已言，郭店简《五行》篇以仁、义、礼、智为人道之"四行"，而以"圣"为可臻天道之德，故"五行"实以"圣"为尊，类似传统"五行"之以"土"为尊（"4＋1"结构）。至于贾谊，则以仁、义、礼、智、信为基础德目，而以"乐"为"行和则乐与"，同样以"乐"为"五常"和合所生（"5＋1"结构），这里一方面作为"5"的"五常"之间不再存在"贵土"的逻辑，五者之间是完全平等的，另一方面作为"1"的"乐"则取代"圣"，成为具有统摄性的、较高层级的德目，这个"1"虽然不在"五常"当中，但其地位显然是高于"五常"的，因此，在贾谊基于"六行"说而建立的"六艺"说体系中，"乐"的地位是高于其他五经的：

---

① 可参徐复观《〈吕氏春秋〉及其对汉代学术与政治的影响》，《两汉思想史》（第二卷），华东师范大学出版社2001年版，第12页。

《乐》者，《书》《诗》《易》《春秋》《礼》五者之道备，则合于德矣。合则欢然大乐矣，故曰"《乐》者，此之乐者也"。①

由五经之道备可至"合于德"，由"合"乃至于"乐"，显然，《书》《诗》《易》《春秋》《礼》是互相平等的一个层次，而"乐"则是另一个层次，虽然他们同冠"六艺"之名，但基于"六行"内部的"5+1"结构，贾谊"六艺"说仍然是一种"5+1"的结构，这与《庄子·天下》《史记·太史公自序》《礼记·经解》《春秋繁露·玉杯》以及郭店简《六德》篇中所见的那些并举"六学"的体系都是完全不同的。而《汉书·艺文志》和《白虎通·五经》对于"六艺"的处理显然都呈现出了这种"5+1"的"贾谊式"结构，其"编外"之"1"不仅不是被冷落的，反而是最被看重的。尽管我们没有材料来证明刘歆和白虎观诸儒是在贾谊的影响下构建起"五经"说，但贾谊"六行——六艺"说的内在结构无疑有助于我们深刻理解两汉之际出现的这两种"五经"新说。

第二节 《汉书·艺文志》所见"五经"说

《汉书·艺文志·六艺略》云：

六艺之文：《乐》以和神，仁之表也；《诗》以正言，义之用也；《礼》以明体，明者著见，故无训也；《书》以广听，知之术也；《春秋》以断事，信之符也。五者，盖五常之道，相须而备，而《易》为之原。故曰"《易》不可见，则乾坤或几乎息矣"，言与天地为终始也。至于五学，世有变改，犹五行之更用事焉。②

由于《汉书·艺文志》出于刘歆《七略》，因此这段话历来被视为刘

---

① 阎振益、钟夏《新书校注》卷八《道德说》，中华书局2000年版，第325、327、328页。
② 《汉书》卷三〇《艺文志》，第1723页。

歆之言①。此说的核心,在于将《易》从"五经"中抽出,以《乐》《诗》《礼》《书》《春秋》五者为"五学",并以"五常"与之相配,而将《易》定位为"五经之原"。

一、学术史回顾

关于刘歆的"五经"学说,历来学者虽有关注,但大都未进行深入的研究。直到近年来,该问题始得学术界的重视。从发表先后而言,较早涉及西汉后期《易》学地位提升这一论题的,是日本学者堀池信夫先生,他在《汉魏思想史研究》中指出:"我们知道,经过刘歆的推毂,以乐学中三比二、九比六的数理关系为基础而展开的律历学思想乃与经学紧密的结合起来;另一方面,作为经学重要支柱的《易》学也在律历学盛行的思潮下逐渐得到士人的重视。而在这一思潮影响之下,如何建立以阴阳六十四卦为基础的《易》学与律例学数值之间的关联乃成为一个重要的学术问题。"②

堀池先生不仅揭示出西汉末期刘歆对于《易》之地位的推毂这一史实,还从律历学的角度对这一史实的诱因进行了初步的解释,这一思路

---

① 关于《汉书·艺文志》诸略之后的结语出于《七略》还是《别录》,曾有不少学者进行讨论。余嘉锡先生在《目录要籍提要》的《七略别录一卷》节中指出:"云'歆总群书',是向所奏之录,但随书奏进,并未总合成书也。……专以剖判属之《七略》,是分类始于歆,不始于向,可知矣。向所以不分类者,因《别录》并未成书也。"余先生以各书之目及旨意源流,出于《别录》;而七略之剖分,诸略之结语概述,则出于《七略》,其说可信。当代学者如钟肇鹏、王艺等皆在余说的基础上进行了进一步的论证和辨析。余嘉锡《目录要籍提要》,《北平图书馆馆刊·第四卷》,书目文献出版社 1992 年影印本,第 2283 页;钟肇鹏《七略别录考》,《文献》,1985 年第 3 期,第 59 页;王艺《〈别录〉、〈七略〉与〈七略别录〉》,《新世纪图书馆》,1986 年第 3 期,第 59 页。

② (日)堀池信夫《汉魏思想史研究》第一章《前漢期の思想》之(二)《前漢の易学と律曆思想》,原文为:"音楽音響学の三対二ないし九対六の数理関係を基本として展開した律曆思想が、劉歆によって経学と緊密に結合されのはすでにみてきたところであった。一方、易の学はもちろん儒教経学の重要な柱であり、当時の律曆思想の華しい展開においても、易学への配慮は当然のことながらおこなわれてきた。そしてその場合、重要な問題点は陰陽六十四卦の組み合わせにもとづく易の構造を、いかにして律曆の数値構造と整合調和させるか、という点にあった。"东京:明治书院 1988 年版,第 171 页。

十分具有启发性,可惜堀池并非专力研究刘歆的"五经"说,因此论述尚较简略。真正在这一思路上进行全面、深入研究的,是王风先生,他在《中国经学思想史》(第二卷)的《刘歆与〈周易〉最高经典地位的确立》章中对这一问题进行了细致的讨论①。他首先根据《汉书·楚元王传》中"歆及向始皆治《易》"②的记载分析了刘向、刘歆父子在《易》学上的造诣,特别指出刘歆的《易》学抓住"发于一"和"五星运气于五行"这两个观点,构建出了"元元本本,数始于一"③的哲学、象数学体系,而又由于在刘歆的象数学理论中,《易》"参天两地"④之说是一个最为基本的运算法则,因此,以三、二等作为基本参数,刘歆建构起数理、声律、度量等各个领域内的数量关系,并将其进一步推衍,最终形成了他为"说《春秋》"而造的《三统历谱》。在这一《历谱》中,"(太极)上元至伐桀之岁,十四万一千四百八十岁""(太极)上元至伐纣之岁,十四万二千一百九岁"⑤,《春秋》隐公元年"距伐纣四百岁"⑥、鲁僖公五年正月辛亥朔旦冬至,则正是"距上元十四万二千五百七十七岁"⑦。王风先生指出:"刘歆此举,是为春秋学构建了规模宏大时间参照系……通过融合易学、春秋学、律历学,刘歆实现了宇宙发生论与圣王历史观的统一,这在汉代当然是极为精致、新颖的'天人合一'学说。"⑧由于在刘歆的学说体系中,无论是

---

① 姜广辉主编《中国经学思想史·第二卷》,中国社会科学出版社 2003 年版,第 313~335 页。
② 《汉书》卷三六《楚元王传》,第 1967 页。
③ 《汉书》卷一〇〇下《叙传》,第 4241 页。
④ 《周易·说卦》云:"昔者圣人之作《易》也,幽赞于神明而生蓍,参天两地而倚数,观变于阴阳而立卦,发挥于刚柔而生爻,和顺于道德而理于义,穷理尽性以至于命。"《周易正义》卷九,《十三经注疏》,第 93 页。
⑤ 《汉书》卷二一下《律历志》,第 1013、1015 页。
⑥ 《汉书》卷二一下《律历志》,第 1019 页。
⑦ 《汉书》卷二一下《律历志》,第 1019 页。
⑧ 姜广辉主编《中国经学思想史·第二卷》,中国社会科学出版社 2003 年版,第 330~331 页。

第三章 两汉"五经"说的学理重构

《春秋》学,还是律历学,最终都要落实到《易》的象数学上,因此,《易》在其学说体系内的地位也就显得空前的重要。基于此,刘歆将"《易》"抽拔为"五经之原",这一方面使得"五经"与"五常"相配,各有所属,另一方面又没有削弱《易》,反倒将其推向了"最高经典"的地位。

王风先生的论证材料翔实、逻辑严密,揭示了刘歆"五经"学说之形成的重要原因。不过,笔者认为,堀池信夫和王风二家的论述尚存两点不足:其一,是在分析刘氏父子的《易》学思想时,主要借助《汉书·楚元王传》《汉书·律历志》《说苑》《新序》等典籍中的材料,但对系统体现刘氏父子《易》学思想的《汉书·五行志》则缺少关注,这直接影响了他们对于刘氏父子《易》学思想的判断。其二,即对刘歆《易》学思想与其律历学思想形成的先后问题缺少关注。我们知道,刘歆作《七略》,时间在哀帝时期,而其作《钟律书》《三统历》《三统历谱》等律历学著作,则在哀帝崩后、王莽专政时期:

至元始中王莽秉政,欲耀名誉,征天下通知钟律者百余人,使羲和刘歆等典领条奏,言之最详。①

会哀帝崩,王莽持政,莽少与歆俱为黄门郎,重之,……迁中垒校尉,羲和,京兆尹,使治明堂辟雍,封红休侯。典儒林史卜之官,考定律历,著《三统历谱》。②

由此我们发现,刘歆在《汉书·律历志》中所体现出的以《易》为本展开钟律、历法运算的思想,是在其以《易》为"五经之原"的思想已然确立数年之后才提出的。分析刘歆的律历学思想与《易》的关系,固然有助于我们认识刘歆之重《易》,但就史实考证而言,毕竟前后倒置,无法充分解释何以在《七略》中,刘歆已有重《易》之举。因此,关于刘歆以

---

① 《汉书》卷二一上《律历志》,第955页。
② 《汉书》卷三六《楚元王传》,第1972页。

《易》为"五经之原"的原因,仍需进一步探究。

较之王风先生略晚,郑万耕先生在《刘向、刘歆父子的易说》一文中亦对刘氏以《易》为"五经之原"的问题进行了讨论①。与王风先生的论述相较,郑先生在史料的择取上更为广泛,他通过《汉书·五行志》中的相关史料,对刘氏的《易》学思想进行了细致的辨析,并指出刘氏《易》学与孟喜、京房《易》学之间的承袭关系,结论颇为可信。但由于郑先生的文章主题系讨论刘氏《易》学思想,因此,关于"以《易》为五经之原"的问题,在该文中只是作为切入点提出,对于其产生之背景、自身之影响等问题的讨论,都相对简略,仍有进一步探讨的空间。此外,郑先生在论析刘氏父子《易》学思想的问题时,基本上将刘氏父子视为一体,对于二者之间存在的差异以及时间上的先后等问题关注稍嫌不足,这些也多少影响了作者对某些问题的判断。因此,本节拟在堀池信夫、王风、郑万耕三位先生论述的基础上,进一步探讨这一问题。

二、西汉中后期重《易》思想的渊源

从整个西汉经学史的层面看,《易》学地位的提升并非晚至刘歆撰定《七略》之时。刘向在《洪范五行传论》中已经表现出对《易》学的倚重,例如在解释《洪范五行传》中牛祸、马祸的发生机制时,刘向即以《易·说卦》为据:

---

① 郑万耕《刘向、刘歆父子的易说》,《周易研究》,2004年第2期,第3~12页。事实上,在王、郑二先生之前,张涛先生亦曾对刘向、刘歆父子的《易》学思想进行了深入的研究,尽管张先生并未举出"《易》为五经之原"的问题,但他广泛采用《汉书·五行志》《汉书·律历志》以及其它文献中关于刘氏父子的《易》学文献,对他们的《易》学思想渊源、特别是与卦气学说之间的关系,都已经作了比较全面的论述,较之王、郑二家,虽系早出,然精察犹胜。不过,由于张先生未对《五行志》的体例进行系统梳理,因此,一些没有冠以"刘向以为",但实出于刘向的论述未能纳入其讨论的范围,而论述刘歆的钟律、历法思想与《易》学观念之联系的部分,亦反映出作者对于刘歆历法学、天文学成就的认识存在一定的偏颇。张涛《略论刘向刘歆父子的易学思想与成就》,《文献》,1998年第2期,第79~92页。

第三章 两汉"五经"说的学理重构

《易》曰:《坤》为牛。《坤》,土也。土气乱则牛为怪。①

《易》曰:《乾》为马。逆天气,马多死,故曰有马祸。②

同样,在解释"言之不从"将导致的灾异时,刘向亦据《易》学立论:

言,《易》之道,西方曰《兑》,为口,人君过差无度,刑法不一,敛从其重,或有师旅炕阳之节,若动众劳民,是言不从。③

值得注意的是,在《洪范五行传》中,"言之不从"作为一种咎由,显然是就君主的言论失当而言,其与"口"之间的对应关系本来是非常明确而直接的,但这里刘向却特别援引《兑》卦作为桥梁,先以"言之不从"部分的灾异包括"白眚白祥""木沴金",知"五事"之"言"于五行对应金,而金于五方对应西方,故此"言"于五方亦对应西方,再以《兑》卦主西方,而《易·说卦》有"兑为口"之说,故将"言之不从"落实为"口"之失。从文本阐释的层面来看,刘向此说显然过于迂曲,但正是这种迂曲的论证,体现出刘向对于《易》学的看重:在他看来,《洪范五行传》本身并非具有足够权威性的文本,而通过据《易》以证《传》,《五行传》的合理性和权威性便可以得到有力的提升。这足以见出《易》理在刘向心目中的重要地位。

除了论证《五行传》本文时引用《易》说以外,刘向在解释灾异事例时,也注重结合《易》理进行分析:

隐公九年"三月癸酉,大雨,震电;庚辰,大雨雪。"大雨,雨水也;震,雷也。……刘向以为周三月,今正月也,当雨水,雪杂雨,雷电未可以发也。既已发也,则雪不当复降。皆失节,故谓之异。于《易》,雷以二月出,其卦曰《豫》,言万物随雷出地,皆逸豫也。以八月入,其卦曰《归妹》,言雷复归入地,则孕毓根核,保藏蛰虫,避盛阴之害;出地则养长华

---

① 《魏书》卷一一二上,第2918页。
② 《南齐书》卷一九,第386页。
③ 《南齐书》卷一九,第382页。

实,发扬隐伏,宣盛阳之德。入能除害,出能兴利,人君之象也。①

　　这里刘向围绕隐公九年三月"震电"的现象,以《易》中豫、归妹两卦的卦象、爻辞来解说"震电"失节的寓意:"为君失时,贼弟佞臣将作乱矣"②。结合成帝时期外戚干权的政治现实,刘向这里的劝诫意味不言而喻,而其将"三月震电"与君道连接起来的桥梁,就是《孟氏易》的卦气说,"以二月为豫卦内'雷乃发声';八月为归妹卦内,'雷乃收声'"③。

　　又如:

　　定公元年"十月,陨霜杀菽"。刘向以为周十月,今八月也。消卦为《观》,阴气未至君位而杀,诛罚不由君出,在臣下之象也。④

　　刘向用《孟氏易》的十二消息说,以八月为《观》卦,其卦虽然四阴二阳,杀气浸盛,然二阳居于四阴之上,阴气尚未至于君位,此时出现"陨霜杀菽"的现象,即可视为"季氏逐昭公,公死于外,定公得立,故天见灾以视公也"⑤。

　　据《汉书·楚元王传》,刘向之所以著《五行传记》,其目的正在于劝谏君主,匡正得失:

　　上方精于《诗》《书》,观古文,诏向领校中五经秘书。向见《尚书·洪范》,箕子为武王陈五行阴阳休咎之应。向乃集合上古以来历春秋六国至秦汉符瑞灾异之记,推迹行事,连传祸福,著其占验,比类相从,各有条目,凡十一篇,号曰《洪范五行传论》,奏之。

---

① 《汉书》卷二七中之上《五行志》,第1363～1364页。
② 《汉书》卷二七中之上《五行志》,第1364页。
③ 关于刘向以《易》论灾异的分析,参郑万耕《刘向、刘歆父子的易说》,《周易研究》,2004年第2期,第9页。
④ 《汉书》卷二七中之下《五行志》,第1426页。
⑤ 《汉书》卷二七中之下《五行志》,第1426页。此处亦参郑万耕《刘向、刘歆父子的易说》,《周易研究》,2004年第2期,第9页。

因此已有学者指出,刘向的《五行传记》实际上可以视作刘向的"谏书"来读①。刘向借助当时十分流行、极具权威性的《五行传》,将自然灾异与君道联系起来,特别注重君臣权力的制衡,既主张君主需贤臣辅佐,如言"则君有南面之尊,而亡一人之助,故其极弱也",又十分强调君权之尊不容僭越,如言"阴气未至君位而杀,诛罚不由君出,在臣下之象也",而这一切都与当时的政治现实以及刘向个人的政治经历密切相关:元帝时期,弘恭、石显等佞臣当道,萧望之、周堪等重臣不得亲近,许、史等外家更是专权跋扈;到成帝时期,虽然恭、显等伏辜,但外戚势力愈加强盛,旧戚未除,新兴的王氏又起。刘向自元帝时便亲历恭、显等乱政之事,更曾因此系狱,对于这种君臣失序、政事失和的乱象极为忧惧,而其作为刘氏宗亲,其忧患又有深于此者。刘向作《五行传记》,以灾异警醒成帝,而在其解说灾异的过程中,《易》学起到了非常重要的桥梁作用:灾异中常见的雷、风、雨、水、火、崩等,在《易·说卦》中都有所指涉,而孟氏《易》的十二消息说、京氏《易》的五行说更与灾异中必备的时间因素密切相联,刘向充分利用这种关联性进行演绎,将各种灾异现象引入对现实政治的劝诫之中。

由上面的分析可知,至迟在刘向撰《五行传记》时,《易》学已经受到了他的高度重视,而其重《易》的契机,则是以《易》理说灾异,并以之劝诫时政。同时,如果考虑时间先后的因素,则刘向在元帝时期奏议中引《易》,多据《易》之爻辞及《系辞》②,与汉初以来贾谊、董仲舒、司马迁等引《易》说理相类。且当时奏议除引《易》外,亦多引《诗》《论语》《春秋》

---

① 徐兴无《刘向评传》,南京大学出版社2005年版,第356页。
② 刘向在奏议中引《易》说理之例如"故贤人在上位,则引其类而聚之于朝,《易》曰'飞龙在天,大人聚也';在下位,则思与其类俱进,《易》曰'拔茅茹以其汇,征吉'。在上则引其类,在下则推其类,故汤用伊尹,不仁者远,而众贤至,类相致也。""臣闻《易》曰:'安不忘危,存不忘亡,是以身安而国家可保也。'故贤圣之君,博观终始,穷极事情,而是非分明。""《易》曰:'古之葬者,厚衣之以薪,臧之中野,不封不树。后世圣人易之以棺椁。'棺椁之作,自黄帝始。"皆是用《易》之爻辞或《系辞》之言以说理。《汉书》卷三六《楚元王传》,第1945、1950、1952页。

等经典,《易》学在其奏议中的比重并不突出①;而到成帝时期的《五行传记》,则更注重《孟氏》卦气说,其用《易》的次数也远超其它诸经,《易》学在刘向"五行"灾异学说中已经具有基础性理论的地位。刘向虽然素以《春秋》学名家,但《楚元王传》已载其与刘歆"始皆治《易》"②,即以《易》为本学。《儒林传》更记载他在成帝时期校书中秘的过程中,广泛接触、研习了各家的《易》说:

> 至成帝时,刘向校书,考《易》说,以为诸《易》家说皆祖田何、杨叔元、丁将军,大谊略同,唯京氏为异,党焦延寿独得隐士之说,托之孟氏,不相与同。③

刘向一方面拥有广博深厚的《易》学修养,另一方面又精于《春秋》之学,他遂将此两者相结合,并以《洪范五行传》为依托,构建起了独具特色的灾异学说。这种学说以《春秋》为素材,以《易》为理论,以《洪范》"五行"为框架,以现实为指归,虽然成帝迫于政治现实,"知向忠精,故为凤兄弟起此论也,然终不能夺王氏权",但以刘向领校中秘的学术地位,这部书在当时产生的影响可想而知,且不论他人,仅就其子刘歆而言,就十分明显受到该书的影响。刘歆虽然在学术思想上与其父多有不合,且其所据《五行传》版本亦不同于刘向,但在以《易》为理说灾异方面,还是继承了刘向的遗绪:

---

① 刘向并举《诗》《易》《论语》以论说,如"故《易》有《否》《泰》。小人道长,君子道消,君子道消,则政日乱,故为否。否者,闭而乱也。君子道长,小人道消,小人道消,则政日治,故为泰。泰者,通而治也。《诗》又云'雨雪麃麃,见晛聿消',与《易》同义。……《诗》云'我心匪石,不可转也'。言守善笃也。《易》曰'涣汗其大号'。言号令如汗,汗出而不反者也。今出善令,未能逾时而反,是反汗也;用贤未能三旬而退,是转石也。《论语》曰:'见不善如探汤。'今二府奏佞谄不当在位,历年而不去。故出令则如反汗,用贤则如转石,去佞则如拔山,如此望阴阳之调,不亦难乎!"用《春秋》之例,如:"初元以来六年矣,案《春秋》六年之中,灾异未有稠如今者也。夫有《春秋》之异,无孔子之救,犹不能解纷,况甚于《春秋》乎?"《汉书》卷三六《楚元王传》,第1943~1944、1942页。
② 《汉书》卷三六《楚元王传》,第1967页。
③ 《汉书》卷八八《儒林传》,第3601页。

第三章　两汉"五经"说的学理重构　333

刘歆"貌"《传》曰："有……羊祸，……"说以为……于《易》《兑》为羊，木为金所病，故致羊祸，与常雨同应。①

这条材料虽短，但从"木为金所病，故致羊祸"一句，已经可以看出运用了《京氏易》的五行相克说。由于刘氏父子《五行传》的版本不同，因此刘歆经常需要对其父所用的《易》卦进行修正：

《书序》又曰："高宗祭成汤，有蜚雉登鼎耳而雊。"祖己曰："惟先假王，正厥事。"刘向以为雉雊鸣者雄也，以赤色为主。于《易》，《离》为雉，雉，南方，近赤祥也。刘歆以为羽虫之孽。《易》有《鼎卦》，鼎，宗庙之器，主器奉宗庙者长子也。野鸟自外来，入为宗庙器主，是继嗣将易也。②

关于"蜚雉登鼎耳而雊"之事，刘向取雄雌之赤色为说，归于"赤祥"，并以《离》卦说之；而刘歆则取雉之为飞禽为说，将其归于"羽虫之孽"，并以《鼎》卦说之。

不过，尽管刘歆的具体灾异学说不同于其父，但其以《易》说灾异，则显然受到其父的影响。

而以刘向为立足点，我们可以发现，在西汉中后期，融合《易》卦、阴阳五行以说灾异，乃是一种新兴的、极为流行而权威的学说。我们知道，在自然科学尚未发达的时代，古人将雷电、地震、山崩、洪水、暴雨、干旱、火灾、日月食以及动物、植物、人的各种异常生长、活动均视为"灾异"③，认为其是上天对于人间的警示，如果能了解这些灾异与政事之间的关系，

---

① 《汉书》卷二七中之上《五行志》，第1354页。
② 《汉书》卷二七中之下《五行志》，第1411页。
③ 关于"灾异"，汉代以后学者大多连为一词，但在《公羊传》以及汉人那里，"灾"与"异"还是有一定区分的。陈业新先生指出："第一，《公羊传》之'灾'，乃指已造成明显危害后果的祸难，如水灾、旱灾和虫灾等。第二，其'异'乃与'灾'相对而言，是没有形成直接伤害的后果但其事象特殊于一般的自然现象，如日、月食等天象异常等等，此其一；其二，'异大乎灾'。与'灾'相比，此类'异'非但有危害的后果，而且其危害的程度远较'灾'严重，异于常灾，如地震、陨霜杀菽等等。"陈业新《灾害与两汉社会研究》，华中师范大学2001年博士学位论文，第67页。

就可以顺应天命,维持国祚;否则,可能就会天命转移,亡失政权。因此,较之单纯的卜筮,灾异对于执政者而言显然更具威慑力。也正因为此,自从先秦以来,解说灾异就成为朝政中十分重要的一个课题,《尚书》中即有殷祖己解释"飞雉升鼎耳而雊"的记载①,可见"灾异"之学源远流长。由于先秦故籍中,《春秋》对于灾异的记载最为丰富,因此,到了汉代的时候,精研灾异之学,就必须要了解《春秋》,这是《春秋》学何以在汉代特别兴盛的重要原因之一。

但是,以《春秋》说灾异存在一个根本性的缺陷,那就是《春秋》仅仅记载了这些灾异的史实,自身并没有一个系统的理论来解释这些灾异,因此,用《春秋》说灾异,常常只能停留在历史经验的层面上。正是因为此,董仲舒乃以阴阳五行学说来说灾异,试图为《春秋》学创建一个理论体系,在《春秋繁露》的《阳尊阴卑》《阴阳终始》《同类相动》《五行相生》《五行相胜》等篇章中,我们可以看到董仲舒在建立《春秋》灾异学理论方面的努力。董仲舒的这种灾异学理论,在西汉初年最具系统性和解释力,因此董氏《公羊春秋》在当时极为兴盛,号称显学。

然而,董仲舒的灾异理论却并非完美无缺的。前文曾言,灾异的发生与判断,有两个重要的标准:其一是自然现象本身,其二则是事件发生的时间,例如若是夏天打雷,即不属于灾异,但若是冬雷,就会被视为灾异。从《春秋》看来,关于灾异的记载一般皆具备这两个要素,而我们认识灾异,自然也要从这两个要素出发。就第一条而言,要求灾异理论能够尽可能地覆盖这些自然现象,例如风、雷、水、雨、火、山、草、木、鸟、兽等,这样当一种灾异发生时,我们可以有效地找到它的关涉对象以及

---

① 《尚书·商书·高宗肜日》:"(序:高宗祭成汤,有飞雉升鼎耳而雊,祖己训诸王,作《高宗肜日》《高宗之训》)高宗肜日,越有雊雉。祖己曰:'惟先格王,正厥事。'乃训于王曰:'惟天监下民,典厥义。降年有永有不永,非天夭民,民中绝命。民有不若德,不听罪。天既孚命正厥德,乃曰:'其如台?'呜呼!王司敬民,罔非天胤,典祀无丰于昵。'"《尚书正义》卷一〇《高宗肜日第十五》,《十三经注疏》,第176页上~下栏。

化解的方法。就第二条而言,则要求灾异理论对于时令、季候有一定的区分,这样当灾异发生时,我们也可以从时间的角度来探求它的奥义。而我们准此两点来看董仲舒的阴阳五行灾异理论,就会发现,关于第一点,他虽然通过把五行与五事、五音、五常等联系起来,使得风、水、雷、草木、鸟、虫等各种物象都被纳入其"灾应"体系之内①,但是这些联系往往是零散的、经验性的,不但缺少成熟的理论或者有据的文献作为支撑,也很难在此基础上进行推衍。至于第二点,则董氏的理论显得更疏阔,由于"五行"中的金、木、水、火可以与四时相对应,因此董氏的灾异论仅可以分解到四时这个层面,而这与当时已经十分发达的历学相比,显然是过于粗疏的。

简言之,灾异理论要变得更加精致化、系统化,就需要从这两个角度进行补充。但无论是《春秋》本身,还是《洪范五行传》,似乎都无法解决这个问题,而在"六艺"诸经之中,最有可能解决这一问题的,或许就是《易》了。《易·系辞下》云:

> 古者包牺氏之王天下也,仰则观象于天,俯则观法于地,观鸟兽之文,与地之宜,近取诸身,远取诸物,于是始作八卦,以通神明之德,以类万物之情。②

在汉代的《易》学理论中,八卦原本就是取材于世间万象,无论天地人三才、日月星辰、四时寒暑、山川河泽、草木鸟兽,乃至人伦纲常,无一不包涵在《易》象之中,这种联系的广泛性在《说卦》中得到了充分的体现,它将自然、人事领域内的各种物象、关系与《易》象联系起来,而对于

---

① 例如其《治乱五行》即云:"火干木,蛰虫蚤出,蚿雷蚤行。土干木,胎夭卵毈,鸟虫多伤。金干木,有兵。水干木,春下霜。土干火,则多雷。金干火,草木夷……",这些论说虽然尽可能地纳入了各种自然灾异现象,但缺少体系性和理论性,在解释力上显得殊为不足。(清)苏舆《春秋繁露义证》卷一四,第383页。

② 《周易正义》卷八《系辞下》,《十三经注疏》,第86页中栏。

灾异理论而言,这正是极为便利的。而且,与董仲舒在《春秋繁露》中的人为关联不同,《说卦》乃是传自先秦的故籍,并非汉人为说《春秋》、说灾异而现造作者,因此其文献的可靠性、权威性,亦非董氏《春秋》学所可比拟。

另一方面,在《说卦》中,已经出现了八卦与方位的对应关系,而其与时间之间的对应关系亦已有雏形,如"兑,正秋也"①,就将兑卦与秋季相对应,如果《易》学的发展能够将卦象与季候的对应关系进一步细化,则其对于灾异理论的精致化而言,无疑亦会有巨大的推进。

产生于西汉中期的《孟氏易》正完成了这一转变。关于孟氏《易》的基本学说,学者研究已经十分深入,本文不必赘述,简言之,可以概括为四正卦思想、十二消息说以及六日七分的卦气说。所谓四正卦思想,是以四正卦坎、震、离、兑与四时相对应,又以其各自的六爻与二十四节气相对应。所谓十二消息说,又称十二月卦说,是以复、临、泰、大壮、夬、乾、姤、遯、否、观、剥、坤十二卦代表十一月至次年十月的十二个月中,之所以选择这十二卦,是因为他们的卦象正好反映了阴阳的消长,故此又被称作"十二消息说"。至于六日七分说,则更为精密,是以六十卦配一年的日数,每卦则主管六日七分②。这样,在孟喜的卦气说理论中,季候、时令与《易》之诸卦的对应关系较之此前大大细化了。

当《易》学发展到这一程度时,正是西汉的灾异学说进入又一个兴盛期的时候。自武帝晚年以来,由于武帝连年征战,给百姓的生活带来了极大的灾难,于是,一种主张易命换代的思想,悄然在民间产生,他们主要通过对各种灾异现象的阐释进行传播,昭帝时期的眭孟被诛事件,就是这种灾异学说的体现,关于这一问题,徐兴无先生曾

---

① 《周易正义》卷九《说卦》,《十三经注疏》,第94页中栏。
② 朱伯崑《易学哲学史》(第一卷),华夏出版社1994年版,第116页;姜广辉主编《中国经学思想史》(第二卷),中国社会科学出版社2003年版,第277页。

第三章　两汉"五经"说的学理重构

有细致的分析①,读者可以参考。到了宣帝后期,特别是元、成之世,由于权臣干政、外戚擅权,汉朝朝局更加不稳,加之此时地震、山崩等自然灾害愈加频发,在整个元成时期,以灾异论政,乃成为当时朝中的一个普遍现象②,这一方面是因为灾异本身十分频繁,另一方面更是因为权臣、外戚等专横擅权,大臣无法以常规的手段进行劝诫,只得借助灾异来警醒皇帝,京房、翼奉、刘向、李寻等都"长于灾异",大抵都是以此立意③。

当《易》学卦气说的发展与灾异学说的兴盛在同一时空条件下发生时,以《易》之卦气说来解说灾异,也就成为自然而然的事情了。《汉书·儒林传》云:

> 喜好自称誉,得《易》家候阴阳灾变书,诈言师田生且死时枕喜膝,独传喜,诸儒以此耀之。④

可见,至晚到西汉昭宣时期,《易》学中已有关于阴阳灾变的学说流传。李学勤先生认为这里所谓的"阴阳灾变书",就是《乾凿度》上卷一类的典籍⑤,若其说可信,则《易》学的灾异之言,应当渊源更久。《汉书·魏相传》的一条记载显示了昭帝时期以《易》说灾变的形态:

---

① 可参徐兴无《刘向评传》第十章《五行与三统》,南京:南京大学出版社2005年版,第351页。
② 京房在对元帝的奏议中即言:"《春秋》纪二百四十二年灾异,以视万世之君。今陛下即位以来,日月失明,星辰逆行,山崩泉涌,地震石陨,夏霜冬雷,春凋秋荣,陨霜不杀,水旱蟓虫,民人饥疫,盗贼不禁,刑人满市,《春秋》所记灾异尽备。陛下视今为治邪,乱邪?"元帝对曰:"亦极乱耳。尚何道!"谷永在上成帝奏议中亦言:"建始元年以来二十载间,群灾大异,交错锋起,多于《春秋》所书。"可见灾异频生,已经成为当时君臣的共识。《汉书》卷七五《眭两夏侯京翼李传》,第3162页;卷八五《谷永杜邺传》,第3468页。
③ 张舜徽先生曾指出:"经学阴阳五行化,成为了西汉今文经学的基本特点,也就是当时经说构成烦琐、空虚的主要来源。"相关论述见氏著《郑学叙录》,《郑学丛著》,华中师范大学出版社2005年版,第9~10页。
④ 《汉书》卷八八《儒林传》,第3599页。
⑤ 李学勤《〈易纬·乾凿度〉的几点研究》,《古文献丛论》,中国人民大学出版社2010年版,第201页。

（魏相）又数表采《易阴阳》及《明堂月令》奏之，曰："臣相幸得备员，奉职不修，不能宣广教化。阴阳未和，灾害未息，咎在臣等。臣闻《易》曰：'天地以顺动，故日月不过，四时不忒；圣王以顺动，故刑罚清而民服。'天地变化，必繇阴阳，阴阳之分，以日为纪。日冬夏至，则八风之序立，万物之性成，各有常职，不得相干。东方之神太昊，乘《震》执规司春；南方之神炎帝，乘《离》执衡司夏；西方之神少昊，乘《兑》执矩司秋；北方之神颛顼，乘《坎》执权司冬；中央之神黄帝，乘《坤》《艮》执绳司下土。兹五帝所司，各有时也。东方之卦不可以治西方，南方之卦不可以治北方。春兴《兑》治则饥，秋兴《震》治则华，冬兴《离》治则泄，夏兴《坎》治则雹。明王谨于尊天，慎于养人，故立羲和之官以乘四时，节授民事。君动静以道，奉顺阴阳，则日月光明，风雨时节，寒暑调和。三者得叙，则灾害不生，五谷熟，丝麻遂，屮木茂，鸟兽蕃，民不夭疾，衣食有余。若是，则君尊民说，上下亡怨，政教不违，礼让可兴。夫风雨不时，则伤农桑；农桑伤，则民饥寒；饥寒在身，则亡廉耻，寇贼奸宄所繇生也。"①

从这段论述看来，魏相已经明确将震、离、兑、坎四卦与四方、四时相对应，以坤、艮为总司下土之卦，同时指出各卦所主有时，若不依时用卦，则会出现春饥、秋华、冬泄、夏雹等各种灾异。在现存的文献中，魏相的这段论说似乎是最早以《易》的卦象论说灾异的②，尽管他主要使用

---

① 《汉书》卷七四《魏相丙吉传》，第3139页。
② 金春峰先生指出："《易传》的神秘主义思想对陆贾也很有影响。《易传》说：'天垂象见吉凶，圣人则之。'陆贾发挥说：'天出善道，圣人得之，言御占图历之变，下衰风化之失，以匡盛衰，纪物定世，后无不可行之政，无不可治之民。'这为汉代以《易》说灾异做了开端，也有深远的影响。"金先生注意到陆贾在灾异学理论上的探索，目光十分独到；但据笔者所见，则《易传》中的这段话以及陆贾的发挥仍都属于泛论天象灾异与占筮凶吉，并未以《易经》或《易传》本文为据阐述灾异思想，因此陆贾此言只是就《易传》立说而已，仍应视作"以'天人感应'的观点解释"自然灾异"（陈业新），似并不能以其"为汉代以《易》说灾异做了开端"。金春峰《汉代思想史》，中国社会科学出版社2006年版，第74页；陈业新《灾害与两汉社会研究》，华中师范大学2001年博士学位论文，第146页。

第三章 两汉"五经"说的学理重构

的仅是最基本的四正卦,对于四正卦与四种灾异之间的对应关系也缺少有效的解释,但至少已经证明,早在西汉中期,《易》学内部已经出现了以卦象说灾异的学说。据《魏相传》载,"相明《易经》,有师法"①,显然这种《易》学灾异说并非魏相所创,当是有所承绪,换言之,以《易》说灾异的内容,在当时已经正式进入了师法传习谱系之中。

到了元帝时期,京房对《易》学再次进行了改造,关于京房的《易》学思想,朱伯崑先生指出:

> 京房是汉易的代表人物,他把《周易》看成是占算吉凶的典籍,从而创造了许多占算的体例,以讲占候之术而闻名。但其在占算体例的解释中,进一步发展了孟喜的卦气说,并且吸收了当时的阴阳五行学说。②

而林忠军先生则更明确地说:"京氏易学的价值,不在于重复汉初以来流行的、具有丰富内涵的五行学说,而在于他将五行说引进易学领域,进行加工改造,创立了以五行为轴心的易学象数体系。"③具体而言,就是以乾、兑为金,以坤、艮为木,以坎为水,离为火,震巽为木,将六十四卦视为五行的不同搭配,并以"五行"的观念来阐释卦理,《京氏易传》卷下云:

> 寅中有生火,亥中有生木,巳中有生金,申中有生水,丑中有死金,戌中有死火,未中有死木,辰中有死水,土兼于中。建子阳生,建午阴生,一气相冲,吉凶明矣。积算随卦起宫,乾、坤、震、巽、坎、离、艮、兑,八卦相荡,二气阳入阴阴入阳,二气交互不停,故曰生生之谓易,天地之内,无不通也。④

这样,京房将融合了干支说的"五行"观念引入《易》学,一方面以之

---

① 《汉书》卷七四《魏相丙吉传》,第3137页。
② 朱伯崑《易学哲学史》(第一卷),华夏出版社1994年版,第127页。
③ 姜广辉主编《中国经学思想史》(第二卷),中国社会科学出版社2003年版,第303页。
④ 郭彧《〈京氏易传〉导读》,齐鲁书社2002年版,第134页。

解说《易》的卦象,并通过积算法使得各卦的卦理获得更为"科学化"的解释,另一方面又以这种极为精致细密的《易》学理论来解说灾异,与董仲舒等的灾异理论相比,无疑是显得更为有据①。前文已言,西汉元成时期正是灾异学十分兴盛的时期,而《易》学内部也久有以《易》说灾异的传统,诸种因素结合在一起,使得京房成为以《易》卦、《洪范五行传》说灾异的关节性人物。从《汉书·五行志》的记载看来,京房《易传》中含有大量论说灾异的内容,例如:

> 京房《易传》曰:"贤者居明夷之世,知时而伤,或众在位,厥妖鸡生角。鸡生角,时主独。"又曰:"妇人颛政,国不静。牝鸡雄鸣,主不荣。"②

这里是用《明夷》卦来说"鸡生角"的灾异,认为其应为贤者"知时而伤",《京氏易传》云:

> 明夷积阴荡阳,六位相伤,外顺而隔于明,处暗不分,伤于正道曰明夷。五行升降,八卦相荡,变阳入纯阴,阴道危,阳道安,故与震为飞伏。伤于明而动乃见志,退位入六四,诸侯在世,元士为应。君暗臣明,不可止。建起六四癸巳至戊戌。积算起戊戌至丁酉,周而复始。五星从位起太阴,奎宿从位降癸丑。分气候三十六。地有火,明于内暗于外,当世出处,为众所疑,之所及伤于明。《易》云"三日不食""主人有言"。阴阳进退,金水见火,气不相合。六位相荡,四时运动,静乃复本,故曰游魂。③

---

① 金春峰先生曾指出京氏灾异学与董氏灾异学相比的两个特点:"(1)董仲舒以《春秋》为本,以历史比附的方法说灾异。……京房说灾异,则以《易》为本,纯粹根据风雨占候,不采历史比附。(2)董仲舒灾异说的一种基本形式,是以气为中介。这种说法有一个缺点,即人的气甚少,何以能引起天气的巨大变化?而且气是泥和水一样的物质实在,这对神学终归是一种不便。……京房采取象类相比附的说法,《易》像(笔者注,当作《易》象)只是一种象征,因而可以随心所欲,任意编造。"此两点皆指出京氏灾异学较董氏优胜处,其说可参。金春峰《汉代思想史》,中国社会科学出版社2006年版,第279~280页。
② 《汉书》卷二七中之上《五行志》,第1371页。
③ 郭彧《〈京氏易传〉导读》,济南:齐鲁书社2002年版,第87页。

京房通过精密而繁琐的起月、建候、纳甲、纳支、积算法、世应说、飞伏说、游归说、五行相克说等,将《明夷》的卦象解释为"君暗臣明""伤于正道",而在这种精密的《易》学理论基础上,京房方以之说灾异,只不过由于今传《京氏易传》已非足本①,关于《明夷》卦与"鸡生角"这一现象之间有何具体关联,我们今天已经难以知晓,但以京氏治《易》的细密程度来看,他对于灾异与《易》卦之间的对应关系,似当有一番说解。此外,据《汉书·艺文志》载,京房还著有《灾异孟氏京房》六十六篇②,杨树达先生认为这是京房述孟氏《易》学的著作③,从其题名看来,也是将灾异与《易》学结合起来进行论述的。

总之,经过京房的演绎,《易》学、《洪范五行传》和灾异学三者逐渐结合起来,这里既有在汉朝最为流行的"五行"学说,亦有与朝政关系极为密切的灾异论,更有在当时具有经典地位的《易》,三者的结合在当时无疑会产生极大的影响,而经过这样的结合,《易》乃具有了灾异学理论基础的地位,其在群经中的地位无疑较之此前要大大提升。关于对《易》的认识,京房有一段论述,见于《京氏易传》:

故易所以断天下之理,定之以人伦而明王道。

八卦建五气立五常,法象乾坤,顺于阴阳,以正君臣父子之义,故《易》曰:"元亨利贞。"夫作《易》所以垂教,教之所被,本被于有无。且《易》者,包备有无,有吉则有凶,有凶则有吉。生吉凶之义,始于五行,终于八卦。从无入有,见灾于星辰也,从有入无,见象于阴阳也。阴阳之义,岁月分也。岁月既分,吉凶定矣。故曰:"八卦成列,象在其中矣。"六爻,上下天地,阴阳运转。有无之象,配乎人事。八卦,仰观俯察

---

① 王鸣盛《十七史商榷》:"又采京房《易传》亦甚多,今所传京氏《易传》中皆无之,则今所传京氏《易传》已非足本",(清)王鸣盛《十七史商榷》卷一三《五行志所引》条,商务印书馆1937年版,第109~110页。王先谦《汉书补注》用其说。
② 《汉书》卷三〇《艺文志》,第1703页。
③ 杨树达《汉书窥管》卷三《艺文志第十》,上海古籍出版社1984年版,第205页。

在乎人,隐显灾祥在乎天,考天时察人事在乎卦。"①

我们如果把这段话和汉初董仲舒对于《春秋》学的概括并读,会发现两者存在着惊人的相似。董仲舒当时称:"《春秋》推天施而顺人理""是故《春秋》之道,以元之深正天之端,以天之端,正王之政,以王之政正诸侯之即位,以诸侯之即位正竟内之治。五者俱正,而化大行。""(《春秋》)其辞体天之微,故难知也。弗能察,寂若无;能察之,无物不在。是故为《春秋》者,得一端而多连之,见一空而博贯之,则天下尽矣。"②总之,董仲舒认为《春秋》沟通天人,是囊括宇内万物的法典,因此在"六艺"中最为重要;而到了西汉中期,随着《易》象数学的迅猛发展,当《易》学已经与五行说、灾异理论密切相连时,京房也终于有底气提出《易》"包备有无""所以断天下之理,定之以人伦而明王道",可据以"考天时、察人事"了。虽然《易》学在先秦时就有"以通神明之德,以类万物之情"之说③,但是在西汉初、前期,由于《春秋》学的发达,《易》学更多停留在占筮和义理的层面,而经过孟喜、京房的持续推进,到西汉中期,《易》学在比类万物,言说灾异方面的优势得到了充分的发挥,并且取得了一定的社会影响,如治《齐诗》的翼奉在上元帝的奏疏中就说:

贤者见经,然后知人道之务,则《诗》《书》《易》《春秋》《礼》《乐》是也。《易》有阴阳,《诗》有五际,《春秋》有灾异,皆列终始,推得失,考天心,以言王道之安危。④

这里,翼奉先举六艺,然后专门点出《易》《诗》与《春秋》三者,《诗》

---

① 郭彧《〈京氏易传〉导读》,齐鲁书社2002年版,第135页。
② (清)苏舆《春秋繁露义证》卷二《竹林第三》,第61页;卷三《玉英第四》,第70页;卷三《精华第五》,第96~97页。关于董仲舒尊崇《春秋》,可参看姜广辉主编《中国经学思想史》第二卷第二十五章《董仲舒的春秋公羊学理论体系》,中国社会科学出版社2003年版,第54~60页,亦可参本文第一章第四节《"〈春秋〉以治人":董仲舒的"六艺"论》部分的论述。
③ 《周易正义》卷八《说卦》,《十三经注疏》,第86页中栏。
④ 《汉书》卷七五《眭两夏侯京翼李传》,第3172页。

乃其本学，这篇奏疏的主题就是以《齐诗》"五情六际"来说灾异，翼奉特言《诗》，自是无可厚非；但他本不治《易》，却以《易》与当时显学《春秋》并举，足见在元帝时期，《易》学在"推得失，考天心，以言王道之安危"方面的成就，已经得到了士人的普遍认同，即使不是以《易》为本学的士人，对于《易》在这方面的成就也予以充分的承认。

而到了成帝时期，除了刘向以外，以善说灾异见长的谷永同样精于《易》学。据《汉书·谷永传》：

> 其于天官、《京氏易》最密，故善言灾异，前后所上四十余事，略相反覆，专攻上身与后宫而已。党于王氏，上亦知之，不甚亲信也。①

从《谷永传》以及《汉书·五行志》的记载看来，谷永多以《京氏易传》为据来言说灾异，例如元延元年（前12），"时灾异尤数"，于是谷永奏曰：

> 《易》曰："屯其膏，小贞吉，大贞凶。"传曰："饥而不损兹谓泰，厥灾水，厥咎亡。"《訞辞》曰："关动牡飞，辟为无道，臣为非，厥咎乱臣谋篡。"王者遭衰难之世，有饥馑之灾，不损用而大自润，故凶；百姓困贫无以共求，愁悲怨恨，故水；城关守国之固，固将去焉，故牡飞。往年郡国二十一伤于水灾，禾黍不入。今年蚕麦咸恶。百川沸腾，江河溢决，大水泛滥郡国五十有余。比年丧稼，时过无宿麦。百姓失业流散，群辈守关。大异较炳如彼，水灾浩浩，黎庶穷困如此，宜损常税小自润之时，而有司奏请加赋，甚缪经义，逆于民心，布怨趋祸之道也。牡飞之状，殆为此发。②

这里谷永所引的"传曰"即出于《京氏易传》③，他依此来解说灾异，并以之奏论朝政，足见在成帝末年，《京氏易》学在灾异论成就上所达到

---

① 《汉书》卷八五《谷永杜邺传》，第3472～3473页。
② 《汉书》卷八五《谷永杜邺传》，第3470页。
③ 《汉书·五行志》云："京房《易传》曰：'饥而不损兹谓泰，厥灾水，厥咎亡。'"可知谷永所引乃出于京房《易传》。《汉书》卷二七中之上，第1401页。

的高度。谷永对于《京氏易》灾异论的遵行还从另一个方面给我们以启示：我们知道，从政治立场上来说，元帝时期的京房乃是极力反对石显等权臣专政的，京房最终获罪，也是因为石显的潜言离间；而刘向在元帝、成帝两朝亦是反对权臣擅权、外戚干政最为积极的大臣，他与石显、弘恭乃是死敌，曾因他们的陷害而身陷囹圄。由此看来，似乎以《易》说灾异是朝中诤臣的政治传统，具有某种人群上的局限性。但谷永以《易》说灾异则破除了这种假设：与京房、刘向相比，谷永的政治品格要差得多，他党于帝舅王凤，是一个不折不扣的投机家。以谷永之为人，亦遵行京氏《易传》以说灾异，足证至晚在成帝末年，以《易》说灾异已经广为朝中各派政治势力所认可。

简言之，在孟喜、京房两代《易》学家的推进下，《易》学卦气说与《洪范五行传》得到了有机的结合，一种以《易》卦气说为理论基础，以《洪范五行传》为框架的灾异学理论在元帝、成帝时期逐渐发展起来，至成帝末年，已经取得了极大的社会影响。《汉书》班固赞云："汉兴推阴阳言灾异者，孝武时有董仲舒、夏侯始昌，昭、宣则眭孟、夏侯胜，元、成则京房、翼奉、刘向、谷永，哀、平则李寻、田终术。"①在上举这些西汉灾异学家中，董仲舒、夏侯始昌、眭孟、夏侯胜主要都是以阴阳五行思想说灾异，属于西汉前期的灾异学；而元成时期的京房、刘向、谷永则均曾以《易》说灾异，虽然三人在程度上略有不同；至于翼奉，虽然以《诗》说灾异，但前文已言，他对于《易》在灾异学中的地位亦给予了充分的肯定。换言之，在元成时期的灾异学家中，无一不对以《易》说灾异表示认可，《易》学灾异论在当时得到了广泛的认同。而前文亦言，在元成时期，"灾异"成为国家政治生活中的一个重要话题，以说灾异论政亦成为当时朝政的一种常态，在这样的风气中，《易》学既然成为公认的灾异学理论基础，则其在"六艺"中的地位，自然逐渐得到提升。

---

① 《汉书》卷七五《眭两夏侯京翼李传》，第3194～3195页。

三、以《易》为"五经之原"的实现

据现存文献来看,最早明确将《易》置于"六艺"之首的,乃是哀帝时期的刘歆。他不仅在《六艺略》的排序上将《易》置诸首位,而且在结语中明确以《易》为"五经之原"。① 至此,《易》学作为群经之首的地位得到了进一步的明确,自《汉书·艺文志》以来的历代正史书志以及各种公私目录,大多以《易》类置于群书之首。

从前文论述可知,刘歆之所以提出此说,乃是受到两方面因素的影响。一方面,自汉武帝太初年间改正朔,施行"数用五"的政策之后,"六艺"作为"数用六"时代的产物就显得多少有些陈旧,需要新的以"五"为数的经典体系来代替。然而"六艺"作为儒家经典合集的观念自先秦以来传承既久,难于改变,因此,在"六艺"的体系内新创"五经"说,就面临着如何处理另一部经典的问题。从刘歆和东汉诸儒的做法看来,他们都是将自认为最重要、或最具特殊性的一部经典抽出,以特殊性与普遍性来定位此一经与其它"五经"的关系。总之,在"六艺"体系内新创"五经"学说,大概是促成刘歆提出《易》为"五经之原"说的直接因素。

另一方面,刘歆此说乃受到自西汉中期以来,特别是元成以来《易》学地位逐渐上升的社会现实的影响。刘歆始习《易》学,后来曾参与校书中秘,对于诸家《易》学必然都有所了解,他虽然以治《左氏》学闻名,但其说阴阳灾异,仍然多以《易》为理论依据,这一点前文已论,这里不再赘述。经过元、成两朝四十多年的发展,《易》学以其在说灾异方面的精致理论而获得了朝野士人的广泛认可,《易》学沟通天人之际、明万物之道的身份已经得到了儒林的普遍认可,从这个层面来说,刘歆以《易》

---

① 《汉书》卷三〇《艺文志》,第1732页。"盖五常之道,相须而备,而《易》为之原。"

为"五经之原",实是西汉中期以来经学史、思想史发展的必然结果,充分体现了西汉经学与政治之间的密切联系,也与西汉经学神秘化的发展趋势完全相合——《易》学地位的提升,伴随的是灾异学说的进一步发展,以及较之灾异学说更为神异、繁复的谶纬学的逐步兴起;而随着《易》"五经之原"地位的确立,汉代思想史也果然朝着更加崇拜神秘主义的方向继续发展了。

关于刘歆对《易》经典地位的提升,还有一点需要补充,那就是前文曾经提到的平帝、莽新时期刘歆以《易》学治律历学的问题。从《汉书·律历志》的记载来看,到刘歆撰《钟律书》《三统历》《三统历谱》的时候,《易》已经成为他最重要的基础理论来源了:

> 数者,一、十、百、千、万也,所以算数事物,顺性命之理也。《书》曰:"先其算命。"本起于黄钟之数,始于一而三之,三三积之,历十二辰之数,十有七万七千一百四十七,而五数备矣。其算法用竹,径一分,长六寸,二百七十一枚而成六觚,为一握。径象乾律黄钟之一,而长象坤吕林钟之长。其数以《易》大衍之数五十,其用四十九,成阳六爻,得周流六虚之象也。
>
> 《易》曰:"参天两地而倚数。"天之数始于一,终于二十有五。其义纪之以三,故置一得三,又二十五分之六,凡二十五置,终天之数,得八十一,以天地五位之合终于十者乘之,为八百一十分,应历一统千五百三十九岁之章数,黄钟之实也。①

这是以《易·系辞》中"大衍之数""天数""地数""参天两地"之说作为律吕寸数的数理来源。由于在刘歆的律学体系中,依律而生历,因此,《易》之数也就成为历学的全部基础。此外,《易》还被目为沟通天人之际的典籍:

---

① 《汉书》卷二一上《律历志》,第956、963页。

第三章 两汉"五经"说的学理重构

经元一以统始,《易》太极之首也。春秋二以目岁,《易》两仪之中也。于春每月书王,《易》三极之统也。于四时虽亡事必书时月,《易》四象之节也。时月以建分至启闭之分,《易》八卦之位也。象事成败,《易》吉凶之効也。朝聘会盟,《易》大业之本也。故《易》与《春秋》,天人之道也。①

与董仲舒认为《春秋》本身可以沟通天人之际不同,依刘歆所说,《易》藏天道,《春秋》显人道,《春秋》的一切书体,都可以从《易》中找到依据,《春秋》是《易》所蕴含的天道在人间的体现,而《易》则是《春秋》书体之权威性的来源和依据。在这一理论体系中,《易》的地位无疑已经凌驾于《春秋》之上。关于这一论题,王风先生已经有了十分详尽的论述,本文不再赘述,我们这里需要补充的是,长期以来,我们对于刘歆在历学方面的成就认识并不公允,而这也影响到了我们对于《易》学在当时的特殊地位的认识。

目前,学术界普遍认为,刘歆在历学方面的努力,主要是用各种精密的运算方法,将上古以来经过自然观测而积累起来的各种天文、星象、时令数据纳入一个数理体系中,并以《易》理进行阐释,关于这一点,徐兴无先生的论述较具代表性:

正是刘歆的论说之美,使得《三统历》的推算方式尽可以在数学和历学的领域中没有太大的意义,但在天道观、历史观、文化观等建构上具备了相当重要的意义,即彻底摒弃战国秦汉以来以道家和阴阳家话语叙述的天道观,代之以儒家《易》学的语言,并在思想体系上更加完美。或者说,《三统历》的终极追求,不是精确的历法,而是完美的宇宙。②

---

① 《汉书》卷二一上《律历志》,第981页。
② 徐兴无《刘向评传》,南京大学出版社2005年版,第350页。

徐先生指出了刘歆在建构以《易》为核心的儒家天道观方面所作出的贡献，论述十分精彩。但有一点我们需要注意，那就是刘歆的历学绝不仅仅是对于既有数据的重新演绎，近年来自然科学史领域的研究，已经揭示了刘歆历学科学性的一面。

就笔者所见，中国科学院自然科学史研究所薄树人先生是较早在这一领域内取得成就的学者。他在上世纪八十年代的论文《试探三统历和太初历的不同点》中[①]，以《甘石星经》《淮南子·天文训》《汉书·律历志》等典籍中所记载的先秦至汉代天文学、历学材料为依据，并通过现代的数学运算，发现刘歆曾经对冬至点的位置进行过实测，得出了较之《太初历》更为准确的数据；而更为重要的是，针对当时朔望月和回归年误差过大的问题，他曾经探索出了一种更为精密的计算方法，使得这两个数据的算值较之《太初历》都有了较大程度的精确化[②]，但令人难以置信的是，刘歆在《三统历》中完全放弃了他经过科学实测和科学探索所获得的这些数据，而是完全袭用了《太初历》，关于这一点，薄树人先生分析道：

刘歆只是在这一句里透露了一点他的发明，而在其它任何地方，他都不曾用这个新数值，还是只用原来太初历的数值。这是什么缘故呢？这是因为朔望月和回归年是历法中最基本的数据。刘歆已经按照原来的数据建立了一套神秘的数学关系。如果要改动一个数据，特别是最基本的数据，则全套神秘关系都要推倒重来。一套神秘关系如果可以作这样大的改动，那么，他将不但得不到人们的信仰和崇拜，反而会引

---

① 薄树人《试探三统历和太初历的不同点》，《自然科学史研究》，第二卷第 2 期（1983），第 133～138 页。

② 据薄树人先生演算，关于一个朔望月的时间，《太初历》认为是 29.530864 日，刘歆计算得出为 29.530496 日，而近代理论推算出汉代的朔望月是 29.530585 日；关于一个回归年，《太初历》认为是 365.2502 日，刘歆计算为 365.2456 日，而近代理论推算则为 365.2423 日。可见，刘歆在这两个数据的测算上较之《太初历》都更为精确。

起人们对它的根本怀疑。权衡利弊,刘歆自然不得不在维持历法神秘性的要求下牺牲了他自己的科学发明。①

这是此前人文学界的学者所无法想象的。我们知道,刘歆主持《三统历》的制定,是王莽秉政时期的一个重要举措,而王莽秉政的一个重要特点,就是强调尊经复古,关于这一点,阎步克先生曾在《诗国——王莽庸部、曹部探源》一文中有过深入的探讨②。王莽为了体现其政权的合法性、权威性,不惜大量改变自秦以来延续多年的行政区划传统,而在钱币、度量衡、经目等各个方面,他都进行了相应的改革,虽然各项具体措施不同,但"尊经复古"则是贯穿其中的通例。刘歆制《三统历》,无疑也是秉持这一思想进行操作。关于刘歆与王莽政权之间的关系,一直是史学家、经学家争论不休的话题,但从这一点看来,王莽政治对于刘歆学术主张的影响确实不容小觑。而对于笔者的论题而言,我们则可以进一步认识到,刘歆建立以《易》为核心的历学体系,乃是在王莽"尊经复古"的思潮背景下抑或自觉、抑或无奈的选择,他对于《易》的阐述较之此前的京房、刘向显示出更加强烈的神秘主义倾向,特别是《易经》中提及的数字,乃被刘歆推至无以复加的神秘地位。当然,这也反过来提醒我们,刘歆选择《易》作为全部神秘数学关系的理论依据和数据来源,足见在哀平时期,尽管《易》学由此走向了神秘化的道路,但由于它与两汉之际的整体社会思潮相合,因此《易》作为"五经之原"的权威地位,较之此前非但没有减损,反倒是更为稳固了。

---

① 薄树人《试探三统历和太初历的不同点》,《自然科学史研究》,第二卷第2期(1983),第136页。

② 阎步克先生指出:"王莽在规划制度时,除行政考虑和集权考虑之外,还处心积虑地使之与天地人的宇宙秩序相参,与经书纬书的权威记载相合,并力求达到形式上的整齐和谐,使之具有象征性和神圣性。"见氏著《诗国——王莽庸部、曹部探源》,《中国社会科学》,2004年第6期,第184页。

第三节 《白虎通·五经》所见"五经"说

在汉代文化史上,《白虎通》无疑是一部非常重要的典籍,它作为白虎观会议的文献汇编,体现了东汉朝廷对于宇宙、人伦、信仰、礼俗、政治、军事、经济等各个领域的官方态度,是东汉初期国家意识形态的集中体现。在这部著作中,《五经》篇的地位尤其显得特别重要:一方面,作为"遵行儒术"的汉朝,其立国之本即在于尊经,《五经》篇既然专论经学问题,则其重要性自不言而喻;另一方面,白虎观会议的基本主题亦是辩"五经异同",《五经》篇所载汉儒关于"五经"的认识,自然是这次会议核心议题的集中体现。因此,《白虎通·五经》是我们了解东汉官方经学立场的一个基本切入点,对于东汉经学史的研究具有重要的参考价值。

然而,这篇重要的经学史文献长期以来并未受到足够的关注。《五经》篇提出以"《易》《尚书》《诗》《礼》《乐》"为"五经",《春秋》则不与其列,这种经说与汉武帝建元五年建立的以《易》《书》《诗》《礼》《春秋》为"五经"的经学博士制度,以及《汉书·艺文志》所录《七略》中以《书》《诗》《礼》《乐》《春秋》为"五经",以《易》为"经之原"的刘歆说均不相合,而与后两者的现有研究成果相比,学界对于《白虎通》所见"五经"说的研究几乎仍处于空白阶段,而造成这一现状的主要原因,便是《白虎通》在传承过程中出现了重要的版本讹误。在《五经》篇中,关于"五经"的所指前后共有两处,而在目前学界广泛使用的陈立校定本《白虎通疏证》中,这两处所列"五经"并不一致,陈立以"两说并通"的方式处理这一异文,不仅导致《白虎通》所言"五经"的真相长期被掩藏,更导致了学术界对于这一论题的长期忽视,这无疑是经学史研究领域内的一个遗憾。究竟《白虎通·五经》篇所指的"五经"是哪五种?何以出现版本讹误?在《汉书·艺文志》所载刘歆"五经"说已经得到汉代士人基本认可

第三章 两汉"五经"说的学理重构

的背景下,《白虎通》何以又提出一种新的"五经"学说,而这种新"五经"说何以又将《春秋》置于其外？它反映了东汉官方怎样的经学理念？本节,我们将先用它校、理校之法校定《白虎通》所载"五经"的真正所指,然后再结合两汉经学史,探讨这一"五经"说产生的原因及其经学史意义。

一、《白虎通》所见"五经"说校勘

今存各种元明《白虎通》版本《五经·论五经之教》段云：

《五经》何谓？《易》《尚书》《诗》《礼》《春秋》也。《礼经解》曰："温柔宽厚,《诗》教也。疏通知远,《书》教也。广博易良,《乐》教也。洁静精微,《易》教也。恭俭庄敬,《礼》教也。属词比事,《春秋》教也。"①

这里以《易》《尚书》《诗》《礼》《春秋》为"五经",与汉武帝所置"五经博士"中所指的"五经",也就是汉代习称的"五经"完全一致。但是,在此段之前的《五经·论五经象五常》段则云：

经所以有五何？经,常也。有五常之道,故曰《五经》。《乐》仁,《书》义,《礼》礼,《易》智,《诗》信也。②

这里,作者将"五经"与"五常"相配,而所列"五经"则变为《乐》《书》《礼》《易》《诗》,这不仅与汉人习称的"五经"明显不同,多出《乐》而少了《春秋》,而且与上文所引出于同篇的《论五经之教》段所言"五经"亦不相同。对于这两者之间的分歧,陈立在上引《论五经之教》之文下注云：

以《易》《尚书》《诗》《礼》《春秋》为五经,与上异。盖兼存两说也。……案古无《六经》之名,自《庄子》有"《六经》者圣人之糟粕"之论,

---

① （清）陈立《白虎通疏证》卷九《五经》,中华书局1994年版,第448页。
② （清）陈立《白虎通疏证》卷九《五经》,第447页。

后人言《五经》《六经》者纷纷焉。盖谓《易》《书》《诗》《礼》《乐》为五经者，此先秦之说，以时《春秋》有二，孔子未修之《春秋》，则藏于秘府，人莫能习；孔子已修之《春秋》，传诸弟子，亦未著于竹帛也。自秦焚书，《乐经》散亡，因并《春秋》以为五经，故汉世五经博士，止《易》《诗》《书》《礼》《春秋》也。①

陈立认为，《白虎通·五经》上下两段出现不同的"五经"说乃是"兼存两说"②，他更以《易》《书》《诗》《礼》《乐》之"五经"为先秦之说，而以《易》《书》《诗》《礼》《春秋》之"五经"为汉世之说。但事实上，从本书第一章的论述可知，先秦时期并没有所谓"五经"之说，《诗》《书》《礼》《乐》《易》《春秋》最初就是以六学并举的形式被提出的，陈立此说显然不能解释《白虎通》的内部异说。

而事实上，《论五经之教》的这条材料，曾为初唐类书《北堂书钞》所引：

《白虎通》曰："《五经》：《易》、《尚书》、《诗》、《礼》、《乐》也。"③

从这里的叙述方式和"五经"的排列顺序看来，这条材料应出自《论五经之教》段而非《论五经象五常》段，只是原文中"《五经》何谓"的"何谓"二字略去而已，对比《北堂书钞》的引文，则其所列"五经"正有《乐》而无《春秋》，与前文《论五经象五常》所列者若合符节。究竟《北堂书钞》的引文和今本《白虎通》孰是孰非呢？以下，我们不妨分别从版本和义理两个角度分别探讨这个问题。

首先，就版本校勘的角度而言，我们可以用它校法来校勘这段材料。除了《北堂书钞》以外，初唐的另一部类书《初学记》也征引了这条

---

① （清）陈立《白虎通疏证》卷九《五经》，第447页。
② 郝懿行亦以为"《白虎通》'五经'有二说，一言《乐经》，一言《春秋》，其说并通"。（清）郝懿行《证俗文》卷八《经》条，清光绪东路厅署刻本，第16叶B。
③ （唐）虞世南《北堂书钞》卷九五《经典一》，上海书店1989年影印本，第361页下栏。

材料①,其文与《北堂书钞》完全相同,难以确定是照录《北堂书钞》还是自录《白虎通》本书。不过,如果《初学记》乃自录其书,则可以证明在初唐的六卷本《白虎通》中,此段材料确有"《乐》"而无"《春秋》",《北堂书钞》之引文并非讹误;另一方面,如果《初学记》并非自引《白虎通》,而是照录《北堂书钞》,则可以帮助我们确认今所见《北堂书钞》此文并非后世刻书者窜改,而是自唐代已作如是。总之,《初学记》的这条引文,可以帮助我们进一步确认这段材料在初唐时的面貌。据笔者所见,清人周广业最早注意到《初学记》中的这条引文与传世本有异文,他有校记云:

《初学记》引云:"《五经》,《易》《尚书》《诗》《礼》《乐》也。"无《春秋》字,有《乐》字。其《注》云:"古以《易》《书》《诗》《礼》《乐》《春秋》为《六经》。至秦焚书,《乐经》亡,今以《易》《诗》《书》《礼》《春秋》为《五经》。"据此,则《白虎通》之《五经》,不当有《春秋》字。②

周广业的这条校语颇令人费解。他立论的根据是《初学记》的注文中"今以《易》《诗》《书》《礼》《春秋》为《五经》"之言,若依此,则似当以《白虎通》之"五经"有《春秋》,方与注文相合。但周氏却称《白虎通》"不当有《春秋》字",也就是认为《初学记》的引文无误,则其逻辑似乎无法说通,因此笔者颇疑周氏原意当为"《白虎通》之《五经》,当有《春秋》字"。

不过,针对周广业的校语字面所传达的意思,陈立表示了明确的反对:

案《初学记》注,即《御览》所误引者,此下明言"《春秋》何常也"云云,则《白虎通》自有《春秋》入《五经》也。

关于陈立所言"《春秋》何常也"云云,下文将作辨析,此暂不论,至

---

① (唐)徐坚辑《初学记》卷二一《文部·经典第一》,金泽文库藏南宋绍兴四年冬阳崇川余四十三郎刻本,第1叶A。
② 此段校文为陈立所征引,陈氏称"周氏广校云","广"下似脱一"业"字,校《白虎通》者并非周广,而应是清乾嘉时期名儒周广业。(清)陈立《白虎通疏证》卷九《五经》,第449页。

于其所谓"《御览》所误引"之说,则见于陈氏前文疏证:

> 《御览》引云:"《五经》,何谓也?《易》《尚书》《诗》《礼》《乐》也。古者以《易》《书》《诗》《礼》《乐》《春秋》为《六经》,至秦焚书,《乐经》亡,今以《易》《书》《诗》《礼》《春秋》为《五经》。又《礼》有《周礼》《仪礼》《礼记》,曰《三礼》。《春秋》有《左氏》《公羊》《穀梁》,曰《三传》,与《易》《书》《诗》通数,亦谓之《九经》。"案"古者"以下,不类《白虎通》语,恐误衍他书语也。①

陈立指出《太平御览》"古者"以下数语乃他书误衍者,其说可信。结合《初学记》,我们可以知道,这部分文字正是录自《初学记》引用《白虎通》之后的小字注。《太平御览》的原意是引《初学记》之注,结果被刻书者混入正文之中,致有此误。但是,比对《太平御览》与《初学记》所引的《白虎通》,我们发现《初学记》引文作"《五经》,《易》……",而《太平御览》的引文则作"《五经》何谓也?《易》……",由此可知《太平御览》虽然引用了《初学记》的注文,但其正文却未必抄录自《初学记》,而是源自《白虎通》本书②,至少是曾用其校改过,故与《初学记》不同。而更为重要的是,《太平御览》的引文所据虽另有所本,但其言"五经",则亦作

---

① (清)陈立《白虎通疏证》卷九《五经》,第448页。《太平御览》引文见该书卷608《学部二》,笔者已核对中华书局1960年影印宋本,与陈立所引无异文。(宋)李昉等《太平御览》,中华书局1960年影印本,第2735页上栏。

② 笔者曾将《太平御览》征引《白虎通》的句子做过初步统计,发现有不少引文并见于《初学记》《艺文类聚》等唐代类书,然有字词不同者,如卷二〇《时序部五》:"《白虎通》曰:'嫁娶以春何?春者,天地交通,万物始生,阴阳交接之时也。'"《艺文类聚》卷三《岁时部上》则作:"《白虎通》曰:'嫁娶以春何也?春天地交通,物始生,阴阳交接之时也。'"字句间有不同;亦有不少不见于其它类书,当为《御览》自引者,如卷一七《时序部二》:"《白虎通》曰:'月有闰何?周天三百六十五度四分度之一,十二月,日不匝十二度,故三年一闰,五岁再闰也。明阴不足,阳有余闰者阳之余也。'"此即不见于《艺文类聚》等唐代类书。总之,《御览》在编纂中或曾参考唐代类书,但亦曾就《白虎通》本书,并用之参校。(宋)李昉等《太平御览》卷二〇《时序部五》,中华书局1960年影印本,第97页上栏;卷一七《时序部二》,第87页上栏。(唐)欧阳询等《艺文类聚》卷三《岁时部上》,上海古籍出版社1982年版,第41页。

"《易》《尚书》《诗》《礼》《乐》",此足证至晚在北宋初期,《白虎通》的善本仍以"《易》《尚书》《诗》《礼》《乐》"为"五经",与《北堂书钞》《初学记》引文所据版本相同。

综合《北堂书钞》《初学记》《太平御览》的引文,我们可以知道,在唐、宋时期流传的《白虎通》旧本中,《五经》篇《论五经之教》部分陈述"五经",皆作"《易》《尚书》《诗》《礼》《乐》",并无"《春秋》",今存各本《白虎通》该段以"《春秋》"代之以"《乐》",或者是南宋以来刻书之误,或者是当初刻书所据之本并非善本,致沿其误。《北堂书钞》《初学记》《太平御览》皆为官修类书,其所据版本皆当为宫中所藏善本,较之后来私人刻本应更为精善。简言之,根据唐宋类书的引文,笔者认为,今存各本《白虎通·五经·论五经之教》中关于"五经"的记述皆讹误,当以《北堂书钞》《初学记》等类书所引为正,以《易》《尚书》《诗》《礼》《乐》为"五经",《春秋》不与其列。

就今传《白虎通》的版本源流而言,虽版本众多,然皆以宋刻十卷本为祖本。我们看《宋史·艺文志》《崇文总目》《直斋书录解题》等著录《白虎通》,均为十卷本[①];而其存世者,则尚有元大德五年(1301)无锡州学所刻覆宋本,即《四部丛刊》用以影印者,亦为十卷四十四篇,可知这种十卷本代表了宋代《白虎通》上板刻书之后的主要版本形态。但查此前书目,则《隋书·经籍志》《旧唐书·经籍志》《新唐书·艺文志》所载《白虎通》皆为六卷[②],可见在宋初《白虎通》由写本转为刻本的时期,该书卷帙发生了较大的变化,随之带来的文字的错讹、变易,也就可想而知。笔者在研读日本京都大学所藏隋代刘炫《孝经述议》残卷时注意

---

① 《宋史》卷二〇二《艺文志一》,第5070页;(宋)王尧臣等编、(清)钱东垣等辑释《崇文总目》卷一《论语类》,商务印书馆1937年版,第31页;(宋)陈振孙《直斋书录解题》卷三《经解》,上海古籍出版社1987年版,第81页。

② 《隋书》卷三二《经籍志一》,第937页;《旧唐书》卷四六《经籍志上》,第1982页;《新唐书》卷五七《艺文志一》,第1442页。

到,将该卷引文与相应的传世文献对勘,会发现随着唐宋之际写钞本时代向刻本时代转变,大量的典籍在卷帙上发生变化,随之也就不可避免地形成了大量的异文、脱误,而又由于刻本出现以后迅速占据了书籍流传的主要渠道,因此,在隋唐时期流行的各种写钞本也就逐渐失传,而原先保留在这些写钞本中的版本信息也就随之湮没,以宋刻本为源头的各种刻本逐渐成为书籍流传的唯一媒介。受此影响,今天我们所看到的各种唐前故籍,虽然在版本上往往十分丰富,但若究其源流,则往往可以归源于一种或两种宋元刻本,它们之间的异文,一般只能体现该书在宋元以后的流传、翻刻过程,却鲜少揭示其在唐代以前的版本形态,而从这个角度来说,隋唐时期出现的各种类书、史钞以及注疏便体现出了极大的文献校勘价值。笔者曾据《毛诗正义》的疏文来研究《毛诗》在六朝至唐初的版本分化情况,亦曾用《孝经述议》中的大量引文来校勘传世本《史记》《孔子家语》等典籍中的讹误①,而这里《北堂书钞》等唐宋类书中所见的这条引文,则足以使我们对今传诸本《白虎通》的讹误有所认识。

其次,如果从上下文的文理来看,我们还可以从《白虎通·五经》篇中找到两处内证帮助我们判定"论五经之教"段中的这一异文。

第一,在该篇第一段"论孔子定五经"中,作者对孔子与"五经"的关系作了明确的界定:

> 孔子所以定《五经》者何?以为孔子居周之末世,王道陵迟,礼乐废坏,强陵弱,众暴寡,天子不敢诛,方伯不敢伐,闵道德之不行,故周流应聘,冀行其道德。自卫反鲁,自知不用,故追定五经,以行其道。②

---

① 参拙文《〈毛诗正义〉所引〈定本〉考索》,《中国典籍与文化论丛》,第12辑(2010),第24~44页;《京都大学所藏刘炫〈孝经述议〉残卷考论并录文》,《中华文史论丛》2013年第1期,第196~204页。
② (清)陈立《白虎通疏证》卷九《五经》,第444~445页。

从这条材料可以看出,作者认为孔子之于"五经"的关系是"追定",何谓追定?其下有具体的解释:

> 孔子未定《五经》如何?周衰道失,纲散纪乱,五教坏废,故五常之经咸失其所,象《易》失理,则阴阳失其性而乖,设法谤之言,并作《书》三千篇,作《诗》三百篇,而歌谣怨诽也。①

所谓的"追定",就是对既有的"五经"进行重新编定。依据《白虎通》的说法,在孔子之前,早已有体现"五教"的"五常之经",但是由于"周衰道失"而"咸失其所",则孔子的贡献正在于恢复礼乐之教,重定"五常之经"。陈立在此段文字下注云:"当更有礼乐失所之语",其见卓拔。事实上此段之前确有"王道陵迟,礼乐废坏"之语,或许正与此处互见,故班氏省略未言,且"歌谣怨诽"中,其实也已经包含了"乐"的成分。因此,从"孔子未定《五经》如何"等句的叙述看来,这里的"五经",显然是指《易》《诗》《书》《礼》《乐》五者。总之,从"孔子定五经"这部分的叙述看来,《白虎通》所谓的"五经",并非创自孔子,而是传自上古,孔子对其只有"定"的贡献。

而《白虎通》对于孔子与《春秋》之间关系的认定则完全不同。在该篇"论孝经论语"段中,作者称:

> 已作《春秋》,复作《孝经》何?……夫制作礼乐,仁之本,圣人道德已备,弟子所以复记《论语》何?②

这里,作者又分别用"作"和"记"来定义孔子与《春秋》《孝经》以及《论语》之间的关系,足见作者用字之慎,并非泛泛之言。关于以《春秋》为孔子所"作"的传统,本章第一节已有所探讨,自陆贾《新语》以来,董仲舒《春秋繁露》、司马迁《史记》、刘安《淮南鸿烈》等言诸经与孔子之关

---

① (清)陈立《白虎通疏证》卷九《五经》,第445页。
② (清)陈立《白虎通疏证》卷九《五经》,第446页。

系,多用"作"字与其它"五经"相别。至于以《孝经》为孔子所"作"之说,在东汉时期亦流传甚广。《春秋公羊疏》引《孝经钩命决》云:

> 孔子在庶,德无所施,功无所就,志在《春秋》,行在《孝经》是也。①

《太平御览》所引《孝经钩命决》中的一段话对此作出了进一步的解释:

> 子曰:"吾作《孝经》,以素王无爵禄之赏,斧钺之诛,与先王以托权,目至德要道以题行,首仲尼以立情性,言子曰以开号,列曾子示撰辅,《书》《诗》以合谋。"②

宋傅注《孝经注疏序》引《孝经纬》则言:

> 孔子云:欲观我褒贬诸侯之志在《春秋》,崇人伦之行在《孝经》。③

可见,尽管孔子作《孝经》之说未必为史实,但此说在东汉时期却影响广泛,《孝经》与《春秋》一道,被视作孔子之"作",其与孔子之"定五经"显然不在同一层面。由此可知,《白虎通》所言为孔子所"追定"的"五经",显然不会包括其亲作的《春秋》。

第二,该篇"论五经之教"段阐明诸经之教后,紧接着的一段便是"论书契所始",而该段的核心,则是论"《春秋》何常也"这一命题。这一连缀很有意味,作者何以在"论五经之教"段后专辟一段,论"《春秋》何常",而对其它诸经则略而不言呢?

陈立较早注意到这一问题,前文已引,他认为:"此下明言'《春秋》何常也'云云,则《白虎通》自有《春秋》之入《五经》也。"陈立以此作为

---

① 《春秋公羊注疏序》,《十三经注疏》,第2190页。
② (宋)李昉等《太平御览》卷六一〇《学部四》,中华书局1960年影印本,第2746页下栏。
③ (宋)傅注《孝经注疏序》,(明)吕维祺编《孝经大全》卷二一《表章通考》,清康熙刻本,第3叶A。

《白虎通》之"五经"含有《春秋》的例证,但事实上,如果我们联系《五经》篇的前文,就会发现这条材料似乎并不当如此理解。

就《白虎通·五经》篇而言,其所论核心是以"五经""五教"与"五常"相对应。笼统而言,此三者之间的关系是,因为天道有五常,因此需要施行五教,而用以体现五教之施行的,则是五经,换言之,五经、五教都是因为与五常相联系而获得合法性、权威性。以此来看《五经》篇的结构,我们会发现,在"论五经象五常"段,作者通过论述"五常"与"五经"的对应关系,使"五经"获得了权威性,而在其后的"论五经之教"段中,作者又通过论述"五经之教",使"五经"与"五教"之间的对应关系进一步明晰。但该段的具体论述方式,是引用《礼经解》的论述,而后者出于先秦,其所论"经"与"教"之关系,还是在先秦时期"六学"并举的时代背景下展开的,因此《春秋》与其它"五经"赫然并列,前文所言的"五教",在这里一下子变成了"六教",于是问题也就出现了,既然《白虎通·五经》通篇皆言"五常""五经",则何以《礼经解》所论经教,变成了"六教"呢?《白虎通》显然需要对这一问题作出回答。

而接下来的"论书契所始"段正是对这一问题做出的回应。该段以"《春秋》何常也"起句,正是为了解释何以《春秋》得与作为"五常之经"的"五经"并列。作者通过《春秋》所载史事的久远,论证其与"五常"同样具有"常"的性质,其本身虽不在"五经"之列,却同具教化之功,因此在《礼经解》中得与诸经并列,成其"六教"也。

综上,通过《北堂书钞》《初学记》《太平御览》之引文的它校,以及《白虎通·五经》篇两条内证的理校,笔者认为,《白虎通·五经》中所指的"五经",当为《易》《书》《诗》《礼》《乐》五者,并无《春秋》,与我们通常所言汉代"五经博士"所指的"五经"并不相同。

二、谶纬之学的兴起与《春秋》"为赤制"说

既然《白虎通·五经》所定"五经"应为《易》《书》《诗》《礼》《乐》五

者,则如此"五经"不但与汉初"五经博士"制度中的"五经"有别,而且与西汉末年刘歆提出的新"五经"说也有所不同了。从汉代经学史的发展来看,一方面,武帝所立的"五经博士"制度经过宣帝以来的多次改革,到东汉初年时已经比较稳定地形成了五经十四博士的制度;另一方面,刘歆的"五经"说虽然没有得到官方的明确认可,但无论是两汉之际的儒学士人,还是东汉初期涉及经学的朝廷诏令,在言及群经时,均以《易》置于诸经之首,而《汉书·艺文志》《汉书·儒林传》在排列各经时,也依从了刘歆《七略》以《易》为六艺之首的顺序,与《史记·儒林列传》表现出重要的差异,这就充分说明了刘歆尊《易》为诸经之原的思想亦得到了士人的普遍认可。

那么,在这样的背景之下,东汉初期何以会出现这种新的"五经"说呢?我们应如何认识这种"五经"说呢?这是我们接下来将要探讨的问题。

我们知道,《白虎通》是班固整理东汉章帝时期白虎观会议诸儒论经之结果的文献。关于白虎观会议,见载于《后汉书·孝章帝纪》:

> 于是下太常,将、大夫、博士、议郎、郎官及诸生、诸儒会白虎观,讲议《五经》同异,使五官中郎将魏应承制问,侍中淳于恭奏,帝亲称制临决,如孝宣甘露石渠故事,作《白虎议奏》。[①]

这是继石渠会议之后汉代朝廷召开的又一次论议《五经》同异的会议。关于这次会议所形成的成果,也就是我们今天看到的《白虎通》[②],古代学者曾认为其难入经学之正道,如庄述祖言:

> 故是书之论郊祀(原注:阙文)、社稷、灵台、明堂、封禅,悉隐括纬

[①] 《后汉书》卷三《肃宗孝章帝纪》,第138页。
[②] 关于《白虎议奏》与《白虎通》之间的关系,吴则虞先生在陈立《白虎通疏证》的整理说明中认为"将当时的奏章及皇帝的批答编辑成一部书,就称为《白虎议奏》,可以说它是较原始的材料。班固依据这些原始材料,将议论产生的统一看法、皇帝的决断等集中编写成书,就称为《白虎通义》"。这代表了目前学术界对于这一问题的基本看法。(清)陈立《白虎通疏证》,第2页。

第三章 两汉"五经"说的学理重构

侯,兼综图书,附世主之好,以绳道真,违失六艺之本,视石渠为驳矣。①

但正如张广保先生指出的,白虎观与会诸儒乃是章帝时期今文经学最为杰出的经师,他们在论议过程中虽然确曾征引谶纬,但一方面,其篇幅较之经文本身并不是特别突出,另一方面,以纬学辅翼经学本身即是东汉经学的基本特征,是东汉经学无法抽离的底色,因此,《白虎通》仍当视为反映东汉前期官方经学思想的一部著作②。皮锡瑞在《经学历史》中称其为"集今学之大成"③,林聪舜先生更称之为东汉"国宪"的基础④,其说皆不为无据。因此,《白虎通·五经》所言的这种"五经"说自不可等闲视之。但问题在于,既然刘歆在《七略》中提出的"六艺"次序已经得到了东汉官方的基本认可,以《易》为群经之首作为自西汉中后期以来延续的学术传统,在东汉也得以延续。那么,作为东汉官方经学之代表的《白虎通》又何以会提出一套新的"五经"说呢?

仅仅根据《白虎通·五经》篇所提供的资料,我们对于这一问题很难给出答案,不过,如果综合考虑两汉之际的政治现实以及白虎观会议本身的相关因素,则我们或许可以从两个方面来思考这个问题:

其一,前文已言,由于刘歆在王莽秉政、篡汉的过程中客观上发挥了较大的作用,是王莽当政时期思想文化领域的主要代表,因此,光武中兴之后,为了体现回归汉统,东汉初年各项文化政策的制定多少都表

---

① (清)庄述祖《白虎通义考序》,《珍埶宦文钞》卷五,清刻本,第13叶A。
② 可参姜广辉主编《中国经学思想史》第三十四章《〈白虎通义〉制度化经学的主体思想》,中国社会科学出版社2003年版,第379~383页。该章执笔人为张广保。
③ (清)皮锡瑞《经学历史》,中华书局2008年版,第117页。
④ 关于《白虎通》在东汉王朝意识形态建构中的意义,林聪舜先生认为:"白虎观会议的召开,正是章帝制定'国宪'的热切企图心息息相关。我们可以把《白虎通》的产生,视为章帝制定'国宪'的努力的一部分,而且就今日的角度来看,《白虎通》的重要性甚至远超过本想作为'国宪'的汉礼百五十篇,因为《白虎通》探讨的是更为根源性的经义统一的问题,唯有作为汉帝国指导思想的经义整合成功了,才能有效论证整个体制的合理性,包括'国宪'的合理性,也才能企求'永为后世则'。"林聪舜《帝国意识形态的重建——扮演"国宪"基础的〈白虎通〉思想》,《哲学论文集》,台北"国科会"人文处、"中研院"社科所1998年版,第190页。

现出对王莽、刘歆主张的刻意回避,例如王莽、刘歆分别主张立《周礼》和《左传》,并且在汉末已经施行,但光武新定"十四博士"中则无此二经,又如刘歆曾应王莽之命主持制定《三统历》,据当代自然科学史学者的研究,该历在历元、二十八宿体系、岁星超次等方面较之《太初历》都有一定的进步,但东汉以后,此历亦未能得以施行。方麟在《秦汉博士制度初探》一文中曾经指出,东汉初年的经学政策,主要是十四博士的制度,无论是在群经经目的选择上,还是在博士数额的确定上,都有意跳过莽新,效仿宣己①。即使是贾逵这样在今古学主张上与刘歆十分接近的经师,在奏请立《左传》时,也要刻意非毁刘歆在这一方面作出的努力,以标明自己的主张并非承绪刘歆②。东汉初年的这种或隐或现的政治传统,对于章帝时期诸儒提出推翻刘歆"五经"说,另立新说,或许有一定的影响。

其二,如果从白虎会议与会诸儒的身份这一角度来进行分析,则这一问题又可以得到另一种解释。根据张广保先生的考证,参与白虎会议的有杨终、鲁恭、丁鸿、贾逵、刘羡、魏应、李育、楼望、成封、桓郁、班固、淳于恭以及汉章帝共十三人。从这份名单看来,杨终、贾逵、李育、楼望四人治《春秋》,特别是贾逵和李育,可以说是当时《春秋》学最为杰出的经师;鲁恭、魏应二人治《诗》;丁鸿、桓郁治《尚书》,贾逵亦治《尚书》;其余刘羡、成封、班固三人本经未详;至于章帝,则主治《尚书》与《春秋》,对《诗》亦有研习。总之,从这个人员名单来看,十三人中竟然没有以《易》为本业的。东汉时期官学中《易》有施、孟、梁丘、京氏四家,经师并不在少数,但均未参加白虎观会议,这与《后汉书》中所言此会"讲议《五经》同异"的宗旨显然略有不合。而更进一步,从上面的名单

---

① 方麟《秦汉博士制度初探》,北京大学 2010 年博士学位论文,第 144~145 页。
② 贾逵在上明帝的奏议中说:"建平中,侍中刘歆欲立《左氏》,不先暴论大义,而轻移太常,恃其义长,诋挫诸儒,诸儒内怀不服,相与排之。孝哀皇帝重逆众心,故出歆为河内太守。从是攻击《左氏》,遂为重雠。"《后汉书》卷三六《郑范陈贾张列传》,第 1237 页。

看,贾逵、李育、楼望、丁恭显然是白虎观会议中声望最为显著的四位经师:贾逵自不必说,自明帝时即为大儒,李育则是《公羊春秋》的大师,有"通儒"之称①,楼望也是"教授不倦,世称儒宗"②,而他们三人虽然在具体学术主张上存在差异,至于以《春秋》为本业,却并无二致。《后汉书·李育传》载:"四年,诏与诸儒论《五经》于白虎观,育以《公羊》义难贾逵,往返皆有理证,最为通儒。"③可见《春秋》学内部的辩难仍是白虎观会议的重要议题之一。从《白虎通·五经》看来,会议最终改变了刘歆以《易》为"五经之原"的做法,而将《春秋》抽出,强调其某种特殊性,这无疑是要恢复西汉中前期《春秋》在"六艺"中的特殊地位。白虎观会议与会诸儒中没有以《易》为本业的经师,而以《春秋》名家者不仅数量占优,其影响也更巨,这种人员构成,或许亦对会议的议决产生了影响。

无论以上两种推测是否能够成立,可以确定的事实是,经过白虎观会议的议决,并且经过汉章帝的亲自认可,一种新的"五经"说产生了。与刘歆的"五经"说相比,这种"五经"说在结构上并无新的突破,仍是抽出其中一种,并以其它"五经"与"五常"相配,从而将"五经"纳入五行学说的体系中去;只是由于白虎观诸儒抽出的经典与刘歆不同,因此原先"五经"与"五常"的配对必然要进行调整。换言之,与刘歆"五经"说相比,《白虎通》所载的这种经说最大的新意,仍在于将《春秋》抽出"五经",使之居于特殊的位置。那么,对于这一改变,我们应如何认识呢?

将《春秋》抽离出"五经"之中,究竟是抬高《春秋》,还是贬低《春秋》呢?在《汉书·艺文志》中,刘歆明确称《易》为诸经之原,因此我们可以确定刘歆是抬高《周易》;但在《白虎通》中,班固并没有对《春秋》与"五经"之间的关系进行阐释。因此,我们首先需要确定的是,《春秋》在这

---

① 《后汉书》卷七九下《儒林列传》,第2582页。
② 《后汉书》卷七九下《儒林列传》,第2580页。
③ 《后汉书》卷七九下《儒林列传》,第2582页。

种新的"五经"说中究竟是居于何种地位。

《论衡·程材篇》的一段论述有助于我们认识这一问题。王充在论及儒吏关系的问题时指出：

> 文吏治事,必问法家。县官事务,莫大法令。必以吏职程高,是则法令之家宜最为上。或曰:"固然。法令,汉家之经,吏议决焉。事定于法,诚为明矣。"曰:夫五经亦汉家之所立,儒生善政,大义皆出其中。董仲舒表《春秋》之义,稽合于律,无乖异者。然则《春秋》,汉之经,孔子制作,垂遗于汉。论者徒尊法家,不高《春秋》,是闇蔽也。《春秋》、五经,义相关穿,既是《春秋》,不大五经,是不通也。五经以道为务,事不如道,道行事立,无道不成。①

王充说"然则《春秋》,汉之经,孔子制作,垂遗于汉。论者徒尊法家,不高《春秋》,是闇蔽也",再说"《春秋》五经,义相关穿,既是《春秋》,不大五经,是不通也",其论证的层次乃是先论定《春秋》的经典权威地位,再以此论定"五经"既然与《春秋》"义相关穿",故同具经典性。这种论述方式显然是将《春秋》置于核心经典的地位。

以《论衡》所言为据,我们发现,东汉诸儒之重视《春秋》,虽然与刘歆重《易》的形式相类,然而其用意却又有不同。刘歆重《易》,乃是以《易》为"五经之原",认为其沟通天人之际,是解释其它诸经乃至宇宙万物的理论基础,因此刘歆在《六艺略》中论述其它诸经,往往依《易》立论②。但东汉诸儒对《春秋》的定位则不同,他们看重《春秋》,乃是属意于其对于汉代政治的现实指导意义。

上文所引的王充论述中提到了一个非常重要的观念,那就是孔子为汉定制,是以作《春秋》。在汉代,由于经学作为国家意识形态的地位

---

① 黄晖《论衡校释》卷一二《程材篇》,中华书局1990年版,第542～543页。
② 刘歆论《易》《书》《礼》《乐》、小学,皆以《易》起意,可参《汉书》卷三〇《艺文志》,第1706、1710、1711、1720页。

早已确立,因此孔子的圣人地位也深入人心。前文已言,孔子亲"作"《春秋》,这已经使得《春秋》在与圣人的关系上较他经亲近一层;而若又以孔子作《春秋》系专为汉定制,则《春秋》的地位自是尊贵无比,他经莫及了。王充以"《春秋》,汉之经,孔子制作,垂遗于汉"立论,显然是以此说作为抬高《春秋》的理据,而我们认识东汉白虎观诸儒对于《春秋》的尊崇,也应由此入手。

关于孔子为汉作《春秋》说,起于西汉时期的公羊学派①。查《史记》《春秋繁露》,知董仲舒等早期《公羊》家尚未见此说,而《春秋左传正义》载:

> 说《公羊》者云:"麟是汉将受命之瑞,周亡天下之异,夫子知其将有六国争强、秦项交战,然后刘氏乃立。夫子深闵民之离害,故为之陨泣。麟者,太平之符,圣人之类。"又云:"麟得而死,此亦天告夫子将没之征也。"

其下文又引《五经异义》云:

> 许慎称刘向、尹更始等皆以为吉凶不并,瑞灾不兼,今麟为周异,不得复为汉瑞,知麟应孔子。②

可见以"获麟"为汉瑞说至晚在宣帝时期已经成为《公羊春秋》的经说,只是尚未得到《穀梁春秋》等其它《春秋》家的认可。当然,单就这段引文而言,还仅仅是说孔子能预知身后事,故"深闵民之离害",为此而作《春秋》,似乎还没有讲明《春秋》是为汉定制,但从纬书的情况看来,至晚到西汉末年,孔子为汉定制而作《春秋》之说已经被明确提出了:

---

① 关于孔子在纬书中的形象,周予同先生曾有详细的研究,可参其《纬谶中的孔圣与他的门徒》,朱维铮编《周予同经学史论著选集(增订本)》,上海人民出版社 1996 年版,第 292~321 页。

② 《春秋左传正义》卷五九《哀公十四年》,《十三经注疏》,第 2172 页中栏。

必知孔子制《春秋》以授汉者,案《春秋说》云:"伏羲作八卦,丘合而演其文,渎而出其神,作《春秋》以改乱制。"又云:"丘揽史记,援引古图,推集天变,为汉帝制法,陈叙图录。"又云:"丘,水精,治法为赤制功。"又云:"黑龙生为赤,必告云象,使知命。"又云:"经十有四年春,西狩获麟,赤受命,仓失权,周灭火起薪,采得麟。"以此数文言之,《春秋》为汉制明矣。(公羊疏引戴宏《解疑论》)①

《尚书考灵耀》曰:"孔子为赤制,故作《春秋》。"(《后汉书》章怀太子注引)②

《春秋说》《尚书考灵耀》中称孔子"为汉帝制法""治法为赤制功""为赤制",这里的"法""制",无疑都是指的《春秋》。不过,关于孔子获麟而知汉将兴最为生动的记述,还是见于《孝经右契》:

鲁哀公十四年,孔子夜梦三槐之间,丰、沛之邦,有赤氤气起,乃呼颜回、子夏同往观之。驱车到楚西北范氏街,见刍儿打麟,伤其左前足,束薪而覆之。孔子曰:"儿来!汝姓为谁?"儿曰:"吾姓为赤松,名时乔,字受纪。"孔子曰:"汝岂有所见乎?"儿曰:"吾所见一禽,如麕,羊头,头上有角,其末有肉。方以是西走。"孔子曰:"天下已有主也。为赤刘。陈、项为辅。五星入井,从岁星。"儿发薪下麟,示孔子。孔子趋而往。麟向孔子,蒙其耳,吐三卷图,广三寸,长八寸,每卷二十四字。其言:"赤刘当起日周亡。赤气起,火耀兴,玄丘制命,帝卯金。"③

在此背景之下,孔子乃作《春秋》:

哀十四年春,西狩获麟,作《春秋》,九月书成。以其春作秋成,故曰

---

① 《春秋公羊传注疏》卷一《隐公元年》,《十三经注疏》,第2195页中栏。
② 《后汉书》卷一三《隗嚣公孙述列传》,第538页。
③ (晋)干宝《搜神记》卷八,中华书局1979年版,第111页。

《春秋》也。①

到了东汉初年,随着谶纬之学的日益兴盛,此说的影响越来越大,公孙述曾据此自称获得天命②,而光武帝虽断然否定其说,但对于孔子为汉定制一说却完全认同。王充乃是东汉前期最具质疑精神的士人,但他在《论衡》中同样认同孔子为汉定制之说,足见此说在东汉影响之大。白虎观会议乃是"集今学之大成",其所反映的主要是东汉初期官方经学的观念,而与会诸儒中,又有李育、楼望这样的《公羊春秋》学大师,《春秋》既然久负孔子为汉定制之名,则将其抽出,以为"汉之经",强调其与汉代政治的特别联系,自是符合东汉前期官方经学重谶纬、重神异之风气的。

三、《白虎通》所见"五经"说的性质问题

最后,我们对《白虎通》所见"五经"说的性质及其经学史地位做一些说明。

首先,从"经目"这一概念来看,《白虎通》所见"五经"说自可视为一种经目,而基于《白虎通》的官方背景,它更可视为一种"官定经目",与汉武帝建元五年所立的"五经博士"具有类似的社会地位。但是值得注意的是,作为一种经学史现象的"经目",其具体表现为两种形态,一种是在官学中设立专经博士、并用之于选士、科举的"经目制度",例如武

---

① 《春秋公羊传注疏》卷一《隐公元年》,《十三经注疏》,第2195页上栏。
② 《后汉书·公孙述传》载:"述亦好为符命鬼神瑞应之事,妄引谶记。以为孔子作《春秋》,为赤制而断十二公,明汉至平帝十二代,历数尽也,一姓不得再受命。又引《录运法》曰:'废昌帝,立公孙。'《括地象》曰:'帝轩辕受命,公孙氏握。'《援神契》曰:'西太守,乙卯金。'谓西方太守而乙绝卯金也。五德之运,黄承赤而白继黄,金据西方为白德,而代王氏,得其正序。又自言手文有奇,及得龙兴之瑞。数移书中国,冀以感动众心。帝患之,乃与述书曰:'图谶言"公孙",即宣帝也。代汉者当涂高,君岂高之身邪?乃复以掌文为瑞,王莽何足效乎!君非吾贼臣乱子,仓卒时人皆欲为君事耳,何足数也。君日月已逝,妻子弱小,当早为定计,可以无忧。天下神器,不可力争,宜留三思。'署曰'公孙皇帝'。述不答。"《后汉书》卷一三《隗嚣公孙述列传》,第538页。

帝时期"五经博士"、宣帝时期"十二博士"、东汉时期"十四博士"、唐至北宋"九经"、南宋"六经"、元明清"四书五经"等;另一种则是见于著作,纯粹基于学理,并不施行于各种现实制度的"经目学说",例如贾谊《新书》中的"六艺"说、刘歆《七略》中的"五经"说、明代中期兴起的"十三经"说等。与"官定经目"与"私议经目"主要基于其官私背景进行区分不同,"经目制度"与"经目学说"的区分是基于其表现形态的另一种区分角度,这两种区分的角度是建立在完全不同的层面上的,因此之间并无简单的对应关系。官定经目若通过博士设官、设科取士的方式表现出来,则属于"经目制度";但如果通过官方著作的形式提出,并未见诸现实制度,则属于"经目学说"。同理,私议经目如果本身是一种用于博士设官、设科取士的制度设计,则其虽未被采纳,仍应视为"经目制度",而如果其并不以改变现行官定经目制度为目的,只是提出一种经典范围的理论,则自可视为"经目学说"。总之,"经目制度"和"经目学说"并不与"官定经目"和"私议经目"完全对应,它们的官私身份,其实是可以随着时间的推移而发生变化的。例如宋元时期的"十四经",它在南宋时最初由朱熹在《私议》中提出,而朱熹提出这一说法的目的,是要改变当时官方施行的"六经"并兼经制度,因此,此时的"十四经"便可以被视作一种私议的经目制度。但到了元明清时期,官定经目制度"四书五经"的权威性已经无可质疑,而此时的士人仍谈论"十四经",则其此时的身份即是一种私议的经目学说。

又例如明清时期影响广泛的"十三经",它在明代正德、嘉靖年间由丘浚、王鏊等士人首倡其说,其后逐渐为学者所接受,但它自提出之始,即不以改变"四书五经"的经目制度为鹄的,而是旨在作为官方经目制度的补充,在传习宋学的同时并重汉学。在明万历十二年以前,"十三经"之说仅在士人间流传,并未得到官方的认可,因此其属于私议的经目学说,万历十二年,皇帝诏令于北京国子监校刻《十三经注疏》,而此后,"十三经"说便成为一种官定的经目学说。

明确了这些概念之后,我们再来看本文所论的《白虎通》所见"五经"说,它虽由朝廷大臣在白虎观会议上议定,并经汉章帝御准,但其提出的目的并不是为了改变当时施行的"十四博士"制度,只是代表了东汉初年朝廷对于儒家经典内部结构的一种学理性的认识,故其性质实与上文所言万历之后的"十三经"说相类,属于官定的经目学说。

其次,关于这一学说的经学史地位,其实我们从直观上便可看出,它在后世几乎没有产生什么影响,甚至由于《白虎通》版本流传上的讹误,其本来面貌也长期为学者所不识。作为东汉"国宪"的《白虎通》,其提出的"五经"说何以迅速湮灭无闻?这是一个颇值得思考的问题。我们不妨将其与结构相近、时代相仿、且同为"经目学说"的刘歆《七略》所见"五经"说进行对比。前文已言,这两种学说的基本结构,都是在保留"六艺"框架的前提下,抽出某一种经典特别标举,而将其它诸经置于辅翼的地位。因此,《七略》与《白虎通》的两种"五经"说,虽然"五经"所举不同,但其根本差异却在刘歆的重《易》观与东汉诸儒的重《春秋》观。

回顾两汉经学史,我们就会发现,这两种看似只是所重经典不同的经说,其内在的形成轨迹却存在着根本的差异。就前者而言,《易》学地位的提升,首先依托的是《易》象数学本身的发展,只有在孟喜、京房建立起极为精致的"卦气说"的前提下,《易》学才有可能引起学者的广泛关注,并引入灾异学的领域中。其次依托的则是整个西汉的学术思潮,即天人感应学说。由于《易》学在这方面具有理论性强、体系性完备等各种优势,因此特别适合天人感应学说的发挥。这两方面的因素结合起来,乃促成了《易》学地位的提升。可以说,《易》被推为群经之首,是汉代思想史这个外因与汉代《易》学这个内因共同推进的结果。《易》象数学中虽然有大量虚妄的成分,但作为一种学说体系,还是极大地推进了汉人天道观、宇宙论的形成。简言之,重《易》说是汉代思想史综合发展的产物,亦反过来推动了汉代思想史的发展。

　　至于东汉重《春秋》则不同。《春秋》在西汉初期原本已具有极高的地位,董仲舒以之说天人感应,为汉代建立起一套完备的政治哲学,这种学说既有效地维持了社会的秩序,又有效地制约了君主的权力,在当时的历史条件下,是一种相对比较理想的政治学说①。然而随着汉代政治的混乱,特别是西汉后期出现的外戚干政,君权旁落,这种政治学说已经很难发挥实际的影响力,而《春秋》学的地位也就此受到动摇,董仲舒所强调的"《春秋》以治人"的传统无法得到落实,《春秋》似乎越来越变成一部先秦时期的灾异大全,而且是只记载了事件,缺少体系性分析的史料汇编,较之《易》学的精致化,《春秋》学无论是在内部学理,还是在外部影响力上,都相形见绌,必须借助《易》《洪范五行传》等学说才能贯通其说。在这样的背景之下,东汉初期白虎观诸儒主张重《春秋》,以之为"五经"的核心,但他们的出发点和立足点却是孔子"为赤制"而作《春秋》这一个虚构的"史实",尽管东汉官方和士人愿意相信这个"史实",但它一方面无助于《春秋》学本身的发展,一方面在实际政治中也很难有进一步的发挥。简言之,东汉诸儒重《春秋》,缺少系统性的理论作为依托,在这种背景之下重新抬高《春秋》,只能是阶段性地提升其表面地位,既不会对现实经学制度有所改变,也不会真正影响东汉的思想史。从东汉中后期的经学发展看来,《春秋》学,特别是主张"为赤制"的《公羊春秋》学并没有因此获得特别的发展,足见白虎观会议的尊崇《春秋》,并未取得实质性的效果。

---

　　① 高明士先生曾指出,在汉朝以后的皇帝制度下,对于皇权的限制主要借助四种因素来实现,即祖训、灾异、君道和官僚制。而笔者认为,在帝国早期,由于官僚制本身还未完全建立起来,因此祖训、灾异、君道和对于皇权的限制更为直接和有效。天人感应的学说一方面是君道建立的理论基础,另一方面又是灾异学说的理论来源,因此在当时确实有效地限制了皇权、以及依托于皇权而实现的后权(外戚之权)的膨胀。高明士《中国中古政治的探索》,台北:五南图书出版公司2006年版,第38～40页。

从六艺到十三经
以经目演变为中心

下册

程苏东 著

北京大学出版社
PEKING UNIVERSITY PRESS

第四章　魏晋至隋唐经目演变

皮锡瑞在《经学历史》中以中衰、分立与统一三个词分别概括魏晋、南北朝与隋唐经学的发展状况①，这一概括虽然稍嫌笼统，但确实点出了中古经学发展的整体趋势。与两汉或宋元以后相比，中古经学无论是在当时政治、社会生活中的影响力，还是在后来学术史上受关注的程度，都略显逊色。但是，随着近年来学术界对于中古时期经学史研究的深入，我们对于此期经学发展成就的认识也逐渐发生改观。例如从经学制度的层面而言，经过曹魏至西晋初期官学师法多元化的蓬勃发展，从东晋初期开始，在元帝大幅减省博士员额的指导思想下，官学师法开始往一元化的方向发展，最终在唐代形成了完全一元的官学师法体系。这不仅改变了两汉官学多元师法并存、竞争的局面，也塑造了宋元以后官定经目的基本格局。此外，从经学解说方式的层面而言，在魏晋时期形成并逐步成熟起来的"义疏"体，成为此后士人注经、说经的重要方式，而在唐代形成的《五经正义》作为整个魏晋南北朝经学研究的总结，将经义疏学的研究推向了一个新的高峰。可见，中古经学的发展不仅在整个经学史上具有转折性的意义，同时其自身也蕴含着丰富的思想价值。章权才《魏晋南北朝隋唐经学史》、桥本秀美《义疏学衰亡史论》、王志平《中国学术史·三国两晋南北朝卷》以

---

① （清）皮锡瑞《经学历史》，中华书局2008年版，第141、170、193页。

及焦桂美《南北朝经学史》①等断代学术史著作都立足于此,试图深入发掘中古经学的成就,已经取得了不俗的成果。

与中古经学在学术史上的成就相似,其在经目演变方面对于中国经学史的影响同样值得关注。我们若将东汉"十四博士"所掌经目与唐代"九经"相对比,会发现两者在经书的确认与各经所宗传注的选择方面都发生了巨大的变化,特别是在《易》学、《尚书》学、《诗》学等领域,两者更是迥然不同。东汉与唐代都是经目设置比较稳定的时期,而这两者之间呈现的巨大差异,正是通过魏晋至初唐这数百年间的逐步演进而形成的。从郑学的一统到郑王之争,再到儒玄之争、南北之别,中古经学始终在反复震荡中呈现出不同的学术诉求。由于史料的缺失,加之现存史料在记载上存在前后矛盾或模糊不清等现象,长期以来学术界对于这一时期经目演变的过程始终无法获得清晰的认识,在曹魏博士制度、西晋十九博士、东晋初年博士设员、南朝经目设置、"九经"制度形成过程等问题上仍存在较大的分歧;而另一方面,此期的经目演变与王朝更迭、门阀势力消长、儒玄学风之争、科举制度改革等问题也都存在着密切的联系,要深入了解中古时期经目演变的内在原因,就必须结合这些问题展开讨论。总之,以上两个方面正是本章试图要探讨的问题。

第一节 郑学一统:魏初经目新变

曹魏太学上承东汉后期今、古学地位之升降,下启两晋南北朝郑、王学全面对抗之开端,在中古经学史上具有重要的过渡意义。若以太

---

① 章权才《魏晋南北朝隋唐经学史》,广东人民出版社1996年版;(日)乔秀岩《义疏学衰亡史论》,台北:万卷楼图书股份有限公司2013年版;王志平《中国学术史·三国两晋南北朝卷》,江西教育出版社2001年版;焦桂美《南北朝经学史》,上海古籍出版社2009年版。

学所宗师法为划分依据,曹魏经学在整体上可以分为两个阶段,前一阶段为文帝黄初至明帝太和初年,此期太学学风颇宗贾、马以来之古学,尤以"郑学"为大宗;后一阶段则为明帝太和中以后,呈现为王肃之学的崛起及其与郑学的争锋。而关于这两个阶段的具体博士制度,学者多循《宋书·百官志》"十九博士"之说,拟测其具体师法为何,迄今尚无定论。然溯其本源,所谓"十九博士"说本身是否可信,学者却鲜见验核,而更为重要的是,曹魏宫廷前后期经学风尚有很大差异,这直接影响到曹魏官学所尊师法的变化。本节我们将以曹魏"十九博士"说的史源考察为切入点,在揭示其讹谬的基础上,结合东汉中后期太学博士遴选情况的现实变化,重新思考魏初太学的博士制度。此外,郑学于汉魏之际有"河洛小一统"之说,而此种风气对于魏初太学有何影响,王国维《汉魏博士考》已有简略论述,唯尚缺充分之论证。本节将据《通典》等文献考察所见魏初九位太学博士的具体师法,验核所谓"郑学小一统"之说,进而对魏初太学在当时士林中的影响力进行探讨。

一、曹魏"十九博士"说考伪

历来学者研究曹魏时期博士制度,多受沈约《宋书·百官志》中"魏及晋西朝置十九人"一说之影响,以"十九人"之数推定曹魏官学师法数。案《宋书·百官志》:

> 魏及晋西朝置十九人,江左初减为九人,皆不知掌何经。元帝末,增《仪礼》《春秋公羊》博士各一人,合为十一人。后又增为十六人,不复分掌《五经》,而谓之太学博士也。①

此志初未言曹魏博士有十九师法,然自西汉宣帝以来,皆以一师法立一博士,故学者循此惯例,多以魏及西晋太学当有十九种官定师法,

---

① 《宋书》卷三九《百官志上》,第1228页。

至东晋后乃先减为九种,其后复有增益。王国维遂以此为据推定曹魏博士所治师法:

> 今以荀崧所举家数,与沈约所纪魏博士员数差次之。魏时,除《左传》杜注未成,《尚书》孔传未出外,《易》有郑氏、王氏,《书》有贾、马、郑、王氏,《诗》及三《礼》郑氏、王氏,《春秋左传》服氏、王氏,《公羊》颜氏、何氏,《穀梁》尹氏,适为十九家,与博士十九人之数相当。①

王说影响较大,刘汝霖、许道勋、徐洪兴、王志平等学者都循此思路提出了各自对于曹魏"十九博士"的推断②。但诸家之说统言曹魏一朝,但王朗、王肃父子之经注进入官学,不得早于正始年间③,因此讨论魏初太学博士所宗师法,固不可包含王氏之学。

而"十九博士"说的最大问题,仍在于其自身的可靠性。从史源学角度而言,曹魏太学"十九博士"说首见于《宋书·礼志》所载东晋初年太常荀崧奏议:

> 世祖武皇帝圣德钦明,应运登禅,受终于魏。崇儒兴学,治致升平。经始明堂,营建辟雍,告朔班政,乡饮大射,西阁东序,图书禁籍,台省有宗庙太府金墉故事,太学有《石经古文》。先儒典训,贾、马、郑、杜、服、孔、王、何、颜、尹之徒,章句传注众家之学,置博士十九人。九州岛之中,师徒相传,学士如林,犹是选张华、刘寔居太常之官,以重儒教。④

---

① 王国维《汉魏博士考》,《观堂集林》卷四《艺林四》,《王国维全集·第八卷》,第116页。
② 刘汝霖《汉晋学术编年》,华东师范大学出版社2010年版,第481页;王志平《中国学术史·三国两晋南北朝卷》,南昌:江西教育出版社2001年版,第232页;许道勋、徐洪兴《中国经学史》,上海人民出版社2006年版,第145、149页。
③ 《三国志》卷四载:"(齐王芳正始六年)十二月辛亥,诏故司徒王朗所作《易传》,令学者得以课试。"《三国志》卷四《三少帝纪》,第121页。
④ 《宋书》卷一四《礼志一》,第360~361页。

第四章　魏晋至隋唐经目演变

至于《晋书·职官志》亦言："晋初承魏制，置博士十九人。"①不过，我们只要把《宋书》《晋书》两志中关于魏晋博士制度的记述进行对比，就会发现这两条材料应具有同源关系：

《宋书·百官志》	《晋书·职官志》
魏及晋西朝置十九人，江左初减为九人，皆不知掌何经。元帝末，增《仪礼》《春秋公羊》博士各一人，合为十一人。后又增为十六人，不复分掌《五经》，而谓之太学博士也。	晋初承魏制，置博士十九人。及咸宁四年，武帝初立国子学，定置国子祭酒、博士各一人，助教十五人，以教生徒。博士皆取履行清淳，通明典义者，若散骑常侍、中书侍郎、太子中庶子以上，乃得召试。及江左初，减为九人。元帝末，增《仪礼》《春秋公羊》博士各一人，合为十一人。后又增为十六人，不复分掌《五经》，而谓之太学博士也。孝武太元十年，损国子助教员为十人。②

西晋中央政府并置国子学与太学，前者主要招收五品以上官僚子弟，而太学则逐渐衰微。《晋书·职官志》的这段记载包括了"太学"与"国子学"两部分，从"及咸宁四年"至"乃得召试"，以及末句"孝武太元十年"云云，属"国子学"部分，其余博士员额之增损，则系"太学博士"之沿革。但从行文上看，这两部分的记述可以说是被生硬地拼接在一起的，缺少主语的"及江左初，减为九人"从文理上看，似是承接前文"武帝初置国子学，定置国子祭酒、博士各一人，助教十五人"而言，指"国子学"中助教员额减为九人，但从后文"元帝末，增《仪礼》《春秋公羊》博士各一人，合为十一人"的叙述我们又可以确认，这里的"减为九人"应指太学博士，"及江左初"句实应远承"置博士十九人"而言。这种怪异的

---

① 《晋书》卷二四《职官志》，第 736 页。
② 《宋书》卷三九《百官志上》，第 1228 页；《晋书》卷二四《职官志》，第 736 页。

行文方式正是异质性文本的典型形态①,关于太学的记述与关于国子学的记述显然拥有不同的文本来源,而被《晋书》编定者缀合为一体,只是史臣在缀合中没有很好地重新梳理两个文本的不同叙述逻辑,遂使"及江左初"一句极易引起读者的误解②。而反观《宋书·百官志》,全文皆围绕太学博士这一主题展开,其"减为九人"句虽然同样没有主语,但显然是承接上文"魏及西朝"句而言,文气贯通,从其与《晋书·职官志》太学部分高度重合的互见关系看来,正应是后者取材所在。即便我们难以确认《晋书》此条直接钞自《宋书》,但就史源学层面而言,两者应具有同源关系,不足以互相辅证其可信度。

再看《宋书·百官志》,就笔者所见,这条材料至少存在两处纰误:第一,该文称"江左初减为九人",此于史不合。据《晋书·元帝纪》所载:"(东晋太兴二年六月)置博士员五人。"③知江左初置博士非为九人,《通典》所载东晋元帝时太常贺循的奏疏可证《晋书·元帝纪》所言不虚:

> 东晋元帝时,太常贺循上言:"尚书被符,经置博士一人。又多故历纪,儒道荒废,学者能兼明经义者少。且《春秋》三《传》,俱出圣人,而义归不同,自前代通儒,未有能通得失兼而学之者也。况今学义甚颇,不可令一人总之。今宜《周礼》《仪礼》二经置博士二人,《春秋》三《传》置

---

① 关于"异质性文本"的概念,可参拙文《写钞本时代异质性文本的发现与研究》,《北京大学学报》2016年第2期,第148页。

② 有趣的是,《册府元龟·学校部》总序果真为我们提供了一个误读《晋书·职官志》这段材料的例证,在关于魏晋学制的叙述中,它写到:"武帝咸宁四年,初立国子学,以教生徒,而隶属大学,定置国子祭酒、博士各一人,助教十五人,以教生徒。博士皆取履行请淳,通明典义者,若散骑常侍、中书侍郎、太子中庶子以上,皆自召试。元帝初,减国子祭酒、博士、助教为九人。"这里以元帝初"减为九人"者为"国子祭酒、博士、助教",正是根据《晋书·职官志》的文本描述,可见在没有《宋书·百官志》对勘的情况下,《晋书·职官志》"及江左初"数句很容易引起误解,而这正是《晋书》史臣缀合文本时留下的疏漏。(宋)王钦若等编纂,周勋初等校订《册府元龟(校订本)》第7册,凤凰出版社2006年版,第6866页。

③ 《晋书》卷六《元帝纪》,第152页。

博士三人,其余则经置一人,合八人。"①

据《晋书·贺循传》记载,贺循卒于太兴二年(319)七月②,与《元帝纪》所载"太兴二年六月"置博士员的时间恰相连属。贺循在奏疏中明确指出"经置博士一人",以五经而论,则当时所立博士恰为五人,贺循以为《周礼》《仪礼》各有所重,《春秋》三《传》异说丛出,不宜仅置一人,故主张增员为八人。关于贺循奏议的落实情况,此不赘论,但我们据此可以确定,在晋室东迁之初,博士员额当为五人,并非如《宋书·百官志》所称之九人。

那么,这"九人"之说是从何而来的呢?查两晋时期其它史籍,只有一处提到这一员额,那就是前文曾经提及的《宋书·礼志》所载荀崧奏疏:

伏闻节省之制,皆三分置二,博士旧置十有九人,今五经合九人。准古计今,犹未中半。九人以外,犹宜增四。愿陛下万机余暇,时垂省览。……会王敦之难,事不施行。③

根据"会王敦之难"一事可知,荀崧以太常而奏此事当在太兴四年(321)④,而《晋书·元帝纪》在太兴四年确有一条诏令:

(东晋太兴四年)三月,置《周易》《仪礼》《公羊》博士。⑤

可见,这正是晋元帝对荀崧奏疏所作的回应。荀崧既然在这条奏令中称"今五经合九人",则我们可以知道,在太兴二年贺循奏请增置博

---

① (唐)杜佑《通典》卷五三《礼十三》,中华书局1988年版,第1465页。
② 《晋书·贺循传》载:"太兴二年卒,时年六十。"《晋书》卷六八,第1830页。
③ 《宋书》卷一四《礼一》,第361~362页。
④ 《晋书·元帝纪》载:"永昌元年春正月乙卯,大赦,改元。戊辰,大将军王敦举兵于武昌,以诛刘隗为名,龙骧将军沈充帅众应之。"荀崧奏议在此前不久,当为太兴四年。《晋书》卷六,第155页。
⑤ 《晋书》卷六《元帝纪》,第154页。

士之后,元帝对其奏疏必定作出了响应,虽然没有按照贺循的设计增为八人,但确实是增加了员额之数,只是这一史事在《晋书》中缺载,以致后人长期误以为东晋初年即初置博士九人,而以《元帝纪》所言"置博士员五人"为误书。

经此梳理,我们发现,《宋书·百官志》所谓"江左初减为九人"的记载,既非来自东晋原始档案,亦非转抄自其它史籍,而很有可能是根据同书所收荀崧奏疏中"博士旧置十有九人,今五经合九人"之说而转写的。但荀崧此疏并非史语,他比对两晋博士员额的目的,是为了突出东晋所置博士员额过少的问题,希望有所增益,因此他比较的重点乃在于西晋初年蔚为大观的"十九博士"制度,至于东晋草创之时施行未久的五经员额制度,则并无提起之必要。这种基于实用的表述方式与刘歆《移太常博士书》对于西汉博士制度演变的概述非常接近,而与《汉书·儒林传》径据刘歆移书以为史料一样,《宋书·百官志》移奏疏为史语,导致东晋初期博士制度湮没不存。

关于这条材料还有第二个问题,那就是沈约所谓东晋初年所置九博士"皆不知掌何经"一说。钱大昕较早意识到这里的疏漏,他在《廿二史考异》中指出:

> 案魏晋十九博士,固无可考,若江左之九人,则《礼志》载,大兴初,议欲修立学校,唯《周易》王氏、《尚书》郑氏、《古文》孔氏、《毛诗》《周官》《礼记》《论语》《孝经》郑氏、《春秋左传》杜氏、服氏各置博士是也。(原文小字注:《论语》《孝经》合置博士一人)何云不知所掌乎?[①]

钱大昕所引《礼志》正出自《宋书》,沈约等史臣一方面从《礼志》所载荀崧奏议中注意到东晋初年置"九博士"的材料,另一方面却又忽略了其中关于东晋所置"九博士"的具体记载,这一疏漏固属《宋书》编纂

---

① (清)钱大昕《廿二史考异》卷二三《宋书一》,商务印书馆1958年版,第468页。

之失误,更提醒我们,由于沈约著史的时间距魏晋已历数百年,文献流传或有不足征者,沈约显然是在缺少关于魏晋博士制度沿革的原始档案的情势下,根据其所见零散文本,整合而成《百官志》之博士官部分。因此,《百官志》在对于魏晋博士制度的叙述上,很可能存在不合史实的情况。《晋书》的编纂者或许是意识到了《宋书》在东晋"九博士"问题上的疏漏,因此在撰写《晋书·职官志》时,特意删去了"皆不知掌何经"句。

综上,作为曹魏曾立"十九博士"的主要文献依据,《宋书·百官志》在魏晋博士制度沿革问题上的记载竟如此失信,则我们关于曹魏博士制度的认识显然不可轻以之为据。

事实上,通过上文对《宋书·百官志》所载"江左初减为九人"一句史料来源的考证,笔者认为,该志所谓魏、西晋皆置十九博士的说法,极有可能也是源自荀崧大兴四年的奏疏——无论是东晋初置"九博士"之说,还是"博士旧置十九人"之说,均两见且仅见于荀崧奏疏和《宋书·百官志》,这恐怕难以用简单的巧合来解释①。而之所以荀崧奏议中所言西晋"十九博士"在《宋书·百官志》中记录为"魏及晋西朝置十九人",则大概是沈约误解了荀疏中"博士旧置十九人"的"旧"字:荀崧所谓"旧"者,就东晋而言西晋也,而《宋书·百官志》则将之追溯至曹魏时期。至于《晋书·职官志》,则不仅未更正《宋书·百官志》的疏漏,反而

---

① 事实上,如果《宋书·百官志》关于魏晋博士沿革的史料出于荀崧奏疏的推断可以成立的话,我们更进一步可以解释钱大昕关于《宋书·礼志》明明有关于东晋初年九博士所掌各经的记载,而《百官志》却径称"皆不知掌何经"的疑问。其原因就是,《宋书·百官志》在撰写魏晋博士制度沿革时,所据的史料并不是已经编成的《宋书·礼志》,而是单篇流传的荀崧奏疏,由于荀崧在奏疏中只提到了"今五经合九人"的信息,并未记述这所谓的"九人"分掌何经,因此《百官志》也就无法知东晋初期的博士、经目制度。至于《宋书·礼志》,则其编撰或在《百官志》之后,或出于他手,他们通过其它文献看到了关于东晋初年简省博士制度的记载,因此抄录在《礼志》中,同时附上了荀崧的奏疏。由于《宋书》卷帙浩繁,难免出现前后未合之处,因此,也就出现了两《志》关于一事记载不同的尴尬。

进一步改笔称"晋初承魏制,置博士十九人",使所谓曹魏"十九博士"说愈加坐实。现在我们厘清了《宋书·百官志》博士员额增损部分的史文源流,则"曹魏十九博士"说的可信度也就需要重新进行评估了。

二、不标师法的曹魏博士制度

一旦我们摆脱曹魏"十九博士"说的困囿,重新审视史籍中关于此期博士制度的记载,则会发现,与东汉初年明确规定"十四博士"相比,曹魏政权对于博士员额、所治师法的规定似乎并没有那么明确。关于魏初博士制度之确立,见于《三国志·文帝纪》:

> （黄初五年）夏四月,立太学,制五经课试之法,置《春秋穀梁》博士。①

这里仅言及增立《穀梁》博士,然未言此《穀梁》学博士之具体师法。此外,另一条材料见于裴注所引鱼豢《魏略》:

> 乐详字文载。……至黄初中,征拜博士。于时太学初立,有博士十余人,学多褊狭,又不熟悉,略不亲教,备员而已。惟详五业并授,其或难解,质而不解,详无愠色,以杖画地,牵譬引类,至忘寝食,以是独擅名于远近。②

从这条材料看来,乐详应当是黄初五年(224)初置太学时获任的第一批博士,"有博士十余人",是博士员额似乎并不固定,"惟详五业并授",则似乎乐详并非专治一经之博士,于诸经均有所教授。"略不亲教,备员而已",在太学设置之初,博士就没有明确的职掌和教授,由此我们推测,曹魏初年虽然重建了太学,但由于东汉末年以来原先立于官学的各今文经学师法凋零,而东汉中后期以来兴起的贾、马、服、郑诸学

---

① 《三国志》卷二《文帝纪》,第84页。
② 《三国志》卷一六《任苏杜郑仓传》裴松之注引《魏略》,第507页。

第四章 魏晋至隋唐经目演变

又各执己说,因此,作为缺少通儒大师的曹魏初期政权,一时尚难以在各师法间定夺去取,只能采取比较模糊的做法,大体确定博士的员额,各经并置数人,当时显著之师学都有机会进入官学,但博士职位并不与师法一一绑定。这就是《三国志》中称正始时期王朗《易传》以及王肃诸经传注立于学官,仅言"令学者得以课试""列于学官"①,并不似《穀梁春秋》称"置《春秋穀梁》博士"②的原因:此期博士只规定至经的层面,并不规定到师法的层面。在师法层面上,只存在是否可以用于课试的问题——换言之,用于课试的师法虽列于官学,却未必有专任之博士。曹魏时期施行的是类似西汉武帝至宣帝前期的那种博士制度,与宣帝黄龙改员后长期施行的"师法博士"传统并不相同。曹魏博士中有所谓《易》博士③、《春秋穀梁》博士,但并无所谓郑氏《易》博士、王氏《尚书》博士④。由于经历了东汉中后期经学的大震荡,曹魏政权所施行的这种策略应该说还是合乎时宜的。

值得注意的是,曹魏这种博士制度并非自创,实际上肇端于东汉。盖光武帝之立"十四博士",皆标以师法,此复宣帝之旧制,其时范升、陈元诸人欲兴《左传》,则必求立博士。嗣后章帝建初八年(83)十二月,诏"令群儒选高才生,受学《左氏》《穀梁春秋》《古文尚书》《毛诗》,以扶微学,广异义焉。"⑤"皆拜迻所选弟子及门生为千乘王国郎"⑥。值得注意的是,西汉宣帝选郎官十人先后从蔡千秋、周庆、丁姓习《穀梁春秋》,其

---

① 《三国志》卷四《三少帝纪》,第121页;卷一三《钟繇华歆王朗传》,第419页。
② 《三国志》卷二《文帝纪》,第84页。
③ 《三国志·三少帝纪》载:"《易》博士淳于俊对曰:'包羲因燧皇之图而制八卦……'",可见时有"《易》博士"之称。《三国志》卷四,第136页。
④ 王国维即称曹魏时有所谓"《易》有郑氏、王氏,《书》有贾、马、郑、王氏"等等之说,王志平先生亦称曹魏时期有所谓"郑学博士""王学博士"之职。两说皆无史料依据。王国维《汉魏博士考》,《王国维全集·第八卷》,第116页;王志平《中国学术史·三国魏晋南北朝卷》第二章《三国时期的经学(中)》,江西教育出版社2001年版,第125页。
⑤ 《后汉书》卷三《肃宗孝章帝纪》,第145页。
⑥ 《后汉书》卷三六《郑范陈贾张列传》,第1239页。

目的是在为石渠会议培养人才,最终目的仍是通过立"师法博士"的方式将《穀梁》学纳入官学,但东汉章帝之兴《左氏》诸学,却不以立"师法博士"为鹄的,故《左氏》诸学虽传于太学,却无对应之博士,这实际上撬动了宣帝黄龙改制以来建立的"官学"与"博士"之间严丝密合的对应关系,而随着"十四博士"师学凋零,到东汉后期,又出现"博士"不依"十四师法"征聘的现象:《后汉纪》载灵帝中平五年(188)九月"己未诏曰:'顷选举失所,多非其人。儒法杂揉,学道浸微。处士荀爽、陈纪、郑玄、韩融、李楷,耽道乐古,志行高洁,清贫隐约,为众所归。其以爽等各补博士。'"又《后汉书·申屠蟠传》:"中平五年,复与爽、玄及颍川韩融、陈纪等十四人并博士征,不至。"①己未诏令中所举荀爽,主治《易》学,用费氏古文本;韩融"博学不为章句,皆究通其义",加之郑玄、韩融,都是当时的通儒名家,不为今文章句之学。他们获任博士,似乎并非以专经、守师法而获任,而是以"耽道乐古,志行高洁"的声望获任②。灵帝一次性征聘十四位博士,足见诏令中"选举失所"一句不虚。这一事件显示,西汉中期以来为师法专置博士的传统随着今学的衰落,在东汉末年已经名存实亡。魏初太学不依师法立博士,实是上承汉末既有之惯例。

三、魏初太学中的郑学"小一统"

由于史料缺失,我们无法找到关于曹魏初期太学博士所习师法的明确记载,但根据《三国志》及裴松之注、《通典·礼志》等文献,可考得魏初太学博士凡九人,分别是邯郸淳、乐详、苏林、秦静、高堂隆、赵怡、

---

① (晋)袁宏《后汉纪·孝灵皇帝纪下卷第二十五》,《两汉纪》,中华书局 2002 年版,第 488~489 页;《后汉书》卷五三《周黄徐姜申屠列传》,第 1754 页。
② 王国维在《汉魏博士考》中认为凡此诸博士"盖亦古文学家为今文博士,犹孔安国虽传古文《尚书》,而实为今文《尚书》博士"。其说恐难成立。孔安国之从倪宽习今文《尚书》学,于史有据,然此汉末诸儒明不习章句之学,恐难援孔之例证其以今文学而获任博士。王国维《汉魏博士考》,《王国维全集·第八卷》,第 115 页。

第四章　魏晋至隋唐经目演变

田琼、杜希、宋均,通过对此九人师学背景的考察,可以帮助我们略窥魏初太学学风之所宗。概言之,若以可用于课试作为界定官学经目的标准,则曹魏初期太学博士所治师法以古学为主,贾、马、服、郑之学皆列于学官,而郑学可称大宗。以下先分别考述九位博士之师学背景。

邯郸淳,据鱼豢《魏略》载:

> 淳一名竺,字子叔。博学有才章,又善《苍》、《雅》、虫、篆、许氏字指。初平时,从三辅客荆州。荆州内附,太祖素闻其名,召与相见,甚敬异之。时五官将博延英儒,亦宿闻淳名,因启淳欲使在文学官属中。会临菑侯植亦求淳,太祖遣淳诣植。植初得淳甚喜,延入坐,不先与谈。时天暑热,植因呼常从取水自澡讫,傅粉。遂科头拍袒,胡舞五椎锻,跳丸击剑,诵俳优小说数千言讫,谓淳曰:"邯郸生何如邪?"于是乃更着衣帻,整仪容,与淳评说混元造化之端,品物区别之意,然后论羲皇以来贤圣名臣烈士优劣之差,次颂古今文章赋诔及当官政事宜所先后,又论用武行兵倚伏之势。乃命厨宰,酒炙交至,坐席默然,无与伉者。……及黄初初,以淳为博士给事中。①

这一段材料有三点值得注意:第一,邯郸淳善《苍》、《雅》、虫、篆、许氏字指,可见其于古文之学极有研究,而王国维在《两汉古文学家多小学家说》一文中曾指出:"两汉古文学家与小学家,实有不可分之势。此足证其所传经本多为古文。"②邯郸淳既然精于古文之学,则亦应明习古文经。卫恒《四体书势序》云:"魏初传古文者,出于邯郸淳。敬侯写淳《尚书》,后以示淳,而淳不别。"可知邯郸淳曾习《古文尚书》。第二,邯郸淳曾客居荆州,则其学又或与荆州学派有相合之处,而前文已言,荆州学派的学风之一,就是重古学而轻今文章句,邯郸淳的学风,或与之

---

① 《三国志》卷二一《王卫二刘傅传》裴松之注引《魏略》,第603页。
② 王国维《两汉古文学家多小学家说》,《观堂集林》卷七《艺林七》,《王国维全集·第八卷》,第218页。

相类。第三,从曹植与邯郸淳"评说混元造化之端,品物区别之意,然后论羲皇以来贤圣名臣烈士优劣之差次,颂古今文章赋诔及当官政事宜所先后,又论用武行兵倚伏之势"看来,邯郸淳绝非拘守章句的腐儒,而是博览古今的通人。总之,无论是邯郸淳的学术背景,还是他所透露出来的学风,都显示出他应是精于古学的宿儒。

乐详,鱼豢《魏略》载:

> 乐详字文载。少好学,建安初,详闻公交车司马令南郡谢该善《左氏传》,乃从南阳步涉诣许,从该问疑难诸要,今《左氏乐氏问七十二事》,详所撰也。……至黄初中,征拜博士。①

乐详从谢该治《左氏传》,则其所治当为古学。关于谢该的师学背景,《后汉书》并无明文,从东汉《春秋》学的整体师承来看,则大抵应为郑众、贾逵等古学经师之后学。

苏林,鱼豢《魏略》载:

> 林字孝友,博学,多通古今字指,凡诸书传文间危疑,林皆释之。建安中,为五官将文学,甚见礼待。黄初中,为博士给事中。②

苏林的著作,有《孝经注》《汉书音义》《陈留耆旧传》等,其中《汉书音义》大量为颜师古注所征引。从其注释看来,苏林精于训诂之学,结合其"通古今字指",故王国维认为其"亦古文学家也"③,应无大谬。

秦静,《三国志》载:

> 始,景初中,帝以苏林、秦静等并老,恐无能传业者。乃诏曰:"……方今宿生巨儒,并各年高,教训之道,孰为其继?昔伏生将老,汉文帝嗣以晁错;《穀梁》寡畴,宣帝承以十郎。其科郎吏高才解经义者三十人,

---

① 《三国志》卷一六《任苏杜郑仓传》裴松之注引《魏略》,第507页。
② 《三国志》卷二一《王卫二刘傅传》裴松之注引《魏略》,第620页。
③ 王国维《汉魏博士考》,《观堂集林》卷四《艺林四》,《王国维全集·第八卷》,第116页。

从光禄勋隆、散骑常侍林、博士静,分受四经三礼,主者具为设课试之法。……"①

由此段可知,秦静乃在魏明帝景初中为博士。关于秦静的经学成就,《后汉书》《三国志》皆失载,但根据《宋书·礼志》《通典·礼》等史籍可知,秦静曾参与了明帝时期腊祭、改正朔、改青龙年号为景初、别营社稷、祭井、告庙、丧服等多次议礼,并提出了很多重要的奏议,在当时可谓礼学大家,声望与高堂隆略相近。从现存秦静的议礼看来,其治《礼》颇有古法,如其论腊祭:

高堂隆议腊用日云:"王者各以其行之盛而祖,以其终而腊。水始于申,盛于子,终于辰,故水行之君,以子祖,以辰腊。火始于寅,盛于午,终于戌,故火行之君,以午祖,以戌腊。木始于亥,盛于卯,终于未,故木行之君,以卯祖,以未腊。金始于巳,盛于酉,终于丑,故金行之君,以酉祖,以丑腊。土始于未,盛于戌,终于辰,故土行之君,以戌祖,以辰腊。今魏土德而王,宜以戌祖辰腊。"博士秦静议:"古礼,岁终,聚合百物祭宗庙,谓之祮。皆有常日,临时造请而用之。又无正月祖祭之礼。汉氏用午祖戌腊。午者南方之象,故以午祖。正月为岁首,故以寅始,用午祖。戌者岁之终,万物毕成,故以戌腊。小数之学,因就传着五行以为说,皆非典籍经义之文也。《尚书》《易经》说五行水火金木土王相、衍天地阴阳之义。故《易》曰坤为土,土位西南。黄精之君,盛德在未,故大魏以未祖。戌者,岁终日穷之辰,不宜以为岁初祖祭之行始也。《易》曰:'坤利西南得朋,东北丧朋。'丑者土之终,故以丑腊,终而复始,乃终有庆。宜如前以未祖丑腊。"奏可之。②

这里围绕曹魏所用腊日的问题,高堂隆和秦静提出了不同的主张。

---

① 《三国志》卷二五《辛毗杨阜高堂隆传》,第717~718页。
② (唐)杜佑《通典》卷四四《礼四》,中华书局1988年版,第1238页。

高堂隆乃是根据汉代流行的五德终始与腊祭之日相配的理论,建议将曹魏腊日改为戌祖辰腊,而秦静根据"古礼",认为腊祭乃是岁终献祭之礼,不宜因时代变换而更易,所谓以五行变换相配之说,"皆非典籍经义之文"也。《礼记·郊特牲》云:

> 蜡也者,索也,岁十二月,合聚万物而索飨之也。①

郑玄《礼记·礼运》注"昔者仲尼与于蜡宾"、《礼记·杂记下》注"子贡观于蜡"皆引此注"蜡"②,可知郑玄亦认同将腊祭定于"岁十二月",并以之为"合聚万物而索飨之"祭,完全未涉其应因德运而变易。总之,在这个问题上,秦静之见与郑玄《礼》学主张相合。

又如《大唐郊祀录》载:

> 案魏氏侍中高堂隆议,周礼祭天地、社稷、宗庙,亲自临祭,有故,使大臣摄,皆称讳。又秦静引郑玄祭社稷,天子称讳,太尉宜称臣者也。③

关于天子使大臣代祭社稷时的自称,高堂隆以为大臣既然是代天子行礼,则当一遵天子之仪,自称讳。但秦静则引郑玄之说,认为天子可称讳,而大臣则宜称臣,意谓不可与天子相抗敌也。《郊祀录》明确指出秦静所据乃是郑玄之说,结合上面所举的一条,笔者认为,秦静当为郑氏后学,其所治为郑氏之《礼》学。

高堂隆,据《三国志》本传记载:

> 黄初中,为堂阳长,以选为平原王傅。王即尊位,是为明帝。以隆为给事中、博士、驸马都尉。④

---

① 《礼记正义》卷二六《郊特牲》,《十三经注疏》,第 1453 页下栏。
② 《礼记正义》卷二一《礼运》,《十三经注疏》,第 1413 页下栏;卷四三《杂记下》,《十三经注疏》,第 1567 页中栏。
③ (唐)王泾《大唐郊祀录》卷八《祭礼一》,民国《适园丛书》本,第 10 叶 B。
④ 《三国志》卷二五《辛毗杨阜高堂隆传》,第 708 页。

第四章　魏晋至隋唐经目演变

高堂隆乃是明帝的旧臣,因此在明帝秉政时期极受优崇,而高堂隆常借灾异之事,引经传以戒惧明帝,陈寿称其"学业修明,志在匡君,因变陈戒,发于恳诚,忠矣哉!"①可谓的评。关于他的师学,《隋书·礼志》载:

> 至魏初,高堂隆为郑学,议立亲庙四,太祖武帝,犹在四亲之内,乃虚置太祖及二祧,以待后代。②

此处高堂隆所议乃是天子之庙的问题,这是礼学中的一个大问题,历来学者所说不同,《礼记·王制》云:

> 天子七庙,三昭三穆,与太祖之庙而七。③

这是所谓的天子七庙之说。但郑玄则不以为然,他在《礼记》注中指出:

> 此周制。七者,太祖及文王、武王之祧,与亲庙四。太祖,后稷。殷则六庙,契及汤与二昭、二穆。夏则五庙,无太祖,禹与二昭、二穆而已。④

郑玄的基本依据,或为《礼记·丧服小记》:

> 王者禘其祖之所自出,以其祖配之,而立四庙。⑤

郑玄为了弥合《王制》与《丧服小记》之间的异说,乃以《丧服小记》之说为经,而以《王制》之说为权。依郑玄之意,天子之庙分为祖庙、祧庙与亲庙三类,祖庙即太祖之庙;祧庙则是为一些有德行、功业卓著的先祖所立;至于亲庙,则是按照昭穆之序,以近四世立庙。这三种庙制

---

① 《三国志》卷二五《辛毗杨阜高堂隆传》,第 719 页。
② 《隋书》卷七《礼志二》,第 137~138 页。
③ 《礼记正义》卷一二《王制》,《十三经注疏》,第 1335 页中栏。
④ 《礼记正义》卷一二《王制》,《十三经注疏》,第 1335 页中栏。
⑤ 《礼记正义》卷三二《丧服小记》,《十三经注疏》,第 1495 页中栏。

中，祖庙和祧庙都是不毁的，而亲庙则依世序亲尽迭毁。照此原则，天子之庙的基本数目是五，即祖庙一与亲庙四；至于祧庙，则依时代不同而各有所定。由于夏、商、周三代对于"祧庙"的追认不同，因此三代的庙数也就不同：夏人不立祖庙，为始立国的禹立祧庙，因此一祧庙与四亲庙，合为五庙；商人为太祖契立祖庙，为始立国的汤立祧庙，因此一祖庙、一祧庙与四亲庙，合为六庙；至于周人，则为太祖后稷立祖庙，为文王、武王立祧庙，于是就有了所谓的七庙。总之，在郑玄的理论体系里，天子之庙的定制并非"七庙"，而是"五庙"。

而王肃则反对郑玄之见，以《礼记·王制》所载"天子七庙"为定制，其说见于《礼记正义》：

> 若王肃则以为天子七庙者，谓高祖之父及高祖之祖庙为二祧，并始祖及亲庙四为七。故《圣证论》肃难郑云："周之文武，受命之王，不迁之庙，权礼所施，非常庙之数。殷之三宗，宗其德而存其庙，亦不以为数。凡七庙者，皆不称周室。《礼器》云：'有以多为贵者，天子七庙。'孙卿云：'有天下者事七世。'又云：'自上以下，降杀以两。'今使天子、诸侯立庙并亲庙四而止，则君臣同制，尊卑不别。礼，名位不同，礼亦异数，况其君臣乎？"①

王肃根据礼学中"降杀"的基本原则，认为天子庙数当以七为常，其下则诸侯五庙、大夫三庙、士一庙。具体而言，天子七庙分别是考庙、祖庙、曾祖庙、高祖庙、高祖之父（五世祖）庙、高祖之祖（六世祖）庙以及始祖（太祖）之庙。在这一体系中，只有始祖之庙是永远不毁的，其余的都要依世序毁庙。换言之，依王说，亲庙和祧庙虽然名称不同，但在立庙的礼学依据上都是一样的，那就是亲缘世系，这是王说与郑说的最大不

---

① 《礼记正义》卷一二《王制》，《十三经注疏》，第1335页中栏。

同。然而我们知道,依礼亲不过五服①,高祖之父、祖本已不在五服之列,亲缘已尽,因此王肃之说的疏漏之处,就在于他一方面无法否定《丧服小记》中关于"亲庙四"的论述,故不以高祖之父、祖二庙在亲庙之列,而与郑玄一样名之为"祧庙",但何以置此"祧庙",则王肃反而缺少一个像郑玄那样合适的理由。当然,王说体现了礼学中"降杀"的原则,并且与《礼记·王制》中庙数的记述相合,亦不可谓无据。

当然,郑、王在天子庙数的问题上所提出的看法均非二人首创,例如《汉书·韦玄成传》载西汉元帝时玄成等奏言称:

玄成等四十四人奏议曰:"《礼》,王者始受命,诸侯始封之君,皆为太祖。以下,五庙而迭毁,毁庙之主臧乎太祖,五年而再殷祭,言壹禘祫也。……《祭义》曰:'王者禘其祖自出,以其祖配之,而立四庙。'言始受命而王,祭天以其祖配,而不为立庙,亲尽也。立亲庙四,亲亲也。亲尽而迭毁,亲疏之杀,示有终也。周之所以七庙者,以后稷始封,文王、武王受命而王,是以三庙不毁,与亲庙四而七。非有后稷始封,文、武受命之功者,皆当亲尽而毁。"②

韦玄成等大臣这里的论述便与后来郑玄之说十分接近。当然,玄成以"始受命,诸侯始封之君,皆为太祖",故以后稷、文、武之庙均为太祖庙,这似乎与郑玄略有不同。至于王肃之说,则东汉末年蔡邕所议亦先发其声:

臣谨按礼制,七庙,三昭、三穆与太祖七。孝元皇帝世在第八,光武皇帝世在第九,故以元帝为考庙,尊而奉之。孝明遵制,亦不敢毁。元

---

① 《礼记·丧服小记》云:"亲亲以三为五,以五为九,上杀、下杀、旁杀,而亲毕矣。"郑玄注云:"已上亲父,下亲子,三也;以父亲祖,以子亲孙,五也;以祖亲高祖,以孙亲玄孙,九也。杀,谓亲益疏者,服之则轻。"可知高祖之父、祖不在五服之中,不在亲亲之列。《礼记正义》卷三二,《十三经注疏》,第1495页上栏。

② 《汉书》卷七三《韦贤传》,第3118页。

帝于今朝九世,以七庙言之,则非所宗,八月报酬,可出元帝主,比惠、景、昭、成、哀、平帝,五年一致祭。孝章皇帝、孝安皇帝、孝桓皇帝,亲在三昭;孝和皇帝、孝顺皇帝、孝灵皇帝,亲在三穆,庙亲未尽,四时常陈。孝明以下,穆宗、敬宗、恭宗之号,皆宜省去,以遵先典殊异祖宗,不可参并之义。①

蔡邕所谓"亲在三昭""亲在三穆""庙亲未尽"之言,均与后来王说相类。只是蔡邕此处一准《王制》之言,不顾《丧服小记》中亲庙"立四庙"之说,故反而省却了王肃牵合二说的尴尬。

至曹魏初期,议立天子庙数,高堂隆乃以郑玄之说为据,提出立亲庙四。至于祖庙,由于文帝时距太祖魏武帝曹操仅一世,亲犹未尽,因此权以武帝为亲庙,而虚置太祖之庙。此外,高堂隆主要考虑到千百年之后曹魏后代帝王可能要追尊诸如文帝等其它先帝为"宗",因此并"虚置二祧,以待后代",实际上是为当时尚在世的文帝预留了一个永不毁庙的祧庙。应该说,高堂隆此说已经尽量照顾到了曹魏帝王的心理,只是他谨守郑学,不敢改变先师之说,因此以"虚置"之法作为权衡。

不过即使是这种虚置之法,很快也被曹魏帝王改变,据《隋书·礼志》记载:

至景初间,乃依王肃,更立五世、六世祖,就四亲而为六庙。②

作为将来要进入宗庙的曹魏帝王,为自己延长两世享祀的时间,自然比历经四世之后就被毁庙好得多。高堂隆的制度虽然在名义上虚置了太祖与二祧,但毕竟只是制度的设计而已;而且,依据郑玄的理论,所谓的祧庙不是依亲缘关系,而是按照德行、功业来确定的,周文王、武王

---

① (汉)蔡邕《宗庙迭毁议》,(明)张溥辑《汉魏六朝百三名家集一·蔡中郎集》卷一《议》,江苏古籍出版社2002年影印本,第516页。
② 《隋书》卷七《礼仪志二》,第138页。

之所以得置祧庙,正是基于他们的圣德仁行与建国之功。而王肃之说则把"七庙"作为定制,五世祖、六世祖这两个祧庙的建立并不考虑德行功业等其它因素,只是依照世系排列。在魏文帝时期,由于文帝乃是曹魏始建国之君,依照三代惯例,必定是可以特置祧庙的,因此,文帝采纳了高堂隆的建议。至于明帝则不同,他只是继体守成之主,若依郑玄之说,未必得置祧庙,四世以后只能亲尽毁庙;而若依王肃之说,则自己享祀的时间便可以延长二世。孰优孰劣,明帝看得十分清楚①。高堂隆虽然是明帝的旧臣,但在这个问题上,明帝最终还是选择接受王肃的建议,将五世祖、六世祖的庙制确定为定制,将来待七世之后,武帝曹操升为太祖,则"天子七庙"的制度也就可以最终告成了。文帝为永不毁庙而用郑说,明帝则为多享祀二世而用王说,郑、王之争虽然在很多层面上涉及经学本身的义理、制度之争,不过,反映到国家政策的层面,却难免被异化为统治者的私利之争。而类似这样的事情,在经学史上并不鲜见。

从议立天子之庙一事可以看出,《隋书·经籍志》称高堂隆"为郑学",不为无据。此外,阎步克先生在研究曹魏冕服制度时也发现,"在服制上高堂隆也是'为郑学'的"②。只是值得注意的是,高堂隆作为明帝的股肱大臣,其学似乎又不全囿于郑学,例如前文我们在探讨秦静与他关于腊日的争论问题时,高堂隆的主张就与郑玄有异,在那个问题

---

① 《宋书·礼志》载:"景初元年六月,群公有司始更奏定七庙之制,曰:大魏三圣,相承以成帝业。武皇帝肇建洪基,拨乱夷险,为魏太祖。文皇帝继天革命,应期受禅,为魏高祖。上集成大命,清定华夏,兴制礼乐,宜为魏烈祖。更于太祖庙北为二祧,其左为文帝庙,号曰高祖昭祧,其右拟明帝,号曰烈祖穆祧。三祖之庙,万世不毁,其余四庙,亲尽迭迁,一如周后稷、文、武庙祧之礼。"这条奏议还是循郑玄之说,以功业定二祧,不过魏明帝或许自己也觉得将自己与太祖、文帝并列不太妥当,所以最后还是"依王肃,更立五世、六世祖,就四亲而为六庙"。有不少学者都认为魏明帝景初年间所用为郑玄说,实际上是误以群臣之奏议为诏令。《宋书》卷一六《礼志三》,第444页。

② 阎步克《服周之冕——〈周礼〉六冕礼制的兴衰变异》,中华书局2009年版,第235页。

上,高堂隆似乎更多考虑的是要以改腊日来体现曹魏改正朔、易命之后的新朝气象。不过,整体而言,高堂隆的本学当为郑学,这是可以基本确定的。

赵怡,据《宋书·礼志》记载,在魏明帝时关于改正朔、易服色与否的大议中,赞同改正朔者,有"博士秦静、赵怡"①,可知赵怡曾与秦静同时为明帝时博士。此外,从《魏书·礼志》《通典·礼志》等其它文献中关于赵怡的记载看来,他还参加了当时关于禘祫、铭旌、丧服、宗庙舞等各种礼仪的议定,可知其主治者亦似为礼学。至于其具体的师学背景,虽然史无明文,但《通典·礼志》中的一段材料却略显端倪:

> 周制,同母异父昆弟相为服。《檀弓》云:"公叔朱有同母异父之昆弟死,问于子游。子游曰:'其大功乎。'狄仪有同母异父之昆弟死,问于子夏。子夏曰:'我未之前闻也,鲁人则为之齐衰。'狄仪行齐衰。今之齐衰,狄仪之问也。"……魏明帝景初中,尚书祠部问:"同母异父昆弟服,应几月?"太常曹毗述博士赵怡据子游郑注大功九月。②

赵怡所议乃是同母异父兄弟之间的丧服之仪。按照《檀弓》所引子游的回答,当服大功。按照周礼,丧服包括斩衰、齐衰、大功、小功、缌麻五服,大功属于比较重的一种丧服,但同母异父兄弟并不在同族之列,其服是否有必要如此之重,乃引起士人的质疑。郑玄在"子游曰:'其大功乎'"下注云:

> 疑所服也。亲者属,大功是。③

至于子夏所言,则郑玄未注,很明显他是认同子游的意见。郑玄体会到子游的语气中有所犹疑,但他认为同母异父乃是亲者,服大功之丧

---

① 《宋书》卷一四《礼志一》,第330页。
② (唐)杜佑《通典》卷九一《礼五十一》,中华书局1988版,第2494~2495页。
③ 《礼记正义》卷八《檀弓上》,《十三经注疏》,第1290页下栏。

为是。不过王肃在这个问题上有不同的看法,他认为:

> 母嫁则外祖父母无服,所谓绝族无施服也。唯母之身有服,所谓亲者属也。异父同母昆弟不应有服,此谓与继父同居,为继父周,故为其子大功也。礼无明文,是以子游疑而答也。①

王肃认为根据绝族无施服的原则,既然同母异父昆弟不在一族之中,则无丧服之理。子游之所以建议公叔朱为父大功,乃是基于他"与继父同居,为继父周,故为其子大功",换言之,若未同居,则不必服丧,子游之言是权,非经。正因为士人关于这一礼制有所怀疑,魏明帝乃使太常议定,而时任太常曹毗则根据博士赵怡的意见,认为应从《礼记》郑玄注,以大功九月为定制。这里赵怡引郑注而立议,可见其所治亦为郑氏《礼》,赵怡也可归为郑氏后学之列。

田琼,刘汝霖、张舜徽并以之为汉魏之际的博士②,王志平认为可能是魏黄初间《礼记》博士③。关于他的经学论说,今见于《郑志》中的一些问答以及《通典》中所保留的奏议,从内容上来看,都是关于《礼》学的,如《毛诗正义》所引《郑志》:

> 田琼问:"《周礼》大封'先告后土'。注云:'后土,社也。'前答赵商曰:'当言后土,土神,言社,非也。'《檀弓》曰:'国亡大县邑。'或曰:'君举而哭于后土。'注云:'后土,社也。'《月令》:'仲春命民社。'注云:'社,后土。'《中庸》云:'郊社之礼,所以事上帝也。'注云:'社,祭(也)【地】神。不言后土,省文。'此三者,皆当定之否?"答曰:"后土,土官之名也。死以为社,社而祭之,故曰【后土】,【社】句龙为后土,后转为社,故世人

---

① (唐)杜佑《通典》卷九一《礼五十一》,中华书局 1988 版,第 2494～2495 页。
② 刘汝霖《汉晋学术编年》卷六,华东师范大学出版社 2010 年版,第 446;张舜徽《郑学传述考》,《郑学丛著》,华中师范大学出版社 2005 年版,第 105 页。
③ 王志平《中国学术史·三国两晋南北朝卷》,江西教育出版社 2001 年版,第 60 页。

谓社为后土,无可怪也。欲定者,定之亦可,不须由此言。"①

从田琼与郑玄的问答可见,田氏当为郑玄及门弟子,其为郑学中人,当无可疑。

杜希,据《通典·礼》记载:

> 魏明帝吊陈群诏曰:"司空今遭母忧,当遣使者吊祭如故事。"尚书司马孚奏:"寻故事,自魏兴,无三公丧母吊祭。"辄访韦诞、王肃、高堂隆、秦静等,云:"汉太傅胡广丧母,天子使谒者以中牢吊祭、送葬。"……博士杜希议,以为:"《论语》曰'羔裘玄冠不以吊',故周人去玄冠,代以素弁。汉去玄冠,代以布巾。亦王者相变之仪,未必独非也。古礼野夫着巾,古者军礼韦弁冠,今者赤帻,此明转相变易,不可悉还反古。今宜因汉氏故事。又汉仪注,诸侯王薨,天子遣使者往,皆言使者素服。又礼自天子达于士,临殡敛之事,去玄冠,以素弁。君子临丧,必有哀素之心,是以去玄冠,代之素。汉中兴,临丧与礼合仪。自后或言临,使者常吉服布巾。以为使者亦宜去玄冠,代以布巾,示不纯吉。侍中、散骑诸会丧,亦宜去玄冠,代以布巾。"诏从希议。②

魏司空陈群遭母忧,明帝乃下诏议定使者吊丧之礼,杜希以博士身份与议,可知其曾任明帝时期博士。不过,关于杜希的材料,似乎仅此一见,《礼记·檀弓》云:

> 夫子曰:"始死,羔裘玄冠者,易之而已,羔裘玄冠,天子不以吊。"③

郑注云:

---

① 《毛诗正义》卷一四之一《甫田》,《十三经注疏》,第474页下栏。案,此段加圆括号、方括号者为据阮元《校勘记》改,圆括号内为据校记删去者,方括号内为据校记增补者,《十三经注疏》,第478页上栏。王志平《中国学术史·三国两晋南北朝卷》亦引用此段,然所据为钱东垣校订《郑志》本,是本有错漏,至于标点则错讹更多,今不用此本。

② (唐)杜佑《通典》卷八三《礼四十三》,中华书局1988年版,第2254~2255页。

③ 《礼记正义》卷八《檀弓上》,《十三经注疏》,第1291页中栏。

不以吉服吊丧。

杜希这里所论与《檀弓》所载孔子之语以及郑注十分契合。只是杜希奏议所举乃是以《论语》之言为据,而《论语》孔安国注亦言:

丧主素,吉主玄,吉凶异服,故不相吊也。①

可见关于吊丧不以吉服,乃是礼学家的基本共识,并非郑氏一家之言。杜希既然未引《礼记》郑注,则难以判断其所治是否为郑学。不过,值得注意的是,正如上文所引的这条材料所提示的那样,自东汉以来,"临丧与礼合仪",故此使者常吉服以吊丧,换言之,这种东汉以来形成的有悖古礼的吊丧礼也是有官方的礼学作为依据的,既然杜希明确反对这种丧仪,则其所治礼学似当非今学之礼,笔者疑其亦为治古学之士人。

宋均,张舜徽《郑学传述考》云:

《隋书·经籍志》:"《诗纬》十八卷,魏博士宋均注。"可知其曾为博士。刘知几《孝经议》引宋均《诗纬序》有云:"我先师北海郑司农。"则均确是郑氏传业弟子矣。②

宋均曾在高贵乡公甘露四年(259)都督青州诸军事,则其任博士或在魏初。我们知道,郑玄注经为后人诟病者,其一即在于杂引谶纬之言,而宋均则是郑氏弟子中最善纬学者。据《隋书·经籍志》《旧唐书·经籍志》所载,其注纬书包括《诗纬》《孝经钩命决》《孝经援神契》《春秋纬》《孝经杂纬》《易纬》《礼纬》《乐纬》《论语纬》《孝经纬》等数种,黄奭《汉学堂丛书》有辑佚本。关于宋均注纬的目的,王志平先生认为乃是为了证明以魏代汉的合理性,其所举例证出于《后汉书·献帝纪》章怀

---

① (魏)何晏《论语集解》卷五《乡党第十》孔安国注,《四部丛刊》影日本正平本,第14叶B。
② 张舜徽《郑学传述考》,《郑学丛著》,华中师范大学出版社2005年版,第106页。

太子注所引《春秋演孔图》：

> 赞曰：献生不辰，身播国屯。终我四百，永作虞宾，（笔者注：下为章怀注文）《春秋演孔图》："刘四百岁之际，褒汉王辅，皇王以期，有名不就。"宋均注曰："虽褒族人为汉王以自辅，以当有应期，名见摄录者，故名不就也。"虞宾谓舜以尧子丹朱为宾，《虞书》曰"虞宾在位"是也。以喻山阳公为魏之宾也。①

然而笔者认为，此段注释乃分为两个层次：自"《春秋演孔图》"至"故名不就也"是第一层次，乃是引用《春秋演孔图》中"刘四百岁"之言解释赞语中的"终我四百"之言，其所以复引宋均注者，则是因为《演孔图》中的这段话语意含混，难以理解，因此需要借助宋均注来进行理解；自"虞宾谓舜"以下则是第二个层次，乃是解释赞语中"永作虞宾"之言，因此章怀太子注中"以喻山阳公为魏之宾也"一句也正是用以解释"永作虞宾"之句的。这样看来，宋均的这段注文与汉魏易代之事并无关联。如《隋书·经籍志》所言："汉末，郎中郗萌，集图纬谶杂占为五十篇，谓之《春秋灾异》。宋均、郑玄，并为谶律之注。"②宋均之注谶纬，主要还是继承、发扬郑玄的谶纬之学。总之，宋均以郑学弟子的身份而为曹魏博士，这一点应是毋庸置疑的。

以上，我们对可以考知的魏初博士的师学背景逐一进行了考索。可以发现，邯郸淳、乐详、苏林、秦静、高堂隆、赵怡、田琼、杜希、宋均等九人中，秦静、高堂隆、赵怡、田琼、宋均等五人乃是郑玄弟子或者治郑学的士人，其他邯郸淳、乐详、苏林、杜希等也以古学为业。显然，在曹魏初期的官学中，以贾、马、郑、服为代表的古学还是占了绝对的主流，而其中又以郑学的影响尤大。曹魏政权是在以洛阳为中心的中原地区

---

① 《后汉书》卷九《孝献帝纪》章怀太子注，第392页。
② 《隋书》卷三二《经籍志一》，第941页。

建立起来的,而据王粲所言,"世称伊、雒以东,淮、汉以北,康成一人而已。咸言先儒多阙,郑氏道备。"①自东汉末年以来,郑学已成为中原地区的经学正宗,影响巨大,魏氏虽然在制度上以沿革汉制为主,但亦无法扭转已经形成的学术新潮。

四、边缘化的魏初太学

关于曹魏初期的太学,还有一个问题需要注意,那就是此期的经学课试制度并未带动太学成为整个社会的经学中心,相反,私学与家学才代表了曹魏时期的经学主流风气。

陈寅恪先生在论及曹魏政权与西晋政权的性质之别时早已指出:

> 魏晋统治者的社会阶级是不同的。不同处是:河内司马氏为地方上的豪族,儒家的信徒;魏皇室谯县曹氏则出身于非儒家的寒族。魏、晋的兴亡递嬗,不是司马、曹两姓的胜败问题,而是儒家豪族与非儒家的寒族的胜败问题。②

陈先生的这一论断不仅对于魏晋政治史、思想史的研究具有深远的指导意义,对于经目演变这一论题而言,也为我们提供了一个有效的切入点。我们知道,自东汉中后期以来,由于察举制度中"以名取人"和"以族取人"的倾向越来越严重③,其中导致"以族取人"倾向的一个重要的客观原因,就是一些儒学世家豪族的出现,阎步克先生在《察举制度变迁史稿》中指出:"东汉以来的一个重要的社会变动是,许多衣冠世家日益表现出鲜明的文化色彩,官位、族姓与文化日益紧密地结合起来以至出现了汝南袁氏、弘农杨氏一类世代公卿、世代传

---

① 《新唐书》卷二〇〇《儒学传下》,第5692页。
② 万绳楠整理《陈寅恪魏晋南北朝史讲演录》,黄山书社1987年版,第1页。
③ 关于东汉察举制度中"以名取人"和"以族取人"倾向的论述,可参阎步克《察举制度变迁史稿》,辽宁大学出版社1991年版,第81~91页。

经又世出名士的家族。对于这种家族,在具有权威性的士林舆论中,不但不被视为异己,反而得到了崇高赞扬。"①这些世家豪族一方面以家学的形式世代传经,在文化上具有巨大的优越性;另一方面,由于他们控制了乡党"清议",因此实际上也就控制了东汉的选举制度。长此以往,到东汉末年的时候,世家豪族已经成为左右整个社会政局的重要力量,汉末时期的地方割据政权,大多都是依托于这些世家豪族而建立起来的。

而正如学术界早已指出的那样,出生于阉寺之家的曹操与整个汉末的政治传统有着巨大的差异,陈寅恪先生指出:"曹操的祖父曹腾是中常侍,阉宦。父亲曹嵩是曹腾的养子,即所谓'乞匄携养'之类(陈琳檄文)。就曹操的家庭出身来说,是寒族,阉宦阶级。曹操'任侠放荡,不治行业';'细致苛惨,科防互设',表明曹氏并不以儒学为务,与豪族的服膺儒教不同。"②出身于这样一个家庭背景的曹操,一旦决意问鼎天下,自然要极力冲破这种豪族政治的传统,唐长孺先生在《东汉末期的大姓名士》一文中曾分析到:"曹操为了恢复统一和集权的统治秩序,针对汉代尚名被实,朋党结交的选举之弊,提倡'唯才是举',主张'治平尚德行,有事赏功能'。他以轻蔑态度对待儒家提倡的伦理道德,不容许有和朝廷相对立的政治集团,也不容许利用所谓乡里清议来干扰朝廷用人之权。"③曹操所施行的这种以名法之学为核心的用人政策、管理政策在汉末取得了一定的成功。由于他能够广泛地招揽、吸取人才,而且注重事功,因此在汉末诸侯的割据斗争中取得了胜利,获得了北方的统一。魏文帝践祚后,新朝建立,在文教方面曾作了一定的努力,例如前文所言黄初年间恢复太学、补刻石经、建立五经课试制度以及广纳儒

---

① 阎步克《察举制度变迁史稿》,辽宁大学出版社1991年版,第90页。
② 万绳楠整理《陈寅恪魏晋南北朝史讲演录》,黄山书社1987年版,第9页。
③ 唐长孺《东汉末期的大姓名士》,《魏晋南北朝史论拾遗》,中华书局1983年版,第41页。

生、博士弟子等等,对于恢复汉末衰败凋零的官学教育起到了一定的作用,但是无可否认的是,无论是从魏初博士人选的任用,还是太学弟子的来源,以及太学在整个国家文化教育中的地位而言,魏初的这种文教复兴举措都难以称得上是令人满意的。刘靖曾在奏疏中这样概括魏初的太学教育:

> 自黄初以来,崇立太学二十余年,而寡有成者……

至于个中原因,则刘靖分析到:

> 盖由博士选轻,诸生避役,高门子弟,耻非其伦,故无学者。虽有其名而无其人,虽设其教而无其功。宜高选博士,取行为人表、经任人师者,掌教国子。依遵古法,使二千石以上子孙,年从十五,皆入太学。明制黜陟荣辱之路,其经明行修者,则进之以崇德。荒教废业者,则退之以惩恶。举善而教不能则劝,浮华交游,不禁自息矣。阐弘大化,以绥未宾。六合承风,远人来格。此圣人之教,致治之本也。①

刘靖认为导致魏初太学教育失败的主要原因有两点:其一是博士"选轻",其二则是弟子不务于学。关于第一点,从我们前文所考知的魏初博士来看,邯郸淳、乐详、苏林、高堂隆、秦静、宋均等人,就经学学养而言,都不可谓之"轻";但是,如果从家族出身的角度而言,则这些士人的确较少出于当时的世家豪族者。高堂隆虽是鲁高堂生之后,但是"少为诸生,泰山太守薛悌命为督邮"②,以诸生、督邮起家,显然不是以清议而获征辟的世族子弟。邯郸淳"初平时,从三辅客荆州"③,乃是随三辅之乱而避于荆州,显然其家也不是拥坞壁以自保的豪族。其余苏林、乐详、宋均、秦静、邯郸淳等人的家世背景都不清楚,仅从其籍贯与姓氏看

---

① 《三国志》卷一五《刘司马梁张温贾传》,第464页。
② 《三国志》卷二五《辛毗杨阜高堂隆传》,第708页。
③ 《三国志》卷二一《王卫二刘傅传》裴松之注引《魏略》,第603页。

来,也都不是当时的名门巨族①。至于当时影响较大的世族豪门,如弘农杨氏、汝南袁氏、琅邪王氏、颍川荀氏等,则都没有士人出任博士。因此,如果从门第的角度而言,则当时的博士确实有"选轻"之嫌。

关于第二点,《魏略》中有更为详尽的记述:

> 太学始开,有弟子数百人。至太和、青龙中,中外多事,人怀避就。虽性非解学,多求诣太学。太学诸生有千数,而诸博士率皆粗疏,无以教弟子。弟子本亦避役,竟无能习学,冬来春去,岁岁如是。又虽有精者,而台阁举格太高,加不念统其大义,而问字指墨法点注之间,百人同试,度者未十。是以志学之士,遂复陵迟,而末求浮虚者各竞逐也。②

鱼豢这里所举博士弟子受学之弊较之刘靖更为全面,但两者都指出,博士弟子之不务于学,有一个重要的原因就是他们"怀避就""本亦避役",并不是真正抱着求学的目的来读书的。而由此可见,曹魏初期的太学中,博士弟子的主体应当是各地寒素家庭出生的子弟,因为高门弟子受父祖之荫,原本就可以不用负担徭役,自不必以此手段来"避役"。由于太学中的博士弟子是以寒族为主体,因此"高门子弟,耻非其伦",而刘靖则建议"使二千石以上子孙年从十五皆入太学",增加高门弟子的入学率,以此提升太学的声誉,后来西晋国子学的建立显然正是对刘靖此议的呼应。

此外,自东汉桓帝永寿二年(156)太学学制改革以来,士子修学时限大为延长,试经数目要求逐渐提升,加上允许课试落第后的学生"复

---

① 事实上,如果我们把考察的范围进一步扩大,会发现在曹魏初期的士人群体中,出身于单家的并不鲜见,例如追随曹操的张既"世单家",在明帝时获任侍中、大司马的董遇"兴平中,关中扰乱,与兄季中依将军段煨。采稆负贩,而常挟持经书,投闲习读",黄初中为秘书丞的薛夏"为单家",黄初中为谯王郎中的隗禧"世单家。少好学",都是以单家出身而进入曹魏政权。《三国志》卷一五《刘司马梁张温贾传》裴松之注引《魏略》,第473页;卷一三《钟繇华歆王朗传》裴松之注,第422页。

② 《三国志》卷一三《钟繇华歆王朗传》裴松之注引《魏略》,第422页。

读"参加下一次课试,诸多因素结合,一方面导致太学中在读学生数量的迅速膨胀,另一方面也造成大量士子"结童入学,白首空归"的现象①。太学在选官体系中的地位大幅下降②。而曹魏初年所立太学则基本延续了东汉永寿旧制:

> 魏文帝黄初五年,立大学于洛阳。时慕学者,始诣大学为门人。满二岁,试通一经者,称弟子;不通一经,罢遣。弟子满二岁,试通二经者,补文学掌故;不通经者,听须后辈试,试通二经,亦得补掌故。掌故满二岁,试通三经者,擢高第为太子舍人;不第者,随后辈复试,试通亦为太子舍人。舍人满二岁,试通四经者,擢其高第为郎中;不通者,随后辈复试,试通亦为郎中。郎中满二岁,能通五经者,擢高第,随才叙用;不通者,随后辈复试,试通亦叙用。③

据此制,则一个士人从"门人"到真正进入可以"叙用"的仕途,至少需要十年的时间,且需要兼通五经,而我们知道,西汉公孙弘所定太学课试制度,是"太常择民年十八以上,仪状端正者,补博士弟子",弟子入学后"一岁皆辄试,能通一艺以上者,补文学掌故缺;其高第可以为郎中者,太常籍奏。即有秀才异等,辄以名闻"④。两相比较,"弟子""掌故""郎中"衔的最短获得时间分别从零年、一年、一年延长为两年、四年、八年,如此漫长的学制极大提高了循此径入仕者的时间与知识成本,这自然也影响了太学对于豪族子弟的吸引力。

总之,由于曹魏政权在建立的过程中施行打压豪族的政策,因此,在魏文帝立国之后,曹魏政权也未能得到世家豪族的真正支持。曹魏

---

① 《后汉书》卷九《孝献帝纪》,第 374 页。
② 关于东汉太学学制的具体改革及其在选官体系中地位的下降,可参陈蔚松《汉代考选制度》,湖北辞书出版社 2002 年版,第 141 页。
③ 杜佑《通典》卷五三《礼十三　沿革十三　吉礼十二·大学》,中华书局 1988 年版,第 1464 页。
④ 《史记》卷一二一《儒林列传》,第 3763 页。

虽然建立了太学,并且延聘博士、广纳弟子,但是,由于在文化上享有巨大话语权的世家豪族并不支持太学,经学在世家家族内部仍主要以家学的形态进行传承①;而隐居山林、不仕朝廷的儒士经师也以私学的形式大量传授弟子,太学教育并没有在经学教育中获得引导性的地位。此外,由于魏文帝接受陈群的建议,施行九品官人制度,将选官的主要途径交还给乡里清议,这就使得太学中"五经课试"以官人的制度更缺乏吸引力。这几种因素结合在一起,终于导致魏初太学虚有其名,一方面无法真正引领整个社会的经学风潮,另一方面也未能有效地在朝廷内部占据舆论优势,进而影响大政决策。从《宋书·礼志》《通典·礼》等材料看来,魏初博士对于朝政的主要干涉,只是在一些具体的礼仪方面,像高堂隆那样以灾异劝诫明帝的儒士,实在是非常鲜见。这样一种风气,使得魏初政治显示出比较强烈的名法色彩,杜恕称"今之学者,师商、韩而上法术,竟以儒家为迂阔,不周世用"②,的确反映了当时的政治现实与思想生态。

王国维在《汉魏博士考》中指出:

> 古文学之立于学官,盖在黄初之际。自董卓之乱,京洛为墟。献帝托命曹氏,未遑庠序之事,博士失其官守。垂三十年。今学日微,而民间古文之学乃日兴月盛。逮魏初复立太学博士,已无复昔人。其所以传授课试者,亦绝非曩时之学。盖不必有废置明文,而汉家四百年官学今文之统,已为古文家取而代之矣。③

从上文考证可见,王氏此说虽然在一些具体的史实陈述上稍嫌疏

---

① 关于曹魏以来世家豪族的家庭经学教育,可参郭永吉《六朝家庭经学教育与博学风气研究》,新北:华艺学术2013年出版。
② 《三国志》卷一六《任苏杜郑仓传》,第502页。
③ 王国维《汉魏博士考》,《观堂集林》卷四《艺林四》,《王国维全集·第八卷》,第115~116页。

漏,但确实深刻地揭示了汉魏之际今古文学风的转移,而正如皮锡瑞所言,"郑学盛而汉学衰"①,除了王氏所言的政治因素以外,融会今古文的郑学之兴起对于汉魏学风的变易也起到了重要的推毂作用。王肃在《孔子家语序》中说:"郑氏学行五十载矣!"②郑学在曹魏初期太学中具有主导性的地位,郑注《周易》《尚书》《毛诗》、三《礼》皆用为课试。当然,郑学以外,贾逵之《尚书》《左传》、马融之《周易》《尚书》《周官》《礼记》、服虔之《左传》等汉代古学著作,以及颜氏《公羊春秋》、何休《公羊春秋》、尹更始《穀梁春秋》等今学遗绪在太学中亦得并存。从制度上看,与宣帝"黄龙十二员"、光武"十四博士"、晋武"十九博士"等严格的"师法博士"制相比,曹魏的太学博士制度显得相对松散,但由于博士设官不与诸经师法相对应,因此官学师法的增减不必依赖于博士员额的变化,师法的官学化遂较"师法博士"制度下博士员额的增加更为便利,这不仅造就了曹魏太学中开放的学术风气,也为王肃之学的官学化在制度上留下了较大的空间。

第二节　郑王分庭:曹魏后期的学术与政治

景初三年(239),魏明帝曹叡驾崩,以其无嗣,故以养子齐王曹芳承继大统,芳年幼,故以曹爽与司马懿共辅枢机,此后,曹爽先擅权于正始,至高平陵事变后,则权柄尽归司马氏。曹爽擅权,犹可视为曹魏皇室内部的权力之争;至于司马氏秉政,则如陈寅恪先生之言,乃关乎世族、寒族的权柄之移③。而与之对应,就思想层面言,士人思潮亦几历更

---

① (清)皮锡瑞《经学历史》,中华书局2008年版,第155页。
② 《孔子家语》卷首王肃序,清文渊阁《四库全书》本。
③ 万绳楠整理《陈寅恪魏晋南北朝史讲演录》,黄山书社1987年版,第1页。田余庆先生对陈说并不完全赞同,相关论析见氏著《东晋门阀政治》,北京大学出版社2012年版,第326页。

易,初变于正始,即何晏、王弼、夏侯玄"贵无"玄学之肇起;再变亦于嘉平,即玄风稍歇与王肃之学的迅速提升。皮锡瑞称"郑学出而汉学衰,王肃出而郑学亦衰"①,在曹魏中后期,随着王肃之学在太学中全面获立,其影响甚至一时盖过郑学。然而,王学之立官始于何时,由于史籍记载未详,长期以来无法考定;至于王学兴起之由,则自清儒以来颇以肃之贵盛尤其是王氏、司马氏之联姻为说,视王学之兴端赖于司马氏之秉政,清儒更有以郑、王学之争实为曹氏、司马氏权柄之争的看法。这些说法固有其合理成分,然可信度如何,多大程度反映了郑王之争的内在本质,实需要通过对魏明帝以来郑、王学在禘祫、六宗、庙制等诸多问题上具体争议的辨析,并将其置于曹魏政争的时局中加以考察,方可得出令人信服的结论。本文即拟以此为思路,在考订王肃之学立官具体时间的基础上,探讨其立学之由及其与曹马政争之间的关系。

一、王学立官的时间问题

关于王肃之学获立,见载于《三国志·王肃传》,并无明确的时间断限:

> 初,肃善贾、马之学,而不好郑氏,采会同异,为《尚书》、《诗》、《论语》、三《礼》、《左氏》解,及撰定父朗所作《易传》,皆列于学官。②

至于其群经传注的撰写时间,据《三国志·王基传》,当在魏明帝时其任散骑常侍阶段:

> 散骑常侍王肃著诸经传解,及论定朝仪,改易郑玄旧说,而基据持玄义,常与抗衡。③

---

① (清)皮锡瑞《经学历史》,中华书局2008年版,第155页。
② 《三国志》卷一三《钟繇华歆王朗传》,第419页。
③ 《三国志》卷二七《徐胡二王传》,第751页。

据王肃本传,其始任散骑常侍在明帝太和三年(229),至青龙四年(236),复以常侍兼领秘书监、崇文观祭酒,至齐王正始元年(240)始出为广平太守,前后历十二年。《王基传》既称王肃所注群经之署衔为"散骑常侍",则其群经传注的撰定,大抵在此期间。至于王学"列于学官"的时间,学者或据其任太常之时间推为高贵乡公嘉平六年(254)后,如许道勋、徐洪兴《中国经学史》认为"嘉平六年,王肃持节兼太常,奉大将军司马师之命,迎立高贵乡公曹髦。王肃既然官为太常,总领'五经'博士,也就有机会把自己的一系列经注以及父亲的《易传》,都立为学官"①。郝虹则综合考虑司马懿秉政的时间和王肃任太常的时间,以王学之立为"嘉平初年间"②。据《三国志·王肃传》,知肃曾两次出任太常,初任在正始元年(240)③,后坐宗庙事免,嘉平六年乃再任太常。故若以任太常为立学之时,则正始元年与嘉平六年实皆有可能。当然,从曹魏政治的层面上看,正始元年之时局为"大将军曹爽专权任用"④,至嘉平则司马氏已专废立,故学者取嘉平为王学获立之时,大概是据其与司马氏秉政之间的关系而定。但事实上,王学之立与司马氏擅权之间的关系本身只是一种假设,而其任太常的时间则有先后两种选择,因此,径定其学之立于嘉平司马氏擅权之后,实基于一种带有倾向性的逻辑假设,其可信度自难令人满意。而值得注意的是,目前我们唯一能够确定的王氏《易》学的获立,恰在曹爽擅权的正始六年(245):

(齐王芳正始六年)十二月辛亥,诏故司徒王朗所作《易传》,令学者

---

① 许道勋、徐洪兴《中国经学史》,上海人民出版社2006年版,第143页。
② 关于王肃初任太常的时间,郝虹定于"正始末年至嘉平三年",未知其据。郝虹《王肃经学的历史命运》,葛志毅主编《中国古代社会与思想文化研究论集(第四辑)》,黑龙江人民出版社2010年版,第57页。
③ 《三国志》卷一三《钟繇华歆王朗传》,第418页。
④ 《三国志》卷一三《钟繇华歆王朗传》,第418页。

得以课试。①

此文足证王学之立官并不始自嘉平司马氏之秉政。当然，笔者也注意到，在邢昺《孝经疏》中的确有一条材料可以直接证明王学之兴与司马氏之间的关系：

> 王肃《孝经传》首有司马宣王奉诏令诸儒注述《孝经》，以肃说为长。②

这条材料鲜见学者引用，然其价值颇值得注意：其一，《三国志·王肃传》言肃书之列于学官者遍及群经，唯缺《孝经》，今据此条可知，王注《孝经》实亦具官学之身份。其二，从司马懿本人的仕宦经历看来，奉诏颁令诸儒注《孝经》从何家之说，似非其本职，他以辅政之尊而特留意于此事，应可视为对王肃之学的特意抬举。由此细节可知，王学之兴确与司马氏之推毂有关。

此外，若《孝经疏》所引王肃《孝经传》首之文无误，则司马懿奉诏所定者仅《孝经》一书而已，并不涉及他经，这不仅可以帮助我们理解《三国志·王肃传》何以失载王注《孝经》之立学，亦符合我们对曹魏官学的基本认知——此诏明确规定诸儒注述《孝经》"以肃说为长"，这就意味着王注《孝经》不仅拥有官学身份，而且其权威性明确高于官学中的其它《孝经》注本（如郑注《孝经》），近乎"独尊"了。但在从西汉到西晋的所有官定经目中，诸学并尊是普遍存在的实际形态，即便是郑学"小一统"的曹魏初期，贾、马之学亦得列于官学，而在王学如日中天的西晋时期，郑学同样得与之并置博士。魏晋时期关于礼制的争论非常频繁，郑、王之学互有胜负，而这一局面的形成，正因为郑、王学在制度上实具有并列相抗之地位。今司马懿所传之诏径定王注《孝经》"为长"，则此

---

① 《三国志》卷四《三少帝纪》，第121页。
② 《孝经注疏·序》，《十三经注疏》，第2539页下栏。

诏所涉及的经典大概仅限于《孝经》而已,不会旁涉他经,否则就无法解释郑、王礼学之争何以一直从曹魏持续到东晋时期。大概也正是因为此,所以《三国志·王肃传》言王学之列为学官,亦未及《孝经》——盖司马懿奉诏立王氏《孝经》传为尊,与王肃诸学之获立,原非一事,故未相及也。

这样看来,仅就目前所见文献,王肃之学列为学官的时间实难考定,从其父《易传》与己所注《孝经》皆各自获立看来,王学地位之提升,恐非一蹴而就,唯可确定其始获立的时间,不得晚于正始六年(245)。

二、王学肇兴之由

那么,王肃之学何以会在魏初郑学极盛的思想背景下兴起,并得以进入官学呢?这是我们这一部分将要详细探讨的问题。

目前,学界关于这一问题的论断多就其与司马氏之姻亲关系立论,清人陈澧已有其说:

> 《晋书·刑法志》云:"秦汉旧律,后人生意,各为章句。叔孙宣、郭令卿、马融、郑玄诸儒,章句十有余家,览者益难。天子于是下诏(原注:天子者,魏明帝),但用郑氏章句,不得杂用余家。文帝为晋王,患前代律令本注烦杂,但取郑氏,又为偏党,未可承用,于是令贾充定法律。"盖前此尊郑学,至是则王肃论礼,贾充定律,司马氏之私人,竞出而张其喙矣。①

陈澧论律学之所宗而旁及王肃,认为魏初律学、礼学皆尊郑学,自"文帝为晋王",也就是司马氏秉政之后,王肃、贾充乃以"司马氏之私

---

① (清)陈澧《东塾读书记》卷一五,生活·读书·新知三联书店1998年版,第277~278页。

人"的身份得用其说。此说近代以来已为学者普遍接受①,前文所举司马懿奉诏令诸儒注述《孝经》皆以王肃注为长的材料更可直接证明司马氏对王学之推毂,然而,若即以上文所举正始六年王氏父子《易传》获立之事为例,其时正处于曹爽擅权最为跋扈的阶段,邓扬、何晏等大臣在此期间极为得势,而司马懿则采取示弱政策,常称病不起,不与之争锋。毋庸置疑,正始六年绝不可以称为司马氏秉政时期,但王朗《易传》偏于此时获立官学,这不由得使我们对王学获立皆因司马氏秉政说产生怀疑。

还有一个问题值得我们注意,在明帝继位之初,朝中大臣曾有一次关于是否改正朔、易服色的大议,朝臣为此分为两派,大部分朝臣主张改制,如太尉司马懿、尚书仆射卫臻、尚书薛悌以及郑学传人高堂隆、秦静、赵怡等;但也有一些朝臣主张曹魏以受禅而继汉,故不必改易,如侍中缪袭、侍郎刁干、散骑常侍王肃等。在改正朔这一重大的问题上,王肃和司马懿的主张并不相同,可见王、司马未必一开始就属于同一政治集团。总之,笔者认为,王肃与司马氏何以会走到一起,仍是一个值得探讨的问题;而王肃之学的获立,亦未可简单归因于司马氏的扶持。

我们不妨先来探讨一下所谓郑、王之学的竞争,究竟是始于何时、因何而起的。众所周知,早在郑学"小一统"于河洛的汉魏之际,无论是荆州学派,还是在东吴一带,都有不少学者对郑学持反对态度②,而王肃

---

① 相关论述可参高明《王肃之经学序》,李振兴《王肃之经学》,华东师范大学出版社2012年版;叶国良、夏长朴、李隆献《经学通论》,台北:大安出版社2014年版,第600页;吴雁南等主编《中国经学史》,福州:福建人民出版社2001年版,第174页;郝虹《王肃经学的历史命运》,葛志毅主编《中国古代社会与思想文化研究论集(第四辑)》,黑龙江人民出版社2010年版,第57页。

② 吴地之反郑学者,以虞翻为代表,此学界所素知者。至于荆州一带,除早期以宋忠为代表外,稍晚则有李譔,系宋忠弟子李仁之子,传父之学,"著古文《易》、《尚书》、《毛诗》、三《礼》、《左氏传》、《太玄·指归》,皆依准贾、马,异于郑玄"。《三国志》特别指出其"与王氏殊隔,初不见其所述,而意归多同。"可见王肃、李譔之学皆渊源自宋忠,故有暗合之处。《三国志》卷四二《李譔传》,第1027页。

年十八即从荆州学派的代表人物宋忠"读《太玄》"①,则其于郑学"一统"之际却对其并不盲从,实有师学脉络上可寻绎之处。也因为如此,故早期的郑王之争主要还是集中在学者的层面上,至于朝廷,则魏初太学中仍以郑学为主导,而至迟到魏明帝的时候,郑王之学的争论乃已经进入朝廷议政的层面。

就笔者所见,最早一次引起王郑之辨的议政,乃在魏明帝太和六年至八年(232—234),此事见载于《通典》:

魏明帝太和六年,尚书难王肃以"《曾子问》唯祫于太祖,群主皆从,而不言禘,知禘不合食。"肃答曰,以为:"禘祫殷祭,群主皆合,举祫则禘可知也。"

武宣皇后太和四年六月崩,至六年三月,有司以今年四月禘告。王肃议曰:"今宜以崩年数。按《春秋》鲁闵公二年夏,禘于庄公。是时缞绖之中,至二十五月大祥便禘,不复禫,故讥其速也。去四年六月,武宣皇后崩,二十六日晚葬,除服即吉,四时之祭,皆亲行事。今当计始除服日数,当如礼须到禫月乃禘。"赵怡等以为:皇帝崩二十七月之后,乃得禘祫。

王肃又奏:"如郑玄言各于其庙,则无以异四时常祀,不得谓之殷祭。以粢盛百物丰衍备具为殷者,夫孝子尽心于事亲,致敬于四时,比时具物,不可以不备,无缘俭齐其亲,累年而后一丰其馔也。夫谓殷者,因以祖宗并陈,昭穆皆列故也。设以为毁庙之主皆祭谓殷者,夫毁庙祭于太祖,而六庙独在其前,所不合宜,非事之理。近尚书难臣以'《曾子问》唯祫于太祖,群主皆从,而不言禘,知禘不合食'。臣答以为'禘祫殷祭,群主皆合,举祫则禘可知也'。《论语》孔子曰:'禘自既灌而往者,吾不欲观之矣。'所以特禘者,以禘大祭,故欲观其盛礼也。禘祫

---

① 《三国志》卷一三《王肃传》,第414页。

大祭,独举禘,则祫亦可知也。于《礼记》则以祫为大,于《论语》则以禘为盛,进退未知其可也。汉光武时下祭礼,以禘者毁庙之主皆合于太祖,祫者唯未毁之主合而已矣。郑玄以为禘者各于其庙。原其所以,夏商夏祭曰禘,然其殷祭亦名大禘。《商颂·长发》,是大禘之歌也。至周改夏祭曰礿,以禘唯为殷祭之名。周公以圣德用殷之礼,故鲁人亦遂以禘为夏祭之名。是以《左传》所谓'禘于武宫',又曰'烝尝禘于庙',是四时祀,非祭之禘也。郑斯失矣。至于经所谓禘者,则殷祭之谓。郑据《春秋》与大义乖。"按太和八年用王肃议。①

王肃所议祫禘之礼,乃是礼学史上最为复杂的问题之一,长期以来异说纷呈。简言之,祫、禘都是祭祀祖先的盛大祭礼,《礼记·王制》云:

> 天子礿祠、祫禘、祫尝、祫烝。②

祫禘是四时常祭之外最为隆重的祭奠,但是,究竟什么是祫禘,经书本身却没有具体的解释。郑玄在《礼记注》中认为,所谓"祫",是合祖先之神主,共祭于始祖之庙:

> 天子诸侯之丧毕,合先君之主于祖庙而祭之,谓之祫。后固以为常,天子先祫而后时祭;诸侯先时祭而后祫。③

至于禘祭,则郑玄在《礼记注》中云:

> 禘,大祭也。始祖感天神灵而生,祭天则以祖配之,自外至者无主不上。④

在《毛诗·雝》诗序"雝,禘大祖也"下,郑玄又云:

---

① 《通典》卷四九《礼九》,第1380~1382页。
② 《礼记正义》卷一二《王制》,《十三经注疏》,第1336页中栏。
③ 《礼记正义》卷一二《王制》,《十三经注疏》,第1336页中栏。
④ 《礼记正义》卷三二《丧服小记》,《十三经注疏》,第1495页中栏。

禘，大祭也。大于四时，而小于祫。①

总之，郑玄认为祫祭是合祭先祖，是最为隆重的祭先礼；禘祭则只是规模较大的一种祭祀而已，并不合祭。《礼记正义》云：

> 其禘祫大小，郑以《公羊传》云："大事者何？大祫也。毁庙之主，陈于太祖，未毁庙之主，皆升合食于太祖。"故为大事。②

郑玄以祫大于禘，而王肃则不赞同此说。事实上，从《礼记正义》的疏文看来，贾逵、马融皆以禘祭为大，祫祭为小，上文《通典》的引文中有"汉光武时下祭礼，以禘者毁庙之主皆合于太祖，祫者唯未毁之主合而已矣"之言，可见贾、马之见亦与东汉官方对于祫、禘礼的解释一致。王肃"好贾、马之学，而不好郑氏"，在这一点上得到了充分的体现。按照贾、马、王的观念，祫祭和禘祭都是合祭，但范围有所不同，祫祭所祭的神主仅限于未毁庙的先祖，即始祖、祧庙之祖以及亲庙诸祖、考；至于禘祭，则范围更大，除了祫祭的诸祖先以外，还包括因为亲尽毁庙、却又未得立为祧庙之祖的祖先们。对于这一解释，王肃曾引贾逵之说以及《逸礼》为据：

> 若王肃、张融、孔晁皆以禘为大，祫为小，故王肃论引贾逵说"吉禘于庄公"，"禘者，递也。审递昭穆，迁主递位，孙居王父之处。"又引"禘于太庙"。《逸礼》"其昭尸穆尸，其祝辞总称孝子孝孙"，则是父子并列。《逸礼》又云："皆升合于其祖。"所以刘歆、贾逵、郑众、马融等皆以为然。③

可见，在郑玄以前，以祫禘皆为合祭，并以禘祭大于祫祭乃是一种传统的、主流的经说，那么郑玄何以一反陈说呢？对于《逸礼》之说，郑

---

① 《毛诗正义》卷一九之四《雝》，《十三经注疏》，第595页下栏。
② 《礼记正义》卷一二《王制》，《十三经注疏》，第1336页下栏。
③ 《礼记正义》卷一二《王制》，《十三经注疏》，第1336页下栏。

玄又如何反驳呢?《礼记正义》疏文云:

> 郑不从者,以《公羊传》为正,《逸礼》不可用也。又《曾子问》云:"七庙、五庙无虚主。虚主者,惟天子崩与祫祭,祝取群庙之主。"明禘祭不取群庙之主可知。《尔雅》云:"禘,大祭也。"谓比四时为大也。①

《正义》此文未知何据,从叙述的口吻看来,未必真出于郑玄,或是魏晋时期的郑学后人所言。这里的解释乃针对王肃所引《逸礼》之文,选择性地以《公羊传》之文为可信,而以《逸礼》之文为不可信。此外,这里还补充了《礼记·曾子问》以及《尔雅》中的两条例证,进一步佐证禘祭并非合祭之说。其中,《礼记·曾子问》之文正是太和年间曹魏尚书与王肃就禘祭问题进行论难的切入点。由于《曾子问》中明言"惟天子崩与祫祭祝,取群庙之主",也就是说,只有在天子驾崩以及祫祭的场合,才将群庙之主移至太祖庙中共祭。治郑学的尚书以此为据,质疑王肃的禘祭合祭说。

上文所引《通典》中王肃的大段论述便是在这样一个背景下展开的。他从三个方面论证了自己的观点:首先,禘祭又有"殷祭"之称,而"夫谓殷者,因以祖宗并陈,昭穆皆列故也",因此,既然是"殷祭",自当是合祭之礼。其次,关于尚书所举《曾子问》中的例证,王肃举《论语》中孔子之言为反驳。他认为,《曾子问》中孔子之所以仅言祫祭,乃是言一以及二,正如《论语》中孔子言"禘自既灌而往者,吾不欲观之矣",虽仅言禘祭,但实亦包括祫祭在内。最后,王肃还推测了何以郑玄认为"禘祭"为不合祭。他认为郑玄之所以持此说,乃是混同了"禘"与夏商时期的"夏禘"两个概念。据王肃之言,后者乃是四时常祀中夏时的祀名,在夏、商时期称为"禘",在周代以后则称为"礿"。不过,由于"周公以圣德用殷之礼,故鲁人亦遂以禘为夏祭之名",这样一来,周代以及春秋时期

---

① 《礼记正义》卷一二《王制》,《十三经注疏》,第1336页下栏。

的鲁国文献中,"禘祭"仍然是一名而兼具二实,既可指殷祭,又可指夏礿。郑玄或曾以《左传》中"夏禘"之例证禘祭为小,而王肃认为正是因为郑玄误解了《左传》中"禘祭"的含义,遂导致其误判了"禘祭"的真实形态,此王肃论议中"郑据《春秋》与大义乖"之所指也。

客观而言,仅就王肃的这几条驳论看来,前两条很难称为的据。首先,关于"殷祭"之名,"殷"本身只有盛大的意思,并无"祖宗并陈、昭穆皆列"之意,王肃对于"殷祭"的解释,已经增加了自己的主观理解,并不足证。其次,关于《论语》中的那段话,在语气上与《曾子问》还是有很大不同,《论语》之言只是就"禘祭"本身不合古礼而引发的感慨,与其它祭礼似乎并无关联,而《曾子问》中"惟天子崩与祫祭祝"一句,则显然具有一定的排它性。就《曾子问》所言看来,其意确实是仅以祫祭为合祭。不过,至于最后一条,则似乎确实击中了郑说的要害。郑玄在《礼记》"天子诸侯宗庙之祭,春曰礿,夏曰禘,秋曰尝,冬曰烝"句下注云:

此盖夏殷之祭名,周则改之:春曰祠,夏曰礿,以禘为殷祭。《诗·小雅》曰:"礿祠烝尝,于公先王",此周四时祭宗庙之名。①

郑玄指出周代的四时常祀在祀名上与夏、商不同,夏商时期的"夏曰禘",到了周代改为"夏曰礿",而其理由,就是"禘"改为专指殷祭。可见,郑玄对于周代仍有以"禘祭"为常祀之名的用例并不熟悉,这或许确实影响了他对于禘祭的理解。因此,从这一条来看,王肃的驳论还是有一定的可信度的。据《通典》所言,"太和八年,用王肃议",可知在此之前,魏室禘祭均用郑说,至此乃改用王说。这是笔者所见郑、王之学在朝廷上的的第一次正面交锋,而最终的结果乃是以王肃之说为胜。

郑、王礼学的又一次交锋,亦在明帝时期,其具体时间难以考知,大抵与禘祫之辩相当,其起因则是关于"六宗"祀礼。此事见载于贾公彦

---

① 《礼记正义》卷一二《王制》,《十三经注疏》,第 1335 页下栏。

的《周礼疏》:

> 至魏明帝时,诏令王肃议六宗。取《家语·宰我问六宗》:"孔子曰:所宗者六。埋少牢于大昭,祭时;相近于坎坛,祭寒暑;王宫祭日夜;明祭月;幽禜祭星;雩禜祭水旱。"①

所谓"六宗",始见于《尚书·尧典》(伪古文分属《舜典》):

> 正月上日,受终于文祖。在璇玑玉衡,以齐七政。肆类于上帝,禋于六宗,望于山川,遍于群神。②

从《尧典》的这段叙述来看,"禋于六宗"乃是舜受禅即位时所行的告礼之一,但是,与上帝、山川、群神等不同,仅从字面上来看,"六宗"之所指古奥难明。也正是因为此,历来学者对此有不同的解释。从《尚书正义》的记载来看,至少有以下几种具代表性的观点:

> 汉世以来,说六宗者多矣。欧阳及大、小夏侯说《尚书》,皆云所祭者六,上不谓天,下不谓地,旁不谓四方,在六者之间,助阴阳变化,实一而名六宗矣。孔光、刘歆以六宗谓乾坤六子:水、火、雷、风、山、泽也。贾逵以为六宗者,天宗三:日、月、星也;地宗三:河、海、岱也。马融云:万物非天不覆,非地不载,非春不生,非夏不长,非秋不收,非冬不藏,此其谓六也。③

至于郑玄,则亦有己说:

> 郑玄以六宗言禋,与祭天同名,则六者皆是天之神祇,谓星、辰、司中、司命、风师、雨师。星,谓五纬也。辰,谓日月所会十二次也。司中、司命,文昌第五、第四星也。风师,箕也。雨师,毕也。④

---

① 《周礼注疏》卷一八"大宗伯"条,《十三经注疏》,第758页上栏。
② 《尚书正义》卷三《舜典》,《十三经注疏》,第126页中栏。
③ 《尚书正义》卷三《舜典》,《十三经注疏》,第127页上~中栏。
④ 《尚书正义》卷三《舜典》,《十三经注疏》,第127页中栏。

第四章　魏晋至隋唐经目演变

郑玄此言似前人所未有,乃是从"六宗言禋"、也就是祭祀的方式这一角度进行推测,颇有新意,然而未见所据。至于王肃,则《尚书正义》云:

> 《祭法》云:"埋少牢于太昭,祭时;相近坎坛,祭寒暑;王宫祭日夜;明祭月幽;幽禜祭星雩;雩禜祭水旱也。"据此言六宗,彼祭六神,故《传》以彼六神谓此六宗,必谓彼之所祭是此六宗者,彼文上有祭天祭地,下有山谷、丘陵,此六宗之文在上帝之下,山川之上,二者次第相类,故知是此六宗。王肃亦引彼文,乃云禋于六宗,此之谓矣。①

据此,则是王肃之说与孔传相同,皆是以四时、寒暑、日、月、星、水旱为六宗。《尚书正义》又特别指出,"惟王肃据《家语》,六宗与孔同"②,《礼记正义》亦称"《圣证论》王肃六宗之说,用《家语》之文"③,皆指王肃之说源于《孔子家语》。不过,据笔者查考,今本《孔子家语》中实并无关于"六宗"的论述,《周礼疏》《尚书正义》《礼记正义》所谓"王肃据"者,见于今本《孔丛子》,其言:

> 宰我曰:"敢问禋于六宗何谓也?"孔子曰:"所宗者六,皆洁祀之也。埋少牢于太昭,所以祭时也;祖迎于坎坛,所以祭寒暑也;主于郊宫,所以祭日也;夜明,所以祭月也;幽禜,所以祭星也;雩禜,所以祭水旱也。禋于六宗,此之谓也。"④

《孔子家语》和《孔丛子》在流传的过程中均曾出现过卷次、篇帙上的较大变化,或许这条材料原载于《孔子家语》,后来窜入《孔丛子》中;当然,也可能是王肃当日误记《孔子家语》与《孔丛子》二书,将《孔丛子》

---

① 《尚书正义》卷三《舜典》,《十三经注疏》,第127页上栏。
② 《尚书正义》卷三《舜典》,《十三经注疏》,第127页中栏。
③ 《礼记正义》卷四六《祭法》,《十三经注疏》,第1588页中栏。
④ 《孔丛子》卷一《论书》,《四部丛刊》影明翻宋本,第13叶A。

中的材料误以为出自《家语》之中,并在《圣证论》中自称此文出于《家语》,后来《尚书正义》《礼记正义》等书皆径用王肃《圣证论》之文,以致衍误。

不过,无论是哪种可能性,从《周礼疏》《尚书正义》《礼记正义》等隋唐文献看来,王肃乃是以四时、寒暑、日、月、星、水旱为"六宗",而魏明帝也以王肃之说为据,行此六宗之祀。

然而,关于王肃的"六宗论"究竟为何,唐宋文献中还有一种完全不同的记载。宋人吕祖谦所作《历代制度详说》云:

> 魏明帝立六宗,祀六子之卦,从王肃议。景初二年,改祀大极冲和之气,从刘劭议。后复立六宗祀,因魏旧事。①

又南宋罗泌《路史》载此事亦云:

> 以为乾坤六子者,刘歆、晁错、孔光、王莽、王肃、颜师古也。魏明帝则因王肃之言而从莽。②

若依吕祖谦、罗泌之说,则王肃所议定的六宗论乃是前文《尚书正义》引文中所谓的"孔光、刘歆"之见,即以"乾坤六子"为"六宗",所祀者为水、火、雷、风、山、泽。而查《北堂书钞》,我们发现宋人所言并非无据,《北堂书钞·六宗》载:

> 乾坤六子。《圣证论》云,魏明帝诏王肃,六宗之神意有几乎?对曰:"坎为水,离为火,震为雷,巽为风,艮为山,兑为泽,先师所说曰六宗,此乾坤六子也。"③

这里,《北堂书钞》与《礼记正义》"《圣证论》"王肃六宗之说,用《家

---

① (宋)吕祖谦《历代制度详说》卷一五《祀事·制度》,民国《续金华丛书》本,第2叶A。
② (宋)罗泌《路史·余论》卷五《六宗论》,明万历刻本,第5叶A、6叶B。
③ (唐)虞世南《北堂书钞》卷九〇《六宗二十一》,上海书店1989年影印本,第337页下栏。

语》之文"皆自称出于《圣证论》,但二书所引则迥然不同,实难判定何者为是。不过,同出于初唐的《艺文类聚·祭祀》条恰好曾抄录了王肃的《尚书注》:

《尚书》曰:"肆类于上帝,禋于六宗,望于山川,遍于群神。"王肃注云:"六宗者,所宗者皆洁祀之。埋少牢于泰昭,祭时也;相近(笔者注:当作"祖迎"①)于坎坛,祭寒暑也;王宫,祭日也;夜明,祭月也;幽禜,祭星也;云禜,祭水旱也。"②

《艺文类聚》编纂之时,王肃《尚书注》犹存,故此条所载当无讹误。既然王肃的《尚书注》明确称"六宗"为四时、寒暑、日、月、星、水旱,则《圣证论》中似不当另标异说。三占从二,笔者认为《礼记正义》《尚书正义》《周礼疏》中所言王肃"六宗论"当为可信。《北堂书钞》之说何以独异,暂存疑于此。

回到我们的问题上来。无论是《周礼疏》,还是《历代制度详考》,无论对于王肃的"六宗说"作何解释,两者的共同点在于,它们都明载魏明帝在关于禋祀"六宗"的议礼中采纳了王肃之说,王说再次战胜郑玄说以及其它诸说。

史籍所载魏明帝时期郑王之学的第三次争辩,是景初间的天子庙制之争,关于这一论争的始末,我们在上节已有详细辨析,此不赘论。简言之,郑玄主张天子五庙,祖庙一,亲庙四,另可立祧庙若干;王肃则主张天子七庙,祖庙一,亲庙六,三昭三穆。魏初用高堂隆议,遵郑玄之

---

① 关于此处二字当作"相近"还是"祖迎",郑、王二家不同,据《礼记·祭法》郑注:"相近,当为禳祈,声之误也。禳,犹却也。祈,求也。寒暑不时,则或禳之、或祈之。"此是以声误改此二字。至于王肃,《经典释文》云:"王肃作'祖迎'也。"可知王肃本《尚书》此二字与郑注本不同,查上文所引《孔丛子》,此二字正作"祖迎",与王肃相合。此处《艺文类聚》所引既然为王肃《尚书》注,则此二字自当作"祖迎",今作"相近"者,依郑注本而讹误也。《礼记正义》卷四六《祭法》,《十三经注疏》,第1588页上栏。

② (唐)欧阳询等《艺文类聚》卷三八《礼部上》,上海古籍出版社1982年版,第41页。

说而虚置祖庙、祧庙,至明帝景初,"乃依王肃,更立五世、六世祖,就四亲而为六庙"①,则虽然这次争论的主题与前两次又有不同,但同样的结果是,王肃所主张的庙制最终得到了魏明帝的采纳,而郑玄之说再次遭弃。

通过以上的分析,我们发现,早在魏明帝太和、景初时期,王肃的学说已经在朝议中显示出极大的独立性,并获得魏明帝的赏识,在多次议礼实践中取代郑说而为朝廷所用,前引《三国志·王基传》言王肃以散骑常侍之身份而"论定朝仪,改易郑玄旧说",恐即就上举诸事而言,而王基既然"常与抗衡",可知二王互有胜负,王肃之学已足与郑学相抗。在魏明帝时期,虽然司马懿已经官居太尉,权势非常,但明帝显非齐王、高贵乡公等庸主所可比,从整体上而言,明帝甚至是一个相对比较专权的皇帝,当时的大政方针基本都是由其亲自决断。此外,明帝时曹氏宗亲的力量也还比较强大,对于司马懿也起到了较大的制衡作用。因此,王肃虽然在太和五年(231)已经与司马氏结亲,但司马氏在此时犹未有足够的能力推毂王说。王肃之学在明帝时期所获得的政治地位,显然未可简单归因于司马氏的权势。

从上面所举的三次郑、王之学的论辩中,我们认为,王肃之学所以能在郑学犹尚笼罩太学的曹魏初期争得一席之地,有这样几点十分重要:

首先,王肃最初对曹魏政权还是抱有一定的信心,曾希望借助儒学来矫正曹魏政权偏重名法的倾向,这构成了王肃与曹魏政权合作的基础。我们知道,王肃在曹魏后期与司马氏关系密切,特别是其与司马景王,也就是司马师之间的合作,真可谓同声共气。王肃在司马氏擅权过程中所扮演的这一角色,几乎成为他永远无法抹去的"污点",严重影响了他在后代的历史形象。至迟到明代时,士人已深为王肃之行所不齿,

---

① 《隋书》卷七《礼仪志二》,第138页。

程敏政曾专在奏议中说：

> 王肃在魏，以女适司马昭。当是时，昭篡魏之势已成，肃为世臣，封兰陵侯，官至中领军，乃坐观成败，及毌丘俭、文钦起兵讨贼，肃又为司马师画策，以济其恶。①

因此，程敏政奏议将王肃等人"褫爵罢祀"，以显其恶。正是在这种传统观念的影响之下，王肃长期以来被视为是司马氏之党羽、曹氏之仇雠，而这极大地影响了我们对王肃复杂政治立场的认识。事实上，王肃的政治思想实有前后二期之不同，就明帝时期而言，他的基本立场仍是倾向于曹魏政权。我们知道，王肃之于曹魏可谓世臣，其父王朗在汉末投奔曹操，《三国志》载此事，称"太祖表征之，朗自曲阿辗转江海，积年乃至"②，王朗仕魏武、文、明三朝，功勋卓著，声望极高，乃是魏室股肱之臣。这一家世背景对于王肃的影响不可忽视。肃自黄初入仕后，先后为散骑黄门侍郎、散骑常侍，所任皆为清贵之职，因此，他对曹魏政权原本不必有反逆之心。而从明帝时期王肃的奏议看来，他对曹魏政权的拥护，实不容抹杀，比较典型的事例便是太和五年大司马曹真薨后王肃的举哀表：

> 魏大司马曹真薨，王肃为举哀表云："在礼，大臣之丧，天子临吊。诸侯之薨，又庭哭焉。同姓之臣，崇于异姓。自秦逮汉，多阙不修。暨光武颇遵其礼，于时群臣莫不竞劝。博士范升上疏称扬以为美。可依旧礼，为位而哭之，敦睦宗族。"于是帝幸城东，张帐而哭之。及钟太傅薨，又临吊焉。③

关于这件事有两点值得注意：其一，此事发生的时间，乃在太和五

---

① （明）程敏政《奏考正祀典》，《篁墩文集》卷一〇，明正德二年刻本，第 3 叶 B。
② 《三国志》卷一三《钟繇华歆王朗传》，第 407 页。
③ （唐）杜佑《通典》卷八一《礼四十一》，中华书局 1988 年版，第 3202~3203 页。

年(231),正是王肃嫁女于司马氏之时。其二,则是此事的性质,从王肃的奏议中我们看到,他强调"同姓之臣,崇于异姓",主张"为位而哭之,敦睦宗族",正是为了使得曹魏皇室的政治地位得到尊崇,从而借此稳固魏室的地位。魏明帝用其奏议,并在曹真、钟繇的丧仪中采取区别式的对待,前者"庭哭",后者只是"临吊",亦是希望借此显示曹氏的尊贵。王肃在这一事件上显然是站在曹魏政权的立场上,绝非有心为司马氏这样的异姓张目。

此外,在明帝青龙年间为汉献帝立谥号的问题上,王肃也表现出对曹魏皇权的极力维护:

> 青龙中,山阳公薨,汉主也。肃上疏曰:"昔唐禅虞,虞禅夏,皆终三年之丧,然后践天子之尊。是以帝号无亏,君礼犹存。今山阳公承顺天命,允答民望,进禅大魏,退处宾位。公之奉魏,不敢不尽节。魏之待公,优崇而不臣。既至其薨,棺敛之制,舆徒之饰,皆同之于王者,是故远近归仁,以为盛美。且汉总帝皇之号,号曰皇帝。有别称帝,无别称皇,则皇是其差轻者也。故当高祖之时,土无二王,其父见在而使称皇,明非二王之嫌也。况今以赠终,可使称皇以配其谥。"①

王肃强调"有别称帝,无别称皇,则皇是其差轻者也""土无二主",都显示出他对于魏氏皇权不可侵犯的重视。总之,从这些事例中可以看出,即使在明帝初期,王肃已与司马氏有所交往,但当时他的思想倾向,仍是认同曹魏的皇权帝统。

不过,王肃的儒学世家背景毕竟与曹氏不同。前文已言,曹氏在统治初期,多行名法之政,刑罚苛严,这些在王肃看来都是不利于政治稳定的,因此,在明帝时期的奏议中,他时常以儒家的政治理论来劝诫明帝,例如《三国志》载:

---

① 《三国志》卷一三《钟繇华歆王朗传》,第415~416页。

第四章　魏晋至隋唐经目演变

景初间,宫室盛兴,民失农业,期信不敦,刑杀仓卒。肃以疏曰:"大魏承百王之极,生民无几,干戈未戢,诚宜息民而惠之以安静遐迩之时也。夫务畜积而息疲民,在于省徭役而勤稼穑。今宫室未就,功业未讫,运漕调发,转相供奉。是以丁夫疲于力作,农者离其南亩,种谷者寡,食谷者众,旧谷既没,新谷莫继。斯则有国之大患,而非备豫之长策也。……夫信之于民,国家大宝也。仲尼曰:'自古皆有死,民非信不立。'夫区区之晋国,微微之重耳,欲用其民,先示以信,是故原虽将降,顾信而归,用能一战而霸,于今见称。前车驾当幸洛阳,发民为营,有司命以营成而罢。既成,又利其功力,不以时遣。有司徒营其目前之利,不顾经国之体。臣愚以为自今以后,傥复使民,宜明其令,使必如期。若有事以次,宁复更发,无或失信。凡陛下临时之所行刑,皆有罪之吏,宜死之人也。然众庶不知,谓为仓卒。故原陛下之于吏而暴其罪。钧其死也,无使污于宫掖而为远近所疑。且人命至重,难生易杀,气绝而不续者也,是以圣贤重之。孟轲称'杀一无辜以取天下,仁者不为也。'……"又陈"诸鸟兽无用之物,而有刍谷人徒之费,皆可蠲除。"①

这里王肃对魏明帝好宫室、失信于民、刑法严苛等弊政逐一进行劝诫,情辞恳切,非敷衍而已。可见作为曹魏世臣,虽然王肃的儒学背景决定了在他执政理念等方面与曹魏政权有一定的差异,但至少在魏初,他对于魏室并无异心,他以自己的礼学理论来维系、稳固这一皇权;而从《三国志》的记载看来,魏明帝对于王肃也颇为信任,在一些重大的问题上重视并愿意听从王肃的奏谏。简言之,王肃与魏明帝之间的这种密切关系,构成了王学兴起的基础。

其次,在一些具体的礼学问题上,与郑学相比,王肃之说与皇权背

---

① 《三国志》卷一三《钟繇华歆王朗传》,第416~418页。

景下的政治现实更为契合,更容易为统治者所接受。关于王郑之学的差异,很多学者曾作过探讨①,其中有一种观念认为,郑学更注重皇权的不可侵犯,而王学则重变通、有自然无为之治的倾向②,正是王学的这种倾向,促成了其与司马氏的合作,并成为司马氏篡权的思想基础。不过,前文已言,王肃的思想倾向前后期有所变化,就王学本身而言,他绝不是为了司马氏篡权而创立一套学说,我们研究王肃之学,还是要更多地从王肃自己的奏议、经注中去探讨其学术思想,不可过于夸大司马氏擅权与其学术之间的关系。

从本文所列举的郑、王关于礼制的争论看来,由于郑学本身是相对独立的经学体系,郑玄并不以仕进为务,是其学更多以经书内部的训诂原意为基础,而较少考虑其学说与政治现实之间的呼应,难免在一些问题上显得迂阔。例如前文言及的天子庙制问题。自先秦以来,在皇权(王权)政治传统中,数量等差是一个十分重要的观念,阎步克先生在研究古代冕服制度时曾指出:"'数字化'很早就是中国礼制的突出特征了"③,统治者正是通过在社会生活各个方面数字化的差别,来体现统治阶层的尊贵,此所谓"夫礼者,所以定亲疏,决嫌疑,别同异,明是非也"④。而在天子庙制的问题上,郑玄以天子、诸侯均为五庙,则天子

---

① 在郑、王之学差异的研究上,比较有代表性的观点有:(1)简博贤先生认为,郑学"崇尊尊",以尊君为立场;王学则"重亲亲",多就人情而论。这一观点影响较大。藤川正数亦认为,郑学有"权威主义""形式主义"特点,而王学有"人文主义""实际主义"特点,桥本秀美认为此说"与简先生所论相通,有一定的说服力"。(2)杨晋龙先生通过对郑、王二家"感生帝"说异同的辨析,认为"郑玄的主张认为帝位的获得,乃是由天之命,故称为'天命',而帝王则是天神下凡所生,所以我称它为'神统';王肃则认为帝位系因己德之隆盛而受命,所以是'德命',而且五帝均系黄帝子孙,黄帝只是远古的圣人,所以我就称它为'圣统'"。简博贤《今存三国两晋经学遗籍考》第三章《魏晋儒礼学新义》,台北:三民书局1986年版,第282页;杨晋龙《神统与圣统——郑玄王肃"感生说"异解探义》,《中国文哲研究集刊》,第3期(1993),第523页;乔秀岩《论郑王礼说异同》,《北京读经记》,台北:万卷楼图书股份有限公司2013年版,第158页。
② 李传军《魏晋禅代与郑王之争》,《孔子研究》,2005年第2期,第83页。
③ 阎步克《服周之冕——〈周礼〉六冕礼制的兴衰变异》,中华书局2009年版,第7页。
④ 《礼记正义》卷一《曲礼上》,《十三经注疏》,第1231页上栏。

之尊如何得到体现呢？尽管天子可别立祧庙，在事实上数量还是超过诸侯，可是既然数量的尊崇无法从定制上得到体现，则这种事实上的优胜又如何显示皇权（王权）的当然尊显呢？王肃正是在这个问题上充分考虑到最高统治者的心理，因此提出用"降杀"的基本原则来指导天子庙制的定数，而为了使他的学说与周代后稷、文王、武王皆得立不毁之庙的史实相适应，他甚至不惜自创新说，称周代天子有"十庙"①，也就是在原来的七庙之外，另外增加了文、武、姜源（后稷之母）三庙。王肃之所以这样妄造史事，其目的正是为了构建天子七庙、诸侯五庙、卿大夫三庙、士人一庙的"降杀"制度，而这种制度无疑会得到帝王的欣赏。在景初年间，治郑学之群臣为了抵制王肃学说，曾奏议为尚在人世的魏明帝预立祧庙"烈祖庙"，深为孙盛等史家所诟病②，但魏明帝最终还是选择了王肃的七庙说，其原因也就是后者虽然未必可以保证明帝自己久祀不毁，但是在制度上却最大程度地体现了皇权的至高无上、不容抗敌。

此外，阎步克先生在研究魏晋冕服制度时也发现，魏明帝时期对冕服制度曾进行过重大的改革，在"损略黼黻"的名义之下，对三公、卿的冕服进行了较大的调整。其中主要的一项，就是将三公之冕服由汉代的九章九旒改为七章七旒，而就服章而言，其去掉的两章便是在群章中最为尊显的黼与黻。不过，值得注意的是，关于服章等级，郑玄之说和马融、《古文尚书孔传》说有所不同。按照郑说，自天子至卿大夫皆可服黼、黻，而按马融说，则只有天子和诸侯可以服黼、黻，大夫只可服藻、火、粉米，士则仅服藻、火③。我们比较郑玄说和马融说，就会发现在体现皇权的尊贵性方面，郑说确实不若马说。而在这个问题上，魏明帝最

---

① 《隋书》卷七《礼仪志》引王肃《礼记》注，第137页。
② 《宋书》卷一六《礼志三》，第444页。
③ 阎步克《服周之冕——〈周礼〉六冕礼制的兴衰变异》，中华书局2009年版，第222页。

终用马融说而不用郑说,或与其在天子庙制、祫禘祭、为诸侯三公服丧等问题上用王肃说出于相近的考虑,而阎步克先生更进一步指出,魏明帝"损略黼黻",主要参考的可能就是王肃的建议①。此说虽然无史料可证,但是参诸本文所考史实,确实颇有道理。前文已言,王肃好贾、马之学而不好郑说,贾、马与王肃的礼学在对于现实皇权的高度尊崇方面似乎有一定的共通点,而与郑玄表现出差异。魏明帝多用王说,显然也与其学说的这一特点有着重要的关联。

复次,从文献的角度而言,王肃之说有《孔子家语》等新出文献为据,颇足引人注目,这对于王肃学说的推广以及影响力的增加也有一定的帮助。我们在上文论及六宗禋祀问题时已经指出,魏明帝诏王肃论六宗问题,而王肃所据的就是其所执《孔子家语》。在六宗这个问题上,欧阳、大小夏侯、贾逵、马融、孔光、郑玄等各执己说,至于其究竟为何,由于《尚书》等诸经并无明文,因此实质上是一个根本无法考定的问题。但王肃乃以《孔子家语》为据,以其言直出自孔子,故使得其说一下子具

---

① 阎步克先生认为:"这种以命数定诸臣冕服的做法,不同于郑玄,也应出自王肃的主张。前面说魏明帝'损略黼黻'以马融为口实,我猜也是王肃始发其议,因为马融正是王肃之所好;前揭郑学的'天子大夫玄冕而执雁'的建议未被采纳,我猜也是王肃居间作梗,以王肃的秉性判断,他不会让步示谦。"阎先生对于王肃的论判虽稍嫌严苛,但其指出魏明帝在冕服制度上可能采纳的是王肃之说,却极具眼光,颇足参考。又,关于郑玄礼学颇重学理而轻"尊君"的问题,阎步克先生在研究郑玄关于天子、诸侯、诸臣的章、旒、玉数问题时也有所提及,按照阎先生的研究,"大裘冕之外有章的五冕上,郑玄排定的章数没有体现出君臣之别,旒玉之数的排定则君臣略有差异。……总的来说,郑玄遵循'如王之服',然后在他认为匀称均衡的范围内,让君主略高于诸侯、诸臣,如此而已",而对此,阎先生进一步感叹:"其实,《周礼》根本没说天子用九旒以下冕。如宋绾初所云:'《经》无天子九旒、七旒、五旒、三旒之冕'。面对着那么大的自由阐释空间,郑玄干吗不选一种对天子更有利的说法,索性把天子五冕或六冕都说成十二旒呢?天子听了多高兴啊!研究成果若得最高统治者的重视,是可以加分儿的。可郑玄只照他认为合理的办法推算,没想更多。""就算郑玄的经说有可议之处,他仍展示了一种态度:唯理之所在、道之所存,没把时君、时政考虑在内。在'学术背后的利益'一点上,郑玄是不计利益的。"阎步克先生用极为生动的语言揭示出郑玄礼学在重学理、轻实践方面的特征。见氏著《服周之冕——〈周礼〉六冕礼制的兴衰变异》,中华书局 2009 年版,第 248 页、120~123 页。

有了非同一般的文献依据,魏明帝在这个问题上采用王肃之说,当与《孔子家语》的文献价值有一定关联①。关于《孔子家语》《孔丛子》《古文孝经孔传》等书,自马昭以来便认为是王肃所伪造,"肃所伪造"这个命题在经学史上几乎延续了一千多年。不过,经过近年来的研究,学界已逐渐认可《孔子家语》之主要文本非王肃所能伪造。而无论王肃是否曾利用其整理《孔子家语》的机会对其进行增删,至少我们可以说,王肃非常重视各种私传文献的发掘,并善于以新出文献为据,为自己的学说增加可信性。魏晋时期,《孔子家语》《孔丛子》《古文尚书孔传》等新出文献的影响很大,王肃之说屡与之相合,必然有助于其学术地位的提升。

总之,笔者认为,至晚到魏明帝时期,王肃之学在朝廷上已经取得了相当重要的地位,王肃礼学在当时的各种议礼中屡屡为明帝所用,而据《宋书·乐志》记载,太和年间郊庙之乐的改革,也采用了王肃的主张②。此外,在曹真伐蜀这样重大的军政问题上,王肃的奏谏也得到了魏明帝的认可③。余嘉锡先生早已指出:"余谓肃所注书列于学官,固缘司马氏之力,然其为说,亦与康成互有短长。"④王肃之学在司马氏擅权秉政之前,已经取得了一定的学术地位,足见其学之兴,不可完全归因于司马氏的秉政。我们研究魏晋时期的郑王之争,还是要更多地从二学的内部出发,才能获得更加真实的认识。

三、嘉平以后的郑王之争与曹马之争

当然,王肃毕竟是司马氏的姻亲,随着嘉平以后司马氏掌握曹魏权

---

① 北魏孝文帝在与大臣论太子冠制时曾言:"《家语》虽非正经,孔子之言与经何异?"魏晋南北朝时期《孔子家语》的影响力与可信度,藉之可见一斑。《魏书》卷一〇八《礼志四》,第2810页。
② 《宋书》卷一九《乐一》,第538页。
③ 《三国志》卷一三《钟繇华歆王朗传》,第414页。
④ 余嘉锡《晋辟雍碑考证》,《余嘉锡文史论集》,岳麓书社1997年版,第145页。

柄,王肃之学地位的提升,也就更加显得顺其自然了,司马懿于圜丘与郊祀取合一说、晋武帝于丧期则取二十五月说,都显示出王肃之学深为司马氏所重。不过,郑学并未完全被抛弃,不仅郑注诸经仍置博士于太学,在晋武帝泰始三年所行乡饮酒、乡射礼中,郑、王、马三家之礼亦得"并时而施"①,在整个两晋时期,郑、王礼制之争仍然是朝议中最常见的话题之一。

关于嘉平以后的郑、王之争,值得辨析的问题主要有两点:第一,王肃既然在明帝时期对魏室如此尊崇,何以在正始之后却转而支持司马氏呢?第二,王肃在政治上倒向司马氏之后,王、郑之争是否就演变为了曹氏、司马之争?以下分别略作分析。

关于第一个问题,王肃何以在明帝时尊曹,而在正始之后亲司马呢?笔者认为,其转折点似是正始年间曹爽的擅权。《三国志·王肃传》曾记载正始初年王肃对于曹爽擅权的不满:

> 时大将军曹爽专权,任用何晏、邓飏等。肃与太尉蒋济、司农桓范论及时政,肃正色曰:"此辈即弘恭、石显之属,复称说邪。"爽闻之,戒何晏等曰:"当共慎之。公卿已比诸君前世恶人矣。"②

王肃以西汉后期的弘恭、石显比曹爽之党,而从曹爽对何晏等的诫词看来,似乎并不以王肃为司马氏之私党,反以之为持重公卿之代表。这与我们前文对于王肃在曹魏前期朝廷中形象的推测是比较一致的:在明帝以来的魏廷中,由于王肃一方面能以儒学劝诫刑法之政,另一方面其礼学又屡为明帝所采纳,因此在朝中应颇有公信力。王肃与司马氏虽然有类似的家族背景,且交谊非浅,但当时在政治上尚未合为一体,前文所举王肃、司马懿在易正朔的问题上各执一说,以及王肃崇曹

---

① 顾廷龙《大晋龙兴皇帝三临辟雍皇太子又再莅之盛德隆熙之颂跋》,《燕京学报》,第10期(1931),第2147页。

② 《三国志》卷一三《钟繇华歆王朗传》,第418页。

真而贬异姓三公两事便可为证。不过,随着曹爽的擅权,王肃对于魏政以及曹氏的反感开始增加,《三国志·王肃传》又载有一事:

> 时有二鱼长尺,集于武库之屋,有司以为吉祥。肃曰:"鱼生于渊而亢于屋,介鳞之物失其所也。边将其殆有弃甲之变乎?"①

王肃对于所谓的吉瑞不以为然,反以之为妖祥,正体现了他对于魏政的失望。而这一立场使得他与司马氏逐渐靠近起来,于是在后来的毌丘俭、文钦起兵事件上,他选择了支持司马氏。由此看来,曹爽的擅权或许正是促成王肃与司马氏结合的重要因素。

关于第二个问题,即曹魏后期的郑王之争,是否可以看作曹氏、司马氏权柄之争的投射。据笔者所见,清人始有此说,孙星衍在《六天及感生帝辨》中云:

> 肃与司马氏有连,盖有无君之心。时高贵乡公以郑康成之孙小同为五更,司马氏鸩之而卒,肃诣事司马,故多诋郑学。《三国志·魏纪》载高贵乡公幸太学,与诸儒讲《尚书》,庾峻多是肃言,帝从郑说。是时博士率皆司马氏之党与,故称扬肃言。帝之所以愤懑,卒被戕害。②

这里孙星衍以高贵乡公曹髦"从郑说",以庾峻为王学士人,而郑、王之争则被解读为曹氏与司马氏权柄之争。民国以来,范文澜先生亦倡其说,他在《经学讲演录》中认为:"郑学的政治后台是魏帝曹髦。曹髦帮郑氏博士来反驳王氏博士。"③自此,以郑、王之争为曹氏、司马氏之争的观念逐渐为学界所接受④。

不过,孙星衍的这段论述中夹杂着不少偏见,如其称"是时博士率

---

① 《三国志》卷一三《钟繇华歆王朗传》,第418页。
② (清)孙星衍《六天及感生帝辨》,《问字堂集》卷五,中华书局1996年版,第124页。
③ 范文澜《经学讲演录》,《范文澜集》,中国社会科学出版社2001年版,第312页。
④ 例如吴雁南《中国经学史》,福建人民出版社2001年版,第174~175页;王志平《中国学术史·三国两晋南北朝卷》,江西教育出版社2006年版,第121页。

皆司马氏之党与,故称扬肃言",即与《三国志》所载史实不同,这一点下文将要述及。前文已言,明清士人之视王肃,多少都含有一些道德偏见,因此孙星衍之说是否可成立,还是需要更加细密的考证。

孙星衍及范文澜先生所言之事,乃是《三国志》所载高贵乡公问博士于太学:

丙辰,帝幸太学,……讲《易》毕,复命讲《尚书》。帝问曰:"郑玄曰'稽古,同天,言尧同于天也'。王肃云'尧顺考古道而行之'。二义不同,何者为是?"博士庾峻对曰:"先儒所执,各有乖异,臣不足以定之。然《洪范》称'三人占,从二人之言'。贾、马及肃皆以为'顺考古道'。以《洪范》言之,肃义为长。"帝曰:"仲尼言'唯天为大,唯尧则之'。尧之大美,在乎则天,顺考古道,非其至也。今发篇开义以明圣德,而舍其大,更称其细,岂作者之意邪?"峻对曰:"臣奉遵师说,未喻大义,至于折中,裁之圣思。"次及四岳举鲧,帝又问曰:"夫大人者,与天地合其德,与日月合其明,思无不周,明无不照,今王肃云'尧意不能明鲧,是以试用'。如此,圣人之明有所未尽邪?"峻对曰:"虽圣人之弘,犹有所未尽,故禹曰'知人则哲,惟帝难之',然卒能改授圣贤,缉熙庶绩,亦所以成圣也。"帝曰:"夫有始有卒,其唯圣人。若不能始,何以为圣?其言'惟帝难之',然卒能改授,盖谓知人,圣人所难,非不尽之言也。经云:'知人则哲,能官人。'若尧疑鲧,试之九年,官人失叙,何得谓之圣哲?"峻对曰:"臣窃观经传,圣人行事不能无失,是以尧失之四凶,周公失之二叔,仲尼失之宰予。"帝曰:"尧之任鲧,九载无成,汩陈五行,民用昏垫。至于仲尼失之宰予,言行之间,轻重不同也。至于周公、管、蔡之事,亦《尚书》所载,皆博士所当通也。"峻对曰:"此皆先贤所疑,非臣寡见所能究论。"次及"有鳏在下曰虞舜",帝问曰:"当尧之时,洪水为害,四凶在朝,宜速登贤圣济斯民之时也。舜年在既立,圣德光明,而久不进用,何也?"峻对曰:"尧咨嗟求贤,欲逊己位,岳曰'否德忝帝位'。尧复使岳扬举仄陋,然后荐舜。荐舜之本,实由于尧,此盖圣人欲尽众心也。"帝曰:"尧既闻舜而不登用,又时忠臣亦不进达,乃使狱扬仄陋而后荐举,非急于用圣恤民之谓也。"峻对曰:"非臣愚见所能逮及。"①

要理解这段问对,有三个基本问题需要厘清:其一,庾峻是否为治王肃之学者?其二,高贵乡公是否为郑学"后台"?其三,司马氏对于郑、王态度究竟如何?以下我们逐一进行讨论。

其一,庾峻是否是治王肃之学者呢?清人多以庾峻为治王肃之学者,而举出证据的,似仅有嘉道时期的考据学者潘眉:

> 《易》博士淳于俊讲《易》用郑注,《礼》博士马照亦宗郑学,惟《书》博士庾峻从王肃义。盖庾峻系郑袤所举,袤党司马氏,故峻亦宗王黜郑。②

潘眉根据庾峻的仕途来分析他的师学。庾峻之获任博士,乃是为郑袤所荐:

> 历郡功曹,举计掾,州辟从事。太常郑袤见峻,大奇之,举为博士。③

而郑袤则与司马昭关系密切,《晋书》载:

> 毌丘俭作乱,景帝自出征之,百官祖送于城东,袤疾病不任会。帝谓中领军王肃曰:"唯不见郑光禄为恨。"肃以语袤,袤自舆追帝,及于近道。帝笑曰:"故知侯生必来也。"遂与袤共载,曰:"计将先何?"④

由此足见郑袤与司马氏关系匪浅,而潘眉乃以此为据,认为其所荐之庾峻乃是治王学之士。不过,事实上,仅从《三国志》的记载看来,郑袤所荐的士人中,绝非仅有王学士人,谨守郑学、申郑驳王的《毛诗》学

---

① 《三国志》卷四《三少帝纪》,第135~138页。中华书局点校本作:"帝问曰:郑玄曰'稽古同天,言尧同于天也'……"其中"稽古同天"未作点断,恐误。
② (清)潘眉《三国志考证》卷二,清嘉庆小遂初堂刻本。
③ 《晋书》卷五〇《庾峻传》,第1392页。
④ 《晋书》卷四四《郑袤传》,第1250页。

家王基同样为郑袤所荐:

> 袤与徐幹俱为临淄侯文学,转司隶功曹从事。司空王朗辟为掾。袤举高阳许允、扶风鲁芝、东莱王基,朗皆命之,后咸至大位,有重名。①

而对王肃有"三反"之评的刘寔也显非王学之人②,但亦由郑袤举为博士:

> 转太常。高贵乡公议立明堂辟雍,精选博士,袤举刘毅、刘寔、程咸、庾峻,后并至公辅大位。③

可见郑袤之荐人,并不全以门户、政见为准,因此,潘眉以庾峻为郑袤所荐而推定其乃王学士人的逻辑,似乎是难以成立的。

从《三国志》所载高贵乡公与庾峻的这段对话看来,高贵乡公首先举"稽古"二字郑、王之异解以咨询博士,对此,庾峻没有正面予以回答,而是用《洪范》"三占从二"之法,举出贾逵、马融之说与王肃同,故以肃意为长。而当高贵乡公进一步追问时,则庾峻答曰"臣奉遵师说,未喻大义,至于折中,裁之圣思",从这里看来,庾峻的师学实既有可能是王学,又有可能是贾、马之学。上节已言,曹魏的太学博士并不与师法一一对应,换言之,当时并没有所谓的"王氏《尚书》博士"或者"郑氏《尚书》博士",只有"《尚书》博士"而已,庾峻所治之学固然包括王学,但亦未必专守王学④。而如果结合庾峻的年辈看来,其年似仅比王肃略晚而已,加之庾氏三代治经,则其本学自当源于家学之传承,那么,从时间上

---

① 《晋书》卷四四《郑袤传》,第1249页。
② 《三国志》裴注载:"刘寔以为肃方于事上而好下佞己,此一反也。性嗜荣贵而不求苟合,此二反也。吝惜财物而治身不秽,此三反也。"《三国志》卷一三《钟繇华歆王朗传》裴松之注,第423页。
③ 《晋书》卷四四《郑袤传》,第1250页。
④ 王志平先生亦认为:"魏太学博士并不专主一家,但却是以某家师说为主的",其说与笔者相近。不过笔者认为庾峻之本学或为贾马之学,并无实据断定其以王学为主。王志平《中国学术史·三国两晋南北朝卷》,南昌:江西教育出版社2001年版,第125页。

来说，他就更不可能以王学为本学了。据《晋书·庾峻传》记载，庾峻初入洛阳之际，对于苏林的学问极为仰慕，曾专往候之①。而苏林所治即为古学②，庾峻服膺苏林，而苏林又与庾峻之父、祖辈交情匪浅，则我们更倾向于认为，庾峻所治的即当时较为传统的贾、马之古学，由于王肃之学与贾、马略近，而曹魏时期王学的影响又极大，因此庾峻在入洛后乃又精研王学，是以能会通诸家，并且在高贵乡公的咨询中倾向于王肃之说。否则，高贵乡公问郑、王之短长，他只需申王驳郑而已，似不必以贾、马为证，毕竟贾、马也只是经师，并非先秦故说，本无足以证郑、王之短长，高贵乡公问郑、王而庾峻对以贾、马，足见贾、马之学对其影响极大。

这样看来，我们虽然不能说庾峻就是王学弟子，但称其深谙王学，倒也并无不妥。那么，要判定此时的郑、王之争是否即是曹氏、司马之争，关键就要看高贵乡公与郑学之间的关系了。

其二，高贵乡公是否可以视为郑学"后台"呢？事实上，如果结合整个高贵乡公的咨问，我们会发现，除了对于王肃之说的质疑以外，高贵乡公对于郑说也不无质疑，如在问《周易》时，曹髦即针对郑注与经传相连缀的体例提出质疑：

帝曰："若圣人以不合为谦，则郑玄何独不谦邪？"

而更为重要的是，高贵乡公对于经文本身也屡屡提出质疑，例如问《易》：

帝又问："乾为天，而复为金，为玉，为老马，与细物并邪？"

---

① 《晋书·庾峻传》载："峻少好学，有才思。尝游京师，闻魏散骑常侍苏林老疾在家，往候之。林尝就乘学，见峻流涕，良久曰：'尊祖高才而性退让，慈和泛爱，清静寡欲，不营当世，惟修德行而已。鄢陵旧五六万户，闻今裁有数百。君二父孩抱经乱，独至今日，尊伯为当世令器，君兄弟复俊茂，此尊祖积德之所由也。'"《晋书》卷五〇，第1391~1392页。

② 鱼豢《魏略》载："林字孝友，博学，多通古今字指。"王国维据此指出苏林"亦古文学家也"。《三国志》卷二一《王卫二刘傅传》裴松之注引《魏略》，第620页；王国维《汉魏博士考》，《观堂集林》卷四《艺林四》,《王国维全集·第八卷》，第116页。

这是质疑《易传》，又如问《尚书》：

> 帝曰："尧既闻舜而不登用，又时忠臣亦不进达，乃使狱扬仄陋而后荐举，非急于用圣恤民之谓也。"峻对曰："非臣愚见所能逮及。"

此则是质疑经文本身，甚而质疑尧之圣贤地位了。由此可见，由于"帝幸太学问对"的基本环节就是质疑与应对，因此，高贵乡公质疑王肃之说，并不足以证明其申郑抑王，同理，他质疑郑注，亦不足以说其申王抑郑。从《三国志》的问对看来，高贵乡公对于王肃之说的质疑，例如开篇"曰若稽古"并存两说以及王肃注称"尧意不能明鲧，是以试用"等，本身确实是值得辨析的问题。总之，高贵乡公之问似未可径目为刻意的申郑驳王。

前文已言，在曹魏建立之初，虽然郑学在太学中占据了绝对的主导性，但随着魏明帝时期王肃在议礼、议乐乃至议政的过程中地位逐渐提升，郑学在很多方面已经被王学所替代，曹魏政权对于郑学并未表现出刻意的保护，而是更多地从王朝自身利益出发，选择对自己统治更为有利的学说。郑、王之学的竞争，固然因为王肃的特殊身份受到司马氏的支持，但也未可全视为政治斗争的投影。究竟真相如何，则涉及我们要讨论的最后一个问题。

其三，司马氏对于郑、王之学的态度如何？司马氏是否完全以王学为尊，抑制郑学呢？

事实上，从现存的史料看来，我们并不能找到司马氏抑制郑学的材料，唯一被清人引以为据的，则是郑小同被司马师鸩杀之事：

> 小同诣司马文王，文王有密疏，未之屏也。如厕还，谓之曰："卿见吾疏乎？"对曰："否。"文王犹疑而鸩之，卒。①

---

① 《三国志》卷四《三少帝纪》裴松之注引《魏氏春秋》，第143页。

郑小同作为郑玄之孙而遭司马师鸩杀，由此看来，似乎郑、王之争竟是你死我活之势。但如果我们客观地分析这条材料，就会发现其中还是存在着一些重要的疑点：首先，如果当日郑、王之争的背后就是曹氏、司马氏之争，则郑、王两党应判然两途，郑小同作为郑学的象征，似不应贸然独谒司马师，使之有机可乘。其次，如果郑、王之争的政治意味如是之浓，且司马师必欲致郑小同于死地，则其大可取更为隐蔽可靠的做法，似无必要以密疏未屏这样低劣的手段来徒为自己树敌。从《魏氏春秋》的记载看来，"文王犹疑而鸩之"，这个"疑"字显示，司马文王对鸩杀郑小同似无预谋。这件事所反映的，只是司马师之多疑及阴毒，似未可解读为郑、王之争。

此外，如果我们考察司马氏的党翼，会发现其中亦有郑学士人，其中最为著名的，就是以申郑驳王而著名的王基。王基先为曹爽从事中郎，后不满于曹爽之专权，乃"著《时要论》以切世事"①。司马昭秉政后，王基先以书戒之，后来又亲领许昌军，与司马昭共平毌丘俭、文钦之兵，迅速得到司马昭的信任，在诸多军政问题上采纳其言。而另一方面，在明帝、齐王时期，由于郑玄已然辞世，在为郑学张目，使之与王学相抗衡的士人中，最为重要的就是王基，《三国志》载：

> 散骑常侍王肃著诸经传解及论定朝仪，改易郑玄旧说，而基据持玄义，常与抗衡。②

与郑小同相比，王基持郑学以抗王学的色彩似乎更为突出。但正是这位郑学砥柱，却同样是司马氏的重要辅翼，在魏晋易代中起到的实际作用，甚至超过王肃本人，《三国志》载：

> 晋室践祚，下诏曰："故司空王基既著德立勋，又治身清素，不营产

---

① 《三国志》卷二七《徐胡二王传》，第751页。
② 《三国志》卷二七《徐胡二王传》，第751页。

业,久在重任,家无私积,可谓身没行显,足用励俗者也。……"①

由此足见司马氏对其的高度认可。通过王基一事我们可以看出,作为司马氏政权而言,其篡魏之事,主要是通过一系列军政措施来实现。我们从《三国志》《通典》等典籍看来,曹魏时期关于君臣之道等形而上的意识形态问题进行的论辩,主要是在玄学与儒学的层面上进行;而当时郑、王之争所涉的各种问题,几乎无一不是关乎具体的朝仪、丧服制度的。由于王肃礼学在不少方面较之郑学更具仪式性,更能照顾到现实皇权的唯一性与权威性,因此在魏明帝以来一直受到朝廷的看重。但郑学也并未完全衰落,从整体上来说,郑学在官学中的影响力并不逊于王学,高贵乡公幸太学所问的三博士中,淳于俊、马昭都是郑学士人,仅庾峻例外,足见郑学之势。曹氏与司马氏的权柄之争与郑、王经学之争,虽然二者在时间上前后相近,在涉及的人员上也有所交叉,但从根本上来说,还是分属两事。王肃固然因为是司马氏的姻亲,因此在司马氏秉政之后其学在官学中的影响力得到了进一步的提升,但司马氏亦并未以此打压郑学士人。对于司马氏而言,维系其集团利益的核心仍是士人对其的忠诚以及世家豪族利益群体内部的互相认同。郑学原本在汉魏之际就是一统中原地区的经说,清河崔氏的崔琰、山阳郗氏的郗虑等一些具有世家豪族背景的士人亲随郑玄问学,正显示出郑学与世族的利益并无多大矛盾,司马氏出于河内司马家族,其在汉魏之际或许也曾接受郑学的影响,有一点值得注意,那就是在前文曾经提及的魏明帝初年易正朔与否的大议中,司马懿乃是与治郑学的高堂隆、秦静、赵怡等持同一见解,反与王肃相悖。这正提醒我们,作为司马氏而言,他们对于郑学也自有一定的认同,郑、王之学对于治经的士人而言,乃是非此即彼的经义之争,但是对于统治者而言,却只不过是可以各取

---

① 《三国志》卷二七《徐胡二王传》,第 756 页。

所需、多多益善的两种经说而已。关于郑、王之争与曹氏、司马氏权柄之争的关系,我们实不必过于夸大。

总之,在曹魏后期,原先的贾、马之学、郑学在官学中仍然得到了保留,而在明帝时期已经逐渐兴起的王肃之学则得到了进一步的发展,由于当时的博士制度在设计上与各经师学并不像汉宣帝"黄龙十二员"或光武"十四博士"那样明确地一一对应,加之到曹魏后期,所谓的太学在国家政治中、特别是在选官制度中的作用越来越低,太学博士的主要功能已经由课试五经转为备咨询与议礼,而议礼之事则完全是一事一例,全看哪种经说更符合决策者的利益。这样,无论是在学术思潮上,还是在制度设计上,曹魏后期的经目都完全处于开放、模糊的状态,这在整个中国经学史上是比较鲜见的。此后西晋建立"十九博士",在正式确立的官学师法中达到空前的十九种之多,郑、王之学进入全面对抗的状态。这也进一步说明了王肃之学的兴起固然改变了郑学"小一统"的局面,但并不是简单取代郑学,郑、王之争实贯穿整个魏晋六朝经学史。

第三节　繁简依违:两晋官学经目的调整

《宋书·百官志》"博士"条云:"魏及晋西朝置十九人,江左初减为九人,皆不知掌何经。"[①]可知至晚到沈约编纂《宋书》时,直接记载西晋太学中十九博士所治经目的文献已经失传。然而,一则《宋书》《晋书》中毕竟存录了不少与西晋博士制度有关的诏令、奏疏,另一方面,晋初正当郑玄、王肃二学在《诗》《书》《礼》《易》诸学领域内全面抗衡的关键时期,以王弼《易》注、何晏《论语》注为代表的玄学新注也逐渐为朝野士人所看重,欲深入了解魏晋经学风尚转移之细节,则不得不关注西晋太学中博士所治经目究竟为何。职此之故,民初以来多位学者试图对这

---

① 《宋书》卷三九《百官志上》,第1228页。

一史事进行考索,为我们的研究提供了良好的基础。但是,毋庸讳言,由于直接可据的史料非常有限,加之诸家考证多立足于东晋时期"九博士"之制进行反推,反而忽略了汉魏以来博士制度的一些基本传统,因此,目前学界关于这一问题的研究仍未获得突破性的进展,甚至落入了一些思维定势之中。在这一背景之下,《大晋龙兴皇帝三临辟雍碑》中所见"马、郑、王三家之义并时而施"的记载对于我们讨论西晋"十九博士"制度的问题就具有重要的参考价值了。本节我们将以诸家对于这一问题的研究为基础,在辨析各家异说的基础上,参照《辟雍碑》中的相关材料,并结合汉魏以来博士制度的相关传统,试图对西晋"十九博士"所掌经目进行考证,希望对这一问题的研究有所推进。此外,自东晋以下,博士员额三历调整,无论是官学经目的繁简变化,还是在此过程中王肃之学的整体衰落,都是值得注意的经学史现象,本节亦将展开讨论。

一、晋武"十九博士"诸说平议

传世文献中与西晋"十九博士"制度关系最为密切的材料,见于《宋书·礼志》所载东晋初年太常荀崧关于经目改革的奏议:

> 世祖武皇帝圣德钦明,应运登禅,受终于魏。崇儒兴学,治致升平。经始明堂,营建辟雍,告朔班政,乡饮大射,西阁东序,图书禁籍,台省有宗庙太府金墉故事,太学有《石经古文》。先儒典训,贾、马、郑、杜、服、孔、王、何、颜、尹之徒,章句传注众家之学,置博士十九人。九州之中,师徒相传,学士如林,犹选张华、刘寔居太常之官,以重儒教。……伏闻节省之制,皆三分置二,博士旧员十有九人,今五经合九人。准古计今,犹未中半。①

---

① 《宋书》卷一四《礼志一》,第360页。

这里荀崧不仅列出具有官学身份的十家"章句传注"之学，而且明确提出当时博士员额为"十九"。我们知道，博士原为战国时期所置，以知通古今而备咨询，员额无定，至汉武帝建元五年（前136）置"五经博士"，始以博士专治五经，宣帝黄龙元年（前49），定博士员额十二人，分治五经十二家师法，至此，"师法博士"制得以确立，至东汉初年，又更为"十四博士"，分治五经十四家师法。故此，西晋初期博士定额十九员，则循例当以此十九人分治五经十九家师法。但是，由于荀崧未言其所列十家师法与"博士十九人"之间的具体对应关系，遂给我们认识这一问题带来了一定的困扰与想象的空间。

此外，还有两条材料常被学者用为推定西晋"十九博士"职掌的依据。其一见于《三国志·王肃传》：

> 初，肃善贾、马之学，而不好郑氏，采会同异，为《尚书》、《诗》、《论语》、三《礼》、《左氏》解，及撰定父朗所作《易传》，皆列于学官。①

据此可知，至晚在曹魏时期，王肃的《周易》《尚书》《毛诗》、三《礼》《左传》《论语》之学都获得了官学的地位，而王肃系晋武帝外祖，其学在西晋得到极大的推崇，故此可以认定，这些在曹魏时期即获得官学地位的"王学"，在西晋自然应延续其官学地位，"十九博士"中应当有专治上述诸学之人。

另一条材料见于《宋书·礼志》，是关于东晋初期的博士制度：

> 太兴初，议欲修立学校，唯《周易》王氏、《尚书》郑氏、《古文》孔氏、《毛诗》《周官》《礼记》《论语》《孝经》郑氏、《春秋左传》杜氏、服氏，各置博士一人。其《仪礼》《公羊》《穀梁》及郑《易》，皆省不置博士。②

不少学者相信，既然东晋博士制度是由西晋"省"置而成，则东晋的

---

① 《三国志》卷一三《钟繇华歆王朗传》，第419页。
② 《宋书》卷一四《礼志一》，第361页。

"九博士"(据钱大昕说,《论语》《孝经》合为一博士)自应源出西晋,而"《仪礼》《公羊》《穀梁》及郑《易》"等被省置者,亦应曾为西晋尊立。此"九博士"与被黜置的四经相加虽不足"十九"之数,但以此为基础,结合《礼志》中并未提及的王肃诸学以及荀崧奏议所列师法,庶可推知西晋"十九博士"的具体职掌。

据笔者所见,陈汉章先生似乎是最早对于这一问题进行考证的学者。他在《西晋有书孔传说证》一文中提出:

> 《崧传》又称武帝时十九博士,有贾、马、郑、杜、服、孔、王、何、颜、尹之徒,其余不详,数之似止十人。然所谓王者王肃,非王弼。(原注:弼《易》注江左始立,见《南齐书·陆澄传》。)《三国·魏志》言,肃为《尚书》、《诗》、《论语》、三《礼》、《左氏》解,及撰父朗所作《易》传,皆立于学官,则王朗《易》、王肃《书》、《诗》、三《礼》、《论语》、《左氏传》,已有六人,加以郑《易》、《书》、《诗》、三《礼》,孔、贾、马《书》、贾、服、杜《左氏春秋》,颜安乐《公羊春秋》,尹更始《穀梁春秋》,何晏《论语》,适得十九人。(原注:知何非何休者,何休即治颜氏《春秋》。)所掌经一一可考,乌得云不知掌何经?①

陈氏所列"十九博士"有三点值得注意:第一,他认为荀崧奏疏中的"孔"指《古文尚书孔传》,并以此作为晚出之《孔传》见于西晋的证据。第二,他认为三《礼》王肃注、郑玄注皆各置博士一员,这一点与后来诸家均不一样。以上两点是否合理,留待下文讨论。第三,他以荀崧奏议中所列"何"为何晏而非何休,这也与诸家不同。关于这一点,陈文有自注加以说明,认为何休所治即为颜安乐《公羊春秋》,因此,若并列何休、颜安乐,似有不妥。关于何休曾治颜氏《春秋》一事,清儒始有此说,惠

---

① 陈汉章《西晋有书孔传说证》,《国故》第一卷第 4 期(1919),第 1 叶 B。

栋、唐晏均曾据《熹平石经》加以考证,目前已得到多数学者的认同[①]。但值得注意的是,何休在《解诂序》中曾言,他认为当时治公羊学诸家"说者疑惑,至有倍经任意,反传违戾"者[②],故休乃"略依胡毋生条例,多得其正",用胡学救颜、严之弊。题名徐彦的《春秋公羊义疏》中对于颜、何二家在"三世说"等多个问题上的重大差异均一一指出,足见何休《公羊》学即便源出颜氏,也早已自成体系,别立一家了。按照西汉以来师法演变的通例,何休《公羊》学完全可以与颜安乐《公羊》学并立,陈氏提出的理由难以成立。

另一方面,关于何晏的《论语》注,虽然在曹魏正始时期已经产生很大的影响,但经高平陵之变后,何晏以党附曹爽而为司马懿所诛杀,其学在宫廷中也不免受到影响。因此,西晋初年所立经目中,何晏之学大概很难获得容纳。事实上,从上文所举东晋博士制度可知,其时太学中《论语》唯尊郑氏,而此后宋、齐官定经目中,亦未见何晏注,直至梁陈之时,乃"为郑玄、何晏立于国学"[③]。总此,陈氏以荀崧奏议之"何"归于何晏而非何休,恐难成立。

此后,张鹏一先生在其所撰《晋令辑存》中列出其所考"博士十九人":

贾氏逵博士。马氏融博士。

郑氏玄《周礼》、《仪礼》、《礼记》博士,《春秋公羊》博士,《春秋穀梁》博士。服氏虔《春秋左氏》博士。杜氏预《春秋左氏》博士。孔氏《古文尚书》博士。王氏弼《周易》博士。何(休)、颜(彭祖)、尹更始三博士。

王氏朗《周易》博士。王氏肃《周易》博士。王氏肃《古文尚书》博士。王氏肃《毛诗》博士、王氏肃《周礼》、《礼记》博士。王氏肃《春秋左

[①] 可参黄朴民《文致太平——何休与公羊学发微》,岳麓书社2013年版,第40页。
[②] (汉)何休《春秋公羊解诂序》,《十三经注疏》,中华书局1980年影印版,第2191页。
[③] 《隋书》卷三二《经籍志一》,第939页。

氏》博士。①

由于张氏此说生前并未发表，系经徐清廉先生校补后以遗著的形式出版，不知是否誊录过程中有误，其"《春秋公羊》博士、《春秋穀梁》博士"等十二字非正文所宜有，当系衍文或旁注窜入。与陈汉章之说相比，他同样以"孔"为《古文尚书孔传》，但其它则多有不同，如以王朗、王肃二家《易》学并列，不列郑玄《易》《毛诗》及王肃《仪礼》，复以王弼《周易》入选，实际上是将荀崧奏议中的"王"分别对应王朗、王弼、王肃三人，这一点似不符合古人称姓之惯例（如西汉有两夏侯《尚书》，则别称大夏侯、小夏侯；两戴礼学，则别称大戴、小戴）。至于贾、马二家未列具体所治经书，或系阙疑之举。

嗣后，蒋善国先生在其所著《尚书综述》中提出了他的"十九博士"说：

1.《书》郑氏　2.《书》王氏　3.《易》郑氏　4.《易》王氏（王弼）　5.《诗》郑氏　6.《诗》王氏　7.《仪礼》郑氏　8.《仪礼》王氏　9.《周礼》郑氏　10.《周礼》王氏　11.《礼记》郑氏　12.《礼记》王氏　13.《春秋·左传》服氏　14.《春秋·左传》王氏（太康五年以后改立杜氏）　15.《公羊传》何氏　16.《公羊传》颜氏　17.《穀梁传》尹氏　18.《论语》《孝经》孔氏　19.《论语》《孝经》王氏（后改立郑氏《论语》《孝经》）②

与陈、张二先生不同，蒋先生的这一观点是经过细致的考证而得出的。其说有三点值得注意，第一，他最早提出荀崧所言"孔"并非《古文尚书孔传》，而是《论语》《孝经》孔传。第二，其所列经目中没有贾、马二家，此与荀崧奏议不合。第三，他认为西晋所立博士"十九人的额数是

---

① 张鹏一遗著、徐清廉补校《晋令辑存》，三秦出版社1989年版，第26～27页。
② 蒋善国《尚书综述》，上海古籍出版社1988年版，第129页。

逐渐立成的","并且在所立各经博士本身,也有变更"①。这一点非常值得重视,而他的主要依据恰是本文将要论及的西晋《辟雍碑》。蒋先生指出,此碑立于晋武帝泰始四年(268)②,其碑阴所列博士只有十人,加上博士祭酒、国子博士和太常博士,也不过十三人,并不足十九人之数,且杜预《春秋经传集解》成于太康三年(282),而荀崧奏议所列师法已有"杜"氏,知此十九博士之制的形成"最早在武帝末年"。因此,在蒋先生所列经目中,有前后更易所尊师法者。

关于蒋氏此说,笔者认为,其以"十九博士"之员额定于武帝末年,虽然没有直接的证据,但据杜预注晚出一事,足证其大抵无误。但其经目前后更易之说,则缺乏足够的说服力。毕竟,荀崧奏议所言"十九博士",原本就是就晋武帝当政时期而言,并未言其立国初即有"十九博士"。从易代之际职官演变的常例来看,西晋立国之初的博士制度,很可能是沿袭自曹魏,至于"十九博士"之确立,容为武帝晚期之政。故此,我们不可以《辟雍碑》记载泰始、咸宁时已有博士,即以"十九博士"之制提早至西晋立国之初。而晋初既然不必有"十九博士",则所谓"变更说",也就不存在逻辑基础了。

事实上,笔者认为,蒋氏所以有此说,乃在于根据他的考证,如果西晋博士制度没有前后变更一事,则王肃与杜预之《左传》之学、王肃与郑玄之《论语》《孝经》学就需要同时列入经目,而这样一来,其经目就会突破"十九"之数。因此,为了保证经目总数仍为"十九",他才提出"变更"之说以补救。但是,毕竟没有任何史料可以证明王肃的《左传》学、《论语》学和《孝经》学曾在西晋遭到废黜,蒋氏此说终难令人信服。

关于这一问题最近的讨论,见于王志平《中国学术史·三国两晋南北朝卷》,他的看法是:

---

① 蒋善国《尚书综述》,第129页。
② 此系蒋善国先生误记,据碑文可知,此碑实立于晋武帝咸宁四年(278)。

《易经》郑玄、《易经》王肃(后改为王弼)、《尚书》郑玄、《尚书》王肃、《毛诗》郑玄、《毛诗》王肃、《周官》郑玄、《周官》王肃、《仪礼》郑玄、《仪礼》王肃、《礼记》郑玄、《礼记》王肃、《左传》服虔、《左传》王肃(后改为杜预)、《公羊》颜安乐、《公羊》何休、《穀梁》尹更始、《论语》王肃(后改为郑玄)、《孝经》王肃(后改为郑玄)。①

王氏接受蒋善国先生的"变更说",将《易经》王肃与王弼、《左传》王肃与杜预、《论语》《孝经》的王肃与郑玄都列为前后更易者,此外,他通过对孔安国《论语》注之传播的研究,指出《论语》孔安国注在西晋时期并未获立官学,因此在所定经目中不列荀崧所言"孔"氏,而贾、马二家也为其所黜,对此,他的解释是:"实际上,《荀崧传》所言的'贾、马、郑、杜、服、孔、王、何、颜、尹之徒',均是指师说而非定指某学之博士。……贾、马皆未立于学官,只是太学有其师说罢了。同样,《晋书·荀崧传》所列的'点鬼簿'亦为仅叙师说,非及学官。"②换言之,荀崧所列师法虽然均具有"官学"的地位,但未必有专治其学的博士,部分师法可由他学博士兼治。这一解释颇有启发性,但是荀崧奏议明称"章句传注众家之学置博士十九人",是明指依师法而立博士,与西汉宣帝黄龙以来长期实行的

---

① 王志平《中国学术史·三国两晋南北朝卷》,江西教育出版社2001年版,第232页。此外,许道勋、徐洪兴所撰《中国经学史》一书中有其对曹魏末年博士制度的考定:"《易》博士王学、郑学各一人,《尚书》博士王学、郑学各一人,《毛诗》博士王学、郑学各一人,三礼博士王学、郑学各一人,《左氏传》博士王学、服虔之学各一人,《公羊传》博士何休之学、颜安乐之学各一人,《穀梁传》博士尹更始之学一人,《论语》博士王学一人,《孝经》博士郑学一人。"许、徐二先生认为晋初"自然因袭魏制,保持博士十九员",且在其论《左传》杜预注的立学时,也将其定于东晋初年,故笔者揣测其意,似以西晋之"十九博士"即与魏制相合。但许、徐二先生终究未明言西晋博士所掌经目是否合于魏制,故笔者不敢专断,仅录此以备考。许道勋、徐洪兴《中国经学史》,上海人民出版社2006年版,第145、149页。

② 王志平《中国学术史·三国两晋南北朝卷》,第127~128页。刘汝霖先生则云:"《荀崧传》又言……此十人者,除杜孔不计外,贾马之学即王氏之学,亦不复计。余人之学,当俱在十九博士之中。"王志平先生认为刘汝霖此说"甚是",则其认为荀崧所列十家在西晋时未必皆获立博士,似乎便是受到刘汝霖此说的启发。刘汝霖《汉晋学术编年》卷六,华东师范大学出版社2010年版,第482页。

"师法博士"制度相一致,无所谓"兼治"之例。且从荀崧奏议看来,其之所以称赞西晋博士制度,就在于这种制度广立众家师法,若此博士制度中有所谓"兼治"之例,则东晋之九博士似乎也可以通过"兼治"之法得到改良,不必再作员额的扩充了。总之,这种解释缺乏足够的依据。

从上举四家对西晋"十九博士"制度的考定可以发现,各家之说多少都有一定的缺陷,关于这一问题,我们仍有进一步讨论的空间。

二、《三临辟雍碑》所见三家礼的并置

既然荀崧的奏议一时难以辨清,我们不妨暂且抛开这一问题,且论《大晋龙兴皇帝三临辟雍碑》。此碑于1931年发现于河南洛阳,碑额题名"大晋龙兴皇帝三临辟雍皇太子又再莅之盛德隆熙之颂",所记为晋武帝及太子先后五次莅临辟雍之事。阳面所题碑文落款处称"咸宁四年十月廿日",可知立于咸宁四年(278)。此碑出土后,顾廷龙、马衡等均有录文,中、日学者多有专论,直至近年,仍有方韬、童岭等先后撰文,通过此碑所见皇太子临莅辟雍及与祭官员、士人的身份,探究晋武帝平衡各方面关系,巩固太子权力基础之用意。钩沉索隐,深刻揭示了此碑的学术史、政治史研究价值①。就本文而言,我们重点关注碑文中提及的晋初官学中的礼学风尚:

泰始三年十月始行乡饮酒、乡射礼,马、郑、王三家之义并时而施。然后罍樽列于公堂,俎豆陈于庭阶,乡县之乐设,百拜之仪陈,缙绅之士始睹揖让之节、金石之音。②

碑文在论及乡饮酒、乡射礼的施行依据时,提出"马、郑、王三家之

---

① 方韬《从〈晋辟雍碑〉看晋武帝立嗣》,《贵州文史丛刊》,2011年第4期,第1页;童岭《晋初礼制与司马氏帝室——〈大晋龙兴皇帝三临辟雍碑〉胜义蠡测》,《学术月刊》,2013年第10期,第148页。
② 顾廷龙《大晋龙兴皇帝三临辟雍皇太子又再莅之盛德隆熙之颂跋》,《燕京学报》,第10期(1931),第2147页。

义并时而施",显然是指马融、郑玄、王肃三家礼学在当时均具官学之身份,这也与荀崧奏议中并列马、郑、王三家相合,对于我们推定"十九博士"的具体职掌提供了直接的依据。前文已言,虽然"十九博士"制定于晋武帝中后期,但除杜预注晚出以外,其它诸学均传自汉魏,晋武帝时期未闻废黜某家之学之事,则凡在晋初获得官学地位的师法,自应在"十九博士"定员时获得尊立,而我们在上一节已经指出,曹魏博士本不依师法而立,其员额亦无定制,故晋初博士制度,大抵应循曹魏旧例,而武帝置"博士十九人",则是恢复两汉旧制,明确官学师法。故其"十九博士"之置,当以晋初已具官学地位之师法为基础。马、郑、王三家之礼学既然在晋初均具官学地位,则在"十九博士"中自宜有此三家之礼学。

不过,值得注意的是,该碑碑阴所列与祭的博士、弟子中,只有"典行郑大射礼博士京兆段畅永弘"和"典行王乡饮酒礼博士渔阳崔豹正雄",与碑文"三家之义并时而施"之说似有不合。对此,余嘉锡先生曾有专论:

> 然碑阴题名乃止有郑大射礼生、王乡饮酒礼生,不独不用马融之说,且并大射乡饮酒礼亦各主一家,王郑之义,未尝同时并用,与碑文不合,其故何也?盖碑立于咸宁四年,实专为太子莅雍而作,故其颂曰:"明明太子,玄览惟聪,游心六艺,再临辟雍。"而于武帝,惟言其"应天顺人,敷演彝伦"而已,略不及泰始间飨射之事。其额兼题皇帝三临辟雍,序亦缕叙及之者,特以著其缘起耳。……泰始中行礼之人皆不在题名之列,而其所行之礼前后不同,亦已彰明较著,自不得牵引为一,疑其抵牾不合也。①

---

① 余嘉锡《晋辟雍碑考证》,《余嘉锡文史论集》,岳麓书社1997年版,第136页。关于这一问题,顾廷龙先生亦曾提出:"按马、郑、王并为汉魏间治礼之大家,而综观碑阴之题名中,但有典行郑大射王乡饮之博士,及行郑大射王乡饮之礼生,独未提及马氏,岂因郑氏系传马氏之业者,言郑即足兼马耶?"不过,我们在前文已经辨析过,郑玄虽为马融弟子,但其礼学主张与马融相异处甚多,相较而言,反是王肃之学与马氏更为接近,故此余嘉锡先生乃以马氏之学兼于王。顾氏之说,似未可据信。顾廷龙《大晋龙兴皇帝三临辟雍皇太子又再莅之盛德隆熙之颂跋》,第2148页。

余先生此论至为精善。事实上,碑文所述"马、郑、王三家之义并时而施"及其后文"斑飨大燕,上下咸周,三家之礼,庭肆终日"云云,均是指晋武帝泰始三年(267)临莅辟雍期间所举行的仪式,而此碑本身则是为皇太子再临辟雍而作,因此碑阴所记名录乃是皇太子再临辟雍期间举行大射礼与乡饮酒礼的与祭名单。在晋武帝临莅辟雍期间,确曾有三家之礼学并时而施的情况,但后来决定乡射独用郑氏说,乡饮酒独用王氏说,因此在皇太子再临辟雍之时,就仅有郑、王之说为博士所宗了①。

然而余先生据此有一推论,则笔者以为稍嫌未安:

> 自武帝考览三家,知其短长得失,其后遂定大射用郑义,乡饮酒用王义,西晋十九博士之中,三礼亦只有郑、王二家,而马融之传不立于学官,与《尚书》一经兼有贾、马、郑、王四博士者不同。疑其定制当在泰始六年以后,盖三家之礼并行者已三次,觉郑、王之学各有所长,而马融之义则已为两家采取殆尽,无庸复立故也。此其斟酌损益之间,当时必自有其说,惜不可得而考矣。②

余先生认为三家之《礼》在晋武初年曾并置学官,但到泰始六年(270),也就是武帝三临辟雍以后,由于郑、王之学各有所长,马氏《礼》遂遭废黜,故而在西晋十九博士中,也就没有马融之学。但事实上,如果仅从辟雍碑所载史事看来,乡射、乡饮酒礼固然最终各自选择了郑、王之说为定制,但这并不能说明马氏《礼》学即遭废黜。因为在魏晋时期,在某一礼学问题上出现分歧,最终选择郑氏、王氏或马氏某一家之

---

① 余嘉锡先生还举出傅玄《辟雍乡饮酒赋》以证晋武帝时却有三家之礼并施之事。赋云:"连三朝以考学兮,览先贤之异同",余先生指出,"详其文义,似是于举行乡饮酒之时分为三日,各命博士行其一家之礼,譬如第一日用马义,则二日用郑义,三日用王义,行之既终,于是三家之礼皆已遍览而得其异同矣。"见氏著《晋辟雍碑考证》,《余嘉锡文史论集》,第138页。

② 余嘉锡《晋辟雍碑考证》,《余嘉锡文史论集》,第138页。

说的例子非常普遍,即如禋祀六宗、天子庙制、祫禘、天子为诸侯公卿服丧等问题,便是在郑、王二学之间进行抉择,而据阎步克先生的研究,魏明帝"损略齼黻",则很可能据马融《礼》说①。但是,需要注意的是,魏晋时期议礼的基本原则,是一事一议、一事一例,虽然在某一礼学问题上朝议最终仅选择了马、郑、王诸家中的一家,但这并不意味着其它两家的官学地位便受到威胁。马融《礼》学在乡射、乡饮酒的仪制之争上虽然最终未能抗敌郑、王,却并不意味着马融之学即遭废黜。我们从《宋书·百官志》《晋书·帝纪》《晋书·职官志》等史籍中均未看到关于西晋博士制度变革的记载,而无论是《辟雍碑》,还是荀崧奏议,都明确以马融之学与郑、王二家并立。因此,笔者认为,西晋十九博士中自当有马氏《礼》学。

那么,马、郑、王三家并置的"礼学博士"所治之经为何呢?从前举诸家之说看来,均认为系《周礼》《仪礼》《礼记》三书,但事实上,这种看法并无任何材料依据,或许是根据唐宋"九经"制度中并置"三《礼》"的情形反推的。但事实上,我们需要注意的是,"三《礼》"内部实有经、传之分,"三《礼》"并置博士既非礼学博士的原貌,亦非常态,至少从东晋立国之初的博士制度看来,晋人对于"礼经"的理解,恐怕仍受到汉儒的强烈影响。

我们注意到,在东晋太兴二年(319),曾有"置博士员五人"的诏令②,也就是为《易》《书》《诗》《礼》《春秋》五学各置博士一人,那么,其中的"《礼》学博士"所治经典为何呢?《晋书》对此虽然没有直接记载,但我们可以根据其后太常贺循的奏议而推知:

东晋元帝时,太常贺循上言:"尚书被符,经置博士一人。又多故历纪,儒道荒废,学者能兼明经义者少。且《春秋》三《传》,俱出圣人,而义

---

① 阎步克《服周之冕——〈周礼〉六冕礼制的兴衰变异》,中华书局2009年版,第213~218页。

② 《晋书》卷六《帝纪第六》,第152页。

归不同,自前代通儒,未有能通得失兼而学之者也。况今学义甚颇,不可令一人总之。今宜《周礼》、《仪礼》二经置博士二人,《春秋》三《传》置博士三人,其余则经置一人,合八人。"①

贺循此奏旨在为礼学和《春秋》学分置博士,其言《春秋》三《传》当分置博士三人,自无可议之处,值得注意的是,在礼学部分,他提出宜为《周礼》和《仪礼》分置博士,并未提到"三《礼》"之中的另外一家——《礼记》。照理贺循此议既然是要广开学路,且《春秋》已立三家,自无由厚此薄彼,于"三《礼》"有所轩轾。而且,从学术史的发展来看,《小戴礼记》自东汉后期以来,已经成为治礼学者非常看重的一部著作,马融、郑玄、王肃等学者注经皆及于《礼记》,缘何此处贺循独不言为《礼记》置博士呢?

事实上,如果追溯到西汉时期,我们会发现,在五经博士之中,"礼"博士素来有其特殊性。汉武帝所立"五经博士"中,其它四家均可以所治经书命名,如"《易》博士""《诗》博士""《春秋》博士",至礼学,则《汉书》《后汉书》中未见以"《仪礼》博士"或"《礼经》博士"为称者,两汉的礼学博士,初为"后氏礼",后为"大、小戴礼",均概称"礼博士",而其所治经典,实为《仪礼》十七篇,但为何不径称《仪礼》博士,则大概因为《仪礼》所存仅为士礼之残篇,显然不能满足汉代礼制的现实需要,因此,诸礼博士需据《仪礼》而推天子、诸侯、卿大夫之礼,此所谓"推士礼而致于天子"②,宣帝时期后仓所撰《曲台礼》就是这样的著作,其内容早已溢出《仪礼》经文的范围,因此,若径以"《仪礼》博士"称礼博士,似有不合之嫌。而除了《曲台礼》以外,两汉礼学中最为倚重的著作,当然就是先秦以来的礼学传记文献,戴德、戴圣分别据此编成《礼记》,其学遂各自名家。但毫无疑问的是,无论是西汉的后氏礼博士,还是东汉的大、小戴礼博士,若论其所治"本经",当然还是《仪礼》而非《曲台礼》或《礼记》,

---

① (唐)杜佑《通典》卷五三《礼十三》,中华书局1988年版,第1465页。
② 《汉书》卷三〇《艺文志》,第1710页。

这一点可以从东汉熹平石经独以《仪礼》上石得到确认,在汉儒看来,《曲台礼》和大、小戴《礼记》只是"传记"而已,不可同列于经目。

至于《周礼》,原称《周官》,他的性质与《仪礼》《礼记》均有所不同。此书原为记载职官制度的著作,既非"礼经",亦难称解"礼经"之传。然至王莽摄政时期,由于王莽曾习《周官》,故其书的地位得到迅速提升,据《汉纪》载:

> 歆以《周官》十六篇为《周礼》,王莽时,歆奏以为《礼经》。置博士。①

《周官》改称《周礼》,似乎意在强调其所言不仅关涉官制,更可为天下礼法之所宗。而刘歆奏请以"《周礼》"为"礼经",显然是认为此书可以与《仪礼》相抗,成为新的"礼经"。查《汉书·艺文志》,此书即著录为"《周官经》六篇",可见与《礼记》作为"传记"的身份不同,《周礼》虽然不在汉武帝所立"五经"的范围之中,但到西汉末期,已经被明确称之为"经"。随着莽新覆灭,《周礼》失去了官学的地位,但《周礼》作为礼学经典的地位却就此确立下来。东汉诸儒治礼学者,多看重《周礼》,马融、郑玄等均有传注。至魏晋时期,《周礼》的地位愈加提升,陈寅恪先生曾指出,"中国儒家政治理想之书如《周礼》者,典午之前,固已尊为圣经,而西晋之后复更为国法矣。"②在魏晋时期,《周礼》的地位在礼学中最

---

① (汉)荀悦等《两汉纪》卷二五,中华书局 2002 年版,第 435 页。
② 陈寅恪《崔浩与寇谦之》,《金明馆丛稿初编》,生活·读书·新知三联书店 2001 年版,第 145 页。关于魏晋时期重《周礼》的论述,还可参甘怀真《"制礼"观念的探析》,其文指出,"此举的目的之一是宣告一个遵从'周政'的新体制的诞生,而不再用汉家之法,此亦象征周礼成为政制的法源",阎步克先生通过对冕服制度的研究也指出,"魏晋冕制的变迁,也证明了《周礼》影响在与日俱增",他将之解释为"在某种意义上或一定程度上,是周朝贵族世卿政治的回潮或倒卷""从士人的发展历程看,两汉儒生、汉末名士在魏晋以下发展为士族阶层,这也为礼学的升温创造了条件。在各种经传中,《周礼》一书所提供的'周礼'丰富、整齐而集中,那也是魏晋以下其书为人所重的重要原因之一。"甘怀真《皇权、礼仪与经典诠释:中国古代政治史研究》,台北:喜玛拉雅基金会 2003 年版,第 101~102 页;阎步克《服周之冕——〈周礼〉六冕礼制的兴衰变异》,中华书局 2009 年版,第 231~232 页。

高,因此,贺循请为《周礼》《仪礼》之学分置博士,恢复莽新时期《周礼》《仪礼》两"礼经"并置的局面,也是与当日《礼》学风尚相符合的。

通过对"礼学博士"之演变过程的梳理,我们可以发现,在汉儒的观念中,《礼记》为解释《仪礼》的传记之书,就如同《春秋》不必分置《春秋》博士、《春秋公羊传》博士一样,《仪礼》与《礼记》经传一体,也没有必要分置博士。这种观点恐怕对魏晋经目仍然有所影响,东晋初年经目于"礼"学仅置一员,而贺循奏议中主张将其分为《周礼》和《仪礼》,足见至晚到东晋初年,"礼"博士所掌经书仍仅包括《周礼》和《仪礼》,《礼记》尚未得与二学并列。

这样看来,太学中马、郑、王三家礼学博士的并置,所治经目恐怕不会包括《礼记》。至于《周礼》,既然在西晋已经取得极高的地位,且贺循之奏议简拙而有节,不似创制,反似有所因循,故此笔者以为,《周礼》《仪礼》二"礼经"之并置,当源于西晋,马融《周礼》、马融《仪礼》、郑玄《周礼》、郑玄《仪礼》、王肃《周礼》、王肃《仪礼》六学,均在"十九博士"制中,《礼记》之学宜附于《仪礼》,不必单列。

三、驳杂多元的西晋太学师法

根据《三国志·王肃传》中关于王肃诸学的记载,以及上文所考马、郑、王氏之《周礼》《仪礼》学,我们已经可以推知西晋"十九博士"中当有王肃《易》《尚书》《毛诗》《周礼》《仪礼》《左传》,马融《周礼》《仪礼》,郑玄《周礼》《仪礼》,再结合汉末以来"郑学"小一统的社会现实及其在曹魏官学中的显赫地位,又可推知经目中当有郑玄《易》《尚书》《毛诗》,此外,据荀崧奏议所列师法,可知还应该有杜预《左传》、服虔《左传》、何休《公羊春秋》、颜安乐《公羊春秋》、尹更始《穀梁春秋》,以上凡十八种,当无可疑。

这样一来,"十九博士"所缺者,仅一种师法。然这一师法如何确定,却存在多种可能。第一,荀奏所列师法有"贾",当为贾逵。然其兼注《尚书》《左传》,则何学获立,不可遽定。第二,荀奏师法中又有"孔",而其所传有《古文尚书》《论语》《孝经》,何种得列官学,亦须考证。第三,据《三国志·王肃传》,则肃复有《论语》注在官学中,而郑玄《论语》《孝经》注亦当有官学身份,凡此诸学若皆置博士,则其数必超过十九,若不置博士,则《三国志》并荀崧奏议所言获置官学、博士之事如何解释,亦令人烦扰。事实上,若前论可信,则"十九博士"所缺唯一种,贾、孔二家必有一家不在博士之列,则荀崧奏议如何理解,亦需再作思量。这一部分,我们逐一讨论这三个问题。

首先,关于贾逵,王国维曾依《三国志》所载高贵乡公问对之事,以为贾、马之立学皆以《尚书》,但据前论,马融《礼》学已置博士,则《尚书》若再置博士,则其数不免要超过十九,故此从蒋善国之说,以王肃之《尚书》学既已采会贾、马之说以与郑玄相抗,而王肃《尚书》学已获置博士,则贾、马之《尚书》学可不必再置。

反之,关于贾逵的《左传》学,自东汉以来,便与服虔并称,《隋书·经籍志》载西晋孙毓著有《春秋左氏传贾服异同略》五卷,而孙毓乃西晋初年博士[①],其著此书,可知贾、服二家《左氏春秋》在当时影响较大,在杜注出现之前,原是并时而行的。又《南齐书·陆澄传》载陆澄书:

> 《左氏》太元取服虔,而兼取贾逵《经》,由服传无《经》,虽在注中,而《传》又有无《经》者故也。今留服而去贾,则《经》有所阙。[②]

此乃言东晋孝武帝时期的经目改革,但从其叙述看来,则东晋之时虽专尊服虔《左氏传》,但仍取贾逵《左氏传》的经文部分为辅,以补服注无《经》之缺。东晋时期的博士制度乃是在西晋博士制度的基础上"简

---

① 《大晋三临辟雍碑》碑阴有"博士东莞孙毓休朗",可知西晋武帝咸宁年间孙毓获任博士。
② 《南齐书》卷三九《陆澄传》,第684页。

省"而来,既然东晋《左传》学尤以贾逵辅翼服虔,则我们有理由推定,在西晋时期,贾逵《左氏春秋解诂》原为独立的博士,贾、服二注间有异同,故博士孙毓乃有《异同略》之书以辨正。至东晋后,方省去贾逵之学。因此,荀崧奏议所言之"贾",当指贾逵《春秋左氏解诂》。

其次,一旦我们确定荀崧所言之"贾"为贾逵,则"十九博士"实已满员,而如何理解奏议中的"孔",就成为一个棘手的问题。前文已言,陈汉章、张鹏一均以"孔"为晚出之《古文尚书孔传》,即通称的"伪《孔传》",而关于伪《孔传》何时列于学官的问题,学术界虽早有定论,但在细节上仍有可议之处。简言之,此传虽然在西晋时期已经出现,但其被确认为官学,显然要在梅赜献书之后,而梅赜献书的时间,据《尚书正义·舜典》"正义"言:

> 昔东晋之初,豫章内史梅赜上《孔氏传》,犹阙《舜典》。自此"乃命以位"已上二十八字,世所不传,多用王、范之注补之,而皆以"慎徽"以下为《舜典》之初。①

刘知几《史通》即用其说②,不过,《尚书正义》所引《晋书》则记载:

> 始授郡守子汝南梅赜,字仲真,又为豫章内史,遂于前晋奏上其书,而施行焉。③

如此,则梅赜献书,又似在西晋时期。王志平认为《尚书正义》之文的句读当作:

---

① 《尚书正义》卷二《舜典》,《十三经注疏》,第125页下栏。
② (唐)刘知几著、(清)浦起龙通释《史通通释》卷一二《外篇·古今正史第二》,上海古籍出版社2009年版,第307页。
③ 《尚书正义》卷一《尧典》,《十三经注疏》,第118页中栏。此文不见于今本《晋书》,当为臧荣绪《晋书》,相关论析可见李学勤《〈尚书孔传〉的出现时间》,《古籍整理研究学刊》,2002年第1期。当然,也有可能是王隐《晋书》或者其他人所著《晋书》,可参刘起釪《尚书学史》,第172页,中华书局1989年版。

昔东晋之初，豫章内史梅赜上《孔氏传》犹阙《舜典》，自此"乃命以位"已上二十八字，世所不传，多用王、范之注补之，而皆以"慎徽"以下为《舜典》之初。

王志平分析道："我们认为梅赜献书是在西晋，而以王肃注《尧典》'慎徽五典'以下部分为《舜典》是在东晋时期。……东晋元帝均非指梅赜献书之时，而是指分割《尧典》为《舜典》之时。"①王志平先生的这一读法颇具新意，但是关于梅赜献书一事，《春秋左传正义》亦有言及：

及江东晋元帝时，其豫章内史梅赜始献孔安国所注《古文尚书》，其内有《泰誓》三篇，记传所引《大誓》，其文悉皆有之。②

王志平先生虽以改变句读之法革新了我们对于《尚书正义》之文的传统理解，但似乎无法进一步解决《左传正义》的这句旁证。

此外，梅赜献书之事又可藉《世说新语》之文考知：

梅颐尝有惠于陶公，后为豫章太守。有事，王丞相遣收之。侃曰："天子富于春秋，万机自诸侯出，王公既得录，陶公何为不可放？"乃遣人于江口夺之。③

这里所言的梅颐，据刘孝标注引《晋诸公赞》：

《晋诸公赞》曰：颐字仲真，汝南西平人。少好学隐退，而求实进止。④

其字与籍贯皆与《尚书正义》所引《晋书》相同，梅颐与梅赜当为一人，未知何者为是，本文姑以梅赜称之。从《世说新语》的记载来看，梅赜曾为豫章太守，此又与《尚书正义》所引《晋书》以及《舜典正义》所言

---

① 王志平《中国学术史·三国两晋南北朝卷》，第230页。
② 《春秋左氏正义》卷四〇《襄公三十一年》，《十三经注疏》，第2014页中栏。
③ 徐震堮《世说新语校笺》卷中《方正第五》，中华书局1984年版，第182页。
④ 徐震堮《世说新语校笺》卷中《方正第五》刘孝标注引，第182页。

梅赜献书时所任官职相合①，而梅赜为豫章太守时王敦已为丞相，则其时当在东晋元帝永昌元年（322）前后②。又从陶侃的话来看，"天子富于春秋，万机自诸侯出"，则当时的天子又非已然年长的元帝，而应是即位不久的明帝，也就是说，至迟到明帝初年的时候，梅赜仍任豫章太守。

另一方面，《晋书》又载：

（建兴三年）三月，豫章内史周访击杜弘，走之，斩张彦于陈。③

可见，梅赜任豫章太守的时间，又不得早于西晋孝愍帝建兴三年（315），而此时距东晋元帝中兴仅有一年左右，朝政纷乱，朝不保夕，梅赜大概不会选择此时献书。这样看来，《尚书正义》和《春秋左氏正义》所言梅赜在东晋元帝时以豫章太守身份献书之事，应当还是可信的。

既然此"孔"可断非为《古文尚书孔传》，则又有学者怀疑当是《古文

---

① 马雍先生曾提出，"东晋时期只有豫章太守而没有豫章内史这个官职"，其言可信。所谓的"豫章内史"，即豫章一地的行政主官，由其称"内史"可知，当为王国之官，相当于郡之太守。晋武帝太康十年（289），武帝封皇子司马炽为豫章王，此为西晋第一代豫章王，惠帝永兴元年（304），司马炽以八王之乱中护驾有功，被封为皇太弟，也就是后来的晋怀帝。他登基之后，即元嘉元年（307），乃迁其从子、清河康王司马遐之子上庸王司马铨为豫章王，此为西晋第二代豫章王。元嘉二年（308），怀帝立司马铨为皇太子，乃又以司马铨之弟广川王司马端转封为豫章王，此为西晋的第三代豫章王。在此之后，皇太子司马铨遭京洛之乱，没于刘聪；豫章王司马端在洛阳陷没后曾投奔苟晞，并被立为皇太子，但随即没于石勒。这样，随着西晋的覆灭，两代豫章王先后亡命，豫章国至此绝嗣国除。至东晋元帝以后，豫章再未建国，从《晋书》的记载看来，东晋时期豫章的主官，如谢鲲、史畴、周抚、周广、范宁、刘邵、甘卓等人，皆为太守，甚至是西晋末年愍帝时期的豫章主官，如戴若思等人，亦已称"太守"，可知自豫章国国除之后，豫章乃复为郡，其主官乃复称"太守"，不再称"内史"。不过，刘起釪先生亦指出，"内史、太守职位同，是有可能被混称的"，他举会稽郡太守有称为会稽内史者为例，而即以豫章论，《晋书·王敦传》言西晋末年从敦伐蜀守杜弘者，有"豫章太守周访"，而《晋书·孝愍帝纪》言此事，则称"豫章内史周访"。按前面所考，孝愍帝时豫章国已改为郡，周访当为太守，然《本纪》犹称"内史"，可见晋时太守、内史职务混称，并不鲜见。马雍《尚书史话》，中华书局1982年版，第51页；刘起釪《尚书学史》，第176页；《晋书》卷九八《王敦传》，第2554页；卷五《孝愍帝纪》，第129页。

② 《晋书》载："（永昌元年四月）敦乃自为丞相、都督中外诸军、录尚书事，封武昌郡公，邑万户。"《晋书》卷六《孝愍帝纪》，第156页。

③ 《晋书》卷五《孝愍帝纪》，第129页。

孝经孔传》及《论语》孔安国注①。但《古文孝经孔传》于西晋时期未见师学流传,至于《论语》孔安国注,则王志平先生考定其"终西晋之世,均未立于学官,应无可疑"②,此姑存一说。

此外,清儒又有以此"孔"为"孔壁"之说,见于潘芸阁所著《魏晋诸经立博士考》:"疑此是以郑注《尚书》传自孔壁,故谓之孔。"③然此说实过于迂曲,不足一辩。相对而言,似乎是刘起釪先生在《尚书学史》中的推测则比较平实:

> 另有孔氏,西晋孔氏伪古文尚未出,如果不是因荀崧在东晋时习于所见误称,那就是指当时又相传有的孔安国《论语注》。④

当然,荀崧身历两晋,《古文尚书孔传》之"复出"轰动一时,若论其"习于所见误称",似乎也有些说不过去,只能算作一种"可能性"而已。当然,此外,我们还可以推测这是《宋书》中的衍文,荀崧奏议中或许根本就没有"孔"字,但在缺乏版本依据的现状下,这种推测也只能存疑。

不过,在笔者看来,无论此处的"孔"是衍文也好、误记也罢,亦或是指《论语》孔注,都不影响本文对于"十九博士"的推定,究其原因,与下面要讨论的最后一个问题相关。

第三,关于郑玄、王肃的《论语》《孝经》注的问题。前文已言,西晋博士制度旨在恢复两汉"师法博士"的传统,因此,我们讨论这一制度,需要将其置入两汉博士制度的传统中来考虑。而如果回顾两汉博士制度,我们会发现,其重要特点之一,就是虽然太学中传习《论语》《孝经》,但并不为之专置博士,而是以他经博士兼授,王国维对此有专门考察,指出"《汉官仪》所载博士举状,于五经外必兼《孝经》《论语》。故汉人传

---

① 蒋善国《尚书综述》,第129页。
② 王志平《中国学术史·三国两晋南北朝卷》,第228页。
③ (清)胡承珙《与潘芸阁书》,《求是堂文集》卷二,清道光十七年刻本,第34叶A~B。
④ 刘起釪《尚书学史》,第170页。

《论语》《孝经》者,皆他经大师,无以此二书专门名家者"①,可谓不刊之论。此外,前举东晋初年博士制度,仅"置博士员五人",显然也没有包括《论语》《孝经》,其后贺循奏议建议增博士员为八人,所列新增经目中仍无《论语》《孝经》,足见不为此二书专立博士,当为西晋故例,至东晋立"九博士"制度,始有"《孝经》《论语》共立郑氏博士一人",但前举荀崧奏议,仍称"今五经合九人",足见"五经博士"之制延续既久,士人一时仍难改口。总之,《论语》郑注、《孝经》郑注、《论语》王肃注、《论语》孔注(存疑)虽然具有官学身份,但只能由他经博士兼授,不可独置博士。

综上,以荀崧奏议所举诸家师法为基本依据,同时参考《三国志·王肃传》所载曹魏官学师法、《大晋龙兴皇帝三临辟雍碑》所载西晋初三家礼学并置事,以及《隋书·经籍志》等文献中的相关记载,笔者认为"西晋十九博士"所治师法当为:

1.《周易》郑玄注;2.《周易》王肃注;3.《尚书》郑玄注;4.《尚书》王肃注;5.《毛诗》郑玄注;6.《毛诗》王肃注;7.《仪礼》马融注;8.《仪礼》郑玄注;9.《仪礼》王肃注;10.《周礼》马融注;11.《周礼》郑玄注;12.《周礼》王肃注;13.《左传》贾逵注;14.《左传》服虔注;15.《左传》王肃注;16.《左传》杜预注;17.《公羊传》颜安乐注;18.《公羊传》何休注;19.《穀梁传》尹更始注。

在这十九博士中,《左传》杜注的完成时间,据其《集解后序》称,乃在太康三年(282),余嘉锡先生云:"然杜预《左传学》在晋初即以成书,彼以懿亲功臣,所著书无不得立之理,故荀崧所举先儒典训有杜氏。"②如果以杜预《春秋左氏经传集解》的完成为准,则西晋十九博士制度的确立,当在晋武帝太康中后期。皮锡瑞曾各以一字断二千年经学之升

---

① 王国维《汉魏博士考》,《王国维全集·第八卷》,第110页。按《全集》无"《汉官仪》所载博士举状,于五经外必兼《孝经》《论语》"数语,此据《王国维遗书》本补,可参《王国维全集》第八卷之校勘记,第136页。

② 余嘉锡《晋辟雍碑考证》,《余嘉锡文史论集》,岳麓书社1997年版,第144页。

降,于魏晋至宋初,以一"杂"字断之①。今且不论此字于其它各时期是否合适,仅就西晋而言,此字可谓确论。十九博士所治师法中,有今文学,有古文学,有郑学,有王学,而当时在士人群体中影响巨大的,还有王、何之玄学,古今学风融会激荡,故此魏晋经注中,多集解、异同辨、驳难之作。一方面,传统的两汉师法走向驳杂,另一方面,新的门户之辨趋于尖锐,如果从经学发展的角度来说,这种兼容的经目制度显然有利于经义的丰富、精细与多元化发展,但若从国家治理的层面来看,则一学兼宗多家,特别是在具有实践性的礼学问题上一事一议,这无疑会大大增加国家的行政成本,影响行政效率,可以预见,如此庞杂的经目制度是难以长久的。

四、东晋博士员减省与太学师法一元化

随着晋室南迁,各项制度均发生了一定程度的变化。我们在前文讨论曹魏初期经目设置时已经考知,东晋元帝太兴二年(319),确立了新的博士员额:

> 置博士员五人。②

这里《晋书》虽未明言其为太学博士还是国子博士,但比较整个两晋南北朝太学与国子学的博士员额设置,太学博士员额变化较大③,且自西晋至东晋元帝中前期,皆依经目之数而置,使分掌诸经师法;至于国子学,则自晋武肇建至南朝各代,所置博士例皆不过一、二员,而以员额较多之"国子助教"分掌诸经,实际从事教授。此处博士既达到五员,

---

① (清)皮锡瑞《经学历史》,中华书局2008年版,第347页。
② 《晋书》卷六《中宗元帝纪》,第152页。
③ 据《宋书·百官志》,晋初太学置博士十九员,东晋初减为九员,后又增为十一员、十六员,其说虽未必准确,但已可见太学博士员额变动之频繁。此外,《宋书·百官志》又言太学博士至东晋元帝增员为十六人后,始"不复分掌五经",可知此前太学博士皆依经目而置。《宋书》卷三九,第1228页。

而贺循在关于此制的奏议中称"经置博士一人"①,显然是以博士分掌五经,则其为太学博士当无可疑。

与西晋太学"十九博士"相比,东晋新制不仅在员额上大幅度减省,更为重要的是,晋元帝提出了"经置博士一人"的基本原则,这势必要求各经皆仅尊一种师法,而这与西汉以来太学师法多元化的整体趋势是完全相悖的。太常贺循注意到此制的弊端,因此奏请分立《礼》学与《春秋》学博士:

> 东晋元帝时,太常贺循上言:"尚书被符,经置博士一人。又多故历纪,儒道荒废,学者能兼明经义者少。且《春秋》三《传》,俱出圣人,而义归不同,自前代通儒,未有能通得失兼而学之者也。况今学义甚颓,不可令一人总之。今宜《周礼》《仪礼》二经置博士二人,《春秋》三《传》置博士三人,其余则经置一人,合八人。"②

贺循指出,《春秋》三《传》皆溯源于孔子,而义旨则颇有不同,今人不宜妄加轩轾,且自西汉以来,鲜有能兼明三《传》者,故历来为三《传》分置博士。至于礼学方面,则《周礼》自王莽持政期间获称"礼经",其学与《仪礼》便各有师法,不相杂糅,二《礼》、三《传》虽同冠一经之名,然或经本殊异,或传解不同,皆"不可令一人总之",宜分置博士。贺循此议注意到礼学、《春秋》学内部的高度分化,已经不可能以一博士总领之,可谓抓住了东晋新制的"七寸",但值得注意的是,在"经置博士一人"的基本原则上,贺循并未违背元帝的旨意。《周礼》自升经之始,便以"经"的身份与《仪礼》并列,而《春秋》三《传》此时虽尚未称"经",但从西晋"十九博士"制看来,其于《左传》《公羊传》目下皆分置不同师法之博士,在制度上已将三《传》的规格视同于"经"了。因此,贺循虽请为二《礼》、三《传》分置博士,但从师法博士的制度设计来看,各"经"仍皆仅置一博

---

① (唐)杜佑《通典》卷五三《礼十三》,中华书局1988年版,第1465页。
② (唐)杜佑《通典》卷五三《礼十三》,中华书局1988年版,第1465页。

士，西汉以来多元师法并置博士的传统面临挑战。

从《宋书·礼志》的记载看来，贺循增置博士的建议似乎得到了元帝的肯定，但最终的具体改革措施却不是沿着他所设计的方案施行的，至迟到太兴四年(321)，元帝对博士员额和经目进行了调整，其事见载于《宋书·礼志》：

> 太兴初，议欲修立学校，唯《周易》王氏、《尚书》郑氏、《古文》孔氏、《毛诗》、《周官》、《礼记》、《论语》、《孝经》郑氏、《春秋左传》杜氏、服氏，各置博士一人。其《仪礼》、《公羊》、《穀梁》及郑《易》，皆省不置博士。①

关于这段志文的理解，有两处争议：其一，志文所列诸经师法共有十家，按照"各置博士一人"的原则，应有博士十员，但无论《宋书·百官志》中太学博士"江左初减为九人"的记载，还是《宋书·礼志》所录荀崧奏议"今五经合九人"的陈述，皆言时博士为九员。师法数与博士员数之扞格遂成为问题。其二，则是"《周易》王氏"所言究竟是王肃还是王弼。以下分别讨论。

陆德明在《经典释文》自注中称："江左中兴，《孝经》《论语》共立郑氏博士一人。"②陆氏未言其据，结合整个《释文》关于诸经立学的叙述，其据似为《宋书·百官志》中"《论语》、《孝经》为一经"之言③，但《宋书》此言系指刘宋元嘉国子学中助教的设置，与东晋太学博士所治经无关，《释文》此言难以据信④。真正可以帮助我们了解太兴四年博士员具体职守的，是《宋书·礼志》所录太常荀崧针对这一博士新制呈递的奏议。

荀崧奏议的核心诉求，是"九人以外，犹宜增四"⑤，也就是在不改变

---

① 《宋书》卷一四《礼志一》，第361页。
② (唐)陆德明《经典释文》卷一《序录》，上海古籍出版社1985年影印版，第58页。
③ 《宋书》卷三九《百官志上》，第1228页。
④ 钱大昕在论及东晋初期太学博士时亦以《论语》、《孝经》合置博士，所据或为陆德明《经典释文》。(清)钱大昕《廿二史考异》卷二三《宋书一》，商务印书馆1958年版，第468页。
⑤ 《宋书》卷一四《礼志》，第361页。

原有"九博士"执掌的前提下新增四员博士（郑氏《易》、郑氏《仪礼》、《公羊传》、《穀梁传》）。其中在讨论《春秋》三《传》的博士设置时，他以"博士宜各置一人，以传其学"作结①，明确指出在增补《公羊传》《穀梁传》两家博士之后，三《传》将呈现"各置一人"的局面，这就说明在已经颁定的"九博士"制度中，《春秋》学仅设一员博士，结合《宋书·百官志》，可知此博士所掌即为《左传》杜、服注。至于一员博士何以兼掌二注，笔者颇疑与服虔《春秋左氏传解谊》只注传文，不注经文的体例有关。《南齐书·陆澄传》载陆澄致王俭书在论及东晋孝武帝太元年间经目改革时，曾言："《左氏》太元取服虔，而兼取贾逵《经》，由服传无《经》，虽在注中，而《传》又有无《经》者故也。"②指出由于服虔不注经文，导致部分没有重见于传文的《春秋》经文没有解释，因此太元改制乃取贾逵《春秋左传解诂》的经文部分与服注相配，合置博士。这充分说明，由于服注无经，难以独立成为官学师法，必须取另一有经之注为补，而杜注或许正承担了这一功能。在《隋书·经籍志》中载有一部佚名且残缺的"《春秋杜氏、服氏注春秋左传》十卷"③，此书题名十分怪异，先后两次出现"春秋"之名，似有讹谬，姚振宗即认为"'春秋'二字一条再见，史驳文"④。但在笔者看来，这部书的题名虽然繁琐，却十分准确，其"春秋杜氏"，乃指《春秋》经文杜注，而"服氏注春秋左传"，则指《左传》服注，两者并举，显示这一文本乃是将《春秋》杜氏经注与《左传》服氏传注合为一帙，足以说明在东晋或稍晚时期，曾有将杜氏经注与服氏传注并读的阅读方式。我们当然无法证明这部《春秋杜氏、服氏注春秋左传》即与"九博士"制度下杜、服注合置博士有关，但陆澄所言贾、服二注合置博士的史实，以

---

① 《宋书》卷一四《礼志》，第362页。
② 《南齐书》卷三九《陆澄传》，第684页。
③ 《隋书》卷三二《经籍志一》，第928页。
④ （清）姚振宗《隋书经籍志考证》卷六《经部六》，《二十五史艺文经籍志考补萃编·第十五卷》，清华大学出版社2014年版，第928页。所谓"史驳文"，即史籍讹谬之文。

及这部书的独特钞纂方式,确实给我们理解杜、服二注合置博士的具体操作方式提供了有益的启示。

总之,"九博士"制并非如陆德明、钱大昕所言,以一员兼掌《论语》《孝经》二经,而是九员分掌九经,而于《春秋》则以一博士兼掌杜、服二注,这实际上仍然是对晋元帝"经置博士一人"这一指导思想的贯彻。

至于"《周易》王氏"的具体所指,王志平认为系王弼①,但据《南齐书》所载陆澄书札,可知当为王肃。陆澄在论及东晋初期经目演变时指出:

> 晋太兴四年,太常荀崧请置《周易》郑玄注博士,行乎前代,于时政由王、庾,皆俊神清识,能言玄远,舍辅嗣而用康成,岂其妄然。②

这里陆澄所谓王、庾诸公"舍辅嗣而用康成",意谓在"九博士"制已然确定的情势下,荀崧等奏请补立部分师法,而在被弃诸《易》学师法中,王、庾等玄学士人舍弃王弼而选择郑玄,足见郑玄《易》学影响之大。根据陆澄此札,则王弼、郑玄《易》注在太兴四年均为在野之学,"九博士"制中获置之《易》学师法当为王肃之学。

太兴四年建立的"九博士"制度在中古经学史上具有转折性的地位,我们可以从以下六个方面进行讨论。

第一,东晋立学以来官学师法一元化的整体趋势得以强化。在"九博士"制度下,《周易》《毛诗》《周礼》《礼记》《论语》《孝经》皆仅尊一家师法,而《尚书》虽然分郑、孔二家,但考虑到今、古文在文本层面上本就不同,因此真正围绕同一经典而兼存二家师法的,只有《左传》一种而已,而这兼存的二家注也合置一员博士,一方面显示出杜、服高下之争一时尚无定论,另一方面也显出官方似乎有意将二注整合为一,从而彻底实

---

① 王志平《中国学术史·三国两晋南北朝卷》,江西教育出版社2001年版,第130页。
② 《南齐书》卷三九《陆澄传》,第684页。

现诸经师法的一元化。这与西晋诸经动辄分置二、三家师法博士,鼓励不同师法间竞争、并存的"故事"已经大相径庭了。如果从长时段的发展来看,这显然代表了经目制度的发展方向:至唐人编定《五经正义》及《公羊》《穀梁》等四经义疏,各经皆仅尊一家师法,自西汉以来官学兼存异说的传统在东晋时期出现转折。不过,从贺循、荀崧等人的奏议看来,晋元帝对于经目的一元化改革似乎并不是以诸经阐释"定于一尊"为其初心,而是在儒学衰微的背景之下为了减省博士员额而出现的被动效应,其与唐宋以后官学一元化的改革用意似乎是存在差别的。

第二,这是《古文尚书孔传》获置博士之始。关于梅赜于东晋元帝时以豫章太守身份献书一事,上节已有考述,故此不再赘论。值得注意的是,虽然在东晋、南朝经目中,郑、孔《尚书》皆得以并置,但东晋、南朝《尚书》学之崇孔轻郑、重古轻今,却已蔚然成风。这是经学史上的大问题,可惜由于史料的缺乏以及郑注的亡佚,今天已很难探究其中原因了。

第三,这是《礼记》获置博士之始,也是《仪礼》首次遭遇废学,礼学内部经典地位的升降,在这次改革中悄然实现。从上引太兴二年贺循奏议来看,其拟为《周礼》《仪礼》分置博士,显然还是以此二书为"礼经",但自"九博士"制施行后,无论是唐人《五经定本》《五经正义》,还是王安石变法所定"熙宁五经",都弃《仪礼》而取《礼记》,这反映出魏晋以来士人对于礼学经典的需求发生的变化。我们知道,西汉儒生所言"礼经"本为《仪礼》,《礼记》原不过是大、小戴二家编纂的解经传记而已。但《仪礼》经战国、秦火后仅存"士礼"十七篇,不仅天子、诸侯、卿大夫之礼难以据知,而且士礼亦仅涉及冠、婚、相见、乡、丧、祭等数种,国家政治生活中的大量仪节,例如封禅、郊天、藉田、登基、册封、赐爵、出征、献捷等等,都付阙如。这当然不是《仪礼》自身体系的缺失,而是其文本残佚造成的现实问题。由于礼学不仅是文本之学，更是需要在庙堂祠社中实践的操作性仪节，因此，与《尚书》文本的残佚不同，汉人对于《仪礼》的文本残佚始终抱有明确的认识，并设法予以弥补。汉初叔孙通作《汉仪》十二篇①，就是最早对国家仪典进行系统规制的尝试；武帝时期欲行封禅而"莫知其仪礼"，只好"采封禅《尚书》、《周官》、《王制》之望祀射牛事"②；昭宣时期，后仓"推《士礼》而致于天子"③，撰成西汉礼学的经典著作《曲台礼》；哀帝时期，刘歆颇为看重孔壁所见《礼古经》（即所谓《逸礼》）的文本价值，以为"虽不能备，犹瘉仓等推《士礼》而致于天子之说"④；到王莽持政时期，刘歆又奏请以《周官》为"礼经"⑤，试图再次扩大"礼经"的范畴，这一奏议不仅在莽新时期一度成为现实，而且在郑玄《礼记》注中也得到学理上的确认⑥。至东汉章帝时期，曹褒受诏"依准旧典，杂以《五经》谶记之文，撰次天子至于庶人冠婚吉凶终始制度，以为百五十篇"⑦，则是再次尝试重建国家礼典。梁满仓将汉儒的这一系列礼学探索统称为"超《士礼》礼制"⑧，而凡此皆体现出《仪礼》在仪节上的缺陷及其给汉儒带来的困扰，可以说，根据现有礼书、经典制定一套全面覆盖各种功能和阶层的新礼典，是两汉礼学的第一要务。

而西晋立国后，"文帝又命荀顗因魏代前事，撰为新礼，参考今古，

---

① 《后汉书》卷三五《张曹郑列传》，第1203页。汉章帝诏令称《汉仪》"散略，多不合经"，可知叔孙通所定《汉仪》非尽据《仪礼》而制。
② 《史记》卷二八《封禅书》，第1669页。
③ 《汉书》卷三〇《艺文志》，第1710页。
④ 《汉书》卷三〇《艺文志》，第1710页。
⑤ （汉）荀悦《汉纪·孝成皇帝纪二卷第二十五》，《两汉纪》，中华书局2002年版，第435页。
⑥ 《礼记·礼器》："故经礼三百，曲礼三千，其致一也。"郑玄注："经礼，谓《周礼》六篇，其官有三千六十。曲，从事也，事礼，谓今礼也。"以《周礼》为"经"，而以《仪礼》为记述具体事仪之礼书。《礼记》卷二三，《十三经注疏》，第1435页中栏。
⑦ 《后汉书》卷三五《张曹郑列传》，第1203页。
⑧ 梁满仓《论魏晋南北朝时期的五礼制度化》，《中国史研究》，2001年第4期，第29页。

更其节文,羊祜、任恺、庾峻、应贞并共刊定,成百六十五篇,奏之。"①这就是后来所谓的"五礼"制度。与《仪礼》相比,新定五礼不仅系统完备、分类明确,而且在实践层面也更加明确、合理,其后,宋、齐、梁都有对五礼的进一步修订,至唐玄宗开元年间,终于形成了《开元礼》。在"五礼"制定的过程中,其理论框架来自《周礼·春官·大宗伯》②,而在很多具体仪节的讨论中,《礼记》作为更多从理论上关注礼学原则问题的传记之书,其重要性逐渐凸显出来,从中古时期大量围绕礼学仪节展开的讨论看来,《礼记》是引用频次非常高的著作,当时很多重要的礼学原则都源自《礼记》,例如梁满仓先生认为"五礼"的核心在于"重往来",而此说即见于《礼记·曲礼》:"礼尚往来。往而不来,非礼也;来而不往,亦非礼也。"③伴随着《周礼》"五礼"仪节的不断完善,主要记述具体仪节的《仪礼》不仅在操作性上的弱点被不断放大,而且其"礼经"之身份反成为现实"五礼"增加权威性的障碍,不得不面临被边缘化的命运。东晋"九博士"制度初废《仪礼》,正反映出其明日黄花的尴尬境地。虽然在刘宋元嘉新制中,《仪礼》的官学地位得以恢复,但除《丧服》一篇在南朝成为显学以外,其在三《礼》学中已沦为鸡肋。北宋熙宁四年王安石经目改革,《仪礼》再次遭废,并就此彻底退出了官定经目之列。

第四,这是《左传》独占《春秋》学博士之始,也是《公羊传》首次遭废,自东汉以来三《传》学术影响力的升降,终于在制度层面得以彰显。自汉武帝建元五年立"五经博士"以来,《春秋》学博士长期由公羊家独占,至宣帝石渠会议辨公、穀之短长,《穀梁传》乃得以与《公羊》并置博

---

① 《晋书》卷一九《礼志》,第581页。
② 《春官·大宗伯》"以吉礼事邦国之鬼神示""以凶礼哀邦国之忧""以宾礼亲邦国""以军礼同邦国""以嘉礼亲万民"。郑众乃以此为"五礼",见于《天官·大司徒》"以五礼防万民之伪而教之中",郑注:"郑司农云:五礼,谓吉、凶、宾、军、嘉。"《十三经注疏》,第757~760页、第708页上栏。
③ 《礼记正义》卷一《曲礼》,《十三经注疏》,第1231页下栏。

士。平帝时期,在刘歆的推毂下,《左传》获置博士,三《传》首次出现并置博士的局面。但随着东汉光武"十四博士"的建立,不仅《左传》因系莽新故政被黜落,连《穀梁》传也遭废学,《公羊传》再次独占《春秋》学博士的两个员额。不过,从刘歆"引传以解经"以来①,《左传》以其丰富的史事与华赡的文辞记载逐渐得到学者的关注,至东汉章帝时期,诏贾逵"自选《公羊》严、颜诸生高才者二十人,教以《左氏》",且"拜逵所选弟子及门生为千乘王国郎"②,实际上赋予了《左传》"准官学"的地位。从东汉到西晋,贾逵、服虔、王肃、杜预等名注迭出,显示出《左传》显赫的学术影响力,而《公羊》学虽有何休注,但终究难挡东汉中后期今古学升降的整体趋势。可以说,到曹魏时期,《左传》事实上已经成为《春秋》学的中心。鱼豢《魏略》载严幹与钟繇关于公、左优劣的争论:"司隶钟繇不好《公羊》而好《左氏》,谓《左氏》为太官,而谓《公羊》为卖饼家。"③曾经两度独占学官的《公羊传》居然被讥为临街兜售的"卖饼家",《公羊传》地位下降之迅速,颇令人唏嘘。凭借着两汉时期积累的学术影响力,《公羊传》在曹魏、西晋太学中仍得以占据一、二教席,但在晋元帝"经置博士一员"的政策要求下,三《传》不得不面临短兵相接的竞争,而《左传》终于取代《公羊》,成为《春秋》学的核心传注。不过,需要注意的是,东晋《春秋》学风与汉魏时期已经大不相同,晋元虽专立《左传》而废《公》《穀》,但并不意味着《公》《穀》完全失去了学者的青睐,相反,在兼综三《传》的学风影响之下,《左传》学开始主动汲取公、穀二家之长。这一点我们将在下文讨论荀崧奏议时详细论及。

第五,这是《论语》《孝经》专置博士之始。前文已言,王国维在《汉魏博士考》中指出,两汉官学皆有《论语》《孝经》之传习,然多为专经博

---

① 《汉书》卷三六《楚元王传》,第1967页。
② 《后汉书》卷三六《郑范陈贾张列传》,第1239页。
③ 《三国志》卷二三《魏书·裴潜传》裴松之注引鱼豢《魏略》,第676页。

士兼治之学,并无专置之博士[①]。曹魏、西晋皆仍其旧,而东晋在博士员额整体减省的大背景下,却为《论语》《孝经》特置博士,明确给予其"经"之身份,这在"经""传"等级森严的东晋博士制度中,不能不说是对此二学的特别擢拔。关于此事因由,史籍并无记载,若就情理揣测,或与晋人孝治观念下《孝经》学的发达有关。学者早已指出[②],由于晋武帝以受禅承嗣,于君臣忠义之大节有亏,故晋人立国特张"孝"德,诸帝、皇太子不仅常亲讲《孝经》,而且在诏敕中也频繁加以申令,因此,《孝经》若仅列为"传",似不足以彰显其"天之经也,地之义也,民之行也"的经典地位,而《论语》《孝经》自西汉以来皆得以并称,故二者一体开经,亦时风之所向。

第六,"九博士"制度在经目层面最值得注意之处,就是王肃之学的由盛转衰。诸经之中,仅有王肃《易》的官学地位得以保留。我们在探讨曹魏时期郑、王二学之争时曾指出,在魏晋时期,郑、王二学虽然在诸经说解上均存在分歧,但是歧见最为突出、在现实政治中影响最大、最能反映二家之学盛衰的,仍是三《礼》之学。由于《礼》学本身就具有很强的仪式性,而且在很多情况之下,又必须明确地、唯一地选择某一家之说,因此在重要的祭祀、朝仪中选择何家之说,对于该学之树立影响至为重要。王肃之学之所以在曹魏时期迅速崛起,就是因为王肃在几次重要的议礼中得到了魏明帝的认可。而进入东晋之后,官定礼学却仅尊郑氏,且荀崧在奏议中明确称"郑玄于礼特明,皆有证据",表现出曹魏与东晋在礼学风气上的差异。依本章第一节所论,魏明帝时期王肃礼学的迅速崛起,其最为关键的原因乃在于他充分反映了魏明帝"尊

---

① 王国维《汉魏博士考》:"《汉官仪》所载博士举状,于五经外必兼《孝经》《论语》。故汉人传《论语》《孝经》者,皆他经大师,无以此二书专门名家者。"《观堂集林》卷四《艺林四》,《王国维全集·第八卷》,浙江教育出版社、广东教育出版社 2010 年版,第 110 页。

② 关于晋朝立国重"孝",可参万绳楠《陈寅恪魏晋南北朝史演讲录》,黄山书社 1987 年版,第 48 页。

君"的要求,而郑玄之学过于追求学理性,在这一方面显然不若王肃,因此魏明帝多次舍郑从王。不过,东晋的政治形势与魏明帝时大为不同,东晋乃是以门阀士族为基础的政权,公卿贵族、特别是异姓公卿的政治利益在这一时期得到最大限度的保护,而郑玄礼学的重要特点之一,就是不以"尊君",特别是尊皇帝为第一要务。郑玄的礼学精神,与《周礼》的基本精神,如"君臣通用""如王之服",也就是"等级君主制"十分契合,郑玄在解释"君"时言:"天子、诸侯及卿大夫有地者,皆曰君"①,因此,与王肃以及贾、马等其它学者的理论相比,在郑玄的礼学理论中,卿大夫的仪式地位往往要略高,例如在冕服制度上,郑玄坚持"如王所服"的礼学原则,使得公卿大夫皆得服黼黻,而马融、《伪孔传》皆不许公卿服黼黻,此外,他的"大裘而冕"无章无旒说、周天子衮冕九章之说等,"都被后人认为不合'尊君卑臣'大义"②,但是在东晋的特殊政治背景下,却可能获得士族高门的好感而被施行。

东晋"九博士"制度在师法层面的一元化倾向引起朝中部分大臣的疑惑,他们虽然不得不接受元帝的"节省之制",但终究觉得这种大幅度的精简从长远来看将严重破坏诸经多元师法的健康发展,这当中以太常荀崧的奏议最为系统:

> 伏闻节省之制,皆三分置二,博士旧员十有九人,今五经合九人,准古计今,犹未中半。九人以外,犹宜增四。愿陛下万机余暇,时垂省览。《周易》一经,有郑玄注,其书根源,诚可深惜,宜为郑《易》博士一人。《仪礼》一经,所谓《曲礼》,郑玄于礼特明,皆有证据,宜置郑《仪礼》博士一人。《春秋公羊》,其书精隐,明于断狱,宜置博士一人。《穀梁》简约

---

① 《仪礼注疏》卷二九《丧服》,《十三经注疏》,第1100页下栏。
② 阎步克《服周之冕——〈周礼〉六冕礼制的兴衰变异》,第158页。本段相关论述又参考了该书第三章《结构的生成与转换:君臣通用与如王之服》的第四节《等级祭祀制与等级君主制》,第100~112页。

隐要，宜存于世，置博士一人。昔周之衰，下陵上替，臣弑其君，子弑其父，上无天子，下无方伯，善者谁赏，恶者谁罚，纲纪乱矣。孔子惧而作《春秋》，诸侯讳妒，惧犯时禁，是以微辞妙旨，义不显明，故曰"知我者其唯《春秋》，罪我者其唯《春秋》"。时左丘明、子夏造膝亲受，无不精究。孔子既没，微言将绝，于是丘明退撰所闻而为之《传》。其书善礼，多膏腴美辞，张本继末，以发明经意，信多奇伟，学者好之。儒者称公羊高亲受子夏，立于汉朝，辞义清俊，断决明审，多可采用，董仲舒之所善也。穀梁赤师徒相传，暂立于汉，时刘向父子，汉之名儒、犹执一家，莫肯相从。其书文清义约，诸所发明，或是《左氏》《公羊》所不载，亦足有所订正，是以三《传》并行于先代，通才未能孤废。今去圣久远，斯文将坠，与其过废，宁过而立也。臣以为三《传》虽同一《春秋》，而发端异趣。案如三家异同之说，此乃义则战争之场，辞亦剑戟之锋，于理不可得共。博士宜各置一人，以传其学。①

荀崧在奏议中阐明了郑氏《易》、郑氏《仪礼》、《公羊》、《穀梁》四家宜置博士的理由，其中关于《春秋》三传高下的论断颇为精彩。自郑玄以"《左氏》善于礼，《公羊》善于谶，《穀梁》善于经"概括三《传》之长后②，学者对于三《传》兼存、并读之必要性的认识得到了较大提升，《春秋》学也开始出现无分师法、杂用三《传》的风气。《晋书·儒林传》载西晋初期有硕儒刘兆，"以《春秋》一经而三家殊涂，诸儒是非之议纷然，互为雠敌，乃思三家之异，合而通之。《周礼》有调人之官，作《春秋调人》七万余言，皆论其首尾，使大义无乖，时有不合者，举其长短以通之。又为《春秋左氏》解，名曰《全综》，《公羊》《穀梁》解诂皆纳经传中，朱书以

---

① 《宋书》卷一四《礼一》，第361～362页。
② （唐）杨士勋《春秋穀梁传疏》引郑玄《六艺论》，《十三经注疏》，第2358页。

别之。"①与刘兆同时又有儒士氾毓,"合三《传》为之解注,撰《春秋释疑》。"②这几部著作虽然都已经亡佚,但无论是从其题名,还是《晋书》的简要介绍来看,都是致力于会通三《传》而作。特别是《春秋左氏全综》,直接在文本层面上将三《传》合为一帙,可见虽然《左传》早已在魏晋时期确立其《春秋》学核心传注的地位,但与两汉《春秋》学重师法分野,三《传》弟子互相攻讦不同,至晚从西晋初期开始,《春秋》学中已经出现尚会通的风气。而东晋名儒范宁的《春秋穀梁集解》更是贯彻着融合三《传》的思想,作为一部专解《穀梁传》的著作,他在序中却明确指出:"夫至当无二,而三《传》殊说,庸得不弃其所滞,择善而从乎?既不俱当,则固容俱失。若至言幽绝,择善靡从,庸得不并舍以求宗,据理以通经乎?"③可见其《集解》并不以守注为要务,而是致力于从三《传》中"择善而从"。在这些名儒、经注的影响之下,《隋书·经籍志》称南朝"后学三《传》通讲"④,可见三《传》会通自东晋以后已蔚然成风。

值得注意的是,无论是刘兆、氾毓还是范宁,在强调会通三《传》的同时,都提出一个重要的结论,那就是三《传》既然同释一经,在理论上就不应当存在差异,但事实上三《传》互异之处甚多,这一方面固然说明三《传》皆有其价值,足以互补,但另一方面也说明三《传》都有其讹谬的一面,甚至可能存在三《传》皆谬的情况,这就是范宁所谓的"既不俱当,则固容俱失"。由此,解释者一方面可以在三《传》中择善而从,另一方面也可以抛开三《传》,直接根据经文进行"释疑",此范宁之所谓"据理以通经"。自西汉以来,三《传》弟子虽互有攻击,但至少在一个问题上他们是不存在异议的,那就是"据传以通经",公羊、穀梁二家自不必言,即便是受到质疑最多的《左传》,在刘歆那里也是通过"引传文以解经"

---

① 《晋书》卷九一《儒林传》,第 2350 页。
② 《晋书》卷九一《儒林传》,第 2351 页。
③ (晋)范宁《春秋穀梁序》,《十三经注疏》,第 2360 页。
④ 《隋书》卷三二《经籍志》,第 933 页。

的方式来证明《左传》在"解经"方面的实用性①。换言之,在汉儒的观念中,《春秋》虽有经文传世,但解经必须通过三《传》,阐释者不可以越过"传"而直接面对经文,但随着魏晋以来三《传》会通思想的发展,实际上也就打破了每一《传》作为个体的权威性:既然三《传》皆容有失,则阐释者自然也就获得越过传文、直面经文,"据理以通经"的权利了。范宁这样评价汉儒《春秋》学风:"汉兴以来,环望硕儒,各信所习,是非纷错。"对汉儒守本家师法以解经的做法颇为不齿。中唐啖助、赵匡、陆淳三君"舍传求经"之思潮,实肇端于两晋《春秋》学中的三《传》会通思想。

在这一思潮的影响之下,荀崧在奏议中特别强调三《传》互有短长,不可偏废,应各置博士一员,以保证三《传》皆可流传。需要注意的是,荀崧虽然主张三《传》分置博士,但这并不意味着他反对三《传》会通。相反,在奏议中,他特别强调"通才未能孤废",在论及《穀梁传》的价值时,亦称其"足有所订正",认为其可订正《左传》对经文的部分解释,这些都反映出他强调并置三《传》的出发点,仍是三《传》解经各有所长,互有补充的"会通"思想,但另一方面,他又指出"三家异同之说,此乃义则战争之场,辞亦剑戟之锋,于理不可得共",强调三《传》自身作为独立文本,各有其义例,学者固然可以撰写会通三《传》的经注,但太学设科则不宜以一人而兼掌三《传》,在尚未出现一部公认、权威的融会三《传》的经注之前,分置博士仍是为三《传》会通提供制度性保障的最佳方案。

荀崧奏议得到晋元帝的欣赏,有司亦表示附议,可见其会通三《传》的思想在东晋朝廷中颇受认可,但元帝在最后的诏令中黜去了他认为"肤浅"的《穀梁》学:

---

① 《汉书》卷三六《楚元王传》,第1967页。

元帝诏曰:"崧表如此,皆经国大务,而为治所由。息马投戈,犹可讲艺。今虽日不暇给,岂忘本而遗存邪。可共博议之。"有司奏宜如崧表。诏曰:"《穀梁》肤浅,不足立博士。余如所奏。"会王敦之难,事不施行。①

《晋书·元帝纪》的记载也印证了这条材料:

(东晋大兴四年):三月,置《周易》《仪礼》《公羊》博士。②

可见元帝已经正式颁诏增补三家博士,可惜翌年(永昌元年,322),王敦之乱爆发,元帝、明帝诛乱且不暇,遑论补置博士了,"九博士"遂成为东晋太学之定制。在这一制度下,《古文尚书》孔传与《礼记》郑注正式进入经目,《左传》学也首次独据《春秋》博士之员,这些都对唐宋"九经"制度产生了深远的影响,而晋元帝"经置博士一员"的减省方案更是长久影响了唐宋以后的经学制度与官学生态,其在经学史上的转折意义值得我们关注。

五、孝武帝重定国子学经目

据《南齐书·陆澄传》,官定经目在孝武帝时期再次发生变化:

太元立王肃《易》,当以在玄、弼之间。……《左氏》太元取服虔,而兼取贾逵《经》,由服传无《经》,虽在注中,而《传》又有无《经》者故也。……《穀梁》太元旧有麋信注,颜益以范宁,麋犹如故。③

显然,孝武帝太元年间曾经对经目进行过一次调整,故陆澄以太元经目制度与颜延之元嘉新定经目进行对比。根据《宋书·五行志》,东

---

① 《宋书》卷一四《礼一》,第362页。
② 《晋书》卷六《中宗元帝纪》,第154页。《宋书·百官志》记载此事作"元帝末,增《仪礼》《春秋公羊》博士各一人,合为十一人。"与同书《礼志》及《晋书·元帝纪》不同,恐为误记。《宋书》卷三九《百官志》,第1228页。
③ 《南齐书》卷三九《陆澄传》,第684页。

晋孝武帝于太元十年(385)正月重建国子学①,而阎步克先生指出,"江左之学校,晋孝武帝太元十年以前,有太学而无国学,以后则有国学而无太学。"②故孝武帝经目改革也许正是以国子学的重建为契机的。自此至梁陈,江左官定经目的认定标准也就由此前太学博士所掌师法,转变为国子助教所掌师法。

从陆澄致王俭书的描述看来,太元国子学《易》仍独尊王肃注,《春秋》学方面,《左传》改以贾逵《经》注与服虔《左传》注相配,杜预注遭到废学,而《穀梁传》糜信注则进入经目。至于其它数经,由于陆澄未言,只能阙疑。不过,若考虑到陆澄致王俭书的整体用意,在于通过太兴、太元经目与元嘉经目的对比,为南齐永明新定经目提供思路,因此,陆澄书中言及诸经,都是元嘉新制有所变动者,故凡陆澄书中未言诸经,应为元嘉经目沿袭太元故制者,而据《宋书·百官志》,元嘉经目另有《尚书》《毛诗》《礼记》《周礼》《仪礼》《公羊传》以及《论语》《孝经》,则太元经目的整体面貌也就基本可以廓清了。据《晋书·职官志》,"孝武太元十年,损国子助教员为十人。"③按照元嘉国子学之制,国子助教分掌各经,《尚书》郑、孔二注仅置一员助教,《论语》《孝经》亦合置助教,如果这些设计都是沿袭自孝武国学,则其经目应为以下十二家经注:《周易》王肃注、《尚书》郑注、《古文尚书》孔传、《毛诗》郑注、《礼记》郑注、《周礼》郑注、《仪礼》郑注、《春秋左氏传》服氏传注并贾逵经注、《公羊传》何休注、《穀梁传》糜信注、《孝经》郑注、《论语》郑注。

在这一经目中,太兴"九博士"时期曾遭废学的《仪礼》《公羊传》《穀梁传》均得以复学,这可以视为对荀崧奏议的呼应,特别是《穀梁传》并

---

① 《宋书·五行志三》:"晋孝武帝太元十年正月,立国子学。……是后考课不厉,赏黜无章,有育才之名,无收贤之实。"《宋书》卷三二,第935页。
② 阎步克《南朝"二学"考》,《察举制度变迁史稿》,辽宁大学出版社1991年版,第228页。
③ 《晋书》卷二四《职官志》,第736页。

未遵循晋元帝的个人趣味,终于得以与《左传》《公羊传》并列官学,实现了荀崧三《传》并置教席的理想。这再次显示出"三《传》会通"的学风在东晋儒林的强大影响。

孝武国子学经目中比较特别的,是《穀梁传》弃西晋"十九博士"制尊用的尹更始注,改用新出的麋信注。麋信系曹魏儒士,曾任乐平太守①,有《春秋穀梁传注》十二卷,今有数条佚文存于杨士勋《春秋穀梁传疏》:

> 麋信云:不称使者,似若专行也。谓决鲁夫人至并称"逆"者,此直云"伯姬归",故问之。下云"吾伯姬归,故志之也",明佗道者不足录,故与内夫人至异也。
>
> 麋信云:累者,从也。谓孔父先死,殇公从后被弑。
>
> 麋信云:楚子贪淫,为息妫灭蔡,故"州举之"。
>
> 五麾者,麋信云:各以方色之旌,置之五处也。五兵者,徐邈云:矛在东,戟在南,钺在西,楯在北,弓矢在中央。麋信与范数五兵与之同,是相传说也。五鼓者,麋信、徐邈并云东方青鼓,南方赤鼓,西方白鼓,北方黑鼓,中央黄鼓。
>
> 麋信云:艾,获也。
>
> 徐邈云:齐还经鲁界,故使人献捷,不入国都而言来献,敬重霸主,亲而内之也。麋信亦云:言"内齐侯"者,解经称"来"之意也。
>
> 麋信云:二子不系陈者,以其淫乱,明绝之也。
>
> 谓于此月书者,以此月是常寒之月,加甚之辞。故麋信、徐邈亦云:十二月最是寒盛之时,故特于此月书之是也。
>
> 麋信云:絇者,著履乌之头。②

---

① 《隋书》卷三二《经籍志》,第929页。
② 《穀梁传注疏》卷一,《十三经注疏》,第2367页中栏;卷三,第2373页上栏;卷五,第2383页下栏;卷六,第2387页上栏;卷六,第2388页中栏;卷六,第2389页上栏;卷一二,第2414页中栏;卷一三,第2417页中栏;卷一六,第2431页中栏。

由于佚文较少，实难对糜信注予以评价，值得注意的一条，是他关于庄公十四年"荆入蔡。荆者楚也，其曰荆何也？州举之也"的解释。这里《穀梁传》认为经文之所以称"楚"为"荆"，是楚古有"荆州"之名，这里系用州名称之。而糜信注则进一步指出，此处所以用州名称楚，是因为"楚子贪淫，为息妫灭蔡"，楚王为息妫而侵蔡，动机不纯，故基于《穀梁传》"州不如国，国不如名"的原则，用"州举之"的方式以视贬斥。但问题在于，楚子"为息妫灭蔡"一事并不见于《穀梁传》，而是见于《左传·庄公十四年》，《穀梁传》对于以"荆"称"楚"自有其说，见于庄公十年："荆者，楚也。何为谓之荆？狄之也。何为狄之？圣人立，必后至，天子弱，必先叛，故曰荆，狄之也。"[①]《穀梁传》认为经文之所以称楚国为"荆"，是因为楚国长期以来不服从中央政府的节制，圣人为王，必后于它邦而归附，若天子势弱，则必先它邦而叛，虽源出华夏，而实同夷狄，故以夷狄视之，不称其国号，仅以州名称之。庄公十年与十四年的这两处以"荆"称"楚"在用意上是一样的，由于庄十年已经对经文用意做了详细的解释，因此庄公十四年仅略言"州举之"，明有贬绝之意。糜信既为《穀梁传》作注，自宜遵照本传以为解说，但他在这里弃本传而援用《左传》史事，可见糜信虽注《穀梁传》，但并不否认《左传》之史料价值，甚至在注解中有意加以援用，足见《左传》在东晋《春秋》学中的影响力。我们当然不应该仅根据这一条佚文妄论糜信注之特点，但在整个东汉后期至两晋南朝"三《传》会通"的大背景下，加之《穀梁》注自尹更始以来本有援取《左传》之故例[②]，则糜注援《左传》以解《穀梁传》的做法，应当是可以预期，且可以得到儒林认可的。

---

① 《穀梁传注疏》卷五，《十三经注疏》，第2383页上栏。
② 《汉书·儒林传》："尹更始为谏大夫、长乐户将，又受《左氏传》，取其变理合者以为章句，传子咸及翟方进、房凤。"知尹注已颇借助《左传》以解《穀梁传》。《汉书》卷八八，第3618页。

第四节　儒玄之争:南北朝经目沿革

进入南北朝以后,由于朝代更替越来越密集,各项制度的调整也随之频繁。南北各朝在建立政权之后一般都曾颁定自己的官定经目,而与此前的经目大多依托太学博士一职而定不同,由于南朝各代多重国子学而轻太学①,故此期的经目往往通过"国子助教"等职位的设置得以体现。而此时国子学的设置时断时续,因此,官学经目更多具有象征性的意义,并不能实时反映士林学风的转移。整体来说,南北朝时期的经目与东晋相比还是以延续为主,但自曹魏正始以来深入影响士林的玄学在遭到近两百年的政治打压后,终于正式进入经目,儒玄之争成为宋齐经目改革中最为核心的主题。

一、"意在贵玄":颜延之元嘉新制

刘裕受禅后,于永初三年(422)正月诏令中表达出重建国子学的宏愿:

乙丑,诏曰:"古之建国,教学为先,弘风训世,莫尚于此,发蒙启滞,咸必由之。故爰自盛王,迄于近代,莫不敦崇学艺,修建庠序。自昔多故,戎马在郊,旞旗卷舒,日不暇给。遂令学校荒废,讲诵蔑闻,军旅日陈,俎豆藏器,训诱之风,将坠于地。后生大惧于墙面,故老窃叹于子衿,此《国风》所以永思,《小雅》所以怀古。今王略远届,华域载清,仰风之士,日月以冀。便宜博延胄子,陶奖童蒙,选备儒官,弘振国学。主者考详旧典,以时施行。"②

---

① 可参阎步克《南朝"二学"考》,《察举制度变迁史稿》,辽宁大学出版社1991年版,第228页。
② 《宋书》卷三《武帝纪下》,第58页。

然而当年五月,裕崩于西殿,立学之事遂废①。至文帝元嘉二十年(443),乃复立国子学②,时制见于《宋书·百官志》:

> 国子祭酒一人,国子博士二人,国子助教十人。《周易》《尚书》《毛诗》《礼记》《周官》《仪礼》《春秋左氏传》《公羊》《穀梁》各为一经,《论语》《孝经》为一经,合十经。助教分掌。③

元嘉国子助教所掌"十经"(若《论语》《孝经》分计,实应为"十一经")基本延续了东晋孝武帝国子学的规模,表现出对永初三年诏中"考详旧典"一词的贯彻,隋唐至北宋初年长期施行的"九经"制度至此已经基本建立起来。这一制度的基本特点,是并置三《礼》、三《传》,同时每经仅置"助教"一人,而后者将在客观上限定每经所尊之师法仅有一家。前文已言,自西汉宣帝建立"师法博士"制度以来,官学多依师法而置博士,故诸经各家师法皆得并行,而随着东晋初年减太学博士为五员,乃使"依师法置博士"之制改为"依经置博士",多元师法而至此转向一元化。此后,虽然其它师说也可用于议礼或私学传习,但由于不得用于课试,故终究不可与官学相抗,经过南朝至唐数百年,这些民间师法也就逐渐衰落、渐次失传了。

根据陆澄在致王俭的信中关于元嘉经目的描述,其在整体上皆延续孝武太元故制,即《书》并置孔、郑,《诗》《礼记》《周礼》《仪礼》《论语》《孝经》专尊郑注,《公羊》尊何注,《左传》尊服注,并以贾逵经注与之配

---

① 《宋书·礼志一》载:"宋高祖受命,诏有司立学,未就而崩。"《宋书》卷一四,第367页。
② 《宋书·礼志一》载:"太祖元嘉二十年,复立国子学,二十七年废。"又《宋书·文帝纪》:"十九年正月乙巳,诏曰:'夫所因者本,圣哲之远教。本立化成,教学之为贵。故诏以三德,崇以四术,用能纳诸义方,致之轨度。盛王圣世,咸必由之。永初受命,宪章弘远,将陶钧庶品,混一殊风,有诏典司,大启庠序,而频遘屯夷,未及修建。永瞻前猷,思敷鸿烈。今方隅义宁,戎夏慕响,广训胄子,实维时务。便可式遵成规,阐扬景业。'"可知诏令下于元嘉十九年,而事成于元嘉二十年。《宋书》卷一四,第367页;卷五《文帝纪》,第89页。
③ 《宋书》卷三九《百官志上》,第1228页。

补。变化主要体现在《易》学和《穀梁传》方面:

> 元嘉建学之始,玄、弼两立。逮颜延之为祭酒,黜郑置王,意在贵玄,事成败儒。……《穀梁》太元旧有糜信注,颜益以范宁,糜犹如故。颜论闰分范注,当以同我者亲。①

关于颜延之任国子祭酒的时间,杨晓斌考为元嘉二十年至二十三年前后(443—446)②,从这段材料可知,元嘉国子学建立的时间虽然前后只有八年,但仍有前后期之变化。建学之初,其《易》学改东晋之独尊王肃为并置郑玄、王弼,至颜延之任国子祭酒,又废郑氏《易》而独用王弼注,遂使《易》学经注独尊玄学,两汉象数《易》学至此失去官学地位。

与郑玄、王肃一样,王弼《易》注同以费氏《易》为底本,但其注释方法则与郑玄所代表的汉《易》表现出极大的差异,弃象数而转重义理,这正适应了汉魏之际兴起的学术新风,在当时即产生了极大的影响。然而,王弼之学兴起不久便发生了高平陵事件,他与何晏所依附的曹爽被杀,司马氏完全掌握权柄。在这种政治情势下,王弼《易》注自然无法进入官学行列,这一传统甚至一直持续到两晋时期。直到刘宋元嘉建学,王弼《易》终于凭借其巨大的学术影响力与郑玄注相抗,同列于国子学经目之中。

不过,郑、王《易》注并立的时间并不长,自颜延之为国子祭酒之后,乃"黜郑置王",显然旨在进一步提升王弼《易》注的地位。陆澄在评价颜延之的这一举措时,以"意在贵玄,事成败儒"八字来形容③,虽然语带讥责,但实切中颜氏之心。据《宋书·颜延之传》记载,他"饮酒不护细行""辞甚激扬,每犯权要"④,颇有名士风范,而关于其"贵玄"之思想倾向,虽然本传未见明言,但亦可从其交游及论著中略窥其崖略:

---

① 《南齐书》卷三九《陆澄传》,第684页。
② 杨晓斌《颜延之生平与著述考》,西北师范大学2005年博士学位论文,第56页。
③ 《南齐书》卷三九《陆澄传》,第684页。
④ 《宋书》卷七三《颜延之传》,第1891、1893页。

其一,从交游上来说,颜延之与当时著名的玄学家交往密切,见于记载者,有张镜、何尚之、周续之等①。其中他和张镜交往的一条轶事值得注意:

> 镜少与光禄大夫颜延之邻居,颜谈议饮酒,喧呼不绝。而镜静嘿无言声。后延之于篱边闻其与客语,取胡床坐听,辞义清玄。延之心服,谓宾客曰:"彼有人焉。"由此不复酬叫。②

在这条颇具戏剧性的材料中,颜延之在篱边究竟听到了什么样的对话,让他顿觉心服,以至"不复酬叫",这已经成为永恒的谜团了,不过,从张镜本身玄学家的身份,以及这里"辞意清玄"的描述,可知其时当为玄学清谈。颜延之不仅坐胡床久听,且完全为之折服,此颇可见其对于玄学之认可。

其二,从颜延之著作中亦可见其思想中具有玄学成分,例如在《又释何衡阳书》中,他多次援据《庄子》等为佛学立说,例如:

> 释曰:若谓圆首方足,必同耻、恻隐之实;容貌匪殊,皆可参体二仪。蹻、跂之徒,亦当在三才之数耶?若诚不得,则不可见横目之同,便与大人同列。悠悠之伦,品量难齐。既云"仁者安仁,智者利仁",又云"力行近仁""畏罪强仁",若一之正位,将真伪相冒。庄周云"天下之善人寡,不善人多"。其分若此,何谓皆是?

> 释曰:情仁义者寡,利仁义者众,闻之庄书,非直孤说;未获详校,遽见弹责。夫在情既少,利之者多,不能遗贤,曷云忘报?实吾前后勤勤,以为不得配拟二仪者耳。复非笃论,所应据正。若乐施忘报即为体仁,忘报而施便为合义,可去欲字,并除向名,在斯不远,谁不是慕?③

范文澜先生曾指出,"东晋以后的玄学,与佛教联合,……已成佛教

---

① 李宗长《论颜延之的思想》,《南京社会科学》1996 年第 6 期,第 59 页。
② 《南齐书》卷三二《张岱传》,第 579~580 页。
③ (梁)僧祐编、李小荣校笺《弘明集校笺》,上海古籍出版社 2013 年版,第 220、229 页。

的助手"①,而佛家对于玄学清谈也颇为属意,僧弼与沙门宝林书曰:"斗场禅师,甚有大心,便是天竺王、何风流人也。"②足见当时玄学与佛教互相激荡之风③。颜延之为佛教信徒,而以玄学为其说,正是东晋南朝士林之风尚。总之,从颜延之的著作来看,他对于玄学是熟悉而欣赏的。

此外,颜延之在《五君咏》组诗中选择"竹林七贤"中的阮籍、嵇康、阮咸、刘伶、向秀五人为咏,对他们玄远脱俗的个性给予"同情之理解",例如《阮步兵》"沈醉似埋照,寓辞类托讽。长啸若怀人,越礼自惊众",《嵇中散》"立俗迕流议,寻山洽隐沦",《刘参军》"韬精日沉饮,谁知非荒宴。颂酒虽断章,深衷自此见",《向常侍》"探道好渊玄,观书鄙章句"④,显然,颜延之自己虽非玄学名士,但他对玄学名士于流俗中不得以抗礼而行的无奈颇为感同身受。

其三,从其论学之语亦可以直观地看出颜延之对于玄学的认可与提倡。颜延之在《庭诰》中论《易》云:

> 《易》首体备,能事之渊,马(融)、陆(绩)得其象数而失其成理,荀(爽)、王(弼)举其正宗而略其数象。四家之见,虽各有所志,总而论之,情理出于微明,气数生于形分。然则荀、王得之于心,马、陆取之于物,

---

① 范文澜《中国通史·第二册》,人民出版社1994年版,第548页。关于东晋以来佛教般若学与玄学的合流,余敦康先生亦有相关论述,见氏著《魏晋玄学史》第四部分《东晋佛玄合流思潮》,北京大学出版社2004年版,第456~458页。

② (梁)释慧皎《高僧传》卷二《译经中·佛驮跋陀罗传》,中华书局1992年版,第72~73页;任继愈主编《中国佛教史》第三卷第1章第1节《南朝社会与佛教》引之以见南朝玄学与佛教的互相影响,可参任继愈主编《中国佛教史》,中国社会科学出版社1988年版,第3页。

③ 汤用彤先生指出:"即此可知玄风清谈既盛,佛教乃兴。士大夫既以谈理相尚,帝王亦不得立异。《高僧传》又载时颜延之与慧严辩论,往复终日,帝笑曰,'公等今日,无愧支许'。支遁许询之谈玄,显为宋代所仰望也。"关于玄学对于南朝佛教的具体影响,可参许抗生《魏晋玄学史》第七章第三节《玄学对南朝佛教的影响》。汤用彤《汉魏两晋南北朝佛教史》,上海书店1991年版,第418页;许抗生《魏晋玄学史》,陕西师范大学出版社1989年版,第486~494页。

④ (梁)萧统编《文选》卷二一《咏史》,上海古籍出版社1986年版,第1008~1011页。

其芜恶迄可知矣！夫数象穷则太极著，人心极则神功彰，若荀、王之言《易》，可谓极人心之数者也。①

这里，颜延之明确指出马、陆《易》学与荀、王《易》学的最大差异，在于一重象数，一重义理，而他所表现出的对于荀爽、王弼之《易》说"极人心之数"的赞赏，正显示出他对于魏晋以来《易》学玄学化趋向的认可。

从以上三点看来，颜延之虽然笃信佛教，而且也未可称为严格意义上的玄学家，但是他对于玄学还是颇为欣赏，而且本身也具有比较深厚的玄学修养。在南朝时期，虽然玄学在理论上较之魏晋已无更大突破，但随着佛教徒多以玄学论辩，以及南朝帝王、贵族对佛教的逐步接受②，玄学的实际影响力仍相当可观，特别是在宋文帝元嘉时期颇有复兴之势。在此背景之下，颜延之为国子祭酒，乃复于郑、王二家《易》中黜郑尊王，更是表现出其对于玄学的特别期许。

然而，颇有意思的是，颜延之所主持的经目改革，除了在《易》注中黜郑玄、独尊王弼以外，还包括在《穀梁》中增加范宁注③：

《穀梁》太元旧有麋信注，颜益以范宁，麋犹如故。

上节已言，范宁《穀梁》注也是在三《传》会通的背景下出现的经注，

---

① （宋）李昉等《太平御览》卷六○八《学部二》，中华书局1960年影印本，第2736页下～2737页上栏。

② 宋文帝曾与大臣论佛教于治道之用："先是帝未甚崇信，至元嘉十二年（公元435年），京尹萧摹之上启，请制起寺及铸像。帝乃与侍中何尚之、吏部郎中羊玄保等议之，谓尚之曰：'朕少来读经不多，比日弥复无暇，三世因果未辩厝怀，而复不敢立异者，正以卿辈时秀，率所敬信故也。范泰、谢灵运常言六经典文，本在济俗为治，必求灵性真奥，岂得不以佛经为指南耶。近见颜延之《推达性论》，宗炳《难白黑论》，明佛汪汪，尤为名理并足，开奖人意。若使率土之滨，皆敦此化，则朕坐致太平，夫复何事。……'"可见在谢灵运、颜延之等大臣的影响下，宋文帝逐渐接受佛教说论。（梁）释慧皎《高僧传》卷七《义解四·宋京师东安寺释慧严》，中华书局1992年版，第261页。

③ 许道勋、徐洪兴《中国经学史》云："范宁的《集解》虽然'其义精审，为世所重'，但在东晋后期和南朝，始终没有被列为学官，如齐国子学仍置麋氏《穀梁》。"其说失考。见氏著《中国经学史》，上海人民出版社2006年版，第151页。

他虽然以《穀梁传》为本传,但间用《左传》史事辅翼经解,因此颇受后儒诟病。从这一层面上看,范宁注与麋信注的基本风格应该是比较一致的。在整个东晋南朝时期,《穀梁传》都受到学者的轻视,东晋元帝称之"肤浅",陆澄则径谓其"小书",因此,在诸经师法皆仅遵一家,甚至《易》学由并尊郑、王亦减为独尊王弼的背景下,颜延之独于《穀梁传》并置二家,其用心确实令人玩味。陆澄在书札中认为颜延之对范宁注青眼有加的主要原因,在于二人在闰分问题上的看法比较接近。关于范宁对闰分的看法,见于《春秋穀梁传·文公六年》"闰月者,附月之余日也,积分而成于月者也"句下注文:

> 一岁三百六十日,余六日,又有小月六,积五岁得六十日而再闰。积众月之余,分以成此月。①

范宁认为闰余的来源包括两部分,一是以每月三十日计,十二月合三百六十日,而一年合三百六十六日,故余出六日;二是十二月中,有六个小月仅有二十九天,这样又余出六日,即一年余出十二日,而根据每月三十日的历法规则,当以五年置闰月两次为适宜。如果从历法的角度而言,范宁此说颇为疏阔,杨士勋《穀梁疏》对此有评论:

> 古今为历者,皆云周天有三百六十五度四分度之一。日之行,天一日一夜行一度,故谓一度为一日,一岁十二月,唯有三百六十日,是余五日四分日之一也。又月一大一小,则一年之间又有六日,并言之则一岁有十二日,故积五岁得六十日,此皆大率而言,其实一年不得有十二日。范不如历法细计之,故云五岁得六十日也。②

至于颜延之关于闰余的观念,据笔者所见,史籍似无记载,故无以验证是否与范注有"同我"之见,大抵陆澄之说宜有所据,故存以备考。

---

① 《春秋穀梁传疏》卷一〇,《十三经注疏》,第2406页中栏。
② 《春秋穀梁传疏》卷一〇,《十三经注疏》,第2406页中栏。

第四章　魏晋至隋唐经目演变

颜延之的经目调整虽然"意在贵玄",不过,前文已言,在整个东晋时期,官学教育在整个社会中的影响力是十分有限的。刘宋国子学在坚持了七年之后即被废黜,此后宋明帝泰始六年(470)曾立总明观以置学士①,但由于该观并无教学考课之任,因此亦无制定经目之事,总之,终刘宋一朝,官学颓废,经目不彰。

二、"儒不可缺":王俭与陆澄的永明更化

萧齐立国不久,即拟重立国子学,恢复文教,其事见于《南齐书·百官志》:

> 建元四年,有司奏置国学祭酒,准诸曹尚书,博士准中书郎,助教准南台御史。选经学为先,若其人难备,给事中以还明经者以本位领。②

然立学之事以"国讳"而废,至永明三年(485),乃复立国子学,以尚书令王俭领国子祭酒③,陆澄为国子博士,针对颜延之所定元嘉故制,陆澄在给王俭的信札中进行了全面检讨:

> 寻领国子博士。时国学置郑、王《易》,杜、服《春秋》,何氏《公羊》,麋氏《穀梁》,郑玄《孝经》④。澄谓尚书令王俭曰:"《孝经》,小学之类,不宜列在帝典。"乃与俭书论之曰:"《易》近取诸身,远取诸物,弥天地之道,通万物之情。自商瞿至田何,其间五传。年未为远,无讹杂之失。秦所不焚,无崩坏之弊。虽有异家之学,同以象数为宗。数百年后,乃

---

① 《南齐书·百官志》载:"右泰始六年,以国学废,初置总明观,玄、儒、文、史四科,科置学士各十人,正令史一人,书令史二人,干一人,门吏一人,典观吏二人。"《南齐书》卷一六,第315页。

② 《南齐书》卷一六《百官志》,第315页。

③ 事见《南齐书》卷一六《百官志》,第315页。

④ 案,据此《传》行文,"时国学置"云云似为陆澄致信王俭前的背景,但从下文所见陆、王的具体书信看来,"时国学置"的时间点实为王俭复信陆澄后南齐新定经目。且陆澄去信之际,正当南齐国子学草创之时,故其可参之故制除东晋太元、刘宋元嘉外,并无南齐故制可援,此皆足证《南齐书》此处行文之疏。

有王弼。王济云弼所悟者多,何必能顿废前儒。若谓《易》道尽于王弼,方须大论,意者无乃仁智殊见。且《易》道无体不可以一体求,屡迁不可以一迁执也。晋太兴四年,太常荀崧请置《周易》郑玄注博士,行乎前代,于时政由王、庾,皆俊神清识,能言玄远,舍辅嗣而用康成,岂其妄然。太元立王肃《易》,当以在玄、弼之间。元嘉建学之始,玄、弼两立。逮颜延之为祭酒,黜郑置王,意在贵玄,事成败儒。今若不大弘儒风,则无所立学。众经皆儒,惟《易》独玄,玄不可弃,儒不可缺。谓宜并存,所以合无体之义。且弼于注经中已举《系辞》,故不复别注。今若专取弼《易》,则《系》说无注。《左氏》太元取服虔,而兼取贾逵《经》,由服传无《经》,虽在注中,而《传》又有无《经》者故也。今留服而去贾,则《经》有所阙。案杜预注《传》,王弼注《易》,俱是晚出,并贵后生。杜之异古,未如王之夺实,祖述前儒,特举其违。又《释例》之作,所弘惟深。《穀梁》太元旧有麋信注,颜益以范宁,麋犹如故。颜论闰分范注,当以同我者亲。常谓《穀梁》劣《公羊》,为注者又不尽善,竟无及《公羊》之有何休,恐不足两立。必谓范善,便当除麋。世有一《孝经》,题为郑玄注,观其用辞,不与注书相类。案玄自序所注众书,亦无《孝经》。"①

  陆澄在此信中提出三个问题:第一,汉《易》虽派分诸家,然大抵以象数之学为宗,至王弼援玄理注经,遂开《易》学义理一派。自西晋经目中,郑玄、王肃二注并置博士,至东晋初经目精简,郑氏《易》一时遭废,但元兴中荀崧奏请为《易》学补立一博士,于郑玄、王弼中仍取郑而弃王,足见郑《易》之价值不在弼注之下。至孝武帝太元中所立经目,虽仍仅置王肃一家,然肃学本在郑玄、王弼二家之间,故置肃则知玄、弼之学皆有可取者。至刘宋颜延之主国子学,乃径尊王弼而废郑学,遂致群经中唯《易》一经全遵玄学,而汉《易》象数学传统殆将废绝。今当使郑玄、

---

① 《南齐书》卷三九《陆澄传》,第684页。

王弼二注并置学官,而使《易》学儒家一脉得以传承。从陆澄的整个叙述中可以发现,他对于王弼《易》学有很大的保留,其下文论及《左传》杜注问题时,再次将王弼注与杜注相比,认为二者虽同为晚出,但王弼有"夺实"之弊,实较杜注为恶,故陆澄之不废王弼注,实以其在士族中影响甚大,难以撼动,故只得略加指摘而已。

第二,关于《春秋》学,陆澄指出,服虔仅注传文而不及经文,故自东晋太元以来,皆以贾逵之经注与其相配,如今存服而废贾,将致经文无注,故当复置贾逵经注。此外,他又提到杜预注的价值问题,杜注自东晋孝武帝重定国子学时遭废以后,在元嘉经目中亦未获复置,故废学既久,其流传自然受到影响,但陆澄认为与王弼同为晚出之学,似有求异之弊,然其祖述前儒之处实多,唯间有异说存焉,故弼注既立,杜注自不宜废。且杜预《春秋释例》建立《左传》义例,对于《春秋》学所弘深远,更不宜轻废,当与服注并置。

此外,对于颜延之并尊麋、范二家《穀梁传》注的做法,陆澄认为《穀梁传》说经原不如《公羊传》精善弘深,而其所立博士师法反多于《公羊传》,此实可怪之事,故宜择立其一即可。

第三,关于《孝经》,陆澄认为官学所立号称"郑玄注"者实无所据,恐系伪书,这是目前所见最早怀疑《孝经》郑注是否出于郑玄的文献。在此之后,陆德明、刘知几等学者以及《隋书·经籍志》等亦对《孝经》郑注是否为郑玄所作提出疑问[①]。陆澄的疑问有二:第一,这部《孝经》郑

[①] 陆德明《经典释文序录》云:"检《孝经注》与康成注《五经》不同,未详是非",而刘知几亦举出"《孝经》非玄所注,其验十有二条",《隋书·经籍志》云:"又有郑氏注,相传或云郑玄,其立义与玄所注余书不同,故疑之。"又,王应麟《困学纪闻》曾引《国史志》云:"《孝经》孔安国传,古二十二章,有《闺门篇》为世所疑。郑氏注今十八章,相承言康成作,《郑志目录》不载,通儒皆验其非。开元中,孝明纂诸说自注,以夺二家。然尚不知郑氏之为小同。"以《孝经》郑注之注者归诸郑小同,颇为部分学者所信服,然实不过为臆测,并无实据。吴承仕《经典释文序录疏证》,中华书局2008年版,第119页;(唐)刘知几《孝经老子注易传议》,(宋)李昉等编《文苑英华》卷七六六《议·经籍》,中华书局1966年影印本,第4033页上~下栏;《隋书》卷三二《经籍一》,第935页;(宋)王应麟《困学纪闻》卷七"《孝经》"条,上海古籍出版社2008年版,第978页。

注的注解体例、风格与郑玄所注它书不同。第二,则是郑玄《六艺论》及《郑志》等文献中,皆未言郑玄曾注《孝经》。此两点质疑虽自有道理,但终究并非确证,因此《孝经》郑注的真伪问题几成千年悬案,无法考实。至清中期,始有学者注意到《公羊疏》中的一段材料,提出《孝经》郑注的注者另有其人。在《公羊疏》昭公十五年的何休注中,曾引用《孝经》"资于事父以事君而敬同"之文,而《公羊疏》的疏文乃云:

解云:何氏之意,以资为取,言取事父之道以事君,所以得然者而敬同故也。以此言之,则何氏解《孝经》与郑称同,与康成异矣。云云之说,在《孝经疏》。①

又《公羊疏》定公四年:

解云:何氏之意,以资为取,与郑异。郑注云:"资者,人之行也。"注《四制》云:"资,犹操也。"然则言人之行者,谓人操行也。云云之说,具于《孝经疏》。②

从这两条疏文看来,《公羊疏》的作者曾经见过两种《孝经注》,一种出于郑称,一种则出于郑玄。关于"资于事父以事君"一句的"资"字,郑称注"以资为取",而郑玄则注为"资者,人之行也"。由于传世的《孝经郑氏注》长期以来被怀疑并非出自郑玄,因此,当《公羊疏》的这两条疏文引起学者的重视之后,很多学者即认为传世《孝经郑氏注》乃实出于郑称,如惠栋在《明堂大道录》一书中径称其所引《孝经郑氏注》为郑称注:

《孝经》曰:"子曰:'昔周公宗祀文王于明堂以配上帝。'"郑称注云:"明堂者,天子布政之堂,上帝者,天之别名。"

《孝经》:"子曰:'天子有争臣七人。'"郑称注云:"七人,谓三公及

---

① 《春秋公羊注疏》卷二三,《十三经注疏》,第2323页下栏。
② 《春秋公羊注疏》卷二三,《十三经注疏》,第2337页下栏。

疑、后丞、左辅、又弼。"(《后汉书·刘瑜传》)①

而丁杰在《公羊注疏校勘记》中则云：

《孝经郑注》，据此处疏文非康成，亦非小同，当是郑偁。②

至上世纪三十年代，日本学者重泽俊郎先生对这一问题作了进一步的考证和论述，他指出：

《魏志》文帝延康元年五月封王子睿为武德侯。裴松之在其注中引用《魏略》说："以侍中郑称为武德侯傅，令曰：龙渊太阿，出昆吾之金，和氏之璧，由井里之田，砻之以砥砺，错之以他山，故能致连城之价，为命氏之实学，亦人之砥砺也。称笃学大儒，勉以经学辅侯，宜旦夕入侍，曜明其志。"从上述可知郑称为魏人。因其已被称为"笃学大儒"，所以其为《孝经》作注，也是理所当然的。到了南齐之时，则将郑玄和郑称两人混淆起来了。所以在《南史·陆澄传》中记述了这样一件事，……这是对于是否为郑玄的最初的怀疑。王俭以为是郑玄，但是否如此，现在仍未可知。从唐代往后，真伪更加难辨。司马贞以为是郑玄，但是刘知几却极力否定。在邢昺的疏中也列举了非为郑玄的十二个例证。这是因为他们都不知道原本就有郑玄与郑称的两种注。郑玄的注没有传到江南，只有郑称的注传到了江南。人们大多误认郑称的注为郑玄的注。所以陆澄才会有这样的疑惑，而王俭也可以有这样的论断。在《隋志》中所谓"梁代安国及郑氏二家并立国学者"这一注，实际上是郑称作的注。③

至于郑称的生平，事实上姚振宗还有一个考证颇为可信：

---

① （清）惠栋《明堂大道录》卷二，清乾隆毕氏刻《经训堂丛书》本，第12叶B；卷七，第6叶B。

② 引自（清）陈立《公羊义疏》卷六三，（清）王先谦《清经解续编》卷1251，上海书店1988年影印本，第442页上栏。

③ （日）重泽俊郎撰、孙彬译《〈公羊传疏〉作者时代考》，《中国文哲研究通讯》，第12卷第2期（2002），第25页。

《晋书》本传：袤，字林叔，荥阳开封人也。高祖众，汉大司农。父泰，扬州刺史，有高名。……泰始九年薨，年八十五，谥曰元。有子六人，长子默嗣，次质、舒、诩、称、予，位并列卿。《郑氏孝经注》或疑为郑偶撰，即此郑称，袤第五子也。①

郑称即为郑袤之子，郑众四世孙，实可称经学世家之子，其有《孝经注》，确实颇有可能。我们用《群书治要》所录《孝经郑氏注》与《公羊疏》所引二家郑注比照，发现《孝经郑氏注》在"资于事父以事君"一句下虽然未有对于"资"的明确注释，但在"故以孝事君则敬"下则注云：

移事父孝以事于君，则为忠也。

在"以敬事长则顺"句下又注：

移事兄敬以事于长，则为顺矣。②

显然，《孝经郑氏注》乃是以"移"释"资"，与《公羊疏》所谓"以资为取"之释于意实近，而与其所引郑玄注"资，人之行也"于意实远。由此看来，今传《孝经郑氏注》似乎确实是出于曹魏大儒郑称之手。郑玄亦曾注《孝经》，但今不传。据狩野直喜、重泽俊郎、河口音彦、杉浦丰治诸先生的考证③，《公羊疏》的初作者当为北朝前后的儒生，其尚可见《孝经》郑称注与郑玄注，可知郑玄注在南北朝时期并未亡佚，而据上引重泽俊郎先生的解释，南齐的陆澄、王俭之所以误以郑称注《孝经》为郑玄注本，乃是因为郑玄注本在两晋之际并未南传，只有北朝学者得见，南传者，则是郑称注耳。考虑到西晋末年洛阳陷没后大量典籍散失，部分

---

① （清）姚振宗《隋书经籍志考证》卷三九之四《集部》2之4，《续修四库全书》第915册，上海古籍出版社2002年影印本，第689页上栏。
② （唐）魏征等辑《群书治要》卷九，《四部丛刊》影日本本，第3叶A。
③ （日）狩野直喜撰，姜日天译《〈公羊疏〉作者年代考》、（日）河口音彦撰、藤井伦明译《〈公羊传疏〉成立年代私考》、（日）杉浦丰治撰，孙彬译《关于〈公羊疏〉成立时代的考察》，见《中国文哲研究通讯》，第十二卷第2期（2002），第1、45、57页。

第四章　魏晋至隋唐经目演变

典籍确实未得南传的背景,重泽先生的解释似颇通达。不过,这一解释仍有可疑之处在于,前文已言,至迟在东晋元帝元兴四年,《孝经》郑氏注已经与《论语》郑氏注并立为官学,而此时上据西晋不过数年,由西晋南渡的儒臣不在少数,他们既然是在西晋、乃至曹魏末年受学,则对于郑玄的《孝经注》自当了解熟悉,即使不能像汉初的经师那样口传经注,亦当不至于连郑称所注《孝经》与郑玄所注《孝经》之间的差别都看不出来,除非早在西晋时期乃至更早,郑称与郑玄的《孝经注》就已经被世人混杂了。而如果是这样,何以到了北朝时期《公羊疏》的作者,又可以清楚地区分郑称注与郑玄注呢?此外,在南北朝时期,虽然南北分立,但南北经学家之间仍互有往来,据焦桂美先生考证,在梁天监年间,即先后有崔灵恩、孙详、蒋显、卢广、宋怀方等经学家由北朝入梁①,既然北魏时期"玄《易》、《书》、《诗》、《礼》、《论语》、《孝经》,虔《左氏春秋》,休《公羊传》,大行于河北"②,且《公羊疏》的作者犹得见郑称、郑玄二本《孝经注》,则像崔灵恩这样的经学宿儒不应对此完全不晓,他由北入南,照理也应有助于纠正南人对《孝经郑氏注》认识的偏差。但直到陆德明在陈隋之际著《经典释文》③,对于《孝经郑氏注》的作者仍然无法辨清,这于情理推测,似未尽安。总之,关于传世《孝经郑氏注》的作者问题,《公羊疏》所记载的材料确实给我们提供了一个重要的视角,但究竟是否即可据此孤证,便以传世之《孝经郑氏注》为郑称注本,笔者认为仍需要进一步的研究。

对于陆澄所言三点,王俭皆有回应,而且从《陆澄传》的叙述来看,这些回应不久都得到了制度性的落实:

---

① 焦桂美《南北朝经学史》,上海古籍出版社 2009 年版,第 65 页。
② 《魏书》卷八四《儒林传》,第 1843 页。
③ 关于陆德明著《经典释文》的时间,可参孙玉文《〈经典释文〉成书年代新考》,《中国语文》,1998 年第 4 期,第 309~312 页。

俭答曰:"《易》体微远,实贯群籍,施、孟异闻,周、韩殊旨,岂可专据小王,便为该备?依旧存郑,高同来说。元凯注《传》,超迈前儒,若不列学官,其可废矣。贾氏注《经》,世所罕习。《穀梁》小书,无俟两注,存糜略范,率由旧式。凡此诸义,并同雅论。疑《孝经》非郑所注,仆以此书明百行之首,实人伦所先,《七略》《艺文》并陈之六艺,不与《苍颉》《凡将》之流也。郑注虚实,前代不嫌,意谓可安,仍旧立置。"①

王俭认同陆澄并置郑玄、王弼《易》注的主张,亦明确表示宜"存糜略范",可见至迟到南齐时期,糜信《穀梁传》注的学术声誉和影响力,似仍在范宁之上。此后梁、陈时期《穀梁传》所尊经注,史籍阙载,则唐人弃糜尊范之渊源及用意,今日已无法知晓,只得存疑。关于《左传》,王俭以"世所罕习"为由反对以贾逵经注配补服注,但对于杜预注"若不列学官,其可废矣"的前景却表示极大的担忧,主张恢复杜注的官学地位,这一举措保证了杜注的传播空间,为其最终超越服注打下了基础。对于陆澄提出质疑的《孝经》郑注,则王俭以为尚难断真伪,姑从前代为宜。这样看来,永明国子学新定经目可列之如下:

《周易》郑注、《周易》王弼注,《尚书》郑注、《古文尚书》孔传、《毛诗》郑笺、《礼记》郑注、《周礼》郑注、《仪礼》郑注、《左氏春秋》杜注、《左氏春秋》服注、《公羊》何注、《穀梁》糜注、《论语》郑注、《孝经》郑注。

与颜延之所定刘宋经目相比,永明经目带有明显的"救弊"色彩,陆、王都以回改颜氏新政,上接东晋"旧式"为其改革方向,因此,被颜延之废黜的郑玄《易》重得复置,而颜氏擢拔的范宁《穀梁》注则又遭废黜。而其中儒学复兴的意味颇为自觉和明显。《南史·王俭传》称其"发言吐伦,造次必于儒教,由是衣冠翕然,并尚经学,儒教于此大兴"②。对王俭崇儒抑玄的成就有极高评价,而《南齐书·陆澄传》亦称:"晋世以玄

---

① 《南齐书》卷三九《陆澄传》,第685页。
② 《南史》卷二二《王昙首传附孙俭传》,第595页。

言方道,宋氏以文章闲业,服膺典艺,斯风不纯,二代以来,为教衰矣。建元肇运,戎警未夷,天子少为诸生,端拱以思儒业,载戢干戈,遽诏庠序。永明纂袭,克隆均校,王俭为辅,长于经礼,朝廷仰其风,胄子观其则,由是家寻孔教,人诵儒书,执卷欣欣,此焉弥盛。"①足见经过王俭、陆澄的推毂,儒学在永明士人中的影响较此前实有一定提升。

三、梁陈经目与晚出新注的胜利

梁武帝对于儒学颇为看重,据《梁书》记载:

> 天监四年,诏曰:"二汉登贤,莫非经术。服膺雅道,名立行成。魏晋浮荡,儒教沦歇,风节罔树,抑此之由。朕日昃罢朝,思闻俊异,收士得人,实惟酬奖。可置五经博士各一人,广开馆宇,招内后进。"于是以平原明山宾、吴兴沈峻、建平严植之、会稽贺玚补博士,各主一馆。②

《南史》则载其时所置"五经博士"复有"吴郡陆琏"者③,证诸《弘明集》所录《五经博士陆琏答》一文④,可知《南史》所载不误,而此五人之数,亦与诏令中"五经博士各一人"的说法相合。至天监中梁武帝敕命群臣答《神灭论》,其以"五经博士"衔应答者计有"五经博士贺玚""五经博士严植之""五经博士明山宾""五经博士陆琏""五经博士沈宏"五人,知沈宏继沈峻为博士,而五人之制不变。此外,《梁书》所载曾任五经博士者还有褚仲都、卞华、孔佥、沈文阿、庾季达、张及、孔子云、伏晅等数人。

值得注意的是,梁武帝虽置"五经博士",但宋齐以来建立的"国子学"并未就此废置。从《梁书·沈峻传》所载陆倕荐沈峻为"五经博士"的信札中可以看出,"五经博士"中《礼》学、《春秋》学博士虽有统领三

---

① 《南齐书》卷三九《陆澄传》,第686~687页。
② 《梁书》卷四八《儒林传》,第662页。
③ 《南史》卷七一《儒林传》,第1730页。
④ 僧祐编、李小荣校笺《弘明集校笺》,上海古籍出版社2013年版,第563页。

《礼》、三《传》之名,但在实际操作中,一《传》、一《礼》之精深似足以作为其获任博士的资格:

> 初为王国中尉,稍迁侍郎,并兼国子助教。时吏部郎陆倕与仆射徐勉书荐峻曰:"《五经》博士庾季达须换,计公家必欲详择其人。凡圣贤可讲之书,必以《周官》立义,则《周官》一书,实为群经源本。此学不传,多历年世,北人孙详、蒋显亦经听习,而音革楚、夏,故学徒不至;惟助教沈峻,特精此书。比日时开讲肆,群儒刘岩、沈宏、沈熊之徒,并执经下坐,北面受业,莫不叹服,人无间言。第谓宜即用此人,命其专此一学,周而复始。使圣人正典,废而更兴;累世绝业,传于学者。"勉从之,奏峻兼《五经》博士。于馆讲授,听者常数百人。①

陆倕在给徐勉的推荐信中特别强调沈峻对于《周官》一书的掌握,且明确指出若其获任"五经博士",可"命其专此一学",似乎《礼记》《仪礼》皆非其所必务者,可见"五经博士"主要承担面向社会讲学的功能,与专务国子学教学的"国子博士"有不同的职守。沈峻从"国子助教"迁官"五经博士",又由"五经博士"迁官"国子博士",这一迁转过程也显示出"国子学"较之"五经博士"所开之馆具有更重要的地位。值得注意的是,"五经博士"所开之馆并不在一处,从《梁书》的叙述看来,"五经博士"馆中听众的多寡,主要取决于该博士个人的学术魅力,似乎此学馆并不具有"国子学"的选官职能。

梁代既然不废国子学,则其经目的认定,仍当以国子学所立诸学为准,《隋书·经籍志》对此有所记载:

《周易》:梁、陈郑玄、王弼二注,列于国学。

《尚书》:梁、陈所讲,有孔、郑二家。

《毛诗》:唯《毛诗》郑笺,至今独立。

---

① 《梁书》卷四八《儒林传》,第679页。

三《礼》：唯郑注立于国学，其余并多散亡，又无师说。

《春秋》：《穀梁》范宁注、《公羊》何休注、《左氏》服虔、杜预注，俱立国学。

《孝经》：梁代，安国及郑氏二家，并立国学，而安国之本，亡于梁乱。陈及周、齐，唯传郑氏。

《论语》：梁、陈之时，为郑玄、何晏立于国学，而郑氏甚微。①

此外，《梁书·武帝纪》载，中大通四年（532），国子学中曾增立国子助教一员，专习梁武帝《孝经》注：

三月庚午，侍中、领国子博士萧子显上表置制旨《孝经》助教一人，生十人，专通高祖所释《孝经义》。②

这是当世帝王将其自注经注立为官学之始，其后唐玄宗颁定御注《孝经》，正是踵武梁武。

从《隋书·经籍志》的记载来看，梁陈时期经目的变化主要集中在三点：

第一，在《春秋》学方面，《左传》杜注成为《春秋》学的核心经注，为隋唐独尊杜注奠定了基础，而范宁《穀梁传集解》亦成功"逆袭"，取代糜信注成为《穀梁传》的独家官学。在《隋书·经籍志》中提到，梁陈国学虽然《春秋》并置三《传》、《左传》并置杜、服，但"《公羊》、《穀梁》，但试读文，而不能通其义。后学三《传》通讲，而《左氏》唯传服义"③。关于最后一句，《梁书·崔灵恩传》载："灵恩先习《左传》服解，不为江东所行，及改说杜义，每文句常申服以难杜，遂著《左氏条义》以明之。时有助教虞僧诞又精杜学，因作《申杜难服》，以答灵恩，世并行焉。"④崔灵恩仕梁在

---

① 《隋书》卷三二《经籍志一》，第913、915、933、935、939页。
② 《梁书》卷三《本纪第三》，第76页。
③ 《隋书》卷三二《经籍志》，第933页。
④ 《梁书》卷四八《儒林传》，第677页。

天监十三年(514)之后,其时国子学已立,而传文称服注"不为江东所行",可知《经籍志》所言"《左氏》唯传服义",当就北朝而言,至于梁陈,则杜注之影响实已在服注之上,故随着陈朝诸儒入隋,出现了"至隋,杜氏盛行"的状况。

第二,《古文孝经孔传》在此期短暂立学。关于《古文孝经孔传》的形成及流传问题,学界已有大量讨论①,这里不拟赘述,需要指出的是,在此之前,《古文孝经孔传》无论是否曾以私学形式传承,但至少从未进入官定经目的层面,梁代重《孝经》,梁武帝曾会集《孝经》诸家义,又自撰有《孝经义疏》②,据刘炫所见,则其中即曾引用《古文孝经孔传》。不过,《孔传》立而旋废,且其书逐渐失传散佚,直至隋代方又复出,然真伪莫辨,故引起唐代诸大臣之争辩,至今难明。

第三,何晏《论语集解》在此期正式进入官学。何晏与王弼在魏正始时期以玄学名家,但随着曹爽的倒台,玄学派在曹魏朝中也就失去了势力。至南朝刘宋以来,随着王弼《易》学在官学中地位的逐渐上升,玄学的影响也逐渐由燕余清谈进入官学层面。前文曾言,自刘宋以来,玄学和儒学在官学中的竞争始终十分激烈,颜延之"尊玄抑儒",以王弼《易》取代郑玄《易》,而陆澄、王俭等复推崇郑氏《易》,亦是以"玄不可弃,儒不可缺"作为出发点。何晏《集解》与王弼《易》注一样,在东晋南朝均被视为以玄解经的代表,而在整个南朝,梁代的玄学复兴则最为突出,《颜氏家训》载:"洎于梁世,兹风复阐。《庄》《老》《周易》,总谓《三玄》。武皇、简文,躬自讲论。周弘正奉赞大猷,化行都邑,学徒千余,实

---

① 代表性成果可参(日)林秀一撰,刁小龙、陆明波译,《关于〈孝经孔传〉之成立》,《中国典籍与文化论丛》第14辑,第57页;胡平生《日本〈古文孝经〉孔传的真伪问题》,《文史》第23辑,第287页;舒大刚《论日本传〈古文孝经〉决非"隋唐之际"由我国传入》,《四川大学学报》2002年第2期,第110页;陈鸿森《〈孝经〉孔传与王肃注考证》,《文史》2010年,第4辑,第1页。

② 《梁书·武帝纪》载:"三月庚午,侍中、领国子博士萧子显上表置制旨《孝经》助教一人,生十人,专通高祖所释《孝经义》。"《梁书》卷三,第76页。

为盛美。元帝在江、荆间,复所爱习,召置学生,亲为教授,废寝忘食,以夜继朝,至乃倦剧愁愤,辄以讲自释。"①在这样的背景之下,何晏《集解》得与郑玄注并置学官,且后来居上,以致"郑氏甚微",也就不难理解了。

由于史料阙载,我们无法对梁陈经目调整的主事者及其内在用意有更多的了解,但如果将梁陈经目制度的调整放到整个中古经学史中去观察,我们会发现一个有趣的共同点,那就是在隋唐时期无可置疑地占据官定经目的《左传》杜预注、《穀梁传》范宁注与《论语》何晏注,实际上都是在梁陈时期才真正完成他们的"逆袭":在西晋"十九博士"中,杜注携勋贵之势,遽尔与贾逵、服虔两汉注并置,但随着东晋元帝经目一元化改革的推行,杜注开始遭遇"生存危机",如前文所述,由于服注只注传文、不注经文,因此杜预注得以凭借其"经注"与服注合置博士,而随着孝武帝改以贾逵经注与服注相配,杜注一时遂失去官学地位。直至南齐永明改革,陆澄、王俭虽然复置杜预注,但对其评价却非常审慎,从王俭"若不列学官,其可废矣"的描述来看,显然在南齐时期,杜注的影响仍然无法与服注相抗,因此需要通过国子学设科的方式加以保障。但等到崔灵恩入梁之时,已经出现"服解不为江东所行"的局面,期间变化之遽,颇令人瞠目。且《陈书·王元规传》又载:"自梁代诸儒相传为《左氏》学者,皆以贾逵、服虔之义难驳杜预,凡一百八十条。元规引证通析,无复疑滞。"②此传以梁朝学风之转变归诸王元规一人之力,不免过于简单,但《左传》杜、服之消长的关键期在梁代,却借此可得到进一步确认。同样,在《穀梁传》诸学中,西晋"十九博士"尊用尹更始注,至东晋孝武帝改尊糜信注,至刘宋元嘉,始以范注与糜注并置,但南齐永明改革又废黜了范注,从王俭的叙述看来,范注似乎并无较糜注优胜之处,而从我们对糜信注仅有的认识来看,其援据《左传》以解《穀梁传》的

---

① 王利器《颜氏家训集解》卷三《勉学第八》,中华书局1993年版,第187页。
② 《陈书》卷三《儒林传》,第449页。

学风,似乎也与范宁并无二致。那么,何以在东晋、宋齐长期占据优势的《左传》服注、《穀梁传》糜信注、《论语》郑玄注到了梁陈时期却迅速被杜注、范注、何注打败了呢[①]？晚出新注的集体胜利,究竟只是偶然,还是有其内在的共通性原因,这仍然是一个有待研究的问题。

四、十六国、北朝及隋经目探赜

与东晋、南朝同时,北方先后经历了十六国以及北魏、东魏、西魏、北齐、北周等数个王朝的更迭,这些王朝中,由于少数民族政权较多,加之每个朝代持续的时间都比较有限,有的统治的地域又比较小,因此从整体上来说,十六国、北朝诸君在经学制度的建立上较东晋、南朝要显得散乱得多。我们在论述东晋、南朝官方经目问题时曾反复论及,由于考课、选官制度的调整,在整个魏晋南朝,官学教育在整个国家文化生活中的影响力非常有限,而这一点在十六国、北朝似乎体现得更加明显。从经学史的角度而言,家学与私学,才是此期北方经学传承的主要形式,在这样的背景下,官定经目在十六国、北朝的政治、文化生活中的作用显得更加有限。这一部分,我们将利用《晋书·载记》《北史》等材料,对十六国、北朝时期略可考知的朝廷经目设置作一番简略梳理。

前赵刘曜光初三年(321)曾立太学,并置国子祭酒、崇文祭酒,"选朝贤宿儒明经笃学以教之"[②],但具体经目如何,不可考知。至石勒在襄国时期,便"立太学,简明经善书吏署为文学掾,选将佐子弟三百人教之",又"增置宣文、宣教、崇儒、崇训十余小学于襄国四门,简将佐豪右子弟百余人以教之"[③],体现出对于文教的热情。至石虎即位后,"复置

[①] 赵伯雄先生对杜注取代服注的原因有所分析,概括为三点:第一,杜注集众家之长;第二,杜注"经承旧史,史承赴告",强调《左传》的史学身份,符合当时学风;第三,杜注简约而服注繁芜。《春秋学史》,山东教育出版社2014年版,第221页。

[②] 《晋书》卷一〇三《载记三·刘曜载记》,第2688页。

[③] 《晋书》卷一〇四《载记四·石勒载记上》,第2720、2729页。

第四章　魏晋至隋唐经目演变　495

国子博士、助教"①,后赵建武九年(343),乃"遣国子博士诣洛阳写石经,校中经于秘书。国子祭酒聂熊注《穀梁春秋》,列于学官"②。而这也就是我们关于十六国时期经目设置全部可见的记载。

关于聂熊《穀梁传注》,《隋书·经籍志》不载,似早亡。据马国翰考证,聂熊又有《周礼音》,马氏有辑本,收入《玉函山房辑佚书》中③。

进入北朝后,北魏、北齐对于文教事业都比较重视,北魏道武帝立国之初,即置五经博士:

(魏道武帝天兴二年三月,399)甲子,初令《五经》群书各置博士,增国子太学生员三千人。④

至太武帝太平真君九年(448),乃颁定崔浩所注群经为官定经目,此事见载于《北史》:

初,道武诏秘书郎邓彦海著国记十余卷,编年次事,体例未成,逮于明元,废不著述。神䴥二年,诏集诸文人撰录国书。浩及弟览、高谠、邓颖、晁继、范亨、黄辅等共参著作,叙成国书三十卷。著作令史太原闵湛、赵郡郗标素谄事浩,乃请立石,铭载国书,以彰直笔。并勒浩所注《五经》。浩赞成之,景穆善焉。遂营于天郊东三里,方百步,用功三百万乃讫。⑤

又《魏书》:

是时,著作令史闵湛、郗标性巧佞,为浩信待。见浩所注《诗》、《论语》、《尚书》、《易》,遂上疏,言马、郑、王、贾虽注述《六经》,并多疏谬,不如浩之精微。乞收境内诸书,藏之秘府。班浩所注,命天下习业。并求

---

① 《晋书》卷一〇六《载记六·石季龙载记上》,第2769页。
② 《晋书》卷一〇六《载记六·石季龙载记上》,第2774页。
③ (清)马国翰《玉函山房辑佚书·经编周官礼类·周礼聂氏音》,广陵书社2005年版,第783页。
④ 《魏书》卷二《太祖道武帝纪》,第35页。
⑤ 《北史》卷二一《崔宏传》,第789页。

敕浩注《礼传》，令后生得观正义。①

从《北史》记载看来，崔浩的经注确实被勒于石铭，则其经注的官学地位，或许的确曾一度得到确认。关于崔浩注经的缘起，《魏书》载：

> 浩又上《五寅元历》，表曰："太宗即位元年，敕臣解《急就章》《孝经》《论语》《诗》《尚书》《春秋》《礼记》《周易》。三年成讫。"②

由这段论述可知，崔浩之注经，乃奉北魏太宗明元帝之命而成，始于"太宗即位元年"，即北魏永兴元年（东晋义熙五年，409），成于三年之后，即永兴三年前后，而上文《北史》《魏书》所载闵湛、郗标请立崔浩所注诸经事在北魏太武帝神䴥二年（刘宋元嘉六年，429），则当时崔浩所注之经除《诗》《论语》《尚书》《易》以外，复有《孝经》《春秋》和《礼记》，《魏书》载闵、郗奏请"求敕浩注《礼传》"，未知何因。《魏书》前后所载二事不合，似必有一误，只是笔者所见史料有限，难以考实。

不过，无论太武帝时期所立崔浩经注包括几种，可以基本确定的是，立崔注为官学一事，应为不虚。关于崔浩的经学，焦桂美认为他属于"非难马（融）郑（玄）、追求新异为特点的带有魏晋经学倾向的派系"③，由于崔浩经注今已不存，实难具知，从《北史》的记载来看，他治《易》《尚书·洪范》而能占筮：

> 太宗初，拜博士祭酒，赐爵武城子，常授太宗经书。每至郊祠，父子并乘轩轺，时人荣之。太宗好阴阳术数，闻浩说《易》及《洪范》五行，善之，因命浩筮吉凶，参观天文，考定疑惑。浩综覈天人之际，举其纲纪，诸所处决，多有应验，恒与军国大谋，甚为宠密。④

---

① 《魏书》卷四八《高允传》，第1069～1070页。
② 《魏书》卷三五《崔浩传》，第825页。
③ 焦桂美《南北朝经学史》，上海古籍出版社2009年版，第346页。
④ 《魏书》卷三五《崔浩传》，第807页。

第四章 魏晋至隋唐经目演变

至其据《洪范五行传》而推咎征,则见载于《魏书》:

> 是时,有兔在后宫,验问门官,无从得入。太宗怪之,命浩推其咎征。浩以为当有邻国贡嫔嫱者,善应也。明年,姚兴果献女。①

又据《春秋左氏传》而说灾异:

> 初,姚兴死之前岁,太史奏荧惑在匏瓜星中,一夜忽然亡失,不知所在。或谓下入危亡之国,将为童谣妖言,而后行其灾祸。太宗闻之,大惊,乃召诸硕儒十数人,令与史官求其所诣。浩对曰:"案《春秋左氏传》说神降于莘,其至之日,各以其物祭也。请以日辰推之,庚午之夕,辛未之朝,天有阴云,荧惑之亡,当在此二日之内。庚之与未,皆主于秦,辛为西夷。今姚兴据咸阳,是荧惑入秦矣。"诸人皆作色曰:"天上失星,人安能知其所诣,而妄说无征之言?"浩笑而不应。后八十余日,荧惑果出于东井,留守盘游,秦中大旱赤地,昆明池水竭,童谣讹言,国内喧扰。明年,姚兴死,二子交兵,三年国灭。于是诸人皆服曰:"非所及也。"②

若从以上数例看来,崔浩以阴阳、五行、灾异以说经,实颇具汉代今学之遗风,《洪范》五行学在两汉极为兴盛,但在魏晋时期则相对沉寂,崔浩擅长此学,考虑到其清河崔氏的家族背景,或是承自家学③。闵湛、郄标在奏请立崔浩经注时,称"马、郑、王、贾虽注述《六经》,并多疏谬,不如浩之精微"④,可见崔浩经注不仅与马、郑、贾等东汉古学不同,即使与王肃之学亦多不同。结合这两点来看,则崔浩的经学或许并非代表

---

① 《魏书》卷三五《崔浩传》,第 808 页。
② 《魏书》卷三五《崔浩传》,第 808～809 页。
③ 陈寅恪先生亦曾指出:"崔浩所谓外国远方名士,当即指河西诸学者或袁式而言。其以左传卦解易,张湛、宗钦、段承根俱主其说,实为汉儒旧谊,今日得尚秉和先生易林解诂一书,愈可证明者也。盖当日中原古谊,久已失传,崔浩之解,或出其家学之仅存者,然在河西则遗说犹在,其地学者,类能言之。此浩所以喜其与家学冥会,而于河西学者所以特多荐拔之故欤?"陈寅恪《隋唐制度渊源略论稿》,生活·读书·新知三联书店 2001 年版,第 44 页。
④ 《魏书》卷四八《高允传》,第 1069～1070 页。

魏晋新经学,而是代表汉代今学之遗绪①。由于崔浩经注的原貌今已不可见,因此只能作此臆测而已。

崔浩经注立学的时间,大致始于太武帝太平真君九年(448),而随着真君十一年(450)崔浩伏诛,其经传想必亦随之遭废。此后魏孝文帝又曾兴立国子学、太学及四门学,但其所置经目如何,则不可考知,从这一时期的郊祀、祫禘等礼仪看来,孝文帝时期的经学具有较强的兼容倾向②,例如太和十三年(489)议祫禘礼:

> 王以禘祫为一祭,王义为长。郑以圜丘为禘,与宗庙大祭同名,义亦为当。今互取郑、王二义。禘祫合为一名,从王。禘是祭圜丘大祭之名,上下同用,从郑。③

北魏的礼学仍延续曹魏、西晋以来郑、王二家并用的传统,《北史·儒林传》云:

---

① 金廷栋在《六朝经术流派论》中认为:"夫是故南人之学,贻两晋风也;北人之学,述两汉传也。"何兹全先生在《南北朝时期南北儒学风尚不同的渊源》专论南北朝儒风的来源,关于北朝儒学渊源,亦认为:"北朝的儒学,是继承十六国的儒学的,而十六国的儒学又是继承东汉的儒学。北魏、十六国、东汉是一脉相承的。"而王志平先生则指出:"北朝所袭为西晋之劫余,元康以后之新兴学术无复孑遗,所余者惟西晋间所传之民间学术。北朝拾遗补阙,则西晋之民间私学一跃为北朝之官学。此为大可注意者。"何、王二家虽然对于北朝经学的直接来源认定有所差异,然皆指出其与两汉经学之间的渊源。又,北魏经学中不废纬学,李业兴赴梁,武帝使散骑常侍朱异与之问对,"业兴曰:'我昨见明堂四柱方屋,都无五九之室富,是裴頠所制明堂,上圆下方,裴唯除室耳,今此上不圆,何也?'异曰:'圆方之说,经典无文,何怪于方?'业兴曰:'圆方之言,出处甚明,卿自不见。见卿录梁主《孝经义》亦云"上圆下方",卿言岂非自相矛盾?'异曰:'若然,圆方竟出何经?'业兴曰:'出《孝经援神契》。'异曰:'纬候之书,何用信也?'业兴曰:'卿若不信《灵威仰》、《叶光纪》之类,经典亦无出者,卿复信不?'异不答。"可见北魏不废纬学,而西晋武帝泰始三年即"禁星气谶纬之学","至宋大明中,始禁图谶,梁天监后,又重其制",故两晋南朝言纬学者绝少。李业兴之用纬学,亦可见北朝经学超迈两晋官学,承绪汉魏经学之遗风。(清)金廷栋《六朝经术流派论》,(清)阮元订《诂经精舍文集》卷一,商务印书馆1936年版,第18页;何兹全《南北朝时期南北儒学风尚不同的渊源》,《纪念陈寅恪先生诞辰百年学术论文集》,北京大学出版社1989年版,第48页;王志平《中国学术史·三国两晋南北朝卷》,江西教育出版社2001年版,第334页;《晋书》卷三《武帝纪》,第56页;《隋书》卷三二《经籍一》,第941页。
② 焦桂美《南北朝经学史》,上海古籍出版社2009年版,第347页。
③ 《魏书》卷一〇八《礼志一》,第2742页。

第四章　魏晋至隋唐经目演变

大抵南北所为章句,好尚互有不同。江左,《周易》则王辅嗣,《尚书》则孔安国,《左传》则杜元凯。河洛,《左传》则服子慎,《尚书》《周易》则郑康成。《诗》则并主于毛公,《礼》则同遵于郑氏。①

此言当是就南北朝的整体经学风尚而言,至于北魏孝文帝一朝,则似乎未尽如是。《魏书·儒林传》称:"玄《易》《书》《诗》《礼》《论语》《孝经》,虔《左氏春秋》,休《公羊传》,大行于河北。王肃《易》亦间行焉。"②似较《北史》所言更切近北魏的实情,而王肃之学为官学所用者,又未必仅《易》一书也。

至于北魏以后各朝的经目调整,则仅可据《隋书·经籍志》略知其概:

《周易》:齐代唯传郑义。
《尚书》:齐代唯传郑义。
《孝经》:陈及周、齐,唯传郑氏。
《论语》:周、齐,郑学独立。③

从以上诸条来看,北周、北齐官学崇尚郑学,与上举《北史·儒林传》之言大抵相近。

关于北朝经目的基本特点,最为显著的一点便是未浸染玄风,这也是南北朝经学风尚的最大差异。关于这一点,有一个著名的事例常为学者所征引:

萧衍亲问业兴曰:"闻卿善于经义,儒、玄之中,何所通达?"业兴曰:"少为书生,止读五典,至于深义,不辨通释。"……衍又问:"《易》曰太

---

① 《北史》卷八一《儒林传上》,第2709页。
② 《魏书》卷八四《儒林传》,第1843页。
③ 《隋书》卷三二《经籍志一》,第913、915、935、939页。

极,是有无?"业兴对:"所传太极是有,素不玄学,何敢辄酬。"①

梁武帝本身深好玄学,因此乃以玄学问来自北魏的李业兴,而李业兴则称"少为书生,止读五典""素不玄学",实代表了北地学风。王弼《易》注在南朝经目中地位极高,郑氏《易》注则在刘宋时期曾一度遭废,而齐梁时期虽然获立,但仍不若王弼《易》之影响广泛,南齐陆澄与王俭书中极论郑氏《易》不可废,正是针对当时儒林对于郑氏《易》的轻视而发。北朝则正与之相反,虽然郑氏《易》未必独尊,"王肃《易》亦间行焉",但郑玄、王肃之学毕竟同属汉魏故学,与王弼玄学化的《易》学不同。王弼《易》在北朝始终未得进入北朝经目,充分说明了北地学风所尚。

入隋后,朝廷制度主要继承自北齐,但同时也受到南朝的影响,从《隋书·经籍志》的记载来看,隋代经目大抵如下:

《周易》:至隋,王注盛行,郑学浸微,今殆绝矣。

《尚书》:至隋,孔、郑并行,而郑氏甚微。

《毛诗》:唯《毛诗》郑笺,至今独立。

三《礼》:唯郑注立于国学。

《春秋》:至隋,杜氏盛行,服义及《公羊》《穀梁》浸微,今殆无师说。

《孝经》:至隋,秘书监王劭于京师访得《孔传》,送至河间刘炫。炫因序其得丧,述其议疏,讲于人间,渐闻朝廷,后遂著令,与郑氏并立。

《论语》:至隋,何、郑并行,郑氏盛于人间。②

从《隋志》所列经目来看,隋代的经目主要承自南朝梁陈,这表现在:第一,《周易》北朝专尊郑注,间行王肃注,南朝则自刘宋以来颇重王弼注,至梁、陈乃以郑玄、王弼二家并立,但王学实盛。隋制官学仍以

---

① 《魏书》卷八四《儒林传》,第1863~1864页。
② 《隋书》卷三二《经籍志一》,第913、915、918、926、933、935、939页。

郑、王二家并列,而"郑学浸微",充分体现出南方《易》学的影响力超过北方。第二,《尚书》学北朝专尊郑氏,而南朝则孔、郑并尊,隋朝孔、郑并行,显然是承袭梁、陈之制。第三,《左氏》春秋南朝重杜注,北朝重服义,隋代官定经目选用杜注而废服注,突出显示了其与南朝经目之间的承绪关系。第四,《孝经》北朝唯尊郑注,南朝则梁时曾并置孔、郑二家,但随着梁末《孝经》孔传亡佚,其学亦绝。然隋以新出之《古文孝经孔传》,真伪尚难辨,即置于学官,至少体现出南朝的经目传统之于隋廷的影响力远大于北朝。第五,《论语》北朝独尊郑注,南朝则并置郑、何,隋经目亦并尊二家,则是用梁陈旧制也。不过,据《隋书·经籍志》,梁陈时期《论语》何注影响较大,郑注已有衰微之势,但入隋后郑氏反"盛于人间",当是北朝《论语》学影响隋代学术的重要表现,在整个南人学风主导隋代士林的背景下,应属值得注意的个案。

总之,从以上五点看来,隋代经目几乎是梁、陈经目的翻版,其中缘由,究其表层而言,即是隋初官学多为南人所掌,马宗霍先生曾考察隋文帝时期国子学、太学中学官构成:"文帝时,善为国子祭酒,妥为国子博士,而褚辉、顾彪、鲁世达,复以南人为炀帝所征,辉为太学博士,彪为秘书士,世达为国子助教,可见隋之官学大抵操诸南人或为南学者之手,则其经学之折入于南,不亦宜乎?"①随着李善、何妥等南士入仕隋廷,南人在国子学、太学中得以占据优势,无怪乎其官定经目大抵皆循梁陈故制了。不过,值得注意的是,南学虽然在经目层面上取得优势,但刘焯、刘炫、熊安生等北学士人在义疏学上取得的成就同样是不容忽视的,刘炫在为《古文尚书》孔传、《左传》杜注等南朝显学作《述议》之时,由于兼具《尚书》郑注、《左传》服注的北学背景,因此在《述议》中常常敢于对本注加以"规过",在传统义疏学"守注"的功能外别开考证求实一路,深刻影响了唐人《五经正义》的编纂体例。孔颖达虽然对于刘

---

① 马宗霍《中国经学史》,上海书店1984年版,第91页。

炫"破注"立说的学风难以认同,但对于其《述议》之博取精通,仍十分叹服,因此在《尚书正义》《毛诗正义》《春秋左传正义》三书的编纂中,均取刘炫《述议》作为底本,这足见北人虽然在经目制度的竞争方面略输南士,但其实际影响力却是深远持久的。

第五节　多元归一:一元化的唐代经目

唐高祖统一南北之后,中国历史进入了又一个相对稳定的发展期,而经目制度在经过初唐的短暂调整之后也逐渐稳定下来。唐代经目制度的最大特点,就是官学经注的一元化,以及经目与科举制度的结合。与此前太学的试经相比,唐代科举制度对于试经的要求更为具体化,不但各经均有明确的师法,而且在经目内部还区分出大经、中经、小经,通过各经的不同配合,确保课试的公平性和激励色彩。由于科举考试在唐代选官体系中占据重要的地位,因此官定经目的社会影响力大为提升,即便中唐以后的学校教育并不算兴盛,但是整个社会的经学传习却基本在官定经目的框架内进行,这是魏晋南北朝以来久未出现过的情状,充分显示出科举制度在中国文化史、经学史上举足轻重的作用。当然,唐代官定经目的垄断性影响力,也使得大量未被纳入官学的汉魏六朝古经注逐渐失去传播的空间,曾经在魏晋时期与郑学分庭抗礼的王肃群经注释以及在北朝长期独尊的郑玄《易》注、《尚书》郑注、《左传》服注、《论语》郑注等,都难逃衰微的命运,最终在晚唐五代的乱世中渐次亡佚。

就经目演变这一论题而言,由于唐代的经目制度相对比较稳定,因此需要探讨的问题并不太多。从《唐六典》的记载可知,唐代的官定经目为"九经"制,即以《周易》王弼注、《古文尚书》孔传、《毛诗》郑笺、《周礼》郑注、《仪礼》郑注、《礼记》郑注、《左氏》杜注、《公羊》何注、《穀梁》范注为"正经"传注,此外兼习《论语》《孝经》《尔雅》等传记之书,但是,这种"九经"制度何时产生?缘何产生?则历来的经学史研究尚无定论,仍有进一步探讨的必要。此外,《孝经》今古文、郑孔注之间的真伪、优劣之争,曾在初唐时期引起朝臣的激烈争议,而玄宗御注的颁定,则使这种争议最终以颇为戏剧化的方式告终。关于这一争议的具体分歧,本节亦将加以讨论。

一、唐代科举与"九经"制的确立

关于"九经"制度的明确记载,最早见于《唐六典·尚书吏部卷第二》:

> 正经有九:《礼记》《左传》为大经,《毛诗》《周礼》《仪礼》为中经,《周易》《尚书》《公羊》《穀梁》为小经。通二经者,一大一小,若两中经;通三经者,大、小、中各一;通五经者,大经并通。其《孝经》《论语》并须兼习。①

《唐六典》成书于开元二十七年(739),而该书关于"九经"制度的记载共有两处,一见于此,另一处在《尚书礼部》卷,内容稍有不同,而其之所以两处互异,乃是因为唐制,科举原主于吏部考功员外郎,开元二十四年(736),"敕以为权轻,专令礼部侍郎一人知贡举"②,此后科举方转由礼部主持。因此,《尚书吏部》卷中记载的是开元二十四年以前的旧制,而《尚书礼部》卷中记载的则是二十四年以后的新制。由此我们也就可以知道,至迟到开元二十四年为止,唐代科举中明经科的"九经"制度已经比较成熟地建立起来了。

这种"九经"制度包括两个特点:第一,就正经部分而言,它将"九

---

① (唐)李林甫等《唐六典》卷二《尚书吏部》,中华书局1992年版,第45页。
② (唐)李林甫等《唐六典》卷二《尚书吏部》,第44页。

经"分为大、中、小三类,其根据乃是各经的字数;再以大、中、小经为基准规定通二经、三经、五经的经书配比规则。第二,"九经"制度除了规定正经之外,还有一个很重要的部分,就是《孝经》《论语》等兼习书,在初盛唐时期,"九经"之外的兼习书虽然屡经变易,但始终存在。我们知道,自汉代以来,《论语》《孝经》等所谓的"传记"之书虽然未具"经"名,但始终是儒家士人的必诵之书,在汉代以来的太学中,也都有博士兼授或专授之;然在唐代以前,还从未出现过这种在考课、试经中明确规定须兼习《论语》《孝经》的制度①。这种以正经配以兼习传记的经目结构自此确立之后,不仅与"九经"制度相始终,也为此后各代的经学制度所继承,无论是北宋的熙宁"五经"制度、南宋的"六经"制度,还是明清的"四书五经"制度,都有兼经与正经并存。因此,唐代的这种"九经"制度,实开宋元以下历代官定经目之先河。

那么,唐代初年这种成熟的"九经"制度是在什么时候建立起来的呢?许道勋、徐洪兴《中国经学史》认为,"大、中、小经书课程的设置,在唐高祖、太宗以及高宗永徽年间,恐怕还是没有的……大约在唐高宗永徽以后至唐玄宗开元初,随着科举制度的完备化,学校课程设置才有大、中、小经的区别。"②然而,据笔者所见,大、中、小经的设置,似乎要比高宗永徽时代早得多。

传世文献中所见关于大、中、小经的零星记载,以唐人吴兢所撰《贞观政要》为最早,此书卷七《崇儒》载:

> 贞观二年,诏停周公为先圣,始立孔子庙堂于国学,稽式旧典,以仲尼为先圣,颜子为先师,两边俎豆干戚之容,始备于兹矣。是岁大收天

---

① 汉代曾有要求吏必须习《孝经》的规定:"其后复为功臣子孙、四姓末属别立校舍,搜选高能以受其业,自期门羽林之士,悉令通《孝经》章句。"但这只是针对"吏"而言,而且其所规定的,也并非是在真正的太学试经中课试《孝经》,故与唐制实不同。《后汉书》卷七九上《儒林列传》,第2546页。

② 许道勋、徐洪兴《中国经学史》,上海人民出版社2006年版,第171页。

下儒士,赐帛给传,令诣京师,擢以不次,布在廊庙者甚众。学生通一大经已上,咸得署吏。①

"学生通一经以上",可见至迟在贞观二年(628),国子学中已经对诸经进行分类,"大经"之目已经产生,故有此诏。而这一材料在敦煌文献《唐永徽职员令残卷》中得到了更为具体的验证:

□□人兼有官、封者,府佐、国官依官爵置。若官两应得府佐、亲事、帐内者,准从多,不虚并置。其有散官下□亲事者,依本品置。诸职事官三品以上应置府佐者,其记事、功曹,听自访。有学□□无保任者,准拟送名所司简试。其通 经 文义者,试一中经、一 小 经以上及《孝经》《论语》十条得六以上。其白读者,试一大经、一小经,或一中经、一小 经,皆兼《孝经》《论语》。其 试 □ 帖 ,各率十 条得 六以上。②

这是敦煌文献 S.3375 的一部分,此文献分藏于大英博物馆和巴黎国立图书馆,王国维曾推定为武德令,后经泷川政次郎、仁井田陞、那波利贞、土肥义和、山本达郎、池田温、冈野诚等学者的持续研究,确定为唐高宗永徽年间职员令③。1989 年,刘俊文先生出版《敦煌吐鲁番唐代法制文书考释》,著录了此残卷的释文。1999 年,高明士先生发表《试释唐永徽职员令残卷的试经规定》,对此残卷涉及的试经规定进行了梳理。依照高明士先生的研究,这部残卷所录的,乃是唐永徽年间"东宫诸府职事官三品以上,欲选拔记室、功曹等府佐时的考试办法"④,这一试经方法与东宫崇文学在很多方面非常接近。而笔者关注的是,在这

---

① (唐)吴兢《贞观政要》卷七《崇儒》,上海古籍出版社 1978 年版,第 215 页。
② 刘俊文《敦煌吐鲁番唐代法制文书考释》,中华书局 1989 年版,第 193~194 页。
③ 高明士《试释唐永徽职员令残卷的试经规定》,饶宗颐主编《敦煌文薮》下,台北:新文丰出版公司 1999 年版,第 20 页。
④ 高明士《试释唐永徽职员令残卷的试经规定》,第 20 页。

份残卷中,大经、中经、小经的名目均已经明确出现,而且残卷对大、中、小经的具体所指并无说明,可知这些名目在当时已经比较成熟、稳定,广为人知,故此不必赘言重复。由此反推《贞观政要》中的记载,可知《贞观政要》关于贞观二年"学生通一大经"的规定当为信史,可以信从。这也就进一步说明,设置大、中、小经的时间至迟不晚于太宗贞观二年。

从《唐六典》及《新唐书·选举志》的记载看来,唐代的大、中、小经设置似乎并未进行过调整,那么,如果以大、中、小经的设置作为"九经"制确立的标志的话,则"九经"制的确立显然亦不得晚于太宗贞观二年。

比读《永徽职员令》《贞观政要》以及《唐六典》中关于大、中、小经的记载,我们发现,三者有一个重要的共同点,那就是均与课试关系密切。的确,如果经目的设置仅仅是为了明确博士官所掌之经,则实无将其分为三六九等的必要,这不但无益于诸经之推广,更容易激起诸博士的内讧。然而一旦经目与试经联系起来,则这种等级的划分,就显得极为必要了。我们知道,既然是"试经",则必然需要一定的标准,这种标准最初主要是以治经之数目为据:

> 一岁皆辄试,能通一艺以上,补文学掌故缺。其高弟可以为郎中者,太常籍奏。即有秀才异等,辄以名闻。其不事学若下材及不能通一艺,辄罢之,而请诸不称者罚。①

这是公孙弘在元朔年间的奏议中所确立的试经制度,其基本要求是"能通一艺"以上,在此前提下,再分高第和一般,各有所授。至汉宣帝确立十二博士员制度以后,博士弟子一般均以一经课试,于是又逐渐发展出以说经之优劣为主的课试标准:

> 臣以为博士及甲乙策试,宜从其家章句,开五十难以试之。解释多者为上第,引文明者为高说。若不依先师,义有相伐,皆正以为非。《五

---

① 《史记》卷一二一《儒林列传》,第3119页。

第四章 魏晋至隋唐经目演变

经》各取上第六人,《论语》不宜射策。①

但是随着各经师法相混,到东汉灵帝永寿二年(156)的时候,又出现了以通经数目之多少为标准的课试制度②,不过,这样的制度存在一个明显的漏洞,那就是诸经篇幅并不相等,《易》《书》篇幅相对较小,而《诗》《礼》篇幅则相对较长,如果又考虑到东汉时期章句的繁缛化,则各经之间篇幅的差距想必更大。这样一来,永寿二年的这条诏令对于治不同经典的儒生而言显然就存在不公平。当然,就汉代而言,由于《礼》本经只用《仪礼》十七篇,《春秋》亦用《公羊》为主,因此,各经之间的差别还在可以承受的范围之内。但到了唐初,由于《礼》衍为三《礼》,《春秋》演为三《传》,则《礼记》《左氏春秋》与《周易》《尚书》等经典之间的篇幅差距竟接近十倍③。在这样的形势下,既然课试中治经的数目是一个重要的参照,则诸经篇幅之大小这一因素也就不得不引起政策制定者充分的考虑了。

因此,唐初出现的这种以大、中、小经为标志的"九经"制,显然是伴随着试经制度的革新而出现的。又前文已言,从《永徽职员令》的语气来看,大、中、小经的区分显然并不始于东宫属官之课试,而由贞观二年前溯,可能性最大的就是唐初的科举考试了。

唐代的第一次科举考试施行于武德五年(622),此事见载于《唐摭言》:

> 高祖武德四年四月十一日,敕诸州学士及白丁有明经及秀才、俊士,明于礼体,为乡曲所称者,委本县考试,州长重复,取上等人,每年十月随物入贡。至五年十月,诸州共贡明经一百四十三人、秀才六人、俊

---

① 《后汉书》卷四四《邓张徐张胡列传》,第 1501 页。
② (宋)王钦若等《册府元龟》卷六三九《贡举部·条制一》,凤凰出版社 2006 年版,第 7385~7386 页。
③ 据南宋郑耕老《劝学》记载,《周易》24207 字,《尚书》今古文 25800 字,《毛诗》39224 字,《周礼》45806 字,《礼记》79020 字,《左传》196845 字。(宋)王应麟《小学绀珠》卷 4《艺文类》,元至元庆元路儒学刻明递修本,第 3 叶 A。

士三十九人、进士三十人。十一月,引见。敕付尚书省考试。十二月,吏部奏付考功员外郎申世宁考试,秀才一人、俊士十四人所试并通。敕放选与理人官。其下第人各赐绢五匹充归粮,各勤修业。①

从选试的主体对象是"明经"看来,这次课试的内容无疑是群经。傅璇琮先生在《唐代科举与文学》中指出:"尽管这时进士、明经等科,与以后发达形态时的情况还有不同,多少还带有过去察举制的痕迹,但应当说,从考试的基本程序看,它们已经属于科举制度的范畴了"②。既然以诸经作为课试的内容,并且有一定数量的"下第"差额,则此次课试必然要制定具体的课试标准。大、中、小经的区分,或即肇始于此。当然,由于我们无法找到确切的史料,因此这只能是一个推断。不过,可以确定的是,以大、中、小经为标志、以科举课试为依托的"九经"制,至晚在太宗贞观二年已经基本形成了。

"九经"制确立以后,一直为唐代各朝所沿用,但是在施行的过程中,仍无法彻底解决诸经之间篇幅、难度差异较大的问题:

(开元)八年七月,国子司业李元瓘上言:"三《礼》、三《传》及《毛诗》《尚书》《周易》等,并圣贤微旨,生徒教业,必事资经远,则斯文不坠。今明经所习,务在出身,咸以《礼记》文少,人皆谙读,《周礼》经邦之轨则,《仪礼》庄敬之楷模,《公羊》《穀梁》,历代宗习。今两监及州县以独学无友,四经殆绝,既事资训诱,不可因循。其学生望请各量配作业,并贡人预试之日,习《周礼》《仪礼》《公羊》《穀梁》,并请帖十通五,许其入策,以此开劝,即望四海均习,九经该备。"从之。③

---

① (五代)王定保撰、姜汉椿校注《唐摭言校注》卷一五《杂记》,上海社会科学院出版社2002年版,第293页。
② 傅璇琮《唐代科举与文学》,陕西人民出版社2007年版,第114页。
③ (宋)王钦若等《册府元龟》卷六三九《贡举部·条制一》,凤凰出版社2006年版,第7390页。

此外，开元十六年(728)，国子祭酒杨玚又奏言：

"今之明经习《左氏》者，十无一二，恐《左氏》之学废。又《周礼》《仪礼》《公羊》《穀梁》，亦请量加优奖。"遂下制："明经习《左氏》及通《周礼》等四经者出身，免任散官。"①

在此背景下，逐渐有学者主张独置"三《礼》科""三《传》科"，通过这种单列科目的形式，相对增加录取名额，调整课试难度，从而引导士子专习《周礼》《仪礼》《公羊》《穀梁》四经：

二年二月，谏议大夫殷侑奏："谨案《春秋》二百四十二年行事，王道之正，人伦之纪备矣。故先师仲尼称志在《春秋》，历代立学，莫不崇尚其教。伏以《左传》卷轴文字，比《礼记》多校一倍，《公羊》《穀梁》比《尚书》《周易》多校五倍。是以国朝旧制，明经若大经，中经能习一传，即放冬集。然明经为学者，犹十不一二。今明经一例冬集，人之常情，趋少就易，三《传》无复学者。伏恐周公之微旨，仲尼之新意，史官之旧章，将坠于地。伏请置三《传》科，以劝学者。……"②

据《旧唐书》记载，"贞元五年一月敕特置三《礼》、《开元礼》科，长庆二年二月，始置三《传》、三史科……"③这样一来，到中唐时期，科举考试中原先统一的"九经"就逐渐分化出三《礼》科和三《传》科出来，而后两者由于传习者绝少，因此逐渐在太学中的影响越来越小，在这样的背景之下，到文宗太和七年(833)，乃出现了所谓的"五经博士"④：

七年八月，国子监起请，准今月九日德音节文，令监司于诸道搜访

---

① (宋)王钦若等《册府元龟》卷六三九《贡举部·条制二》，第7390页。
② (宋)王钦若等《册府元龟》卷六四〇《贡举部·条制二》，第7399页。
③ 《旧唐书》卷四四《职官志》，第1892页。
④ 中唐"五经博士"制度见载于《唐六典》等典籍，但长期以来学界未明其与国子博士以及"九经"之间的关系，至蒋方先生著《唐毛诗博士考述》一文，始基本廓清这一问题，文见《河北师范大学学报》，2009年第3期，第74～78页。

名儒，置五经博士一人者。……伏请五经博士，秩比国子博士。今《左氏春秋》《礼记》《周易》《尚书》《毛诗》为五经，《论语》《尔雅》《孝经》等编简既少，不可特立学官，更请依旧附于中经。敕旨依奏。①

这种新的五经博士制度，无疑是唐初以来《周礼》等四经传习绝少的最终结果。在西汉以来的经目演变史中，影响群经师法在官学内部地位的因素有很多，包括君主或官学主事者本人的学术兴趣与政治诉求、整个社会的主流学风、注经者本人的政治地位等，但直到唐代科举制度广泛施行后，才出现因为课试弟子的功利性选择而反过来影响诸经地位升降的事例，这显示出作为制度的经目所受到的复杂因素的影响。

不过，如何认识这种"五经博士"制度呢？是否可以说，自此之后，唐代经目便改为"五经"了呢②？则笔者以为不可，理由有二：其一，从文宗太和七年（833）的诏令来看，除了提到所谓的"五经"以外，诏令中还提到了"中经"一词，而由此则可知，初唐以来的大、中、小三等经的格局并未遭废③，文宗虽然择取"九经"中的五种为"五经博士"，但由于科举中另有三《礼》科、三《传》科，因此"九经"事实上仍然都在科举科目之中。且中唐虽独置"五经博士"，但官学中亦仍有国子博士、太学博士，《周礼》等四经实仍有学官掌之。总之，既然大、中、小经的名义犹在，则

---

① （宋）王钦若等《册府元龟》卷六〇四《学校部·奏议三》，第 6969 页。

② 蒋方即认为："从此，唐代国学与科举的规定也由原来的九经而变成了五经，而此时的五经是《礼记》《左传》《毛诗》《周易》《尚书》。"蒋方《唐毛诗博士考述》，《河北师范大学学报》，2009 年第 3 期，第 77 页。

③ 如果此时《周礼》《仪礼》不属于"中经"，则此时的"中经"将仅剩《毛诗》一种，则其作为一个可以选择的类别就失去了意义，因为，一旦课试制度中涉及中经，则《毛诗》即成为必习之经，这显然会打破诸经的平衡，有悖于这一制度设立的基本初衷。故笔者认为既然存在"中经"这一名目，则原先的大、中、小三经之配置即未改变。事实上，大经、小经在中晚唐的科举条制中仍经常出现，如"是月，礼部侍郎李汉奏：'准太和七年八月敕，贡举人不要试诗赋策，且先贴大经、小经共二十帖，次对正义十道，次试议论各一首，讫考覈放及第。'"（宋）王钦若等《册府元龟》卷六四一《贡举部·条制三》，第 7403 页。

第四章　魏晋至隋唐经目演变

初唐的"九经"制即仍存不废。其二,最为有力的证据,就是在太和改制后四个月,"勅于国子监讲堂两廊,创立石壁,九经并《孝经》《论语》《尔雅》,共一百五十九卷,字样四十卷"①,无论是太和石壁九经,还是开成太学石经,皆以九经为成数,此足见太学中不废《周礼》等四经,唐代的经目,仍应认定为"九经"。

值得注意的是,在敦煌卷子有三种写卷言及"九经",其中两种题名为《杂抄》,内容基本一致:

《杂抄一卷并序》(原题):何名九经?《尚书》《毛书》《周易》《礼记》《周礼》《仪礼》《公羊》《谷梁》《左传》 何名三史?《前汉》《东观汉记》。(P.2721)

《杂抄一卷》:何名九经?《尚书》《毛书》《周易》《礼记》《周礼》《仪礼》《公羊》《谷梁》《左传》。何名三史?《前汉》《后汉》《东观汉记》(S.4663)

这两种卷子都将"《毛诗》"写作"《毛书》",显示其文本来源应具有相关性。其将《东观汉记》与两《汉书》并称"三史",与《初学记》所言"世以《史记》、班固《汉书》及《东观汉记》为三史矣"的说法不合②,似为传世文献所未见。至于其所言"九经",除了次序颇为罕见以外,具体所指则与唐人通行说法完全相合,可见"九经"在当时已成为约定俗成、具有特定所指的专有名词了。

不过,敦煌另有一种与《杂抄》问答方式完全相同,但对"九经"的记述却存在差异的写卷,见于P.2816,题名为《随身宝》:

何名九经?□□《毛诗》《周易》《礼记》《周礼》《仪礼》《论语》《孝经》《春秋》。

---

① (宋)王钦若等《册府元龟》卷六〇四《学校部·奏议三》,第6969页。
② (唐)徐坚等《初学记》卷二一《文部》,中华书局1962年版,第503页。

从《随身宝》的题名及其钞写方式、内容可知,这是士人随身携带的一种复习资料,主要应是应付科举考试之用,因此其答案应当代表一定范围内流传的一种观念。从 P.2721 和 S.4663 的内容看来,该卷中"毛诗"前佚缺的两个字应为"尚书",而其以《公羊》《穀梁》《左传》合为"《春秋》"一经,复以《论语》《孝经》纳入"九经"之数的做法,在整个传世文献中都绝无仅有。究竟这只是该卷写手个人的失误,还是该卷代表了当时流传的另一种"九经"观念,我们已不得而知。这一钞卷对于我们而言唯一可以确定的,那就是"九经"这一专称已经成为一个士人必须掌握的基本知识了。

二、今古《孝经》之争与玄宗御注的颁定

在初唐时期确立的经目中,各经皆仅尊一种师法,这种制度有利于课试标准的统一化,但也不利于经学内部各家异说的共同繁荣,至玄宗时期,始有学者注意到这一问题。开元七年(719),玄宗有诏令曰:

七年三月,诏曰:"《孝经》者,德教所先。自顷已来,独宗郑氏,孔氏遗旨,今则无闻。又《子夏易传》,近无习者,辅嗣注者,亦甚甄明。诸家所传,互有得失,独据一说,能无短长。其令儒官详定所长,令明经者习读,若将理等,亦可兼行。其习《易》者兼帖《子夏易传》,共为一部,亦详其可否奏闻。"①

其后,以刘知几、司马贞为代表的儒臣便围绕《古文孝经孔传》立否的问题展开了争辩。太子左庶子刘知几主张废郑立孔②,其理由具载于《上孝经注议》③。刘氏认为"《孝经》非元所注,其验十有二条",归纳起来,主要有三点:其一,郑玄本人及其弟子皆未言其曾注《孝经》。刘氏

---

① (宋)王钦若等《册府元龟》卷六三九《贡举部·条制》,第7389页。
② (宋)王钦若等《册府元龟》卷六三九《贡举部·条制一》,第7389页。
③ (宋)王溥《唐会要》卷七七,中华书局1955年版,第1406~1407页。

所举文献包括郑玄自序、《郑志》、赵商《郑先生碑铭》、宋均《春秋纬演孔图注》《春秋纬注》《孝经纬注》等。其二,后汉以来史料亦不言郑玄注《孝经》。其所举包括谢承、薛莹、司马彪、袁山松等人的郑玄传记。其三,魏晋以来解经诸家不言郑玄注《孝经》。其所举包括王肃《圣证论》攻击郑说甚多,然不及《孝经》注;魏晋诸贤解经,亦多不言《孝经》郑注。

应该说,刘知几所举理由虽多达十二条,但基本未出上节所引南齐陆澄《与王俭书》中对郑注《孝经》之质疑的范围,即"观其用辞,不与注书相类。案玄自序所注众书,亦无《孝经》"①。但是,正如我们在上节已经讨论过的那样,今传《孝经》郑注的作者究竟为谁,是郑玄、郑小同、还是郑称,抑或根本出于伪托,就目前所掌握的史料来看,这一问题仍难辨清。刘知几对于郑注的质疑自有其道理,但亦终究缺少确证,今仍不妨存疑以待考。

不过,刘知几对于当时复出未久的《古文孝经孔传》却颇为推崇:

至如《古文孝经孔传》,本出孔氏壁中,语其详正,无俟商攉,而旷代亡逸,不复流行。至隋开皇十四年秘书学士王孝逸于京市陈人处置得一本,送与著作郎王劭,以示河间刘炫,仍令校定,而更此书无兼本,难可依凭。炫辄以所见,率意刊改,因著《古文孝经稽疑》一篇。劭以为此书经文尽在,正义甚美,而历代未尝置于学官,良可惜也。然则孔郑二家,云泥致隔,今纶音发问,校其短长,愚谓行孔废郑,于义为允。②

上节亦言,关于孔安国是否曾有《古文孝经传》,以及日传本《古文孝经孔传》的真伪问题,清末以来已引起学界的反复讨论,至今仍存分歧,大抵而言,孔安国作《古文孝经孔传》之事虽难以确考,但日传本、即刘炫所见本《古文孝经孔传》当为魏晋时人所造,非汉儒旧注,此大抵可

---

① 《南齐书》卷三九《陆澄传》,第684页。
② (宋)王溥《唐会要》卷七七,第1407~1408页。

以考定。刘知几于郑注则疑有十二,于孔传则尽信其真,其中未免夹杂私见。

与刘知几的观点相反,时任国子祭酒的司马贞则认为刘炫所见《孔传》乃后儒伪托,当以郑注为准式。针对刘知几提出郑注本必非郑玄所注的十二条理由,司马贞没有刻意回避,而且明确指出"其注纵非郑氏所作,而义旨敷畅,将为得所。其数处小有非稳,实亦非爽经传"。这种看法相对比较平实。对于《古文孝经》的经文及孔传,则司马贞认为其乃后儒"假称孔氏,辄穿凿改更,又伪作《闺门》一章"①,以《闺门》经文亦出于后儒杜撰。在绢素本石函《古文孝经》尚未被发现②,《闺门》章真伪尚无以为据的开元时期,司马贞的这一质疑也是无可厚非的。不过,司马贞认为古文经虽伪、孔传虽劣,但亦可并置:"望请准式《孝经》郑注与孔传依旧俱行。"③

对于刘、司马二家的争论,唐玄宗认为皆是门户之见,并未切中经义真伪:

> 其年五月五日诏曰:间者诸儒所传,颇乖通议。敦孔学者,冀郑门之息灭;尚今文者,指古传为诬伪。岂朝廷并列书府,以广儒术之心乎?其河、郑二家,可令依旧行用;王、孔所注,传习者稀,宜存继绝之典,颇加奖饰。④

作为玄宗而言,一方面,既然孔、郑二家之注皆背负伪书之嫌,另一

---

① (宋)王溥《唐会要》卷七七,第1408页。
② 郭忠恕《汗简》引李士训《记异》曰:"大历初,予带经鉏瓜于灞水之上,得石函,中有绢素古文《孝经》一部,二十二章,一千八百七十二言。初传与李太白,白授当涂令李阳冰,阳冰尽通其法,上皇太子焉。"此古文本后辗转入藏北宋秘阁,司马光据其撰《古文孝经指解》,其中正有《闺门》章,文辞与日传本《古文孝经》大抵相合,可证刘炫所传本《古文孝经》之《闺门》章确有渊源,非后儒妄造。(宋)郭忠恕《汗简·略叙目录第七》,《四部丛刊续编》影冯已手钞本。
③ (宋)王溥《唐会要》卷七七,第1409页。
④ (宋)王溥《唐会要》卷七七,第1409~1410页。

方面,经历了初唐近百年间皇室父子、兄弟乃至母子之间的夺嫡争统,玄宗深切地感到"孝道"对于安理天下的深远意义,因此,自开元七年始,玄宗即与儒臣元行冲等共撰《孝经》训注①:

> 爰命近臣,畴咨儒学,搜章摘句,究本寻源,练康成、安国之言,铨王肃、韦昭之训,近贤新注,咸入讨论,分别异同,比量疏密。总编呈进,取正天心。每伺休间,必亲披校,涤除氛荟,搴撷菁华,寸长无遗,片善必举。或削以存要,或足以圆文,其有义疑两存,理翳千古,常情所昧,玄鉴斯通,则独运神襟,躬垂笔削,发明幽远,剖析毫厘。目牛无全,示掌非者,累叶坚滞,一朝永释。乃敕宰臣曰:"朕以《孝经》德教之本也,自昔铨解,其徒寔繁,竟不能覈,其宗明其奥,观斯芜滂,诚亦病诸。顷与侍臣参详厥理,为之训注,冀阐微言,宜集学士儒官,佥议可否。"于是左散骑常侍崇文馆学士刘子玄、国子业李元瓘、著作郎弘文馆学士胡晧、国子博士弘文馆学士司马贞……及诸学官等,并鸿都硕德,当代名儒,咸集庙堂,恭寻圣裁。②

从元行冲《奉敕撰御注孝经序》的记述看来,御注《孝经》乃是先由元行冲等儒臣采集郑注、王肃、韦昭、虞翻、刘炫等诸家旧注,择其善者,辅以己意,编成草稾,再由玄宗亲自校改,乃成其书。此书编成后,曾由刘知几、司马贞等学官儒臣公议,咸以为善于郑、孔诸家注,于是在开元十年(722),乃敕令天下遵行,取代郑、孔二家。此后,唐玄宗又于天宝二年(743)重注《孝经》,并刻于石台,命天下传习。至此,唐代官学中的《孝经》乃尽尊玄宗一家,而郑、孔二家逐渐失传,至晚唐五代之际终于亡佚。

---

① 关于唐玄宗注释《孝经》的背景及用意,可参陈壁生《明皇改经与〈孝经〉学的转折》,《中国哲学史》2012年第2期,第44页。
② 《开元注孝经》卷前《御注孝经序》,《古逸丛书》影唐卷子本,第1叶B~4叶A。

第五章　宋学的发展与官定"四书五经"的形成

在中国经学史上,影响最为广泛的"经目",或许就是"四书五经"与"十三经"了。有趣的是,这两者虽然影响不相上下,然而学术界对于它们的研究深入程度却相差悬殊:关于"四书五经",无论是其产生时代、政治背景、思想史背景,还是它在学术史上的巨大影响,都有大量的学术论著进行探讨;然而关于"十三经",则更多地被视为儒家经典的一种当然集合,在很多论著中,"十三经"的形成,与《孟子》由子部升格为经部的过程被视为完全同步,而"四书五经"则被视为"十三经"体系内的一次结构重组①;甚至在有的著作中,"四书五经"和"十三经"被作为同一个概念而互相混用。这种认识上的模糊,很大程度上正是因为在以往的经学史研究中缺少"经目"这一问题意识,例如有的学者即认为,"十三经"之名"是不折不扣的俗称"②,这就大大消解了"十三经"作为经目演变过程中一个重要环节的经学史意义。本书既以"经目"作为核心,则在笔者的视阈内,"四书五经"和"十三经"将被严格地区分为两种不同的经目,关于两者各自的产生背景、形成过程,以及在中国经学史、学术史上的地位与价值,我们将在接下来的两章中分别展开论述。不过,正如前文所言,由于在很多论著中,"十三经"的形成被界定于《孟子》升经

---

① 王炳照、徐勇《中国科举制度研究》,河北人民出版社2002年版,第170页。
② 李畅然《经注与诸子》,《北京大学学报》,2009年第4期,第126页。

的北宋时期,因此关于"四书五经"形成过程的论述也就常常以"十三经"的形成作为背景,但是在本书第六章,笔者将通过论证指出,"十三经"的形成并不能以《孟子》升经作为标志,其真正确立甚至远在"四书五经"作为官定经目的地位确立之后,因此,在本章的论述中,"十三经"将不再被视作"四书五经"的形成背景,这是我们需要特别说明的。

当然,"四书五经"的形成虽然不以"十三经"的确立为背景,却着实是宋学发展、演进的结果,关于这一点,学术界也已形成了基本的共识,例如章权才《宋代退五经尊四书的过程与本质》、束景南与王晓华合撰的《四书升格运动与宋代四书学的兴起》、肖永明与殷慧合撰的《北宋心性之学的发展与宋代〈四书〉学的形成》等一系列论文,以及陆建猷的博士论文《〈四书集注〉与南宋四书学》等都是将"四书五经"置于整个宋学的学术史背景下进行论述[①]。在这一章,我们将以学术界现有的研究成果为基础,再次梳理"四书五经"这一经目的形成过程。不过,与目前学术界偏重从学术史、思想史的角度探讨"四书五经"的形成不同,我们的研究将更关注作为一种"经目制度"的"四书五经"其形成的过程。我们将要探讨,在唐代施行的"九经"制度何以在宋代会发生变化?熙宁年间王安石的政治改革对北宋经目制度的演变产生了什么样的影响?南宋时期官方施行的"六经"制度究竟是如何产生的?从南宋"六经"到元代延祐科举中的"四书五经",其间又经历了哪些具体的变化?以下我们便逐一探讨这些问题。

第一节 熙宁变法与王安石经目改革

关于北宋初年的官定经目,从《续资治通鉴长编》所载北宋仁宗嘉

[①] 章权才《宋代退五经尊四书的过程与本质》,《学术研究》,1996年第2期,第63～67页;束景南、王晓华《四书升格运动与宋代四书学的兴起》,《历史研究》,2007年第5期,第76～94页;肖永明、殷慧《北宋心性之学的发展与宋代〈四书〉学的形成》,《中国哲学史》,2008年第1期,第68～74页;陆建猷《〈四书集注〉与南宋四书学》,西北大学1999年博士学位论文。

祐二年(1057)十二月增置明经科的诏令来看,基本乃是延续唐代"九经"旧制：

> 戊申诏："自今间岁贡举,进士诸科悉解旧额之半。……以《礼记》《春秋左氏传》为大经,《毛诗》《周礼》《仪礼》为中经,《周易》《尚书》《穀梁传》《公羊传》为小经。其习《礼记》为大经者,许以《周礼》《仪礼》为中经,习《春秋左氏传》者,许以《穀梁传》《公羊传》为小经……"①

这封诏书中所称的"九经"不但名目与唐制"九经"完全相同,而且其大经、中经、小经的区分也与唐制无二,可见唐代科举制度虽然迭经改革,在五代时期科举还曾取消明经科,但是,北宋明经科的重建却完全是延续唐制而来的。至于北宋初年的学风,则正如皮锡瑞在《经学历史》中所指出的那样："经学自唐以至宋初,已陵夷衰微矣。然笃守古义,无取新奇;各承师传,不凭胸臆:犹汉、唐注疏之遗也。"②总之,虽然自中唐时期起,以啖助、赵匡、陆淳为代表的《春秋》"舍传治经"学派以及著《毛诗指说》的成伯玙等士人已经掀起了质疑汉唐经疏的学风,但这种风尚只是在一部分士人间私相传承,尚未成为当时之经学主流,对于朝廷经目定制更无影响。不过,进入仁宗庆历以后,随着朝野经学风尚的新变愈演愈烈,传统的经目制度终于在神宗年间的王安石变法中发生了改革。熙宁四年(1071),"于是改法,罢诗赋、帖经、墨义,士各占治《易》《诗》《书》《周礼》《礼记》一经,兼《论语》《孟子》"。③ 传统的"九

---

① (宋)李焘《续资治通鉴长编》卷一八六,中华书局1979~1986年版,第4496页。
② 皮锡瑞所举真宗景德二年(1005)王旦主科举事颇具说服力："宋王旦作试官,题为'当仁不让于师',不取贾边解师为众之新说,可见宋初笃实之风。"此事见载于《续资治通鉴长编》："先是,迪与贾边皆有声场屋,及礼部奏名,而两人皆不与,考官取其文观之,迪赋落韵,边论'当仁不让于师',以师为众,与注疏异,特奏令就御试。参知政事王旦议落韵者,失于不详审耳,舍注疏而立异论,辄不可许,恐士子从今放荡无所准也。遂取迪而黜边。当时朝论,大率如此。"(清)皮锡瑞《经学历史》,中华书局2008年版,第220页;(宋)李焘《续资治通鉴长编》卷五九,中华书局1979~1986年版,第1323页。
③ 《宋史》卷一五五《选举志一》,第3618页。

经"制为"五经"制所取代,《论语》《孟子》也就此获得"兼经"的地位。此后,两宋的官定经目虽然迭经变易,但其基本形态却是沿着王安石所确立的模式发展下去的,甚至元明时期成为定制的"四书五经",事实上也以熙宁"五经"制度为雏形。因此,可以说,王安石所定熙宁新制虽然真正执行的时间比较短暂,但其影响却十分深远,在经学史上不可忽视。究竟王安石的经目变革是如何开展的?《孟子》在此次变法过程中如何由子部跻身兼经?北宋的经目改革与新、旧党争之间的关系如何?这些便是本节将要探讨的问题。

一、北宋经学新变与熙宁"五经"制度

北宋初年,由于朝廷大力提倡汉唐注疏,因此中唐以来的经学新变风潮暂时得到了抑制,但随着仁宗时期一批思想家的出现,传统的经学风尚迅速得到了扭转,关于这一点,朱熹已经明确提出:

> 理义大本复明于世,固自周、程,然此诸儒亦多有助。旧来儒者不越注疏而已,至永叔、原父、孙明复诸公,始自出议论,如李泰伯文字亦自好。此是运数将开,理义渐欲复明于世故也。①

而事实上除了朱熹这里所举的欧阳修(永叔)、刘敞(原父)、孙复(明复)、李觏(泰伯)等人以外,北宋仁宗时期十分活跃的新兴经学家还有范仲淹、胡瑗、周尧卿、石介、司马光等,全祖望在《宋元学案》中指出:

> 庆历之际,学统四起。齐鲁则有士建中、刘颜夹辅泰山而兴。浙东则有明州杨、杜五子,永嘉之儒志、经行二子,浙西则有杭之吴存仁,皆与安定湖学相应。闽中又有章望之、黄晞,亦古灵一辈人也。关中之

---

① (宋)朱熹《朱子语类》卷八〇《诗一·解诗》,《朱子全书·第17册》,上海古籍出版社、安徽教育出版社2002年版,第2763~2764页。

申、侯二子,实开横渠之先。蜀有宇文止止,实开范正献公之先。①

关于仁宗前后经学风尚的变易以及范仲淹、欧阳修、宋初三先生等士人在这一转变过程中所起的作用,学术界的研究已经非常充分②。简言之,北宋经学风气的变易,主要受到三方面因素的影响:

其一,从汉魏以来的思想史发展脉络来看,学者早已指出,儒家思想虽然在汉代被朝廷遵行并获得官学地位,但由于汉代的儒学偏重国家意识形态、国家政权合法性的建构,因此虽然在宇宙论方面较之先秦儒家获得了极大的发展,但在本体论、心性论方面的建构则非常薄弱。随着汉魏之际一统王朝的崩坏,传统的儒家思想逐渐无法满足士人对于人格、性情、生命、礼法等各个层面问题的追问,于是在汉代一度受到抑制的道家思想重新兴起,玄学心性论辩风靡魏晋南朝,成为当时对士大夫群体影响巨大的一种思想学说。与此同时,随着佛教思想的本土化,佛学思想的理论重心逐渐由般若本体论转向涅槃心性论,佛学与玄学的交互影响进一步促进了佛学心性论的深化,而随着盛唐时期禅宗的迅速兴起,佛家心性论对于整个士人群体的影响力愈加强烈。简言之,随着魏晋至隋唐玄学、佛学心性论的不断发展,儒家思想虽然在名义上仍然占据官学的地位,但在现实社会影响力方面已然十分有限,受到佛、道二家学说的强烈冲击,加之唐代皇室本身又崇信佛、道,因此儒学的社会地位进一步受到削弱。在此背景下,从中唐起,以韩愈、柳宗元为代表的一批士人普遍认识到,要想改变儒学岌岌可危的社会影响力,就必须对传统的儒学进行改造。当然,早期的儒学改造并未直接指向传统的义疏之学,例如韩愈、李翱等士人还只是通过"道统论""仁义

---

① (清)黄宗羲撰、(清)全祖望修补《宋元学案》卷六《士刘诸儒学案》,中华书局 1982 年版,第 252 页。

② 可参张岂之主编《中国思想学说史·宋元卷·上册》第三篇第一章《宋初诸儒的思想学术》,广西师范大学出版社 2007 年版,第 323~355 页。

第五章　宋学的发展与官定"四书五经"的形成

说"等比较外在、孤立的学说来试图辟佛尊儒,而随着北宋仁宗时期以范仲淹、欧阳修为代表的一批士人对于传统儒学的再次反思,北宋的儒学改造运动终于指向了谨守义疏的汉唐之学。欧阳修即指出:"号为正义,凡数百篇。自尔以来,著为定论,凡不本正义者谓之异端,则学者之宗师,百世之取信也。然其所载既博,所择不精,多引谶纬之书,以相杂乱,怪奇诡僻,所谓非圣之书,异乎正义之名也。"①当然,欧阳修的奏议还只是希望对《正义》进行删改,去芜存精,而孙复则直接主张废汉唐经注不用,令当朝硕儒重注六经:"执事亟宜上言天子,广诏天下鸿儒硕老,置于太学,俾之讲求微义,殚精极神,参之古今,核其归趣,取诸卓识绝见大出王、韩、左、榖、公、杜、何、毛、范、郑、孔之右者,重为注解,俾我六经廓然莹然,如揭日月于上,而学者庶乎得其门而入也。"②自此,疑传、疑经之门既开,则时代之风尚迅速变易,司马光神宗熙宁二年(1069)《论风俗札子》云:"新进后生,未知臧否,口传耳剽,翕然成风。至有读《易》未识卦、爻,已谓《十翼》非孔子之言。读《礼》未知篇数,已谓《周官》为战国之书。读《诗》未尽《周南》《召南》,已谓毛、郑为章句之学。读《春秋》未知十二公,已谓'三传'可束之高阁。循守注疏者,谓之腐儒;穿凿臆说者,谓之精义。"③十分形象地概括了熙宁时期的经学风尚。总之,从经学的外部环境而言,在佛老心性论的压迫之下,儒学士人为了重振经学,势必要对传习既久的汉唐义疏学进行反思,并尝试对其进行革新,这是北宋初年经学风尚新变的思想史动因。

其二,从经学本身的发展而言,北宋经学风尚的改变可以视为经学自身社会角色不断调整的一种表现。关于经学的社会角色,其实在绪

---

① (宋)欧阳修《论删去九经正义中谶纬札子》,《欧阳修全集》卷一一二《奏议卷十六》,中华书局2001年版,第1707页。
② (宋)孙复《寄范天章书二》,《孙明复小集·文》,清文渊阁《四库全书》本,第28叶A。
③ (宋)司马光《论风俗札子》,《司马温公集编年笺注·第四册》,巴蜀书社2009年版,第122页。

论部分我们已然提及,那就是它不仅具有国家意识形态的官学地位,同时又是一种自成系统的"六艺"之学,前者指导国家政治,参与构建政权合法性;后者则是士人安身立命之学,或称之为"朴学"。从功利性的角度来区分的话,前者是十分强调事功的"致用"之学,主张以儒学来指导国策民治;而后者的功利性则相对较弱,是传统的"为己之学"。从汉唐经学史的发展来看,西汉武帝时期经学的形成,乃是依托其可以"缘饰吏治"的功利性而实现的,此后西汉的天人之学,特别是元、成时期的灾异学,以及东汉的谶纬学,都是经学试图展现其事功性的不断尝试。但是,汉代政治的实践证明,无论是宇宙论层面的天人学说,还是具有神学色彩的灾异谶纬学说,虽然有助于政权合法性的彰显,却无法解决现实的社会问题,儒士群体在汉代深为"文吏"以及整个社会所质疑乃至鄙夷,与汉代儒学在政治实践性方面的欠缺是密切相关的①。于是,自两汉之际开始,传统的经学再次出现分化:以王莽、刘歆为代表的一批士人,开始尝试将《周易》《周官》《诗经》等古经用于直接指导现实政治,于是也就出现了刘歆以《周易》参数为基准的《三统历》、王莽以《诗》十二国风为参照的十二州制以及以《周官》记述为参照的官制改革。但从实践的效果来看,刘歆的《三统历》为了拘守《周易》成数而窜改真实的观测数据,王莽的各项改革在汉末的政治形势下也常常显得迂阔怪异。王、刘的经学实践基本以失败而告终。与此同时,以孔季彦、郑玄为代表的另一批士人则选择回归山野,以古学自任,一方面"念述先圣之元

---

① 如《论衡·程材篇》即言:"世俗共短儒生,儒生之徒,亦自相少。何则? 并好仕学宦,用吏为绳表也。儒生有阙,俗共短之;文吏有过,俗不敢訾。归非于儒生,付是于文吏也。夫儒生材非下于文吏,又非所习之业所当为也,然世俗共短之者,见将不好用也。将之不好用之者,事多己不能理,须文吏以领之也。夫论善谋材,施用累能,期于有益。文吏理烦,身役于职,职判功立,将尊其能。儒生栗栗,不能当剧;将有烦疑,不能效力。力无益于时,则官不及其身也。将以官课材,材以官为验,是故世俗常高文吏,贱下儒生。儒生之下,文吏之高,本由不能之将。世俗之论,缘将好恶。"黄晖《论衡校释》卷一二《程材篇》,第533~534页。

意"①,一方面则与现实政治刻意保持距离②,由此发展出成果丰衷的东汉古学。

然而作为"经世之学"的经学不可能长期游离于现实政治之外,随着东汉末期经学神学论影响力的下降,以郑学为代表的礼学悄然兴起,成为国家政治中的新宠。在整个魏晋南北朝时期,儒学内部唯一可以与玄学相抗的,无疑就是"礼学"了,"礼玄兼修"成为当时高门士人的风尚。礼学作为一门极具实践性的学问,一方面与魏晋贵族政治的精神趣味相吻合,一方面又可以将儒学与现实政治紧密联系起来,于是我们看到,在魏晋南北朝时期的各种朝仪论辩中,不管是郑、王之争,还是南、北之辩,其讨论的基本核心均是礼学③。《周礼》这部在汉代大部分时间里并不受重视的典籍,却在此时成为指导国家官制和各种仪制的重要参照,经学的实践性功能借此得到了新的延续。与此同时,由于礼

---

① 《后汉书》卷三五《张曹郑列传》,第1209页。
② 关于东汉治古学之士人刻意回避政治而选择治"正义"之学,比较典型的例子有二。其一见于《孔丛子·连丛子》中孔大夫与孔季彦之对话,季彦在答语中说:"吾学不要禄贵,得正义尔。复以此受患,犹甘心焉。先圣遗训,壁出古文,临淮传义,可谓妙矣,而不在科策之例,世人固莫识其奇矣,斯业之所以不泯,赖吾家世世独修之也。今君猥为禄利之故,欲废先君之道,此殆非所望也。若从君言,是为先君正义灭于今日,将使来世达人见今文俗说,因嗤笑前圣,吾之力此,盖为先人也。物极则变,比百年之外,必当有明德君子,恨不与吾偕世者。"这是笔者所见东汉士人关于"正义"之学最为深刻的论述,值得注意。其二见于《后汉纪》:"己未,诏曰:'顷选举失所,多非其人。儒法杂揉,学道浸微。处士荀爽、陈纪、郑玄、韩融、李楷耽道乐古,志行高洁,清贫隐约,为众所归。其以爽等各补博士。'皆不至。融字元长,颍川人。博学不为章句,皆究通其义。屡征聘,皆不起,晚乃拜河南尹,历鸿胪太仆卿。年七十余,弟兄同居,闺庭怡怡,至于没齿也。楷字公超,河南人。以至孝称,栖迟山泽,学无不贯,征聘皆不就。除平陵令,视事三日,复弃官隐居,学者随之。所在城市华阴南土,遂有公超市。频烦策命,就拜光禄大夫,固疾不起。乃命河南、弘农致玄纁束帛,欲必致之,楷终不屈。"由此可知,东汉时期士人不以仕进为务,专究朴学乃是一种普遍的风气。《孔丛子》卷七《连丛子下第二十三》,《四部丛刊》影明翻宋本,第65叶A~B;(东晋)袁宏《后汉纪·孝灵皇帝纪下卷第二十五》,《两汉纪》下册,中华书局2002年版,第488~489页。
③ 关于魏晋南北朝时期礼学在整个国家政治、文化生活中的重要地位,可参梁满仓《魏晋南北朝五礼研究》第二章第一节《三礼学是当时的显学》的相关论述。梁满仓《魏晋南北朝五礼研究》,社会科学文献出版社2009年版,第58~67页。

学重训诂、考据,因此整个经学风尚也受此影响,郑玄以礼笺《诗》、以礼注《书》,魏晋诸儒踵武其后,纷纷以三《礼》之学治群经,王肃的《尚书》学、《诗》学,以及杜预的《春秋》学,都不同程度地带有礼学色彩,而北朝诸儒所作群经义疏,更是将郑、王诸儒的礼学论辩发挥至极致;不过,礼学本身的繁复,又使其逐渐脱离原本的实践性,而越来越具有学理性的非功利色彩。

但是魏晋南北朝的礼学实践显示,传统的三《礼》固然是儒家礼学精神的结晶,但无论是《仪礼》,还是《周礼》,都无法真正用来作为现实官制、仪制的参照,就政治制度而言,隋唐时期实行的三省六部制度虽然在形式上与《周礼》存在关联,但是其实际职掌、分权还是魏晋以来官僚政治实践的产物,《周礼》已成筌蹄,虽然偶尔还会被武则天等帝王用来装点官制,但实际上已很难发挥政治指导作用。至于仪制方面,随着唐初制定了新的《开元礼》之后,《仪礼》虽犹被奉为政治典范,但已然是明日黄花,难免被束之高阁。我们在唐代经目的部分已然论及,到玄宗开元以后,受到科举制度的影响,传统的三《礼》之学已经严重衰落,唐代士人中习《仪礼》《周礼》者十分稀少,即使朝廷在科举取士政策上对三《礼》特别倾斜,也仍然无法改变礼学衰落的现实。到中唐时期,虽然经学仍然具有官学的地位,但很大程度上已经沦为士人获取出身的敲门砖,正如韩愈所指出的那样,"夫今之人务利而遗道,其学其问,以之取名致官而已。得一名、获一位,则弃其业而役役于持权者之门,故其事业功德,日以忘月以削,老而益昏,死而遂亡。"① 换言之,当盛唐之际,一方面,以礼学为代表的魏晋致用经学已然衰落;另一方面,承绪自南北朝、作为当时朝野经学主流的义疏之学本身又不是以干预现实政治为己任,这样一来,经学虽具官学之名,但事实上已经失去了现实政治

---

① (唐)韩愈《上考功崔虞部书》,马通伯《韩昌黎文集校注·外集上卷》,古典文学出版社1957年版,第385页。

第五章　宋学的发展与官定"四书五经"的形成

影响力,这与"经学"本身"经世"的内在要求是难以相合的。正如此前的历次经学风尚变革一样,一批有志于国家社稷的儒学士人,必然要重举"通经致用"的大旗,努力发掘传统儒学中适合时局的成分,使经学重新回到"治国治民"之学的轨道上来。北宋仁宗嘉祐二年(1057),诏令"间岁贡举,进士、诸科悉解旧额之半。增设明经,试法:凡明两经或三经、五经,各问大义十条,两经通八,三经通六,五经通五为合格,兼以《论语》《孝经》,策时务三条,出身与进士等。而罢说书举"①。就是意图在科举中增加经学的分量,从而增加经学的社会影响力。但这种改革只是从制度上拔高经学之地位,明经科所试的,仍然是汉唐注疏,事实上仍无法改变经学衰落的趋势。总之,当北宋初年的经学仍然延续唐代义疏之学,无法在现实政治以及士人群体中占据主流影响地位的时候,经学风尚的调整也就是难以避免的了。程颐曾言:"汉之经术安用?只是以章句训诂为事"②,一个"安用",已然揭示出北宋初年经学风尚改革的内在动力,即在于使得经学回复其"经世致用"的本位。

其三,从北宋初年的政治现实来说,刘复生先生在《北宋中期儒学复兴运动的兴起及其特点》一文中指出:"经历长期混乱建立起来的赵宋王朝,为了免蹈覆辙,加强统治,在政治方面厉行专制主义的中央集权,以强本弱枝,同时广泛收罗社会人才,以加固和扩大封建统治基础。在意识形态方面,既高唱三教合一之论,也力图重振伦理纲常之教。这样,赵宋王朝处心积虑,采取各种措施,虽然免于继五代之后成为再一个短命王朝,但它仍然不能克服封建社会的各种固有矛盾。……面对着剧烈的社会变革,统治者除了在政策和制度作某些调整而外,迫切需要有一种解救社会危机、维系整个社会的新的思想武器,需要建立起一

---

① 《宋史》卷一五五《选举一》,第3615页。
② (宋)程颐、程颢《河南程氏遗书》卷一八《伊川先生语四》,《二程集》,中华书局2004年版,第232页。

套能对新的社会现象作出解释的关于自然的、伦理的、道德的思想体系。地主阶级的知识分子们进行了长期的摸索,终于发现并'找到'了这条道路,这就是:复兴儒学、更新儒学。"①刘先生的这段论述值得注意,事实上,宋初经学风尚的变易,与宋初士人群体对于宋代政治的革新呼声是并期而至的,至少从参与的人物上来说,主张革新经学风尚的士人领袖,如范仲淹、欧阳修、王安石等,同时也都是当时主张对政治制度进行革新的重臣,这种身份的重叠使得北宋初年的经学革新运动与宋初"变法"风潮建立了先天性的联系。宋初的经学改革既然是以"致用"为基本出发点,则其背后的政治色彩显然不能轻易忽视,这一点,我们在下文探讨《孟子》升经的问题时还会进一步提及。

总之,基于以上数条,北宋的经学在经历了宋初三朝的稳定之后,迎来了一个全面的革新,胡瑗的湖学、孙复的泰山学、欧阳修、刘敞等人的江西学、周敦颐的濂学、张载的关学、二程的洛学、王安石的新学②、三苏的蜀学先后兴起,他们各自著书立说、设坛讲学、传授弟子,自隋唐以来官学一统天下的局面,至此终于取得突破。这种思想的活跃对于经学的学术发展而言,无疑是有极大的裨益,但是对于以之为统治思想的宋代朝廷而言,却又是难以容忍的:既然人人皆有释经、解经之权,则"经"的权威性如何维系?"经"的权威性一旦消解,则以之为政权合法性来源的"帝统"又当如何被尊崇?因此,作为宋代的朝廷,无疑需要采取一定的措施来应对这种经学风尚的变局,这在神宗熙宁五年(1072)的诏令中得到了直接的体现:

---

① 刘复生《北宋中期儒学复兴运动的兴起及其特点》,《四川大学学报》,1991年第3期,第82页。此外,陆建猷也从北宋初年政治贫弱的角度分析宋代经学风尚的转变,见氏著《宋代四书学产生的历史动因》,《西安交通大学学报》,2001年第1期,第71~73页。
② 关于王安石之学何以独被称为"新学",可参方笑一《北宋新学与文学——以王安石为中心》第一章第一节《北宋"新学"名义考论》,上海古籍出版社2008年版,第1~8页。

第五章　宋学的发展与官定"四书五经"的形成

经术,今人人乖异,何以一道德?卿有所著可以颁行,令学者定于一。①

而王安石的新学正是在此背景之下,由一家私学迅速上升为官学,并在北宋中后期广泛地影响朝野士人。关于这一问题,方笑一先生在《私学与政治权力的结合》一文中有详尽的论述,读者可以参考②。

作为荆公新学的制度保障,熙宁四年(1071)颁定的新式"五经"经目是新学迅速兴起的前奏,此事见载于《宋史·选举志》:

于是改法,罢诗赋、帖经、墨义,士各占治《易》《诗》《书》《周礼》《礼记》一经,兼《论语》《孟子》。每试四场,初大经,次兼经,大义凡十道,次论一首,次策三道,礼部试即增二道。③

关于这次经目改革,首先需要明确的是,其改革的对象,乃是科举考试中的进士科。前文已言,在仁宗嘉祐二年(1057),为了增加经学在科举考试中的分量,仁宗曾诏令增设明经科,但由于明经科所试的仍然是传统的汉唐注疏,因此不但无益于经学风尚的革新,反而成为汉唐"旧学"的制度保障,因此,随着王安石的当政,他首先要求在科举考试中废除明经科:

神宗笃意经学,深悯贡举之弊,且以西北人材多不在选,遂议更法。王安石谓:"古之取士俱本于学,请兴建学校以复古。其明经、诸科欲行废罢,取明经人数增进士额。"乃诏曰:"化民成俗,必自庠序。进贤兴能,抑繇贡举。而四方执经艺者专于诵数,趋乡举者狃于文辞,与古所谓'三物宾兴、九年大成',亦已盭矣。今下郡国招徕隽贤,其教育之方,

---

① (宋)李焘《续资治通鉴长编》卷二二九,中华书局1979—1986年版,第5570页。
② 方笑一《私学与政治权力的结合——北宋"荆公新学"官学化进程述论》,《文化中国》,2005年第1期,第57~62页。
③ 《宋史》卷一五五《选举志一》,第3618页。

课试之格,令两制、两省、待制以上、御史、三司、三馆杂议以闻。"①

王安石主张通过兴建学校的方式,以学校教育而推行经学风尚的改变,同时增加学校贡举的比例,最终实现以贡举取士的复古理想。王安石的这一主张有一个潜在的目的,那就是改变唐代以来科举以诗赋取人的传统,通过学校贡举的方式,逐渐增加经义在科举中的权重,最终扭转学风。荆公的这一奏议遭到苏轼的反对,而其理由正是以经义取士未必可取,以诗赋取士未必可废:

> 至于贡举,或曰乡举德行而略文章。或曰专取策论而罢诗赋。或欲举唐故事,采誉望而罢封弥。或欲变经生帖、墨而考大义,此数者皆非也。夫欲兴德行,在于君人者修身以格物,审好恶以表俗,若欲设科立名以取之,则是教天下相率而为伪也。上以孝取人,则勇者割股,怯者庐墓。上以廉取人,则弊车、羸马、恶衣、菲食,凡可以中上意者无所不至。自文章言之,则策论为有用,诗赋为无益。自政事言之,则诗赋、论策均为无用。然自祖宗以来莫之废者,以为设法取士,不过如此也。近世文章华丽,无如杨亿。使亿尚在,则忠清鲠亮之士也。通经学古,无如孙复、石介。使复、介尚在,则迂阔诞谩之士也。矧自唐至今,以诗赋为名臣者,不可胜数,何负于天下,而必欲废之?②

而王安石的看法则完全相反,他认为国家政事不振,很大程度上要归因于科举制度本身的弊病:

> 若谓此科尝多得人,自缘仕进别无他路,其间不容无贤。若谓科法已善,则未也。今以少壮时,正当讲求天下正理,乃闭门学作诗赋,及其入官,世事皆所不习,此科法败坏人材,致不如古。③

---

① 《宋史》卷一五五《选举志一》,第3616页。
② 《宋史》卷一五五《选举志一》,第3617页。
③ 《宋史》卷一五五《选举志一》,第3617页。

因此，本着改变时俗的决心，王安石力主在科举中废诗赋而崇经义，不过，考虑到一时广设学校而行贡举，在财力、人力上或许难于筹措，而开科取士则刻不容缓，因此中书门下乃提出一种变通的办法：

既而中书门下又言："古之取士，皆本学校，道德一于上，习俗成于下，其人才皆足以有为于世。今欲追复古制，则患于无渐。宜先除去声病偶对之文，使学者得专意经术，以俟朝廷兴建学校，然后讲求三代所以教育选举之法，施于天下，则庶几可以复古矣。"①

这条奏令进一步强调了王安石废诗赋而崇经义的主张。既然以习经义、一道德为任的学校贡举制度一时无法建立，而原先以习经为主要课试内容的明经科又已经废除，则王安石乃直接以诗赋取士的主要途径——进士科为突破口，通过改变进士科的课试科目，彻底废除诗赋在科举考试中的权重，"于是改法，罢诗赋、帖经、墨义"，其尊经之用心良苦，由此可见。

关于王安石的这次经目改革，我们可以从三个层面来进行认识：

其一，是对诸经课试方式的改变。自唐代以来，科举试经采用"帖经""墨义"之法，其考察的是举子对于《五经正义》等官定经疏的熟悉程度，并不考察士人对于经义的理解程度，最终沦为恒钉之学，而这正是深为北宋诸儒所诟病者。熙宁新法废除帖经、墨义，而专以"大义"试之，这就要求士人必须贯通经义，不得谨守训诂、章句，这完全符合仁宗以来北宋经学风尚新变的趋向，并且进一步促进了这种趋向的延续。

其二，是通过对正经制度的调整，建立起全新的"五经"经目。熙宁"五经"包括《周易》《尚书》《毛诗》《礼记》和《周礼》，关于这一经目，有两点值得注意：

首先，与此前的经目相比，熙宁"五经"仅有经典名目，却没有对解

---

① 《宋史》卷一五五《选举志一》，第3618页。

经经传的具体要求,可见熙宁"五经"在最初设计时是建立了一个开放的解经系统,而考虑到此前科举试经皆以义疏为准的,则这种改革无疑是为了打破汉唐注疏对于官学的垄断,鼓励士人自求新义,这与仁宗庆历以来的经学风尚是完全一致的。不过,正如前文所言的,对于以经学为国家意识形态的朝廷而言,这种各持一说的开放政策只可能是过渡性的,其目的只是为了突破汉唐注疏长期以来的独尊地位,而当这一目的达到之后,朝廷必然会着手建立新的、统一的官学,以此来实现其对于国家意识形态的掌控。熙宁五年(1072),神宗命王安石着手统一经义,"令学者定于一",熙宁六年三月(1073),更令王安石置经义局,以吕惠卿、王雱为副,注释《诗》《书》《周礼》①,欲使其成为新的官学。熙宁八年(1075),《三经新义》书成颁行,"一时学者,无敢不传习,主司纯用以取士,士莫得自各一说,先儒传注,一切废不用"。② 熙宁"五经"制度至此方真正宣告确立。

其次,则是这一经目所涵的经典范围较之此前的"九经"有较大的变化:一是将《春秋》剔除出正经的范围。《春秋》自先秦便与六艺之列,武帝立"五经博士"后,《春秋》在汉代影响巨大,不仅因为董仲舒的推崇而在西汉时期长期被奉为五经之首,在两汉之际,更因公羊家"《春秋》为赤制"说的流行而成为具有神异色彩的法典,地位非其它"五经"所可拟。嗣后,无论是魏晋南北朝的历次经目调整,还是唐贞观年间校定《五经定本》《五经正义》,《春秋》的官定经传虽然屡生变易,但其正经的地位却无可置疑,而王安石变法却将《春秋》剔除,其"祖宗不足法"之魄力可见一斑。王氏废《春秋》的原因,诏书未言,然其轻视《春秋》之意,则见于《宋史·王安石传》:"黜《春秋》之书,不使列于学官,至戏目为

---

① (宋)陈均《皇朝编年备要》卷一九,宋绍定刻本,第17叶A~B。
② 《宋史》卷三二七《王安石传》,第10550页。

第五章　宋学的发展与官定"四书五经"的形成

'断烂朝报'。"①约略考究其旨,恐与《春秋》学本身学风的转变有关。

《春秋》学之所以在汉代获得诸经之首的地位,是因为其被赋予"王道"载体的身份:"夫《春秋》,上明三王之道,下辨人事之纪,别嫌疑,明是非,定犹疑,善善恶恶,贤贤贱不肖,存亡国,继绝世,补敝起废,王道之大者也。"②那么,这种"王道"是如何贯彻在《春秋》中的呢？按照董仲舒的理论,那就是通过《春秋》中的天人灾异感应来具体实现的。因此,从《汉书·五行志》可知,汉代的《春秋》学,无论是公羊家、还是穀梁家、左氏,其治经的一个重要方法就是说《春秋》灾异,通过对《春秋》灾异的阐述,一方面建构王朝政统相继的政治理论,一方面以此制衡皇权、达到干预现实政治的目的。换言之,《春秋》学在汉代的兴盛,与它背后的一整套天人感应学说以及阴阳或五行灾异理论是密切相关的。随着这种感应说影响力的下降,到了两晋南北朝时期,《春秋》在诸经中的地位实际上已经逐渐边缘化了,例如唐初刘知几《史通》的《惑经》篇,即从体例、史实等多个角度对《春秋》提出质疑③,可见《春秋》的神学色彩、王道色彩至此已基本褪去,它越来越被视作一部劝善惩恶的纯粹史书。《旧唐书》所载高宗太子李弘习《春秋》之事就可以看出唐代《春秋》学风尚的转变：

弘尝受《春秋左氏传》于率更令郭瑜,至楚子商臣之事,废卷而叹曰："此事臣子所不忍闻,经籍圣人垂训,何故书此？"瑜对曰："孔子修《春秋》,义存褒贬,故善恶必书。褒善以示代,贬恶以诫后,故使商臣之恶,显于千载。"太子曰："非唯口不可道,故亦耳不忍闻,请改读余书。"

---

① 《宋史》卷三二七《王安石传》,第 10550 页。
② 《史记》卷一三〇《太史公自序》,第 3297 页。
③ 刘知几在《史通·惑经》启首部分言："案夫子所修之史,是曰《春秋》。窃详《春秋》之义,其所未谕者十有二。"此后分别举出《春秋》"未谕者"十二条；浦起龙云："《惑经》专主《春秋》。"(唐)刘知几撰、(清)浦起龙通释《史通通释》卷一四《外篇·惑经第四》,上海古籍出版社2009 年版,第 370 页。

瑜再拜贺曰:"里名胜母,曾子不入。邑号朝歌,墨子回车。殿下诚孝冥资,睿情天发,凶悖之迹,黜于视听。循奉德音,实深庆跃。臣闻安上理人,莫善于礼,非礼无以事天地之神,非礼无以辨君臣之位,故先王重焉。孔子曰'不学《礼》,无以立。'请停《春秋》而读《礼记》。"太子从之。①

关于"楚子商臣之事",是指楚世子商臣弑其君頵,而其起因则是楚君废嫡而立庶,这等立嗣、弑君之事,关于王道之大统,原是《春秋》学中的重大关结,但到了唐初的宫廷经筵中,竟然被一句简单的"褒善扬恶"而轻轻带过,足见唐代《春秋》学的王道色彩已经十分淡薄。此后,随着中唐以来啖助学派废传而习经风气的兴起,《春秋》学的解经体例更受到极大的破坏,传统三《传》中的种种"微言大义"普遍受到质疑。既然《春秋》已然失去了"当一王之法"②的权威性,其作为国家意识形态的价值也就大大受到削弱,它的性质也就由"经"而变为"史",虽然到北宋仁宗时期,孙复重新以"尊天子,黜诸侯"论《春秋》,强调三纲之说、大一统、夷夏之辨等义理③,但终究无法扭转长期以来形成的《春秋》学风,故此王安石以"断烂朝报"目之,将其废出正经之列。

熙宁经目的另一大变革是将《仪礼》废出正经之列。《仪礼》又称《礼经》《曲礼》《士礼》,在汉代乃是礼学之本经,地位在三《礼》中至为尊崇。至魏晋时期,随着《周礼》"五礼"之学的兴起,《仪礼》的地位有所下降,其在东晋初年的经目简省中,就曾被废出经目,后来虽经荀崧奏谏复置,但仍因王敦之难而未果,至南朝宋文帝复立国子学时,乃重新进

---

① 《旧唐书》卷八六《孝敬皇帝弘传》,第2828页。
② 《史记》卷一三〇《太史公自序》,第3299页。
③ 林玉婷《孙复〈春秋尊王发微〉研究》第三章《〈春秋尊王发微〉的思想内涵》,《"国研所"集刊》,第47号(2003),第328~409页。

入经目。不过,此后的历次经目改革,包括唐代确立"九经"制度,《仪礼》都位列正经。但从唐代李元瓘的奏议可知,《仪礼》学在唐代始终比较衰落,科举士人中鲜少选习此经者,至于其原因,我们在本节的开头部分已然论及,那就是《开元礼》的颁行,使得以记载具体仪制为主的《仪礼》失去了实践性价值,除了专门的礼学博士尚可用之考究、论辩仪制以外,一般士人对之已无甚兴趣,虽然其篇幅短小,且科举中专设"三礼科",但仍然难以引起士人研习的兴趣,可见其书之衰落,已是无可挽回。王安石的经目改革,其基本主旨便是以义理之学取代注疏之学,而《仪礼》受到其自身体例的限制,在义理学层面上较难取得突破,未能有效地融入北宋中期儒学新变的风潮中。由是看来,王安石将《仪礼》废出正经,是符合唐宋以来经学史发展趋势的,也反映出当时士人"通经以致用"的经学理念。

与《仪礼》的遭废相比,熙宁"五经"中《周礼》地位的保留就显得特别耐人寻味了。如果将熙宁"五经"与唐代《五经定本》《五经正义》的"五经"相比,我们会发现,正是《周礼》取代了《春秋》,而其它的四经,《周易》《尚书》《毛诗》《礼记》,都是在唐代广为传习的经典,其正经地位无可动摇。在王安石大量精简经目的改革中,《周礼》能独善其身,实在值得关注。

关于《周礼》在汉末魏晋时期影响力的提升,我们在本节开始部分已然论及。《周礼》中关于官制、朝仪服制的记述,曾被魏晋时期的一些统治者用为准的,在现实政治中借鉴甚至直接推行,但随着皇权帝制以及官僚政治体系的发展[①],以诸侯封建制语境下的《周礼》显然无法适应后世皇权—官僚政治的变局,阎步克先生在《服周之冕——〈周礼〉六冕

---

① 关于《周礼》与后世政治的不适应性,可参阎步克先生以六冕制度为个案进行的相关研究,见氏著《服周之冕——〈周礼〉六冕礼制的兴衰变异》,中华书局2009年版,第25~26页。

礼制的兴衰变异》中称之为"古礼崇拜"与"理性行政精神"的矛盾①。总之，随着《开元礼》的颁行，《周礼》与《仪礼》一样趋于衰落，两者在唐代所受的冷遇是基本一样的；而如果从北宋中期经学义理化的新风来看，则《周礼》与《仪礼》所面临的问题也是一样的，这一点，从仁宗时期诸儒经注中鲜少治《周礼》者便可以窥见。但是，经过王安石的擢拔，《周礼》不仅跻身熙宁"五经"，而且在此后的多次经目调整中始终得以保留，直至元代施行"四书五经"制度后乃止。那么，《周礼》缘何在熙宁变法中能获得重生呢？

我们可以从北宋经学新变追求"通经以致用"的角度来认识这一问题。前文已言，受唐代义疏学本身的学风限制，盛唐以后，经学除了作为"仕进之门"，在现实政治和社会生活中的影响力已受到很大冲击，因此，宋儒重振经学，首先就是要强调经学"经于世用"的价值，由是仁宗诸儒之论学，常常以辟佛、排道这样的实用性立论作为出发点，强调儒学心性论、道统论、道德论对于维系世道人心的功效，王安石早期的经学，大抵也是循此径而行②。但是，正如张岂之《中国思想学说史》指出的那样："后期新学以《三经新义》为主要内容。《三经新义》的训释与颁行主要是围绕统一思想及为新法提供理论依据这两个相互联系的方面进行的，具有鲜明的为新法事业服务的性质。"③具体到《周官新义》而

---

① 阎步克《服周之冕——〈周礼〉六冕礼制的兴衰变异》，中华书局，2009年版，第27页。
② 关于王安石新学早期的理论重心，张岂之主编《中国思想学说史·宋元卷》指出："从这一时期王安石所作的其他文字来看，性命之理、道德之意也是其思考的中心问题。如治平元年（1064），王安石作《虔州学记》，指出学校教育的意义与目的就在于讲明道德之意、性命之理……在这一时期与友人的书信中，王安石也非常关注道德教化、风俗整饬问题，如在《与丁元珍书》中，王安石就对当时思想混乱、道德风俗不一的状况深表忧虑，并希望改变这种局面，表明了其理论思考的重心之所在。"又，两个发展阶段的界定及论述，亦可参是书第三篇第三章第一节《荆公新学的两个发展阶段及其理论特点》。张岂之主编《中国思想学说史·宋元卷·上册》，广西师范大学出版社2007年版，第378～385页。
③ 张岂之主编《中国思想学说史·宋元卷·上册》，第378页。

第五章　宋学的发展与官定"四书五经"的形成

言,这是《三经新义》中唯一由王安石亲自撰著的经解①,而其撰著之意,则见于《周官新义序》:

> 惟道之在政事,其贵贱有位,其后先有序,其多寡有数,其迟数有时,制而用之存乎法,推而行之存乎人。其人足以任官,其官足以行法,莫盛乎成周之时。其法可施于后世,其文有见于载籍,莫具乎《周官》之书。……自周之衰,以至于今,历岁千数百矣。太平之遗迹,扫荡几尽,学者所见,无复全经。于是时也,乃欲训而发之,臣诚不自揆,然知其难也。以训而发之之为难,则又以知夫立政造事、追而复之之为难。然窃观圣上致法就功,取成于心,训迪在位,有冯有翼,矍矍乎向六服承德之世矣。以所观乎今考所学乎古,所谓见而知之者,臣诚不自揆,妄以为庶几焉。故遂昧冒自竭,而忘其材之弗及也。②

方笑一早已注意到这一材料,并指出:"王安石感叹《周礼》这部重要的经典,在当时并没有引起士大夫的足够重视,或者说,学者对其并未获得一种全面正确的理解,正所谓'太平之遗迹,扫荡几尽,学者所见,无复全经',因此需要重新注释《周礼》,阐发其中的幽微。这是编撰《周礼义》第一个目的;而其第二个目的,就是为神宗'制法就功'提供参考,即为现实的制度订立和政治需求提供依据。"③从北宋中期经学崇尚

---

① 方笑一先生对此问题有考证,其所举出的例证包括《周官新义序》:"士弊于俗学久矣。圣上闵焉,以经术造之,乃集儒臣,训释厥旨,将播之学校,而臣安石实董《周官》。"以及蔡絛《铁围山丛谈》:"王元泽(雱)奉诏修《三经义》,时王丞相介甫为之提举,盖以相臣之重,所以假命于其子也。吾后见鲁公(蔡京)与文正公(蔡卞)二父,相与谈往事,则每云:'《诗》《书》盖多出元泽暨诸门弟子手,至若《周礼新义》,实丞相亲为之笔削者。'及政和时,有司上言天府所籍吴氏资居检校库,而吴氏者王丞相之姻家也,且多有王丞相文书,于是朝廷悉命藏诸秘阁。用是吾得见之,《周礼新义》笔迹,犹斜风细雨,诚介甫亲书。而后知二父之谈信。"方笑一《北宋新学与文学——以王安石为中心》,上海古籍出版社 2008 年版,第 106 页。
② (宋)王安石《周礼义序》,《临川先生文集》卷八四《序》,中华书局上海编辑所 1959 年版,第 848 页。
③ 方笑一《北宋新学与文学——以王安石为中心》,上海古籍出版社 2008 年版,第 109 页。

"致用"的整体风尚来看,王安石之重《周礼》,一方面是希望借重其经典的权威地位,为自己的变法找到依据,另一方面也有利于经学整体社会影响力的提升。《周礼》的重生,证明了经学不仅在心性论、道德论方面具有功用,而且对于现实政治还有直接的指导作用。王安石以《周礼》作为变法的法源,是儒家士人"通经以致用"的又一次政治实践。

以上便是熙宁"五经"制度对于正经的调整情况。从整体上说,王安石的经目改革一方面体现了唐宋以来经学史发展的自然趋势,另一方面也贯彻了北宋中期儒学新变风潮中"通经以致用"的共同追求,因此虽然王氏的变法主张在当时遭到很大的抵制,元祐更化之后,王氏的各项变法主张也大多被废弃,但"熙宁五经"的基本格局却得到了保留,关于这一点,我们在下文还将述及。

其三,熙宁经目改革的又一重要举措,是第一次在诏令中明确使用了"兼经"这一名称,使得《论语》由唐代的"兼习之书"转为"兼经",其位列"经目"的性质更为明确,此外,王安石还首次将《孟子》纳入兼经,使得《论》《孟》并举得到了制度性的保障。从宋元明清经学史的发展来看,王安石的这一改革几乎完全改变了中国经学的传统发展格局,其具体措施、过程以及影响如何,便是我们下一部分将要探讨的问题。

二、兼经制度的确立与《孟子》升经

关于《孟子》何时由子部晋身经部的问题,传统的说法,如顾炎武、王鸣盛等,皆是将其与朱熹等标举"四书"联系起来,以《孟子》升经定于南宋[①]。至上世纪八十年代,董洪利先生在其博士论文《孟子研究学史概述》中提出,《孟子》进入经部乃在王安石熙宁四年(1071)变法时[②]。

---

① (清)顾炎武著,黄汝成集释,栾保群校注《日知录集释》(全校本)卷一八,上海古籍出版社2006年版,第1027页;(清)王鸣盛《蛾术编》卷二《说录二·十三经注疏》,清道光二十一年世楷堂刻本,第21叶A。

② 董洪利《孟子研究》,江苏古籍出版社1997年版,第209页。

这一说法已渐为学术界认可,针对《孟子》升经也遂有不少研究论文,尤其是关于《孟子》升经的思想史背景,学术界的研究已非常充分,其中以徐洪兴先生《唐宋间的孟子升格运动》一文分析最为全面透彻,读者可以参看①。不过,笔者注意到,目前学界对于《孟子》升经背后的经学制度演变、《孟子》升经与北宋中期多场政治变革之间的关系等问题则鲜有论述。在接下来的两部分,笔者即拟以经学制度史和政治史为切入点,试图通过梳理两宋兼经制度的沿革来展现《孟子》升经的经学制度史背景;并通过勾稽熙宁变法、元祐更化、哲宗亲政等政治事件与《孟子》的关系以展现《孟子》升经的政治史背景。

不过,要了解《孟子》在熙宁变法中究竟被提升到了何等地位,我们首先需要了解唐宋科举中的兼经制度,熙宁四年(1071)的诏令称"初大经,次兼经,大义凡十道"②,明确提出了这一概念,可以说,对于"兼经"的把握,是我们理解《孟子》在整个宋代科举考试中地位的基础。因此为便于下文的进一步论述,这里有必要对这个概念的产生及演变作一系统梳理。

所谓"兼经",在两宋的史料中经常出现,它大抵具有三种意义。第一,用于诸正经内部而言,指学者在主治某经的同时,兼及另一种经书。如徽宗大观二年(1108)《听诸生兼五经》诏令:

> 古之学者三年通一经,计十五年则五经皆通。熙宁中进士以经术期之尚浅,故止专一经。今已三十余年,士益习矣,思得多闻博习之材而虑专门之流弊,可自今学生愿兼他经者听之,兼经多者计所多量立升进之法,使天下全才异能得而进焉。③

---

① 徐洪兴《唐宋间的孟子升格运动》,《中国社会科学》,1993年第5期,第101~116页;杜泽逊《〈孟子〉入经和〈十三经〉汇刊》,周彦文主编《文献学研究的回顾与展望——第二届中国文献学学术研讨会论文集》,台北:学生书局2002年版,第191~206页。
② 《宋史》卷一五五《选举志一》,第3618页。
③ 《宋大诏令集》卷一五七,中华书局1962年版,第591页。

第二,用于进士科、明法科的考试,指试进士、明法者除试诗赋或刑律外,尚须兼试经义。如《宋史·选举志二》论及高宗朝进士科改革:

> 侍御史曾统请取士止用词赋,未须兼经,高宗亦以古今治乱多载于史,经义登科者类不通史,将从其议。①

第三种意义,也就是本书所论的"兼经",是指在进士、明经或诸科考试中,除试所选本经,也就是正经中的一种或数种之外,所有的士子都必须兼考的经书。这一制度萌芽于唐代,《唐六典·尚书吏部·考功郎中》载:

> 正经有九:《礼记》《左传》为大经,《毛诗》《周礼》《仪礼》为中经,《周易》《尚书》《公羊》《榖梁》为小经。通二经者,一大一小,若两中经;通三经者,大、小、中各一;通五经者,大经并通。其《孝经》《论语》并须兼习。②

这便是"兼经"的前身。也就是在考试中,士子可以在"九经"中按大经、中经、小经的层次自由选择两种、三种或五种,但是《孝经》和《论语》则是所有士子都必须掌握的。事实上,如果再往上追溯,早在汉代,《论语》《孝经》《尔雅》就已经是士大夫都必须掌握的典籍,而《易》《诗》《书》等五经,士人一般仅选择一两种专治而已。这就是为什么在熹平石经中,我们可以看到《论语》,而在开成石经中,我们也可以看到《孝经》《论语》《尔雅》。这几种书一方面并不在正经之中,因为他们没有专经博士,也不在大经、中经、小经之列;但是另一方面,他们又为所有的士子所习,具有广泛的社会影响,其重要性自然远在史、子、集部群书之上。因此,它们实际上是介于正经与普通图书之间的一种特殊类别,在正史的《艺文志》《经籍志》,以及《经典释文序录》《崇文总目》等目录中,

---

① 《宋史》卷一五六《选举志二》,第3627页。
② (唐)李林甫等《唐六典》卷二,中华书局1992年版,第45页。

第五章 宋学的发展与官定"四书五经"的形成

他们都被附于正经之后而列于经部之中。

兼习《论语》《孝经》的传统在北宋进一步地制度化,也就是获得了"兼经"这样一个专名,在北宋的史料中,我们经常看到这样的用法,除上面所举熙宁四年变法诏令之外,又如《宋史·选举志一》论及北宋初年学究科考试:

> 初,礼部贡举,设进士、九经、五经、开元礼、三史、三礼、三传、学究、明经、明法等科,……凡学究,《毛诗》对墨义五十条,《论语》十条,《尔雅》《孝经》共十条,《周易》《尚书》各二十五条。凡明法,对律令四十条,兼经并同《毛诗》之制。①

又如元祐七年(1092)《愧郯集》所录的一条诏令:

> 诏秘阁试制论科于九经、兼经、正史、《孟》、《杨》、《荀》、《国语》及注内出题,其《正义》毋出。②

可见,官方有意识地将《论语》《尔雅》《孝经》归为一类。他们既不同于九经,也不同于正史、诸子,并且由其排列的顺序来看,兼经显然是高于正史诸子而仅次于九经的。

在太祖至仁宗朝,兼经的范围似乎出现过一些变动,如上条《选举志一》中论宋初制度时,兼经中是明确地包括《尔雅》的,三书并举的情况还可以见于其它史料,如真宗咸平初下诏校定《正义》:

> 咸平初,改国子祭酒。二年,始置翰林侍讲学士,以昺为之。受诏与杜镐、舒雅、孙奭、李慕清、崔偓佺等校定《周礼》《仪礼》《公羊》《穀梁春秋传》《孝经》《论语》《尔雅》义疏,及成、并加阶勋。③

再如仁宗庆历三年(1043)宋祁奏折云:

---

① 《宋史》卷一五五《选举志一》,第3604~3605页。
② (元)岳珂《愧郯集》卷一一《制举科目》,《四部丛刊续编》本,第54册,第12叶A。
③ 《宋史》卷四三一《邢昺传》,第12798页。

九经旧是六场十八卷,帖经、墨义相半,今作六场十四卷,并对墨义,第一场《春秋》《礼记》《周易》《尚书》各五道(为二卷),第二场《周礼》《仪礼》《公羊》《穀梁》各五道(为四卷),第三场《毛经》《孝经》《论语》《尔雅》各五道(为二卷),第四场《礼记》二十道(为二卷),第五场《春秋》二十道(为二卷),第六场《礼记》《春秋》各十道(为二卷)。五经旧是六场十一卷,帖经、墨义相半,今作六场七卷,并对墨义,第一场《礼记》《春秋》共十道(为一卷),第二场《毛诗》《周易》各五道(为二卷),第三场《尚书》《论语》《尔雅》《孝经》各三道(为一卷),第四场第五场《春秋》《礼记》逐场各十道(为二卷),第六场《礼记》《春秋》共十道(为一卷)。①

然而自仁宗嘉祐二年(1057)改革贡举,增设明经、试法科以后,《尔雅》就再不见于兼经之列,兹举两例如下:

《续资治通鉴长编》载仁宗嘉祐二年诏书曰:

又别置明经科,其试法凡明两经或三经、五经者,各问墨义大义十条,两经通八,三经通六,五经通五为合格,兼问《论语》《孝经》十条,策三条,分八场,出身与进士等。②

仁宗嘉祐六年(1061)八月司马光《上仁宗乞举孝廉及更立明经格式》:

旧制,明经以《周易》《尚书》为小经。今欲乞以《周易》《尚书》《毛诗》为一科,三礼为一科,《春秋》三传为一科,皆习《孝经》《论语》为贴经。③

可见,在熙宁四年变法以前,至晚在嘉祐二年,《尔雅》已不在应试兼经之列。至于其原因,笔者以为或与宋初以来科举重视大义理解,反对专治记诵有关。这一点特别体现在兼经的考察方式中,宋初兼经也

---

① (清)徐松等辑《宋会要辑稿·选举三》,中华书局1957年影印本,第4275页上~下栏。
② (宋)李焘《续资治通鉴长编》卷一八六,中华书局1979~1986年版,第4496页。
③ (宋)赵汝愚编《宋朝诸臣奏议》卷八〇《儒学门》,上海古籍出版社1999年版,第867页。

考墨义,而到后来则仅问大义。《论语》《孝经》皆有大义可言,而《尔雅》只是一部字书,无法言其大义,因此无法适应兼经考察方式的改革,遂被减去,实是情有可原。

以上便是兼经制度从萌芽到确立的简单历史。在熙宁变法之前,以《论语》《孝经》为兼经的制度施行已久,而王安石变法,以《孟子》取代《孝经》,其影响不管是对于《孟子》,还是对于《孝经》而言,都不可谓不大。

王安石何以要特别推举《孟子》呢?周予同先生在《群经概论·孟子》"《孟子》的升格运动"条下说:

唐代宗宝应二年(公元763年),礼部侍郎杨绾疏请《论语》《孝经》《孟子》兼为一经,见《唐书·选举志》。唐懿宗咸通四年(公元863年),进士皮日休请立《孟子》为学科,见《皮子文薮》及《文献通考》。则《孟子》升列经部的运动,实始于唐而完成于宋。①

然而唐人尊崇《孟子》的愿望既未实现,在宋初的百年之中,也没有看到《孟子》地位的特别提高,仅以刻书为例,周予同先生认为"宋大中祥符七年(公元1014年),孙奭上新印《孟子音义》……都已尊崇《孟子》"②。可是如果我们梳理整个北宋初年刻书、勘书的历史,就会发现大中祥符七年上《孟子音义》,并不能说明宋廷有意尊崇《孟子》。

宋朝官刻书,首先是五经,然后是二《传》、二《礼》、《孝经》《论语》《尔雅》,太宗淳化五年(994),判国子监李至上言校刻《孝经》等七经疏义,至真宗咸平三年(1000)三月正式开始,四年九月乃成,模印颁行,"于是九经疏义具矣"③。经部而外,太宗淳化五年七月,"诏选官分校《史记》、前后《汉书》",真宗咸平三年十月,"诏选官校勘《三国志》《晋

---

① 周予同《群经概论》,朱维铮编《周予同经学史论著选集》(增订本),上海人民出版社1996年版,第290页。
② 周予同《群经概论》,朱维铮编《周予同经学史论著选集》(增订本),第290页。
③ (宋)李焘《续资治通鉴长编》卷四三,第1073页。

书》《唐书》",六年(1003),"诏选官校勘《道德经》",景德二年(1005),孙奭上言奏刻《庄子释文》,诏可。四年(1007),"诏三馆、秘阁、直馆、校理分校《文苑英华》、李善《文选》,摹印颁行",十一月,"诏以新定《韵略》送国子监镂板颁行",大中祥符四年(1011)三月,"诏崇文院校勘列子《冲虚真经》",直到大中祥符五年(1012)十月,方"诏国子监校勘《孟子》"①。可见,从九经到正史到子部再到集部,宋初刻书正是按照书籍的重要性自高而下的顺序进行排序的,而校刻《孟子》不仅远远晚于校刻九经、《论语》《孝经》《尔雅》近二十年,比之正史、诸子、集部的一些重要书籍也要晚数年至十年不等。因此,从校刻来看,宋初朝廷似并无尊崇《孟子》之意。

宋代真正开始尊崇《孟子》还得从王安石当政开始。关于王安石与《孟子》的关系,本节不作过多展开,仅举数条材料说明。司马光在《与王介甫书》中曾经提及这一问题:

> 光昔者从介甫游,介甫于诸书无不观,而特好孟子与老子之言。今得君得位而行其道,是宜先其所美,必不先其所不美也。②

可见,王安石好《孟子》,在当时是广为人知的,而王安石自己也曾有明确的表述,《奉酬永叔见赠》诗云:

> 欲传道义心虽在,强学文章力已穷。他日若能窥孟子,终身何敢望韩公。
>
> 抠衣最出诸生后,倒屣常倾广坐中。祇恐虚名因此得,嘉篇为贶岂宜蒙。③

王安石显然是以孟子、韩愈自许,而致力于接续道统,而从这里也

---

① (清)徐松等辑《宋会要辑稿·崇儒四》之一,第2230、2231、2232页。
② (宋)司马光《司马温公集编年笺证·第四册》,巴蜀书社2009年版,第555页。
③ (宋)王安石《临川先生文集》卷二二,中华书局上海编辑所1959年版,第264页。

颇可以体会出王安石何以对《孟子》情有独钟了。可以说,王安石对于孟子有一种心有戚戚的同情。《书洪范传后》云:

> 孔子曰,予欲无言。然未尝无言也,其言也,盖有不得已焉。孟子则天下固以为好辩,盖邪说暴行作,而孔子之道几于熄焉,孟子者不如是,不足与有明也。故孟子曰,予岂好辩哉,予不得已也。夫予岂乐反古之所以教,而重为此譊譊哉,其亦不得已焉者也。①

王安石征引孔子、孟子之言,显然有夫子自道的意味,其自比于孟子之心,亦可以见矣。还有一条材料可以看出王安石对于《孟子》的看重:

> (熙宁九年)诏宰臣王安石,令具故男雱所注《孟子》入进。②

《孟子》虽然已经跻身兼经,然而诸经皆有官刻疏义,惟《孟子》无,王安石让自己的儿子注《孟子》,显然是希望这部《孟子》注可以得到神宗的认可,最终成为官定之注。

总之,在王安石的影响和直接干预下,《孟子》的地位在熙宁四年得到了质的提升。从此,尽管宋朝政局经历了复杂的变动,政策朝令夕改者屡见不鲜,但是,《孟子》终究能够保留在科举考试科目之中,得以与《论语》相并列。科举考试具有巨大的影响力,《孟子》既然已是科举的兼经,也就成为天下士子必须熟读之书,其在后来进入《四书》,也就是水到渠成之事了。

三、元祐更化与北宋经目的后续调整

正如前文所言,随着王安石的贬谪以及神宗皇帝归天,宋朝政局发生了急剧的变化,史称"元祐更化"。元祐更化对于熙宁、元丰旧制的改

---

① (宋)王安石《临川先生文集》卷七一,第759页。
② (清)徐松等辑《宋会要辑稿·崇儒五》之二六,第2259页。

革是全方位的,科举考试更是其中重点,"元祐初,台谏、侍从、馆阁及四方上封事者,争言科举之弊,请复仁、英旧制。"①而他们的主要意见是恢复试诗赋和恢复《春秋》的正经地位。关于恢复《春秋》,不久便得到了落实,元祐元年(1086)六月,"甲辰,置春秋博士"②。不过,北宋后期,《春秋》科目仍经历了两次废置:

(哲宗元祐元年八月二十一日)礼部言元丰《贡举令》,诸进士于《易》《诗》《书》《周礼》《礼记》各专一经,今太学已置春秋博士,乞于上条内《礼记》字下添入《春秋》二字。从之。③

(哲宗元祐四年二月)庚辰,罢春秋科。④

(徽宗建中靖国年十一月)己丑,置春秋博士。⑤

(徽宗崇宁元年七月)辛亥,罢春秋博士。⑥

(钦宗靖康元年四月)乙巳,置春秋博士。⑦

至于恢复诗赋的问题,虽然遭到了吕公著、司马光等人的反对,可是还是不久得以施行:

公著曰:"先帝更新法度,如试进士以经术,最为近古。且仲尼《六经》何负于后世,特安石课试之法为谬耳。安石解经亦未必不善,惟其欲人同己为大谬耳。"司马光亦以为诗赋不可复。然论者习见经义之弊,忿懑不可遏,乃定制:进士初场试经义,次赋诗、论策,对经义者许引用古今诸儒之论及己见。⑧

---

① (宋)李焘《续资治通鉴长编》卷四〇八,第9939页。
② 《宋史》卷一七《哲宗纪一》,第322页。
③ (清)徐松等辑《宋会要辑稿·选举三》之四九,第4286页下栏。
④ 《宋史》卷一八《哲宗纪二》,第346页。
⑤ 《宋史》卷一九《徽宗纪一》,第360页。
⑥ 《宋史》卷一九《徽宗纪一》,第364页。
⑦ 《宋史》卷二三《钦宗纪》,第427页。
⑧ (宋)李焘《续资治通鉴长编》卷四〇八,第9939页。

第五章 宋学的发展与官定"四书五经"的形成

这里诏令规定"对经义者许引用古今诸儒之论及己见",可见经过了熙宁、元丰时期荆公新学对于官学的一统之后,北宋官学又恢复了王安石熙宁四年经目改革时所确定的诸经说解不拘一家、各凭己意择取的局面,这一制度自此一直延续至南宋,成为宋代官定经目有异于汉唐、元明的一个重要特征。

而王安石关于兼经制度的设置自然也不会被忽视。从司马光的一封奏议中,我们可以看到元祐元年改制声潮中对于兼经改革的最初意见:

> 司马光言:伏睹朝廷改科场制度。第一场,试本经义;第二场,试诗赋;第三场,试论;第四场,试策;试新科明法,除断案外,试《论语》《孝经》义。奉圣旨,令礼部与两省学士、待制、御史台、国子监、司业集议闻奏。臣窃有所见,不敢不以闻。①

从司马光的表述来看,这种改革意见代表了元祐初相当大一批官员的呼声,并且已经得到了宋廷最高层的初步认可。其中有两点值得注意:第一,是四场考试中仅第一场试经义,而且是"本经义",即排除了兼经。第二,是在明法科的考试中加试经义,所举科目却是《论语》和《孝经》。显然,这是要把《孟子》重新回复到诸子中去,而为《孝经》恢复科举兼经的地位。司马光在《上哲宗乞置明经行修科》一文中对此表达得更为清楚:

> 凡取士之道,当以德行为先,文学为后。就文学之中,又当以经术为先,辞采为后。……但王安石不当以一家私学,欲掩盖先儒……又黜《春秋》而进《孟子》,废六艺而尊百家,加之但考校文学,不勉励德行,此其失也。……今国家大议科场之法,欲尽善尽美,以臣所见,莫若依先朝成法,合明经、进士为一科,立《周易》《尚书》《诗》《周礼》《仪礼》《礼

---

① (宋)李焘《续资治通鉴长编》卷三七一,第8974页。

记》《春秋》《孝经》《论语》为九经,令天下学官依注疏讲说,学者博观诸家,自择短长,各从所好。《春秋》止用《左氏传》,其公羊、穀梁、陆淳等说,并为诸家,《孟子》止为诸子,更不试大义,应举者听自占习。三经以上多少随意,皆须习《孝经》《论语》。①

司马光的奏议明确要求"《孟子》止为诸子""皆须习《孝经》《论语》",就是要重新以《孝经》来取代《孟子》的兼经地位。值得注意的是,司马光在这里提出了一种新的九经涵括方法,其与此前唐宋经目不同之处在于将三《传》合一,故以《孝经》《论语》补入。应该说,虽然司马光的这种"九经"说最终并未得到官方的认可,但是其三《传》合一的主张,对后世产生了很大的影响,此点下文还将提及。

元祐初年的这场讨论最终在四年(1089)形成诏令:

四年,乃立经义、诗赋两科,罢试律义。凡诗赋进士,于《易》《诗》《书》《周礼》《礼记》《春秋左传》内听习一经。初试本经义二道,《语》《孟》义各一道,次试赋及律诗各一首,次论一首,末试子、史、时务策二道。凡专经进士,须习两经。以《诗》《礼记》《周礼》《左氏春秋》为大经,《书》《易》《公羊》《穀梁》《仪礼》为中经,《左氏春秋》得兼《公羊》《穀梁》《书》,《周礼》得兼《仪礼》或《易》,《礼记》《诗》并兼《书》。愿习二大经者听,不得偏占两中经。初试本经义三道,《论语》义一道,次试本经义三道,《孟子》义一道,次论策,如诗赋科。并以四场通定高下,而取解额中分之,各占其半。②

从这份诏令可以看出,《论语》和《孟子》的兼经地位得到了保留,《孝经》恢复兼经的意见没有得到采纳。那么,其中原因何在呢?据笔者考查,大概有两个人发挥了重要作用,一是范纯仁,见于《长编》:

---

① (宋)李焘《续资治通鉴长编》卷三七一,第8974~8976页。
② 《宋史》卷一五五《选举志一》,第3620~3621页。

第五章　宋学的发展与官定"四书五经"的形成

先是，光以奏稿示范纯仁，纯仁答光曰："……《孟子》恐不可轻，犹黜六经之《春秋》矣。更乞裁度！……"光欣纳之。①

从"光欣纳之"来看，司马光显然接受了范纯仁的意见，收回了将《孟子》剔出兼经的建议。其实，与范纯仁持类似主张的人在当时可能还有不少，比如有一种意见就是恢复《孝经》的兼经地位，但也不将《孟子》剔出。如吕大临元祐元年（1086）《上哲宗论选举六事》论及《学制》云：

凡学之制，皆立大学、小学。……大学分四科：一曰德行，二曰学术，三曰文辞，四曰政事。……学术之科，以多闻博识、明义理、辨节文、考典故为业，一曰明经（经无多少，自一经至于六经。经为《易》《诗》《书》《春秋》《礼》《乐》。如《礼》兼明三礼。如乐虽无经，亦参取六经所言而求之。凡明经必兼治《孝经》、《论语》、《孟子》）。②

又如元祐元年五月程颐所上《上哲宗三学看详条制》：

武学制看详：所治经书有《三略》《六韬》《尉缭子》，鄙浅无取。今减去，却添入《孝经》《论语》《孟子》《左氏传》，言兵事。③

见经过熙宁四年以来对于《孟子》的尊崇，《孟子》的儒学价值终于得到了不少士人的肯定，因此在元祐更化广泛推翻前朝政治的浪潮中得以幸存。

在元祐年间对于稳定《孟子》兼经地位发挥作用的另一个重要人物则是司马光的儿子司马康：

五年……四月诏讲读官奏对迩英阁，君初对劝上自强于学，以孝德为治道之先。再对，又言《孟子》为书最醇正，王道尤明白，所宜观览。

---

① （宋）李焘《续资治通鉴长编》卷三七一，第 8979～8980 页。
② （宋）赵汝愚编《宋朝诸臣奏议》卷八〇《儒学门》，上海古籍出版社 1999 年版，第 871 页。
③ （宋）赵汝愚编《宋朝诸臣奏议》卷八〇《儒学门》，第 863 页。

上曰：方读《孟子》。寻诏讲筵官编修《孟子节解》为十四卷以进君。自文正公丧，居庐蔬食，寝于地，遂得腹疾，亲戚勉以肉食，终不肯。及免丧，毁瘠累然，治疗不愈，至是益侵，累奏乞留台宫观，诏不许。遣内侍赐御膳劳问，后乃予优告，犹力疾解《孟子》二卷，自是疾有加。①

司马康与乃父不同，对于《孟子》极为看重，而他在元祐五年（1090）特别提及"《孟子》为书最为醇正"，又在病中专为《孟子》作注，当是针对其时反对将《孟子》保留在兼经中的思潮而言的。特别重要的是，他在哲宗尚幼时便教以《孟子》，这就使得在哲宗亲政后的新一轮政治变革中《孟子》仍然得以安然保留科举兼经之中：

绍圣元年五月四日，诏进士罢试诗赋，专治经术，各专大经一、中经一，愿专二大经者听。第一场试大经义三道，《论语》义一道。第二场试中经义三道，《孟子》义一道。第三场试论一首，第四场试子史时务策二道。②

从罢诗赋而专经术这一变革核心来看，哲宗的这一改革显然是要推翻元祐更化，恢复神宗朝政治，而以《孟子》为兼经作为元祐更化中少数继承熙宁变法的制度，竟仍得以保留。从熙宁变法到元祐更化再到绍圣初年哲宗亲政，多少政策被反复废立，而《孟子》能够一直保留在兼经中，可见其影响已经超越了王安石新党，而为广大士人所接受、肯定。不过，党派之争给予《孟子》的影响也是十分明显的，除了元祐初年因为王安石新政的被否定引起的否定《孟子》的思潮外，绍圣二年（1095），随着王安石历史地位的重新提升，在龚原的奏议下，王安石之子王雱的《论语孟子义》终于被官定颁行：

---

① （宋）范祖禹《司马谏议康墓志铭》，（宋）杜大珪编《新刊名臣碑传琬琰集》中卷二三，宋刻元明递修本，第8叶A。

② （清）徐松等辑《宋会要辑稿·选举三》之五六，中华书局1957年影印本，第4289页。

第五章　宋学的发展与官定"四书五经"的形成　549

三月九日,龚原言,赠太傅王安石在先朝尝进其子雱所撰《论语孟子义》,取所进本雕印颁行。诏令国子监录本进纳。①

关于《孟子》在北宋后期的地位,除了关于科举的材料以外,还可以从学校制度的相关材料中看出,如在郡县学方面,徽宗大观三年(1109)二月提举黔南路学事戴安仁奏:

新民学生就学,其间亦有秀异,今欲乞立劝沮之法,分为上、中、下三等。上等为能诵《孝经》《论语》《孟子》,及一经略通义理者,特与推恩;中等为能诵《孝经》《论语》《孟子》者,与赐帛及给冠带;下等为能诵《孝经》《论语》或《孟子》者,给与纸、笔、砚、墨之费。从之。②

值得说明的是,从这条材料我们还可以看出,《孝经》虽然早已不在科举兼经的科目中,但是它仍然具有与《论语》《孟子》相当的特殊地位,关于这一点,在元祐八年(1093)苏轼的一封奏议中也可以见出:

癸卯,礼部尚书苏轼言:"臣伏见元祐贡举敕:诸诗赋论题于子史书出,如于经书出而不犯见试举人所治之经者,听。臣今相度,欲乞诗赋题许于《九经》、《孝经》、《论语》、子史并《九经》、《论语》注中杂出,更不避见试举人所治之经。"③

在这里苏轼甚至只提及《孝经》《论语》而未提及《孟子》,《孟子》只是被包含于子史之中,没有单独列出。钦宗靖康元年(1126)八月七日,殿中侍御史胡舜陟的一封奏议更是清楚地表明在北宋后期,朝臣对于《孝经》与《孟子》地位的升降,确实存在争议:

侍御史胡舜陟奏:"伏见中书舍人晁说之奏乞皇太子讲《孝经》、读《论语》,间日读《尔雅》而废《孟子》,且曰:'国家设科,以《孟子》配六经,

---

① (清)徐松等辑《宋会要辑稿·崇儒五》之二七,第2260页上栏。
② (清)徐松等辑《宋会要辑稿·崇儒二》之一四,第2194页上栏。
③ (宋)李焘《续资治通鉴长编》卷四八四,第11508页。

视古之黜百家而传明孔氏六经者异矣。'又曰:'以《孟子》配乎孔子,而学者发言折中于《孟子》,而略乎《论语》,固可叹矣。'臣窃谓孔氏之后,深知圣人之道者,孟轲氏而止耳。……说之何人,乃敢非之?说之本州县俗吏,初无学术,岂知孟子?若以孟子为非,胡不数其戾六经者何事?异孔子者何说?既不知此,乃以为百家而斥之,此特见今日不尽用王安石之学,而安石常自比于孟子,学尚其书,遂使孟子亦得罪焉。……愿陛下诏东宫官依旧例先读《论语》,次读《孟子》。……"奉圣旨:东宫依旧读《孟子》。①

在这份奏折中可以看出,关于《孟子》地位的提升与王安石之间的直接关系,当时的士大夫非常清楚,因此常常出现为了否定王安石而质疑《孟子》,或者为了重新肯定王安石而标举《孟子》的行动。《孟子》是否保留兼经的位置,在某些朝臣的眼中,直接关系到如何评价、认定王安石的历史地位的问题,无论是晁说之还是龚原,实际上都存在这种将《孟子》政治化的倾向。这种政治力量之间的博弈、制衡对于《孟子》在北宋后期兼经地位的保留所起的作用,应当是不可忽视的。但是,他们毕竟偏离了《孟子》本身,从长远讲,这种政治化的方式是不利于士人真正理解、认识《孟子》的。幸而有如司马康、胡舜陟等一批士大夫,他们能够将《孟子》从政治的漩涡中抽拔出来,以客观、学术的眼光予以审视、评价,这对于真正发掘《孟子》的思想价值,保持《孟子》在思想界的生命力,具有重要的意义。

总之,通过从这几条材料,我们可以看出,在元祐之后,《孝经》和《孟子》的地位时常有一些微妙的调整,而这正是因为经过熙宁朝以来的反复变革,经目制度频繁更易,士大夫乃至朝廷都失去了一个稳定的"九经"以及兼经的标准。比如在熙宁朝,正经只有《易》《诗》《书》《周

---

① (宋)汪藻撰、王智勇笺注《靖康要录笺注》卷一〇,四川大学出版社2008年版,第1006~1008页。

礼》《礼记》五种,博士只设十员,每二员习一经。到元祐四年公布新法,正经又变为九种,即恢复熙宁变法以前的"九经"。可是到了崇宁朝,随着崇宁元年(1102)复罢《春秋》,在大观二年(1108)《听诸生兼五经御笔》中,官方又重新使用熙宁朝"五经"的说法。可是即使在神宗朝,"九经"的概念也仍然时有使用。如元丰元年(1078)四月:"庚申,诏除九经外,余书不得出界。"①可是事实上当时根本不足"九经"之数,神宗只是沿袭成说而已。关于正经之数的界定尚且如此混乱,更别提兼经了。除了《论语》相对稳定之外,《孝经》和《孟子》的兼经地位时常都比较模糊。在北宋末年混乱的政治、军事局势中,这种混乱自然是很难得到迅速地釐清的。

第二节 南宋"六经"制度

一、南宋"六经"的建立

随着南宋朝廷的建立,南北政权进入了拉锯式的对峙之中。在南宋初年,虽然国家政治的主要关注点还是在军事上,但是在文化、经济等其它领域,也颇有改革积弊,重振朝纲的志向。建炎二年(1128),在局势还没有完全稳定下来的时候,高宗就发布了新的科举诏令:

二年,定诗赋、经义取士。第一场诗赋各一首,习经义者本经义三道,《语》《孟》义各一道。第二场并论一道。第三场并策三道。殿试策如之。②

高宗对于科举制度的改革,重点在恢复诗赋取士,而自绍圣元年

---

① 《宋史》卷一五《神宗纪二》,第295页。
② 《宋史》卷一五六《选举志二》,第3625页。

(1094)诏令复专试经术以来,罢考诗赋已经有三十多年了,可见其改革幅度还是比较大的。但是以《论语》《孟子》为兼经,以及在"九经"中配比选择"本经"的制度则没有任何改变,北宋后期的正经与兼经制度得以延续。我们从绍兴初年关于制科的一份诏书中可以得到确认:

> 绍兴初,复制科,给、舍、侍从三人举一人,进其文业,考入上次等则召试六论,于九经、十七史、《国语》、《论》、《孟》、《管》、《荀》、《杨》、《文中子》正文或注疏中出,通四题,入四等即试策一道,中第三等比状元,第四等比榜眼,第五等同进士。①

这里将"九经"与《论语》《孟子》等并称,可知至晚在绍兴初年,官定正经仍然沿用北宋元祐更化时所确立的"九经"制度。

然而,这条材料也是笔者看到的南宋诏令中最后一条关于"九经"的记述。在绍兴十三年(1143)以后,南宋的官方文件开始使用一个新的概念:"六经"。兹将南宋各朝使用"六经"这一概念的书证列之如下:

> (高宗绍兴十三年)九月戊午,秦桧请刊上所写六经及《论语》《孟子》之书于国子监,仍颁墨本赐诸道学官。从之。②

> (绍兴)十五年,从国子监丞文浩所言,于六经中取二经,各出两题,毋拘义式,以贯穿该赡为合格。③

> (绍兴三十一年五月)甲戌,国子司业陈棠言,自兴学至今二十年,六经博士未尝备员。今弟子员至千人而学官每日轮经讲说,甚不称劝学崇化之意。望加惠学者,俾六经各置博士,每经择经明行修二人充选,庶几经各有师,得以轮递讲说。④

> (孝宗淳熙中童子试)八年,始分为三等。凡全诵六经、《孝经》、

---

① (宋)俞文豹《吹剑录外集》,《知不足斋丛书》本,第7叶A。
② (宋)李埴《宋十朝纲要》卷二四,清钞本,第5叶A。
③ 《宋史》卷一五六《选举志二》,第3652页。
④ (宋)李心传《建炎以来系年要录》卷一九○,中华书局1956年版,第3169页。

第五章　宋学的发展与官定"四书五经"的形成

《语》《孟》及能文,如六经义三道,《语》《孟》义各一道,或赋一道,诗一首为上等,与推恩。诵书外能通一经为中等。免文解两次。止能诵《六经》《语》《孟》为下等,免文解一次。覆试不合格者,与赐帛。①

(宁宗庆元)四年,以经义多用套类,父子兄弟相授,致天下士子不务实学,遂命有司六经出题,各于本经摘出两段文意相类者合为一题,以杜挟册雠伪之计。②

(宁宗开禧元年)乞检会指挥委监学官公共选择绍兴以来累举所取六经义、诗赋、论策,撷其文词典雅、学问该赡而脍炙,众口可传诵习者数十篇,特令刊行,使士子有所轸式。③

可见,"六经"在绍兴十三年(1143)以后已经成为官方称呼正经的一个专有名词。它不仅出现在关于科举、考试的诏令中,也出现在宗学、博士设科、学校等其它涉及经学的场合,可以说,它完全取代了此前"九经"的地位,成为新的被官方认可的正经,关于此,我们还可以从南宋经筵日讲的材料中得到确认:

(孝宗乾道三年)九月二十四日,诏进讲《礼记》官,择诸篇至要切者进讲。以中书舍人梁克家言:臣闻六经皆圣人阐道以诏后世,而《易》为之原,《书》《诗》次之,《春秋》《周礼》又次之,《礼记》则出汉儒杂记……乞今后令经筵官随其员数多寡,分经进讲,以《易》《诗》《书》《春秋》《周礼》《礼记》为序。④

与"九经"相比,"六经"制度的主要变化是废三《传》而独尊《春秋经》以及剔除了《仪礼》,前者秉持了宋代《春秋》学的基本学风,而后者则与王安石熙宁经目改革遥相呼应,实际上也是体现了宋代经学学风

---

① 《宋史》卷一五六《选举志二》,第3653页。
② 《宋史》卷一五六《选举志二》,第3635页。
③ (清)徐松等辑《宋会要辑稿·选举五》之三一,第4328页上栏。
④ (清)徐松等辑《宋会要辑稿·崇儒七》之一一,第2294页上栏。

的转变。

那么,"六经"这种新的正经范围具体是什么时候确定的呢？宋刊本《附释文互注礼部韵略》书末所附的《条式》一卷中抄录的一些关于南宋贡举的奏议对此记载颇详。《附释文互注礼部韵略》是由官定颁行的韵书,士子应试的用韵、用字都要依照这部书的规定,因此,其书末所附的奏议、诏令应当具有相当的可信度。在《条式》中,我们清楚地看到,自绍兴五年(1135)始,南宋朝廷开始讨论改革贡举科目、试场等问题,但由于绍兴七年(1137)就是发解年,如果立刻颁行新法,恐士人难以遽改,因此以李光为代表的一种意见,是主张暂且依照元祐旧法尊行,也就是仍然沿用北宋元祐以来的九经科目：

> 绍兴六年二月十七日,……又送到白札子,元祐详定诸路贡举,敕应不兼诗赋者,以《周礼》《左氏春秋》《礼记》为大经,《易》《诗》《书》《仪礼》《公羊》《穀梁春秋》为中经(内《公羊》《穀梁春秋》共为一中经),于大经内各治一经(治《周礼》者兼《易》或《仪礼》。治《左氏春秋》者兼《公羊》《穀梁春秋》或《书》。治《礼记》者兼《书》或《诗》),仍兼治《论语》《孟子》,即愿治两太(大)经者听。诸进士试场,不兼诗赋人第一场大经义三道,《论语》义一道。第二场中经义三道,《孟子》义一道。第三场论一首(限五百字以上成),第四场子史时务策二道。勘会免解进士习业既久,恐难遽改。①

尽管绍兴七年仍将用旧法,但是制定改革方案的工作并没有停止,绍兴六年(1136)八月八日,秘书省正字兼史馆校勘喻樗奏请在科目中去除大经、中经的名称,直接称某经。此议得到了一批士大夫的支持,并且为最高层所采纳,在不久之后的上谕中,我们看到,不仅大、中经的分级制度被取消,高宗还给出了一套新的正经选择方案：

---

① 《附释文互注礼部韵略·条式》,《四部丛刊续编》本,第12册,第37叶B～38叶B。

第五章　宋学的发展与官定"四书五经"的形成

奉圣旨,依喻樗所奏,余令礼部条具申尚书省,寻下国子监勘会。条其去后,今据本监申遵依已降指挥,以元祐并崇宁贡举法及靖康后来至今续降指挥参考条具,欲拟下项:

一,欲拟进士治经下项:应兼诗赋者于《易》《诗》《书》《周礼》《春秋》正经内治一经,仍兼习《论语》《孟子》。应不兼诗赋者于《易》《诗》《书》《周礼》《春秋》正经内专治一经,于《礼记》《仪礼》《左氏》《公羊》《穀梁春秋》内兼治一经(内《公羊》《穀梁春秋》共为一经),仍兼习《论语》《孟子》。①

这里将《易》《诗》《书》《周礼》《春秋》作为第一层次的正经,而将《礼记》等作为第二层次的兼治经,再将《论语》《孟子》作为兼经。与唐、北宋"九经"制度完全按照字数多寡区分大、中、小经的制度相比,高宗提出的这种群经分类方法完全是按照当时士人对于经典重要性的定位而确立的,因此得到了大臣们的普遍赞同,只是在正经的具体科目和对第二层级的兼治经的处理问题上,仍有一些不同意见。太常博士兼权国子监丞黄积厚札子云:

窃见所定将来科举,于习诗赋人兼治一经项内废去《礼记》,若元习《礼记》人改习诗赋,则是刱习诗赋而又须刱习一经,显见不均。欲乞添入《礼记》。不兼诗赋人于《易》《诗》《书》《周礼》《春秋》正经内专治一经,于《礼记》《仪礼》《左氏》《公羊》《穀梁》内兼治一经(内《公羊》《穀梁》共为一经),经之名既不正,仍将来色目稍多,难以参考。且《左氏》《公羊》《穀梁》皆本于《春秋》正经,名曰《三传》,几同注解,乃立为贰经,此名不正也。专治之经五,兼治之经四,每专治一经者有四色兼经(如治《易》者或兼《礼记》,或兼《仪礼》,或兼《左氏》,或兼《公》《穀》),则有二十色试卷矣。此色目多也。今欲乞只存六经之正,依喻樗所请,更不立

---

① 《附释文互注礼部韵略·条式》,《四部丛刊续编》本,第12册,第39叶B～40叶A。

大经、中经之名。因士旧习即为所专之经外，更令兼习一经，仍依仿元祐条制限定所兼之经，庶几色目不多。如治《易》者必兼《周礼》，治《周礼》者却必兼《易》，治《礼记》者兼《诗》，治《诗》者却兼《礼记》，治《春秋》者兼《书》，治《书》者却兼《春秋》（治《春秋》者仍听于三传解经处相兼出题，缘经生文而不系解经旨处者非），如此则止是有六色程文而已，庶几便于分场出题。仍易于考校参定。①

黄积厚主张在正经中加入《礼记》，而取消《仪礼》、三《传》的兼治经地位，这也完全符合宋人对于这些经典重要性的认识。而且，在黄积厚的奏议中，除充分认识诸经的重要性，显然也有出于制度简练方面的考虑。可以说，在这场绍兴中期关于贡举科目改革问题的讨论中，朝臣们极力希望形成一种于制度、儒学两方面都合理兼顾的方案，以期"可为永法"②。

黄积厚的建议得到了高宗的采纳，绍兴六年（1136）八月二十二日，经过反复的讨论，新的贡举科目方面终于正式公布：

一、兼诗赋人许于《易》《诗》《书》《周礼》《礼记》《春秋》正经内治一经，仍兼习《论语》《孟子》（原注：内治《春秋》者仍听于三传解经处相兼出题，缘经生文而不系解经旨处者非）。第一场经义二道，《论语》或《孟子》义一道，第二场律赋一首（原注：限三百六十字以上成），律诗一首（原注：限五言六韵成），第三场论一首（原注：限五百字以上成），第四场子、史、时务策二道。

一、不兼诗赋人许治《易》《周礼》，或治《礼记》《诗》，或治《春秋》《书》。各治两经，仍兼习《论语》《孟子》（原注：内治《春秋》者仍听于三传解经处相兼出题，缘经生文而不系解经旨处者非）。第一场《易》《诗》

---

① 《附释文互注礼部韵略·条式》，《四部丛刊续编》本，第12册，第41叶A～42叶A。
② 《附释文互注礼部韵略·条式》，《四部丛刊续编》本，第12册，第42叶B。

第五章　宋学的发展与官定"四书五经"的形成

《书》经义三道,《论语》义一道。第二场《周礼》《礼记》《春秋》经义三道,《孟子》义一道。第三场论一首(原注:限五百字以上成),第四场子、史、时务策二道。①

这样,随着新的贡举方案的确定,新的正经和兼经也正式确定下来了,自北宋熙宁以来变化无常的经目制度至此终于稳定下来。从南宋中后期的史料看来,尽管围绕诗赋、经义科的分合与侧重,秦桧、周葵、杨椿等曾经有过不同的主张,高宗对诗赋科、经义科的态度前后也有所变化②,但是就贡举的应试经书这一点而言,则没有再发生过变化,新的"六经"取代了唐代以来的"九经",成为儒家典籍的核心,而《论语》《孟子》则一仍其旧,继续处于兼经的地位。

二、南宋"六经"的经学史地位

其实,我们如果再回顾北宋科举制度的历史,会发现南宋的这种"六经"制度并非首创,自北宋中期开始,经学制度的各种调整已经呈现出"六经"的萌芽。

首先,据《宋会要辑稿》可知,元祐元年(1086)八月,"礼部言元丰《贡举令》,诸进士于《易》《诗》《书》《周礼》《礼记》各专一经,今太学已置《春秋》博士,乞于上条内《礼记》字下添入《春秋》二字。从之。"③这一政策随着元祐四年(1089)元月罢《春秋》科的诏令颁布而废止。但是,在元祐元年至四年的这四年当中,贡举实行的正是以《周易》《尚书》《毛诗》《周礼》《礼记》《春秋》为正经的六经制度。而虽然元祐四年二月诏废《春秋》科,但是在稍后颁定的元祐四年贡举法中,"诗赋进士"的治经

---

① 《附释文互注礼部韵略·条式》,《四部丛刊续编》本,第12册,第43叶B~44叶B。
② 参看刘海峰、李兵《中国科举史》,东方出版中心2004年版,第204~207页。
③ (清)徐松等辑《宋会要辑稿·选举三》之五〇,中华书局1957年影印本,第4286页下栏。

范围仍然被确定为《周易》《尚书》《毛诗》《周礼》《礼记》和《左氏春秋》，除《春秋》尊《左传》与南宋制度稍有不同外，两者大抵一致。这一制度随着徽宗崇宁元年(1102)再罢《春秋》博士而中止，是以上文所引大观二年(1108)《听诸生兼五经御笔》中，徽宗仅举五经为成数。钦宗靖康元年(1126)，复置《春秋》博士，"用以取士"，但此时科举已罢诗赋进士而专取专经进士，故靖康以后所实行的仍当是"九经"取士制度。但无论如何，在北宋中后期，进士科和后来的"诗赋进士科"曾一度实行过类似南宋的"六经"制度可以无疑。

其次，从博士设员来看，王安石改革太学，设博士十员，每二员合治一经，则当时太学博士当为《周易》《尚书》《毛诗》《周礼》《礼记》博士各两员，至元祐元年许复《春秋》经博士，则一时太学博士当为十二员，共治六经，其与南宋陈棠所主张的"六经博士"制度完全相合。元祐四年，罢《春秋》科，其时《春秋》博士亦遭除员，至建中靖国元年，诏"置《春秋》博士"，则六经博士复具。崇宁元年，徽宗再罢《春秋》博士。靖康元年，钦宗复《春秋》博士，那么，在北宋灭亡的前夕，太学中博士设员便又达到六经均备的状态。这样看来，在北宋末年，虽然进士科考试仍实行九经制度，但太学博士则已经呈现专治六经之状。而随着南宋绍兴六年新的贡举制度颁定，科举中无论是否兼诗赋的进士均依"六经"制度应举，实行了数百年的"九经"制度最终离开历史舞台，而"六经"之称，也最终取代"九经"为官方所使用。

然而，王应麟《玉海》中的一条记载却显示，在南宋后期，似乎民间又有一次对于"六经"的制度的改革：

> 至唐贞观中谷那律淹贯群书，褚遂良称为九经库，九经之名又昉乎此。其后明经取士，以《礼记》《春秋左传》为大经，《诗》《周礼》《仪礼》为中经，《易》、《尚书》、《春秋》《公》、《穀》为小经，所谓九经也。国朝方以三《传》合为一，又舍《仪礼》而以《易》《诗》《书》《周礼》《礼记》《春秋》为

六经,又以《孟子》升经,《论语》《孝经》为三小经,今所谓九经也。①

依王应麟之说,我们不免会产生这样一个疑问:在南宋绍兴六年以后,官方究竟是否提出过一个包括《论语》《孝经》《尔雅》所谓"三小经"在内的"九经"制度呢?这一制度是否存在,直接关系到绍兴六年经目制度改革之后,《孟子》的地位有没有得到进一步提升的问题:如果确实存在一个包括了三小经的"九经"的话,那么宋廷就是将《论语》《孟子》《孝经》列入经书且正式计数,尽管仍然有"六经"和三小经的内部差别,但是这毕竟是《孟子》等书第一次参与经目正式计数,它们已经可以在表面上与其它正经相提并论。但是,如果官方并没有"九经"这种计数方式,则说明《论语》《孟子》《孝经》仍然延续着它们在此前的兼经地位,位列经部但不参与正式计数,他们仍然与正经有着清晰的差异。

上文已言,事实上,我们在南宋中后期的诏书中并没有看到"九经"这一说法,而使用这一说法的,都是私人著述,除了《玉海》的一条外,又有《小学绀珠·艺文类·大经中经小经》引用郑耕老《劝学》中的一段话:

> 立身以力学为先,力学以读书为本。今取六经及《论语》《孟子》《孝经》,以字计之。……大小九经合四十八万四千九十五字。②

这里郑耕老首先使用了"六经"这一概念,将诸正经与《论语》等兼经区分开,继而又使用了"九经"一词,并云"大小九经",也就是说,以小经称呼《论语》等三部书,这与王应麟《玉海》的说法是吻合的。此外,南宋还有《九经直音》一书,是书所举九经,亦为《玉海》所云"今之九经"者;而南宋后期士林中还有"九经三传"之说,亦以王应麟所举之"九经"

---

① (宋)王应麟《玉海》卷四二《艺文》,京都:中文出版社1977年影印合璧本,第827页上栏。

② (宋)王应麟《小学绀珠》卷四《艺文类》,商务印书馆1936年版,第117页。

与"三传"合称。除了这些零星的民间材料,我们再未发现其它称述"九经"的书证。因此,笔者认为,王应麟所谓的"九经",实际上只是一个通行于学者、士大夫之间的民间概念,其之所以出现,乃是受到自唐代以来便长期使用的"九经"这一概念的影响,就如同在汉魏,虽然《乐经》久已不存,但是学者仍往往使用含有《乐经》的"六经"概念一样。在唐宋绵延的数百年中,"九经"已经成为一个具有象征性的固有概念,一个权威性的文化符号。因此,即使南宋已经改为"六经",具有好古传统的士大夫们却仍然乐意使用"九经"之说,于是,他们将处于兼经地位的《论语》《孟子》《孝经》与官定六种正经相合,组成一个新的"九经"。我们看前文所引司马光提出的那种"九经"主张,就可以了解这种好古传统并不仅仅在南宋士大夫身上存在。度宗咸淳九年(1273)黄震的《修抚州六经跋》可以作为笔者这种推论的辅证:

> 六经官板旧惟江西抚州、兴国军称善本。己未虏骑偷渡,兴国板已毁于火,独抚州板尚存。咸淳七年,某叨恩假守,取而读之,漫灭已甚。因用国子监本参对整之,凡换新板再刊者一百一十二,计字五万六千一十八。因旧板整刊者九百六十二,计字一十一万五千七百五十二。旧本虽善,中更修缮,任事者不尽心,字反因之而多讹,今为正其讹七百六十九字。又旧板惟六经三传,今用监本添刊《论语》《孟子》《孝经》以足九经之数。①

孝宗淳熙初年,抚州公使库刊刻六经、三《传》,作为官刻本,这一范围十分妥帖,然而作为士大夫的黄震在重刊抚州版的时候,还是刻意要"用监本添刊《论语》《孟子》《孝经》以足九经之数"。"以足九经之数"这一表述清楚地表明在度宗时代,"九经"已经成为一个历史名词,一种博雅君子的寄托,而不再具有现实的意义。

---

① (宋)黄震《黄氏日钞》卷九二,元后至元刻本,第34叶B~35叶A。

第五章 宋学的发展与官定"四书五经"的形成

与此相反，尽管士人最初可能不太适应，然而在官方的推行下，"六经"这一概念还是确立下来，在南宋不断沿用，并一直持续到元代，在元代人刘实所著的《敏求机要》一书中，有《经书》一卷，启首便云：

《周易》《诗》《书》并《礼记》《周礼》《春秋》，六经。是总合二《礼》为五经。①

可见，在元代"四书五经"的科举制度实行以前，士人心目中的正经，仍然是南宋科举制度中建立起的这套"六经"，数百年的沿革使它像西汉的"五经"、唐北宋的"九经"一样，成为一个固定的专有名词为士人所称述。这一制度甚至还影响到北方的金政权：

有司言："会试所取之数，旧止五百人，比以世宗敕中格者取，乞依此制行之。府试旧六处，中有地远者，命特添三处，上京、咸平府路则试于辽阳，河东南北路则试于平阳，山东东路则试于益都。以《六经》《十七史》《孝经》《论语》《孟子》及《荀》《扬》《老子》内出题，皆命于题下注其本传。"②

总之，以正经与兼经相配的经目制度经过唐宋两朝的反复变革，终于随着南宋"六经"制度的长期施行而基本趋于稳定。在这一结构中，"兼经"由于系各科士子皆须课试的科目，因此其在社会上的影响力不仅较之正经毫不逊色，甚至有凌驾其上之势。从唐代、北宋的九经加兼经，到南宋绍兴六年之后的六经加兼经，这些变革对于诸经地位的沉浮发生了重大的影响：《周礼》藉熙宁变法而长期留在正经之列，《仪礼》在熙宁四年和绍兴六年两次被剔出正经，《春秋》科在北宋先后三次被废，又三次复置，最终以尊经废传的形式留在南宋"六经"

---

① （元）刘实《敏求机要》卷七，《续修四库全书》，第 1218 册，上海古籍出版社 2002 年影印本，第 548 页下栏。
② 《金史》卷五一《选举志一》，第 1135～1136 页。

中,《孟子》由子部跻身兼经,《孝经》《尔雅》则长期游离于经目之外。这些变革显示出两宋在中国经学史上正处于经部再次重新整合、确立的关键时期。元明以来科场实行的"四书五经"制度,其"五经"与南宋"六经"相比只是减少了《周礼》,而"四书"则是在《论语》《孟子》之外加上《中庸》《大学》两篇。从唐代的"九经"加《论语》《孝经》《尔雅》,到南宋的"六经"加《论语》《孟子》,再到"四书五经",我们看到了清晰的经学结构调整嬗变的轨迹,而这正是我们下一节将要继续探讨的问题。

第三节　从"六经五书"到"四书五经"

在南宋"六经"制度逐渐趋于稳定、并为朝野士人广泛接受的同时,另一种在经学史上影响更大的经目也在悄然形成之中,这就是由《大学》《中庸》《论语》和《孟子》组成的"四书"。可以说,在本书"历代经目演变"这一论阈内,学界关于"四书"之形成过程的研究是最为充分的。就笔者所见,无论是"四书"作为一个整体得以形成的思想史、政治史背景及影响,还是《大学》《中庸》《论语》《孟子》这四部书各自获得"经"之身份的过程,围绕"四书五经"所能展开一切论题,学术界几乎都已经作了详尽的研究,在很多问题上已经形成了比较一致或几种有代表性的观点。因此,笔者将以学术界的现有研究成果为主,特别关注在南宋时期形成的包含《周礼》在内的"六经"何以到元代科举中变为"五经",以及《孝经》何以未能与"四书"一起获得兼经地位的问题。

一、"四书"的结集

在前文论述北宋中期经学风尚新变的思想史背景时我们已经指出,由于汉魏之际以来玄学、佛教以及道家心性论学说的持续发展,加之南北朝隋唐以来经学注疏学的独大,在中唐时期,一批忧心儒学的有识之士逐渐意识到,经学虽然凭借科举制度的维护,在社会上仍拥有较大的影响力,但这种影响力更多地停留在以之为"仕进之学"的功利层面上,以韩愈、李翱等儒学士人普遍认为,必须倡导对于儒家经义的深入研习,从中发掘出更多具有心性论层面的奥义,以之对抗佛、道两家的心性论,而正是在这一过程中,"四书"的重要性逐渐被发掘出来,并最终在南宋时期被朱熹等士人明确地汇为一帙,成为元明经学史上最为核心的"四书"。以下,我们分别梳理《论语》《孟子》《大学》《中庸》四部书之经学地位的形成过程。

就《论语》而言,前文已言,王国维先生在《汉魏博士考》中已经指出,在西汉时期,《论语》虽然没有被明确列入"五经"之中,但当时的朝野士人普遍研习《论语》,汉儒以"传"视之,其虽无"经"名,但影响之广泛,实不在"五经"之下[①]。到东晋太兴四年(321)博士制度改革,在原先博士员五人的基础上增为九人,于是第一次出现了"《论语》郑氏"博士,这是《论语》第一次与其它诸经并列[②],虽然当时的诏令中仍然没有明确称之为"经",但是此时《论语》的地位,无论是在实际上,还是在名义上,都已经与《易》《诗》《书》等诸经别无二致。这种情况在南朝仍然得到了一定的持续,例如刘宋时期的国子学"十经"中便列有《论语》。唐初建立"九经"制度,重新明确经、传之别,乃使《论语》的地位再次明确为"传",唐人虽然普遍研习《论语》,但在朝廷诏令、博士设员等官方举措中,都将《论语》《孝经》等与"九经"明确区分,诏令中常以"兼习之书"称之。直至王安石熙宁改革,乃冠之以"兼经"之名,从此《论语》虽非正经,但其"经"的地位却得到了确认。简言之,经过王安石的经目改

---

① 王国维《汉魏博士考》,《观堂集林》卷四《艺林四》,《王国维全集·第八卷》,第109~111页。

② 可参本书第四章第三节的相关论述。

革,《论语》乃由"传"升为"经"①。

关于《孟子》升经的具体过程,本章第二节已经有了非常详尽的论述,这里不再赘述。需要说明的是,关于赵岐所谓西汉孝文帝时置"《孟子》传记博士"之说,笔者在第二章第一节已经作了详细探讨,简言之,笔者认为,从《论语》《孝经》诸书在西汉初年的师授情况来看,赵岐此说十分可疑,钱穆先生以"诸子传记博士"之名出于"后世"的判断当更为可信。因此,《孟子》其书之始尊,似乎未必可以径以赵岐之说为据而定于西汉初年。不过,束景南先生通过考察汉代"传曰"一语的使用而得出《孟子》在汉代已有特殊地位的结论,却比较可信:

> 如《汉书·刘歆传》引"传曰:圣人不出,间必有命世者焉。"《说文解字》说"箪"字曰:"《传》曰:箪食壶浆。"这里的"传"都指《孟子》。故《汉书·景十三王传》云:"河间献王德所得书皆古文先秦旧书,《周官》《尚书》《礼》《礼记》《孟子》《老子》之属,皆经传说记。"王充在《论衡·对作》中也指出:"杨墨之学不乱传义,则《孟子》之传不造。"故尽管《汉志》把它列入儒家类,《隋志》把它列入"子"部,但事实上在西汉时代《孟子》已取得了"传"的地位。所以到东汉时代,《孟子》作为"传"得到更广泛的重视,出现了研究《孟子》的专著。著名的注孟之书就有程曾的《孟子章句》、高诱的《正孟子章句》、郑玄的《孟子注》、刘熙的《孟子注》、赵岐的《孟子注》等。白虎观会议是由皇帝亲自主持的一次著名的议经大会,在大会上论诸经通义时,以能否引证《孟子》来说明儒家事理作为是否

---

① 束景南先生在《四书升格运动与宋代四书学的兴起》中以"由'子'升'经'"来概括《论语》地位的变化,笔者以为稍嫌不妥。"子"书的概念是在隋唐时期才逐渐成熟起来的,而《论语》的地位则早在汉代就已经非常明确,那就是"传",汉人所谓"传曰""传不言乎"所称之"传",常常即指《论语》。从后来的四部分类法来看,"传"虽然非"经",但皆附于"经"而归入经部,因此,以四部之眼光视之,《论语》地位的改变,实际上是"经部"内部"经""传"关系的调整,并非"经部"与"子部"之关系的调整,这也是《论语》升经与《孟子》升经的重要不同之处。束景南、王晓华《四书升格运动与宋代四书学的兴起》,《历史研究》,2007年第5期,第77页。

识"道"和知识渊博的标准,可见《孟子》在当时的影响之大。①

不过,到了魏晋隋唐时期,由于儒家思想整体在社会上的影响力有所下降,因此《孟子》在未获得任何"经""传"名义的情况下,失去了《易》《书》等诸经的制度保障,无怪乎《隋书·经籍志》中径以之列入"子部",使之与诸子并列。直到中唐时期,随着韩愈"道统论"的提出,孟子其人其书的地位乃得到改观,韩愈有言曰:"自孔子没,群弟子莫不有书,独孟轲氏之传得其宗……故求观圣人之道,必自孟子始"②,孟子已经成为接续圣人之道的关键一环。至北宋庆历时期经学新变,《孟子》的地位乃进一步提升,欧阳修、范仲淹、石介、孙复以及二程、张载、周敦颐、王安石等,皆有尊孟之论,《论》《孟》并举,已经成为北宋中期经学新变中的一个重要现象,例如张载言:"要见圣人,无如《论》《孟》为要。《论》《孟》二书于学者大足,只是须涵泳。"③程颐言:"学者先须读《论》《孟》。穷得《论》《孟》,自有个要约处,以此观他经,甚省力。《论》《孟》如丈尺权衡相似,以此去量度事物,自然见得长短轻重。某尝语学者,必先看《论语》《孟子》。今人虽善问,未必如当时人。借使问如当时人,圣人所答,不过如此。今人看《论》《孟》之书,亦如见孔、孟何异?"④而王安石之尊孟,已如前文之所论。总之,到北宋熙宁时期,虽然仍有一些士人出于或政治、或学术的目的贬低孟子,但《孟子》与《论语》《孝经》并列为"兼经"的新政,实际上得到了当时大多数士人的认可,从此,《孟子》由子书跻身经部,成为新的"兼经"。

---

① 束景南、王晓华《四书升格运动与宋代四书学的兴起》,《历史研究》,2007年第5期,第80~81页。

② (唐)韩愈《送王秀才序》,马通伯《韩昌黎文集校注》卷四《序》,古典文学出版社1957年版,第153页。

③ (宋)张载《经学理窟·义理》,《张载集》,中华书局1978年版,第272页。

④ (宋)程颢、程颐《河南程氏遗书》卷一八《伊川先生语》,《二程集》,中华书局2004年版,第205页。

至于《大学》和《中庸》，原本是《礼记》中的两篇，属于"传记"的范围。束景南先生指出，"到魏晋南北朝时期，有宋戴颙作《中庸传》二卷，梁武帝作《中庸讲疏》一卷，以及梁大同十年（544）张绾、朱异、贺琛作《礼记中庸义》。有人专门为之宣讲、论说，正说明了《中庸》已单独行世，《大学》、《中庸》已开始从《礼记》中突显出来。"①而据束景南先生进一步考证，在北宋初年，《大学》与《中庸》常常被宋廷作为独立的典籍从《礼记》中抽出，其举出的例证包括：

（真宗景德四年）帝宴饯侍讲学士邢昺于龙图阁，上挂《礼记中庸篇图》，昺指"为天下国家有九经"之语，因讲述大义，序修身尊贤之理，皆有伦贯。坐者耸听，帝甚嘉纳之。②

（仁宗）天圣五年四月辛卯，赐进士王尧臣等……又人赐御书《中庸》篇各一轴，自后遂以为常。初上欲赐《中庸》，先命中书录本，既上，乃令宰臣张知白进读，至修身治人之道，必使反复陈之，上倾听终篇始罢……景祐元年四月乙卯，赐新第张唐卿《诗》及《中庸》。庆历二年四月己亥，又赐杨寘。皇祐元年四月戊子，赐冯京御诗及《中庸》。③

（仁宗天圣五年四月）二十一日，赐新及第《中庸》一篇。八年四月……四日，赐新及第进士《大学》一篇。自后，与《中庸》间赐著为例。④

此外，就笔者所见，真宗咸平二年（999）经筵亦已专讲《中庸》一篇：

三月一日，诏车驾以是月五日幸太学祗谒先圣，执经官差权礼部侍郎李焘，讲经官差国子祭酒林光朝，仍讲《礼记·中庸》"凡为天下国家

---

① 束景南、王晓华《四书升格运动与宋代四书学的兴起》，《历史研究》，2007年第5期，第84页。
② （宋）范祖禹《帝学》卷三，清文渊阁《四库全书》本，第9叶A。
③ （宋）王应麟《玉海》卷三四《圣文》，京都：中文出版社1977年影印合璧本，第675页上～676页下栏。按，束先生所引《玉海》"先命中书录本"句作"先命《中庸》录本"，恐误，今据宋刻本校正。
④ （清）徐松等辑《宋会要辑稿·选举二》之七，中华书局1997年版，第4248页下栏。

第五章 宋学的发展与官定"四书五经"的形成

有九经"一段。①

因此,正如束景南先生所指出的那样,"显然,《大学》《中庸》是宋初统治者开始把它们从《礼记》中凸现出来,作为有特殊意义的专经,并不是到后来由理学家把它们取出作为儒家的专经。"②

不过,毋庸讳言的是,除了宋初统治者对于《大学》《中庸》的重视以外,北宋士人对于此两篇也十分重视,司马光、胡瑗、范仲淹等士人都曾专门研习《大学》或《中庸》,并有所著述,而二程也曾有"《中庸》乃孔门传授心法"③"善读《中庸》者,只得此一卷书,终身用不尽也"④"入德之门,无如《大学》。今之学者,赖有此一篇书存,其他莫如《论》《孟》"等言论⑤,可见到北宋仁宗庆历时期,《大学》《中庸》在儒家经典中的特殊地位,已经得到了多数士人的认可,张载更言:

> 学者信书,且须信《论语》《孟子》。《诗》《书》无舛杂理,《礼》虽杂出诸儒,亦若无害义处,如《中庸》《大学》出于圣门,无可疑者。《礼记》则是诸儒杂记,至如礼文不可不信,已之言礼未必胜如诸儒。如有前后所出不同且阙之,《记》有疑议亦且阙之,就有道而正焉。⑥

联系到当时的疑经风潮,则张载对于此二书之"出于圣门"的笃定,更显出北宋士人对于《大学》《中庸》的特别看重。

总之,到北宋熙宁王安石经目改革为止,《论语》《孟子》已然具有了"兼经"的地位,而《大学》《中庸》作为《礼记》之单篇也广泛受到士人的

---

① (清)徐松等辑《宋会要辑稿·礼一六》之三,第684页下栏。
② 束景南、王晓华《四书升格运动与宋代四书学的兴起》,《历史研究》,2007年第5期,第85页。
③ (宋)程颢、程颐《河南程氏外书》卷一一《时氏本拾遗》,《二程集》,中华书局2004年版,第411页。
④ (宋)程颢、程颐《河南程氏遗书》卷一七《伊川先生语三》,《二程集》,第174页。
⑤ (宋)程颢、程颐《河南程氏遗书》卷二二上《伊川先生语八上》,《二程集》,第277页。
⑥ (宋)张载《经学理窟·义理》,《张载集》,中华书局1978年版,第277~278页。

关注,这为后来"四书学"的形成奠定了重要的基础。

不过,"四书"地位的提升,绝不仅仅是这四部书的地位各自获得提升这么简单,是何种因素使得这四部书最终合为一帙,成为经学新的核心的呢?关于这一问题,笔者以为束景南先生的分期与论述最为明晰系统。他在《四书升格运动与宋代四书学的兴起》一文中对"四书"学的形成进行了细致的梳理,据其考察,大体可以分为五个阶段:

第一个阶段,是"四书学的滥觞——王通、韩愈、李翱的四书学"。束先生认为,"四书"的滥觞,可追溯至隋代大儒王通,他的《中说》就是以《中庸》为基础,并通过发掘《大学》中"正心"的奥义,建立起"明内而齐外,故家道正而天下正"的心性修养理论①。到中唐时期,韩愈又以《论语》《孟子》为基础,建立起儒家的仁义道德论,并借鉴孟子的性善论,在《原性》篇将人性分为上、中、下三品②。至于李翱,乃以《中庸》中的"天命之谓性"为发端,在《复性书》中提出"弗虑弗思"的主张③,并从心性论的角度对《大学》中的"格物致知"作出了更为深刻的阐述:"敢问致知在格物何谓也?曰:物者,万物也。格者,来也,至也。物至之时,其心昭昭然,明辨焉,而不应于物者,是致知也,是知之至也。知至故意诚,意诚故心正;心正故身修,身修而家齐,家齐而国理,国理而天下平,此所以能参天地者也。"④至此,以心性论为核心的四书学已经初具雏形。

第二个阶段,是"宋初经学的转型与四书学经典诠释的兴起"。束先生指出,北宋中期经学风尚之转变的重要表现,是"治经主旨的转变,即以对儒家人文精神与心性之学的诠释取代汉唐经学的阴阳灾异与文

---

① (隋)王通《文中子中说》卷六,《四部丛刊》影宋本,第4叶。
② 可参韩愈《原性》,马通伯《韩昌黎文集校正》卷一,古典文学出版社1957年版,第11~13页。
③ (唐)李翱《复性书》,《李文公集》卷二,《四部丛刊》影明成化本,第4叶A。
④ (唐)李翱《复性书》,《李文公集》卷二,《四部丛刊》影明成化本,第5叶A~B。

字训诂之学的解释"①。由此,治经之重心逐渐转向"四书"学,一时范仲淹、胡瑗、欧阳修、杜纯等士人皆倡导精研《论》《孟》及《学》《庸》,而周敦颐在《通书》中提出的哲学范畴"诚",以及张载"穷理尽性、尽性穷理"的认识论,"性即理""理一分殊"的本体论等,都是通过对《论》《孟》等四部书进行理学化阐释的方式实现的。至此,《论》《孟》等在建构儒家心性论方面的优势得到了充分的体现,与此同时,重视《论》《孟》《学》《庸》,甚至以之置于六经之上的风气也开始出现了。

第三个阶段,是"四书学上升为官学——王安石的四书学"。在笔者所见各家关于"四书"学之兴起过程的论述中,较少有学者提及王安石在其中发挥的作用,而束先生将之单独列为一节,笔者深以为然。不过,在关于王安石与"四书"升格之关系的认定方面,笔者与束先生稍有分歧。束先生认为,王安石在早年已经形成了四书学思想,"他的四书学是一个心性道德论诠释体系,这正是王安石改革科举、以经义取士所要考的主要的经义内容",进而他提出:"他废除诗赋,改以经义取士,规定科举考试无论主修哪一经,《论语》《孟子》都是必考的,显然他要考的'经义'主要是四书的'经义'。在王安石那里,四书学已有更重于五经学的趋势,儒家经学的重心从五经学转向四书学,可以说是自王安石始。"②笔者以为,此论有两处不妥:其一,熙宁科举确实以《论》《孟》为兼经,并令进士科举子皆通试之,然而这是否可以视为重四书而轻五经的趋势呢?笔者以为未必。从科举考试的传统而言,唐制,明经科试经,于大、中、小经中有所择取,然皆须试《论语》《孝经》,在唐高宗时期,还曾规定"自今已后《道德经》并为上经,贡举人皆须兼通,其余经及《论

---

① 束景南、王晓华《四书升格运动与宋代四书学的兴起》,《历史研究》,2007年第5期,第88页。
② 束景南、王晓华《四书升格运动与宋代四书学的兴起》,《历史研究》,2007年第5期,第90页。

语》任依常式"①,可见以《论语》等作为科举士人兼习之经,乃是沿袭自唐代,并非王安石所自创。如果说王安石以《论》《孟》为兼经乃是重"四书",则我们是否可以说唐代以《论语》《孝经》为兼习之书,便是重此二书而轻九经呢？显然,这种论断难以成立,而这也就涉及此论的第二处不妥:王安石的经目改革,是以其四书学"心性道德论诠释体系"作为出发点的吗？关于此,实际上我们在本章的第一节已经作了论述。正如前文所举张岂之主编《中国思想学说史·宋元卷》指出的那样,王安石的新学实际上可以分为前后二期,其前期思想的重心,的确是心性道德论,而其后期思想的重心,则是以经学作为其变法的理论依据,发掘经学中有利于事功的成分。因此,王安石的经目改革,并非为了鼓吹其早期的"心性道德论",而是为了推广其后期的变法思想,王安石以《孟子》取代《孝经》作为兼经,固然体现出他对于四书的看重,但从整体上来说,新学的重镇,或许仍应在以《周礼新义》为中心的群经之学上,王安石对于四书学的最终形成确实发挥了重要的作用,但以其作为"重四书而轻五经"之始,恐难以令人信服。

那么,王安石之有功于四书学,究竟体现在什么地方呢？笔者以为,主要还是体现在兼经制度的建立上。毫无疑问,"兼经"是王安石的首创,从制度设计上来说,它有两点值得注意:其一,它使得"兼经"与"正经"(王安石称之为"大经")的并置成为一种稳定的常态。在此之前,虽然太学、国子学中《论语》与《孝经》的讲授、课试始终由诸经博士承担,但若论及经目,则一般皆仅举《易》《书》《诗》等正经,仅有东晋、南朝时期,《论语》《孝经》曾短暂地与诸经并列,但或许正是因为《论语》《孝经》并非先王之旧典,使之与诸大经并列并不合适,因此,随着唐代经目制度的重新调整,《论语》《孝经》又恢复了"兼习之书"的尴尬身份。而王安石所创立的"大经—兼经"模式则极好地解决了《论语》等典籍的

---

① 《旧唐书》卷二四《礼仪志》,第918页。

第五章　宋学的发展与官定"四书五经"的形成

身份问题,并且使得"经目"的范围从《易》《书》《诗》的传统诸经扩大至正经、兼经两种,"兼经"的地位显然也就此得到了提高。其二,"兼经"制度的建立,使得"兼经"本身成为一个相对独立的群体,而这就促使"兼经"内部各书之间的关系存在进一步深化的可能。我们知道,事物之间联系的建立,很大程度上依托于结构的建立,当几个事物被置于同一结构之中时,它们之间的关联性会得到很大程度上的激发,西汉初年贾谊、董仲舒的"六艺论",以及西汉末年刘歆的"五经"说、东汉《白虎通》所见的"五经"说,都是以"六艺""五经"这一结构为基础而生发出来的。在"兼经"制度建立之前,《论语》《孝经》等典籍一般是作为正经的附庸而被列举出来的,因此,相对处于同一结构中的正经而言,《论语》《孝经》等典籍之间的关系是零散的,受忽视的。而随着兼经制度的建立,《论语》《孟子》终于获得了一个独立的"结构",这就使得它们之间的关联性与整合性大大增强。事实上,从后来经学史的发展来看,无论是在北宋、南宋,还是在明代,都曾有士人主张将《孝经》甚至《尔雅》置入"兼经"之中,而此议最终无法实现,"四书"终究未变为"五书"或者"六书",很大程度上正是因为当熙宁新法制定了以《论》《孟》为内容的"兼经"制度后,"兼经"便不再仅仅是一个外壳而已,它逐渐发展为一个具有默认内涵的意义结构,《孝经》《尔雅》等典籍既然无法与这一内涵建立起切实的联系,就很难进入这一结构之内。"兼经"作为一种结构的整合性与排他性,对于"四书"这一经目的形成具有重要的推动作用,事实上,朱熹南宋时期的《私议》中曾并举《论》《孟》《学》《庸》四书,欲使之成为"兼经",令士子皆习读课试[①],足见"兼经"制度的建立,对于"四书"经目的形成所起的作用,实不容小觑。

总之,笔者认为,王安石的熙宁经目改革虽然并未举出"四书",但却为"四书"经目的形成奠定了制度史的框架基础,可以说,"四书五经"

[①]　《宋史》卷一五六《选举志二》,第3633～3634页。

的经目格局,正是以王安石所建立的"五经"加兼经的经目制度为基础逐步演变而成的。

回到"四书"形成过程的问题。束景南先生指出,"四书"学形成的第四阶段,是"理学的四书学的初步形成——二程的四书学"。束先生认为,正如《宋史·道学传》所言,真正把《中庸》《大学》作为独立的专经加以表彰,并使之与《论》《孟》并行的,乃是二程。二程通过揭示《中庸》中的"理",同时以重新编次《大学》章次的方式,建立完整的修身、治国、平天下的纲目,从而"进一步认为四书构成了一完整的儒家心性论,这个四书的内在结构是:《中庸》是讲'理'的,《大学》是入德之门,《语》《孟》彰显孔孟之道。二程就根据他们对四书内在结构的理解来对四书进行理学的诠释"①。这里二程对于"四书"之内在结构的阐释,正是我们前文所言"整合性"的体现。由此,二程借助《中庸》建立起"天理"的本体论,借助《大学》建立起"格物致知"的认识论,借助《论》《孟》建立起心性论,《论》《孟》《学》《庸》不再是四部单独存在的著作,它们成为了一个互补、自足的整体,"四书"学至此才真正建立起来。

第五个阶段,是"四书学集大成的完成——朱熹的四书学"。束先生指出,在二程之后,虽然南宋各主要学派都借助"四书"建构自己的思想体系,但真正成为四书学大成的,仍当属朱熹,"朱熹用一'道'贯通了四书。按照朱熹的诠释,四书的内在结构是:《大学》是入德之门,《论语》是讲'仁'的,《孟子》是讲'心'的,《中庸》是讲'理'的。由此朱熹确立了以《大学》定规模、《论语》立根本、《孟子》观发越、《中庸》求微妙的四书学的内在逻辑结构,构建了一个'理一分殊'的四书学诠释体系。"②随着南宋孝宗淳熙九年(1182)朱熹首次合刻《四书集注》,作为宋学之

---

① 束景南、王晓华《四书升格运动与宋代四书学的兴起》,《历史研究》,2007年第5期,第91页。
② 束景南、王晓华《四书升格运动与宋代四书学的兴起》,《历史研究》,2007年第5期,第92页。

大成的"四书学"至此终于完全建立起来了。

综上,我们以束景南先生的分期为基础,对"四书"由四部典籍合而为一个作为整体的"四书"的过程进行了简要的梳理。但是,我们知道,在宋代,"四书"之说虽然已经提出,但朝廷所施行的官定经目,却始终没有"四书",更不用说"四书五经"了,那么,作为官定经目的"四书五经"又是如何形成的呢?这便是我下一部分要探讨的问题。

二、至元国子学与"六经五书"制

众所周知,随着宋室南渡,以北宋四子为宗的道学得到了迅速的发展,影响遍及各地,出现了朱熹、陆九渊、吕祖谦等一批学术精深的士人,道学之盛,蔚然大观。但由于这些道学家的政治主张与当时孝宗皇帝崇尚事功的主张存在分歧,因此,道学影响虽然广大,却难以在朝廷立学。直至孝宗末年周必大、王淮等道学士人为相,方使得朝廷中开始形成道学一派的势力。此后,历孝宗末年至光宗一朝,以赵汝愚为首的道学派士人与反道学派势力之间持续进行争斗,并最终导致了宁宗初年的"庆元党禁",在此之后的十余年里,道学遭到重大的打击,被作为"伪学"而禁止传习[①],直到宁宗嘉定四年(1211),在国子司业刘爚的奏谏下,朱子《四书集注》才准予传习:

> 宁宗嘉定四年,国子司业刘爚奏刊朱子《四书》于太学,由是《四书》之传大行于世。[②]

随后,理宗宝庆三年(1227)又诏曰:

> 己巳,诏:"朕观朱熹集注《大学》《论语》《孟子》《中庸》,发挥圣贤蕴

---

① 可参高纪春《道学与南宋中期政治——庆元党禁探源》,河北大学2001年博士学位论文。

② (明)王圻《续文献通考》卷一九八《道统考》,明万历三十年松江府刻本,第18叶A。

奥,有补治道。朕励志讲学,缅怀典刑,可特赠熹太师,追封信国公。"①

至此,南宋官方对于朱子"四书学"的态度乃由禁锢而转为提倡,但这种提倡仍主要是学术层面上的,就制度层面而言,南宋时期施行的仍然是以"六经"配《论》《孟》的经目制度,关于这一点,除了本章第二节所举的一些诏令、条例以外,我们也可以从当时士人的一些论学之语中得到验证。例如宋元之际的士人罗璧即云:

> 六经皆根人事而作,《周易》著吉凶悔吝之理,《春秋》录是非善恶之迹,《毛诗》载政教美刺之分,《尚书》陈唐虞三代之治,《礼记》威仪之详备,《周礼》制度之纤悉,《论语》立身行己之大防,《孟子》发明王道之极致,无有空言者。②

这里罗璧称"六经"而语及《论》《孟》,正是参照当时官方的正经、兼经制度而言,又如元初士人刘因论学,亦以"六经《语》《孟》"为说:

> 先秦三代之书,六经、《语》、《孟》为大,……三代之学,大小之次第,先后之品节,虽有余绪,竟亦莫知适从,惟当致力六经、《语》、《孟》耳。世人往往以《语》、《孟》为问学之始,而不知《语》、《孟》圣贤之成终者,所谓博学而详说之,将以反说约者也。……六经既毕,反而求之,自得之矣。治六经必自《诗》始,……《诗》而后《书》,……三代之礼废矣,见于今者,汉儒所集之《礼记》、周公所著之《周礼》也,二书既治,非《春秋》无以断也,……后以《诗》《书》《礼》为学之体,《春秋》为学之用,体用一贯,本末具举,天下之理穷,理穷而性尽矣。穷理尽性,以至于命,而后学夫《易》。③

---

① 《宋史》卷四一《理宗纪一》,第789页。
② (清)朱彝尊《经义考》卷二九六《通说二》,中华书局1998年影印本,第1519页上栏。
③ (清)朱彝尊《经义考》卷二九六《通说二》,中华书局1998年影印本,第1520页下~1521页上栏。

第五章　宋学的发展与官定"四书五经"的形成

在宋元之际重"四书"而轻诸经的风潮之下，刘因主张治学以"六经"为始，由博返约，真可谓空谷足音，弥足珍贵，而且刘因还非常注重汉、唐经注的学术价值，反对抛弃汉唐经注而妄自议论，这些都显示出他对于经学的卓识。不过，刘因言"六经"之学则均以"性理"为归宗，亦足见其理学家之本色。总之，从南宋至元初，虽然"四书"的影响已然十分广泛，但朝廷的经目制度仍未受到其影响。

就笔者所见，最早将"四书"置入官定经目之中的，当是元世祖忽必烈至元二十四年(1287)国子学的建立。一般而言，说到"四书五经"制度的确立，很多人都会提到元代皇庆、延祐时期的科举定制，在那次科举考试中，"四书五经"第一次被作为试经科目举出，而其所限用的经解，也是以宋儒传注为主体，因此，学术界普遍以此次科举考试作为元代经目确立之始，并以之为"四书五经"作为官方制度确立的标志。然而，笔者在查检《元史》时发现，元太祖忽必烈时期国子学的建立，实是元代经学史上不可忽视的一个重要事件，而在这一事件中建立起来的经目，不仅应当被视为元代经目的真正开端，更有助于我们认识"四书五经"与两宋官定经目之间的沿革关系。据《元史·学校志》记载：

> 世祖至元七年，命侍臣子弟十有一人入学，以长者四人从许衡，童子七人从王恂。至二十四年，立国子学，而定其制。设博士，通掌学事，分教三斋生员，讲授经旨，是正音训，上严教导之术，下考肄习之业。复设助教，同掌学事，而专守一斋。正、录，申明规矩，督习课业。凡读书必先《孝经》、小学、《论语》《孟子》《大学》《中庸》，次及《诗》《书》《礼记》《周礼》《春秋》《易》。博士、助教亲授句读、音训，正、录伴读，以次传习之。①

这条材料此前较少受到学者的注意。但笔者认为其中实蕴含了

---

① 《元史》卷八一《选举志一》，第2029页。

"四书五经"形成过程中的一个重要环节,那就是"六经五书"。

事实上,早在南宋中后期,士人中便开始出现"四书六经"或"六经四书"的说法,不过,当时"六经四书"中所谓的"六经",更多的似是指儒家"六艺",并不是指现实中的"六经"制度,例如黄仲元《上江古心先生书》:

> 今之世惟古心先生传远之书、名世之史、金石之文、弦歌之诗与《易》《诗》《书》《礼》《乐》《春秋》等,不知可与陈无已尽言否,某愿执经焉,又否,则见相国当谈政事,不谈文学欤?某谓六经四书,言言是理,言言是用。①

黄氏先举出"六艺",然后乃言"六经四书",则其所谓"六经"所指当为"六艺",可以无疑。不过,也有一些士人所言的"六经四书"似乎是指南宋"六经"与"四书",例如元代陈栎即言:

> 文所以明理,必明理然后能作文,必讲学然后能明理,讲学当于何下手,不出乎读六经四书而已。六经非大儒不能尽通,初学且先通一经,四书亦当读之有次序。②

这里陈栎称"六经……初学且先通一经",似乎所指比较具体,或有可能是就南宋"六经"而论,不过,更多的"四书六经"所指实难以辨清,例如南宋陈普《鳌峰求仁课会题目序》:

> 六经四书可讲明者何限,而仁者万殊之总会,礼者万理之节文,事事穷其节文,则其统会处可以渐而融贯。③

这里的"六经"即可虚指"六艺",亦可实指南宋"六经",而事实上,

---

① (宋)黄仲元《莆阳黄仲元四如先生文藁》卷五,《四部丛刊三编》影明嘉靖刻本,第3叶A~B。
② (元)陈栎《定宇先生文集》卷八《随录》,清康熙刻本,第6叶B。
③ (宋)陈普《石堂先生遗集》卷一三,明嘉靖刻本,第14叶B。

无论"六经四书"的具体所指为何,可以确定的是,随着"四书"影响力的提升,士人普遍将其与作为正经的"六经"相并举,而且,从宋元诸儒的论述来看,除了前面所举的刘因反对士人以《论》《孟》为先以外,大多数士人都主张以"四书"为本,重"四书"而轻"六经"的格局至此已经基本形成。

而前文所举元太祖至元二十四年国子学的建立,则标志着南宋以来民间私议所流传的"六经四书"说正式得到了官方的认可,这里的"六经"十分明确是延续自南宋的"六经"制度,而"四书"则与《孝经》、小学一起作为士人习经的基本兼修课程。至元年间建立的这种经目制度虽然并未长期施行,而且在经学史上影响也十分有限,但是就经目演变的历程而言,却十分清晰地彰显出了"四书五经"与两宋经目制度之间的延续性:我们知道,元皇庆二年(1313)恢复科举制度,最终确定以"四书五经"作为官定经目,而我们若将"四书五经"与唐代、北宋时期施行的"九经"制度相较,会发现两者之间的差异非常之大,不仅具体的经典有所不同,且各自所宗的经传亦完全迥异,但是,如果循着元初国子学经目制度的轨迹上溯,则我们会发现,从制度史的沿革而言,"四书五经"实际上是王安石熙宁"五经"制度长期发展演变的结果:

前文已言,熙宁"五经"是以《周易》《尚书》《毛诗》《礼记》《周礼》为"五经",而以《论语》《孟子》为兼经,此后,在北宋中后期,随着元祐更化以及哲宗亲政等一系列政治变革,北宋的经目曾经过几次反复,最初主要在"五经"与"九经"制度之间反复变易,体现出新旧党人在对待汉唐注疏与荆公新学之间的不同态度,后来到徽宗时期则主要体现为《春秋》的反复废置,但此时南宋"六经"的基本形态已经基本奠定。随着南宋绍兴年间高宗经目制度的重定,以《周易》《尚书》《毛诗》《礼记》《周礼》《春秋》为正经,以《论语》《孟子》为兼经的"六经"制度成为南宋定制。与此前唐及北宋的"九经"制度相比,这一制度主要承袭的显然是王安石熙宁变法中所确立的"五经"制度,即一方面不专主汉唐注疏,允许以宋人传注应试,甚至自发议论,注重对诸经义理的发掘;另一方面确保"兼经"的地位,使得《论语》《孟子》得以广泛传习。

而随着南宋中后期"四书"学的迅速崛起,原先仅有《论》《孟》的兼经体系逐渐显得过于狭隘,"四书"不仅构成了一个互补、自足的性理学理论体系,而且《大学》《中庸》在这一理论构建中所起的作用甚至超过了《论》《孟》。正如前文所言,兼经并不是一个简单的躯壳,它是一个具有整合性的意义结构,当《论》《孟》已经不足以支撑起这种意义结构时,其范围的扩充就是在所难免的了,由此也就出现了上文所举元初经目中以"四书"与"六经"相配的格局。

不过,读者也许已经发现,至元二十四年所定的这个经目制度又并非是此前士人曾言的"六经四书",而是"六经五书"——在兼经的部分,除了"四书"以外,还增加了《孝经》,而如果我们回顾宋元经学史,会发现在南宋时期,确实有一些学者提倡将《孝经》与"四书"并置作为一个整体,例如吕本中即言:

> 学问当以《孝经》《论语》《中庸》《大学》《孟子》为本,熟味详究,然后通求之《诗》《书》《易》《春秋》,必有得也,既自做得主张,则诸子百家长处皆为吾用矣。①

而如果再往前推,在本章的第二节我们也已经论及,在王安石熙宁改革弃《孝经》而取《孟子》为兼经后,仍有不少士人主张将《孝经》列入兼经,使之与《论语》《孟子》相并置,除了前文所举苏轼之例外,这里再举一例:

> (李潜曰:)吾徒学圣人者,当自用意看《易》《诗》《书》《春秋》《论语》《孟子》《孝经》而已,中心既有所主,则散看诸书,方圆轻重之来,必为规

---

① (宋)吕本中《童蒙训》卷上,明刻本,第1叶A。

矩权衡所正矣。①

可见,由于《孝经》自汉代以来便与《论语》一样同为六经附庸,且其相传为孔子亲传、曾子亲撰,故其地位较之《孟子》原更为显赫,因此其虽然在熙宁变法中未得并列兼经,但影响仍十分可观。王应麟在《玉海》中论及"表"的写法时曾举出当时经筵进讲科目,包括:

《易》、《书》、《诗》、二《礼》、《春秋》、《语》、《孟》、《孝经》、《中庸》、《大学》。②

显然,元代初年经目中所列的"六经五书",正是承袭自南宋中后期的这种经筵进讲科目。总之,以《孝经》与"四书"相配显然并不仅仅是士人群体的私议,而是已经在一定程度上得到了官方的认可,元初经目制度主要承自南宋,其以《孝经》与"四书"并列而为"五书",也就不难理解了。

三、皇庆科举与"四书五经"的确立

从元代皇庆二年所定的科举制度来看,原先的"六经五书"最终定格为"四书五经",缘何《孝经》和《周礼》最终失去了兼经、正经的地位呢?

我们先看《孝经》。事实上,即使是元代确立了"四书五经"的经目制度以后,元明时期主张将《孝经》与"四书"并置的呼声仍不绝于耳,其中以明代左懋第《重刻孝经序》的论述最具代表性:

《孝经》一书,孔子与门弟子所论著,而不列于《四书》者,必谓其事庸辞易,而小学之书也。夫《四书》首《大学》,其理约而全,而天之所以

---

① (宋)吕本中《童蒙训》卷下,明刻本,第13叶A。
② (宋)王应麟《玉海》卷二〇三《圣文》,京都:中文出版社1977年影印合璧本,第3818页下栏。

命人,与人所以复天,惟《中庸》言之详,有以致其实,而尽发夫微显原委之理,天人之际明焉矣。张子《西铭》以天地为大父母而吾事之,盖得《中庸》之精微,而为此言而实本《孝经》"事父孝事天明,事母孝事地察"之二语。噫,《中庸》盖本《孝经》而作也! 余谓《孝经》宜后《大学》而前《中庸》,以《大学》"格、致、诚、正、修、齐、治、平"开生人之大端,而以《孝经》为根柢,《中庸》以究其天人始终之极致。①

与吕本中简单地提出将《孝经》与"四书"并置不同,左懋第详细地论述了《孝经》在性理之学上与《大学》和《中庸》之间的关联,并提出可以将其置入"四书"的体系之中,这种尝试与北宋时期士人建构"四书"的学理联系时的努力何其相似。但正如我们前文已经论及的那样,经目本身是具有整合性的,而从另一个方面来说,它又是具有排它性的,一旦一种经目作为一个自足的理论体系被建构起来了,则其它的经典就很难再进入这个经目之中。《孝经》既然在两宋"四书"学的建立过程中未能经由宋儒的性理化阐释成为"四书"或者"五书"的一部分,则当"四书"学作为一个整体已经被建构起来的时候,《孝经》也就很难再有效地融入其中了。在元代初年,《孝经》可以凭借其悠久的经传传统与"四书"并列为兼经,但其终究不是宋儒性理学体系中的核心要籍,因此最终仍不免被"四书"排除出兼经的范围,这就是经目排它性的体现。

至于《周礼》正经地位的废黜,则更涉及宋元经学史的一个重大转关,我们在下一部分将专门进行论述。

总之,从熙宁"五经"配《论语》《孟子》,到南宋"六经"配《论语》《孟子》,再到元初以"六经"配《孝经》《四书》,直至元皇庆二年以"四书五经"为经目,这就是"四书五经"在制度上的演变过程。在这一过程中,经目的延续性主要体现为,从熙宁五经到"四书五经",其核心立场都是

---

① (明)左懋第《萝石山房文钞》卷二,清乾隆四十六年左尧勋刻本,第33叶A~B。

要背离汉唐注疏学专注章句、训诂的故径,倡导以义理之学治经,而同样在这一过程中,经目发生的变化则主要可以归结为两点:第一,即解经体系的变化。熙宁"五经"制度打破了汉唐注疏一统官学的局面,同时以荆公新学作为新的官方经学,而其后的元祐更化则进一步打破新学的一统局面,汉唐注疏以及宋儒传注均可作为科举考试的应试经传,这是曹魏之后官方经学体系的再次开放,实际上也是新官学代替旧官学的一个必要过程,随着元代"四书五经"体系的建立,宋儒理学、主要是程朱理学经传成为新的官学,并一直延续至明清。第二,是"正经"与"兼经"关系的变化。熙宁经目制度虽然建立了稳定的"兼经"制度,使得《论语》《孟子》的地位得以提升,但就经目内部而言,正经的影响力仍在兼经之上,王安石对于《周礼》等正经的关注度无疑还是要超过《论》《孟》;而随着宋代"四书"学的迅速发展,到南宋时期,重"四书"而轻"六经"就已然成为理学士人的基本共识,"四书"不仅建构起一个自足的性理学体系,而且诸经的解释也要以"四书"学的性理学体系为基础进行阐发,后来"四书五经"中的《易本义》《书集传》《诗集传》《礼记集说》《春秋胡氏传》等,都不同程度上受到性理学的影响。

总之,随着元代皇庆二年(1313)"四书五经"经目的确立,中国的官定经目至此最终成形,在明清两代,虽然有很多士人对于这一经目提出异议,例如有的主张将《孝经》《尔雅》增列为兼经,有的则主张扩大正经的范围,甚至后来还出现了"十三经"的主张,但这些主张都未能真正转变为科举考试以及博士设科的官定经目,"四书五经"作为经学史上最后一个官定经目,长期影响了经学史的发展格局,关于这一点,学术界的讨论已经非常充分,这里就不再赘述了。

四、《周礼》的废置及其经学史意义

《周礼》原称《周官》,在西汉初年的献书风潮中为河间献王所得,然缺《冬官》一篇,后以《考工记》一篇足之,成为今本《周官》的规模。该书在西汉时期流传并不广泛,一般认为属于"古学"的范畴,至西汉末年王莽擅政,据其建立"九锡"礼,并将其作为官制改革的参考,为了进一步提升《周官》的权威性,刘歆奏请改书名为《周礼》,将其纳入"礼经"的范畴,并为之置博士官,《周礼》正式进入经学史的发展脉络中,这是《周礼》地位的第一次提升。当然,随着王莽政权的覆灭,《周礼》的官学地位就此丧失。

《周礼》地位的第二次提升是在汉魏之际,由于马融、郑玄等东汉大儒均注重礼学,且特别注重《周礼》在"三礼"中的地位,由是带来《周礼》学在魏晋南朝的勃兴。陈寅恪先生曾经指出,《周礼》崇礼复古的礼学精神适应了魏晋南北朝贵族门阀政治的趣味①,而梁满仓先生亦指出,《周礼》的"五礼"结构本身较之汉人所重视的《士礼》十七篇也更适合作为国家官制、仪制的参考②,因此,在魏晋南北朝时期,《周礼》之学再次成为显学。然而,由于《周礼》所载的官制、仪制毕竟是分封制诸侯王权背景下的制度设计,与以官僚制为基础的皇权政治显然无法契合,因此,在《周礼》"五礼"结构的基础上,晋人制定了"新礼",唐人更建立起系统、完备的"开元礼",从此《周礼》逐渐变为尚家之学,其社会影响力再次衰落,这一点我们在唐代经目时已然提及。

《周礼》地位的第三次提升则是在王安石熙宁变法中。由于王安石的新政大量变革宋代的祖宗之法,因此他需要为自己的改革找到某种权威性的依据,而在这样的需求下,《周礼》成为王氏用以缘饰新法的重

---

① 陈寅恪《崔浩与寇谦之》,《金明馆丛稿初编》,生活·读书·新知三联书店2001年版,第145页。
② 梁满仓先生指出:"魏晋南北朝时期的五礼制度是在以《周礼》为核心的'三礼'基础上建立的,《周礼》建构了一套比《士礼》庞大复杂的体系,在这个体系中,既有对民的教化,也有对官的治理;既有对财政的管理,也有对整个国家的管理,因此它把礼仪制度与国家制度完全融合在一起,提供了一种把礼仪制度与国家制度结合的理论模式。"梁满仓《魏晋南北朝五礼制度考论》,社会科学文献出版社2009年版,第129页。

第五章　宋学的发展与官定"四书五经"的形成

要典籍。他在《周礼新义》中通过对经书的阐释,为青苗法等各种变革建立了理论基础,《周礼》也随着王安石新政的推行而成为显学。然而众所周知,王氏新政持续的时间并不长久,在经历了元祐更化、哲宗亲政等变革之后,《周礼》的地位较之熙宁时期实已有了一定的下降,继王安石《周礼新义》之后,宋代再未出现重要的《周礼》经注,即显示了其在诸经中地位的下降。

不过,正如笔者在本书中多次论及的那样,官定经目作为朝廷制度的一个重要组成部分,本身是具有较强的稳定性的,只要国家政治没有出现大的变动,经目一旦确立之后,便很少发生改变。《周礼》虽然主要是依靠王安石的个人旨趣和需要在熙宁变法中被列入正经之列,但一当这种制度颁行天下,便会有大量的士人研习此经以备科举,而由此朝廷也就不会轻易改变经目,即使它或许已经不再是当时经学风尚的主流。从南宋到元初,《周礼》都是依靠经目本身的这种稳定性而长期居于经目正经之列,而且从南宋时期士人的一些论述来看,他们甚至认为《周礼》位列正经的原因更多的是为了"足六经之目":

> 狐裘之弊,可补以狐,而不可补以羔;缁衣之敝,可补以缁,而不可补以缟。《周官》出于周公,亦圣人之言也,用以足六经之目,是以狐补狐、以缁补缁,未为过也。至于《冬官》之阙,刘歆以《考工记》足之,则是以羔补狐、以缟补缁,固未能免学者之疑也。①

章如愚认为《周礼》之为正经,只是"以狐补狐、以缁补缁"。此论在当时或有一定的代表性,因为同时的陈藻在科举策问中也向举子们提出了这一问题:

> 六经之目,《周官》一数也。既武帝以是为末世渎乱不验之书,则当

---

① （宋）章如愚《群书考索·续集》卷一〇《经籍门》,广陵书社2008年影印本,第937页上栏。

时表章以何者而足六经之数耶？岂以《仪礼》耶？若果然，则后人经小戴而不经《仪礼》，又何耶？①

总之，章如愚等士人认为，"六经"乃儒经之成数，自当齐备，而《乐经》既然已亡佚，则只好取《周礼》以凑足之，足见《周礼》虽然位列正经，但终究与其它诸经存在差异。联系前文所言《尔雅》《孝经》等先后在宋代被废出兼经的原因，我们发现，《周礼》之所以成为"六经"中的异类，与其不符合南宋正经的主体风尚有着重要的关系。

我们在分析王安石新学的官学化过程时曾经指出，王安石的新学分为前后两个阶段，早期是心性道德之学，后期则是变法事功之学，而《周礼新义》正是其后期学术的主要代表，换言之，《周礼》地位的提升，乃是与王安石重新发掘了其事功性的价值密切相关。但是我们知道，北宋中期以来儒学新变的主流，仍是心性道德之学，而随着北宋四子理学思想的成熟，北宋的经学更向着性理化的方向发展，在南宋时期，虽然在孝宗、光宗、宁宗三朝因为政治的因素，程朱理学曾遭党禁，但自宁宗嘉定二年（1209）开禁之后，程朱理学的影响迅速回升，宁宗朝即命太学颁印朱熹《四书集注》，理宗朝又崇奉朱熹为信国公，总之，到南宋中后期的时候，以"四书学"为基础的理学已经在事实上成为南宋朝野的主流经学，而正如前文所言的，包括《易本义》《书集传》《诗集传》《礼记集说》等在内的各种宋元经传，也都不同程度地围绕性理学的主题展开，而作为宋儒《周礼》学的代表作，王安石的《周礼新义》恰恰是无关乎性理学的，在他前后的宋代理学家，也未能成功地从性理学的角度对这部记述官制朝仪的礼书进行性理学的阐释、发掘，这就无怪乎到了南宋中后期的时候，士人中会出现以《周礼》为凑数之正经的论调。到了元代，一方面，官方经学中程朱理学的色彩更为浓厚，另一方面，元代经战

---

① （宋）陈藻《乐轩集》卷六《策问·周礼》，清文渊阁《四库全书》本，第11叶A。

第五章　宋学的发展与官定"四书五经"的形成

乱之后重建,且长期中断国子学教育和科举考试,经目制度的稳定性赖以维系的基本因素均遭到破坏,由此,《周礼》的正经地位在至元二十四年(1287)国子学经目中回光返照之后,最终在皇庆二年(1313)科举定制中彻底遭废,终元、明、清三朝,《周礼》未能再次成为显学,也再未能进入官定经目之中。

不过,笔者认为,《周礼》正经地位的彻底废除,其在经学史上的意义并不止于一次制度变革这么简单,从整个中国经学史的发展来看,《周礼》正经地位的废除,还象征着官方经学的身份由"治国之学"向"治人之学"的彻底转变。

我们在论述汉武帝"五经博士"制度时已然论及,武帝君臣建立经学制度,其初心并不完全是为了推广儒学,而是意在以经术治理国家,即通过儒家政治学说为汉代建立一套完备的社会制度和维护社会风气的伦理体系。换言之,汉初儒臣的设想,是经学一方面可以用于匡正国体,另一方面又可以用于教化人心,前者我们称之为"治国之学",后者则可以称之为"治人之学"。

然而从汉代经学史的发展实践来看,汉代的官学最终主要是沿着"治国之学"的方向发展的,无论是汉武帝、公孙弘以"经术缘饰吏治",还是董仲舒的天人感应学说,以及阴阳五行学、谶纬之学,汉代官方经学的风尚虽然屡经变易,但其以经学匡正国体的主旨却基本未发生改变,即使是刘歆、王莽倡导古学,也是用之定律历、官制、服制甚至田制、分封制,因此,汉代的官方经学总体上可以概括为"治国之学"。不过,过分的拘守古制导致了王莽改革的失败,而过分的神异化、形式化则导致了东汉官方经学的衰落,汉末政治的混乱以及社会风气的崩坏,显示着汉代官方经学"以经治国"的失败。

汉代政权虽然覆灭了,但其"以经学治国"的传统却在魏晋南北朝时期得到了进一步的延续。我们知道,随着汉魏之际儒学独尊地位的瓦解，玄学的兴起和佛教的本土化都使得儒学作为国家意识形态的地位受到严重的冲击，士人的价值观念、行为方式更多受到玄学、佛学的影响，而经学渐渐变为朝廷上的仪式而已。因此，在整个中古时期，经学的核心由此前的神学变为礼学，三《礼》之学以其独一无二的实践性而异常发达①，并由此带来以训诂、考证为主体的群经注疏学的发达。因此，魏晋南北朝乃至隋唐的官方经学虽然在经目以及学风方面与汉代官方经学迥然不同，但其以经学为"治国之学"的理念却基本未发生改变。不过，到了中唐以后，一方面，开元礼的施行已经使得传统三礼之学成为筌蹄，另一方面，中晚唐以后士庶阶层之分的逐渐消解也使得礼学本身的影响力逐渐下降，因此，以注疏学为主要形式的官方经学逐渐沦为士人的"仕进之学"，经学整体上走向僵化，自魏晋以来"以经治国"的尝试再次宣告失败了。

因此，至北宋仁宗庆历前后，当宋儒开始再次思考经学"经世致用"的属性时，二程等士人通过对《大学》八条目的梳理，为儒学找到了一条向内转的道路，并由此开始了儒学由外王之学向内圣之学的历史转变，不过，在这一转变过程中却曾经出现过一次反复，那就是王安石的熙宁变法，正如我们在前文所言，王安石在变法中利用《周礼》作为其理论依据，通过对《周礼》经义的阐释来传达其变法的理念。可以说，王安石的《周礼新义》是对《周礼》在事功层面上的又一次发掘，而随着王安石变法的失败以及新党的垮台，《周礼》的这次尝试最终仍未能避免失败的命运。至元代皇庆科举定制中《周礼》正经地位遭到废黜之后，虽然朝廷议政、议制仍常常引经据典，但官方经学在主体上作为"治国之学"的历史也就此终结了。

不过，经学既然在元、明、清时期仍然作为国家意识形态而存在，则

---

① 关于礼学的实用性特征，可参梁满仓《魏晋南北朝五礼制度考论》第二章第四节《以实用为目的多方面起作用》，社会科学文献出版社2009年版，第97~107页。

第五章　宋学的发展与官定"四书五经"的形成

其在现实政治中显然仍要发挥重要的影响,不过,与汉唐经学史相比,元明以来的官方经学逐渐转向对于世道人心的教化,以及对于忠、孝、节、义等伦理观念的倡导,南宋末年的真德秀即曾言:

> 古之学者,学一经必有一经之用,其视后世通经之士,皆徒习章句训义而无益于性情心术者何如哉?①

可见,经历了汉唐以来"以经治国"的反复失败,又经过两宋性理学的发展,在"皇权——官僚"政体已经发展到非常成熟的阶段之后,经学的"致用"之处也就不再是匡正政体,而是辅翼性情。元、明、清的统治者之所以不遗余力地倡导程朱理学,正是看重其有助于教化人心的功用,例如清圣祖论及《礼》学之用,几乎完全是从其人伦教化之用的角度进行阐述:

> 朕闻六经之道同归,而礼乐之用为急。孔子曰:"安上治民,莫善于礼。"又曰:"上好礼,则民莫敢不敬。"诚以礼者,范身之具,而兴行起化之原也。天之生人,品类纷纶,莫可纪极。圣人起而整齐之,法于天,则于地,顺于人,达于时,协于鬼神,斟酌损益,以定其品节限制,俾天下化其好逸恶劳之心,而予以从善弃恶之道,蒸蒸焉日蹈履于中正,而不敢越。盖非有以强之也,率乎其理之所安而已。其纲有三百,其目有三千,大者在冠昏、丧祭、朝聘、射宴之规,小者在揖让、进退、饮食、起居之节,循之则君臣、上下赖以序,夫妇、内外赖以辨,父子、兄弟、婚媾、姻娅赖以顺而成。反是,则尊卑易位,等杀无章,家未有能齐,而国未有能治者。故曰:"动容中礼,而天德备矣;治定制礼,而王道成矣。"尝遐观三代禹、汤、文、武,惇叙彝典,以倡导天下。而其时之诸侯秉礼以守其国,大夫士遵礼以保其家,下至工贾、庶人畏法循纪以世其业。呜呼!何风之隆哉!……务佩服其训词,而实体诸躬修,措之邦国,使百尔怀恭敬

---

① (清)朱彝尊《经义考》卷二九六《通说二》,中华书局1998年影印本,第1519页上栏。

逊让之诚,兆庶凛撙节防闲之则,德化翔洽,上媲隆古,庶乃惬朕敦崇礼教之意也夫!①

而如果将东汉时期所编的《白虎通》与明太祖时期所编的《精诚录》相对照,我们会发现,同样是由朝廷主持编写的解经类著作,前者的主题包括"爵""号""谥""五祀""社稷""礼乐""封公侯""京师""五行""三军""诛伐""谏诤""乡射""致仕""辟雍""灾变""耕桑""封禅""巡狩""考黜""王者不臣""蓍龟""五刑"等等,可以说,国家政治的方方面面,举凡礼服、官制、律历、军事、祭祀、教育、刑罚、农商等等,从天子到庶人,都要以经义为准则;而后者的主题则只有三个:"敬天""忠君""孝亲",不但经学对现实政治的干预性大为消减,而且其限制的对象也由天子、万民转变为专治臣民。两者之间的鲜明对比显示出官方经学在作为"治国之学"和"治人之学"的不同身份时对于国家政治产生的不同影响。学者早已指出,自宋代以后,统治者集权越来越严重,国家对于士人思想的控制亦逐渐加强,至明、清乃至于极端,则官方经学本身定位的变化,似乎也是影响这一趋势的重要因素,值得我们深思。

---

① (清)清圣祖《日讲礼记解义序》,(清)张廷玉编《皇清文类》卷首2《圣祖皇帝御制文》,清文渊阁《四库全书》本,第7叶A~8叶B。

第六章　民间经学力量的上升与"十三经"的确立

自从元皇庆二年(1313)确立以宋儒传注为主体的"四书五经"作为科举考试的基本科目以后,历明、清两代,虽然在某一些历史时期,朝廷准予科举考试兼用汉唐注疏,但从整体上来看,"四书五经"作为官定经目的格局基本未再发生改变。然而众所周知的是,在明清以至近现代,还有一个影响力并不在"四书五经"之下的经目在士林学界广泛流传,那就是所谓的"十三经"[①]。不过,正如笔者在第五章开头部分已然提及的那样,或许是"十三经"一词的使用太过频繁了,以至于在很多情况下,它不再被视作一个具有历时性与共时性背景的经学术语,而是被当作儒家经典的当然集合。换言之,有这样一种观点认为,儒家经典群的形成是一个不断积累、扩大的过程,其最初的规模是"六艺",之后由于《乐经》失传,到汉代乃成为"五经",到唐代,随着三《礼》、三《传》的分立,经典范围变为"九经",其后,随着开成石经的刻立,经典范围又变为"十二经",直至北宋元祐年间《孟子》由子部擢为兼经,于是儒家"十三

---

① 周予同先生在《僵尸的出祟——异哉所谓学校读经问题》中曾言:"如果我们像现在时髦大学考试国学常识似的,说:'经是什么?有些什么?'恐怕大家或者不假思索地说:经是孔子的东西;他一共有十三部,所谓'十三经'……"可见,直到民国时期,"十三经"之名在学界的影响仍然非常巨大。朱维铮编《周予同经学史论著选编》(增订本),上海人民出版社1996年版,第593页。

经"的规模乃就此实现。这种观点影响巨大,近代以来的各种经学史、儒学史、学术史著作在勾勒历代经学演进过程时,虽然细节各有差异,然大抵均依循这一思路①。当然,还有的学者则认为所谓"十三经"之说不过是十三部书的合称而已,"本无甚么深义"②。但是,我们在绪论部分已然指出,所谓的"经目",与一般的经书合称,例如"开成十二经""九经三传"等相较最大的差异,就在于它是在某一特定的时空背景之下,官方或士人基于其特定的政治理念或经学理念而提出的一种具有纲领性的经学学说,我们要认定某一种经典组合是否具有"经目"的属性,最简便的方法便是考察它是否具有官方的制度保障或者士人的学理论证。而从这个角度来说,"十三经"虽然涵括了此前的儒家"六艺""九经"等多种经目,在范围上似乎是儒家经典的总集合,但它依然是在一个特定的学术史背景下,由一个明确的士人群体基于某种明确的学术理念而提出的,简言之,"十三经"绝不应当被轻率地视为儒家经典的一个当然集合或临时集合,我们需要像看待"四书五经"那样,来研究"十三经"这一名目为什么会被提出?它从提出到获得认可并广泛流传经历了怎样的过程?它在经学史上是一个什么样的地位?它与官定经目"四书五经"之间是何关系?朝廷如何看待"十三经"这一名目?只有釐清了这些问题,我们才有可能真正认识到"十三经"这一名目的出现对于经学史的意义,也才能更加深刻地理解明清经学史上的学术、学派之

---

① 例如伪满洲国文教部所编《经学教科书》之《群经之数目》部分,即以此列五经、六经、七经、九经、十一经、十三经之发展脉络,并言"宋代以降,则恒言为《十三经》矣"。作为一本初等教材,这反映了民国时期学者对于经目演变史实的基本看法,但这一概括不但误言了"十三经"的形成时间以及影响,更是将与之并存的另一经目"四书五经"直接排除在历代群经数目的演变过程中。文教部《初级中学经学教科书·上册》,沈阳:奉天省公署印刷局康德元年(1934)版,第5页。

② 例如章太炎在《国学概论》第二章《经学的派别》中曾说:"宋代所称十三经,是合《易》《尚书》《周礼》《仪礼》《礼记》《诗》《左传》《公羊》《穀梁》《论语》《孝经》《孟子》《尔雅》而说的;这只是将诸书汇刻,本无甚么深义,后人遂称为十三经了。"章太炎《国学概论》,上海:泰东图书局1923年版,第43页。

第六章　民间经学力量的上升与"十三经"的确立

争,而这些正是本章试图探讨的问题。

第一节　南宋至明初的"十四经"说

与六经、九经、十三经等概念相比,"十四经"是一个令人颇感陌生的名词。李学勤先生《经史总说》云:"宋明又增添《孟子》,于是定型为《十三经》。宋代有人提到把《大戴礼记》收入,合为'十四经',但没有成功"①,许道勋、徐洪兴《中国经学史》亦云:"经典领域的扩大,至'十三经'而定,以后又有人提出'十四经''二十一经'等概念,但都未能流行开来","十四经"下有注:"如宋代史绳祖提出在'十三经'之外加《大戴礼记》(《学斋占毕》)为'十四经'"②,从这两篇文章看来,"十四经"似乎是在"十三经"形成后,再加上《大戴礼记》而构成,这也代表了学术界对于这一问题的普遍看法。基于此,"十四经"通常被视作经学史上无关紧要的一种说法,一方面对后世没有产生实质性的影响,另一方面于经学史的演进也无甚关联。这种认识极大的限制了学术界对于"十四经"的深入研究,到目前为止,仍无关于此的专门研究。而事实上,"十四经"在经学史上的意义实不容小觑,通过对于"十四经"的研究,不仅可以帮助我们把握"十三经"的形成过程,还有助于我们更全面地了解宋明经学史。究竟"十四经"之名起自何时何人?它在宋元明清经学史上占据什么样的地位?"十四经"为什么没有能够得到广泛认可?本节即拟围绕这些问题展开论述。

一、"十四经"所指略考

关于宋代"十四经"的具体所指,古籍中有三种意见。第一种与目

---

① 李学勤《经史总说》,《经史说略·十三经说略》,燕山出版社2002年版,第2页。
② 许道勋、徐洪兴《中国经学史》,上海人民出版社2006年版,第73页。

前学术界的普遍看法相同,以《十三经注疏》中的十三种经典加上《大戴礼记》构成,如清代中期的著名学者全祖望(1705—1755)《答朱宪斋辨西河毛氏大学证文书》云:

> 朱(笔者按:当作"宋",清嘉庆十六年刻本即作"宋")始以《孟子》称经,诏孙奭撰疏。而元祐时改以《诗》《礼记》《周礼》《春秋左氏传》为大经,《易》《尚书》《春秋公羊氏传》《穀梁氏传》《仪礼》为中经,《论语》《孝经》《尔雅》《孟子》为小经,其后又增加《大戴礼》为十四经,皆班班可考者。①

全祖望虽称此"皆班班可考者",但事实上他对于元祐更化中确定的经学制度的描述却与历史事实有所出入。《宋史·选举志》记载:

> (元祐)四年,乃立经义、诗赋两科,罢试律义。凡诗赋进士,于《易》《诗》《书》《周礼》《礼记》《春秋左传》内听习一经。初试本经义二道,《语》《孟》义各一道,次试赋及律诗各一首,次论一首,末试子、史、时务策二道。凡专经进士,须习两经。以《诗》《礼记》《周礼》《左氏春秋》为大经,《书》《易》《公羊》《穀梁》《仪礼》为中经,《左氏春秋》得兼《公羊》《穀梁》《书》,《周礼》得兼《仪礼》或《易》,《礼记》《诗》并兼《书》,愿习二大经者听,不得偏占两中经。初试本经义三道,《论语》义一道,次试本经义三道,《孟子》义一道,次论策,如诗赋科。并以四场通定高下,而取解额中分之,各占其半。②

比较两条材料就可以发现,元祐时新定专经进士考试制度虽恢复了熙宁变法以前以大经、中经、小经相配比的思路,但在实际的政策制定中则只设置了大经、中经两个层次,并无小经,《论语》《孟子》的实际身份是兼经,而《孝经》《尔雅》则根本不在应试科目之中。显然,全祖望

---

① 朱铸禹校注《全祖望集汇校集注》中册,上海古籍出版社2000年版,第1612页。
② 《宋史》卷一五五《选举志》,第3620~3621页。

第六章 民间经学力量的上升与"十三经"的确立

乃是根据后来的"十三经"增改了元祐经学制度。不过,他以"十四经"为"十三经"加上《大戴礼记》的观点,则是非常明确的。

第二种意见,则见于元人刘实的《敏求机要》:

《周易》《诗》《书》并《礼记》《周礼》《春秋》六经,是总合二礼为五经,《孝经》《论》《孟》九经,备通计四十有八万零数五百单五字。(原注:连《周易略例》《卦略》),《左传》元来附《春秋》,《公羊》《穀梁》又有二,凑来恰是十一经,十二经添《尔雅》,寄更将《大戴》《小戴》参,凡十四。经名各异。①

这是笔者所见宋元人对于"十四经"这一名词作出的惟一一个明确描述。他认为"十四经"是指《周易》《尚书》《毛诗》《礼记》《周礼》《春秋》《孝经》《论语》《孟子》《公羊传》《穀梁传》《尔雅》《大戴礼记》和《小戴礼记》。"十四经"一名出现于南宋末年,元人去古未远,他的记述非常值得我们重视。只是它所云"十四经"不包括《仪礼》而包括《小戴礼记》,可是《小戴礼记》就是其前文所举"六经"中的"《礼记》",二者既然同为一书,则不可一书而复称二经,因此,这里的记载又一定有误。

第三种意见见于清末士人蒋超伯(1821—1875)的《南漘楛语》:

十四博士　《后汉书·徐防传》防疏曰:"孔圣既远,微旨将绝,故立博士十有四家。"注引《汉官仪》曰:"光武中兴,恢宏稽古,《易》有施、孟、梁丘贺、京房,《书》有欧阳和伯、夏侯胜、建,《诗》有申公、辕固、韩婴,《春秋》有严彭祖、颜安乐,《礼》有戴德、戴圣,凡十四博士"。史绳祖《学斋占毕》谓《大戴》在十四经之列,本此。②

蒋氏以东汉"十四博士"解释"十四经",恐怕不能成立。第一,东汉

---

① (元)刘实《敏求机要》卷七,《续修四库全书》第1218册,上海古籍出版社2002年影印本,第548页下栏。
② (清)蒋超伯《南漘楛语》卷二,清同治十年两虞山房刻本,第11叶A。

"十四博士"乃以学派家数计算,并非以经书书目计算,而每一博士之学亦并不对应一书,故自东汉以来,皆无"十四经"之名。第二,"十四经"之称盛于宋末元明,明代后期茅元仪(1594—1640)《暇老斋杂记》云:"国初士子每言十四经,而常习者五"①,茅氏既称"每言十四经而常习者五",可知这"十四经"中至少有五种在当时流传广泛,而东汉十四博士大多为今文,未能流传后世,留存于世者不足五种,亦可证以"十四博士"释"十四经"殊为不妥。

这样看来,似乎还是以全祖望为代表的第一种观点比较符合逻辑和历史事实,刘实记载中的"小戴记"当是作者的笔误,作"《仪礼》"方合于史。

二、"十四经"之说的学术背景

究竟"十四经"之名始自何时,由何人提出呢?就笔者所见,史料中对于这一事件并无明确记载,故《四库全书总目》论及此事,亦认为"其说今不可考"②,但是,若将其放到整个南宋经学史的背景之中去考察,我们还是可以大致推测此事的缘起。

我们在第五章已考知,南宋绍兴十三年(1143)以后,科举考试实行《周易》《尚书》《毛诗》《周礼》《礼记》《春秋》等"六经"加《论语》《孟子》的经学制度。与此前的制度相比,它的主要变化在于正经科目的减少,对比前文所引元祐四年(1089)的制度,除了《春秋》废三《传》而独尊经文外,还取消了《仪礼》的经书地位。而事实上,自唐初确定《五经定本》《五经正义》以来,《仪礼》的地位就一直不高:唐初太宗诏颜师古编《五经定本》,孔颖达撰定《五经正义》,于"三礼"中皆仅取《礼记》,唐代太学中有五经博士,其所专之经亦为《礼记》,《仪礼》仅在明经科"九经"考试

---

① (明)茅元仪《暇老斋杂记》卷一四,清光绪李文田家钞本,第3叶B。
② (清)永瑢等《钦定四库全书总目》,中华书局1997年版,第275页。

中以"中经"的身份存在。这种情况一直维持到北宋初年。

随着熙宁四年(1071)王安石变法的展开,"三礼"的地位又有了新的变化。《周礼》得到王安石的重视,被提入其新定进士科"五经"(《周易》《尚书》《毛诗》《周礼》《礼记》)之中,而《仪礼》则随同《春秋》经传一并被废出经部,连从前位列"九经"的地位也失去了。元祐四年,旧党颁布新的科举制度,《仪礼》与《春秋》三传的经书地位得到恢复,但是仔细观察元祐四年制度,会发现其它包括了两个层次的考试,一个是"诗赋进士","于《易》《诗》《书》《周礼》《礼记》《春秋左传》内听习一经",另一个则是"专经进士","以《诗》《礼记》《周礼》《左氏春秋》为大经,《书》《易》《公羊》《穀梁》《仪礼》为中经",而我们知道,元祐更化形之于科举制度者,其核心理念就是要改变王安石"罢诗赋、帖经、墨义"的政策,恢复试诗赋的科举传统,因此,诗赋进士的地位事实上是要高于专经进士的,而《周礼》《礼记》皆在诗赋进士科中,唯《仪礼》仅充专经进士之试,可以确定,此时《仪礼》在"三礼"中的地位仍然是最低的。

绍兴十三年实行新的"六经"加兼经制度,《仪礼》的地位再一次受到冲击,新政规定:

一、兼诗赋人许于《易》《诗》《书》《周礼》《礼记》《春秋》正经内治一经,仍兼习《论语》《孟子》(原注:内治《春秋》者仍听于三传解经处相兼出题,缘经生文而不系解经旨处者非)。第一场经义二道,《论语》或《孟子》义一道,第二场律赋一首(原注:限三百六十字以上成),律诗一首(原注:限五言六韵成),第三场论一首(原注:限五百字以上成),第四场子、史、时务策二道。

一、不兼诗赋人许治《易》《周礼》,或治《礼记》《诗》,或治《春秋》《书》。各治两经,仍兼习《论语》《孟子》(原注:内治《春秋》者仍听于三传解经处相兼出题,缘经生文而不系解经旨处者非)。第一场《易》《诗》《书》经义三道,《论语》义一道。第二场《周礼》《礼记》《春秋》经义三道,

《孟子》义一道。第三场论一首(原注:限五百字以上成),第四场子、史、时务策二道。①

可见,无论是诗赋进士,还是专经进士,至此都不再试《仪礼》,而南宋的太学中也不再设治《仪礼》之博士。《仪礼》的地位至此第二次降至最低谷,南宋中后期,不仅士人中罕有习《仪礼》者,甚至连《仪礼》其书,也渐渐成为罕见之书,如南宋黄震《修抚州仪礼跋》既云:

《仪礼》为礼经,汉儒所集,《礼记》其传尔。自《礼记》列六经而《仪礼》世反罕读,遂成天下难见之书。②

这就是上文笔者何以认为刘实所举"十二经"中无《仪礼》乃符合宋代经学史的原因了。然而,正如黄震所言,三礼之中,《仪礼》号称"礼经",孔子传授"六经",武帝时设置五经博士,其中的"礼"都是指《仪礼》。六朝之时,《仪礼》极盛,《丧服》篇尤为见重,注家注本层出不穷,其在三礼乃至整个经部文献中的重要地位不言而喻。因此,《仪礼》学的衰落引起了当时一些士人的警觉,上文所引黄震就是一例,他在修补了抚州"六经"版本(此处指南宋"六经")之后,又修补抚州本《仪礼》,"因遍于寓公寻,借得蜀本参对而足之。凡重刻者六十五板,计字三万四千三百八十五;补刻者百六十九板,计字二万三千五百六十七。幸今再为全书"③。而在这批士人中,最为重要的无疑是朱熹了。

南宋中期,针对当时已经实行了一段时间的"六经"制度,朱熹曾经发表了一段十分著名的《私议》,见载于《宋史·选举志》:

时朱熹尝欲罢诗赋,而分诸经、子、史时务之年。其《私议》曰:"古

---

① 《附释文互注礼部韵略·条式》,《四部丛刊续编》影宋刊本,第12册,第43叶B~44叶B。
② (宋)黄震《黄氏日钞》卷九二,元后至元刻本,第35叶A。
③ (宋)黄震《黄氏日钞》卷九二,元后至元刻本,第35叶B。

第六章　民间经学力量的上升与"十三经"的确立

者大学之教,以格物致知为先,而其考校之法,又以九年知类通达、强立不反为大成。今《乐经》亡而《礼经》阙,二戴之《礼》已非正经,而又废其一。经之为教已不能备,而治经者类皆舍其所难而就其易,仅窥其一而不及其余。若诸子之学同出于圣人,诸史则该古今兴亡治乱得失之变,皆不可阙者。而学者一旦岂能尽通?若合所当读之书而分之以年,使之各以三年而共通其三四之一。凡《易》《诗》《书》为一科,而子年、午年试之;《周礼》《仪礼》及二《戴记》为一科,而卯年试之;《春秋》及《三传》为一科,而酉年试之。义各二道,诸经皆兼《大学》《论语》《中庸》《孟子》义一道。①

这条材料的重要之处,首先在于朱熹在这里明确地提出了将《大学》《论语》《中庸》《孟子》作为兼经,令各科士子皆习之,而这与元代实行的"四书"制度除了排序不同以外,已经完全相同了。其次,这条材料还特别提到"今《乐经》亡而《礼经》阙,二戴之《礼》已非正经,而又废其一",其"礼经阙"者,正是指《仪礼》不在经部,而"二戴之《礼》已非正经,而又废其一",则是指《大戴礼记》亦不在诸经之中。因此,可以说,朱熹这条《私议》的核心,就是提拔"四书"的地位和恢复《仪礼》《大戴礼记》的经部身份。

朱熹对于《仪礼》和《大戴礼记》的重视在当时得到了一些学者的响应,比较有代表性的是与朱熹同时代的潘恭叔,《晦庵集》中有《答潘恭叔》一文详细记载此事:

《礼记》如此编甚好,但去取太深,文字虽少而功力实多,恐难得就,又有担负耳。……《仪礼附记》似合只依德章本子,盖免得拆碎《记》文本篇。如要逐段参照,即於章末结云:"右第几章。"《仪礼》即云:"《记》某篇第几章当附此。"《礼记》即云:"当附《仪礼》某篇第几章。"又如此

---

① 《宋史》卷一五六《选举志》,第3633页。

《大戴礼》亦合收入,可附《仪礼》者附之,不可者分入五类。如《管子·弟子职》篇亦合附入《曲礼》类,其他经传类书说礼文者并合编集,别为一书。《周礼》即以祭礼、宾客、师田、丧纪之属事别为门,自为一书。如此,即礼书大备。但功力不少,须得数人分手,乃可成耳。①

从朱熹这封信我们知道,潘恭叔准备重编《礼记》,而其主要修改就是将《仪礼》附入,朱熹则认为不独《仪礼》可以附入,《大戴礼》亦可,如此则"礼书大备"。这样我们就可以进一步了解,在朱熹的倡导下,南宋中后期,不少士人开始突破官方规定的"六经"及兼经的范畴,对儒家传统经典作更为完备、全面的整理。而朱熹的《仪礼经传通解》可以说是这一思潮中最为厚重的实践成果。

因此,笔者认为,所谓"十四经"之说正是这一思潮的产物,它出自非官方的学术讨论之中,代表着一种不同于官方理念的经学制度探索,"私议"是他的真实身份,而其核心精神,则是完整地继承自周公、孔子以来的道统、思想和文献,既不为朝廷所颁定之诸经为限,亦不以汉末诸儒的选择所囿。《仪礼》与《大戴礼记》,一为宋廷所抛弃,一为东汉马融诸儒所不取,南宋中后期士人有不满意于此者,恐往圣之学堕于今,念夫子"必也正名"之戒,遂另立"十四经"之名,以正视听。"文献不足故也",我们虽然不能准确地指出最早提出这个概念的学者是谁,但是结合经学史,我想这种判断应当是无大谬的。

此外,关于"十四经"的成立还有一个小问题需要说明,清人姚范(1702—1771)《援鹑堂笔记》"大戴礼"条下云:

《宋季三朝政要》:"理宗嘉熙元年,诏国子监下临安府刊朱子《通鉴纲目》《礼记集说》《大戴礼》,列于学官,故当时有十四经之目,以《大戴

---

① 刘永翔、徐德明校点《晦庵先生朱文公文集》,华东师范大学古籍研究所《朱子全书》第22册,上海古籍出版社、安徽教育出版社2002年版,第2313页。

第六章 民间经学力量的上升与"十三经"的确立

礼》也。"①

《宋季三朝政要》为元代人所作,不题撰者姓名,而笔者查元皇庆元年(1312)陈氏余庆堂刻本,此条作"理宗嘉熙元年,诏国子监下临安府刊朱子《通鉴纲目》",并无上引"《礼记集说》《大戴礼》"以下数字,元刻本系六卷本,再查《粤雅堂丛书》中的五卷本,亦无"《礼记集说》"等字。据笔者检索清人别集,发现姚氏此条实转引自清代中期士人沈嘉辙《南宋杂事诗》"千秋史法弘纲在,十四经文旧目遗"句下自注,文渊阁四库全书本《南宋杂事诗》中此条如下:

《宋季三朝政要》:"理宗嘉熙元年,诏国子监下临安府刊朱子《通鉴纲目》。"(笔者注:此句下空两格)《礼记集说》:"《大戴礼》列于学官。"故当时有十四经之目。②

十分明显,沈氏乃是抄《宋季三朝政要》中"理宗云云"一句,以注释"千秋史法弘纲在",而"《礼记集说》:《大戴礼》列于学官"则是另起一句,对应"十四经文旧目遗",姚氏误将两条混为一条,乃有此误。再查《礼记集说》,是书为南宋卫湜所撰,而书中并无"《大戴礼》列于学官"之言,相反,其魏了翁序云:

自《正义》既出,先儒全书泯不复见,自列于科目,博士、诸生亦不过习其句读以为利禄计,至金陵王氏又罢《仪礼》,取士仅存《周官》《戴记》之科,而士习于礼者滋鲜。③

笔者以为,沈嘉辙大概是误解了魏了翁"取士仅存《周官》《戴记》之科"这句话,以为其《戴记》乃兼大、小戴而言,其实魏氏这里的《戴记》仅指《小戴记》,他所说的,乃是熙宁四年(1071)王安石变法废《仪礼》而独

---

① (清)姚范《援鹑堂笔记》卷一四《经部》,清道光姚莹刻本,第28叶B。
② (清)沈嘉辙《南宋杂事诗》卷二,清文渊阁《四库全书》本,第21叶B。
③ (宋)魏了翁《礼记集说序》,(宋)卫湜《礼记集说》卷首,《通志堂经解本》,第2叶A。

取《周礼》《礼记》入"五经"之事,于史有征,不容歧说。因此,我们也就可以知道,姚范、沈嘉辙书中的这两段记载不过是以讹传讹的误记罢了。

三、"十四经"说的经学史地位

"十四经"这一概念提出之后,在当时的社会上究竟产生了多大的反响呢?从现存的文献看来,南宋提及此事的,仅有广为诸家征引的宋代史绳祖《学斋占毕·成王冠颂》:

> 《大戴记》一书虽列之十四经,然其书大抵杂取《家语》之书,分析而为篇目。又其间《劝学》一篇全是荀子之辞,《保傅》一篇全是贾谊疏,以子史杂之于经,固可议矣。①

史绳祖,生卒年不详,据学者考证,主要生活在宋理宗淳祐(1241—1252)初前后,年岁当颇晚于朱熹。从这段材料看出,史氏实反对列《大戴记》于"十四经",而其主要原因,是其书驳杂不纯,多有以子史杂之者,而对于一部经书而言,这是不能被允许的。

除了史绳祖以外,南宋文献中再无关于"十四经"的言论了,至元代,则仅有上文所举之刘实《敏求机要》,而从明代后期学者茅元仪的一段记载中,我们知道,"十四经"引起士人的广泛关注,大概直到明初才开始:

> 国初士子每言十四经,而常习者五。今定为十三经,常习者五经。此昭代所定也。然《周礼》不得等于《戴记》,《孝经》不得等于《学》《庸》,君子所悲也。②

笔者之所以再次征引这条材料,是因为它给我们带来一个重要的

---

① (宋)史绳祖《学斋占毕》卷四,宋刻《百川学海》本,第11叶B。
② (明)茅元仪《暇老斋杂记》卷一四,清光绪李文田家钞本,第3叶B。

问题:究竟"十四经"和"十三经"孰先孰后?

本节开头所引的两部著作代表了目前学术界对于这一问题的普遍看法:"十四经"的出现在"十三经"之后,乃是针对"十三经"做的补充,只是这种补充没有得到学术界的认可罢了。然而,笔者认为,"十四经"并不是以"十三经"为基础作的补充,"十四经"之名的产生亦未必在"十三经"之后,甚至,"十四经"之名广泛流传,更在"十三经"之前,从某种程度上说,"十三经"乃是在"十四经"的基础上演变而来的。

关于"十三经"的形成,下节将有专门讨论,这里不作展开。总体而言,笔者认为"十三经"的定型并不在宋代。而这里笔者认为"十三经"并非"十四经"的基础,则主要有两个理由:

第一,文献记载。我们不妨还从前文所引刘实《敏求机要》中的那段材料说起。虽然这条材料中将《仪礼》误记作《小戴记》,但是笔者认为,刘实对于宋代经学史之演变的把握整体上是正确的。但是,我们注意到,刘实所举的这些名目,除了"六经""九经"为当时士人所习称外,"十一经""十二经"的说法都极少见于宋代文献,事实上并不为宋人所常用。刘实此文系笔记体,并非学术论著,因此他一定是出于搜集异说的考虑才记载这些名目的,而如果当时"十三经"之名已经成立的话,刘实作为清楚了解宋代经学史的学者,绝不可能置之不理,由"十二经"直接跳到"十四经",这种看似不合理的逻辑背后隐藏着历史的真实面貌:在宋元,"十三经"之名并未成立,故此刘实只知十二经、十四经,而不知十三经。

茅元仪的那段材料同样传达着这一事实:"国初士子每言十四经,而常习者五。今定为十三经,常习者五经",明初"每言十四经"而"今定为十三经","十三经"的成立既然还在"十四经"之后,又何以会成为"十四经"的基础呢?

第二,宋元经学史。在考证"十四经"之成立的过程中,笔者已经详细分析了朱熹所代表的时代思潮对于"十四经"之名成立所起的引导作用。无论是朱熹的《私议》,还是潘恭叔重编《礼记》的计划,都带有强烈的"兴废继绝"的色彩,朱熹《私议》的出发点就是"古者大学之教,以格物致知为先,而其考校之法,又以九年知类通达、强立不反为大成"。用古代的完备制度来修正当代制度中不合理、残缺的部分,这是自孔子以来的儒家士人所持的一贯主张,朱熹也是从这一点出发,才发出"今《乐经》亡而《礼经》阙,二戴之《礼》已非正经,而又废其一,经之为教已不能备"的感叹,在古今的对比中凸显出两部被忽视的著作:《仪礼》和《大戴礼记》。可以说,在这一思潮当中,《仪礼》和《大戴礼记》是作为一个共同体一起被提出来的:它们都具有重要的经学价值,也都同样被现实经学制度所抛弃。两者共荣共辱,实在不能分开,而其中尤其突出的是《仪礼》,因为一方面它是"礼经",是"三礼"的核心,另一方面自汉代以来它一直受到尊崇,唐代还专为疏义,因此宋廷的经学制度在绵长的历史传统面前就更突显出其不合理性,更容易引起学者的共鸣。朱熹特著《仪礼经传通解》,潘恭叔改编《礼记》亦先取《仪礼》附之,黄震更修补抚州版《仪礼》,大概都是出于这样的考虑。但无论如何,"十四经"的提出,是对现实中南宋"六经"制度的反叛,是主张完整继承早期儒家思想与文献的一些学者对儒家经典做的一次新的罗列与整理。在这次罗列中,《仪礼》和《大戴记》既然同时被提出,也就意味着"十四经"之名乃是由"六经""九经"一步演变而成,并不是先有成型的"十三经",再有"十四经"之补足。

而进一步我们也就可以发现,"十四经"之名提出之后,历经宋元而在明初引起学者的关注,明初宋濂有《中顺大夫礼部侍郎曾公鲁神道碑铭》一文论当时士人曾鲁的治学路径:

> 盖自童卯之始,十四经之文画以岁月,期于默记。又推之于迁、固、范晔诸书,岂直览之,其默记亦如经。基本既正,而后遍观历代之史,察

第六章　民间经学力量的上升与"十三经"的确立

其得失,稽其异同,会其纲纪,知识益且至矣。而又参于秦汉以来之子书,古今撰定之集录,探幽索隐,使无遁情。于是道德性命之奥,以至天文、地理、礼乐、兵刑、封建、郊祀、职官、选举、学校、财用、贡赋、户口、征役之属,无所不诣。①

宋濂的这段描写突出一个"博"字,而这正是"十四经"不同于南宋"六经"或者元明"四书五经"之处:后者不仅经书总数颇少,而且其传注亦皆宗宋儒,究于性理;而前者则博洽综观,多存汉唐以来古注,于训诂、义理、名物、制度乃至谶纬、阴阳无所不包,正合乎博古君子之所好,"博古",成为"十四经"独立于四书五经的最大特色。而沿着这条线索看下去,我们也就自然可以对"十三经"的最终定型有一个更为清晰的认识:"十三经"成立于"四书五经"的时代,他的意义当与"十四经"当初之于南宋"六经"相同,"十四经"从产生之初,就以"博古"为其特旨,而"十三经"则承其绪,在明清经学史上继续与"四书五经"分庭抗礼,从这个意义上说,"十四经"之名绝不仅仅是对"十三经"画蛇添足续上的一笔,恰恰相反,它实在是开宋元以后民间学术之一脉,对于它的这种经学史价值,我们应当引起足够的重视。

那么,既然"十四经"成名在前,何以最终为大家广泛接受的是"十三经"而不是"十四经"呢?笔者认为,可能有两个原因。第一,从史绳祖对于《大戴礼》的质疑可以看出,由于《大戴礼》本身驳杂不纯,因此一些学者对于其文献之真实性和产生的时代颇有怀疑,其所谓"以子史杂之于经,固可议矣",这或许是导致《大戴记》无法得到广泛认同的重要原因。第二,无论是"十四经",还是"十三经",乃至"九经"、南宋"六经",其要产生广泛的影响,仅靠名目的声张显然是不够的,必须要有某种物质形态或者制度形式作为载体方可。以"九经"和"六经"而言,其

---

① (明)宋濂《宋学士文集》卷一七,《四部丛刊》影明正德本,第2叶A。

不仅有制度保障,更有监本、坊本等各种汇印本以及石经本问世,学者诵其书而知其名,乃是最为有效的传播方式。在这方面,《十三经注疏》的汇印对于"十三经"之名的推广所起的重要作用也就显现出来了:如果说在明初,"十三经""十四经"还可以并列共举的话,随着《十三经注疏》,特别是万历北监本《十三经注疏》的刊定,"十三经"之名便迅速超越"十四经"而为学者所熟悉了。

我们还可以进一步追问,何以《十三经注疏》中没有收入《大戴礼记》而为《十四经注疏》呢?我以为,主要是一个原因,即《大戴礼记》没有一个完备的注疏本,在明初,它甚至连一个完备的注本都没有,清代孙诒让(1848—1908)《籀庼述林》云:

> 东原戴氏据《隋·经籍志》谓小戴删大戴为四十六篇,与今《大戴》阙篇适合,证隋时传本已如是。然《经典释文·叙录》引晋陈邵《周礼论序》先发此论,复谬悠然,可证役时所传已与今同。若然,此《记》完本殆亡于永嘉之乱乎?唐以后卢注亦阙大半,宋时虽称十四经而自傅崧卿、杨简、王应麟诸家外,津逮殊尠。①

相反,其它十三经中,除《孟子》以外的十二经早在北宋太宗淳化四年(993)就已摹印颁行了疏义本,而随着《孟子》在熙宁四年进入经部,它的注疏也得到了整理和校勘,南宋八行本、十行本都已经是经文、注疏合刊本,因此,既然《十三经注疏》是以注疏本的形式问世,《大戴礼记》也就自然无法共襄盛举,参与其中了。

其实,"十四经"之名虽然不如"十三经"般流传广泛,但是在明清两代,还是屡见于学者笔下,全祖望有《工科给事中前翰林院编修济寰曹公行状》,称述传主即云:"少留心于十四经、廿一史,连丝贯串,不徒以

---

① (清)孙诒让《籀庼述林》卷五,中华书局2010年版,第161页。

章句也"①，而以"十四经"为基础撰成专著者，亦有汪椿（1760—1825）《十四经通考》、冯登府（1783—1841）《十四经诂问》，阮元（1764—1849）《孔检讨广森大戴礼记补注序》云："今学者皆治十三经，至兼举十四经之目，则《大戴礼记》宜急治矣"②，王昶（1725—1806）更在汪椿《大戴礼记解诂》一书序中云："后世有复十四经之旧者，大戴之书将立于学官，则君之《释诂》当与孔贾之疏并行，岂不伟哉！"③可见，"十四经"仍然为一些博古学者所乐道。而基于上文论述，"十四经"之提出亦可谓宋元经学史之一转关，对于它的经学史价值，我们当有更加深刻的认识。

第二节 《十三经注疏》的初次汇印及其经学史意义

在梳理完"十四经"之说的形成过程及经学史意义之后，我们便可以正面探讨"十三经"的形成过程了，不过在此之前，仍有一个基本的史实性问题需要辨清，那就是，作为"十三经"的基本载体，《十三经注疏》这套书的初次汇印究竟是在何地完成的呢？这一问题虽然细碎，却直接关系到"十三经"这一经目何时形成以及形成初期的地位问题：按照目前学术界普遍流行的说法，《十三经注疏》的初次汇印本，也就是所谓的"南监本"，乃是在明代正德年间由南京国子监主持汇印的，若此说可信，则这一举措完全可以被视作为明代官方正式接受、承认"十三经"之说的标志，而我们探讨"十三经"的形成以及确立，就要以明代正德年间作为时间轴的终点往前回溯。相反，如果此本并非出于南京国子监这

---

① 朱铸禹校注《全祖望集汇校集注》上册，上海古籍出版社 2000 年版，第 459 页。
② （清）阮元《揅经室集》，中华书局 1993 年版，第 249 页。
③ （清）王昶《春融堂集》卷三六《序》，清嘉庆十二年塾南书舍刻本，第 6 叶 A。

样的官方修书机构,而是民间私印之本,则此书的出现便不具备任何政治意义,只能被视作当时一部分士人的某种学术诉求。总之,《十三经注疏》初次汇印的地点,不仅仅是一个版本学的问题,更涉及元明经学史上的若干重大问题,实不可不辨,为了使我们关于"十三经"之形成过程的考证更具说服力,本节,我们将用版本学的方法,对这一问题先做一番考订。

一、所谓"南监本"的刊刻时间问题

自明代以来,士林间流传广泛、影响较大的《十三经注疏》汇印本共有六种,分别是正德年间据称汇印于南京国子监的南监本(正德本)、嘉靖年间李元阳刊闽本、万历年间北京国子监刊北监本、崇祯年间汲古阁刊毛本、清乾隆年间武英殿刊殿本和嘉庆年间南昌府学刊附《校勘记》本。这其中,以初次汇印的"南监本"与附《校勘记》的南昌府学本最受学者重视。就"南监本"而言,自清初以来,学者长期目其为宋本[1],顾广圻虽曾提出此本乃"原出宋季建附音本,而元明间所刻"者[2],但在当时并未得到学者们的认可[3]。至近代以来,日本学者长泽规矩也作《正德十行本注疏非宋本考》[4]一文,力主所谓"宋板"十行本注疏实非南宋建刻,乃是元泰定帝前后福建坊刻本,入明后递经补修。长泽氏此说于日本昭和九年(1934)汉学大会上发表,并得到了日本学界的认可,阿部隆

---

[1] 可参(清)阮元《重刻宋板注疏总目录》,《十三经注疏》,第1页。
[2] (清)顾广圻《抚石礼记郑注考异序》,《顾千里集》,中华书局2007年版,第132页。
[3] (清)杨绍和《楹书隅录》卷一《宋本附释音春秋左传注疏六十卷四十八册》云:"南雍本,前人皆定为宋刻。……顾以为元明间刻,似未甚确。"清光绪二十年海源阁刻本,第34叶A~B。
[4] 长泽规矩也《正德十行本注疏非宋本考》,《中国文哲研究通讯》,第十卷第4期(2000),第41~46页。

第六章　民间经学力量的上升与"十三经"的确立

一在其后所作《关于金泽文库旧藏镰仓抄本〈周易正义〉与宋椠单疏本》①一文中，已经采用了长泽氏此说②。

但或许是因为中日交战的原因，长泽氏的这一研究成果未能及时为国内学者知晓，民国三十三年（1944），屈万里先生著《十三经注疏版刻述略》③一文，仍以此本为宋刻元明递修的"三朝本"。而1949年，汪绍楹先生作《阮氏重刻宋本十三经注疏考》宏文，乃根据自己的研究，得出铁琴铜剑楼所藏之正德本《周易兼义》《附释音春秋左氏传注疏》《监本附音春秋公羊注疏》三书"系元刻十行本，而非宋刻十行本"④的结论，至于其它正德本注疏，因为汪氏未能目验，故暂存疑。1993年，傅增湘先生《藏园订补郘亭知见传本书目》出版，其中著录正德本亦作元刻明修本，乃引起学界重视，加之长泽氏论著在国内的流传，近年来，学术界对于所谓南监本《十三经注疏》的刊刻、补修时间基本达成了共识：此本初刻于元代泰定帝前后，系福建坊刻本，包括《周易》《尚书》《毛诗》《春秋》三传、《周礼》《礼记》《论语》《孟子》十种，均为十行本，经文、注疏合刊，间有附释音者，至于《孝经》有无尚不详。元明之际，板归福州府学，入明后书板移入南京国子监，至正德年间，始以这些板片为基础进行修补，新刊了《孝经注疏》，又用元刊九行本《尔雅注疏》、杨复《仪礼图》、

---

① 阿部隆一《关于金泽文库旧藏镰仓抄本〈周易正义〉与宋椠单疏本》，《中国文哲研究通讯》，第一〇卷第4期（2000），第22页。
② 值得注意的是，傅增湘先生在《藏园订补郘亭知见传本书目》"十三经"条著录正德本《十三经注疏》时即称之为"元刻明修本《十三经注疏》"，并在补记中云："十行本有宋刊有元刊，余曾藏南宋刘叔刚刊春秋左传注疏，字画斩然挺劲，与世所传十行本大不同。世所传者实为元翻元明递修本，而咸号为宋刊，阮氏覆刻所据者是也。"可见傅氏当是据此知汪正德本《十三经注疏》当为元刻明修本而非宋本。从傅熹年先生于此书前序文看来，此段补记似出于《双鉴楼主人补记莫氏〈知见传本书目〉》，是书撰写前后历数十年，草成当在1937年日寇入侵、傅氏于北平闭门校书以前，故其定此本为元刻明修本，又或当在长泽氏之前。只是因为傅氏此书至1993年方由傅熹年先生整理出版，而其先见之明方为学界所后知。（清）莫友芝撰、傅增湘订补《藏园订补郘亭知见传本书目》，中华书局2009年版，第3页。
③ 屈万里《书佣论学集》，台北：联经出版事业公司1984年版，第216页。
④ 汪绍楹《阮氏重刻宋本十三经注疏考》，《文史》，第3辑（1963），第37页。

《仪礼旁通图》配以《仪礼》白文凑成所谓的"十三经注疏",汇印刊行。《中国古籍善本书目·经部》著录此书为"元刻明修本"①,而此本今存于世者,尚有北京市文物局本、国家博物馆本、军事科学院军事图书数据馆本、陆心源旧藏日本静嘉堂文库本四种。应该说,与清末相较,学术界对于所谓南监本《十三经注疏》的认识已有很大推进。

然而,笔者在研究"十三经"之名成立于何时这一问题的时候,发现关于这种所谓的南监本《十三经注疏》修补、汇印地点的问题尚有进一步讨论的余地,此本的修补、汇印地点似乎并不如我们通常认为的那样在南京国子监,有充分的史料和版本依据可以证明,正德本的实际修补地点在福州府学,而其汇印亦当在此。至少在明嘉靖以前,此书的板片并没有送至南京国子监,所谓"南监本""南雍本"的说法恐难成立。

二、"南监本"之说的形成及传播

"南监本"或"南雍本"之名的使用始自清人,如姚范《援鹑堂笔记》②、沈廷芳《十三经注疏正字》③称述此本时皆言"南监本",而顾广圻《抚本礼记郑注考异序》则云:

> 南雍本,世称十行本。盖原出宋季建附音本,而元、明间所刻,正德以后,递有修补,小异大同耳。李元阳本、万历监本、毛晋本,则以十行为之祖,而又转转相承,今于此三者不更区别,谓之俗注疏而已。④

此外,如杨绍和《楹书隅录》、黄丕烈《百宋一廛赋》注、阮元《十三经注疏校勘记》等亦间用"南雍本""南监本"之名。至近代,藏书家、目录

---

① 《中国古籍善本书目·经部》,上海古籍出版社1989年版,第5页。
② (清)姚范《援鹑堂笔记》卷一四《经部》:"郑注《礼记》云:'公叔文子名拔,或作发。公孙枝,秦人。'此注疏误,盖仍南监本之谬。"清道光姚莹刻本,第11叶B。
③ (清)沈廷芳《十三经注疏正字》卷五《书》:"信都在大陆之南,南监本误内。"清文渊阁《四库全书》本,第11叶B。
④ (清)顾广圻《顾千里集》,中华书局2007年版,第132页。

第六章　民间经学力量的上升与"十三经"的确立

学家著录正德本《十三经注疏》，更普遍以南监本、南雍本名之。但是，究竟元刻建本何以被称作南监本，这一问题却鲜少有学者叙及，就笔者所见，似仅有傅增湘先生在《藏园订补邵亭知见传本目录》中"有十行十七字附释音本，系宋元旧刊，至明正德后递有修补之页，即明初南雍所集旧板也"①一句对此有所交代，然而傅氏亦未交代其说所据。事实上，可以确定的是，无论是顾广圻、阮元、黄丕烈，还是傅增湘，都没有真正见过所谓的南监板片，甚至在康熙年间，人们已经用亡佚不存来解释何以南京国子监中并无所谓的"十三经注疏板片"了：

> 王贻上《带经堂集·康熙十九年为国子监祭酒请修经史刻板折子》："明南、北两雍皆有十三经注疏、二十一史刻板，南监板存否，久不可知。国学板一修于前明万历二十三年，再修于崇祯十二年，至今急宜修补"云云。案明南国子监十三经注疏板本，予生平从未见过，想已久毁。②

至汪绍楹先生《阮氏重刻宋本十三经注疏考》一文，又对十行本板片入明的时间做出更为细致的判断③，他认为元代建刻十行本注疏书板在元明之际进入南京国子监，南监对这套书板递有修补，又裒集《仪礼》白文、《仪礼图》、《仪礼旁通图》、《尔雅注疏》九行本、新刊《孝经注疏》等板片，汇为一套丛书，以"十三经注疏"之名义汇印。

此后，以元刻明修本《十三经注疏》修补、汇印于南京国子监的说法为学术界普遍接受，如近来李致忠先生《十三经注疏版刻略考》一文在论述这一问题时便认为："原贮福州府学的《十三经注疏》版片，到明时移到了南京国子监。南京国子监在整理这些旧板而予以重印之前，遇

---

① （清）莫友芝撰，傅增湘订补《藏园订补邵亭知见传本书目》，中华书局1993年版，第2页。
② （清）王鸣盛《蛾术编》卷二《说录二》，清道光二十一年世楷堂本，第11叶B～12叶A。
③ 汪绍楹《阮氏重刻宋本十三经注疏考》，《文史》第3辑(1963)，第38页。

到修补者修补,修补的时间大概在正德时期;遇到旧板全烂不能再印刷者,就另行刊雕。"①

"南监本"之名同样为日本学术界所接受。阿部隆一先生在《关于金泽文库旧藏镰仓抄本〈周易正义〉与宋椠单疏本》一文中说:"到了元代,覆刻福建坊刻注疏合刻本的所谓宋版十行本《十三经注疏》流布于世,其板木明代被移到南京国子监,直到明末,不断补刻重印,广为流传。"②

通过上面所引诸说我们发现,讨论正德本《十三经注疏》的汇印地点,其核心问题在于元代福州府学所藏十行本注疏板片究竟有没有在明初移入南京国子监。我们翻检明代史料,并没有发现对于此事的明确记载。十行本系经文、注疏合刊本,板片数量应当十分巨大,自福州移入南京,路途亦十分遥远,如此大规模的搬迁工作,于当时正史、笔记中竟无一字落笔,其真实性不免令人怀疑。因此,笔者以为,对于这一问题,绝不可仅凭清人的零星模糊记载就认定为事实。我们需要在明代典籍中勾稽各种可信的史料,进行排比、综合,并结合明代经学史发展的背景,再参照现存四部元刻明修汇印本《十三经注疏》的实际情况,综合考虑,庶可得出令人信服的结论。

三、"南监本"之说考伪

笔者认为正德本《十三经注疏》的修补、汇印并不在南京国子监,而在福州府学。现具体论述我们的理由如下:

1. 元刻十行本注疏板片明初未入胄监

上文已言,解决正德本《十三经注疏》汇印地点的核心问题,是福州

---

① 李致忠《十三经注疏版刻略考》,《文献》,2008年第4期,第28页。
② 阿部隆一《关于金泽文库旧藏镰仓抄本〈周易正义〉与宋椠单疏本》,《中国文哲研究通讯》,第一〇卷第4期(2000),第22页。

第六章 民间经学力量的上升与"十三经"的确立

府学书板究竟有没有在明初移入南监。就笔者所知,明初南京国子监的板片主要有三个来源,第一,是元集庆路儒学[①]。1275年,元军攻占建康,设宣抚司,1277年,罢宣抚司,立建康路。1329年,改为集庆路。故所谓集庆路儒学,也就是元代设于南京的国子学。明初南京国子监继承了集庆路儒学所藏的书板,这构成南监藏板的基础。第二,是元西湖书院。西湖书院的前身为南宋行在杭州国子监,宋亡后胄监改为西湖书院,其书板于明初移入南监[②]。由于北宋刻书常下杭州刻板,南渡后又曾广搜江南书板集于胄监,因此西湖书院藏本中不乏两宋监本或其它善本,是明南监藏板中最有价值的一批书板。第三,是入明后从各地所收书板。比较著名的有元庆元路(今浙江宁波)《玉海》板,广东布政司成化间所刻《宋史》板、蜀刻眉山《七史》残板[③]、嘉靖五年(1526)山东御史陈凤梧刻《新刊仪礼注疏》板等。但是,在关于这类书板的著录中,我们并未看到元刻十行本注疏等正德本《十三经注疏》所用的板片。

关于福州府学所藏十行本注疏书板在明代的留传情况,首见于丘濬《大学衍义补》,常为学者征引:

> 今世学校所读诵,人家所收积者,皆宋以后之五经。唐以前之注疏,讲学者不复习,好书者不复藏。尚幸十三经注疏板本,尚存于福州府学,好学之士,犹得以考见秦汉以来诸儒之说。臣愿特敕福建提学宪臣时加整茸,使无损失,亦存古之一事也。余如《仪礼经传通解》等书,刻板在南监者,亦宜时为修补。[④]

[①] (明)黄佐《南雍志》卷十八《经籍考·下篇》云:"《金陵新志》所载集庆路儒学史书,梓数正与今同,则本监所藏诸梓多自旧国子学而来也明矣。"民国二十年影印明嘉靖二十三年刻增修本,第1叶A。
[②] 王国维《两浙古刊本考·序》,《王国维全集·第七卷》,第3页。
[③] 张秀民《明代南京的印书》,《文物》,1980年第11期,第78页。
[④] (明)丘濬《大学衍义补》卷九四,明成化刻本,第18叶B~19叶A。

丘浚此书写成于明成化二十三年（1487），因此，可以说，至晚在成化末年，十行本诸经注疏板片仍在福州府学。此事再见于王鏊《震泽长语》：

> 宋儒性理之学行，汉儒之说尽废。然其间有不可得而废者，今犹见于十三经注疏。幸闽中尚有其板，好古者不可不考也。使闽板或亡，则汉儒之学几乎熄矣。①

就笔者所见，这条材料尚未引起学者的重视，但事实上，它对于我们讨论正德本《十三经注疏》的修补、汇印地点问题至为重要。

王鏊于此书前有短序云："余久居山林，不能默默。阅载籍有得则录之，观物理有得则录之，有关治体则录之，有裨闻见则录之，久而成帙，名曰《震泽长语》云。"②可知此书著于正德四年（1509）王鏊辞官还乡之后，而卷上《象纬》篇中更有言及正德十六年（1521）之事者，则是书之编辑又在正德以后。因此，通过这条材料我们可以得出两条结论：第一，至少正德四年以前，学界虽然已有"十三经注疏"之名，但事实上尚未有汇印本"十三经注疏"问世，故而王鏊以为古注疏仅能靠书板保存。第二，至晚到正德四年，元刻十行本诸经注疏板片仍然在福州，并未移至南监。有明一代，享祚276年，而正德四年距洪武元年（1368）已有141年。是以通过对于王鏊《震泽长语》中这条材料的考辨，我们可以确信，所谓元明之际，福建刻十行本注疏板片移入南监的推断恐难成立。

2.《南雍志·经籍考》中无正德本《十三经注疏》板片著录

学者已经考定，正德本《十三经注疏》的初次汇印不得晚于正德年间，那么是否有可能在正德四年（1509）至正德十六年（1521）的这段时间内，十行本注疏书板由福州运抵南京呢？这就需要借助《南雍志·经

---

① （明）王鏊《震泽长语》卷上，清《指海》本，第1叶B。
② （明）王鏊《震泽长语》卷首《序》，清《指海》本，第1叶A。

第六章 民间经学力量的上升与"十三经"的确立

籍考》中的相关记载来进行考证了。

《南雍志·经籍考》是讨论正德本《十三经注疏》时常常被引用的材料。是书编成于嘉靖二十二年(1543),题名南京国子监祭酒黄佐所作,其《经籍考》分上、下两篇,上篇《官书本末》,记载南监藏书。下篇《梓刻本末》,则载监中所藏书板。据下篇前的短文可知,这一部分出自南京国子监助教梅鹜之手。但无论如何,既然全书总成于黄佐,则这一部分亦必定得到黄佐的认可,而黄佐身为南京国子监祭酒,其对于南监中所藏书板的实际情况应当是相当熟悉的,是以这部《经籍考》也就成为研究嘉靖二十二年以前南京国子监中所藏书板最为重要、可信的史料。

为使读者一目了然,笔者将《南雍志·经籍考》中所录的南监所藏诸经注疏书板与今存北京市文物局"元刻明修本"《十三经注疏》的书名、卷帙作了一个对比,表列如下:

	《南雍志·经籍考》	元刻明修本《十三经注疏》
《周易》	○《周易注疏》一十三卷。好板一百四十二面,坏者十九面,遗失二百二十四面有余。 ○《周易大字注疏》六卷。板亡。 ○《周易小字注疏》九卷。存者三十八面,余皆缺。 ○《周易音训》一卷。存者八面,余缺。	○《周易兼义》九卷 ○《周易音义》一卷 ○《周易略例》一卷
《尚书》	○《尚书注疏》二十卷。存好板一百一十一面,坏板四十五面,余缺。 ○《尚书释文》一卷。今亡。	○《附释音尚书注疏》二十卷

续表

	《南雍志·经籍考》	元刻明修本《十三经注疏》
《毛诗》	○《毛诗注疏》二十卷。脱者七十六面,止存残板七面。 ○《毛诗音义》二卷,今亡。	○《附释音毛诗注疏》二十卷
《周礼》	无	○《附释音周礼注疏》四十二卷
《仪礼》	○《仪礼注疏》五十卷。旧板坏失,止残板五面。	○《仪礼》十七卷 ○《仪礼图》十七卷 ○《仪礼旁通图》一卷
《礼记》	无	○《附释音礼记注疏》六十三卷
《左传》	○《春秋正义》三十六卷。好板二百一十四面,失四百二十七面,坏板五百四十一面。 ○《春秋左传集解》三十卷。好板四百四十面,坏板三十六面,失四百六十七面有余。 ○《春秋经传集解》二十四卷。存者四十三面,缺三百四十一面,旧板,大字。 ○《春秋左传附释音》二十六卷,存好板二百二十面,坏板三百八十八面。	○《附释音春秋左传注疏》六十卷
《公羊》	○《春秋公羊疏》三十卷。旧志作二十九卷者非。存者一百九十七面,余缺。	○《监本附音春秋公羊注疏》二十八卷
《穀梁》	○《春秋穀梁疏》十二卷。好板一百一十四面,失八十七面。	○《监本附音春秋穀梁注疏》二十卷

第六章　民间经学力量的上升与"十三经"的确立

续表

	《南雍志·经籍考》	元刻明修本《十三经注疏》
《孝经》	○《孝经注疏》一卷。存者二十四面。	○《孝经注疏》九卷
《论语》	○《论语注疏》十五卷，止存残板九面。	○《论语注疏解经》二十卷
《尔雅》	○《尔雅注疏》十卷。存者二十九面。	○《尔雅注疏》十一卷
《孟子》	无	○《孟子注疏解经》十四卷

对比表中两列，我们可以将《经籍考》所载诸经注疏板片与北京市文物局所藏《十三经注疏》的实际书目、卷帙的异同分为三类：第一类，是两者书目、卷帙完全不同者，以经书名简称之，包括《周易》《春秋左氏传》《公羊传》《穀梁传》《论语》五种。

就《周易》而言，正德本由三个部分构成，即《周易兼义》九卷、《周易音义》一卷和《周易略例》一卷，这种结构在明刻闽本、北监本、毛本和清刻殿本、南昌府学本中都得以保留，是后世《周易正义》的典型样式。但是，《南雍志·经籍考》中著录的《周易注疏》却分为十三卷，与正德本显然不同，而据《铁琴铜剑楼藏书目录》可知，这种十三卷本的《周易注疏》实系另一种宋刊本：

《周易注疏十三卷》宋刊本

首题"周易注疏卷一"，次题"国子祭酒上护军曲阜县开国子臣孔颖达奉勑撰"，余卷并同此式，不题王弼注，系辞亦不题韩康伯注。其分卷则乾一、坤二、师三、大有四、复五、咸六、损七、鼎八、旅九、系辞上十、系辞上第六章十一、系辞下十二、说卦十三，盖犹是孔氏旧第，与《直斋书录解题》合。序称十四卷者，殆并《略例》计之也。经文与前单注本多同，惟"可与几也"、"与"下无"言"字，"吾与尔靡之"不作"縻物"，"不可以终动止之"无"动必"二字三处为异，余详陈仲鱼《经籍跋文》。……注疏者当以此为祖本矣。每半叶八行，行十九字，皆顶格，经下夹行注皆有"注云"二字，疏上则作阴文大"疏"字。疏仍夹行，行亦十九字，遇敬、殷、匡、恒、贞、桓、构字皆阙笔而慎字不阙，陈仲鱼谓即《九经沿革例》中所称绍兴初监本也。每叶楮背有习说书院长方印，知出宋时印本。惜首卷失去，仲鱼于周漪塘家借钱本补全，首有进《五经正义表》，亦各本所无。卢抱经据以载入《群书拾补》中，惟后无《略例》《释文》，今以明翻八行本补之。卷末有仲鱼题识，已刻入《经籍跋文》，兹不复录，卷中有陈鳣所藏朱记。①

而据长泽规矩也考证，此本就是南宋两浙茶盐司所刻八行本之见存者，刊刻时间在孝宗乾道、淳熙年间②。八行本是最早的经文、注疏合刊本，近年颇受学界重视，其刊刻之精善在十行本之上。总之，至晚在嘉靖二十二年，正德本中的《周易兼义》等书板不见于南京国子监可以无疑。

关于《左传》，正德本为《附释音春秋左传注疏》六十卷，而《南雍志·经籍考》中所列四种《左传》本中皆无与之相符者。《春秋左传集解》三十卷见于《宋史·艺文志》，即《左传》正文附杜预集解者，并无注疏。《春秋左传附释音》，从题名看来，当系将《经典释文》之《左传》部分杂入《左传》中而成，《九经三传沿革例》云：

唐石本、晋铜版本、旧新监本、蜀诸本与他善本止刊古注，若《音释》则自为一书，难检寻而易差误。建本、蜀中本则附音于注文之下，甚便翻阅。③

---

① （清）瞿镛《铁琴铜剑楼藏书目录》卷一《经部一》，清光绪常熟瞿氏家塾刻本，第3叶B～5叶B。
② 长泽规矩也《越刊八行本注疏考》，《中国文哲研究通讯》，第一〇卷第4期（2000），第36页。
③ （元）岳浚《九经三传沿革例》，清影钞元刻本，第8叶A～B。

第六章 民间经学力量的上升与"十三经"的确立

可见,《释文》附于注文似早于注疏合刻,而注疏本又附音则自十行本始,南监所藏《春秋左传附释音》当即是《沿革例》所云"附音于注文之下"之建本或蜀中本。

至于《春秋正义》三十六卷,始见于《新唐书·经籍志》,《宋史·艺文志》《通志》《文献通考》等皆有记载,系单疏本,并无经文、杜注,南宋时仍有刊刻,如日藏正宗寺本的原本金泽文库本《春秋正义》三十六卷,据长濑诚考证,就是南宋时覆北宋本①。而前文已言,南宋国子监曾广搜江南刻板,入元后南宋胄监书板归于西湖书院,至明乃入胄监,因此,南监中有《春秋正义》单疏本板片,亦在情理之中。

此外,越刻八行本中亦有《春秋正义》三十六卷,此书卷一前题名《春秋左传正义》,但书前总名、书口题名以及其它各卷前后题名皆作《春秋正义》,遂致与单疏本同名。加之两者卷帙相同,而长泽规矩也、王国维均认为越刻八行本之部分板片入明后流入南监,则此本或为八行注疏合刻本亦非不可能。但无论如何,此本必非十行本之《春秋左传注疏》,正德本《附释音春秋左传注疏》板片不见于《南雍志·经籍考》。

《公羊传》《穀梁传》二书,正德本分别为《监本附音春秋公羊注疏》二十八卷和《监本附音春秋穀梁注疏》二十卷,而《经籍考》中著录板片则是《春秋公羊疏》三十卷和《春秋穀梁疏》十二卷。后两者皆见于《宋史》《通志》等,从题名可知亦为单疏本,与正德本显然又不相同。

《经籍考》中著录《论语注疏》十五卷,而在正德本中题名为《论语注疏解经》,共二十卷。今存各本及历代目录著录多与正德本同,未见有作十五卷者。案陈振孙《直斋书录解题》中著录单疏本《论语注疏解经》为十卷本②,而缪荃孙《艺风堂文续集》中亦有《元论语注疏十卷本跋》一

---

① 长濑诚《关于五经正义单疏本》,《中国文哲研究通讯》,第一〇卷第4期(2000),第6页。
② (宋)陈振孙《直斋书录解题》卷三《语孟类》,上海古籍出版社1987年版,第72页。

文,详细著录元成宗元贞丙申(1296)平阳梁氏刊十卷本《论语注疏》:

> 元椠《论语注疏》十卷,卷首题"翰林侍讲学士朝请大夫守国子祭酒上柱国赐紫金鱼袋臣邢昺等校定",按《宋志》及《中兴书目》并云邢昺《论语正义》十卷,今注疏本皆分为廿卷,此本仍十卷,尚存单疏之旧。①

故笔者颇疑《南雍志·经籍考》中"十五卷"乃"十卷"之衍。然而即非如此,"《论语注疏》十五卷"与正德本题名既异,卷帙复不合,两者亦不应为同一种版本。

第二类,是两者书名相同,但卷帙不同者,包括《孝经注疏》和《尔雅注疏》。此二书《经籍考》著录为一卷和十卷,而正德本为九卷和十一卷。据《宋史·艺文志》著录可知,《孝经》《尔雅》的单疏本即为一卷和十卷,因此王国维认为,《经籍考》中的所谓《尔雅注疏》实际上就是单疏本《尔雅疏》②。应该说,王氏注意到《经籍考》中著录卷帙与单疏本卷帙之间的关系,可谓目光如炬,但是由卷帙相同便断言两者为同一书则恐泥。据笔者意见,南宋时期乃是注疏合刊的发轫期,自越州黄唐本后,又有蜀注疏本、建刻注疏本等问世,而各本卷帙分合不一:两浙茶盐司刻八行本《周易注疏》《春秋正义》以经注本卷帙为准,而刘叔刚一经堂十行本《春秋》三传拆合注疏,另立卷帙;上文所举缪荃孙著录之元刊《论语注疏》则是一仍单疏本卷帙之旧。因此,这里的一卷本《孝经注疏》和十卷本《尔雅注疏》很有可能与元刻十卷本《论语注疏》属于同一系统,系以单疏本为基础而补入经文、传注的注疏合刻本,王国维《旧刊本〈毛诗注疏〉残叶跋》云:

> 江安傅氏藏旧刊《毛诗注疏》卷二第十六叶,每半叶十三行,行大二十四字,小三十一字,刊刻精雅,与宋越本、建本均不同。案常熟瞿氏有

---

① (清)缪荃孙《艺风堂文续集》卷六,清宣统二年刻、民国二年印本,第1叶A。
② 王国维《两浙古刊本考》,《王国维全集·第七卷》,第12页。

第六章　民间经学力量的上升与"十三经"的确立

《尚书注疏》二十卷,每半叶十三行,行大二十六字至二十九字,小三十五字,《正义序》后别附纂图,其《地理图》题平水刘敏仲编,盖即平阳刊本,贵池刘氏藏。元元贞丙申平阳梁氏刊《论语注疏解经》十卷,亦每半叶十三行,行大二十四五字,小三十一字,此残叶行款并与之近,亦当平水刊本。……此十三行者,殆即蜀本。①

据王氏所见,则此《毛诗注疏》《尚书注疏》与《论语注疏》行款略近,当为同一套注疏合刻本,系元代平水翻刻宋蜀本注疏者,若此论不误,则蜀本注疏自当亦有《孝经注疏》等,而《论语注疏》既然确定是以单疏本卷帙为本,似乎《孝经注疏》《尔雅注疏》亦当依照单疏本参入经注,如此,则以《孝经注疏》一卷本、《尔雅注疏》十卷本系注疏合刻而非单疏本,亦非无据。

事实上,王国维认为:"明黄佐《南雍志·经籍考》所载旧板有:《周易注疏》十三卷、《仪礼注疏》五十卷、《春秋正义》三十六卷、《春秋公羊传疏》三十卷、《春秋穀梁传疏》十二卷、《尔雅注疏》十卷。虽其名或称'正义'、或称'疏'、或称'注疏',然其卷数皆与北宋单疏合,而与南雍之十行本注疏不合,当即南宋重刊之单疏旧板。以其板久阙不印,又明人但知有注疏,不知有单疏,故即以注疏目之。"②但就笔者所见,除《仪礼注疏》五十卷者是注疏合刻本还是单疏本目前尚不明朗外,其它各书的题名与内容均可称相合:上文已引瞿氏《铁琴铜剑楼藏书目录》,知《周易注疏》有宋刊注疏合刻之十三卷本者,而《经籍考》中著录《周易注疏》时附注云:"魏郎中王弼辅嗣注,《上下经》而《上象》、《下象》、《上象》、《下象》、《乾》《坤》二卦《文言》附于各卦辞、爻辞之下,其门人韩康伯注

---

① 王国维《观堂集林》卷一七《史林九》,《王国维全集·第八卷》,第534~545页。
② 王国维《两浙古刊本考》卷上,《王国维全集·第七卷》,第12页。

《系辞》《说卦》《序卦》《杂卦》,弼又作《略例》,唐孔颖达等为之疏。"①此本《周易注疏》,明南监尚存好板一百四二十面,则《经籍考》中此言当有目验为据,是以《周易注疏》实为名实相副,其为注疏合刻本可以无疑。《春秋正义》三十六卷与越刻八行注疏合刻本之题名、卷帙若合符节,以"正义"合称经注、疏文乃自宋人始,沈作宾《春秋正义后序》中即云"诸经《正义》既校刊于仓台,而此书复刊于郡治,合五为六,炳乎相辉"②,今存八行本之《春秋正义》其书口、卷次题名除第一卷外亦皆作《春秋正义》,《经籍考》以"正义"总名经注、注疏,实乃照录原书题名,并非杜撰。此外,《经籍考》中分明著录《春秋公羊疏》三十卷和《春秋穀梁疏》十二卷两种,皆明确题名为单疏本,可知明人并非不知有单疏、注疏之分。综上而言,既然《周易注疏》《春秋正义》《春秋公羊疏》《春秋穀梁疏》等著录皆一一名实相副,我们也就有理由相信,其关于《孝经注疏》《尔雅注疏》的著录亦当是可信的。

不过,即使笔者论证不确,依照王国维等学者的观点,《南雍志》所载《孝经注疏》《尔雅注疏》皆为单疏本,则其绝非正德注疏合刻本所用之板片亦明矣。

第三类,是两者书名不同,但卷帙相同者,即《尚书》和《毛诗》。《经籍考》著录为《尚书注疏》《毛诗注疏》,而正德本题名《附释音尚书注疏》《附释音毛诗注疏》,《经籍考》之著录诸书中并非无注明"释音"者,如上文所举《春秋左传附释音》即是一例,因此此处题名差异不可简单视为《经籍考》系简称。越刻八行本《尚书注疏》《毛诗注疏》卷帙与十行本相同,而题名与《南雍志》所载正合,是以这里的《尚书注疏》《毛诗注疏》很有可能正是未附音的越刻八行注疏合刊本。而且不论是否如此,仅凭

---

① （明）黄佐《南雍志》卷一八《经籍考》,民国二十年影印明嘉靖二十三年刻增修本,第4叶B。
② （清）张金吾《爱日精庐藏书志》卷五《经部》,清光绪十三年吴县灵芬阁集字版校印本,第1叶B。

第六章　民间经学力量的上升与"十三经"的确立

《经籍考》中记载当时《毛诗注疏》的存板数,就可以确定正德本《毛诗注疏》绝非用此板片印成。

《经籍考》记载,嘉靖二十二年时《毛诗注疏》"止存残板七面",《毛诗注疏》卷帙庞大,如果正德年间确实用此板印书,绝不至仅过了二十年就仅存残板七面。且据长泽规矩也、李致忠等先生考证,正德本《十三经注疏》至嘉靖年间仍有修补、刊印,则本板片不至残缺如此更为明证。与此同理,《经籍考》中没有著录《周礼》《礼记》和《孟子》三书的注疏板片,历来学者如屈万里、阿部隆一、汪绍楹等皆认为这是板片丢失所致,而其根据则是《南雍志》的记载:

> 然板既丛乱,每为刷印匠窃去刻他书以取利,故旋补旋亡。至成化初,祭酒王**㒧**会计诸书,亡数已逾二万篇。①

但笔者以为,这种说法并不能成立。理由有二:其一,此文所述大量书板失窃的时间乃在成化以前,而成化初年,随着祭酒王㒧会计诸板,国子监便开始采取各种保护措施,《南雍志》载,"弘治初,始作库楼贮之",且嗣后更有诏书专门规定以专款用于修补坏板、残板②,如果《十三经注疏》在正德间确实汇印于南京国子监,想必以胄监之守护,绝不至于使卷帙浩繁如《周礼注疏》《礼记注疏》者亡佚至一片不剩。其二,《经籍考》的著录体例十分严谨,不仅著录存板者,若原有藏板而今亡佚者,亦一一记载,如"《尚书释文》一卷,今亡;《书经补遗》五卷,今亡;《毛诗正义》一卷,今亡;《毛诗音义》二卷,今亡"③等,《周礼》《礼记》《孟子》皆经部要籍,如果确曾有板片,且在正德年间有过那样大规模的汇印,绝不会不置一词,脱漏如此。

总之,通过《南雍志·经籍考》著录嘉靖年间南监所藏书板与今存

---

① (明)黄佐《南雍志》卷一八《经籍考》,第1叶A。
② (明)黄佐《南雍志》卷一八《经籍考》,第1叶B～2叶A。
③ (明)黄佐《南雍志》卷一八《经籍考》,第7叶B、8叶B。

正德本书目、卷帙的对比,我们可以确定,如果元刻明修本的汇印确实在正德年间,则其绝不可能印于南京国子监。以上总为理由之二。

3. 正德本《十三经注疏》修补刻工之籍贯可考者98%为福建籍。

冀叔英在《谈谈明刻本及刻工》一文中说:"刻工又是有地域性的,明代刻书继承宋、元以来传统并大为发展,全国有若干处较大的雕版中心区域,因此刻工也有很大的地域性。"[①]诚如其言,明代中期,就东南一代而言,至少有南京、苏州、福建等几大刻书中心,南京国子监刻工、苏州刻工和福建刻工人数巨大,尤为突出。明嘉靖、万历年间的几部大书,如南监递修本《二十一史》、嘉靖三年姑苏徐焴刊《唐文粹》、嘉靖十一年福建刊《朱文公集》、隆庆元年胡维新、戚继光刻《文苑英华》等,都是由各地刻工独自完成,至于卷帙较小的书,则更是体现出清晰的地域性。就笔者所见,刻工远赴异地刻书规模较大的,似仅有嘉靖间吉澄本《周易程朱集传》《书经集传》《春秋四传》和《四书集注》,此套书有部分苏州刻工赴福建参与刻书。不过从张振铎所录《古籍刻工名录》一书中摘抄的以上四部书的刻工姓名看来,苏州刻工在整个刻工人数中的比例不过一二成,而福建本地刻工仍然占绝大多数。元刻明修本《十三经注疏》的汇印过程,伴随着《孝经注疏》的新刻和元刻十行本注疏、元刻九行本《尔雅注疏》、元刻《仪礼旁通图》的修补,因此,通过对于书中明代修补刻工姓名的辨识,亦可以帮助我们认识此书的修补、汇印地点。

国内现存三部正德本《十三经注疏》,其中北京市文物局藏本最近经《中华再造善本》影印,已经广为学者所见。笔者即根据这一影印本,将21函106册《十三经注疏》逐页翻检,共录得明代刻工近二百人,各部经书具体刻工详见本章附录一,而参照瞿冕良先生所编《中国古籍版

[①] 冀叔英《谈谈明刻本及刻工——附明代中期苏州地区刻工表》,《文献》,第7辑(1981),第215页。

刻辞典》①，其书明确著录为福建刻工的有123人：

蔡顺(顺)、陈才、陈珪、陈天祥、陈铁郎、程亨、程通、范朴、范元福、范元升、龚三、华福、黄道祥、黄文(文)、黄永进(黄永)、江长深(深)、江达、江富、江毛、江三、江盛、江田、江元富、江元贵、江元寿、李大卜、刘碧郎、刘观生、刘伏寿、刘景福、刘立、刘荣、陆富、陆富郎、陆贵清、陆基郎(陆记青)、陆荣、陆四、陆文、陆文进、陆文清、陆仲兴、罗椿、施肥、施永兴(施、永、兴)、王伯道、王富、王浩、王金荣、王进富、王荣、王仕荣、王文、王元保、王元名、王仲郎、吴洪、吴元清(元青、原清)、谢元林(元林)、谢元庆、熊名、熊山(山)、熊田(田)、熊文林、熊昭、许达、叶采(采)、叶二、叶金、叶马、叶寿、叶廷芳、叶妥、叶雄、叶旋、叶员(员)、叶岳、叶再友、叶招、叶伯起、余成广(成广)、余福旺、余富(富)、余环、余环义、余记郎、余坚(坚)、余景旺、余天礼、余天理(余添理)、余天寿、余添环、余添进(余天进)、虞福贵、虞福佑、虞伏清、袁珫、曾成、曾椿、曾郎、曾兴、曾招、詹弟、詹蓬头(蓬头)、张尾郎(张郎、张尾)、张元隆、张元兴(元兴)、周富生、周富寿、周记青、周仕荣、周同(仝)、周章、朱鉴、着(黄着)、邹仲甫、周甫、陆荣郎(陆荣、荣郎)、余成、陈泗、陆寿、余进、王邦亮(此人乃据张振铎《古籍刻工名录》)

至于这些刻工的具体籍贯及主要刻书成就，可参看附录二。通过附录二的整理，我们可以发现，这些刻工长期一起工作，除了参与元刻明修本《十三经注疏》的补修工作外，他们的主要刻书成果有明安正书局本《西山先生真文忠公文章正宗》、高㴱本《班马异同》、丁覲刻本《六家文选注》，明嘉靖六年(1527)东阳张大轮校刊本《重校唐文粹》，明嘉靖十一年(1532)张大轮、胡岳刻《朱文公文集》，嘉靖十四年(1535)张鲲本《资治通鉴纲目》，嘉靖十五年(1536)李元阳本《通典》，嘉靖十六年(1537)胡有恒刻本《史记题评》，嘉靖二十年(1541)刻《建宁府志》，嘉靖

---

① 瞿冕良《中国古籍版刻辞典》(增订本)，苏州大学出版社2009年版。

二十二年（1543）刻《邵武府志》，嘉靖二十二年福建兴化府推官章檗校刊本《汲冢周书》，嘉靖三十二年（1553）建刻《建阳县志》，嘉靖四十三年（1564）杨氏归仁斋刻本《三苏先生文集》，嘉靖四十三年刻《宋史新编》，嘉靖间刊《今献汇言》，嘉靖中李元阳本《十三经注疏》，嘉靖李元阳刊本《奇字韵》，嘉靖间吉澄本《周易程朱集传》《书经集传》《礼记集说》《春秋四传》和《四书集注》，嘉靖间胡帛本《荆川文编》，隆庆元年（1567）胡维新、戚继光刊《文苑英华》等，这其中除张鲲本《资治通鉴纲目》或刻于江西外，其余各书皆刻于福建，由此足证这些刻工的活动范围基本不出福建，而根据上列刻书，又可以推定一些籍贯不明的刻工亦很可能为福建刻工：

江四，据瞿目可知，此人亦曾刻丁觐本《六家文选注》和隆庆本《文苑英华》，或当与江田、叶二等为同籍，出于闽中。又据瞿目著录，江一，曾刻《建阳县志》；江二，闽中刻工，曾刻《宋史新编》；江三，闽中刻工。江八，闽中刻工，曾刻《六家文选注》、闽本《十三经》等。综上，江四当与江一、江二、江三、江八等为兄弟，皆为闽中刻工。

江荣，另刻归仁斋本《三苏先生文集》。此书刻于福建，上列福建刻工中刘碧郎、陆荣郎、熊山、熊田等皆与其事，江荣当与之同籍。

王仲，另刻李元阳本《十三经注疏》。

魏桢，另刻张大轮本《重校唐文粹》。

叶文昭，或署文昭，未见其它刻书，然据笔者考察，嘉靖至万历间文字辈叶氏刻工皆为福建闽中人，如叶文招，曾刻张大轮本《朱文公文集》；叶文右，曾刻《三苏先生文集》；叶文非，曾刻《今献汇言》；叶文胜，曾刻吉澄本《宋元通鉴全编》；叶文祥，曾刻《建阳县志》；叶文辉，曾刻胡有恒本《史记题评》、《建阳县志》、李元阳本《十三经注疏》等，而元刻明修本《十三经注疏》中另有一署名叶文招者，笔者以为或即叶文昭。总之，叶文昭亦当时嘉靖闽中叶氏刻书家族之一员。

叶文佑，另刻李元阳本《十三经注疏》，或与叶文右为同一人，当系福建闽中刻工。

余添环，未见其它刻书，然而上列刻工中余添进、余添理、余添寿、余添进等皆为福建刻工，添环当为同辈兄弟，亦为福建刻工。

通过类似方法可以推知为福建刻工的还有吴一、吴三、吴五、吴八、许成、杨四、叶起、叶明、余郎、余铁、余元善、张佑、熊六、周二、周三、陆一、陆三、吴大耳等，此外，另有陈斌、陆青、吴佛生三人系江西刻工，陈德禄57人未见著录，难以确定籍贯。

通过以上对北京市文物局所藏元刻明修本《十三经注疏》刻工姓名的考察，我们可以基本确定，此本在明代正德六年（1511）、正德十二年（1517）、正德十六年（1521）、嘉靖三年（1524）等历次补修中所用的刻工，除极个别外，均为福建刻工。从这些刻工的其它刻书情况来看，他们并没有远赴南京国子监刻书的经历，而南京国子监补修《二十一史》等，亦未见调用福建刻工之例，因此，通过刻工的地域，我们亦可以推知，元刻明修本《十三经注疏》的修补、汇印当在福州府学，而非南京国子监。

4. 嘉靖十五年以前南监亦无《仪礼图》板片。

我们知道，正德本"十三经注疏"中的《仪礼》部分并不是《仪礼注疏》，而是《仪礼》白文并杨复《仪礼图》十七卷、《仪礼旁通图》一卷。也就是说，汇印正德本"十三经注疏"，除了需要元刻十行本诸经注疏板片之外，还需要《仪礼图》和《仪礼旁通图》的板片。但是，《南雍志·经籍考》中显然并没有这一板片，而更有史料可以证明，至少在嘉靖十五年以前，南监中都没有此书的板片。此事见于《经义考》：

伏睹圣皇以礼乐为治，而太学尤礼乐所先之地，用是仰承德意，旁求《仪礼图》本，偕其寮童公，思与在监习礼公侯伯及诸士子演行，使知揖让进退之节，以沐圣上菁莪棫朴之教，而效雍熙、太和之化也。第此书稀少,止访获一二善本。乃命监生王世康辈手抄其图,月数日肄业焉,寻将其题,请勅工部刊印而未遽行也。有监生卢尧文、魏学诗、汪尚庭、钱寅、畲海者,禀求《仪礼图》本以观尔,乃奋然兴身心,自书写校正,且捐资刊刻成书,送观以问序焉。①

这是吕柟为明新刊杨复《仪礼图》所作的序,写于嘉靖十五年(1536)。吕柟当时为北京国子监祭酒,对于两监板籍当十分了解,而其搜罗《仪礼图》,乃发现"此书稀少,止访获一二善本",于是只好命监生重新抄录,准备刊刻。由此可知,至迟到嘉靖十五年,南监仍无《仪礼图》之板片,既然如此,亦可证南监绝没有刊印《仪礼图》《仪礼旁通图》的可能。

那么,有没有可能存在这样一个假设,即所谓的元刻明修本《十三经注疏》板片经过福州府学正德、嘉靖初年的历次修补,至嘉靖二十二年(1543)以后方移入南京国子监,也就是在《南雍志》写定以后才入南监并汇印呢?笔者以为,并无此可能。因为嘉靖五年(1526),山东巡抚陈凤梧已经刻成了《仪礼注疏》十七卷,板送南京国子监,如果真是嘉靖二十二年之后南京国子监汇印《十三经注疏》,则显然不需要用《仪礼图》补之。这一假设不能成立。

5.《南雍志》中明确记载正德本《十三经注疏》刻于福建。

既然我们已经证明了正德本《十三经注疏》绝不可能在嘉靖二十二年之前汇印于南京国子监,而是本印于嘉靖二十二年之后的假设亦不能成立,则惟一合理的结论,就是此本汇印并不在南监,而在福州府学,福州府学中的元刻十行注疏旧板并没有被送至南京国子监。

事实上,《南雍志》本身正是如此记载的,在《新刊仪礼注疏》条下,梅鷟云:

十三经注疏刻于闽者独缺《仪礼》,以杨复《图说》补之。嘉靖五年,

---

① (清)朱彝尊《经义考》卷一三二《仪礼三》,中华书局1998年影印本,第703页上栏。

第六章 民间经学力量的上升与"十三经"的确立

巡抚都御史陈凤梧刻于山东,以板送监。①

由于历来学者认为正德本刻于南监,因此自然而然将这里的"十三经注疏刻于闽者"理解为嘉靖中李元阳所刻闽本,而李元阳本中明明有《仪礼注疏》十七卷,因此这里的记载就显得令人难以理解,屈万里先生便认为这是梅氏误记:

> 按闽刻十三经注疏自有《仪礼》,梅氏说非是。盖十行本无《仪礼》,曾以杨复《图说》补之,非以《图说》补闽刻也。②

梅鷟为南京国子监助教,《南雍志》又系进御之书,绝不可能出现如此低级的错误。而当我们知道了正德本《十三经注疏》实际亦是闽本之后,就会发现梅鷟的这句话其实完全符合事实,而笔者认为,这实是元刻明修本《十三经注疏》汇印于福建府学最为直接的一条证据:梅氏所谓的"十三经注疏刻于闽者"就是指正德本,《十三经注疏》的初次汇印,正是以福州府学所藏十行本诸经注疏板加上元刊杨复《仪礼图》、元刊九行本《尔雅注疏》、新刊《孝经注疏》汇合而成的。

6.《南雍续志》称南监久无《十三经注疏》善本。

正德本刻成之后,诸经注疏书板有没有移至南监呢?据笔者考察,至晚到万历二年(1574),诸经书板仍未见于南监,此事可证于《南雍续志》:

> 万历二年,祭酒张位上疏,谓辟雍乃图书之府,故自昔辨伪证谬,必以秘书及监本为征。今监有十七史而十三经注疏久无善本,请命工部给资镂刻。西库见存《四书集注》板四百五十一面,《易经传义》板五百一十三面,《诗经集注》板三百四十二面,《书经集注》板三百二面,《春秋》四传板八百九十三面,《礼记集说》板七百一十八面,东库见存《论语

---

① (清)黄佐《南雍志》卷一八《经籍考》,第13叶A。
② 屈万里《书佣论学集》,《屈万里全集》第14册,台北:联经出版事业公司1984年版,第227页。

集注考证》板五十面。①

张位为南京国子监祭酒,"今监有十七史而十三经注疏久无善本"一句清楚地表明,正德本《十三经注疏》的书板不仅正德年间存于福州,即使是嘉靖以后亦未移入南监,所谓南监本、南雍本《十三经注疏》的说法实际是不能成立的。

此外,还有一点值得注意:尽管南监本、南雍本《十三经注疏》之名常见称于论著,但是,建国以来研究明代刻书的一些重要论文,如张秀民先生《明代南京的印书》②、李致忠先生《明代刻书述略》③等在论及南京国子监中刻书时,均未提及正德本《十三经注疏》,周心慧先生《明代版刻述略》中虽然沿用明正德间南监汇印《十三经注疏》和《二十一史》之说,但其具体论述、举例部分则皆围绕《二十一史》展开,对于《十三经注疏》不置一词,可见版本学家对于元刻明修本《十三经注疏》与南京国子监之关系的认定还是比较审慎的。

至于"正德本"《十三经注疏》何以被讹称为"南监本"。笔者以为,明代中后期学者何良俊在《四友斋丛说》中的一段叙述或许可以给我们一些启示:

丁巳年,屠石屋、叶淮源管印差,要将赃罚银送国子监刻书,因见访及。尔时朱文石为国子司业,余与赵大周先生极力怂恿,劝其刻十三经注疏。此书监中虽有旧刻,然残阙已多,其存者亦皆模糊不可读。福州新刻本复多讹舛失,今不刻,恐后遂至漫灭,所关亦不为小。诸公皆以为是。大周托余校勘,余先将《周易》校毕,方校《诗》《书》二经,适文石

---

① (清)朱彝尊《经义考》卷二九三《书壁》,中华书局1998年影印本,第1502页下~1503页上栏。
② 张秀民《明代南京的印书》,《文物》,1980年第11期,第18页。
③ 李致忠《明代刻书述略》,《文史》,第23辑,第127页。

第六章 民间经学力量的上升与"十三经"的确立

解官去,祭酒意见不同,将此项银作修二十一史板,费去,其事遂寝。①

从二十一史板一事可知,何良俊所言"监中"系指南监。他说"此书监中虽有旧刻,然残阙已多,其存者亦皆模糊不可读",可见他确曾目验了监中旧板。但是,笔者以为,他所见的旧板实乃上表左列所举的《周易注疏》十三卷、《尚书注疏》二十卷等宋元旧板,并非右列元刻十行本旧板。这些从何良俊此文中可以找到内证:他称监中旧刻"残阙已多,其存者亦皆模糊不可读",明显皆是就板片而言,由此则可知这些板片入明以后从未付印,故其无一字提及此旧刻之刊印本,而这显然就不可能是指正德年间刚刚刊印过的十行本书板了。至于下文所言"福州新刻本",从"新刻"可知当系李元阳闽本。何良俊的叙述本无讹误,但是其指称"监中旧刻"不甚明朗,加之又有正德本《十三经注疏》汇印于此前,乍一看来,就很容易误解为南监曾有正德年间所印《十三经注疏》的刻板。我以为"正德本"之讹为"南监本",或许就是这样形成的。

又,何良俊文中虽说南监有"十三经注疏"旧刻,但是我们对于他的"十三经注疏"之说却不必坐实。上文所举丘浚《大学衍义补》、王鏊《震泽长语》等文中也都称福州府学藏有十三经注疏板片,但是众所周知,不但福州府学中并无《仪礼注疏》板,即使其它十二种注疏板片,在正德汇印之前,也分别属于元刊十行注疏合刊本和元刊九行本《尔雅注疏》两个系统,实际并不能径称作"十三经注疏",只是明人对此不甚严谨,便以"十三经注疏"之名统称之而已。

这样,我们对于《南雍志》中所载诸经注疏板片被误认为正德本《十三经注疏》所据板片的过程就可以给出一个比较合理的解释:明初南京国子监接受了杭州西湖书院板片,是以部分越刻八行本注疏及《孝经注疏》《尔雅注疏》等其它板片进入南监,由于明代士人对于"十三经注疏"

---

① (明)何良俊《四友斋丛说》卷三《经三》,明万历七年张仲颐刻本,第3叶B~4叶A。

一词的使用比较随意,因此便径以"十三经注疏"统称这批板片。入清后,南监板片不存,清人不能目验,仅能据《南雍志》等文献得知南监曾有所谓"十三经注疏"板片。而由于越刻八行本《周易注疏》《尚书注疏》《毛诗注疏》残卷等早亡佚于中土,而日本藏书情况又为当时士人所未详,因此直至清乾嘉时期,学者对于越刻八行本诸经注疏的板片、刻本留存情况并不清楚①。相反,正德本《十三经注疏》一直流传于中土,为士人所广知。这样,当时学者心目中的南监"十三经注疏"板片也就只能是正德补修十行本注疏的板片了。

四、"正德本"《十三经注疏》的经学史意义

正德本"十三经注疏"既然并无《仪礼注疏》,而是以《仪礼图》代之,则对于这一看似名实并不相符的注疏汇印本的经学史意义如何认定,亦需讨论。屈万里先生即认为:"《仪礼注疏》,到了明代嘉靖五年,才由陈凤梧刻于山东。稍后(嘉靖年间)闽中御史李元阳刻了十三经注疏,这是全部十三经注疏的第一次刻本,十三经的名称,也由此奠定。"②的确,如果站在后来影响广泛的李元阳本、北监本、南昌府学本等《十三经注疏》的角度来看待正德本,它的确有些名不副实,但是,如果我们回到正德本刊行的年代,则事情又未必如此。《经义考》中记载了明代新刊《仪礼图》时国子监祭酒吕柟所作的序,序中称:

---

① 阮元在《十三经注疏总目录》中称其所藏十行本注疏为"各本注疏之祖",由此可见在日藏诸八行本注疏为国内学者了解之前,很多学者对于越刻八行本注疏并不熟悉。而事实上,即使是日本学者,在很长一段时间内对于越刻八行本与建刻十行本注疏的区分也不甚了然,如山井鼎、物观的《七经〈孟子〉考文补遗凡例》称其所据校本"有曰宋板者,乃足利学校所藏《五经正义》一通",但事实上,山井鼎所言的这套足利藏书中,《周易》《尚书》《礼记》为八行本注疏,而《毛诗》《春秋》为附释音十行本,可见山井鼎虽目睹两类注疏本,但亦以其杂合为一套,未作区分。近代以来王国维作《宋越州本〈礼记正义〉跋》、长泽规矩也作《越刻八行本注疏考》,越刻注疏本的刊刻、修补、重印、流传等情况才逐渐为学界所熟知。

② 屈万里《关于经书的几个小问题》,《屈万里先生文存》第1册,台北:联经出版事业公司1984年版,第14页。

第六章 民间经学力量的上升与"十三经"的确立

《仪礼》本周公所作,其篇目甚多。遭秦焚书,汉高堂生止传其十七篇,与淹中经同,后苍能明之,然多士、庶人、卿大夫、诸侯之礼。宋朱文公欲以《仪礼》为经,《礼记》为传,其徒杨复遂图解《仪礼》,存其编于《十三经注疏》中。①

杨复当然并未自称《仪礼图》可置于"十三经注疏"中,以《仪礼图》置于《十三经注疏》乃是明代人的做法。吕柟此序作于嘉靖十五年(1536),据加藤虎之亮考证,李元阳本《十三经注疏》刻于嘉靖十二年(1533)至十五年之间,则此时吕柟或许尚未见到李元阳本。吕柟的这段序文提醒我们,在李元阳本刊布以前,或许明代人对于"十三经注疏"书目的看法并不统一,杨复《仪礼图》自有其经学史价值,并不可简单视为《仪礼注疏》的临时替代品。而由此看来,正德本"十三经"之名,似亦不必因为《仪礼注疏》的缺失而受到质疑。无论如何,即使此编"十三经注疏"尚未完备,"十三经"却实在一种不缺,在这个意义上,正德本十三经和李元阳本十三经并无实质差别,"十三经"之名于何时奠定,似乎并不能以《仪礼注疏》一书之有无而确定。

事实上,正如本节开头部分所言,正德本《十三经注疏》经学史地位认定之关键,实在于其修补、汇印地点的确定:如果此本确实是由南京国子监主持汇印,则这就可以作为明代官方正式接受、承认"十三经"经学地位的标志,而"十三经"的完全确立也就可以定于此本汇印之时。相反,如果此本并非出于南监,只是福建刻本,则此本的出现只能视作一部分学者、士大夫试图突破"四书五经"的官学一统局面,复兴汉唐儒学,重新评价汉儒经学成就的努力。通过本节的考证,我们可以确认,作为《十三经注疏》的第一次汇印本,正德本代表的,正是丘浚、王鏊、何良俊等一批士人对于复兴汉唐儒学的热忱。那么,这种热忱是在什么

---

① (清)朱彝尊《经义考》卷一三二《仪礼三》,中华书局1998年影印本,第703页上栏。

样的背景下产生的呢？它又是如何转变为一种学术思潮的呢？究之，"十三经"作为一种经目理论，是如何形成、并最终产生那么大的社会影响的呢？这些便是我们接下来要探讨的问题。

第三节 明中期汉学思潮的兴起与"十三经"的正式确立

作为儒家思想最为重要的文化载体，"十三经"在中国传统社会中高居于一切典籍之上，具有绝对的权威性，广为士人所诵习。然而，这十三部经典究竟是什么时候结集起来，又是以一种什么样的方式结集起来，却是一个仍然没有得到完满解决的问题。此外，自元明以来，科场取士实行"四书五经"制度，国子监博士设科亦准此例，那么，在程朱理学一统天下的时代里，作为汉唐古注疏之结集的《十三经注疏》何以得到士人的重视，其与《四书五经大全》之间的关系怎样，明代朝廷如何对待《十三经注疏》，关于这些问题，也还有很多值得讨论的余地。本节即试图以宋明经学史为背景，通过对于其中若干史实的考辨、概念的澄清，对上面提出的这些问题给出笔者的浅见。

一、"十三经"成于宋代说平议

关于"十三经"的结集时间，自明清以来便是学术界讨论的一个热点问题，笔者所见最早提出这个问题的是顾炎武，他在《日知录》"《十三经注疏》"条中说：

> 自汉以来，儒者相传，但言"五经"。而唐时立之学官则云"九经"者，《三礼》《三传》分而习之，故为九也。其刻石国子学，则云"九经"，并《孝经》《论语》《尔雅》。宋时程、朱诸大儒出，始取《礼记》中之《大学》《中庸》，

第六章　民间经学力量的上升与"十三经"的确立

及进《孟子》以配《论语》,谓之"四书"。本朝因之,而十三经之名始立。①

顾炎武系明遗民,其所谓"本朝"者,亦指明朝而言,因此,顾炎武的判断,是"十三经"之名最早出现于明代。

顾炎武的这条意见得到了清代一些学者的认同,如王鸣盛在《蛾术编·十三经注疏》中即言:

案推孟配孔,尊崇实始程朱。顾谓十三经注疏之名至明始立,确甚。盖孟子自在诸子,自王安石欲比孟,孟始尊矣,席益所为刻也。然学者犹但知九经。至南渡后,四书之名立,其势有不可不进为十三经者,赵岐注不成注,而邵武士人疏嫁名孙奭更不成疏,朱子力辨其要不能废,至明遂汇刻为《十三经注疏》。②

乾隆御纂《重刻十三经序》亦云:

汉代以来儒者传授,或言五经,或言七经,暨唐分《三礼》《三传》,则称九经,已又益《孝经》《论语》《尔雅》刻石国子监,宋儒复进《孟子》。前明因之,而十三经之名始立。③

可见,以"十三经"成于明初之说在清代中前期影响极大,可谓定说。笔者所见最早对顾炎武的这一观点提出质疑的,是乾隆时期学者盛百二的《柚堂笔谈》:

《日知录》云:自汉以来,儒者相传但云"五经",而唐时立之学官则云"九经"并《孝经》《论语》《尔雅》,宋时程、朱始取《礼记》中之《大学》《中庸》,及进《孟子》以配《论语》,谓之"四书",本朝因之,而十三经之名

---

① (清)顾炎武撰、黄汝成集释《日知录集释》卷一八,上海古籍出版社2006年版,第1027页。
② (清)王鸣盛《蛾术编》卷二《说录二》,清道光二十一年世楷堂刻本,第21叶A~B。
③ (清)《国朝宫史》卷三五《书籍十四》,清文渊阁《四库全书》本,第1叶B。

以立。按亭林谓"十三经"之名至明始立,殊未然。①

盛百二反驳顾炎武的主要理由,是随着北宋宣和间《孟子》的刻成,蜀石经便已经达到了十三经之数,而晁氏《读书志》中便直接用"石室十三经"来称呼蜀石经。据此,盛氏认定,"十三经"之名的确立,不当在明初,而应最晚在晁公武的时代,所谓"明其名固立于宋时也"②。

进入二十世纪,学术界对于这一问题的研究并没有中断,概括而言,存在三种观点:第一种与盛百二的思路相同,以《孟子》进入蜀石经的时间作为"十三经"形成的时间,如杜中新、窦秀艳《孝治与〈孝经〉入十三经》即认为"十三经的最终形成时间应该推前到北宋徽宗宣和年间"③,而舒大刚《"蜀石经"与〈十三经〉的结集》一文则专门就这一问题展开讨论,他认为:"将'十三经'合刻一处实始于五代北宋间'蜀石经','十三经'之名也以'蜀石经'最先使用。因此,'蜀石经'应该是儒家'十三经'结集的最早尝试,也是名副其实的儒学《十三经》!"④林庆彰先生也基本持这种看法⑤。

另一种观点则是以《孟子》由子部升入经部作为"十三经"形成的标志。一些学者认为《孟子》升经在南宋,因此便以南宋作为"十三经"形成的时间,如蒋伯潜《十三经概论》、汪绍楹《阮氏重刻宋本十三经注疏考》、周予同《中国经学史讲义》、夏传才《从六经到十三经的发展》、许树安《儒家学说的发展与十三经》、李致忠《十三经注疏版刻略考》等,另一些学者接受了《孟子》升经在北宋的观点,便以北宋作为"十三经"形成

---

① (清)盛百二《柚堂笔谈》卷一,清乾隆四十三年潘莲庚刻本,第9叶B~10叶A。
② (清)盛百二《柚堂笔谈》卷一,第10叶B。
③ 杜中新、窦秀艳《孝治与〈孝经〉入十三经》,《中州大学学报》,2002年第4期,第28页。
④ 舒大刚《"蜀石经"与〈十三经〉的结集》,《周易研究》,2007年第6期,第68页。
⑤ 林庆彰先生曾论及:"五代时,后蜀国君孟昶刻石经,删去《孝经》、《尔雅》,加入《孟子》。这是《孟子》入经部的开始。"林庆彰《中国经学史上的回归原典运动》,《中国文化》,2009年第2期,第2页。

的时间,如刘师培《经学教科书》,王炳照、徐勇《中国科举制度研究》。

第三种观点,则是以《十三经注疏》的合刻作为"十三经"形成的标志。如许道勋、徐洪兴《中国经学史》云:"自《孟子》升格为'经'以后,'十三经'结集也得以完成,其标志就是从南宋开始合刻《十三经注疏》。'十三经'从此成为一部丛书,明代嘉靖、万历间都曾刊行,清乾隆年间又有武英殿聚珍本,且又刻经文于石,立之太学"①。

这些学者的观点虽然不尽相同,但却有一个共同点,那就是推翻了顾炎武"本朝因之,十三经之名始立"的观点而将"十三经"成立的时间上推到宋代。就笔者所见,这一说法目前似乎已被学术界普遍接受,但我们认为,"十三经成立于宋代说"实为似是而非的误说,理由有四:

其一,从经学史上说,宋代并不存在事实上的"十三经"并存的时期。从上文的论述已经可以知道,以正经、兼经制度作为标准,我们可以将宋代经学史大致分为四个阶段:

第一个阶段是自宋初建国至神宗熙宁四年(1071),此期延续了唐代以来的经学制度,以"九经"作为正经,将其区分为大、中、小经三类,配比选择科目;以《论语》《孝经》《尔雅》为兼经,以正经而言,可称为"九经的时代"。

第二个阶段是神宗熙宁四年至哲宗元祐元年(1086),以《周易》《尚书》《毛诗》《周礼》《礼记》为五种正经,以《论语》《孟子》为兼经,故可称为"熙宁五经的时代"。

第三个阶段是元祐元年至南宋绍兴六年(1136)。这一时期经学制度调整频繁,其突出特征即《春秋》的正经地位屡经尊废。同时,诗赋进士科与专经进士科屡经分合,分置期间又采用不同的应试经书范围,姑且称为"变革的时代"。

第四个阶段则是南宋高宗绍兴六年以后,实行以《周易》《尚书》《毛

---

① 许道勋、徐洪兴《中国经学史》,上海人民出版社2006年版,第72页。

诗》《周礼》《礼记》《春秋》为正经的"六经"制度,《论语》和《孟子》的兼经地位则得到了认可和延续,故可称为"南宋六经的时代"。

综上所言,无论在哪个阶段,宋代都没有出现过"十三经"并尊的情况,《尔雅》在熙宁四年之后长期不设学官,不应进士科举;《仪礼》在熙宁四年至元祐元年以及绍兴六年之后均被明确废出经部,无论是国子学、太学、宗学、州学,还是经筵讲席、刻石刻书,都不再予经部之列。惟一的例外,是在目录学上,它们仍然被归入"经部",而目录学上的经部文献何止千百,不能因为它们保留在经部目录之中,就认为它们仍然是"经"。作为具有强烈官方色彩的"经目",我们只能以博士设员和科举设科作为衡量的标准,而准此标准看来,两宋有"九经""五经""六经",却并无"十三经"。

其二,蜀石经不能作为"十三经"结集的证据。上文已述,不少学者以蜀石经的刻成作为"十三经"的结集标志。但是笔者认为,这是不合理的。众所周知,蜀石经的刻成经历了三个阶段,第一个阶段是后蜀广政时期。毋昭裔以太和石经为本,立志刊刻群经,但是"未究而国灭",已经刻成的,只有《周易》《尚书》《毛诗》《周礼》《仪礼》《礼记》《论语》《孝经》《尔雅》和《春秋左氏传》的前十三卷,这是一个没有完成的工程。北宋皇祐年间,田况入蜀,始补刻《春秋左氏传》并《公羊传》《穀梁传》。至此,在当时人看来,由毋昭裔首发其端的蜀石经便算是刻成了,吕陶《经史阁记》云:

> 孟氏苟有剑南,百度草创,犹能取《易》《诗》《书》《春秋》《周礼》《礼记》刻于石,以资学者。吾朝皇祐中,枢密直学士京兆田公加意文治,附以《仪礼》、《公羊》、《穀梁传》,所谓九经者备焉。①

吕陶对于《仪礼》和《春秋左氏传》的刊刻时间虽然记载有误,但是

---

① (宋)程遇孙《成都文类》卷三〇,清文渊阁《四库全书》本,第3叶B。

其"九经者备焉"则确实代表了当时人的看法。直到熙宁四年之后,随着《孟子》地位的迅速上升,才有所谓"伪蜀时刻六经于石而独无《孟子》,经为未备"①的说法出现,于是才有了席贡的补刻《孟子》②。因此,蜀石经的刊刻实际上存在两个层次。后蜀广政时期至北宋皇祐补刻是第一个层次,是"九经"时代下的刻石。而宣和中席贡补刻《孟子》则属于第二个层次,是对现实经学制度调整的呼应。由于石经刊刻耗功巨大,《仪礼》等虽已遭废,然亦不便将其抛弃,故而仍留在石室之中。加上蜀石经初刻之时,主其事者乃孟蜀君臣,因此广政石经带有明显的太学石经的色彩;而到了北宋,成都不过一州治而已,石室亦不过一文化故址而已,蜀石经《孟子》的主事者,不过一知成都而已,可见,到了宋代,蜀石经已经不再具有太学石经的身份,因此也就不必那么在意《仪礼》《春秋》等的废置了。可作对比的是,同为石经,但置于太学的开封石经命运就完全不同了,嘉祐年间刻开封二体石经,当时《春秋》尚在正经之中,因此自然予以刊刻,但是不久,随着熙宁变法的开始,《春秋》被废,置于太学之中的春秋石经也就随之被废:

> 叶适曰:瑞安沈彬老北游程氏,师生间得性命微旨,经世大意。时方禁《春秋》学,石经甫刻即废,彬老窃赂守者,自摹藏之。后世孙体仁阁以庋焉,名曰深明。③

石经刻成的目的就是为了正经典之异文,因此置于太学中,供士子摹习,但沈彬老需要"窃赂守者"才能摹得石经,可知其时石经《春秋》"甫刻即废"并非虚言。蜀石经和开封石经的不同命运,就在于两者的不同身份。总之,席贡虽然刊《孟子》入石,但是他的时代背景仍

---

① (宋)晁公武撰,孙猛校证《郡斋读书志校证》,上海古籍出版社1990年版,第417页。
② 关于席贡补刻《孟子》,可参拙文《蜀石经〈孟子〉刊刻者考辨》,《中国文化研究》,2010年春之卷,第154页。
③ (清)朱彝尊《经义考》卷二八九《刊石三》,中华书局1998年影印本,第1485页下栏。

然是上述宋代经学史的第三个阶段,在这一阶段,并没有"十三经"的成立。

其三,宋代并无"十三经"之专名。正如我们判断唐代经学是否有"十二经"之说一样,"十三经"在宋代是否成立,只有根据宋人的文献记载来进行判断。当然,认为宋代已有"十三经"之名的学者举出的证据,也确实在宋人文献之中,主要有以下两条:

> 又有《三礼节》《左传节》《诸史要略》及建宁所开《文选》诸书,其后又欲开手节十三经注疏,姚氏注《战国策》、注坡诗,皆未及入梓,而国事异矣。(周密《癸辛杂识》)①

> 以上石室十三经,盖孟昶时所镌。(赵希弁《读书附志》)②

实际上,笔者所见,还有一条,见于《九经三传沿革例》:

> 《左传》本不可以言经,今从俗所谓汴本十三经、建本十一经称之。③

《九经三传沿革例》题名宋人岳珂,张政烺先生考订实为元人岳浚所作,而其中大部分又出于廖莹中《廖氏世采堂刊正九经》之《总例》④,因此,这条材料虽然出自元人之书,极有可能还是宋人手笔,况且由周密《癸辛杂识》可知,廖莹中确实有节"十三经注疏"的想法,因此他知道俗间有称"汴本十三经"者,亦颇为合理。

在分析这三条材料之前,我以为有必要对"专名"和"计数"的区分再作一些说明。前文已言,"五经""六经""九经"等并不是一个个简单的计数结果,而是一个个专名,那么,计数和专名之间究竟有什么差别

---

① (宋)周密《癸辛杂识·后集》,中华书局1988年版,第85页。
② (宋)晁公武撰,孙猛校证,《郡斋读书志校证》,上海古籍出版社1990年版,第1087页。
③ (元)岳浚(题名岳珂)《九经三传沿革例》,清影钞元刻本,第22叶A。
④ 张政烺《读〈相台书塾刊正九经三传沿革例〉》,《张政烺文史论集》,中华书局2004年版,第168页。

第六章 民间经学力量的上升与"十三经"的确立

呢？我以为，所谓"专名"，是得到官方认可的，在正式诏令中广泛使用而不至引起歧义的简称。以北宋"九经"一词的使用为例：

（太宗端拱二年五月三十日）康州言：愿给九经以教部民之肄业者。从之。（《宋会要辑稿》）①

（真宗咸平元年正月）上令择官校正九经文字，李至荐颐正。上召至后苑，讲《尚书·大禹谟》，赐五品服。（《皇朝编年备要》）②

（真宗咸平四年六月）丁卯，诏州县学校及聚徒讲诵之所，并赐九经。（《宋史》）③

（仁宗景祐二年四月戊辰）赐楚州州学九经。（《续资治通鉴长编》）④

（仁宗皇祐元年六月）叔韶尝献所著文，召试学士院入优等，特迁之。入谢，命坐赐茶，谓曰："宗子好学无几，尔独以文章得进士第，前此盖未有也。朕欲天下知属籍有贤者，宜勿忘所学。"叔韶顿首谢。既退，又出九经赐之。（《续资治通鉴长编》）⑤

（仁宗嘉祐四年）刘敞又独上奏曰："九经所载祫祭制度，最明备者，莫如《春秋公羊传》，自汉以下，皆引为证，所谓未毁庙者，岂有帝后之限哉！"（《续资治通鉴长编》）⑥

（哲宗元祐七年五月）癸巳，诏："秘阁试制科论题，于九经兼正史、《孟子》、《扬子》、《荀子》、《国语》并注内出，其正义内毋得出题。"（《续资治通鉴长编》）⑦

---

① （清）徐松辑《宋会要辑稿·崇儒二》，中华书局1957年影印本，第2188页上栏。
② （宋）陈均《皇朝编年备要》卷六《真宗皇帝》，宋绍定刻本，第1叶A。
③ 《宋史》卷六《本纪第六》，中华书局1977年版，第115页。
④ （宋）李焘《续资治通鉴长编》卷一一六，中华书局1985年版，第2728页。
⑤ （宋）李焘《续资治通鉴长编》卷一六六，第4000～4001页。
⑥ （宋）李焘《续资治通鉴长编》卷一九〇，第4589页。
⑦ （宋）李焘《续资治通鉴长编》卷四七三，第11284页。

(哲宗元祐八年五月)癸卯,礼部尚书苏轼言:"臣伏见元佑贡举敕:诸诗赋论题于子史书出,如于经书出而不犯见试举人所治之经者,听。臣今相度,欲乞诗赋题许于九经、《孝经》、《论语》、子史并九经、《论语》注中杂出,更不避见试举人所治之经……"(《续资治通鉴长编》)①

可见,无论是朝廷诏令,还是大臣奏议,"九经"这一简称频繁出现于各种正式的书面场合,如果它没有形成公认的、确定的内涵,这种情况是难以出现的。

而"计数"则不同,它们往往根据行文的语境或书籍的实际编纂情况而定,具有偶然性、随意性和个人性,如北宋刘敞《七经小传》、清人陈鹤龄《十三经字辨》、姚鼐《惜抱轩九经说》,这里的"七经""九经""十三经"均与习说不同,乃是计数,既不能脱离语境,亦未得到社会的公认。同样,上文已论,晁公武《石经考异序》中所言"唐太和中复刻十二经,立石国学"也是一种带有随意性的计数,并不能代表唐代经学的实际面貌。

我们用这种计数和专名的区分来重新看上文所引的三条宋人称述"十三经"的例子,就会发现,这三例中的"十三经"都属于计数,而不是专名。赵希弁的材料很容易理解,"以上石室十三经"很明显是承上文对于蜀石经十三种的逐一称述而作的总结,而两次提到的与廖莹中有关的"十三经"则需要一辨。

首先,这两条材料之间构成了因果关系。廖氏先刻九经,故为此而作《总例》,这个时候,他已经知道了民间有十一经、十三经的说法,但是他认为《左传》实际上不能算作"经",因此他特别加注予以说明。但正因为他知道了这"十三经"的说法,因此也才有了他节"十三经注疏"的想法,"十三经"之名不是自廖莹中始,毫无疑问。

"俗所谓汴本十三经,建本十一经",什么是"汴本十三经"呢?笔者

---

① (宋)李焘《续资治通鉴长编》卷四八四,第11508页。

第六章　民间经学力量的上升与"十三经"的确立

以为,所谓汴本,又称监本、京本,系北宋时国子监所刻本。北宋初年印群经,系用五代旧板,见于晁公武《石经考异序》:

> 公武异时守三营,尝对国子监所摹长兴板本读之,其差误盖多矣。昔议者谓太和石本校写非精,时人弗之许,而世以长兴板本为便。国初遂颁布天下。①

《旧五代史》中记述长兴板虽称为"九经",但据学者考证,实亦包括《论语》《孝经》和《尔雅》三书②。至北宋真宗年间,由于长兴板年代久远,多已磨损,因此朝廷对诸经陆续开始重刻:

> 九月辛亥,命侍讲学士邢昺与两制详定《尚书》《论语》《孝经》《尔雅》文字。先是,国子监言群经摹印岁深,字体误缺,请重刻板。因命崇文检详杜镐、诸王侍讲孙奭详校,至是毕。又诏昺与两制详定而刊正之。祥符七年九月,又并《易》《诗》重刻板本,仍命陈彭年、冯元校定。自后九经及《释文》有讹缺者,皆重校刻板。③

因此,虽然《九经三传沿革例》称监本仅有九经,但实际上,真宗时期先后刻成的共有十二经,也就是当时科举中应试的十二种经书,仅有《孟子》不在其中。

但是,国子监在重刻经书的同时,也并没有停止史、子、集部群书的刊刻,自太宗淳化五年(994),至真宗大中祥符四年(1011),国子监已经陆续刻成了《史记》《汉书》等正史六种,《道德经》《庄子》等子部三种以及《文苑英华》《文选》两种集部总集,大中祥符五年(1012),又诏校勘《孟子》刊行④。

---

① (清)顾炎武《石经考·蜀石经》,清道光《指海》本,第28叶A。
② 马宗霍《中国经学史》,上海书店1936年版,第107页。
③ (宋)王应麟《玉海》卷四三《艺文》,京都:中文出版社1977年影印合璧本,第857页下栏。
④ (宋)徐松等辑《宋会要辑稿》,中华书局1957年版,第2230页。

这样，我们就可以知道，所谓的"汴本十三经"，与后来我们所说的"闽本十三经""北监本十三经""南昌府学本十三经"并不相同，因为后者均是以"十三经注疏"为总名一次汇印而成的丛书，而前者则并非如此。"汴本十三经"并非北宋设计刊印的一套丛书，它实际上包含两个层次：一是包括《周易》《论语》等在内，在初刻时具有经书身份的十二种典籍，这十二种典籍在北宋初年重刻经书的计划中陆续刻成，可以称作一套丛书；而另一个层次则是初刻时尚为子部身份的《孟子》，它虽然同出于国子监，而且刻成时间与其它十二经相近，但是它们在当时完全属于两个层次，这无论从是《玉海》中对于重刻十二经的记载，还是从《宋会要辑稿》中对于校勘《孟子》的记载中都可以看出。因此，正如晁公武称开成十二经一样，"汴本十三经"也是南宋人基于南宋的立场而对于北宋刻书的重新组合命名，对于这一命名有两点值得注意：

第一，它不符合南宋的现实经学制度，廖莹中"《左传》本不可以言经"一句已经清楚地表明作为学者的他明确知道这种说法是不严谨甚至不正确的。

第二，这一命名虽然在当时客观存在，并且有一定的流传，但是一定尚未得到广泛的认同，更没有得到官方的认可。为什么呢？王应麟与廖莹中所处的时代几乎是相同的，而《玉海》一书乃是其为准备博学宏词科的考试而著，其中搜罗异说，极为广博。此书卷四二《艺文》中有"经解 总六经"一条，专论经数，其所罗列，有五经、六经、七经、唐之九经、今之六经、今之九经，极为详备，然却未提及十三经[①]。又有元人刘实，著有《敏求机要》一书，则罗列五经、六经、九经、十一经、十二经、十

---

① （宋）王应麟《玉海》卷四二《艺文》，京都：中文出版社 1977 年影印合璧本，第 827 页上栏。

第六章　民间经学力量的上升与"十三经"的确立

四经,亦未见其言十三经①。以上两部书皆是笔记体,于坊间异说特好搜罗,然而皆不言有"十三经",亦可知廖莹中所谓"俗所谓汴本十三经"之"俗",覆盖面其实有限。

其四,南宋实并无《十三经注疏》汇印本。关于这一点,我们在第二节已经有所论述。一些学者称南宋已开始刊刻《十三经注疏》,故而以南宋为"十三经"成立之始,而这种说法实际上是一个版本学的讹误。日本学者长泽规矩也著有《十三经注疏版本略说》②及《正德十行本注疏非宋本考》③两文,专门考察《中国古籍善本书目》中著录为"元刻明修本《十三经注疏》"④者,长泽氏认定,这种《十三经注疏》刻本的汇印乃在明代,其中《孝经注疏》系明正德间新刻,其余旧有诸经有的版木腐蠹不可用者亦作了修补重刻。因此,严格地说,"元刻明修本"这一描述并不准确,作为完整的一套丛书的《十三经注疏》的汇印,不在元代,而在明代。

称《十三经注疏》刻于南宋的学者,如蒋伯潜、蒋祖怡《经与经学》一书所举此书的刊刻年代为光宗绍熙年间⑤,通过这个年代,我们就可以知道,他所说的实际上是两浙茶盐司所刻越州八行本,是本刻于南宋光宗、宁宗、理宗三朝,而由于黄唐跋写于光宗绍熙年间,因此一般称作刻成于绍熙。越州本确实是最早的正文、注、疏合刊本,但是它只有六种,包括《周易注疏》《尚书注疏》《周礼注疏》《礼记注疏》《毛诗注疏》和《春秋正义》。很明显,这是按照南宋科举的"六经"制度刊刻的,与后来的《十三经注疏》尚相去甚远。而既然南宋并未汇印《十三经注疏》,则据

---

① (元)刘实《敏求机要》卷七,《续修四库全书》,第1218册,上海古籍出版社2002年影印本,第548页下栏。
② 长泽规矩也《十三经注疏版本略说》,《中国文哲研究通讯》,第一〇卷第4期(2000),第49页。
③ 长泽规矩也《正德十行本注疏非宋本考》,《中国文哲研究通讯》,第一〇卷第4期(2000),第41页。
④ 《中国古籍善本书目·经部》,上海古籍出版社1998年版,第5页。
⑤ 蒋伯潜、蒋祖怡《经与经学》,上海书店出版社1997年版,第7页。

此认为"十三经"成立于南宋的论证也就难以成立了①。

当然，无论如何，"汴本十三经""十三经注疏"这些词在宋代确实是已经出现了，因此我们可以说，宋人已经开始出现汇集群经的意识，或者说，"十三经"一词滥觞于宋代，但并不能就此断言宋代已经有"十三经"之名的确立，因为这个名词当时并没有得到学者、士大夫的承认，它还没有成为一个真正的"经目"。我们之所以看重"十三经""九经"这些经目，就是因为它们具有特定的文化意义，而当它们的文化意义与词语本身并没有结合起来的时候，我们只能说这是造词偶合使然，而不能将其纳入真正的经目演变及经学史脉络当中。

二、南宋所谓"十三经"之提出

我们在本章第一节中曾经提到，在南宋中后期，随着官定"六经"制度的实行，以《仪礼》为代表的一批上古典籍的传承受到了挤压，它们不再列于学官，国子监、坊间刻板印书也鲜有涉及，这种情况引起了以朱熹为代表的一批士人的关注，它们本着完整传承先儒文化典籍的观念，开始倡导于官定诸经之外学习《仪礼》《大戴礼记》等典籍，较有代表的，

---

① 杜泽逊先生《〈孟子〉入经和〈十三经〉汇刊》一文中举宋人用"十三经"之名，除了上文已引的廖莹中、赵希弁两例以外，还有史绳祖《学斋占毕》。杜文云："南宋末还有一位魏了翁的门人史绳祖在《学斋占毕》中言及《大戴礼记》时说：'先时，尝并《大戴记》于《十三经》末，称《十四经》'"，若此证确实，则可成为南宋有"十三经"之专名的确认。但是，杜先生此条材料并非直接征引自《学斋占毕》，而是转引自周予同先生《中国经学史讲义》第四章，而周先生亦未目验原书，而是转引自《四库全书总目》："史绳祖《学斋占毕》称：宋时尝并《大戴记》于'十三经'末，称'十四经'，虽绳祖不详事在何朝，然谅非诬说"，但是，笔者查史绳祖原文，发现其并无此文，原文作："《大戴记》一书虽列之十四经，然其书大抵杂取《家语》之书，分析而为篇目，又其间《劝学》一篇全是荀子之辞，《保傅》一篇全是贾谊疏，以子史杂之于经，固可议矣"可见，《四库总目》所谓"并《大戴记》于十三经末"云云，纯是臆断之词，并无实际史料印证，而这条材料经辗转征引，遂致讹误，实不能作为南宋有"十三经"成立的证据。杜泽逊《〈孟子〉入经和〈十三经〉汇刊》，《文献学研究的回顾与展望——第二届中国文献学学术研讨会论文集》，台北：学生书局 2002 年版，第 191 页；朱维铮编《周予同经学史论著选集》，上海人民出版社 1996 年版，第 853 页；(清)永瑢等《钦定四库全书总目》卷二一，中华书局 1997 年版，第 275 页；(宋)史绳祖《学斋占毕》卷四，宋刻《百川学海》本，第 11 叶 B。

第六章　民间经学力量的上升与"十三经"的确立

就是朱熹关于南宋科举制度的《私议》：

时朱熹尝欲罢诗赋，而分诸经、子、史、时务之年。其《私议》曰："古者大学之教，以格物致知为先，而其考校之法，又以九年知类通达、强立不反为大成。今《乐经》亡而《礼经》阙，二戴之《礼》已非正经，而又废其一。……若合所当读之书而分之以年，使之各以三年而共通其三四之一。凡《易》《诗》《书》为一科，而子年、午年试之；《周礼》《仪礼》及二《戴记》为一科，而卯年试之；《春秋》及《三传》为一科，而酉年试之。义各二道，诸经皆兼《大学》《论语》《中庸》《孟子》义一道。"①

在这篇《私议》中，朱熹将《仪礼》《大戴礼记》、三《传》都纳入官学体系之中，这正体现出他对于博学的看重。笔者认为，无论是在朱熹的这种提倡下产生的"十四经"，还是在部分士人间流传的"十三经"，其核心的价值都在于"博古"，而其对立面，则都是官方科举制度中规定的"六经"。

我们在第五章第二节中又曾经论及，南宋所施行的"六经"制度是自北宋以来经学史发展自然选择的结果：宋人读经重大义而轻训诂，因此仁宗时期，在唐代被列入兼经的《尔雅》为科举所抛弃；宋代《春秋》学不主三《传》而独尊经文，南宋后期胡《传》又产生一定影响，因此"六经"中独存《春秋》正经而无三《传》；《仪礼》多言仪式制度，所谓"一时之书"，自熙宁变法被剔出正经后始终不为士人所重，新定"六经"没有《仪礼》可谓理所当然。经过北宋数百年的筛选，南宋初年的这种"六经"选择具有鲜明的宋代主流学术的特点：注重义理阐发，轻视对于文字、制度、史实的辨正考索，无论是《左传》中丰富的历史记述，还是《仪礼》中繁琐的礼节描绘，都因为不符合宋人的学术趣味而受到了轻视。从这个意义上说，《周礼》一书之所以能够在两宋取得特别的地位，与王安石最初对它的提拔、利用以及重新解读有着重要的关系，而到了元代，随着经学的理学化

---

① 《宋史》卷一五六《选举志二》，第3633页。

不断加强,《周礼》最终被正经所弃也就是自然而然的事情了。

总之,无论是表面上经目的变化,还是各经内部解释体系的变化,就"博"与"约"两者而言,自熙宁以后,宋学越来越呈现出"约"的色彩,这一方面固然与学术史上宋学的学风有关,另一方面却也与其官方经学的身份有关,正如朱熹在《私议》中所说:"而治经者类皆舍其所难而就其易,仅窥其一而不及其余",很多人视治经为仕途的门道,并不刻苦钻研,官方经学的荒废,也就在所难免了。

因此,我们至少可以从两个方面来理解朱熹何以会提出广读群经的建议:作为一个真正信仰儒家学说的士人,尊经宗圣是朱熹的一个基本情结。儒家向来注重对于历史典籍的整理和保护,孔子便是先秦时期整理三代文献的杰出代表,作为深谙儒家学说的朱熹,看到《仪礼》等儒家典籍因为不在官学而遭到废弃,自然心有不忍,因此倡导兴废继绝,重新校理《仪礼》。另一方面,南宋朱陆之争中,朱熹倡导"道问学",陆象山则主"尊德性",两相比较,朱熹一派显然对于文献更为看重,而博学也就自然成为"道问学"的题中应有之义。

我们不妨仍以南宋礼学的发展为例。随着南宋"六经"制度的确立,《仪礼》之学一度受到了严重的挤压,而由于自唐代以来,科举《礼记》取小戴而不用大戴,《大戴礼记》更是几成绝学。到南宋中期,《礼》学的单一化已经十分严重:

> 自《正义》既出,先儒全书泯不复见。自列于科目,博士诸生亦不过习其句读以为利禄计,至金陵王氏又罢《仪礼》取士,仅存《周官》《戴记》之科,而士习于礼者滋鲜。就《戴记》而言,如《檀弓》《丧礼》诸篇,既指为凶事,罕所记省,则其所业仅一二十篇耳。苟不得其义,则又诿曰:此汉儒之说也。弃不复讲。所谓解说之详,仅有方、马、陈、陆诸家。①

---

① (宋)魏了翁《礼记集说序》,(宋)卫湜《礼记集说》,清《通志堂经解》本卷首。

第六章 民间经学力量的上升与"十三经"的确立

这一局面引起了不少士人的关注,以朱熹为代表的一批士人开始着手重新整理先秦两汉经注典籍,力图通过书籍的流传来推动学风的变易,卫湜所编《礼记集说》便是其中较有代表性的一家,作者在序中说:

> 首取郑注、孔义,翦除芜蔓,采摭枢要。继遂博求诸家之说,零篇碎简,收拾略遍,至若说异而理俱通,言详而义有本,抵排郑孔,援据明白,则亦并录以俟观者之折衷。①

而面对宋代重约而轻博的学风,卫湜在序中明确提出:

> 或曰:是书粹取诸家之善逾数十万言,毋乃务博而忘约乎?予曰:"博学之,审问之",夫子尝以诲人也;"博我以文,约我以礼",颜子亲得于师也;"博学而详说之,将反以说约也",孟子所深造也。"吾道一以贯之",为曾子言之也;"予欲无言",子贡有未省也。陵节而求,躐等而议,越见闻以谈卓约,后学大患也。矧会礼之家,名为聚讼,倘率意以去取,其能息异同之辨,绝将来之讥乎?……是则此书之博也,非所以为学者造约之地邪?②

总之,在"博古"思潮的影响下,南宋以来长期被主流学术忽视的《大戴礼记》《仪礼》以及南朝士人关于《丧服》的大量论述开始得到一些学者的重视,朱熹编撰了《仪礼经传通解》,黄震重刻抚州板《仪礼》,潘恭祖等重编《礼记》,都可看作学者在这一方面的努力。而进一步以刻书的方式总集群经,如廖莹中世采堂刊刻"九经三传"、又欲节十三经注疏,亦当出于同样的目的。笔者以为,"十三经"之名最早由南宋人提出,就是处于这样一种思潮背景之中,而其时之所以没有得到更多学者的认同,一方面是因为南宋官定"六经"毕竟还是当时的主流思想,廖莹中在行文中称《左传》为"经"还需要特别作注予以澄清,足见"六经"影

---

① (宋)卫湜《礼记集说序》,《礼记集说》,清《通志堂经解》本卷首。
② (宋)卫湜《礼记集说序》,《礼记集说》,清《通志堂经解》本卷首。

响士人之深。另一方面,从史料看来,由于《仪礼》《大戴礼记》同时被朱熹所标举,因此,范围更为广阔的"十四经"在当时的影响似乎更大,而"十三经"的流传也就不免受到了挤压。关于这一问题,我们在本章第一节已经论及,这里不再赘述。

不过,随着元代皇庆二年(1313)新的科举制度的颁布,经学史进入了一个新的时代——以"四书五经"为载体的、以学校教育与科举课试为实现方式的理学时代。学者早已指出,"元代科举考试的主要特点是以四书作为考试的主要内容和范围,以程朱理学作为标准答案。这些措施表明,元朝统治者把儒学发展的新阶段程朱理学作为官方的统治思想和治国安民之道,并将其推崇至独尊的地位"[①],在这种制度下,整个考试的核心部分"四书",已然完全抛弃古注疏而独尊朱子,而汉人、南人明经试"五经"科目虽然表面上仍然"兼用古注疏",但是既然是以程朱理学为主,而程朱等宋儒新注对于五经的篇目、用字、解释都作了相当大的修改,那么所谓的"兼用古注疏"大概只能是流于形式了。

在自元至明代前期的上百年里,面对以科举考试作为制度保障的"四书五经",无论是"十四经",还是"十三经",影响力都非常有限,极少见于士人著述,就古注疏的传承而言,这一时期仅有的两件重要举措就是相台岳氏家塾重刻世采堂本"九经三传"和泰定年间福州重刻十行本"九经三传"。关于这两部书的具体刊刻背景和过程,可参看张政烺先生《读〈相台书塾刊正九经三传沿革例〉》和长泽规矩也《正德十行本注疏非宋本考》两文,这里不再赘述。

三、"至正嘉之际而尽变其说":《十三经注疏》的出现

事实上,虽然以程朱理学为核心的宋明理学占据了元明经学的大半,但是,重视训诂、博古的学术传统也一直没有中断。就在明朝建国

[①] 王炳照、徐勇《中国科举制度研究》,河北人民出版社2002年版,第145页。

第六章　民间经学力量的上升与"十三经"的确立

之初,当时著名的学者赵俶便向明太祖提出了这样一条建议:

> 赵俶,字本初,山阴人。元进士。洪武六年征授国子博士。帝尝御奉天殿,召俶及钱宰、贝琼等曰:"汝等一以孔子所定经书为教,慎勿杂苏秦、张仪纵横之言。"俶因请以正定《十三经》于天下,屏《战国策》及阴阳谶卜诸书,勿列学官。①

在"四书五经"的官学地位已经确立的时代,身为国子监博士的赵俶何以会提出这样一条建议呢?这就要从此人的学术背景来进行考察了。

据万历《绍兴府志》记载,赵俶是元至正十五年(1355)进士:

> 八岁能诗文,指物辄赋。稍长,博涉经史,为文逼秦汉,赋尤擅美。部使者河中何约按部至越,俶时为诸生,延见之,从容问诸史,俶能详其上下三千年君臣行事,下至夷狄山川形胜,若其身所履者。约叹曰:"穷年读史,不如听赵生谈也。"寻登进士。②

从这段材料对于赵俶的描述看来,他显然不是埋首经传,一心科举的俗儒,而是广涉博取,力求贯通的通达之士,基于这样的学术修养,在台阁体风气弥漫的明初文坛,赵俶虽然身居魏阙,却对于文章写法、取径有独到见解:

> 明年择诸生颖异者三十五人,命俶专领之,教以古文。③
> 俶令修辞必以班、马、韩、欧、三苏为法。④

现存关于赵俶的记载大抵便是这样几条。我们可以发现,赵俶在明代初年的士人群体中,乃是以学兼今古、博涉贯通而闻名见重,而这就与当时普遍流行的专究于性理的学术风气表现出了差异。笔者以

---

① 《明史》卷一三七《赵俶传》,第3954～3955页。
② (明)张元忭《绍兴府志》卷四三《选举志四》,明万历刻本,第26叶A～B。
③ 《明史》卷一三七《赵俶传》,第3955页。
④ (明)卢上铭《辟雍纪事》卷一,明崇祯刻本,第6叶A。

为,正是这种差异使得赵㞦注意到了当时鲜有人问津的"十三经",并正式向明太祖提出整理、颁行"十三经"的建议。

从史料看来,赵㞦的这条建议显然并没有得到落实,但是,他向明太祖正式提出"十三经"这一概念,对于"十三经"之名的确立却起到了关键的作用。如果说此前"十三经"仅仅是坊间流传的一种俗称的话,当赵㞦在庙堂之上提出这一概念的时候,它便正式进入了学者士人的视野,开始受到人们的评判、质疑或肯定,只有经过士大夫群体对于这一概念的讨论、辨析,它才能被赋予某种特定的文化涵义,也只有当它具有了特定的文化内涵,我们才可以说,作为中国经学史中最重要的经目之一的"十三经"真正形成了。

回到我们的论题,显而易见,赵㞦单薄的呼吁在程朱理学的时代所起的作用只能是微乎其微,明初提及"十三经"的,除了赵㞦之外,笔者仅见到一例,今存于戴良《九灵山房集》:

> 经者,出于圣人之手而存乎《易》、《书》、《诗》、《礼》、《乐》、《春秋》、孔、孟氏之藉,以故世有四经、五经以至六经、九经、十三经之名。①

---

① (元)戴良《一经斋记》,《九灵山房集》卷二〇,《四部丛刊》影明正统本,第1叶B。关于这条材料的时间,有学者认为是在元末,理由是此书前有至正二十五年(1365)杨达所作的序。然而据笔者考察,此书前虽有此序,然书后又有桂彦良序、宋濂题跋,其书刊刻乃在明英宗正统十年(1445),距戴良辞世已数十年,是其后人搜集家藏旧集刊刻而成。而集中分为《山居集》《吴游集》《鄞游集》《越游集》数编,当是其不同时期裒辑文集之合刊。从各集中的一些序文、墓志铭看来,《山居集》的创作均在至正二十五年以前,而《吴游集》中则有作于至正二十六年者,至于《鄞游集》,则大多作于入明以后,如《明故太素处士赵君墓志铭》,记载传主生卒年:"君生于元至治壬戌八月十有二日,卒于国朝洪武十五年四月初九日",则此文写作在洪武十五年(1382)以后。结合《明史》中《戴良传》可知,戴良一生行藏比较清晰,早年居于金华,至正二十一年(1361)官居江北行省儒学提举,后避地吴中,投奔张士诚。久之,见士诚难举大业,遂泛海抵登莱,阻道昌乐数年。至洪武六年(1373)始南还,居于四明山。十五年,诏入京,以老疾固辞,忤旨入狱,次年卒于狱中。终其一生,他在四明生活的时间就是洪武六年至十五年,而此文既然作于四明,其创作时间也就应该是洪武六年至十五年。这与《明史·赵㞦传》中提到的赵㞦奏言"十三经"的时间大抵相当。至于书前之序,当系《山居集》部分撰成之后所作,后来《吴游集》等虽陆续撰成,但仍然保留了这篇旧序。总之,两相发明,可知明初士人中流传"十三经"之名不虚。

第六章 民间经学力量的上升与"十三经"的确立

然而随着明成祖永乐年间《四书大全》《五经大全》《性理大全》的颁定,明代官学在理学的道路上愈走愈远了,明代后期的一些学者在回顾明代经学史的时候往往认为,永乐中《大全》的颁定是导致古注疏彻底走向没落的决定性因素:

> 太祖时,士子经义皆用注疏而参以程朱传注,成祖既修《五经四书大全》之后,遂悉去汉儒之说,而专以程朱传注为主。①

> 请观皇祖开科,诏旨士治五经,皆先以汉唐注疏参以宋传,不知今日何为而不从圣训也?或者概诿以朝廷以《五经四书性理大全》书为准的是矣,又不知太宗亦有诏旨,必令禁断古注疏否欤?②

前后大约一百年,我们在永乐至成化中前期的大量文献中几乎没有看到一条关于"十三经"的讨论,这种情况直到成化二十三年(1487)才被打破,这一年,官居大学士、礼部尚书的丘浚奉上了一部书:《大学衍义补》。丘氏此书乃是程朱理学系统内的一部重要著作,于成化二十三年奉上,但就在这部理学著作中,作者却提出:

> 今世学校所诵读,人家所收积者,皆宋以后之五经。唐以前之注疏,讲学者不复习,好书者不复藏。尚幸十三经注疏板本尚存于福州府学,好学之士犹得以考见秦汉以来诸儒之说,臣愿特敕福建提学宪臣时加整葺,使无损失,亦存古之一事也。余如《仪礼经传通解》等书,刻板在南监者,亦宜时为备补。③

笔者以为,丘浚的这段话对于"十三经"的最终确立具有十分重要的意义。据史料记载,丘浚此书最早于弘治刊行,万历时再版,明神宗亲自为之作序,在这样一部广泛流传于主流士人群体的典籍中明确地

---

① (明)何良俊《四友斋丛书》卷三,明万历七年张仲颐刻本,第1叶A。
② (明)祝允明《答张天赋秀才书》,《怀星堂集》卷一二,明万历刻本,第20叶A。
③ (明)丘浚《大学衍义补》卷九四,明成化刻本,第18叶B~19叶A。

提出"十三经注疏"一词,其影响之大不言而喻。明初学者总称群经,除十三经之外,又颇有言十四经者,后者影响甚至超过前者,而自弘治而下,士人总称群经皆言"十三经",这种转变与丘濬此文的影响想必是不无联系的。

丘濬此文有两点值得注意。第一,丘氏此文虽然提及"十三经",但是他的核心论点却是汉唐古注疏与宋以后传注之关系,也就是汉学与宋学之关系。丘濬本身自是宋学传人,《大学衍义补》一书也是为真德秀《大学衍义》之延续,但是他身处宋学一统天下的时代,却已然意识到汉学之不可全废,"亦存古之一事也",丘氏虽然并未主张将汉学提到与宋学并列的地位,但是他以博古之态度对待汉学,一方面与上文所言南宋诸儒对待《仪礼》《公羊》等旧经的态度相承继,另一方面也成为明后期围绕"十三经注疏"的一切讨论之先导。从下文的叙述读者将可以知道,自弘治、正德至万历的数百年间,"十三经注疏"的成立过程始终与汉学、宋学之争相纠结,而最早提出这一命题的,据笔者所见,正是理学名臣丘濬此文。

第二,丘氏文中提到,"十三经注疏板本尚存于福州府学",据学者考证,所谓"福州府学"本就是元泰定帝前后所刻之本,此本以南宋刘叔刚一经堂十行本为底本而翻刻,经文、注疏合刻,其中实无《仪礼》和《尔雅》。换言之,福州府学所藏诸经注疏合刻本实际上是"九经三传本"之一种,从经学史的角度而言,仍然属于南宋官定"六经"系统,由此可知,至晚在明成化年间,十三经仍然没有出现汇印本。"十三经"之名虽然已经为士人时常提及,但是仍然没有真正落实、固化和稳定下来。

丘濬的孤明先发在正德年间开始得到响应。王鏊在《震泽长语》中说:

> 汉初六经皆出秦火煨烬之末,孔壁剥蚀之余。然去古未远,尚遗孔门之旧。《公羊》《穀梁》盖传子夏氏之学,《仪礼》有子夏《传》,《易》有子

第六章 民间经学力量的上升与"十三经"的确立

夏《传》而亡之,《诗序》相传亦云子夏作。《易》传于商瞿,《书》传于伏生之口,孔安国又得于孔壁所藏,刘向《别录》云:虞卿作《抄撮》九卷授荀卿,卿授张苍。然则苍,师荀卿者也。《左传》出苍家,苍亦有功于斯文矣。浮邱伯亦荀卿门人,申公事之,是为《鲁诗》。根牟子传荀卿子,荀卿子传大毛公,是为《毛诗》。是时诸儒掇拾补葺,专门名家,各守其师之说。其后郑玄之徒笺注训释,不遗余力,虽未尽得圣经微旨,而其功不可诬也。宋儒性理之学行,汉儒之说尽废。然其间有不可得而废者,今犹见于十三经注疏。幸闽中尚有其板。好古者不可不考也,使闽板或亡,则汉儒之学几乎熄矣。①

《震泽长语》作于王鏊正德四年(1509)归乡之后,而王氏卒于嘉靖二年(1523),因此这段文字反映的,是正德中后期部分士人对于汉学价值的认识。王鏊在提及"十三经注疏"时语气与丘浚十分相似,笔者以为极有可能是受到丘文启发而作,而与丘文相比,王鏊更为详细地铺叙了诸经自先秦以来的授受谱系,而这种叙述的目的自然是为了突出汉儒注释于古有征,不可忽视。"宋儒性理之学行,汉儒之说尽废",王鏊仍然取汉学、宋学之分这一角度立论,认为汉学不可全废。"好古者不可不考也","亦存古之一事也"(《大学衍义补》),在《四书五经大全》作为科举标准的时代,汉学的身份是古学,其意义在于训诂的学术价值,"其后郑玄之徒笺注训释,不遗余力,虽未尽得圣经微旨,而其功不可诬也",只有宋学才是真正探究六经微旨的学问。王鏊这种首尊宋学而并重汉学的观点在明代中期反思程朱理学的思潮中具有相当的代表性,在下文论述"十三经注疏"这一概念时读者会发现,正德、嘉靖间大多数反思宋学独尊、提倡传承汉学的学者都采取这种态度。

王鏊在这段文章中提到,"十三经注疏,幸闽中尚有其板。好古者

---

① (明)王鏊《震泽长语》卷上,清道光《指海》本,第1叶A~B。

不可不考也,使闽板或亡,则汉儒之学几乎熄矣",这句话与十多年前丘浚在《大学衍义补》中提出的建议如出一辙,显然,整理、保护元刻诸经注疏的旧刻板,已经成为继承汉儒经学研究成果的当务之急。

"使闽板或亡,则汉儒之学几乎熄矣",站在今天,我们或许难以感受这句话所包含的对于民族文化流失的危机感和紧迫感。但是,如果我们仔细翻查明清以来官私藏书目录,就会发现王鏊此语并非杞人忧天。仅以《毛诗注疏》为例,无论是注疏合刻本还是单疏本,就目前存世的宋刻本而言,大陆、台湾已无一叶,世间仅存一部全帙宋刻建本《附释音毛诗注疏》,今藏于日本,而此本亦为东土旧藏,并非近世掠夺。再检索明清藏书目录,宋刻《毛诗注疏》亦未见著录,惟一有可能的,就是明初《文渊阁书目》中记录藏有《诗经注疏》《诗经正义》五种,但是这五部书后来都未见流传,因此是宋刻还是元刻或明初刊印,亦无法判断。也就是说,除了深藏内库的几部《毛诗注疏》,明初士人学者家藏宋刻《毛诗注疏》的,不说全无,也是凤毛麟角。总之,如果没有正德以后数次重新校刻《十三经注疏》,在四书五经之学横行天下的年代,《毛诗注疏》的亡佚,实非没有可能。

在这样的背景之下,无怪乎丘浚、王鏊等宿儒名臣都把目光投向了遥远的福州府学,因为他们以为,那里保留了最后一套宋刻"十三经注疏"的板片,而在书籍流传主要依靠印刷术的年代,书板无疑是最重要、最珍贵的物质载体。丘浚在理学著作中建言特敕福州府学对书板时加修葺,亦可见其心昭昭。但事实上,经过长泽规矩也等人的考证,福州府学所藏的这套诸经注疏合刻书板其实并非宋刻,而是源于南宋刘叔刚一经堂刻本的元刻本,即使是此本底本的刘叔刚一经堂刻本,在宋本中也难称善本。此外,这套书板所包括的书目,也并非丘浚、王鏊所想象的十三种,《仪礼注疏》和《尔雅注疏》并未上板。集中体现了南北朝隋唐众多经学大家的研究成果、影响唐宋士人举子数百年的这套诸经

第六章 民间经学力量的上升与"十三经"的确立

注疏,居然以这样一个尴尬的局面流传后世,在中华文明史上,不能不说充满了遗憾。但也正因为如此,丘浚、王鏊等人亡羊补牢的倡议才愈显得弥足珍贵。

在正德四年(1509)至嘉靖四年(1525)之间,经过丘浚、王鏊等人的多次倡议,福州府学所藏诸经注疏终于在福州修板刊行。之所以将汇印时间定于正德四年至嘉靖四年,则是因为王鏊作《震泽长语》不早于正德四年,而根据此书描述,当时显然尚未有刻本《十三经注疏》,故此王氏才发出"使闽板或亡,则汉儒之学几乎熄矣"的感叹。而据《南雍志》记载,嘉靖五年,山东巡抚御史陈凤梧因福州本十三经注疏中缺《仪礼注疏》,故校刻《新刊仪礼注疏》一部,板送南监,显然,正德本的刊印亦当在此之前。此外,笔者曾逐页翻检《中华再造善本》影印北京市文物局藏元刻明修本《十三经注疏》,其明修板部分板心上栏有正德六年、正德十二年、正德十六年、嘉靖三年字样,亦可证此套板片之修补,当在正德四年至嘉靖四年之间。

正德本《十三经注疏》的刊印在经学史上的意义十分微妙。首先,这是"十三经"的第一次真正意义上结集。前文已言,蜀石经虽然覆盖了十三种经典,但实际包括互有交叉的两个层次,无论是五代的孟昶、毋昭裔,还是北宋的席贡、席益,都没有给蜀石经以"十三经"的名义,他们只是在各自的"九经"时代里实现着自己的理想,"十三经"在当时并未成立。正德本《十三经注疏》则完全不同。在它刊刻之前,已经有丘浚、王鏊等著名士人为之张目,在"十三经注疏"事实上并未齐备的时候,它已经被赋予了"十三经注疏"之名。而此本在刊印之时,取元刻九经三传注疏合刻本作为基础,又以元刻九行本《尔雅注疏》补经数之缺,对于板片残损严重的《孝经注疏》重新上板,至于并无注疏板的《仪礼》则径以《仪礼图》代之,正德本《十三经注疏》板片来源的多样性和不完备性正充分体现了这是一次完全自觉且十分迫切的结集,刊印者十分自觉地以"十三经注疏"的标准来汇集经书,虽然《仪礼注疏》暂时缺失,但是可以毫不怀疑地说,到正德本《十三经注疏》刊布为止,"十三经""十三经注疏"这个被士人讨论了百余年的概念终于从理想走向了现实,第一次具有了它的物质载体,在经学史上,这是具有划时代的意义的。我们可以说,"十三经"之名的奠定,即此开始。

其次,正德本《十三经注疏》是否可以作为"十三经"之名完全确立的标志呢?笔者以为,这种说法或许又为时过早。一个概念的完全确立,当是指这个概念就此稳定,其基本属性完全具备,在一定的历史时期内基本不再变动。但正德年间,"十三经"这一概念显然尚未达到这一层次。如果以清代南昌府学本《十三经注疏》的刊印作为参照,我们就会发现,与清嘉庆年间"十三经注疏"一词的内涵和外延相比,正德年间的"十三经注疏"要显得单薄得多:一方面,它还没有得到官方明确的认定,嘉靖以前的一切官书诏令中都不见对于"十三经"或"十三经注疏"这一概念的使用,与"六经""四书五经",乃至"十七史"等概念相比,它显然还没有得到最高政权的认定,而在皇权社会中,这一步是至关重要的。另一方面,就学术意义而言,虽然自明初以来,关于"十三经注疏"的讨论一直与汉宋分野、博约之辨等问题相纠结,已经具有了一定的文化意蕴,但是,就上文所举的引文看来,这种讨论还很粗浅,"十三经注疏"之于其它经学著作的特性还远未得到充分的发掘。此外,就使用的广度来说,在嘉靖以前,笔者所见称述"十三经注疏"者,仅有丘浚、王鏊两例,而从整个社会而言,经学史仍然处于"四书五经"独尊的年代。无论是正德本作为一套丛书在行格、字体上的不一致,还是《仪礼注疏》的缺失,这些物质形态的缺陷都清晰地传达出一个信息:正如一切新生事物一样,"十三经"最初是以一种稚嫩、羸弱的形态出现的。而这种形态距离它的成熟,还有很长的路要走。

四、从闽本到北监本:"十三经"之名的最终确立

正德本《十三经注疏》在当时究竟产生了多大的影响,就笔者所见的文献看来,似乎并没有明确的记载。但是,毫无疑问的是,进入嘉靖以后,关于"十三经注疏"的讨论明显增多了,士人对于这个虽非新生,但此前亦并不为人重视的概念似乎突然产生了兴趣,人们一面热衷于讨论"十三经注疏"之不可废,一面积极筹措重新校刻十三经注疏。而引领这一思潮的,则是明代中期著名学者杨慎。

关于杨慎的思想倾向,民国以来的研究已经很多,简而言之,他治学广博,对于明代中期官学系统中理学独尊的现象提出了激烈的批评,同时,对于新兴的阳明心学也有所纠正。他学风平实,注重考据,林庆彰先生《明代考据学研究》一书中对于杨慎的考据学成就以及他对于明清考据学的开创性贡献给予了很高的评价①。总之,就当时的学术背景而言,杨慎是一个具有明显的汉学倾向的学者,而这些正表现在他对于汉人注经成果的推崇上:

> 杨升庵云:注疏所称先郑者,郑众也;后郑者,郑玄也。观《周礼》之注,则先郑与后郑十异其五,刘向治《春秋》主《公羊》,刘歆主《左氏》,故有父子异同之论。由是观之,汉人说经,虽大亲父子,不苟同也。孔子以一贯传道而曾子以忠恕说一贯,曾子受业孔子作《大学》,而子思受业曾子作《中庸》,则知圣贤,虽师弟子亦不苟同也。今言学者,摭拾宋人之绪言,不究古昔之妙论。始则尽扫百家而归之宋人,又尽扫宋人而归之朱子,谓之因陋就简则有之,博学详说则未也。②

将杨慎的这段议论与丘浚、王鏊的议论相比,会发现杨氏无论是对

---

① 林庆彰《明代考据学研究》,台湾学生书局1986年版,第47页。
② (明)何良俊《四友斋丛书》卷三,明万历七年张仲颐刻本,第2叶 A~B。

于程朱理学的质疑,还是对于汉儒之学的推崇,都比后两者激烈得多,"谓之因陋就简则有之,博学详说则未也",杨慎在这里再次提出博与约的问题。上文已言,宋学自庆历、熙宁之后,越来越具有"约"的色彩。所谓"博"与"约",并不是就篇幅、字数而言,而是指学术视野的取径宽窄,疑经思潮使得宋儒对于汉唐经学研究成果的吸收越来越窄。朱熹开一代之学,实是建立在广采先秦、汉唐诸儒研究成果的基础上,故而可以"博学而详说之,将以反说约也",但是,自元代理学官学化之后,大多数士人安于程朱传注而不出跬步,如薛瑄云:"舍五经四书与周程张朱之书不读而读他书,是犹恶睹泰山而喜邱垤也"①,而袁桷描述元代士子风气则云:"宋末年学者唇腐舌敝止攻四书之注,凡刑狱、簿书、金谷、户口、靡密出入皆以为俗吏而鄙弃之,卒至国亡而莫可救。近者江南学校教法止于四书,近于宋世之末尚。甚者知其学之不能通也,于是大言以盖之,议礼止于诚敬,言乐止于中和,其不涉史者,谓自汉而下皆霸道,其不能辞章也,谓之玩物丧志。殊不知通达之儒灌膏养根,非本于六经不可也。"②可见,博学与守约之争,自宋元之际已经产生,而到了明嘉靖年间,随着阳明心学的兴起,守约之风乃更加兴盛,在《云局记》一文中,杨慎对于这一现象提出了严厉的批评:

夫学何以异?是博我以文,约我以礼,无文则何以为礼?无博则何以为约?今之语学者,吾惑焉。厌博而径约,屏文而径礼。曰六经吾注脚也,诸子皆糟粕也。是犹问天曰:何不径为雨,奚为云之扰扰也?问地曰:何不径为实,奚为花之纷纷也?是在天地不能舍博而径约,况于人乎?云,天之文也;花,地之文也;六经、诸子,人之文也。见天人而合之,斯可以会博约而一之,此学之极也。③

---

① (明)薛瑄《读书录》卷九,明万历刻本,第5叶A。
② (清)朱彝尊《经义考》卷二九六《通说二》,中华书局1998年影印本,第1521页下栏。
③ (明)杨慎《云局记》,《升庵集》卷四,上海古籍出版社1993年版,第56页。

第六章　民间经学力量的上升与"十三经"的确立

很明显,杨慎主张治学的第一步当立足广博,多取六经、诸子之学充实自身,在此基础上方可"会博约而一之",达到融会贯通的境界。杨慎的这种主张继承了先秦原始儒家的治学传统,符合治学的客观规律,加之杨慎在士子中的广泛影响,可以想见,其对于扭转当时的空疏学风具有重要的引导作用。嘉靖中后期,学术界批判独守宋学、主张重新认定汉学的思潮一时蔚为大观,兹举有代表性的几家如下:

何良俊,字符朗。他是尊崇汉学的激进派。在《四友斋丛说》中,他提出:

夫汉儒去圣人未远,学有专经,其传授岂无所据?况圣人之言广大渊微,岂后世之人单辞片语之所能尽。故不若但训诂其辞而由人体认。……自程朱之说出,将圣人之言死死说定,学者但据此略加敷演,凑成八股,便取科第而不知孔孟之书为何物矣。以此取士而欲得天下之真才,其可得乎?①

在此基础上,他倡导广搜汉儒之学,除了《十三经注疏》以外,他更提出:

纬书出于东汉,盖因光武好谶,故东汉诸儒伪造此书,今《周易·乾坤凿度》《礼·含文嘉》诸书皆有传写本,大率皆言符谶占候之事,于本经无所发明,但古书难得,今不可不存其本也。……盖去圣日远则经教日湮,而后之谈经者将日下一日矣。纵有小疵,亦当过而存之,使后世学士犹可取以折衷。②

汉人说经皆有师法,不泥文字,盖于言句之外自出意见而终不失本旨。世之所行,如焦赣《易林》、孔安国《尚书大传》、韩婴《诗外传》、《大戴礼》,是经之别传而皆可与之并行者也,较之后世因文立义,泥而不通

---

① (明)何良俊《四友斋丛书》卷三,明万历七年张仲颐刻本,第1叶A~B。
② (明)何良俊《四友斋丛书》卷三,第5叶B。

者,何啻天壤。今乃欲尽废彼而从此,抑又何耶。①

纬书自汉代之后便不被士人所重,故此大量亡佚,而在《十三经注疏》流传尚且十分狭隘的元明时代,《韩诗外传》《易林》等更无异于羲皇上人的绝学了,而何良俊乃以保护历史文化的眼光,认为"纵有小疵,亦当过而存之,使后世学士犹可取以折衷",在数百年前,实在是难能可贵的。

在这样的学术背景之下,他极其热衷于重新刊布《十三经注疏》:

尔时朱文石为国子司业,余与赵大周先生极力怂恿,劝其刻《十三经注疏》。此书监中虽有旧刻,然残阙已多,其存者亦皆模糊不可读。福州新刻本复多讹舛失。今不刻,恐后遂至漫灭,所关亦不为小。诸公皆以为是。大周托余校勘,余先将《周易》校毕,方校《诗》《书》二经,适文石解官去,祭酒意见不同,将此项银作修二十一史板。费去,其事遂寝。②

余以为《十三经注疏》板头既多,一时工力恐难猝办,但得将古注十三经刻行一部,则大有功于圣学,而于圣朝政治不为无补,且亦可以嘉惠后学。其费不上一二百金,但得一有意太守便可了此,惜无可与谋者。③

"但得一有意太守便可了此,惜无可与谋者",面对强大的官学系统,《十三经注疏》的刊布受到了意料之外的冷遇,何良俊对此唯有感到无奈而忧心。从"福州新刻本复多讹舛失"一句可知,何良俊此文作于嘉靖中李元阳本刊布之后,而当时虽然学者中鼓吹汉学者已经不为少数,但从更大范围的社会看来,《十三经注疏》仍然如星星之火,并未进

---

① (明)何良俊《四友斋丛书》卷三,第6叶A~B。
② (明)何良俊《四友斋丛书》卷三,第3叶A~B。
③ (明)何良俊《四友斋丛书》卷三,第5叶B。

第六章 民间经学力量的上升与"十三经"的确立

入主流学术圈中。无怪乎何良俊要如此振聋发聩,积极筹措了。

黄佐,字才伯。他是调和汉宋,尊宋而亦重汉的代表。黄佐一生入仕,嘉靖中曾任南京国子监祭酒,与杨慎、何良俊不同,他是官方学术体系中人,因此他显然首先要维护宋学的至尊地位。但是,对于汉学的丰富研究成果,黄佐也开始予以反思,并试图给出客观的评价:

> 问:《十三经注疏》训诂谬且赘矣,宋儒出而尽废之,可乎? 曰:训诂之学,与圣经俱者也。《左传》穆姜言"元亨利贞",孔子翼《乾》取焉,郤缺言"九功九歌",注《禹谟》者取焉,左史倚相言"懿戒"而《大学》因之,《大学》释"淇澳"而《尔雅》因之,推此类也。虽更仆莫之,既已转相传诵,以至汉儒,岂一日积哉? 王弼注"《易》有太极"曰:"有必始于无,无称之称不可得而名",郑玄释"天命之谓性"曰:"木神仁,火神礼,土神信,金神义,水神知。"此无极翁所谓"五行之生,各一其性也",孔安国释"仁者静"曰"无欲故静",王弼释"利贞者,性情也"曰"不性其情,何能久行其正",皆周程所取,而况朱子之所集者乎? 虽有谬赘,在人精择之尔。故曰:以我观书,则随在而得益;以书博我,则释卷而茫然。①

黄佐站在宋学的立场上,强调先儒训诂"皆周程所取,而况朱子之所集者乎",以宋学的合法性论证汉儒之学的合法性,这虽然与何良俊的观点有本质的差异,但以黄佐官方学术代表的身份而作此言,亦可见反思宋学独尊,重标汉学成就的思潮影响之大,已经从私议走向了庙堂。此外,黄佐论汉学价值,并非仅从学术传承的角度立言,而是一一举出汉儒注释可取之处,征实而论,令人不得不信服。这种论证方式一方面体现出作为官方学者在称举汉学成就时的谨慎,另一方面也可以看出,明代学者对于汉学的认识,已经从早期的表层逐渐转入内里,以杨慎为代表的一批学者对汉儒训诂学、考据学、博物学研究成果的发

---

① (明)黄佐《庸言》卷九《著述第九》,明嘉靖刻本,第15叶 A~B。

掘,使得人们对于汉学价值的认识渐渐超越了"去古未远""渊源有自"一类空泛的层面,进入到汉学体系的内部中去。

对于当世学者士子好言心性,不重读书的现象,黄佐也有所批评,而他的立足点,当然还是博学:

> 笺诂者,圣经之翼也;诸子者,微言之遗也;史牒者,来今之准也;杂文者,蕴积之叶也。世之谈道者,每谓心苟能明,何必读书。吾夫子既斥仲由之佞矣,又谓皋、夔、稷、契、何书可读?然则三坟五典之书传自上古者,胡为诵法于删述之前耶?《十三经注疏》中多有可取者,如郑氏释"道不可离"曰:道,犹道路也,出入动作由之,离之恶乎从也?其言似粗而实切,苟谓真儒不是康成而颛求明心见性,则又入禅矣。①

薛应旂,字仲常,号方山。他是嘉靖中后期阳明心学士人中重标汉学的代表。关于明代中后期阳明心学与汉学复兴的关系,在目前经学史研究中还没有得到足够的重视,但是如果回归到当时的历史情境中,我们却会发现,心学一脉与汉学、考据学的复兴有着紧密而又微妙的关系。

我们知道,阳明心学"六经论"的核心是要超越六经,归诸一心,王守仁云:

> 《六经》者非他,吾心之常道也。……盖昔者圣人之扶人极,忧后世,而述《六经》也,犹之富家者之父祖虑其产业库藏之积,其子孙者或至于遗忘散失,卒困穷而无以自全也,而记籍其家之所有以贻之,使之世守其产业库藏之积而享用焉,以免于困穷之患。故《六经》者,吾心之记籍也,而《六经》之实则具于吾心;犹之产业库藏之实积,种种色色,具

---

① (清)黄宗羲《明儒学案》卷五一,中华书局2008年版,第1200页。

第六章 民间经学力量的上升与"十三经"的确立

存于其家。①

王氏视六经为"吾心之记籍",而"六经之实,则具于吾心",按照王氏的观点,得鱼忘筌,如果坚守吾心之实,则六经自然也就没有诵读讲习的必要了。应该说,王学中不少后学正是明确提出了这样的观点,因此学术界也就常常将王学看作导致明代中后期经学衰落、流衍的主要原因。而事实上,即使在当时,如上文所举杨慎、何良俊、黄佐等倡导重新审视汉学价值的学者,其立论的对立面除了程朱理学外,也常常包括阳明心学。心学"无事空袖谈性理,临终一死报君王"的形象可谓深入人心。但是,当我们触及明嘉靖、万历年间汉学思潮复兴这一问题的时候,却会发现心学思想之于中国经学史影响的另一面。

我们不妨先看薛应旂的两段话:

先后圣哲上下数千言,究其指归,无非所以维持人心于不坏也。夫何圣人作经以生人,而夫人则任末而弃本,各出意见,竟为训疏,支辞蔓说,炫博务奇,门户争高,相倾交毁,而彼此枘凿,后先矛盾,遂使学者之耳目应接不暇而本然之聪明反为所蔽。以经求经,而不以吾之心求经也;求经于经,而不求其理于吾心也。况乎不遵经而遵传,今日之经已为世儒之经,非复古圣人之经矣。②

汉之穷经者……转相授受而注疏作焉,虽其人未必皆贤,所言未必皆当,然于秦火之后而非此数人,则六经几乎息矣。至宋郑樵乃谓秦人焚书而书存,汉儒穷经而经绝,信斯言也,则是汉儒之罪盖又不止于秦火也。然自今观之,汉去古未远,而圣人之遗旨,犹或有得于面承口授之余,故宋儒释经遂多因之,而阙文疑义一以注疏为正。如九六老变,

---

① (明)王守仁《稽山书院尊经阁记》,《王阳明全集》卷七《文录四》,上海古籍出版社1992年版,第254~255页。
② (明)薛应旂《原经》,《方山先生文录》卷一六《论一》,明嘉靖东吴书林刻本,第6叶B~7叶A。

孔颖达之说也;三文三统,马融之说也;河洛表里之符,宗庙昭穆之数,刘歆之说也;五音六律,还相为宫,郑玄之说也。其择言之广,取善之公,要在明乎经而不失圣经之意耳,岂得尽如夹漈之论哉?盖汉儒之学长于数,若仪文、节度之烦,虫鱼草木之变,皆极其详,其学也得圣人之博;宋儒之学长于理,若天地阴阳之奥,性命道德之微,皆究其极,其学也得圣人之约。合是二者,而虚心体认,则天机相为感触,当自默会于燕闲静一之中,超然悟于意言象数之表,而吾心之全体大用可一以贯之,而不溺于先入之说,不蔽于浅陋之见矣。尚何有众言之淆乱哉?①

通过这两段话,我们可以清晰地看出阳明心学与汉学之间的关系:心学以回归本心作为最高境界,但是其回归本心的基础、途径则是儒家六经,然而心学尊信的"六经"是先秦圣人所制的六经,汉宋诸儒的注疏传笺在心学系统中都只是后儒对于圣人思想的训释、阐发,并不具有神圣的地位。破除了宋儒传注的惟一权威地位,心学士人也就可以对于自汉至宋上千年的经学研究成果有一个比较平实的认定:"盖汉儒之学长于数,若仪文、节度之烦,虫鱼草木之变,皆极其详,其学也得圣人之博;宋儒之学长于理,若天地阴阳之奥,性命道德之微,皆究其极,其学也得圣人之约。"上文已言,博约之争自宋代始便是学术界争论不休的一个问题,推崇《四书》的学者讲"约",而看重《十三经注疏》的学者则讲"博",心学士人站在比较中立的立场,提出"合是二者",这种主张在宋学独占官学的时代里,无疑是大大提升了汉学的地位。

我们知道,心学自王守仁而下,其主体逐渐偏离传统经注本身,转而为"我注六经"式的心性究理,但是,我们也不可忽视,心学中仍有这样一脉,他们以心学独有的跳脱走出了宋明理学的牢笼,进而上推至汉唐古注,以这种曲迂的方式进入汉学领域。这些士人虽然数量较少,但

---

① (明)薛应旂《折衷》,《方山先生文录》卷一六《论一》,第8叶B~9叶B。

第六章　民间经学力量的上升与"十三经"的确立

在经学史上发生的作用却不容小觑,关于这一问题,下文还将提及。而类似的情形不独出现在中国,在十八世纪后期的朝鲜李朝,出生于江华学派的申绰同样对于朝鲜考据学的兴起发挥了至关重要的作用,笔者另有专文探讨这一问题,读者可以参考①。

以上便是对嘉靖时期士人中汉学复兴思潮的简单介绍。通过这一部分的讨论我们会发现,与成化、弘治、正德年间相比,参与讨论汉儒经学成就的士人不仅覆盖面更广了,其持论的深度也加强了,从黄佐、薛应旂等人的论证看来,他们不仅熟悉《四书五经大全》,而且熟悉汉唐古注疏,这与丘濬、王鏊早年只能遥叹福州府学十三经注疏板片幸存的情况已经完全不同了。可见,汉学思潮的复兴与《十三经注疏》的刊布实在是硬币的两面:一方面,只有重新认定汉学的学术价值,才会有《十三经注疏》的校刻刊印;另一方面,只有《十三经注疏》的广为流传,才能推动对于汉唐注疏训诂学、考据学、博物学研究的不断深入。因此,不难理解,嘉靖年间汉学思潮复兴如此之盛,一方面必然与正德本《十三经注疏》的刊行有关;另一方面也要求更为完备、精善的《十三经注疏》的问世。对此,我们仅从上文所举何良俊对于重新校刻十三经古注、十三经注疏的热衷便可窥见一斑。

从这个意义上来说,闽刻李元阳本《十三经注疏》的问世正是嘉靖时期汉学复兴思潮的必然产物。李元阳,字仁甫,号中溪,《明史》有传,《重刊中溪汇稿序》这样概括他的一生:"先生以词臣出为知县,治最,擢御史,巡按闽中,寻改授荆州郡守,历官皆有声绩。罢归,悠游林下四十年,乃归道山。"②李元阳于嘉靖五年(1526)中进士,嘉靖十二年(1533)至十七年(1538)左右任福建巡按御史,其刻《十三经注疏》即在此五年

---

① 参拙文《申绰〈诗次故〉述论——兼论18世纪后期朝鲜考据学的兴起》,《跨越时空——中国文学的传播与接受(青年学者卷)》,马来亚大学中文系2010年版,第214~232页。
② (明)赵藩《重刊中溪汇稿序》,《李中溪全集》卷首《赵序》,《云南丛书》集部之六,云南图书馆藏板,第1叶A。

之内。从思想倾向上来说,李元阳是阳明心学的重要代表,时人称"当王学盛行,讲学者遍天下,而吾滇则有李中溪先生"①,其《心性图说》一书在当时影响巨大。李元阳所刻《十三经注疏》在版本学上有重要价值,但是关于李元阳为什么要校刻《十三经注疏》,却鲜见讨论。汪绍楹先生《阮氏重刻宋本十三经注疏考》以李元阳同年进士江以达、闻人诠、田汝成等"皆以刻书名,亦风气也"释之,但事实上,李元阳虽主持刊刻了《十三经注疏》《通典》等多部巨帙,但他并不以刻书作为主业,除了任职闽中的这几年,他长期居于云南,编辑《云南通志》《大理府志》等志书,同时究心性命之学,著书立说。无论是他的仕宦经历,还是他的学术成果,都充分说明李元阳绝非一般刻书家所比。李元阳本虽刻于福建,但从他的身份看来,此本又绝非一般坊本可比。因此,既然李元阳本并非书商牟利、跟风之作,对于其产生的原因,就不可不作一番探讨了。

笔者翻查了李元阳的别集《重刊中溪汇稿》,发现集中有《重刻〈楞严会解〉序》《初刻杜氏〈通典〉序》等叙其刻书原由的书序,可是对这套卷帙浩大、且使其名垂青史的《十三经注疏》,他竟未置一言。检索明代正史、笔记,亦未见正面描写李元阳校刻《十三经注疏》之背景的,因此关于这一问题,我们仅能结合对李元阳个人交游及其思想背景的探讨给出合理的推测。笔者认为,嘉靖中李元阳刊刻《十三经注疏》,可能受到两方面因素的影响:

第一,李元阳与杨慎交谊深厚,李元阳刻《十三经注疏》可能受到杨慎的影响。李元阳为滇人,而杨慎于嘉靖三年(1524)以大议礼忤世宗而遭廷杖,随后谪戍云南永昌卫,居滇三十余年。正因为这一机缘,李元阳在嘉靖中归乡之后,曾长期追随杨慎,与杨士云、王廷表、胡廷禄、张含、唐锜等并称"杨门六学士"。从《李中溪全集》中涉及杨慎的诗文

---

① (明)施汝钦《重刊中溪汇稿序》,《李中溪全集》卷首《施序》,第1叶B。

第六章 民间经学力量的上升与"十三经"的确立

看来,李元阳与杨慎之订交,在嘉靖五年(1526)或稍后:

> 始尝得告归吾乡,闻流寓有升庵先生者,以弱冠魁天下,风节在廊庙。博闻强记,当世无比。余固疑其自峻如断崖绝壁,不可径而造也。及见而揖之,则温然有恭,浑然无饰,退然恐先人也,然余以为谪居之法或宜尔也,未必其心之安于此也。又十五年,余既归田,见先生之温然浑然退然者,犹夫二十年前不改其度也。①

文中所言"始尝得告归吾乡",系指李元阳嘉靖五年或稍后丁忧告归之事:

> 嘉靖壬午中,云贵乡试第二。丙戌,成进士,初授翰林院庶吉士,寻以议礼忤权臣,出补分宜,分江西秋闱。事竣,丁内艰归,服阕,补江阴。②

由这条材料可知,李元阳本授翰林庶吉士,仕途一片光明,但不久便遭贬斥,而其事由正是"议礼忤权臣",我们虽然不能清楚地知道李元阳在大议礼中的具体表现,但通过其遭贬的事实,我们也可以大致推知当日李元阳的态度,当是与杨慎取同一立场。或许正是因为这种共同的理念和遭遇,使得李元阳得以结识杨慎,并赢得杨慎的好感。嘉靖九年(1530)二月,杨、李二人共游大理点苍山,前后共四十余日,两人别集中均有诗文记述这次游览,李元阳的《游点苍山记》还成为名作。其间,杨慎受到李元阳的鼓励,在感通寺楼中写下了韵学名著《转注古音略》,而李元阳则为此楼题名"写韵楼",以志纪念。嘉靖十年(1531)三月,杨慎又约李元阳共游石宝山,考察南诏历史,李元阳有《游石宝山记》记述此事③。可见,在李元阳赴闽中任职以前,他与杨慎已经有深厚的交谊,而上文已言,杨慎是引领嘉靖时期汉学思潮的核心人物,他对于保存汉

---

① (明)李元阳《送升庵先生还螳川客寓诗》,《李中溪全集》卷五《序》第41叶B。
② (明)李选《侍御史中溪李公行状》,《李中溪全集》卷首《行状》,第1叶B。
③ 丰家骅《杨慎评传》,南京:南京大学出版社1998年版,第91~94页。

人古注的《十三经注疏》推崇有加,李元阳在嘉靖初年得见杨慎,并心生感佩,则其受杨慎之鼓励而刊刻《十三经注疏》,并非没有可能。

第二,李元阳在思想上倾向于阳明心学,而上文已言,阳明心学与嘉靖中汉学复兴的思潮之间有着微妙的联系,即使是站在并重汉宋的立场上,作为福建御史的李元阳也有足够的理由亲力亲为,整理校刻《十三经注疏》。从李元阳编撰《云南通志》《大理府志》这样的志书看来,他绝非心学中空谈性命、不理书卷者。相反,他博物好古,广读诗书,仅以其所著《黑水辨》一文为例,便可知其对于《尚书》《水经注》以及历代地理书志的熟悉程度。历史地理学属于极精深专门的学术,在明代专重义理的学风中,李元阳以心学士人而独究心于此,其离"博学而详说之,将以反说约"虽不中,亦不远矣。

无论如何,嘉靖本闽刻《十三经注疏》在嘉靖中期问世了。这是中国经学史上第一部完整的《十三经注疏》,它行格统一,均为每半叶九行,故有"九行本"之称。至其版本源流,则九经三传注疏本并《尔雅注疏》皆依正德本《十三经注疏》,《仪礼注疏》则以陈凤梧嘉靖五年刻本为据。是本虽"复多讹舛失",然而"其本中佳处,往往与宋本合,监本毛本且从此出。固明刊之佼佼者也"①。可以想见,在嘉靖中期汉学思潮复兴方兴未艾的时候,这部全帙《十三经注疏》对于进一步推广汉学起到了何等重要的作用。嘉靖二十二年(1543),李元阳的好友,也是其同年进士的田汝成已经敢于在浙江乡试中公开以"十三经注疏"的源流作为策论试的命题了:

问:《十三经注疏》行于世者久矣,广矣。总群书而录之为经,始于何代?②

自永乐以来,明代科举始终以"四书五经"为核心,而乡试尤其重

---

① 汪绍楹《阮氏重刻宋本十三经注疏考》,《文史》,第 3 辑(1963),第 53 页。
② (明)田汝成《策浙江癸卯科第三场应试诸生》,《田叔禾小集》卷一〇,明嘉靖四十二年田艺蘅刻本,第 22 叶 A。

第六章 民间经学力量的上升与"十三经"的确立

《四书》,田汝成敢于以"十三经注疏"命题,足见其"《十三经注疏》行于世者久矣,广矣"必非虚言。经过成化末年以来几代士人的反复努力,在整个社会反思宋学独尊之弊的思潮背景下,借助明代考据学的发展和《十三经注疏》刊布等学术成果的不断涌现,士人学者对于汉唐古注疏之学术价值的认识越来越深刻平实,汉学思潮已由边缘走向前台,成为明代中期思想界不可忽视的一种力量,而这一思潮的高潮则出现在万历十二年(1584),其标志便是万历皇帝以诏令的方式钦定"十三经注疏",并下令北京国子监校勘刊行《十三经注疏》。关于其具体过程和影响,我们将在下一部分继续讨论。

五、"十三经"之说的官方认可

万历皇帝的具体诏令不见于《明实录》《大明会典》《明会要》等史册,笔者所见,此事见载于黄凤翔《进礼记注疏》:

> 先是,万历十三等年,皇上俯允前、后国子监臣之请,以次校刻《十三经注疏》,已经陆续恭进。①

而最早提出由国子监校刻十三经注疏的,则是万历二年(1574)南京国子监祭酒张位:

> 万历二年,祭酒张位上疏,谓辟雍乃图书之府,故自昔辨伪证谬,必以秘书及监本为征。今监有十七史而十三经注疏久无善本,请命工部给资镂刻。②

黄凤翔疏文称"皇上俯允前、后国子监臣之请",未知其"前"是否即指张位而言。然而可以确定的是,刊印《十三经注疏》经过了两位国子监祭酒的先后奏请,而南监祭酒张位万历二年的上疏并未显然得到万

---

① (明)黄凤翔《田亭草》卷一,明万历四十年刻本,第6叶A。
② (清)朱彝尊《经义考》卷二九三,中华书局1998年影印本,第1502页下栏。

历帝的诏允。即使自明初算起,"十三经"之名的提出也已历二百多年,并且在明中期汉学复兴的思潮中得到了广大士人的认可,而《十三经注疏》亦已经正德、嘉靖两次刊印,广为流传。"十三经注疏"已然成为打破宋学独尊、重新认定汉学价值的一面旗帜。或许正因为如此,尽管南北国子监祭酒先后进谏,万历帝对于钦定校刻《十三经注疏》一事才顾虑重重。在传统社会里,虽然士大夫群体拥有相当强大的舆论自主权,但是,钦定颁行仍然被视作学术著作的最高荣誉和最重要的合法性来源,只有经过钦定颁行,《十三经注疏》才可能进入官学系统,而只有进入官学系统,《十三经注疏》才可能得到更为有序、稳定、持续的传承,从丘濬、黄佐,到张位,这些大学士、国子祭酒之所以反复在进御的书籍、谏疏中标举《十三经注疏》,其目的也就是希望得到皇帝的认同,从而推动《十三经注疏》的合法化。钦定颁行乃至设科取士,对于经典而言,这实在是利弊不可兼得的双刃剑:如果进入官学系统,就无法避免单一化、僵化甚至最终腐化的命运;而如果不进入官学系统,则又会遭遇边缘化乃至亡佚的现实。南宋《仪礼》之学的迅速衰落、元明《四书》学的蔚为大观以及《周官》之学的逐渐冷清都是这一"二难定理"的真实体现。因此,也正由于"钦定颁行"承载着如此复杂、沉重的现实意义,无论是面对赵俶的明太祖,还是面对丘濬的明宪宗、孝宗,以及万历二年面对张位的明神宗,他们都对于"十三经"这一名称讳莫如深——既然"四书五经"已经被作为祖宗之法加载典册,那么《周礼》《仪礼》、三《传》、《孝经》《尔雅》是否还可以被称作"经",既然《四书大全》《五经大全》已然颁定天下,那么《十三经注疏》还有没有颁行的必要?这实在让明中后期的帝王们颇费思量。但是,自正德、嘉靖以来的学风转移,借用王鸣盛形容《孟子》入经的话:"其势有不可不进为十三经者",《十三经注疏》显然已经不仅仅是一部书,"十三经"也不仅仅是一个约定俗成的简称,因为士人已经将打破宋学独尊、重新认定汉学价值和"十三注疏"紧密地联系了起来,故此,是否钦定颁行《十三经注疏》,实际上代表着明代最高统治者对于正德、嘉靖以来反思宋学、汉学的思潮究竟持什么样的态度的问题,而万历帝最终的诏可,表明自杨慎以来几代士人的努力终于取得了阶段性的成功。

万历本《十三经注疏》校刻历时近十年,于万历二十一年(1593)最终刻成,明代士人对于这部书的刊行十分看重,仅《重刊十三经注疏序》便有两篇,分别为陶望龄和黄洪宪所作,两篇序虽然侧重各有不同,但是其立意却都在于调和汉宋,在首先强调宋学杰出成就的同时亦给予汉学充分的肯定:

> 汉儒精通其旨,校雠同异,分为注疏,学者便之,而后之议者曰:秦人焚书而书存,汉儒穷经而经绝,此何以称焉!嗟夫,雾縠害纤,支言病道,识者盖伤之,而不知势之所趋,有不得不然者。书契之后,不得而不经籍,经籍之后,不得而不注疏,使非注疏先行于世,则扃鐍未启,而宋儒之学未必能窥其堂奥。即使宋儒生于经残籍灭之后,其所窥识,未必能过注疏也。局曲之士,动右宋而左汉,此与以耳食何异?矧汉去古未远,表章之后,遗书肆出诸儒,一时校雠未必无据,乌可尽訾哉?故通忘言之意则经亦庞赘也,何论注疏;必不得已,而有言则注疏之作,固所以翼经而觉天下之聋瞽也。(黄洪宪《重刊十三经注疏序》)①

> 然士生三代后而欲闻孔子之道,非经乌乎取之?迨后世而经遂不泯灭者,谁之力哉?诸家训故不具见,见于唐孔氏所采辑《十三经注疏》,多其说之晚出者。夫方微难扶而既盛易饰,创端者多瑕疵,踵武者工润泽,故说经之家,后常掩先,所从来久矣。自宋儒出而是编几废,嘻!又奚怪乎!然当今世而推明述者之绩,衡难易而第其烈,汉儒其称首哉!稽汉注者以是编,故重刻之。(陶望龄《十三经注疏序》)②

---

① (明)黄洪宪《碧山学士集》卷二一,明万历刻本,第12叶A~13叶A。
② (明)陶望龄《歇庵集》卷一九,明万历刻本,第22叶B。

而不少士人认为,《十三经注疏》的钦定颁行,将成为明代学风转变的标志：

> 近见太学官订定《十三经注疏》,进呈御览,诏礼部刊行,颁布天下。因喜跃田间,谓自汉来注疏必且与宋儒传义并行。今之世,自兹以往,后生愤悱,超迈前闻,探微研几且有所发明于六籍,必始基之乎此也。(沈懋孝《周易古注疏辑序》)①

至此,"十三经"之名与《十三经注疏》经过了数百年的孕育、发展,终于完全成熟、确立了。从此,"十三经"成为官朝野士人普遍认可的经目,而《十三经注疏》则被视作中国经学研究成果的当然代表。在自明末至晚清的数百年间,"十三经注疏"虽仍然没有得以列入学官,但是他始终处于经学研究的核心领域。乾隆年间,武英殿再次校刻《十三经注疏》,而乾嘉两朝,大量的一流学者将毕生精力投入到对于《十三经注疏》的研究中去,产生了至今难以逾越的经学研究成果,以至于到了今天,我们往往将"十三经""十三经注疏"视作中国经学发展的当然总结,似乎《孟子》入经之后,"十三经"便当然地形成了。但是,回顾了自明初以来"十三经"、《十三经注疏》的形成过程,我们发现,如同一切生命的产生与发展一样,《十三经注疏》的结集、"十三经"之名的最终确立,也经历了坎坷而周折的过程。在元明之际"四书五经"一统天下的年代,一些注疏甚至面临亡佚的危机,而即使到了万历初年,皇帝仍然不敢贸然钦定颁行《十三经注疏》。事实上,即使在万历皇帝颁定了"十三经"之后,士人中仍不乏对此有所保留、质疑者,如茅元仪云：

> 《尔雅》虽或曰周公为之,然其学在事物之间,而且载"张仲孝友"。或曰子夏辈为之,而后儒附益焉则可也,亦传也,何以经？《春秋》之三

---

① (明)沈懋孝《沈长水集·长水先生文钞》,明万历刻本,第 2 叶 B～3 叶 A。

第六章 民间经学力量的上升与"十三经"的确立

传,夫既传矣,又何以经?①

而崇祯年间钱棻则云:

国家廓九经为十三,蔡美备矣,但《周》《仪》皆礼,《公》《穀》皆传,《尔雅》而经,则《方言》《释名》《白虎通》之属尽可经也。②

显然,"十三经"之名和《十三经注疏》还需要更为长久的时间积淀以及更为深入的细致研究,而这些,正是历史交给清人的重任。

梳理完了"十三经"之名成立的过程,我们对于自南宋至明末的经学史也当有一个更为翔实的认识。"十三经"之名的确立和《十三经注疏》的结集自始至终以汉宋之争和博约之辩作为背景,而这种争辩在明代显然未能终止,它们愈演愈烈,最终在清代形成汉学、宋学两大系统,至乾嘉之间一度成水火之势。可以说,清代学术的基本格局就是建立在汉宋之分的基础上,而这种格局的建立,并不自清初顾炎武、阎若璩等人始。清人视明人学术为空疏,《国朝汉学师承记》追溯清代学术源头仅至阎百诗等人止,这实际上是并不客观的,从赵㧑、丘濬、王鏊,到杨慎、何良俊、黄佐等人,明代经学史上同样存在一条汉学传承的脉络③。但是,明代学术自

---

① (明)茅元仪《六经论》,《石民四十集》卷三九,明崇祯刻本,第 2 叶 B。
② (明)钱棻《萧林初集》卷七《经部一·十三经》,明崇祯刻本,第 10 叶 B。
③ 关于汉宋学术分野源于明代的观点,笔者所见最早为林庆彰先生在《明代的汉宋学问题》一文中提出,而此前余英时先生则有《Some Preliminary Observation on the Rise of Ch'ing Intellectualism》一文,从思想史的角度,论证明代时期以杨慎为代表的考据学者并不具有成为一个学派的共同思想基础,汉宋学术分野源于明代之说难以成立,周启荣先生亦发表《明末清初的训诂学、文献考证与经典研究》一文,对余英时先生的观点表示赞同。基于本节关于明代《十三经注疏》之刊刻前后过程的考述,笔者认为,林庆彰先生的观点更为切近。从本节的论述读者已经可以发现,明代中期,杨慎与李元阳、何良俊等人存在密切的交往,他们在关于复倡古学方面有十分明确的共同意识,而事实上,杨慎与王鏊等早期明代倡导古学者之间也存在交往,关于这一问题,笔者将另撰文讨论,这里不再赘述。林庆彰《明代的汉宋学问题》,《东吴文史学报》,1986 年第 5 期。余英时先生文见《清华学报》,第 11 卷第 1~2 期(1975),第 105 页,周启荣先生文见《东亚视域中的近世儒学文献与思想》,华东师范大学出版社 2008 年版,第 66 页。相关研究还可参考黄克武《清代考证学的渊源》,《近代史研究通讯》,第 11 期,第 140 页。

有其特点,它与清代学术最大的差异在于清人重考据而明人重义理,正因为如此,虽然《十三经注疏》影响明清两代,"十三经"之名亦横亘明清数百年,但是《十三经注疏》在明清士人心目中的意义却并不完全一致。就笔者所见,至少在如何对待《十三经注疏》与《四书五经大全》之关系方面,两者便大相径庭。

由于《十三经注疏》在明代从无到有,筚路蓝缕,其自始至终都未能完全挣脱四书五经作为官定经目的巨大影响。明代虽然有如杨慎、何良俊这样明斥宋学而推举汉学的学者,但是大多数学者在肯定汉学的同时,并不否定宋学对于探究六经奥义的杰出贡献,上文所举的大量引文已经足以说明这一点,而《十三经注疏》颁定之后,士人仍然认为《十三经注疏》与《四书五经大全》两者并不矛盾,可以并行不悖:

> 成祖命诸臣集《四书五经大全》以训天下,而《十三经注疏》复整楉悬设。盖不读《注疏》,无以知经学之渊流,不读《大全》,无以正经义之纰缪,两者若五官并列,不容偏废。成弘以来,学者尊尚《大全》,兼通《注疏》等为闲书,久而讲说滋烦,人便剽记,沦弃《大全》亦复不论,是故道隆而隆,道污而污。二书在今,盛则偕存,衰则偕亡,其势然也。(张溥《五经注疏大全合纂序》)①

> 愚故请以十三经之博实负奇豪举之腹,使不徒耗精神于百家诗传之末;以永乐中所定《五经四书大全》以拘下中之士,不至溺情于句读文字之间,两者相提衡以示的,斯所以一道术而同风俗之要领也。(陈懿典《十三经注疏》)②

自成化、正德之际重新认定汉学价值的丘濬始,明代注重汉学的这批士人始终以平和、中正之心审慎地对待汉学和宋学,他们标举汉学,

---

① (明)张溥《七录斋诗文合集·文集近稿》卷二,明崇祯九年刻本,第6叶B。
② (明)陈懿典《陈学士先生初集》卷二五,明万历刻本,第39叶A。

但是对于汉学之失亦不护短,薛应旂、陈懿典、张溥乃至杨慎都直言汉儒注疏有繁琐、饾饤、只见树木不见森林之弊,因此他们主张并重汉宋,以汉学之实救宋学之虚浮,以宋学之精救汉学之汗漫,有选择地扬弃吸收,这显然更近于我们接受前人学术成果的科学态度。清代学者在经过几十年的争辩之后,终于有如戴震者重新主张学兼汉宋,而事实上明代人最初标举汉学,已经将汉宋兼重作为题中之义了。应该说,无论是相对于心学士人对于程朱理学的批判,还是相对于清代汉学一派士人对于宋学的攻讦,明代主张汉学的学者都显得更为中正平和、客观实际得多。在清代,汉宋之争后来愈加带有党同伐异、门户相争的色彩,而在明代,这种讨论大多还是围绕学术这一中心展开的。

当然,明代士人之所以对于兼取《十三经注疏》和《四书五经大全》可以取如此开明、包容的态度,除了与陈懿典、张溥这些士人个人的通达态度有关外,我想更重要的原因大概还是因为明代的汉唐注疏研究远没有真正深入下去。终明一代,以《十三经注疏》为代表的汉学一直被视作"古学",从丘濬主张"存古之一事",到王鏊"好古者不可不考",以至于万历本《十三经注疏序》中论证整理、保存汉唐古注之必要性,都是立足于《十三经注疏》的"古学"身份,在这一背景之下,明代围绕《十三经注疏》首先发展起来的是以杨慎为代表的博物学、训诂学以及音韵学等学科,其关注的重点在于对于字句的理解、名物的考辨和韵读的校订,而在这些方面,汉宋之学的正面冲突很少,尚可形成互补。而随着清代的汉学研究深入到诸如《易》图书说的真伪、《尚书》今古文篇目分辨及辨伪、三《礼》的制度考释、《诗序》的作者、时代等具体学术问题的时候,汉宋之学的差异就一下子凸显出来了,在很多问题上,两者根本无法兼容。因此,我们不可将明、清士人对于汉宋之争的不同态度简单地归因于学者个人的偏狭与否,正如汉学思潮推动《十三经注疏》在明代嘉靖、万历年间迅速崛起一样,经学史上的很多转变,实在有不可不然之势也。

附录一：北京市文物局藏元刻明修本《十三经注疏》各书刻工名录

《周易》

抄工：王世珍

刻工：吴珠、杨四、余伯安、陆四、江达、叶二、叶妥、杨全、陈珪、余坚、施永兴、杨俊、施肥、陆基郎、余添环、曾坚、曾椿、杨旺、江毛、谢元林、王富、江富、叶马、余富、范元升、范朴、叶起、坚、陆文、魏桢、陆荣、叶招、张尾、余富一、虞伕清、曾兴、曾郎、刘荣、程亨、李大卜、吴洪、熊名、叶岳、李清、曾成、叶员、余天寿、陈斌、罗椿、虞福佑、张长友、陈铁郎、虞福贵、周富生、黄道祥、张元兴、元兴、王仲郎、余福旺、张元隆、程通、陈来胜、周记青、周仕荣、叶旋、熊昭、邹仲甫、陆富郎、陆富、陈才、陆文清、余铁隆、陆仲兴、王仲、周富寿、许达、王金荣、刘伕寿、周章、曾招、王伯道、陆文进、王元名、余环义、余记郎、陆贵清、刘碧朝（郎）、熊田、陈天祥、范元升、江盛、荣、程亨、兴、王元保、谢元林、叶雄、王荣、余天礼、余天理、江达、曾椿、余添进、华福、曾坚、叶起、陆、道林、江长深、蔡顺、谢元庆、叶再友、同？旦、余环、张郎、元林、基、坚。

《尚书》

刻工：陆四、王仕荣、陆记青、詹弟、成广、杨俊、富、陆荣、叶二、陆基郎、施肥、周同、江贵、余成广、陈德禄、曾椿、余文贵、兴、陆、才二、王才、深、刘立、吴珠、张尾郎、曾坚、詹、三、王荣、永、文昭、施永兴、元善、江富、袁琏、程亨、山、王元保、江元富、江三、刘京、陆荣、王仲友、叶雄、张郎、黄永进、元清、陆记青、陈珪、叶采、余添环、熊山、叶再友。

《毛诗》

抄工：王世珍

刻工：江元贵、叶二、吴八、员、明景福、深、杨旺、陆四、余添进、王荣、叶金、江长深、余元富、杨全、叶雄、蔡顺、张尾郎、余郎、谢元林、王进富、叶寿、陈德禄、施肥、范元升、熊田、田、陆荣、程通、余富一、詹蓬头、兴、周全、程亨、吴佛生、范元福、合、王二、刘佚安、余庄？、江元寿、陆记青、施永兴、文昭、王仕荣、著、曾、熊文林、余旺、黄道林、采、周同、余景旺、余富、范朴、黄文、陆文进、王邦亮、刘三、叶起、荣郎、熊山、福、永、张佑、王元保、吴一、朱鉴、元善、叶马、江富、余成广、张郎、王四、豪、刘观生、佛员、余添环、余伯安、余天理、余坚、叶再友、龚三、王良富、刘景福、黄永、吴元青（清）、文进、六四、余文贵、江盛、陆基郎、詹弟、杨俊、吴原清、王浩、华福、叶妥、施肥、士英、陆文进、江田、曾椿、王文、余环、刘天礼、王仲友、刘观生、陆清、王猪、佛员、吴三。

《周礼》

抄工：罗栋、陈景渊

刻工：叶马、叶二、蔡顺、江达、江四、余坚、吴一、陆基郎（基）、曾椿、杨全、杨四、江荣、陆四、王元保、江元寿、范元升、杨旺、谢元林、江贵、余成广、叶起、范朴、安、曾坚、叶伯起、叶妥、江毛、江长深、龚三（弓三）、江元富（富）、叶再友、华福、余郎、陆荣、谢元庆、余天礼、詹蓬头、王进富、王良富、王仲友、陆记青、余富一、张佑、王荣文、江元贵、吴珠、施永兴、朱鉴、陈珪、范元福、余天进、施肥、余添进、熊山、余环、黄文、江富、陈德禄、程亨、王仕荣、吴佛生、细二、周甫、刘升、吴一、刘立、明、尚旦、周士名、周士、吴、蔡贵、文旻、象、元善、熊六、福、陆、周、深、士、士英、畐、泗、周三、赐、吴八、王才一、旋、四、詹、伯、周同、元善、贵、王才二（才二、王二）、文昭、周元进、叶明、吴盛、叶士大、士太、黄世隆、刘长宝、陈元、熊元贵

《仪礼》

抄工：李红

刻工：江四、吴佛生、江富、施肥、余文贵、朱鉴、詹蓬头、陆四、余富一、熊山、叶再友、乌、余富、王荣、余成广、基郎、张佑、叶马、蔡顺、陈珪、叶采、再友、詹弟、陆记青、叶金、施永兴、周同、陈德禄、陆荣、袁琏、永、江元贵、吴一、龚三、熊田、叶二、江元富、王元保、王进富、王仕荣、江元、成广、余成广、坚、杨俊、江贵、黄文、余添环、吴元清、叶雄、余坚、曾椿、陈珪、周同、陆荣郎、余成、陆基郎、曾坚、金、张尾郎、余郎、程亨、江毛、范朴、黄永进、山、江富、叶起、王良富、荣、富、王仲友、杨四、江达、陆四、江荣、文昭、刘立、文昭、三、王才、周同、杨尚旦、曾、余、佛员、陆三、兴、吴三、吴春五、刘景福、陈泗

《礼记》

抄工：叶廷芳、王世珍

刻工：龚三、陆四、吴珠、江元富、王进富、江盛、詹弟、叶再友、余环、杨俊、张尾郎、吴元清、陆记青、詹蓬头、蓬头、余添进、江四、余天礼、江长深、江田、江荣、余坚、陈珪、王良富、文进、吴佛生、元林、陆文

进、曾椿、余富一、张佑、王文、施永兴、黄文、张佑、王元保、王仲友、陆清、余富、范朴、刘景福、余添环、朱鉴、谢元庆、熊田、采、余景旺、蔡顺、叶金、吴一、余元富、范元福、永进、黄永进、周仝、田、福、余成广、陆荣、施肥、道林、陈德禄、王进、余天礼、江富、叶采、周同、余添礼、余添理、程亨、叶再□、吴珠、口、叶旋、文昭、刘立、刘京、陆寿、明、福、佛员、王才、蔡福贵、周甫、著、元善、豪、象、荣郎、福贵、周士名、吴三、三、细二、二、吴八、王二、畐、仲、明、周顺长、赐、曾、惠、才、才二、陆、立、刘升、詹伕、文旻、达、士、王才二、泗、合、玄、周二、周同、陆三、陆一、旋、周元进、黄世隆、陈钦、叶景兴、余进、刘深

《春秋左氏传》

抄工：李红

刻工：王元保、吴一、江达、谢元庆、福、施肥、龚三、华福、王荣、采、蔡顺、林、吴珠、道林、叶雄、熊山、詹弟、江长深、程亨、叶采、永进、黄永进、华福、黄道林、右、陆记青、余景旺、范朴、詹弟、杨四、杨全、王仕荣、曾坚、山、范元福、陆基郎、曾椿、余郎、王进富、余坚、陆荣、吴朱、永、江四、陆文进、陆四、詹蓬头、雄、陆基、吴佛生、陈德禄、余添进、张尾郎、余文贵、陈珪、叶金、江盛、叶再友、张郎、江田、王良富、余天理、余旺、王元保、余天礼、叶马、六四、王仲友、元清、吴大耳、李豪、刘立、杨尚旦、周同、三、吴三、曾、黄仲、余富、仲、黄兰、黄富、江洪

《春秋穀梁传》

抄工：李红

刻工：王良富、叶再友、张尾郎、陆四、陈珪、詹蓬头、采、仲、豪

《春秋公羊传》

抄工：李红

刻工：叶再友、江盛、陈珪、王进富、蓬头、江长深、吴一、江四、蔡顺、叶起、詹蓬头、谢元庆、江元寿、王良富、江达、张郎、曾椿、陆记青、陆四、曾坚、吴珠、余天礼、王进富、再友、张尾郎、陆基郎、乙、吴郎、曾、王邦亮、余富

《孝经》

刻工：叶文佑、叶文昭、刘贵、刘立、江操、郑坛、刘荣政、刘景福、余进、郑灿、黄友才、周元进、陈右、元贵、熊元贵、黄世隆、周元正、陆福寿、王毛孙、仕太、叶仕太、江长深、吴禄、叶景兴、黄四郎、四郎

写工：陈景渊、许成、罗栋、王世珍、詹积英、李红、叶廷芳

《尔雅》

刻工：余富、杨尚旦、吴三、陆记青、黄仲、余郎、龚三、余坚、黄文、刘观生、陆文进、施永兴、余添环、吴佛生、刘京、刘古（吉）、詹积英、刘立、吴五。

写工：王世珍。

《论语》

抄工：许成

刻工：陆青、天锡、吴佛生、王元保、余坚、黄文、陆记青、陆文进、施永兴、王仲友、余郎、黄文、文昭、吴元清、张佑、余环、曾椿、陈珪、龚三、余添环、余富、富、熊田、谢元庆、蔡顺、叶金、田、王仕荣、叶寿、黄道林、王进富、余景旺、谢元林、陈德禄、陆四、富七、余旺、余元富、

江盛、范元福

《孟子》

刻工：谢元庆、余富一、王仕荣、余旺、曾坚、余景旺、王荣、叶马、余元富、江元寿、陆荣、王元保、叶起、起、谢元林、范元福、元清、蔡顺、江盛、熊田、陆四、程亨、江元富、黄文、叶金、陆文进、周同、陈德禄、吴佛生、王进富、张佑、蓬头、余坚、道林、尚旦、田、杨尚旦、江成、顺、范朴、张尾郎、江元寿、刘生、江富、陈珪、江长深、吴一、叶寿、熊汉材。

附录二：北京市文物局本《十三经注疏》刻工籍贯可考者所刻书（矍目所载部分）

蔡顺（顺）：嘉靖闽中。闽本《十三经》①，《春秋四传》（建宁府本），《三苏先生文集》②，《礼记集说》③，《皇明诏令》（黄臣本）。

陈斌：嘉靖南昌。闽本《十三经》。

陈才：嘉靖闽中。闽本《十三经》。

陈珪：嘉靖福建。闽本《十三经》，《礼记集说》，《朱文公文集》④，《唐文粹》⑤，《班马异同》⑥，《史记题评》⑦，《通典》⑧。

---

① 嘉靖中福建御史李元阳刻本，下同。
② 嘉靖四十三年杨氏归仁斋刻本《三苏先生文集》，下同。
③ 嘉靖间吉澄本，下同。
④ 嘉靖间十一年张大轮、胡岳刻本。
⑤ 嘉靖六年东阳张大轮校刊本张大轮本，下同。
⑥ 嘉靖间高瀫本，下同。
⑦ 嘉靖十六年胡有恒刻本《史记题评》，下同。
⑧ 嘉靖十五年李元阳本《通典》，下同。

陈天祥：嘉靖闽中。闽本《十三经》。

陈铁郎：嘉靖闽中。闽本《十三经》，《唐文粹》。

程亨：嘉靖闽中。闽本《十三经》，《朱文公文集》，《唐文粹》，《通典》。

程通：嘉靖闽中。闽本《十三经》，《朱文公文集》。

范朴：嘉靖闽中。闽本《十三经》，《通典》，《建宁府志》①。

范元福：嘉靖闽中。《春秋四传》，《朱文公文集》，《汲冢周书》②。

范元升：嘉靖闽中。《礼记集说》，《朱文公文集》，《通典》。

龚三：嘉靖闽中。闽本《十三经》。

华福：嘉靖闽中。闽本《十三经》，《春秋四传》，《礼记集说》，《朱文公文集》。

黄道祥：嘉靖闽中。闽本《十三经》，《朱文公文集》，《通典》。

黄文（文）：嘉靖闽中。闽本《十三经》，《春秋四传》，《朱文公文集》，《文苑英华》。

黄永进（黄永）：嘉靖闽中。《春秋四传》，《朱文公文集》。

江长深（深）：嘉靖闽中。《春秋四传》，《礼记集说》，《朱文公文集》。

江达：嘉靖闽中。闽本《十三经》，《班马异同》，《史记题评》，《三苏先生文集》。

江富：嘉靖闽中。闽本《十三经》。

江毛：嘉靖闽中。《建宁府志》，闽本《十三经》，《今献汇言》③。

江三（江三郎）：正德闽中。《通典》，《史记题评》。

江盛：嘉靖闽中。闽本《十三经》，《朱文公文集》，《唐文粹》，《班马异同》，《史记题评》。

---

① 嘉靖二十年刻本，下同。
② 嘉靖二十二年福建兴化府推官章檗校刊本，下同。
③ 嘉靖高鸣凤刊本，下同。

第六章 民间经学力量的上升与"十三经"的确立

江田：嘉靖闽中。《六家文选注》，《文苑英华》。

江元富：嘉靖闽中。闽本《十三经》，《唐文粹》。

江元贵：嘉靖闽中。《朱文公文集》，《唐文粹》，《皇明诏令》。

江元寿：嘉靖闽中。闽本《十三经》，《朱文公文集》，《唐文粹》。

李大卜：嘉靖闽中。闽本《十三经》。

刘碧郎：嘉靖闽中。闽本《十三经》，《三苏先生文集》。

刘观生：嘉靖闽中。闽本《十三经》，《朱文公文集》。

刘景福：正德闽中。《西山先生真文忠公文章正宗》[1]，《朱文公文集》，《唐文粹》。

刘立：正德闽中。《通典》，《唐文粹》。

刘荣：嘉靖闽中。闽本《十三经》，《朱文公文集》。

陆富：嘉靖闽中。《文苑英华》，《荆川文编》[2]。

陆富郎：嘉靖闽中。闽本《十三经》，《通典》。

陆贵清：嘉靖闽中。闽本《十三经》，《通典》。

陆基郎（陆记青）：嘉靖闽中。闽本《十三经》，《通典》，《朱文公文集》，《建宁府志》。

陆青：嘉靖江西。《通鉴纲目》[3]，《朱文公文集》。

陆荣：嘉靖闽中。闽本《十三经》，《朱文公文集》，《三苏先生文集》。

陆四：嘉靖闽中。闽本《十三经》，《通典》，《朱文公文集》，《文苑英华》。

陆文：嘉靖闽中。闽本《十三经》，《朱文公文集》。

陆文进：嘉靖闽中。闽本《十三经》，《朱文公文集》，《唐文粹》，《礼记集说》，《建阳县志》。

---

[1] 明安正书局本，下同。

[2] 胡帛本，下同。

[3] 张鲲本《资治通鉴纲目》，下同。

陆文清：嘉靖闽中。闽本《十三经》，《朱文公文集》，《通典》，《建宁府志》。

陆仲兴：嘉靖闽中。闽本《十三经》，《礼记集说》，《春秋四传》，《朱文公文集》。

罗椿：嘉靖建宁。闽本《十三经》，《建宁府志》，《朱文公文集》。

施肥：嘉靖闽中。闽本《十三经》，《邵武府志》，《春秋四传》，《通典》，《唐文粹》。

施永兴（施，永，兴）：嘉靖福建。《建阳县志》，《邵武府志》，《春秋四传》，《朱文公文集》，《唐文粹》，《通鉴纲目》，《今献汇言》。

王伯道：嘉靖闽中。闽本《十三经》。

王富：嘉靖闽中。闽本《十三经》，《建宁府志》。

王浩：嘉靖闽中。《班马异同》，《史记题评》，《奇字韵》[①]。

王金荣：嘉靖闽中。闽本《十三经》。

王进富：嘉靖闽中。《朱文公文集》，《唐文粹》，《礼记集说》，《春秋四传》。

王荣：嘉靖闽中。闽本《十三经》，《朱文公文集》，《春秋四传》。

王仕荣：嘉靖闽中。闽本《十三经》，《通典》，《唐文粹》。

王文：嘉靖闽中。闽本《十三经》。

王元保：嘉靖闽中。闽本《十三经》，《资治通鉴纲目》，《春秋四传》。

王元名：嘉靖闽中。闽本《十三经》，《朱文公文集》。

王仲郎：嘉靖闽中。闽本《十三经》，《通典》。

吴佛生：嘉靖江西。《资治通鉴纲目》，《唐文粹》。

吴洪：嘉靖闽中。闽本《十三经》。

吴元清（元青，原清）：嘉靖闽中。《三苏先生文集》，《朱文公文集》。

谢元林（元林）：嘉靖闽中。闽本《十三经》，《奇字韵》，《史记题评》，

[①] 嘉靖中李元阳刊本，下同。

第六章　民间经学力量的上升与"十三经"的确立

《春秋四传》,《建宁府志》,《朱文公文集》,《唐文粹》。

谢元庆:嘉靖闽中。《建宁府志》,《朱文公文集》,《奇字韵》,《礼记集说》。

熊名:嘉靖闽中。闽本《十三经》。

熊山(山):嘉靖闽中。闽本《十三经》,《建宁府志》,《三苏先生文集》,《皇明诏令》,《朱文公文集》,《礼记集说》,《通鉴纲目》。

熊田(田):嘉靖闽中。闽本《十三经》,《三苏先生文集》。

熊文林:正德闽中,闽本《十三经》,《西山先生真文忠公文章正宗》,《通典》,《朱文公文集》,《礼记集说》,《春秋四传》。

熊昭:嘉靖闽中。闽本《十三经》。

许达:嘉靖闽中。闽本《十三经》,《朱文公文集》。

叶采(采):嘉靖闽中。《朱文公文集》,《春秋四传》,《奇字韵》,《班马异同》,《史记题评》,《礼记集说》。

叶二:嘉靖闽中。《春秋四传》,《六家文选注》,《文山先生全集》,《文苑英华》①。

叶金:嘉靖闽中。《邵武府志》,《朱文公文集》,《班马异同》,《史记题评》,《通鉴纲目》,《春秋四传》,《皇明诏令》。

叶马:嘉靖闽中。《春秋四传》,《三苏先生文集》。

叶寿:嘉靖福建,《朱文公文集》,《班马异同》,《朱文公文集》,《史记题评》。

叶廷芳:或署叶廷,嘉靖闽中。《周易程朱传义》,《书经集传》,《礼记集说》,《春秋四传》。

叶妥:嘉靖闽中。《建宁府志》,《邵武府志》,《通鉴纲目》。

叶雄:嘉靖闽中。闽本《十三经》,《皇明诏令》,《建宁府志》,《邵武府志》,《春秋四传》,《通典》,《朱文公文集》,《今献汇言》。

---

① 隆庆胡维新、戚继光刊本,下同。

叶旋：嘉靖闽中。闽本《十三经》，《朱文公文集》，《礼记集说》。

叶员(員)：嘉靖闽中。闽本《十三经》，《通典》。

叶岳：嘉靖闽中。闽本《十三经》。

叶再友：嘉靖建宁。闽本《十三经》，《建宁府志》，《皇明诏令》，《邵武府志》，《史记题评》，《朱文公文集》，《今献汇言》。

叶招：嘉靖闽中。闽本《十三经》，《礼记集说》，《唐文粹》，《朱文公文集》，《春秋四传》。

叶伯起：嘉靖闽中。闽本《十三经》，《朱文公文集》，《礼记集说》，《三苏先生文集》。

余成广(成廣)：嘉靖闽中。《班马异同》，《史记题评》，《建宁府志》，《朱文公文集》。

余福旺：嘉靖闽中。闽本《十三经》。

余富(富)：正德闽中。闽本《十三经》，《通鉴纲目》，《朱文公文集》。

余环：嘉靖闽中。《朱文公文集》，《建宁府志》，《诗经集传》，《礼记集说》，《春秋四传》，《皇明诏令》。

余环义：嘉靖闽中。闽本《十三经》。

余记郎：嘉靖闽中。闽本《十三经》。

余坚(堅)：正德闽中。闽本《十三经》，《朱文公文集》，《礼记集说》，《春秋四传》，《通典》，《文苑英华》。

余景旺：嘉靖闽中。《春秋四传》，《朱文公文集》。

余郎：或署余郎七，嘉靖闽中。《朱文公文集》，《礼记集说》，《春秋四传》。

余天礼：嘉靖闽中。闽本《十三经》，《通典》。

余天理：余添理，嘉靖闽中。《朱文公文集》。

余天寿：嘉靖闽中。闽本《十三经》，《皇明诏令》，《邵武府志》，《今献汇言》。

第六章　民间经学力量的上升与"十三经"的确立

余添进(余天进):嘉靖闽中。闽本《十三经》,《春秋四传》,《朱文公文集》,《唐文粹》。

虞福贵:嘉靖闽中。闽本《十三经》,《邵武府志》。

虞福佑:嘉靖闽中。闽本《十三经》,《邵武府志》。

虞伕清:嘉靖闽中。闽本《十三经》。

袁珽:嘉靖闽中。闽本《十三经》,《通典》,《朱文公文集》。

曾成:嘉靖闽中。《朱文公文集》。

曾椿:嘉靖闽中。邵武府志,闽本《十三经》,《通典》。

曾郎:嘉靖闽中。闽本《十三经》。

曾兴:嘉靖闽中。闽本《十三经》,《朱文公文集》。

曾招:嘉靖闽中。闽本《十三经》。

詹弟:嘉靖建宁。《朱文公文集》,《建宁府志》,《皇明诏令》,《班马异同》,《史记题评》,《礼记集说》,《春秋四传》。

詹蓬头(蓬头):嘉靖闽中。闽本《十三经》,《朱文公文集》,《通典》,《皇明诏令》。

张尾郎(张郎,张尾):嘉靖闽中。闽本《十三经》,《通典》,《通鉴纲目》,《朱文公文集》,《唐文粹》。

张元隆:嘉靖闽中。闽本《十三经》,《通典》,《朱文公文集》,《三苏先生文集》。

张元兴(元兴):嘉靖闽中。闽本《十三经》,《邵武府志》。

周富生:嘉靖闽中。闽本《十三经》,《朱文公文集》《韩昌黎先生文集》(建阳县本)。

周富寿:嘉靖闽中。闽本《十三经》,《通典》。

周记青:嘉靖闽中。闽本《十三经》,《朱文公文集》,《唐文粹》。

周仕荣:嘉靖闽中。闽本《十三经》,《通典》,《朱文公文集》。

周同(仝):正德闽中。《文苑英华》,《荆川文编》(胡帛本)。

周章：嘉靖闽中。闽本《十三经》，《朱文公文集》。

朱鉴：嘉靖闽中。

著（黄著）：嘉靖闽中。闽本《十三经》。

邹仲甫：嘉靖闽中。闽本《十三经》。

周甫：正德闽中。闽本《十三经》，《春秋四传》。

周元进：周元，嘉靖闽中。闽本《十三经》。

陆荣郎：或署陆荣，嘉靖闽中。闽本《十三经》，《朱文公文集》，《三苏先生文集》。

余成：嘉靖闽中。《建宁府志》，《史记题评》，《文苑英华》，《欧阳文忠公全集》。

陈泗：正德闽中。

陆寿：嘉靖闽中。《朱文公文集》。

余进：嘉靖闽中。《宋史新编》[①]。

---

① 嘉靖四十三年刻本。

结　语

一、经目的基本特征

通过对历代经目演变历史的梳理，我们发现，从整体上来说，经目一般具有以下特征：

首先，经目具有自觉性。所谓"自觉性"，是指其具有明确的目的性和传播意识。前文已言，无论是出自朝廷的经目制度、还是出自士人的某种经目学说，都是他们基于特定的经学思想，为了达到某种特定的政治或学术理念而提出的，例如汉宣帝黄龙年间确立十二经目，便是为了从制度上解决博士弟子员课试制度的公平性要求与诸经师法分化的多样性现实之间的矛盾；王安石熙宁年间推行"五经"制度，是为了给他的变法创造学理的依据；至于刘歆在《七略》中提出以《易》为"经之原"的"五经"说，则是为了使经目的格局符合汉代"数用五"的术数要求。总之，无论这种目的是政治性的，还是学术性的，亦无论它是官方的，还是私人的，经目都无一例外地具有自觉性，而"石室十三经"等不过是一种随时计数的一般经书合称，不仅是偶然的，而且是不自觉的。

其次，经目具有整合性，这是经目可以成为经学风尚之体现的重要原因。所谓整合性，是指在一个相对稳定的结构内，各个个体之间通过某种逻辑性联系的建立，使得这一结构成为一个有机的整体。由于经目是基于某种特定理念而自觉提出的制度或学说,因此就经目内部而言,经典的选择,以及所尊师学的选择,必然基于某一共同的政治或学术理念,这种理念便成为经目整合性的基础。从贾谊建构"六艺"说开始,他便以"六德——六行——六艺"之说将"六艺"统摄在"德"这一范畴之内①,而此后刘歆的"五经"说、《白虎通》所载东汉"五经"说则都是将"五经"与仁、义、礼、智、信"五常"相对应,通过汉代影响广泛的五行说来建构"五经"内部的整合性。在汉代官定经目制度中,宣帝时期黄龙年间确立的十二博士制度、东汉初年确立的十四博士制度都是以今学为主体,这也是经目整合性的一种体现。随着经目的发展,到宋元时期,经目内部的整合性愈加明显,例如王安石的"熙宁五经",以荆公新学为联系;宋元之际的"十四经",以博古为联系;元明时期的"四书五经",则以程朱理学为联系。总之,经目内部的这种整合性使得经目不仅仅是经书的简单集合,更成为一个有意义的结构,这样一来,我们通过分析不同时期、不同士人群体的经目制度或主张,便有可能了解其背后的经学风尚。例如我们说起"十三经",就不仅仅是儒家经典的总集这么简单,还要注意到其背后蕴藏的明代中期以来汉学复兴的学术思潮。

此外,经目内部的这种整合性又使得它对外具有排斥性。由于经目不仅仅是经书的简单集合,更是贯彻着某种政治或学术理念的整合性结构,因此,对于经目以外的经典或师学而言,如果它不符合这种整合性的要求,就很难进入经目之中。例如,东汉初期光武帝重定经目制度,最初所定的是施、孟、梁丘《易》、欧阳、大、小夏侯《书》、齐、鲁、韩《诗》、大、小戴《礼》以及颜、严《公羊春秋》十三种,这一经目的整合性主要体现为今学身份和纬学色彩,前者象征着东汉政统对于西汉宣元政

---

① 可参阅振益、钟夏《新书校注》卷八《六术》,北京:中华书局 2000 年版,第 316~318 页。

治的接续以及对莽新政权的反拨,后者则是西汉末年以来经学风尚的集中体现。该制度确立之后,京氏《易》、穀梁、左氏《春秋》家都曾提出增补经目的要求,然而只有京氏《易》获得了成功,这里当然有时间先后等客观因素的影响,但是从经目整合性的角度而言,也可以得到合理的解释:在此三家中,只有京氏《易》同时符合今学身份和纬学色彩这两个要求,其它穀梁《春秋》虽为今学,却缺少纬学理论,至于左氏《春秋》,即使贾逵这样的士人意图给其加上纬学的色彩,却无法改变其古学的基本身份。由于京氏《易》与光武初期经目存在整合性的可能,因此它顺利地进入了该经目之中,成为"十四博士"的格局,而左氏、穀梁二家则因为无法满足其整合性要求而被排斥在该经目之外。

又如北宋熙宁变法中,王安石所确立的经目以《论语》和《孟子》为兼经,这是《孟子》第一次进入经目,也是《孝经》首次未能与《论语》并置,因此,自北宋中期始,便有士人主张将《孝经》补入兼经之中。但是,兼经作为经目的一个组成部分,同样有其整合性,北宋经目的基本整合性因素,是以义理之学为核心,具体到《论》《孟》这一兼经组合,就是心性论和理学化,由于《孝经》未能经过宋儒的阐释进入其心性论的体系,因此终北、南二宋,它始终未得入兼经之列,即使在元初至元年间的国子学经目中短暂获置,但在随后的皇庆二年科举定制中,仍不免再遭废黜。与此相反,在宋代之前地位并不尊显的《中庸》《大学》二篇,却因为宋儒的性理化阐释,分别成为理学的本体论、认识论基础,并由此与《论语》《孟子》二书紧密地结合起来,被共尊为"四书",到南宋时期,"四书"虽未为兼经,但四者密不可分之势,已不可逆转,而随着元代至元年间经目制度的重定,《中庸》《大学》也就顺理成章地进入兼经之目,并长期与《论》《孟》并列。《孝经》以及《尔雅》这样的经典未能进入宋元兼经,而《中庸》《大学》则最终补入兼经,正是经目内部整合性与对外排斥性的典型体现。

此外,我们还可以举宋元之际的"十四经"说与明代的"十三经"说为例。"十四经"的整合性因素是博古,先秦两汉的各种儒家经典均被囊括在内,《大戴礼记》既然是与《小戴礼记》并列的汉人师学传注,自无可争议地进入了这一经目。但是,到明代中期士人鼓吹"十三经"之说的时候,其整合性因素变成了汉唐古注疏,这个时候,《大戴礼记》缺少系统保存的古注疏的问题就凸现出来了,这使得它最终无法与其它十三经并列,成为明代士人用于主张汉学的新经目。《大戴礼记》之存于"十四经"而外于"十三经",同样也是经目整合性与排斥性的体现。

复次,经目具有历时性,这是我们认识经目这一历史现象的基本立场。所谓历时性,是指经目总是处于历史的变动之中,总是随着历史的推进而发生变化。我们认识经目常常陷入的一个误区,是以后一时代的经学眼光来看待前一时代的经目,由此产生错误的说法。例如以清人的眼光,"十三经"中的各种典籍均为"经书",因此,判断"十三经"的成立,自然是以最后获得"经书"身份的《孟子》升经的时代为下限。然而事实是,当《孟子》在北宋熙宁年间升为兼经的同时,《仪礼》《春秋》及三《传》却失去了正经的身份,而《孝经》和《尔雅》也未能与《孟子》同时进入兼经,也就是说,从历时性的眼光来看,熙宁时期的经目只有《周易》《尚书》《毛诗》《周礼》《礼记》五种大经和《论语》《孟子》两种兼经,《仪礼》《春秋》等虽然在此之前都已曾获得"经"的身份,但它们之为"经"与《孟子》之为"经",实并不在同一个时间点上,因此,我们显然不能简单地以《孟子》升经的时间作为"十三经"的格局形成的时间。与此相类,所谓的"东汉七经""开成十二经"之说,都是忽视经目的历时性而导致的错误认识,这是我们在经目研究中需要极力避免的。

二、经目演变的分期

如果以汉武帝建元五年作为经学史的开端,以清政权的覆灭作为

经学史的终结,经目制度的演变大抵可以分为五个阶段:

第一个阶段是两汉时期,这是经目制度的初盛期。汉武帝建元五年置"五经博士",正式拉开了经学史的序幕,同时也宣告了经目制度的开启。不过,此时的"经目"制度尚处于比较模糊的阶段:一方面,经目仅规定到《诗》《书》《礼》《易》《春秋》这一层面,至于各经所治师法为何,则并无规定;另一方面,此时的经目在国家政治中的地位也比较模糊,五经博士仅以其所掌治经备咨询,"经目"无论是对于国家政治、还是对社会经学风尚的影响力都非常有限。武帝元朔五年,在公孙弘的奏谏下,博士弟子员制度开始建立起来,博士弟子成为一条重要的选官途径,而博士也成为拥有课试权、选官权的教育官,这极大地提升了"经学"的社会影响力。同时,汉初儒家各经的传习原本就有师学之分,如《诗》分齐、鲁、韩等数家,《春秋》则分公羊、穀梁、左氏数家,各家传习经本各异,经传说解更是差异极大,而汉人又素重师法,各家师学分野清晰,绝不相杂。这样一来,既然博士弟子的课试成为选官的重要途径,则基于课试制度的公平性,诸经师法显然难以合置一博士,以师法为基础的博士制度由此应运而生。宣帝黄龙元年十二博士制度的确立,标志着以师法为基础的博士制度正式确立,同时也标志着以师法配专经的新型经目正式确立。自此以后,两汉经目制度虽屡经变易,但其整体上保持稳定,官定经目依托博士弟子课试选官制度的保障,不仅引导着整个社会经学风尚的变易,同时对于汉代国家意识形态的建立以及各种政策的制定,也起到了重要的影响作用。从师学上来说,两汉经目的基础是所谓的今文经学,即施、孟、梁丘、京氏《易》,欧阳、大、小夏侯《书》、齐、鲁、韩《诗》、后氏、大、小戴《礼》以及公羊、穀梁《春秋》,左氏《春秋》、《周礼》等古文经学虽然曾短暂获置博士,但整体而言影响有限。总之,以今文学为主体的两汉经目,在整个汉代的经学传习中居于引导性的地位,对汉代政治和汉人思想产生了巨大的影响。

第二个阶段是魏晋至隋,这是经目制度的中衰期。东汉中后期以来,官方经学的程式化和谶纬化使得其逐渐失去生命力,官定经目的影响力有所下降。东汉末年,郑学融合今古学自成一家,其学迅速传习于中原一带,"郑学兴而汉学衰",整个社会的经学风尚发生了变化。与此同时,自东汉中期以来,世家豪族的势力逐渐兴起,以乡举里选为基础的察举制在国家选官制度中的影响越来越大,作为官定经目依托的博士弟子课试制度却随着课试制度的逐渐严格以及选官率的下降而有所萎缩,经目制度的影响力随之受到冲击。曹魏政权建立以后,在陈群的奏谏下,国家施行九品官人制,这进一步冲淡了官定经目与国家政治之间的联系。虽然当时"贡士以经学为先",但官定经目作为社会经学风尚之引领者的地位却受到了冲击,家学与私学方构成此期经学的基础。

在魏晋南北朝至唐初,经目制度所呈现出的基本特点是变动性和多元性。所谓变动性,是指由于朝代更迭的频繁,加之国家南北各地的长期分裂,经目制度始终处于变动不居的状态。而所谓多元性,则是与汉代经目的主体均为今文经学相比,此期经目内部始终包含两种乃至多种经学风尚。在汉魏之际,主要表现为汉代今学、古学与郑学的分歧;到魏晋及北朝,则主要体现为郑玄之学与王肃之学的分歧;而在南朝,又主要体现为传统儒学与玄学之间的分歧。与汉代官定经目内部各家师法之间的争辩相比,后者的分歧主要体现在经解说传这一相对具体、零散的层面上,而魏晋南北朝时期经目内部的郑王学、儒玄学之争则超越各个具体的经典,更具有学派相争的色彩。从师学上来说,这一时期先后进入经目的师学有:属于汉代今学系统的颜安乐《公羊春秋》、何休《公羊春秋》、尹更始《穀梁春秋》、糜信《穀梁春秋》、范宁《穀梁春秋》;属于汉代古学系统的贾逵《尚书》《春秋》、马融《尚书》《周礼》、服氏《春秋》、杜氏《春秋》;属于郑学系统的郑氏《易》、郑氏《书》、郑氏《毛诗》、郑氏三《礼》、郑氏《论语》、郑氏《孝经》;属于王学系统的王朗《易》、王肃《易》、王氏《书》、王氏《毛诗》、王氏三《礼》、王氏《春秋》；属于玄学的王弼《易》、何晏《论语集解》，以及属于新出之学的孔氏《古文尚书》、《古文孝经孔传》，其学派之分散，为前后各时代所不及。从经目制度的角度而言，这种经目内部整合性的缺失，实是经目制度在国家政治中权威性欠缺的体现；但从经学史发展的角度来说，这种多元化的经目却又有利于经学内部各种思潮的激荡，魏晋时期极为发达的《礼》学和《易》学，正是在各家经师反复论辩的过程中不断深入和细化的，而这种论辩的风气，也促成了经义疏学的充分发展，并为此后经学史的发展奠定了基础。

第三个阶段是初唐至北宋仁宗时期，这是经目制度的平稳期。李唐王朝建立之后，朝廷施行科举选官制度，而其课试的基本科目，便是所谓的"九经"。"九经"本身是魏晋南北朝经目制度演变的结果：早在西晋时期，三《礼》、三《传》便分化成由不同的博士分治的不同经目，此后，虽然《仪礼》在东晋时期曾遭废置，但刘宋国子学确立的"十经"，除去合为一经的《论语》《孝经》以外，便是唐代所谓的"九经"。不过，与魏晋南北朝时期的经目制度相比，唐代至北宋仁宗时期的经目制度却有着鲜明的不同点：

首先，是经目的单一化。我们知道，自西汉初年以来，儒家各经师学传习的基本特点便是经本各异、师法各异，因此，无论是两汉时期以今学为主体的经目制度，还是魏晋南北朝时期今学、古学、郑学、王学、玄学各家并峙的经目制度，各经所尊的经目一般都有数家，这种多样化的格局对于经学本身的发展来说，是具有一定的积极意义的。然而，这种格局随着唐代"九经"制度的确立而告终。在初唐时期，还曾有士人主张并置王弼《易》和子夏《易传》，但既然诸经皆仅尊一种师法的格局已然确立，则《易》亦难以独异。贞观年间，由颜师古主持的"五经定本"统一了各经的经本，而诸经正义的陆续编定，则确立了"九经"所尊的经目为王弼《易》、孔氏《古文尚书》、郑氏《毛诗》、郑氏《礼记》、郑氏《周礼》、郑氏《仪礼》、杜预《左氏春秋》、何休《公羊春秋》、范宁《穀梁春秋》。这一经目制度的确立,不仅在经目演变史上掀开了新的篇章,也完全改变了经学史发展的路向,而这就涉及此期经目的第二个特点——

其次,官定经目制度的权威性。自汉魏以来,虽然官定经目屡经变易,其所尊师学各有不同,但官定经目之外民间私学的传习却始终不绝如缕,甚至在某些时期由附庸而蔚为大国。例如在西汉时期,官定经目皆为今学,但费氏《易》、《毛诗》《古文尚书》《逸礼》《周官》《左氏》的传习皆自有脉络,并不因不在官定经目而废;又如在魏晋时期,虽然王弼《易》学不在经目之列,但朝野士人谈玄论道,多用王弼《易》说,其风气之盛,亦不在郑玄、王肃二家《易》学之下。总之,在整个汉魏六朝时期,官定经目与民间经学之间是一种互相更替的关系:各种师学皆自有渊源,至于何时为官学,何时为民间之学,则随时变易。但唐代确立"九经"制度后,由于它本身即是科举制度的一部分,而唐代科举制从整体上来讲又比较稳定,因此,与魏晋时期官定经目在整个社会经学风尚中的相对边缘化不同,唐代的经目乃成为社会经学传习的绝对核心,受此影响,自汉代以来传习的诸家经学,凡不在唐代经目之列者,皆一一废绝,郑氏《易》、王肃《易》、郑氏《书》、王肃《书》、王肃《毛诗》、王氏三《礼》、马融三《礼》、服氏《春秋》等等,不但师学废绝,而且书本也随之亡佚,这是继汉魏之际诸家师学废绝之后经学史上又一次大规模的亡佚,而这一次的程度较之此前更甚:汉魏之际今学虽然废绝,但很多经说仍保留在郑学之中,而郑、王之学本为仇雠,儒、玄二学亦非同道,随着郑氏《易》学的亡佚,汉《易》象数学之貌便完全不可窥见;随着王肃诸学的废绝,其学之脉也再无法接续。那么,何以唐代经目之权威性如此之盛,而非官方经学的传习又如此之衰呢?这又要归因于唐代、北宋初期经目的第三个特点——

复次,以经目为代表的经学整体社会影响力的下降。随着东汉后期儒学独尊地位的崩塌,在魏晋时期,无论是玄学,还是逐渐本土化的佛学,都极大地冲击了传统儒学在士大夫群体中的影响力。在汉代,经学是士人共同的知识体系,它不仅是士大夫用以论政议政的根据,也是士人立身行世的基本准则,但随着佛、道心性学说的勃兴,经学在士人精神层面的影响力有所下降。另一方面,由于汉代经学在论政层面上主要采用阴阳、五行以及谶纬之说,而随着这种神学论在汉魏之际的破灭,魏晋时期的经学在"经世致用"方面也感到难以为继。这些因素结合起来,使得经学在魏晋南北朝时期的发展面临了极大的挑战。不过,一方面,玄学思潮虽然以《老》《庄》为说,但仍高度重视儒家诸经,特别是《易》学;另一方面,此期国家政治的基本形态是贵族政治,而其对于礼学的高度重视乃催发了此期《礼》学的勃兴,由是使得魏晋六朝官定经目以外的诸学仍能得到有效的传承。但是,进入唐代以后,一方面,玄风稍歇,禅宗大兴;另一方面,《开元礼》的颁行,又使得三《礼》之学由"实务之学"转变为"尚家之学",这些因素综合起来,乃使得唐代经学对于士大夫群体的影响力较之魏晋六朝而言更为有限,正如韩愈所言,到中唐时期,经学已经在很大程度上沦为士人"仕进之学",除了以之应付科举以谋出身,经学已经脱离了其"经世致用"的基本属性,由此,在官定经目以外的各家师学自然逐渐废绝,无所传承了。

第四个阶段是北宋神宗至明正德时期,这是经目制度的复兴期。以神宗熙宁四年王安石变法为界,经目制度的发展进入了一个新的阶段。熙宁变法对于经目制度的改变体现在三个层面上:首先,从经书择取的层面而言,它打破了此前长期施行的"九经"制度,建立起以《周易》《尚书》《毛诗》《周礼》《礼记》为"五经",以《论语》《孟子》为"兼经"的全新经目,表明宋人重新倡导以经学为"经世致用"之学的立场与决心。其次,从经说层面而言,它打破了唐宋数百年间以九经注疏为唯一官学的垄断局面,允许士人在汉唐古注疏以及宋人传注之间自行择取,甚至可以自为其说。这一变革完全改变了唐代以来经学僵硬、沉闷的局面,使得宋代的经学进一步朝着多元化、革新化的方向发展。复次,从经目的内部结构而言,他明确建立起"大经——兼经"的经目结构,使得《论语》较之汉、唐时期"传"的身份而言,"经书"的地位得到了制度性的确认,而他以《孟子》为兼经、放弃《孝经》的做法,更是极大地影响了宋元明清经目演变、经学史的发展。此后,经过元祐更化、哲宗亲政以及徽宗、钦宗对于经目制度的反复调整,到南宋时期,新的"六经"制度终于确立下来,它以《周易》《尚书》《毛诗》《周礼》《礼记》《春秋》为"六经",以《论语》《孟子》为兼经,各经兼用古注疏和宋人传注,宋学的时代色彩在这一经目中得到了充分的体现。与此同时,在两宋时期,以"四书"学为载体的程朱理学作为一种民间经学也得到了迅速的发展,体现出宋代经学的全面复兴。随着元代皇庆二年科举新制的确立,"四书"学终于进入官定经目,而由此也就开启了经目演变史上又一个重要的时期:"四书五经"时期。此后,宋人经传乃成为官定经目的主体,汉唐古注疏的地位逐渐边缘化,而明初《四书大全》《五经大全》的颁定,更促成了程朱理学与汉唐注疏学地位的悬殊。从北宋神宗至明正德年间,经目无论是在国家政治层面,还是在引领社会经学风尚层面,抑或在士大夫群体的思想层面,都体现出极大的影响力,因此我们称之为经目的复兴期。

第五个阶段是明正德至清末,这是经目制度的分化期。随着明代《四书五经大全》的颁定,程朱理学乃成为唯一的官定经学,汉唐注疏学一时又面临废绝的危机。不过,与唐代经学的衰靡不同,由于宋学对于经学心性之学的发掘,特别是《大学》"三纲"、"八条目"之说的建立,使得经学在此期重新具有了"经世致用"的力量,因此士人对于传承经学的信念较之唐代也就大为增强。而经过了北宋时期士人对于汉唐注疏学的激烈批判之后,南宋时期的士人已经开始逐渐认识到汉唐注疏学的可取之处,并提出经学传习中"博"与"约"的辩证关系这一论题。以朱熹为代表的士人认为,治经应循孟子"博学而详说之,将以反说约也"的路径,不仅要注重偏于义理的反约之学,也要注重偏于注疏的博古之学,由是,朱熹及其弟子充分注意到在宋代普遍不受重视的《仪礼》《大戴礼记》等古学,并在南宋后期逐渐形成了包括《周易》《尚书》《毛诗》《周礼》《仪礼》《礼记》《大戴礼记》《公羊》《穀梁》《左氏》《论语》《孝经》《孟子》《尔雅》在内的"十四经"之说,此说将儒家传统经传全部涵括在内,体现出南宋时期一批士人有志于博古的学术取向。由于元明官方对于程朱理学的强势推行,这一思潮在元代、明初有所衰歇,但仍不绝如缕,明初士人宋濂、赵俶、丘浚、王鏊等皆有"十四经""十三经"之说。随着正德年间阳明心学的勃兴,程朱理学在士人群体中的独尊地位受到冲击,而汉学复兴思潮随之悄然兴起,这一思潮不仅以杨慎为精神领袖聚集了一批有志于复兴汉学的士人,而且还得到了包括官方和王学士人的同情,他们以汇引《十三经注疏》为契机,鼓吹汉学的经学价值,并在万历年间正式得到了官方认可,由北京国子监正式颁印《十三经注疏》。至此,在经目演变的历史上第一次出现了制度层面的分化:从科举、博士设官等层面来说,"四书五经"仍然是毋庸置疑的经目制度,但是,国家也承认《十三经注疏》的学术地位,明万历、清乾隆时期,皆曾由官方颁定《十三经注疏》,甚至在乾隆时期,汉唐注疏也一度有机会见用于科场应试。这种分化局面的形成,一方面体现出经学与国家政权之间联系的紧密性:即使是不用于科举应试的民间经学,也需要通过官方确认的形式获得其生存空间,可见明清时期国家政权对于经学的影响,较之此前更甚。另一方面,也体现出民间经学力量的上升,使得士人传习之学得与官方程朱理学风气相抗,并得到国家政权的认可。

以上便是我们对于历代经目演变的分期。从我们的分期来看,经目演变的分期与经学史本身的分期有某种重合之处,例如汉学的分界,便与经目演变之第一阶段的分界比较接近;但是,经目演变的分期又有其自身的特点,例如隋代与唐代的切分以及北宋神宗时期这个分界点的选择,都有特别的用意,而其原因则在于,经目的基本属性是一种政治制度,它与科举制度、选官制度、博士制度等之间具有密切的关联,因此,与经学史分期主要考虑学术层面不同,经目的分期还需兼顾制度的层面,这是我们在研究"经目"这一论题时需要特别注意的。

三、经目与经学史之关系

至于经目与经学史发展之间的关系,我们可以归结为三个层面:

第一,经目的演变是经学史发展、演进的结果。经目作为经学史的一部分,其形成、变迁、增减显然都是经学史发展的结果。例如东汉后期以来,今学的程式化和谶纬化,加之太学试经选官制度的萎缩,导致今学师学传承的脉络逐渐凋零,而与此相反,郑玄融合今古学而为通儒,引起中原各地士人争相传习,因此,曹魏初年的政治虽然在整体上仍接续汉制,但在经目制度上,却不得不变今学而为郑学。又如东晋南北朝时期南北经目之间存在着明显的差异,主要体现为东晋南朝儒玄并尊而十六国北朝独尊儒学、东晋南朝并尊郑王各家而十六国北朝更重郑注、东晋南朝《左氏》重杜注而十六国北朝《左氏》尊服义,如此种种皆可归因于南、北政权由于长期分裂而引起的经学史发展轨迹的分化,而南北皆重三《礼》之学的共同点又可归因于整个魏晋南北朝经学史的共同发展趋势。总之,无论是汉代阴阳五行学影响下的今学经目,还是宋代性理之学影响下的宋学经目,经目的演进无疑都是经学史发展、演进的结果。

第二,经目本身又是推动经学史演进的重要因素。我们知道,作为经目,特别是官定经目,其背后是与之相关的一系列课试制度、博士制度和选官制度,因此,经目范围的限定,实际上就是仕进之途的限定,而对于古代的士人,特别是中下层士人而言,这几乎是他们改变自身命运的最大可能。由此,经目的限定,很大程度上就决定了相当长的一段时间内经学传习的基本格局,例如在隋代,郑、王之学虽然整体上影响较大,但贾、马诸学以及南朝各家义疏学的发展也自有其空间,从《隋书·经籍志》的记载来看,至少各家经传的书本都保留完好,较少亡佚。但随着唐代"九经"制度的确立,特别是单一师法的经目制度施行后,这些不在官定经目中的诸家师学遂迅速废绝,到五代宋初,不仅贾逵、马融等未得列入经目的师学经注全部亡佚,即使是郑玄这样有《毛诗》郑笺、三《礼》郑注四者获置经目的师学,其未列经目的郑氏《易》、郑氏《书》、《论语》郑注也大量亡佚,至今只能在《五经正义》等著作中寻见其吉光片羽。王肃之学在魏晋时期曾与郑学全面相抗,而由于"九经"中无一家王肃注,因此王肃之学在唐代也逐渐废绝,其书不久亦亡佚。可以说,"九经"制度的确立,乃使得汉魏六朝经学著作的命运一分为二:凡在经目之列者,则为之校定、为之正义、为之传习,保存完好;而不在经目之列者,则逐渐废弃湮没,最终师学断绝、书本亡佚。了解了这一点,我们才可以了解南宋时期黄震覆刻《仪礼》,以及明初士人奋力呼吁汇印《十三经注疏》时兴灭继绝的急迫心情——如果不是后来的"十四经""十三经"等经目理论的兴起的话,包括王弼《易》注、《尚书》伪孔传、《毛诗》郑笺、三《礼》郑注、《公羊》何注、《左氏》杜注、《穀梁》范注、《论语》何注、《孝经》御注等在内的各种汉唐古注,绝不是没有一一废绝亡佚的可能。总之,古经传的存废与经目的确立有着密切的关系,经目对于经学史发展的影响之大,也由此略见一斑。

第三,值得注意的是,经目的演变相对于经学史的发展而言,常常具有滞后性,这也是经目稳定性的一种表现。经目,特别是官定经目,作为国家政策的一个组成部分,不仅受到经学史发展的影响,更受到制度史、政治史发展的牵制,而这种牵制往往使得经目的演变相对于经学史发展而言显得滞后。这种滞后性通常表现为两种形式:其一,当经目在国家政治中占据重要影响力的时候,由于它往往与课试、选官制度相联系,因此,考虑到后者稳定性的需要,经目制度往往不可随经学风尚之变易而同步调整。例如《周礼》一经,因为王安石的个人旨趣和变法需要,在熙宁变法中被列为正经,而一当此制颁行天下,便会有大量的士人研习此经以备科举,因此,即便熙宁变法宣告失败,《周礼》对于国家政治而言已经不具现实作用,其与整个北宋经学性理化的发展方向也并不契合,但朝廷亦不会轻易改变经目,从南宋到元初,《周礼》都是依靠经目本身的这种稳定性而长期居于经目正经之列。又如《仪礼》一经,自盛唐以来,便鲜少有士人愿意修习,唐代曾通过专设三《礼》科来倡导《仪礼》学,但效果并不佳。到北宋时期,由于其与北宋经学的理学化路向亦不相合,因此在熙宁变法中乃被废出经目。但元祐更化推翻熙宁变法,恢复施行"诗赋进士"和"专经进士"分科取士制度,于是《仪礼》很快又得以重回"专经进士"的经目之列,尽管实际已影响力不如"诗赋进士"所列诸经。至南宋绍兴五年开始议定"六经"经目时,《仪礼》之废黜已成士林共识,当时《仪礼》之学也已经十分衰颓,但考虑到士人中或有素习《仪礼》以备课试者,因此绍兴六年的定制仍预留了一个缓冲期,规定绍兴七年的科举仍从旧法,直至绍兴十年前后的科举才采用新的经目制度①。从经学史上来说,《仪礼》学陷入低谷,实际上从北宋乃至盛唐时期就已经开始了,但直到南宋初年,才在经目制度上真正落实,这正是因为唐宋的经目制度与科举制度密切相连,国家抡才大典,士子苦心孤诣数十年,显然不可因一时学风之变而遽然更易,这是经目制度相对于经学风尚之滞后性的一个重要成因。

---

① 可参《附释文互注礼部韵略·条式》,《四部丛刊续编》本,第12册,第37叶B~38叶B。

经目制度滞后性的另一种体现,则是当经目在国家政治中处于边缘性地位的时候,由于其存废对于现实政治、学风的影响十分有限,因此本身的受关注程度就十分有限,自然也就难以随经学风尚之改变而变易。例如王弼《易》学,早在曹魏正始时期就已经产生很大的影响,但当时由于曹爽政治集团的倒台而未能进入经目,到西晋之后,王弼之学的政治障碍已不复存在,但朝廷广置经目,仍基本沿袭曹魏经目旧制,并未将王弼《易》纳入。至东晋时期,玄风高炽,王弼《易》传习之盛,绝不在王肃《易》或郑氏《易》之下,然东晋经目中仍无王弼《易》,直至刘宋元嘉国子学新定经目,才将王弼《易》学与郑氏《易》并置。王弼《易》学兴于正始,而其官学地位至元嘉始确立,其间相差近两百年,而究其原因,很重要的一点便是在魏晋南北朝时期,由于选官主要用九品官人法,而整个社会的主流经学风尚又由家学及私学决定,因此官定经目虽具"官"名,但实际影响力却十分有限,其存废对于经学风尚的影响亦不算大,这样一来,经目制度调整的滞后也就在所难免了。

总之,作为经学史上的一个重要现象,经目一方面反映了经学史的演进,另一方面也以自己的方式影响了经学史的发展,全面、深入地了解经目的性质及其演变过程,对于我们认识经学史的发展,实具有重要的启示意义。

参考文献

一、基本古籍

《周易》十卷,《四部丛刊》影宋本。

(唐)李鼎祚撰、(清)李道平疏:《周易集解纂疏》,北京:中华书局1994年版。

(清)阎若璩:《尚书古文疏证》,上海:上海古籍出版社1987年影印本。

(隋)萧吉:《五行大义》,清《佚存丛书》本。

(隋)萧吉撰、中村璋八校注《五行大义校注》,东京:汲古书院1998年增订版。

(清)王先谦:《诗三家义集疏》,北京:中华书局1987年版。

《礼记》三十卷,《中华再造善本》,北京:国家图书馆出版社2006年影印南宋淳熙四年抚州公使库刊本。

《纂图互注礼记》三十卷,《四部丛刊》影宋本。

(宋)卫湜:《礼记集说》,《通志堂经解》本。

杨天宇:《礼记译注》,上海:上海古籍出版社2004年版。

《大戴礼记》,元至正刻本。

(清)卢辩注、孔广森补:《大戴礼记补注》,北京:中华书局1985年版。

（清）王聘珍：《大戴礼记解诂》，北京：中华书局1983年版。

方向东集解：《大戴礼记汇校集解》，北京：中华书局2008年版。

黄怀信集注：《大戴礼记汇校集注》，西安：三秦出版社2005年版。

（清）洪亮吉：《春秋左传诂》，北京：中华书局1987年版。

（清）刘文淇：《左传旧疏考正》，《清经解续编》本，上海：上海书店1988年影印本。

（清）孔广森：《春秋公羊经传通义》，北京：北京大学出版社2012年版。

（魏）何晏：《论语集解》，《四部丛刊》影日本正平本。

（梁）皇侃：《论语义疏》，北京：中华书局2013年版。

（清）刘宝楠：《论语正义》，北京：中华书局1990年版。

程树德：《论语集释》，北京：中华书局1990年版。

杨朝明注说：《孔子家语》，开封：河南大学出版社2008年版。

《古文孝经》，东京：古典保存会昭和五年（1930）影印京都大原三千院藏古抄本。

（隋）刘炫：《孝经述议》（残卷），京都：京都大学图书馆藏清原家古抄本。

（唐）玄宗御注：《开元注孝经》，《古逸丛书》影唐卷子本。

（宋）司马光：《古文孝经指解》，清《通志堂经解》本。

（清）焦循：《孟子正义》，北京：中华书局1987年版。

（清）阮元校刻：《十三经注疏》，北京：中华书局1980年影印本。

（唐）陆德明：《经典释文》，上海：上海古籍出版社1985年影印本。

（唐）陆德明撰、吴承仕疏证：《经典释文序录疏证》，北京：中华书局2008年版。

（宋）张文伯：《九经疑难》，明祁氏澹生堂钞本。

（元）岳浚：《九经三传沿革例》，清影钞元刻本。

《附释文互注礼部韵略》,《四部丛刊续编》本。

(宋)郭忠恕:《汗简》,《四部丛刊续编》影冯已手钞本。

(清)郝懿行:《证俗文》,清光绪东路厅署刻本。

(清)沈廷芳:《十三经注疏正字》,清文渊阁《四库全书》本。

(清)阮元总纂、刘玉才等整理《十三经注疏校勘记》,北京:北京大学出版社2015年版。

(清)王先谦:《清经解续编》,上海:上海书店1988年影印南菁书院本。

(清)陈寿祺:《五经异义疏证》,上海:上海古籍出版社2012年版。

(清)康有为:《新学伪经考》,北京:中国人民大学出版社2010年版。

(汉)司马迁撰、(南朝宋)裴骃集解、(唐)司马贞索隐、(唐)张守节正义:《史记》,北京:中华书局2013年版。

(汉)班固撰、(唐)颜师古注:《汉书》,北京:中华书局1962年版。

(宋)范晔撰、(唐)李贤等注:《后汉书》,北京:中华书局1965年版。

(晋)陈寿撰、(南朝)裴松之注:《三国志》,北京:中华书局1959年版。

(唐)房玄龄等:《晋书》,北京:中华书局1974年版。

(梁)沈约等:《宋书》,北京:中华书局1974年版。

(梁)萧子显:《南齐书》,北京:中华书局1972年版。

(唐)姚思廉等:《梁书》,北京:中华书局1973年版。

(唐)姚思廉等:《陈书》,北京:中华书局1972年版。

(北齐)魏收:《魏书》,北京:中华书局1974年版。

(唐)李百药:《北齐书》,北京:中华书局1972年版。

(唐)令狐德棻等:《周书》,北京:中华书局1971年版。

（唐）魏徵、令狐德棻：《隋书》，北京：中华书局1973年版。

（唐）李延寿：《南史》，北京：中华书局1975年版。

（唐）李延寿：《北史》，北京：中华书局1974年版。

（后汉）刘昫等：《旧唐书》，北京：中华书局1975年版。

（宋）欧阳修、宋祁：《新唐书》，北京：中华书局1975年版。

（宋）薛居正等：《旧五代史》，北京：中华书局1976年版。

（宋）欧阳修撰、（宋）徐无党注：《新五代史》，北京：中华书局1974年版。

（元）脱脱等：《宋史》，北京：中华书局1977年版。

（元）脱脱等：《辽史》，北京：中华书局1974年版。

（元）脱脱等：《金史》，北京：中华书局1975年版。

（明）宋濂等：《元史》，北京：中华书局1976年版。

（清）张廷玉等：《明史》，北京：中华书局1974年版。

（汉）刘向集录、范祥雍笺证：《战国策笺证》，上海：上海古籍出版社2006年版。

（汉）荀悦、（晋）袁宏：《两汉纪》，北京：中华书局2002年版。

（晋）常璩撰、任乃强校注：《华阳国志校补图注》，上海：上海古籍出版社2007年版。

（晋）干宝：《搜神记》，北京：中华书局1979年版。

（晋）葛洪：《西京杂记》，北京：中华书局1985年版。

（唐）杜佑：《通典》，北京：中华书局1988年版。

（唐）李林甫等：《唐六典》，北京：中华书局1992年版。

（唐）刘知几著、（清）浦起龙通释、王煦华整理：《史通通释》，上海：上海古籍出版社2009年版。

（唐）王泾：《大唐郊祀录》，民国《适园丛书》本。

（唐）吴兢：《贞观政要》，上海：上海古籍出版社1978年版。

（五代）王定保：《唐摭言》，北京：中华书局1959年版。

（宋）晁公武撰，孙猛校证：《郡斋读书志校证》，上海：上海古籍出版社1990年版。

（宋）陈均：《皇朝编年备要》，宋绍定刻本。

（宋）陈振孙：《直斋书录解题》，上海：上海古籍出版社1987年版。

（宋）胡寅：《致堂读史管见》，宋嘉定十一年刻本。

（宋）李焘：《续资治通鉴长编》，北京：中华书局1985年版。

（宋）李心传：《建炎以来系年要录》，北京：中华书局1956年版。

（宋）李埴：《宋十朝纲要》，清钞本。

（宋）吕祖谦：《历代制度详说》，黄灵庚、吴战垒主编《吕祖谦全集》第9册，杭州：浙江古籍出版社2008年版。

（宋）吕祖谦：《历代制度详说》，民国《续金华丛书》本。

（宋）罗泌：《路史》，明万历刻本。

（宋）赵汝愚编：《宋朝诸臣奏议》，上海：上海古籍出版社1999年版。

（宋）汪藻撰、王智勇笺注：《靖康要录笺注》，成都：四川大学出版社2008年版。

（宋）王溥：《唐会要》，北京：中华书局1955年版。

（宋）王尧臣等编、（清）钱东垣等辑释：《崇文总目》，《丛书集成初编》本，上海：商务印书馆1937年版。

（宋）王益之：《西汉年纪》，郑州：中州古籍出版社1993年版。

（宋）王应麟：《通鉴答问》，元至元庆元路儒学刻明递修本。

（宋）杨仲良：《皇宋通鉴长编纪事本末》，哈尔滨：黑龙江人民出版社2006年版。

（宋）佚名：《宋大诏令集》，北京：中华书局1962年版。

（宋）郑樵：《通志》，北京：中华书局1987年影印本。

（元）马端临：《文献通考》，北京：中华书局 1986 年影印《万有文库》本。

（明）董说：《七国考》，北京：中华书局 1956 年版。

（明）黄佐：《南雍志》，民国二十年影印明嘉靖二十三年刻增修本。

（明）卢上铭：《辟雍纪事》，明崇祯刻本。

（明）王圻：《续文献通考》，明万历三十年松江府刻本。

（明）张元忭：《绍兴府志》，明万历刻本。

（清）崔适：《史记探源》，北京：中华书局 1986 年版。

（清）董增龄：《国语正义》，清光绪章氏训堂刻本。

徐元诰：《国语集解》，北京：中华书局 2002 年版。

（清）顾炎武：《石经考》，清道光《指海》本。

（清）官修：《国朝宫史》，清文渊阁《四库全书》本。

（清）胡秉虔：《汉西京博士考》，《丛书集成初编》本，上海：商务印书馆 1937 年版。

（清）黄宗羲：《明儒学案》，北京：中华书局 2008 年版。

（清）黄宗羲撰、（清）全祖望修补：《宋元学案》，北京：中华书局 1982 年版。

（清）惠栋：《后汉书补注》，《丛书集成初编》本，上海：商务印书馆 1936 年版。

（清）瞿镛：《铁琴铜剑楼藏书目录》，清光绪常熟瞿氏家塾刻本。

（清）梁章钜撰、杨耀坤校订：《三国志旁证》，福州：福建人民出版社 2000 年版。

（清）莫友芝撰、傅增湘订补：《藏园订补邵亭知见传本书目》，北京：中华书局 2009 年版。

（清）皮锡瑞：《经学历史》，北京：中华书局 2008 年第 2 版。

（清）沈钦韩等：《汉书疏证（外二种）》，上海：上海古籍出版社 2006

年影印《续修四库全书》本。

（清）姚振宗：《汉书艺文志条理》，《二十五史艺文经籍志考补萃编·第二卷》，北京：清华大学出版社2011年版。

（清）孙星衍等辑：《汉官六种》，北京：中华书局1990年版。

（清）王鸣盛：《十七史商榷》，上海：上海书店出版社2005年版。

（清）王先谦：《汉书补注》，上海：上海古籍出版社2008年版。

（清）徐松辑：《宋会要辑稿》，北京：中华书局1957年影印本。

（清）永瑢等《钦定四库全书总目》，北京：中华书局1997年版。

（清）张金吾：《爱日精庐藏书志》，清光绪十三年吴县灵芬阁集字版校印本。

（清）张金吾：《两汉五经博士考》，《丛书集成初编》本，北京：中华书局1985年新1版。

（清）周寿昌：《后汉书注补正》，《丛书集成初编》本，上海：商务印书馆1936年版。

（清）朱彝尊：《经义考》，北京：中华书局1998年影印本。

《慎子》，《四部丛刊》影江阴缪氏满香簃写本。

《慎子》，上海：华东师范大学出版社2010年版。

王利器疏义：《文子疏义》，北京：中华书局2000年版。

杨伯峻集释：《列子集释》，北京：中华书局1979年版。

《吕氏春秋》，元至正刻本。

《吕氏春秋》，《四部丛刊》影明刊本。

（汉）陆贾撰、王利器整理：《新语校注》，北京：中华书局1986年版。

（汉）贾谊：《新书》，《四部丛刊》影明正德十年吉府本。

（汉）贾谊：《新书》，《汉魏丛书》本。

（汉）贾谊撰、阎振益、钟夏整理：《新书校注》，北京：中华书局2000

年版。

（汉）刘安撰、刘文典整理：《淮南鸿烈集解》，北京：中华书局1989年版。

（汉）董仲舒撰、（清）苏舆整理：《春秋繁露义证》，北京：中华书局1992年版。

（汉）桓宽撰、王利器整理：《盐铁论校注（定本）》，北京：中华书局1992年版。

（汉）刘向撰、向宗鲁整理：《说苑校证》，北京：中华书局1987年版。

（汉）扬雄撰、汪荣宝义疏：《法言义疏》，北京：中华书局1987年版。

（汉）应劭撰、王利器整理：《风俗通义校注》，北京：中华书局1981年版。

（汉）桓谭撰、朱谦之整理：《新辑本桓谭新论》，北京：中华书局2009年版。

（汉）班固撰、（清）陈立整理：《白虎通疏证》，北京：中华书局1994年版。

（汉）班固撰：《白虎通德论》，《四部丛刊》影印元大德五年（1301）无锡州学覆宋监本。

（汉）孔鲋（题名）：《孔丛子》，《四部丛刊》影明翻宋本。

（汉）王充撰、黄晖整理：《论衡校释》，北京：中华书局1990年版。

（汉）王符撰、（清）汪继培笺、彭铎校正：《潜夫论笺校正》，北京：中华书局1985年版。

（汉）荀悦撰、（明）黄省曾注、孙启治校补：《申鉴注校补》，北京：中华书局2012年版。

（晋）葛洪撰、杨明照校笺：《抱朴子外篇校笺》，北京：中华书局1991年版。

（南朝）刘义庆撰、徐震堮校笺：《世说新语校笺》，北京：中华书局

1984年版。

（北朝）颜之推撰、王利器整理：《颜氏家训集解（增补本）》，北京：中华书局1993年版。

（隋）王通：《文中子中说》，《四部丛刊》影宋本。

（隋）王通撰、张沛校注：《中说校注》，北京：中华书局2013年版。

（唐）马总辑：《意林》，明万历刻本。

（唐）欧阳询等辑、汪绍楹校：《艺文类聚》，上海：上海古籍出版社1982年新1版。

（唐）魏徵等辑：《群书治要》，《四部丛刊》影日本本。

（唐）徐坚辑：《初学记》，金泽：金泽文库藏南宋绍兴四年冬阳崇川余四十三郎刻本。

（唐）虞世南等辑、孔广陶校注：《北堂书钞》，上海：上海书店1989年影印清光绪十四年万卷堂刻本。

（宋）范祖禹：《帝学》，清文渊阁《四库全书》本。

（宋）胡寅《崇正辩　斐然集》，北京：中华书局1993年版。

（宋）黄震：《黄氏日钞》，元后至元刻本。

（宋）李昉等辑：《太平御览》，北京：中华书局1960年影印涵芬楼影宋本。

（宋）林駉：《新笺决科古今源流至论》，明嘉靖刻本。

（宋）吕本中：《童蒙训》，明刻本。

（宋）史绳祖：《学斋占毕》，宋刻《百川学海》本。

（宋）王钦若等编纂、周勋初等校订：《册府元龟》，南京：凤凰出版社2006年版。

（宋）王应麟：《（中日合璧本）玉海》，京都：中文出版社1977年影宋本。

（宋）王应麟：《小学绀珠》，《丛书集成初编》本，上海：商务印书馆

1936年版。

(宋)王应麟撰、(清)翁元圻等注:《困学纪闻(全校本)》,上海:上海古籍出版社2008年版。

(宋)谢维新:《古今合璧事类备要》,清文渊阁《四库全书》本。

(宋)俞文豹:《吹剑录外集》,《知不足斋丛书》本。

(宋)章如愚:《群书考索》,扬州:广陵书社2008年影印本。

(宋)真德秀:《西山读书记》,清文渊阁《四库全书》本。

(宋)周密:《癸辛杂识》,北京:中华书局1988年版。

(宋)朱熹:《朱子全书》,上海:上海古籍出版社;合肥:安徽教育出版社2002年版。

(宋)朱熹:《朱子语类》,北京:中华书局1986年版。

(元)刘实《敏求机要》,《续修四库全书》,第1218册,上海:上海古籍出版社2002年影印本。

(明)陈耀文:《天中记》,清文渊阁《四库全书》本。

(明)何良俊:《四友斋丛说》,明万历七年张仲颐刻本。

(明)黄佐:《庸言》,明嘉靖刻本。

(明)王鏊:《震泽长语》,清《指海》本。

(明)薛瑄:《读书录》,明万历刻本。

(清)陈澧撰、杨志刚校点《东塾读书记》,北京:生活·读书·新知三联书店1998年版。

(清)顾炎武著、黄汝成集释、栾保群、吕宗力校注:《日知录集释》,上海:上海古籍出版社2006年版。

(清)郭庆藩:《庄子集释》,北京:中华书局2006年版。

(清)何焯:《义门读书记》,北京:中华书局1987年版。

(清)马国翰:《玉函山房辑佚书》,扬州:广陵书社2005年版。

(清)李慈铭:《越缦堂读书记》,上海:上海书店2000年版。

(清)盛百二:《柚堂笔谈》,清乾隆四十三年潘莲庚刻本。
(清)孙诒让:《墨子间诂》,北京:中华书局2009年版。
(清)王鸣盛:《蛾术编》,上海:商务印书馆1958年版。
(清)王先谦:《荀子集解》,北京:中华书局1988年版。
(清)王先慎:《韩非子集解》,北京:中华书局1998年版。
(清)姚范:《援鹑堂笔记》,清道光姚莹刻本。
(清)张澍辑:《风俗通姓氏篇及其他二种》,《丛书集成初编》本,上海:商务印书馆1937年版。
(清)章学诚撰、叶瑛校注:《文史通义校注》,北京:中华书局2004年版。
(清)钟襄:《考古录》,清嘉庆十三年阮元刻本。
朱谦之校释:《老子校释》,北京:中华书局1984年版。
许维遹集释:《吕氏春秋集释》,北京:中华书局2009年版。

(南朝)刘勰撰、杨明照等校订:《增订文心雕龙校注》,北京:中华书局2000年版。
(南朝)萧统编、(唐)李善注:《文选》,上海:上海古籍出版社1986年版。
(唐)韩愈撰、马通伯校注:《韩昌黎文集校注》,上海:古典文学出版社1957年版。
(唐)李翱:《李文公集》,《四部丛刊》影明成化本。
(宋)陈普:《石堂先生遗集》,明嘉靖刻本。
(宋)陈藻:《乐轩集》,清文渊阁《四库全书》本。
(宋)程颢、程颐:《二程集》,北京:中华书局2004年版。
(宋)程遇孙:《成都文类》,清文渊阁《四库全书》本。
(宋)杜大珪编:《新刊名臣碑传琬琰集》,宋刻元明递修本。

（宋）黄仲元:《莆阳黄仲元四如先生文稿》,《四部丛刊三编》影明嘉靖刻本。

（宋）李昉等编:《文苑英华》,北京:中华书局1966年影印宋刊本配补明刊本。

（宋）林希逸:《竹溪鬳斋十一稿续集》,清文渊阁《四库全书》本。

（宋）欧阳修:《欧阳修全集》,北京:中华书局2001年版。

（宋）司马光:《司马温公集编年笺注》,成都:巴蜀书社2009年版。

（宋）宋敏求编:《唐大诏令集》,北京:中华书局2008年版。

（宋）苏轼撰、（清）王文诰辑注:《苏轼诗集》,北京:中华书局1982年版。

（宋）孙复:《孙明复小集》,清文渊阁《四库全书》本。

（宋）王安石:《临川先生文集》,上海:中华书局上海编辑所1959年版。

（元）陈栎:《定宇先生文集》,清康熙刻本。

（元）戴良:《九灵山房集》,《四部丛刊》影明正统本。

（元）贡师泰:《玩斋集》,明嘉靖刻本。

（元）郝经:《陵川集》,明正德二年李瀚刻本。

（元）岳珂:《愧郯集》,《四部丛刊续编》本。

（明）陈懿典:《陈学士先生初集》,明万历刻本。

（明）黄凤翔:《田亭草》,明万历四十年刻本。

（明）黄洪宪:《碧山学士集》,明万历刻本。

（明）李元阳:《李中溪全集》,《云南丛书》集部之六,云南图书馆藏板。

（明）凌义渠:《凌忠介公集》,清文渊阁《四库全书》本。

（明）茅元仪:《石民四十集》,明崇祯刻本。

（明）茅元仪:《暇老斋杂记》,清光绪李文田家钞本。

(明)钱棻:《萧林初集》,明崇祯刻本。

(明)沈懋孝:《沈长水集》,明万历刻本。

(明)汤显祖:《玉茗堂全集》,明天启刻本。

(明)陶望龄:《歇庵集》,明万历刻本。

(明)田汝成:《田叔禾小集》,明嘉靖四十二年田艺蘅刻本。

(明)王守仁:《王阳明全集》,上海:上海古籍出版社1992年版。

(明)薛应旂:《方山先生文录》,明嘉靖东吴书林刻本。

(明)杨慎:《升庵集》,上海:上海古籍出版社1993年版。

(明)张溥:《七录斋诗文合集》,明崇祯九年刻本。

(明)张溥辑:《汉魏六朝百三名家集》,南京:江苏古籍出版社2002年影印清光绪五年(1879)彭懋谦信述堂刻本。

(明)祝允明:《怀星堂集》,明万历刻本。

(明)左懋第:《萝石山房文钞》,清乾隆四十六年左尧勋刻本。

(清)陈澧:《东塾集》,光绪十八年菊坡精舍刻本。

(清)陈梦雷:《松鹤山房诗文集》,清康熙铜活字本。

(清)陈兆伦:《紫竹山房诗文集》,清嘉庆刻本。

(清)戴震:《戴震文集》,北京:中华书局1980年版。

(清)丁晏:《颐志斋文钞》,民国四年罗氏铅印雪堂丛刻本。

(清)龚自珍:《龚自珍全集》,上海:上海人民出版社1975年新1版。

(清)顾广圻:《顾千里集》,北京:中华书局2007年版。

(清)桂馥:《晚学集》,清道光二十一年刻本。

(清)杭世骏:《道古堂全集》,乾隆四十一年刻、光绪十四年汪曾唯修本。

(清)洪颐煊:《筠轩文钞》,民国二十三年《邃雅斋丛书》本。

(清)胡绍煐:《文选笺证》,清光绪《聚学轩丛书》本。

（清）蒋超伯：《南漘楛语》，清同治十年两罨山房刻本。

（清）焦循：《雕菰集》，清道光岭南节署本。

（清）卢秉钧：《红杏山房闻见随笔》，清光绪十八年卢氏家塾刻本。

（清）卢见曾：《雅雨堂集》，清乾隆七年贺克章刻本。

（清）卢文弨：《群书拾补》，《丛书集成初编》本，上海：商务印书馆1935年版。

（清）马荣祖：《力本文集》，乾隆十七年石莲堂刻本。

（清）全祖望撰、朱铸禹校注：《全祖望集汇校集注》，上海：上海古籍出版社2000年版。

（清）阮元：《揅经堂集》，北京：中华书局1993年版。

（清）阮元订：《诂经精舍文集》，《丛书集成初编》本，上海：商务印书馆1936年版。

（清）沈嘉辙：《南宋杂事诗》，清文渊阁《四库全书》本。

（清）孙星衍：《问字堂集　岱南阁集》，北京：中华书局1996年版。

（清）孙诒让：《籀庼述林》，北京：中华书局2010年版。

（清）王昶：《春融堂集》，清嘉庆十二年塾南书舍刻本。

（清）王昶：《湖海文传》，清道光十七年经训堂本。

（清）王士濂辑：《鹤寿堂丛书》，清光绪二十四年高邮王氏刻本。

（清）张廷玉编：《皇清文颖》，文渊阁《四库全书》本。

（清）庄述祖：《珍艺宧文钞》，清刻本。

（梁）僧祐编、李小荣校笺：《弘明集校笺》，上海：上海古籍出版社2013年版。

（梁）僧祐、（唐）释道宣编：《弘明集　广弘明集》，上海：上海古籍出版社1991年影印本。

（梁）释慧皎辑、汤用彤校注、汤一玄整理：《高僧传》，北京：中华书局 1992 年版。

(宋)释契嵩:《镡津文集》,《四部丛刊三编》影明弘治本。

中国社会科学院考古研究所编《殷周金文集成(修订增补本)》,北京:中华书局 2007 年版。

国家图书馆善本金石组编:《先秦秦汉魏晋南北朝石刻文献全编》,北京:北京图书馆出版社 2003 年版。

国家文物局古文献研究室:《马王堆汉墓帛书(壹)》,北京:文物出版社 1980 年版。

荆门市博物馆编:《郭店楚墓竹简》,北京:文物出版社 1998 年版。

马承源主编:《上海博物馆藏战国楚竹书(四)》,上海:上海古籍出版社 2004 年版。

裘锡圭主编:《长沙马王堆简帛集成》,北京:中华书局 2014 年版。

睡虎地秦墓竹简整理小组:《睡虎地秦墓竹简》,北京:文物出版社 1990 年版。

孙慰祖主编:《古封泥集成》,上海:上海书店出版社 1994 年版。

张家山二四七号汉墓竹简整理小组:《张家山汉墓竹简【二四七号墓】(释文修订本)》,北京:文物出版社 2006 年版。

张涌泉主编:《敦煌经部文献合集》,北京:中华书局 2008 年版。

二、近代以来出版论著

边家珍:《汉代经学发展史论》,北京:中国文史出版社 2003 年版。

岑溢成:《〈诗补传〉与戴震解经方法》,台北:文津出版社 1992 年版。

陈鼓应:《黄帝四经今注今译——马王堆汉墓出土帛书》,北京:商务印书馆 2007 年版。

陈来:《古代宗族与伦理:儒家思想的根源》,北京:生活·读书·新知三联书店2009年版。

陈丽桂:《战国时期的黄老思想》,台北:联经出版社1991年版。

陈梦家:《尚书通论》,北京:中华书局1985年版。

陈蔚松:《汉代考选制度》,武汉:湖北辞书出版社2002年版。

陈延杰:《经学概论》,上海:商务印书馆1930年版。

陈寅恪:《金明馆丛稿初编》,北京:生活·读书·新知三联书店2001年版。

陈寅恪:《隋唐制度渊源略论稿》,北京:生活·读书·新知三联书店2001年版。

谌东飚:《颜延之研究》,长沙:湖南人民出版社2008年版。

程元敏:《书序通考》,台北:台湾学生书局1999年版。

戴维:《春秋学史》,长沙:湖南教育出版社2004年版。

邓虹:《董仲舒思想研究》,台北:文津出版有限公司2008年版。

董洪利:《孟子研究》,南京:江苏古籍出版社1997年版。

杜维运:《学术与世变》,台北:华世出版社1971年版。

范文澜:《范文澜集》,北京:中国社会科学出版社2001年版。

范文澜:《中国通史》,北京:人民出版社1994年版。

方笑一:《北宋新学与文学——以王安石为中心》,上海:上海古籍出版社2008年版。

丰家骅:《杨慎评传》,南京:南京大学出版社1998年版。

冯友兰:《中国哲学史》,北京:中华书局1961年版。

傅武光:《中国思想史论集》,台北:文津出版社1990年版。

傅璇琮:《唐代科举与文学》,西安:陕西人民出版社2007年版。

干春松:《制度化儒家及其解体》,北京:中国人民大学出版社2003年版。

甘怀真：《皇权、礼仪与经典诠释：中国古代政治史研究》，台北：喜玛拉雅基金会2003年版。

高明：《群经述要》，台北：黎明书局1979年版。

高获华：《皇侃〈论语集解义疏〉研究》；吴伯曜：《林正恩〈四书正义〉研究》，台北：花木兰文化出版社2007年版。

高明士：《中国中古政治的探索》，台北：五南图书出版公司2006年版。

葛剑雄：《两汉人口地理》，北京：人民出版社1986年版。

古国顺《史记述尚书研究》，台北：文史哲出版社1985年版。

顾颉刚：《秦汉的方士与儒生》，上海：上海古籍出版社2001年版。

顾颉刚编：《古史辨》，上海：上海古籍出版社1982年版。

顾永新：《经学文献的衍生和通俗化——以近古时代的传刻为中心》，北京：北京大学出版社2015年版。

郭沫若：《郭沫若全集·历史编》第一卷，北京：人民出版社1982年版。

郭彧：《〈京氏易传〉导读》，济南：齐鲁书社2002年版。

何耿镛：《经学简史》，厦门：厦门大学出版社1993年版。

洪乾祐：《汉代经学史》（上、下册），台中：国彰出版社1996年版。

洪湛侯：《诗经学史》，北京：中华书局2002年版。

胡楚生：《经学研究续集》，台北：台湾学生书局有限公司2007年版。

胡楚生：《清代学术史研究》，台北：台湾学生书局1988年版。

胡楚生：《中国学术史研究》，台北：台湾学生书局有限公司2009年版。

胡美琦：《中国教育史》，台北：三民书局1986年版。

胡平生：《孝经译注》，北京：中华书局2009年第2版。

黄焯:《毛诗郑笺平议》,武汉:武汉大学出版社 2008 年版。

黄复山:《东汉谶纬学新探》,台北:台湾学生书局 2000 年版。

黄彰健:《经今古文问题新论》,台北:"中央研究院"历史语言研究所 1992 年版。

黄肇基:《汉代公羊学灾异理论研究》,台北:文津出版社 1998 年版。

简博贤:《今存三国两晋经学遗籍考》,台北:三民书局 1986 年版。

江林:《诗经与宗周礼乐文明》,上海:上海古籍出版社 2010 年版。

姜广辉主编:《中国经学思想史》(第一、二卷),北京:中国社会科学出版社 2003 年版。

蒋伯潜、蒋祖怡:《经与经学》,北京:九州出版社 2011 年版。

蒋伯潜:《十三经概论》,上海:上海古籍出版社 1983 年版。

蒋善国:《尚书综述》,上海:上海古籍出版社 1988 年版。

焦桂美:《南北朝经学史》,上海:上海古籍出版社 2009 年版。

金春峰:《汉代思想史》,北京:中国社会科学出版社 2006 年版。

金春峰:《哲学 理性与信仰》,台北:东大图书公司 1997 年版。

金德建:《经今古文字考》,济南:齐鲁书社 1986 年版。

金德建:《司马迁所见书考》,上海:上海人民出版社 1963 年版。

邝芷人:《阴阳五行及其体系》,台北:文津出版社 1998 年版。

劳干:《古代中国的历史与文化》,北京:中华书局 2006 年版。

李汉三:《先秦两汉之阴阳五行学说》,台北:维新书局 1968 年版。

李宏锋:《礼崩乐盛:以春秋战国为中心的礼乐关系研究》,北京:文化艺术出版社 2009 年版。

李纪祥:《明末清初儒学之发展》,台北:文津出版社 1992 年版。

李零:《郭店楚简校读记》,北京:北京大学出版社 2002 年版。

李威熊:《中国经学发展史论》(上册),台北:文史哲出版社 1988

年版。

李学勤:《李学勤文集》,上海:上海辞书出版社2005年版。

李学勤:《古文献丛论》,北京:中国人民大学出版社2010年版。

李学勤:《李学勤集》,哈尔滨:黑龙江教育出版社1989年版。

李源澄:《李源澄著作集·一·经学通论 秦汉史 诸子概论》,台北:"中央研究院"中国文哲研究所2008年版。

李源澄:《李源澄著作集·二·李源澄学术著作初编 经学及经学史》,台北:"中央研究院"中国文哲研究所2008年版。

李振兴:《王肃之经学》,上海:华东师范大学出版社2012年版。

梁满仓:《魏晋南北朝五礼研究》,北京:社会科学文献出版社2009年版。

林聪舜:《明清之际儒家思想的变迁与发展》,台北:台湾学生书局1990年版。

林聪舜:《西汉前期思想与法家的关系》,台北:大安出版社1991年版。

林登顺:《魏晋南北朝儒学流变之省察》,台北:文津出版社1996年版。

林庆彰:《明代考据学研究》,台北:台湾学生书局1986年版。

林庆彰:《清初的群经辨伪学》,台北:文津出版社1990年版。

林庆彰:《清代经学研究论集》,台北:"中央研究院"中国文哲研究所2002年版。

林叶莲:《中国历代诗经学》,台北:台湾学生书局1995年版。

刘海峰、李兵:《中国科举史》,上海:东方出版中心2004年版。

刘俊文:《敦煌吐鲁番唐代法制文书考释》,北京:中华书局1989年版。

刘起釪:《尚书学史》,北京:中华书局1989年版。

刘师培:《经学教科书》,上海:上海古籍出版社2006年版。

刘学智主编:《中国思想学说史·魏晋南北朝卷》,桂林:广西师范大学出版社2007年版。

刘泽华主编:《中国政治思想史·秦汉魏晋南北朝卷》,杭州:浙江人民出版社1996年版。

马叙伦:《庄子义证》,上海:商务印书馆1930年版。

马银琴:《两周诗史》,北京:中国社会科学出版社2006年版。

马雍:《尚书史话》,北京:中华书局1982年版。

马宗霍:《中国经学史》,上海:上海书店1984年版。

毛起:《春秋总论初稿》,杭州:贞社1935年版。

蒙培元:《理学的演变——从朱熹到王夫之戴震》,台北:文津出版社1990年版。

蒙文通:《中国史学史》,上海:上海人民出版社2005年版。

彭林:《〈周礼〉主体思想与成书年代研究》,北京:中国人民大学出版社2009年版。

漆永祥:《乾嘉考据学研究》,北京:中国社会科学出版社1998年版。

钱基博:《经学通志》,桂林:广西师范大学出版社2009年版。

钱穆:《国学概要》,上海:商务印书馆1931年版。

钱穆:《两汉经学今古文平议》,北京:商务印书馆2001年版。

乔秀岩:《北京读经说记》,台北:万卷楼图书股份有限公司2013年版。

乔秀岩:《义疏学衰亡史论》,台北:万卷楼图书股份有限公司2013年版。

屈万里:《尚书释义》,台北:中国文化大学出版部1980年版。

屈万里:《书佣论学集》,台北:联经出版事业公司1984年版。

任继愈主编:《中国佛教史》,北京:中国社会科学出版社1988年版。

容肇祖:《魏晋的自然主义》,北京:东方出版社1996年版。

申屠炉明:《孔颖达颜师古评传》,南京:南京大学出版社2006年版。

沈文倬:《宗周礼乐文明考论》(增补本),杭州:浙江大学出版社2006年版。

沈玉成、刘宁:《春秋左传学史稿》,南京:江苏古籍出版社1992年版。

汤用彤:《汉魏两晋南北朝佛教史》,上海:上海书店1991年版。

汤一介主编:《中国儒学史》,北京:北京大学出版社2011年版。

唐长孺:《唐长孺社会文化史论丛》,武汉:武汉大学出版社2001年版。

唐长孺:《魏晋南北朝史论拾遗》,北京:中华书局1983年版。

万绳楠整理:《陈寅恪魏晋南北朝史讲演录》,合肥:黄山书社1987年版。

王葆玹:《今古文经学新论》,北京:中国社会科学出版社1997年版。

王葆玹:《西汉经学源流》,台北:东大图书股份有限公司2008年版。

王炳照、徐勇:《中国科举制度研究》,石家庄:河北人民出版社2002年版。

王锷:《〈礼记〉成书考》,北京:中华书局2007年版。

王国维:《王国维全集》,杭州:浙江教育出版社;广州:广东教育出版社2010年版。

王国维等:《闽蜀浙粤刻书丛考》,北京:北京图书馆出版社2003年影印本。

王建文:《奉天承运:古代中国的"国家"概念及其正当性基础》,台北:东大图书股份有限公司1995年版。

王锦民:《古学经子——十一朝学术史述林》,北京:华夏出版社2008年版。

王能宪等编:《从游集》,北京:中华书局2016年版。

王树民:《曙庵文史杂著》,北京:中华书局1997年版。

王志平:《中国学术史·三国两晋南北朝卷》(上、下册),南昌:江西教育出版社2001年版。

韦政通:《荀子与古代哲学》,台北:台湾商务印书馆1992年版。

韦政通:《中国思想史》(上、下册),台北:水牛出版社1986年版。

伪满洲国文教部编:《经学教科书·上册》,沈阳:奉天省公署印刷局康德元年(1934年)版。

卫聚贤:《十三经概论》,上海:开明书店1935年版。

吴涛:《"术""学"纷争下的西汉〈春秋〉学》,北京:中国社会科学出版社2011年版。

吴雁南、秦学颀、李禹阶主编:《中国经学史》,福州:福建人民出版社2001年版。

萧登福:《列子探微》,台北:文津出版社1990年版。

徐复观:《两汉思想史》(第一~三卷),上海:华东师范大学出版社2001年版。

徐复观:《徐复观论经学史二种》,上海:上海世纪出版集团2006年版。

徐兴无:《刘向评传》,南京:南京大学出版社2005年版。

徐兴无:《经纬成文——汉代经学的思想与制度》,南京:凤凰出版社2015年版。

许道勋、徐洪兴:《中国经学史》,上海:上海人民出版社2006年版。

许抗生:《魏晋玄学史》,西安:陕西师范大学出版社1989年版。

阎步克:《察举制度变迁史稿》,沈阳:辽宁大学出版社1991年版。

阎步克:《从爵本位到官本位》,北京:生活·读书·新知三联书店2009年版。

阎步克:《服周之冕——〈周礼〉六冕礼制的兴衰变异》,北京:中华书局2009年版。

阎步克:《乐师与史官:传统政治文化与政治制度论集》,北京:生活·读书·新知三联书店2001年版。

阎步克:《士大夫政治演生史稿》,北京:北京大学出版社1996年版。

杨鸿年:《汉魏制度丛考》,武汉:武汉大学出版社2005年版。

杨宽:《古史新探》,北京:中华书局1965年版。

杨树达:《汉书窥管》,上海:上海古籍出版社1984年版。

杨天宇:《经学探研录》,上海:上海古籍出版社2004年版。

姚维:《才性之辨——人格主题与魏晋玄学》,北京:人民出版社2007年版。

叶国良、夏长朴、李隆献:《经学通论》,台北:大安出版社2014年版。

余敦康:《魏晋玄学史》,北京:北京大学出版社2004年版。

余嘉锡:《余嘉锡文史论集》,长沙:岳麓书社1997年版。

余英时:《中国思想传统及其现代变迁》,桂林:广西师范大学出版社2004年版。

袁行霈:《陶渊明研究》,北京:北京大学出版社1997年版。

张丽娟:《宋代经书注疏刊刻研究》,北京:北京大学出版社2013年版。

张丽珠:《清代义理学新貌》,台北:里仁书局1999年版。

张鹏一遗著、徐清廉补校:《晋令辑存》,西安:三秦出版社1989年版。

张岂之主编:《中国思想学说史》,桂林:广西师范大学出版社2007年版。

张舜徽:《广校雠略 汉书艺文志通释》,武汉:华中师范大学出版社2004年版。

张舜徽:《郑学丛著》,武汉:华中师范大学出版社2005年版。

张维屏:《纪昀与乾嘉学术》,台北:台湾大学出版委员会1998年版。

张政烺:《张政烺文史论集》,北京:中华书局2004年版。

章权才:《两汉经学史》,广州:广东人民出版社1990年版。

章权才:《魏晋南北朝隋唐经学史》,广州:广东人民出版社1996年版。

章太炎:《国学概论》,上海:泰东图书局1923年版。

赵立伟:《魏三体石经古文辑证》,北京:社会科学文献出版社2007年版。

朱伯崑:《易学哲学史》,北京:华夏出版社1994年版。

朱维铮:《中国经学史十讲》,上海:复旦大学出版社2003年版。

朱维铮编:《周予同经学史论著选编》(增订本),上海:上海人民出版社1996年版。

庄雅洲:《夏小正析论》,台北:文史哲出版社1985年版。

(美)本杰明·艾尔曼著、复旦大学文史研究院译:《经学·科举·文化史:艾尔曼自选集》,北京:中华书局2010年版。

(美)本杰明·史华兹著、程钢译、刘东校:《古代中国的思想世界》,南京:江苏人民出版社2004年版。

（美）贾志扬：《宋代科举》，台北：东大图书股份有限公司1995年版。

（德）扬·阿斯曼著、金寿福、黄晓晨译：《文化记忆：早期高级文化中的文字、回忆和政治身份》，北京：北京大学出版社2015年版。

（日）安井小太郎等著、林庆彰、连清吉译：《经学史》，台北：万卷楼图书公司1996年版。

（日）本田成之著、江侠庵译：《经学史论》，上海：商务印书馆1935年版。

（日）池田知久著、王启发译：《马王堆汉墓帛书五行研究》，北京：线装书局、中国社会科学出版社2005年版。

（日）岛田翰：《汉籍善本考》，北京：北京图书馆出版社2003年影印版。

（日）吉川忠夫著、王启发译：《六朝精神史研究》，南京：江苏人民出版社2012年版。

（日）近藤光男：《清朝考證學の研究》，东京：研文出版1987年版。

（日）堀池信夫：《汉魏思想史研究》，东京：明治书院1988年版。

（日）泷熊之助著、陈清泉译：《中国经学史概说》，上海：商务印书馆1941年版。

（日）内藤湖南著、马彪译：《中国史学史》，上海：上海古籍出版社2008年版。

（日）乔秀岩：《义疏学衰亡史论》，台北：万卷楼图书股份有限公司2013年版。

（日）佐野公治：《四書學史の研究》，东京：创文社1988年版。

（日）斋木哲郎：《秦汉儒教の研究》，东京：汲古书院2004年版。

Michael J. Puett, *The Ambivalence of Creation: Debates Concerning Innovation and Artifice in Early China*, Stanford University

Press，2001。

三、论文集及研究资料汇编

北京大学中国中古史研究中心编:《纪念陈寅恪先生诞辰百年学术论文集》,北京:北京大学出版社1989年版。

杜正胜主编:《中国上古史论文选集》,台北:华世出版社1979年版。

高明士主编:《中国史研究指南》(1～4册),台北:联经出版事业公司1990年版。

葛志毅主编:《中国古代社会与思想文化研究论集(第四辑)》,哈尔滨:黑龙江人民出版社2010年版。

"国科会"编:《哲学论文集》,台北:"国科会"人文处、"中研院"社科所1998年版。

"国立编译馆"主编、中国唐代学会编:《唐代研究论集》(第1、4辑),台北:新文丰出版股份有限公司1992年版。

胡厚宣主编:《甲骨文合集释文》,中国社会科学出版社1999年版。

湖南省博物馆编:《马王堆汉墓研究论文集——1992年马王堆汉墓国际学术讨论会论文选》,长沙:湖南出版社1994年版。

贾贵荣辑:《历代石经研究资料辑刊》,北京:北京图书馆出版社2005年影印本。

江侠庵编译:《先秦经籍考》,上海:商务印书馆1933年版。

瞿冕良:《中国古籍版刻辞典》(增订本),苏州:苏州大学出版社2009年版。

孔孟学会编:《经学论文集》,台北:黎明文化事业股份有限公司1981年版。

孔孟学会编:《尚书研究论集》,台北:黎明文化事业股份有限公司

1982年再版。

林庆彰、陈恒嵩主编:《经学研究论著目录(1993—1997)》,台北:汉学研究中心2002年版。

林庆彰、蒋秋华主编:《明代经学国际研讨会论文集》,台北:"中央研究院"中国文哲研究所筹备处1999年版。

林庆彰、蒋秋华主编:《中国经学相关研究博硕士论文目录:(1978—2007)》,台北:万卷楼图书股份有限公司2009年版。

林庆彰、张寿安主编:《乾嘉学者的义理学》(上、下册),台北:"中央研究院"中国文哲研究所2003年版。

林庆彰主编:《经学研究论著目录(1988—1992)》(上、下册),台北:汉学研究中心1995年版。

林庆彰主编:《乾嘉学术研究论著目录(1900—1993)》,台北:"中央研究院"中国文哲研究所筹备处1995年版。

林庆彰主编:《清代经学国际研讨会论文集》,台北:"中央研究院"中国文哲研究所筹备处1995年版。

林庆彰主编:《日本经学研究论著目录(1900—1992)》,台北:"中央研究院"中国文哲研究所筹备处1993年版。

林庆彰主编:《五十年来(1950—2000)的经学研究》,台北:台湾学生书局2003年版。

林庆彰主编:《中国经学史论文选集》(上、下册),台北:文史哲出版社1992—1993年版。

刘俊文主编:《日本学者中国史研究论文集》,北京:中华书局1992年版。

饶宗颐主编:《敦煌文薮》(上、下),台北:新文丰出版公司1999年版。

唐文编:《郑玄辞典》,北京:语文出版社2004年版。

王锷编:《三礼研究论著提要》,兰州:甘肃教育出版社2007年版。

许倬云等著:《中国历史论文集》,台北:台湾商务印书馆1986年版。

张振铎:《古籍刻工名录》,上海:上海书店出版社1996年版。

中国古籍善本书目编辑委员会编:《中国古籍善本书目·经部》,上海:上海古籍出版社1989年版。

中国社会科学院简帛研究中心编:《张家山汉简〈二年律令〉研究文集》,桂林:广西师范大学出版社2007年版。

钟彩钧主编:《国际朱子学会议论文集》,台北:"中央研究院"中国文哲研究所筹备处1993年版。

钟彩钧主编:《中国文哲研究的回顾与展望论文集》,台北:"中央研究院"中国文哲研究所筹备处1992年版。

周彦文主编:《文献学研究的回顾与展望——第二届中国文献学学术研讨会论文集》,台北:台湾学生书局2002年版。

宗福邦、陈世铙、萧海波主编:《故训汇纂》,北京:商务印书馆2003年版。

四、学位论文

崔广庆:《先秦时期乐文化研究》,南开大学2014年博士学位论文。

陈伯适:《韩非之学归本于黄老析探》,台湾政治大学2000年硕士学位论文。

陈业新:《灾害与两汉社会研究》,华中师范大学2001年博士学位论文。

陈以凤:《西汉孔氏家学及"伪书"公案》,曲阜师范大学硕士学位论文。

方麟:《秦汉博士制度初探》,北京大学2010年博士学位论文。

高纪春:《道学与南宋中期政治——庆元党禁探源》,河北大学2001年博士学位论文。

郜积意:《刘歆与两汉今古学之争》,复旦大学2005年博士学位论文。

郭国泰:《秦汉思想中有关"阴阳""五行"之探讨——从〈吕氏春秋〉到〈太平经〉》,台湾东吴大学2008年博士学位论文。

郭永吉:《自汉至隋皇帝与皇太子经学教育礼制蠡测》,"台湾清华大学"2005年博士学位论文。

郭姿吟:《明代书籍出版研究》,台湾成功大学2002年硕士学位论文。

洪春音:《纬书与两汉经学关系之研究》,台湾东海大学2001年博士学位论文。

简逸光:《〈公羊传〉、〈谷梁传〉比较研究》,台湾佛光大学2008年博士学位论文。

李国玺:《秦汉之阴阳五行政治思想》,台湾大学2009年博士学位论文。

李夏:《帛书〈黄帝四经〉研究》,山东大学2007年博士学位论文。

刘柏宏:《开创与影响:王肃礼学义理及中古传播历程》,台湾政治大学2006年硕士学位论文。

陆建道:《〈四书集注〉与南宋四书学》,西北大学1999年博士学位论文。

邱诗雯:《〈史记〉之"改"、"作"与历史撰述》,台湾成功大学2008年硕士学位论文。

吴伯曜:《王阳明〈四书〉学研究》,高雄师范大学2006年博士学位论文。

吴智雄:《西汉前期经学思想研究》,台湾中正大学2002年博士学位论文。

杨晓斌：《颜延之生平与著述考》，西北师范大学 2005 年博士学位论文。

曾小梦《先秦典籍引〈诗〉考论》，陕西师范大学 2008 年博士学位论文。

Yen-zen Tsai：Ching and Chuan：Towards Defining the Confucian Scriptures in Han China(206BCE-220CE)，哈佛大学 1992 年博士学位论文。

五、期刊论文

安作璋、刘德增：《齐鲁博士与两汉儒学》，《史学月刊》，2000 年第 1 期，第 16 页。

薄树人：《试探三统历和太初历的不同点》，《自然科学史研究》，第 2 卷第 2 期(1983 年)，第 133~138 页。

曹建国：《〈诗〉本变迁与"孔子删诗"新论》，《文史哲》，2011 年第 1 期，第 91~97 页。

晁福林：《春秋时期礼的发展与社会观念的变迁》，《北京师范大学学报》，1994 年第 5 期，第 47~57 页。

陈壁生：《明皇改经与〈孝经〉学的转折》，《中国哲学史》，2012 年第 2 期，第 44~51 页。

陈来：《马王堆帛书〈易传〉的政治思想——以〈缪和〉〈昭力〉二篇之义为中心》，《北京大学学报》，2008 年第 3 期，第 32~40 页。

陈汉章：《西晋有书孔传说证》，《国故月刊》，第 1 卷第 4 期(1919 年)，第 1~2 叶。

陈鸿森：《〈孝经〉孔传与王肃注考证》，《文史》，2010 年第 4 辑，第 5~32 页。

陈启云:《汉初"子学没落、儒学独尊"的思想史底蕴》,《中国文哲研究集刊》,第22期(2003年),第127~156页。

陈钟凡:《秦汉经师之方士化》,《国学丛刊》第1卷第1期(1923年),第4~8页。

程苏东:《关于〈新编新注十三经〉之编纂及进展》,《国际汉学研究通讯》,第1辑,第85~102页。

程苏东:《蜀石经〈孟子〉刊刻者考辨》,《中国文化研究》,2010年春之卷,第154~159页。

程苏东:《〈毛诗正义〉所引〈定本〉考索》,《中国典籍与文化论丛》,第12辑(2012),第24~44页。

程苏东:《京都大学藏〈孝经述议〉残卷录文校补》,《中国典籍与文化论丛》,第17辑(2015年),第4~35页。

程苏东:《京都大学所藏刘炫〈孝经述议〉残卷考论》,《中华文史论丛》,2013年第1期,第167~204页。

程苏东:《〈洪范五行传〉成篇与作者问题新证》,《国学研究》,第37卷(2016),第215~239页。

程苏东:《写钞本时代异质性文本的发现与研究》,《北京大学学报》,2016年第2期,第148~157页。

程元敏:《〈汉书·艺文志、儒林传赞〉论经学博士讨覈》,《"国立编译馆"馆刊》,第29卷第2期(2000年),第65~98页。

邓安生:《论"六艺"与"六经"》,《南开学报》,2000年第2期,第1~9页。

丁鼎:《试论〈仪礼〉的作者与撰作时代》,《孔子研究》,2002年第6期,第4~18页。

丁鼎:《子夏与〈丧服传〉关系考论》,《江苏大学学报》,2004年第1期,第51~56页。

杜中新、窦秀艳:《孝治与〈孝经〉入十三经》,《中州大学学报》,2002年第4期,第28～29页。

方韬:《从〈晋辟雍碑〉看晋武帝立嗣》,《贵州文史丛刊》,2011年第4期,第1～5页。

方笑一:《私学与政治权力的结合——北宋"荆公新学"官学化进程述论》,《文化中国》,2005年第1期,第57～62页。

冯浩菲:《〈洪范五行传〉的学术特点及其影响——兼论研究天人感应说之不能忽略伏生》,《中国文化研究》,1997年夏之卷,第37～41页。

冯树勋:《阴阳五行的阶位秩序——董仲舒的天人哲学观》,《台大文史哲学报》,第70期(2009),第1～27页。

葛志毅:《试据〈尚书〉体例论其编纂成书问题》,《学习与探索》,1998年第2期,第130～135页。

顾廷龙:《大晋龙兴皇帝三临辟雍皇太子又再莅之盛德隆熙之颂跋》,《燕京学报》,第10期(1931年),第2147～2160页。

顾永新:《日本传本〈古文孝经〉回传中国考》,《北京大学学报》,2004年第2期,第100～109页。

郭永吉:《先秦至西汉博士论考——兼论博士与儒的关系》,《清华中文学报》(新竹),2008年第2期,第63～118页。

郝明朝:《论荀子与〈周易〉的关系兼及"六经并称"的时代问题》,《周易研究》,2009年第5期,第48～60页。

胡平生:《阜阳双古堆汉简与〈孔子家语〉》,《国学研究》,第7卷(2000),第515～546页。

胡平生:《日本〈古文孝经〉孔传的真伪问题》,《文史》,第23辑(1984),第287～300页。

胡铁珠:《〈夏小正〉星象年代研究》,《自然科学史研究》,2000年第

3期,第234~250页。

黄翠芬:《两汉时代〈春秋左氏传〉立学官之曲折》,《"国立编译馆"馆刊》,第27卷第1期(1998年),第75~98页。

冀叔英:《谈谈明刻本及刻工——附明代中期苏州地区刻工表》,《文献》,第7辑(1981年),第211~231页。

蒋方:《唐毛诗博士考述》,《河北师范大学学报》,2009年第3期,第74~78页。

蒋国保:《汉儒称"六经"为"六艺"考》,《中国哲学史》,2006年第4期,第34~40页。

李炳海:《〈庄子·天下〉篇成文于西汉说质疑》,《中国哲学史》,1996年第1~2期,第182~187页。

李畅然:《经注与诸子》,《北京大学学报》,2009年第4期,第126~132页。

李锐:《仁义礼智圣五行的思想渊源》,《齐鲁学刊》,2005年第6期,第19~25页。

李叔华:《〈庄子·天下篇〉的主旨和成文年代新探》,《哲学研究》,1995年第5期,第72~81页。

李学勤:《〈尚书孔传〉的出现时间》,《古籍整理研究学刊》,2002年第1期,第1~3页。

李学勤:《日本胆泽城遗址出土〈古文孝经〉论介》,《孔子研究》,1988年第4期,第95~98页。

李学勤:《先秦儒家文献的重大发现》,《中国哲学》,第20辑,第13页。

李致忠:《明代刻书述略》,《文史》,第23辑,第127~158页。

李致忠:《十三经注疏版刻略考》,《文献》,2008年第4期,第19~29页。

李宗长:《论颜延之的思想》,《南京社会科学》,1996年第6期,第58~66页。

梁满仓:《论魏晋南北朝时期的五礼制度化》,《中国史研究》,2001年第4期,第27~52页。

廖名春:《"六经"次序探源》,《历史研究》,2002年第2期,第32~41页。

廖名春:《帛书释〈要〉》,《中国文化》第10期,第69页。

廖名春:《从郭店楚简论先秦儒家与周易的关系》,《汉学研究》,第18卷第1期(2000年),第55~72页。

廖名春:《论六经并称的时代兼及疑古说的方法论问题》,《孔子研究》,2000年第1期,第47~65页。

林庆彰:《中国经学史上的回归原典运动》,《中国文化》,2009年第2期,第1~9页。

林玉婷:《孙复〈春秋尊王发微〉研究》,《"国研所"集刊》,第47号(2003年),第285~424页。

刘复生:《北宋中期儒学复兴运动的兴起及其特点》,《四川大学学报》,1991年第3期,第81~89页。

陆建猷:《宋代四书学产生的历史动因》,《西安交通大学学报》,2001年第1期,第71~73页。

罗新:《从萧曹为相看所谓"汉承秦制"》,《北京大学学报》,1996年第5期,第79~85页。

马达:《刘向〈列子叙录〉非伪作》,《河南大学学报》,2000年第1期,第90~94页。

马士远:《荀子与〈书〉学关系考论》,《求索》,2011年第4期,第173~175页。

马谐、白学军、陶云《音乐与情绪诱发的机制模型》,《心理科学进展》,2013年第4期,第643~651页。

马银琴:《再议孔子删〈诗〉》,《文学遗产》,2014年第5期,第29~36页。

缪凤林:《洪范五行传出伏生辨》,《史学杂志》,第2卷第1期(1930年),第1~6页。

庞朴:《马王堆帛书解开了思孟五行说之谜——帛书〈老子〉甲本卷后古佚书之一的初步研究》,《文物》,1977年第10期,第63~69页。

庞朴:《阴阳五行探源》,《中国社会科学》,1984年第3期,第75~98页。

钱杭:《〈尚书〉讫于〈秦誓〉原委考辨》,《史林》,2003年第5期,第87~93页。

施丁:《董仲舒天人三策作于元光元年辩》,《社会科学辑刊》,1980年第3期,第90~99页。

舒大刚:《"蜀石经"与〈十三经〉的结集》,《周易研究》,2007年第6期,第68~75页。

舒大刚:《今传〈古文孝经指解〉并非司马光原本考》,《中华文化论坛》,2002年第2期,第105~111页。

舒大刚:《论日本传〈古文孝经〉决非"隋唐之际"由我国传入》,《四川大学学报》,2002年第2期,第110~117页。

舒大刚:《日本〈古文孝经〉辨伪》,《中国哲学史学会2004年会暨中国传统哲学当代价值学术研讨会论文》,第166页。

舒大刚:《试论大足石刻范祖禹书〈古文孝经〉的重要价值》,《四川大学学报》,2003年第1期,第83~93页。

束景南、王晓华:《四书升格运动与宋代四书学的兴起》,《历史研究》,2007年第5期,第76~94页。

束景南、余全介:《西汉〈穀梁传〉增立博士的政治背景》,《浙江社会科学》,2005年第1期,第129~132页。

宋艳萍:《阴阳五行与秦汉政治史观》,《史学史研究》,2001年第3期,第18~27页。

孙玉文:《〈经典释文〉成书年代新考》,《中国语文》,1998年第4期,第309~312页。

唐兰:《马王堆出土〈老子〉乙本卷前古佚书的研究兼论其与汉初儒法斗争的关系》,《考古学报》,1975年第1期,第7~27页。

童岭:《晋初礼制与司马氏帝室——〈大晋龙兴皇帝三临辟雍碑〉胜义蠡测》,《学术月刊》,2013年第10期,第148~160页。

汪绍楹:《阮氏重刻宋本十三经注疏考》,《文史》,第3辑(1963),第25~60页。

王博:《卦爻辞的弹性——以〈易传〉的解释为中心》,《中国哲学史》,2008年第3期,第84~93页。

王博:《论〈劝学篇〉在〈荀子〉及儒家中的意义》,《哲学研究》,2008年第5期,第58~65页。

王和:《孔子不修〈春秋〉辨》,《史学理论研究》,1993年第2期,第115~119页。

王昕、刘沛:《音乐情绪心理机制的研究现状及展望》,《中国音乐》,2013年第2期,第108~111页。

王昕、刘沛:《音乐情绪神经机制的研究现状及展望》,《黄钟》,2013年第3期,第131~134页。

王艺:《〈别录〉、〈七略〉与〈七略别录〉》,《新世纪图书馆》,1986年第3期,第59~61页。

王葆玹:《儒家学院派〈易〉学的起源和演变——兼论中国文化传统的问题》,《哲学研究》,1996年第3期,第56~64页。

王传富、汤学锋:《荆门郭店一号楚墓》,《文物》,1997年第7期,第

35~48页。

王华宝:《〈汉书·五行志〉考论》,《南京师范大学学报》,2001年第5期,第150~155页。

吴龙辉:《六艺的变迁及其与六经之关系》,《中国哲学史》,2005年第2期,第42~47页。

吴忻生等:《一种音乐情绪参数化的方法》,《应用声学》,2013年第1期,第28~33页。

夏传才:《从六经到十三经的发展》,《天津师范大学学报》,1988年第5期,第52~58页。

肖永明、殷慧:《北宋心性之学的发展与宋代〈四书〉学的形成》,《中国哲学史》,2008年第1期,第68~74页。

徐洪兴:《唐宋间的孟子升格运动》,《中国社会科学》,1993年第5期,第101~116页。

徐公持:《论汉代悲情文学的兴盛与悲美意识的觉醒》,《文艺研究》,2015年第8期,第50~56页。

徐少华:《郭店一号楚墓年代析论》,《江汉考古》,2005年第1期,第68~72页。

徐正英:《清华简〈周公之琴舞〉与孔子删〈诗〉相关问题》,《文学遗产》,2014年第5期,第19~28页。

许树安:《儒家学说的发展与十三经(二)》,《中国文化研究》,1993年冬之卷,第49~54页。

阎步克:《诗国:王莽庸部、曹部探源》,《中国社会科学》,2004年第6期,第174~184页。

阎步克:《也谈"真二千石"》,《史学月刊》,2003年第12期,第15~21页。

杨天宇:《汉代官俸考略》,《河南大学学报》,1994年第1期,第

17~22页。

杨希牧:《中国古代的神秘数字论稿》,《民族学研究所集刊》(台北),第33期(1972年),第89页。

叶纯芳:《郑玄〈周礼注〉从违马融〈周官注〉考——兼论汉人师法、家法之议与曹元弼〈子郑子非马融弟子考〉》,《中国文哲研究通讯》,第19卷第1期(2009年),第157~192页。

余嘉锡:《目录要籍提要》,《北平图书馆馆刊·第四卷》,北京:书目文献出版社1992年影印本,第2283~2288页。

岳庆平:《董仲舒对策年代辨》,《北京大学学报》,1986年第3期,第114~120页。

张涛:《略论刘向刘歆父子的易学思想与成就》,《文献》,1998年第2期,第79~92页。

张汉东:《秦汉博士官的设置及其演变》,《史学集刊》,1984年第1期,第6~12页。

张秀民:《明代南京的印书》,《文物》,1980年第11期,第78~83页。

章权才:《宋代退五经尊四书的过程与本质》,《学术研究》,1996年第2期,第63~67页。

赵濛:《〈汉书·五行志〉的历史价值》,《古籍整理研究学刊》,2007年第3期,第29~31页。

赵灿鹏:《论汉代经学的师法与家法》,《青年儒学学术会议论文集》,台湾"中央"大学文学院儒学研究中心2003年编,第561~577页。

郑吉雄、杨秀芳、朱歧祥、刘承慧:《先秦经典"行"字字义的原始与变迁——兼论"五行"》,《中国文哲研究集刊》,第35期(2009年),第89~127页。

郑万耕:《刘向、刘歆父子的易说》,《周易研究》,2004年第2期,第

3～12页。

钟肇鹏：《七略别录考》，《文献》，1985年第3期，第59～73页。

（日）阿部隆一撰、陈捷译：《关于金泽文库旧藏镰仓抄本〈周易正义〉与宋椠单疏本》，《中国文哲研究通讯》，第10卷第4期（2000），第19～29页。

（日）长濑诚《关于五经正义单疏本》，《中国文哲研究通讯》，第10卷第4期（2000），第1～11页。

（日）长泽规矩也撰、萧志强译：《十三经注疏版本略说》，《中国文哲研究通讯》，第10卷第4期（2000），第49～55页。

（日）长泽规矩也撰、萧志强译：《正德十行本注疏非宋本考》，《中国文哲研究通讯》，第10卷第4期（2000），第41～46页。

（日）池田知久：《马王堆汉墓帛书周易要篇的思想》，《东洋文化研究所纪要》，第126册，第36页。

（日）河口音彦撰、藤井伦明译：《〈公羊传疏〉成立年代私考》，《中国文哲研究通讯》，第12卷第2期（2002年），第45～56页。

（日）近藤浩之：《从出土资料看〈周易〉的形成》，韩国周易学会编《21世纪与周易——98国际周易学术会议》论文集，第368页。

（日）浅野裕一：《儒家对〈易〉的经典化》，《周易研究》，2009年第2期，第24～32页。

（日）杉浦丰治撰、孙彬译：《关于〈公羊疏〉成立时代的考察》，《中国文哲研究通讯》，第12卷第2期（2002年），第57～78页。

（日）狩野直喜著、姜日天译：《〈公羊疏〉作者时代考》，《中国文哲研究通讯》，第12卷第2期（2002年），第1～10页。

（日）重泽俊郎著、孙彬译：《〈公羊传疏〉作者时代考》，《中国文哲研究通讯》，第12卷第2期（2002年），第11～38页。

后　　记

　　这本小书是以我的博士学位论文为基础修订而成的。我至今还记得,那是2008年的暑假,袁师行霈先生正在撰写《〈新编新注十三经〉刍议》,这篇七千字左右的文章,却经过了他十余稿的打磨,甚至连校样都改了三稿,这让我充分感受到袁师治学的谨慎,也让我体会到在学术刊物上发表论文时需怀有的戒惧。由于这篇论文试图讨论"经典范围"在当代是否可能调整这一重大命题,因此,袁师在慎重把握相关措辞的同时,也希望尽可能从经学史中寻找参照,为论证增加依据,而北宋时期《孟子》由子部"升经"自然成为他关注的问题之一。在袁师的鼓励下,我对这一历史事件的具体进程、学理内涵及其与新旧党争之间的关系进行了初步研究,写成《〈孟子〉升经考》一文。文章写完后袁师很予鼓励,亲自为我修改了部分词句,这是我第一篇得到袁师"手定"的文章,兴奋之情至今难忘。此后,我又对宋元科举试经、学校课经的科目变化进行了梳理,大致厘清了从熙宁"五经"制、南宋"六经"制,到至元"六经五书"、皇庆"四书五经"的制度史沿革。在此过程中,我开始思考一个核心问题,作为最常见的两种经典范围指称,"四书五经"与"十三经"究竟是何关系?如果说"四书五经"是宋明科举试经制度沿革的最终形态的话,那么"十三经"在经学史上又以何种身份、何种因缘出现呢?这两个并时存在、但内涵明显不同的概念背后是否蕴含着某种观念性或制度性的差异？在研究的过程中,我逐渐意识到,有必要提出一个概念,对这类具有学理性或制度性的经典范围加以界定,使其与"开成十二经""石室十三经"这类在古人行文中偶然出现的经典合称区分开来。经过反复考虑,我想到了"经目"一词。在萌生这一想法的那晚,我既感兴奋,又惴惴不安,不知道能否得到袁师和学界的认可。就这样纠结到第二天下午,我终于忍不住向老师汇报了这一想法。他当时并未给我明确答复,而是让我继续考察学界此前有无类似概念可以借鉴,同时再考虑一下"经目"这一提法是否会引起歧义。

袁师的建议让我兴奋的大脑冷却下来。我在更大范围内检索这一概念,发现古人已经使用"五经之目""六经之目""十三经之目"等说法来指称相对固定的经典范围;而中古佛、道教文献中虽然已出现"经目"一词,但其内涵与使用语境与经学史层面的"经目"均有明显差异,一般情况下不致引起歧义。我把这些内容补充到自己的论证中,重新呈交袁师审阅,这次终于得到他的认可。我记得当时袁师说,能够提出一个自己的概念,这是很多学者梦寐以求的事情,你一定要努力把这个问题说清楚,把从"六艺"到"十三经"的整个演变过程梳理明白,要做到最好,不是在同龄人中最好,也不是在国内最好,而要力争做到一段时期内全世界最好！袁师语调不高,但字字都落在我的心里。

不过,真要从先秦开始把"经目"演变的整个过程做系统的制度史清理,同时发掘其中的学理变迁,并将这些置于政治史背景中加以描述、解释,这显然是我的学力无法驾驭的。所以,我一度对这个题目缺乏信心。到博士二年级确定选题时,我初拟的题目是《〈毛诗〉版本研究》,并在那年寒假回家前得到了袁师的认可。由于这个题目我已有一定的积累,而且版本学的题目,手头没书也做不了太多事情,因此,那个年我过得很轻松,假期里基本没怎么考虑论文的事情。正月初六一早,我回到学校,准备再歇一天,初七图书馆开门后再开始版本调查。

谁知道没坐多久,就接到袁师的电话:"苏东,回来了吧?家里都好吗?父母身体都好吧?"袁师的语调一向温和暖人,我一一作答后,他说:"苏东,过年这几天我一直在考虑你论文选题的事,想来想去,还是觉得你不应该轻易放弃经目的研究,这个题目你已经有一定的基础,虽然难度很大,但如果做出来,意义也很大,可以帮助你建立一个比较开阔的学术格局。从长远考虑,我还是建议你继续做经目这个选题。"

那段时间,我正在协助袁老师编辑他的学术散文集《学问的气象》,深知袁师一向倡导"横通"与"纵通",注重青年学者学术格局的养成。我对此固然心向往之,却始终不敢真正迈出这一步。老师的这通电话重新点燃了我的"野心",而时隔多年,我才逐渐体会到袁师那席话的用意。由于历史原因,经学研究的传统在大陆曾经中断了数十年,目前从事这一领域研究的学者大多是从文、史、哲某个具体研究方向转到经学领域的,而博士论文的写作让我有机会在学术积累阶段比较全面地对中国经学史上的基本材料进行爬梳、细读,从而建立起全局性的学术眼光,在后来的学术研究中,我不断受惠于这段严格的学术训练。袁师对于年轻学子的关爱、鼓励,以及对于学科发展的前瞻性思考,让我深为感动与佩服。

当然,选题确定后,随着研究的深入,我也愈加意识到自己学力的不足。从战国到明清,经学史上有太多重大问题,如同一个个险滩暗礁,或横亘目前让我恐惧,或隐然无形而杀机四伏。在论文写作中,我常有搏虎之感:如果不能主动把握论题,很容易就会被论题带入无法挣脱的学术史泥潭中。也是因为始终存在这种戒惧之心,我的论文后来在"问题意识"方面受到评审专家的肯定。事实上我自己心里清楚,这种"问题意识"在很大程度上正是我学力不足的体现——真正的高手,应该是见招拆招,佛挡杀佛,不必自行设定论题而一马平川地解决所有问题,古人注疏之学就是这方面的典范,而我正是因为学力有限,不敢越雷池一步,所以只好步步为营,通过设定论题来赢得一点主动,让自己能够从浩渺无边的学术汪洋中微微探出一点头来。

我的博士生生活过得非常愉快,除了有各位师友的关心与陪伴,很大程度上也因为始终有一个自己钟意的学术论题陪伴自己成长,这种习惯一直延续到博士毕业以后。七年来,虽然中间我的学术兴趣有所拓宽,但对于博士论文的修订却未敢松懈。在博士毕业的时候,我感到自己虽然通过博士论文建立了较宽的学术视野,但缺乏精深细致的学术训练,所以在博士后期间,我选择了《汉书·五行志》这一个案,通过对其中《洪范》五行学、《春秋》学材料的梳理,对西汉经学史上的一些问题重新加以考辨。在导师王博教授的悉心指导下,这段研究让我对汉代经学有了更深的理解,由此对博士论文的弱点也有了更加清晰的认识。七年里,我对论文进行了多次修订,重写了大概三分之一的篇幅,现在呈现给读者的面貌虽远未可称满意,但至少代表了目前我在这一领域内努力的成绩。在有的问题上,我的判断较此前更为慎重,例如关于战国儒学的地域分化问题,也有一些则较之前更力求整体性的眼光,例如对中古经目演变分期问题的处理。因为博士论文电子版已收入北大图书馆学位论文数据库,有兴趣的读者也许可以通过两版目录的变化看到我的一点努力。

在博士论文的后记中,我感谢了四年里给予我各种帮助的老师们,在这里我要再次诚挚地对他们表达谢意,他们是李学勤教授、孙钦善教授、葛晓音教授、李炳海教授、程郁缀教授、邓小南教授、韩经太教授、赵敏俐教授、傅刚教授、钱志熙教授、刘勇强教授、于迎春教授、刘玉才教授、漆永祥教授、杜晓勤教授、李四龙教授、常森教授、潘建国教授、王锦民教授,他们或给我授课,或参加我的中期考核、预答辩、答辩,或给我的论文以精到的指导与评议。因为有幸留在高校工作,毕业后我得到了校内外更多前辈学者给予的关心与帮助,篇幅所限,我无法在这里一一列出他们的高名,但我在内心深深感激每一位给予我指导与批评的师长。毫无疑问,我的求学之路是非常幸运的。

本书部分章节曾在《北京大学学报》《中华文史论丛》《文献》《史学月刊》《苏州大学学报》《上海大学学报》《华南师范大学学报》《哲学门》《饶宗颐国学院院刊》《中国文化》以及《人大复印资料》等刊物发表、转载,在此衷心感谢编辑老师们的奖掖与指点。

我要特别感谢我的博士同学,当年北大西门外小小的"驴肉火锅"店已成为我们青春永恒的回忆。感谢同门师兄弟、师姐家人般的关心与坦诚。感谢"周秦汉唐读书会"的诸位学友,学术之路阻且长,幸有同行人砥砺鼓舞,方不乏乐趣与豪情。感谢始终陪伴我的家人,为了让我实现自己的理想,我的父母、岳父母为我做出了很多牺牲,也给予我很大宽容。特别是孩子出生后,如果没有他们的帮助,我简直无法想象要如何继续自己的研究。感谢内子李杨乐,她不仅给我提供了各方面最有力的支持,而且总是在第一时间分享我研究过程中的喜悦,尽管也许只是看着我傻乐而已。感谢小汤圆,自从知道他来到这世界的那一刻,他便改变了我的人生。我深感上天对我的恩宠,赐予我如此厚重的一份礼物与责任,他带给我的幸福远远超过我为他做过的事。

最后,再次衷心感谢我的导师春澍先生!他以八十一岁高龄拨冗为小书赐序,我也愿将这本凝结自己九年甘苦的小书献给我的恩师。

2017 年 9 月 27 日
于北京大学人文学苑